Louis-Marie Morfaux
Jean Lefranc

Nouveau vocabulaire de la philosophie et des sciences humaines

50e mille
Nouvelle édition refondue

ARMAND COLIN

Conception de couverture : Dominique Chapon

ISBN 2-200-26981-1

ARMAND COLIN • 21, RUE DU MONTPARNASSE • 75006 PARIS

AVANT-PROPOS DE L'ÉDITION ORIGINALE

Le présent Vocabulaire de la philosophie et des sciences humaines *se veut avant tout un ouvrage d'initiation. Aussi notre dessein a-t-il été de constituer en un volume unique le répertoire de tous les termes importants de la philosophie et des principales sciences humaines, de donner pour chacun la définition de leurs acceptions essentielles et, visant en premier lieu la clarté, de les éclairer par des exemples et de les expliciter par des citations empruntées aux livres de base.*

Ce vocabulaire prend pour centre la philosophie. C'est la raison pour laquelle nous avons donné les plus amples développements aux notions et concepts de la philosophie antique et de la philosophie moderne qui constituent les fondements de la pensée occidentale. Mais nous n'avons pas apporté un moindre soin à analyser ceux qui dominent les grands courants de la pensée contemporaine (phénoménologie, existentialisme, personnalisme, marxisme, structuralisme, etc.).

Toutefois, la réflexion philosophique, même si elle s'en distingue, s'alimente largement de la recherche des sciences humaines, psychologie sous toutes ses formes, psychanalyse, sciences sociales, etc., qui lui fournissent une matière privilégiée. Elle s'exerce en outre sur les sciences classiques, mathématiques, physiques, biologiques, sur le droit et l'économie, sur la théologie et la religion, et il nous a paru indispensable d'en retenir les concepts-clés, qui sont des références obligées du discours philosophiques. Enfin nous avons fait sa part à la langue courante, à la fois parce que nombre de ses termes appartiennent à l'usage de la philosophie et des sciences humaines et parce que l'acception commune de beaucoup d'entre eux s'écarte de leur signification technique ou lui est même opposée.

On voit que les difficultés pour rédiger un vocabulaire cohérent, à partir de données linguistiques aussi variées de nature, sont extrêmes. En effet, dans les sciences dites exactes, le sens des termes est fixé par des accords universels entre les savants, soit que ceux-ci assignent une signification unique à certains mots de la langue courante (« Par exemple, dit Pascal, on appellera pair *tout nombre divisible par deux également. Du même coup on écarte tout autre sens que celui qui vient de faire l'objet de cette convention »), soit qu'ils fabriquent de toutes pièces des vocables qui ne sont guère rattachés à la langue commune que par les définitions premières (comme bijection, watt ou chromosome), éliminant par ces procédés l'équivoque foncière du parler ordinaire qui, s'il fait la richesse de l'expression littéraire, serait pour eux confusion. Or, si les sciences humaines s'efforcent bien d'atteindre à une pareille objectivité, elles en sont encore très éloignées et il règne en chacune d'elles des doctrines et des écoles. En particulier, les chercheurs se divisent entre ceux qui, prenant pour modèles les sciences expérimentales, en imitent les méthodes, et ceux qui se refusent à faire abstraction du sujet et de ses actes dans l'élaboration de leur discipline.*

Quant au langage philosophique, il se partage entre trois courants. Ou bien, par une ambition extrême de rigueur et d'universalité, on espère, à l'instar du savant, créer une langue définitive et absolue aussi bien dans ses concepts que dans les rapports entre ces concepts. Ce fut le rêve de Leibniz et de sa Caractéristique universelle, *la tentative de Spinoza et de son* Éthique *ou encore, avec Husserl, le projet d'une philosophie comme « science rigoureuse ». Ou bien, méditant sur les vertus des langues réelles, on croit, à l'instar ici de l'écrivain qui sait toujours en tirer de nouvelles ressources, y découvrir une philosophie implicite et profonde, qui s'y est en quelque sorte déposée, comme chez Platon, chez Alain, et, à bien des égards, chez Hegel et Heidegger. Ou bien enfin l'on considère le langage comme la voie inévitable qu'il faut suivre, mais pour la quitter et aller ou revenir à l'expérience, tendance qui se retrouve dans les philosophies de l'intuition d'un Plotin ou d'un Bergson et, quoique d'une tout autre manière, dans les philosophies empiristes ou pragmatistes d'un Hume ou d'un W. James. En tous les cas, chaque grand philosophe a inventé sa propre langue et il n'existe pas de langage philosophique universel.*

Nous ne nous dissimulons pas que ces difficultés ne peuvent être pleinement surmontées, car elles tiennent à la nature même du langage, qui de plus ne cesse de se modifier avec le progrès de la réflexion et des connaissances. Il nous a semblé que le meilleur parti était de procéder d'une façon pour ainsi dire inverse de celle du mathématicien, qui est contraint, au point de départ de sa construction, d'exprimer les notions premières dans la langue de tout le monde. Celle-ci est, comme disent les linguistes, la « métalangue » de toutes les langues, c'est-à-dire celle qui confère à toutes leur signification d'ensemble. C'est cette langue primordiale que par les définitions, les explications, les exemples, les citations, nous avons voulu, en une sorte de traduction aussi fidèle et rigoureuse que possible, faire retrouver à nos lecteurs, avec l'espoir qu'ils se rendront ainsi rapidement capables, à la simple vue du terme technique, de le charger de son véritable sens et de son exacte compréhension.

Louis-Marie Morfaux (1980)

AVANT-PROPOS À CETTE NOUVELLE ÉDITION

Les éditions Armand Colin et les enfants de Louis-Marie Morfaux ont bien voulu me confier la mise au point de la nouvelle édition du Vocabulaire de la philosophie et des sciences humaines. *Une ancienne amitié, une action commune pendant de longues années en faveur de l'enseignement philosophique, le succès incontestable qu'a connu cet ouvrage, m'ont été autant de raisons d'en respecter les intentions, la conception d'ensemble et les principes de présentation des articles. Mais une mise à jour, après un quart de siècle, implique nécessairement suppressions et adjonctions. Les suppressions ont été aussi limitées que possible : nous avons dû éliminer quelques termes devenus tout à fait hors d'usage ou au contraire tombés dans l'usage courant. Quel étudiant ignore aujourd'hui le sens de lynchage ou de boycott ? En revanche, nous avons tenu à maintenir les termes, même peu usuels, qui permettent de préciser les principales problématiques philosophiques ainsi que les citations des grands textes (Descartes, Spinoza, Leibniz, Kant) indispensables à la formation de la réflexion philosophique ; Louis-Marie Morfaux en était à juste titre convaincu. Parmi les nouveautés, nous avons introduit ce qui nous a paru le plus notable dans le paysage intellectuel contemporain. Or les philosophes de notre temps, et plus encore les spécialistes des sciences humaines, croient nécessaires, pour faire valoir leur apport, de créer une prolifération de mots « techniques ». On a sans doute introduit trois fois plus de mots en* -isme *depuis trois décennies que depuis trois siècles ! Il a fallu faire des choix en prenant d'autant plus de risques qu'un seul réviseur prenait la responsabilité de l'ensemble. Notre critère a toujours été l'usage que pouvait en faire le lycéen ou l'étudiant. Encore avons-nous pu toujours compter sur la confiance, la bienveillance de Jean-Christophe Tamisier et sur la diligence de Clotilde Meyer.*

Jean Lefranc (juin 2005)

SIGNES ET ABRÉVIATIONS

1. *Étymologie*

Les termes précédés de « du » ou de « dér. » (dérivé) proviennent d'une langue réelle. L'expression « comp. de » (composé de) indique que le mot a été créé artificiellement et n'appartient pas à une langue réelle ; ex. psychopathologie, comp. du gr. (grec) *psuchê*, âme, *pathos*, affection et *logos*, science.

Les termes non traduits ont la même signification qu'en français : ex. *qualitas*.

2. *Abréviations des différentes disciplines auxquelles le terme est emprunté*

Anthr. :	Anthropologie.
Arch. :	Architecture.
Biol. :	Biologie.
Car. :	Caractérologie.
Chim. :	Chimie.
Cosm. :	Cosmologie.
Crit. :	Critique ou théorie de la connaissance.
Cyb. :	Cybernétique.
Dr. :	Droit.
Éco. :	Économie.
Écol. :	Écologie.
Épist. :	Épistémologie ou philosophie des sciences.
Esth. :	Esthétique ou philosophie de l'art.
Ethn. :	Ethnologie.
Exist. :	Existentialisme.
Gén. :	Sens général.
Gramm. :	Grammaire.
Hist. :	Histoire de la philosophie ou histoire.
Ling. :	Linguistique.
Lit. :	Littérature.
Log. :	Logique.
Log. form. :	Logique formelle.
Log. mod. :	Logique moderne.
Math. :	Mathématiques.
Méc. :	Mécanique.
Méd. :	Médecine.
Méta. :	Métaphysique.
Mor. :	Morale.
Parapsy. :	Parapsychologie.
Péd. :	Pédagogie ou sciences de l'éducation.
Pharm. :	Pharmacologie.
Phén. :	Phénoménologie.
Phil. :	Philosophie générale.
Phil. hist. :	Philosophie de l'histoire.
Phys. :	Physique.
Physio. :	Physiologie.
Pol. :	Politique.
Psy. :	Psychologie.
Psy. exp. :	Psychologie expérimentale.
Psychan. :	Psychanalyse.
Psychia. :	Psychiatrie.
Psy. métr. :	Psychométrie.
Psy. path. :	Psychopathologie.
Psy. physio. :	Psychophysiologie.
Psy. soc. :	Psychologie sociale.
Rel. :	Religion.
Rhét. :	Rhétorique.
Soc. :	Sociologie.
Tech. :	Technique.
Théo. :	Théologie.
Vulg. :	Langue courante *(vulgo)*, sans nuance péjorative.
Zool. :	Zoologie.

3. *Abréviations des références aux textes*

BERGSON	*Deux Sources :*	*Les Deux Sources de la morale et de la religion*
	E.S. :	*L'Énergie spirituelle*
	M.M. :	*Matière et Mémoire*
	P.M. :	*La Pensée et le Mouvant*

Signes et abréviations

Code Civil	C.C. :	(le chiffre est le numéro de l'article du Code)
COMTE	*Cours :*	*Cours de philosophie positive*
	Système :	*Système de politique positive*
DESCARTES	*Méd. :*	*Méditations métaphysiques*
	Méth. :	*Discours de la méthode*
	Pass. :	*Traité des passions de l'âme*
	Pr. :	*Principes de la philosophie*
	Reg. :	*Regulae ad directionem ingenii* (Règles pour la direction de l'esprit)
	Rép. :	*Réponses aux objections* (contre les *Méditations*)
KANT	*Fond. :*	*Fondements de la métaphysique des mœurs*
	Jug. :	*Critique du jugement*
	Prol. :	*Prolégomènes à toute métaphysique future*
	R. pr. :	*Critique de la raison pratique*
	R. pure :	*Critique de la raison pure*
	Anal. :	Analytique transcendantale
	Dial. :	Dialectique transcendantale
	Esth. :	Esthétique transcendantale
	Introd. :	Introduction
	Log. :	Logique transcendantale
LEIBNIZ	*Disc. :*	*Discours de métaphysique*
	Mon. :	*Monadologie*
	N.E. :	*Nouveaux Essais sur l'entendement humain*
	Théod. :	*Théodicée*
MALEBRANCHE	*Entr. :*	*Entretiens sur la métaphysique et sur la religion*
	R.V. :	*Recherche de la vérité*
PASCAL	*P. :*	*Pensées* (le chiffre renvoie à l'édition de L. Brunschvicg, Hachette)
	Prov. :	*Provinciales*
PLATON	*Répu. :*	*République*
SPINOZA	*Eth. :*	*Éthique*

4. *Abréviations courantes*

adj. :	adjectif ou adjectivement.
adv. :	adverbe.
all. :	allemand.
anal. :	par analogie (avec).
anc. :	ancien.
ang. :	anglais.
auj. :	aujourd'hui.
autr. :	autrefois.
c.-à-d. :	c'est-à-dire.
cf. :	*confer* (comparez).
class. :	classique, classiquement.
comp. :	composé.
corr. :	corrélatif.
ctr. :	contraire.
dist. :	distinguer de, ne pas confondre avec.
eccl. :	ecclésiastique.
esp. :	espagnol.
ex. :	exemple, par exemple.
ext. :	par extension.
fém. :	féminin.
fig. :	figuré.
fr. :	français.
gr. :	grec.
gén. :	généralement, en général.
ibid. :	*ibidem* (même référence).
id. :	*idem* (même auteur).
improp. :	improprement.
it. :	italien.
lat. :	latin.
litt. :	littéralement.
masc. :	masculin.

nég. :	négatif.	prop. :	propre, proprement.
néol. :	néologisme.	s. :	siècle.
not. :	notamment, en particulier.	scol. :	scolastique.
opp. :	par opposition (à), opposé à.	s.e. :	sous-entendu.
péj. :	péjorativement.	sing. :	singulier.
plur. :	pluriel.	sp. :	spécialement.
pop. :	populaire.	str. :	strictement, au sens précis.
p.p. :	participe passé.	subst. :	substantif ou substantivement.
p.pr. :	participe présent.		
préf. :	préfixe.	syn. :	synonyme (de).
priv. :	privatif.	trad. :	traduit ou traduction de.

5. *Renvois*

Les renvois d'une entrée à une autre se font à l'aide de deux indications différentes : l'abréviation v. (voir, se reporter à) et le signe * (voir au mot marqué de l'astérisque). Un adjectif peut parfois renvoyer au substantif correspondant et inversement, ex. organiciste* invite à consulter l'entrée « organicisme ».

A

Abdère (École d') (cité grecque antique sur la côte de Thrace).
Désigne les philosophes atomistes* du ve siècle avant J.-C. : Leucippe et surtout Démocrite.

Abduction (lat. *abductio*, gr. *apagôgê*. Terme répandu par Peirce).
1. *Log.* Syllogisme dont la majeure est certaine et la mineure (et donc la conclusion) simplement probable.
2. *Épist.* Raisonnement qui remonte de l'observation des données à une hypothèse explicative qui reste conjecturale tant que les conséquences n'en sont pas déduites. Ex. diagnostic, prévision, toute recherche scientifique. *Dist.* induction*.

Aberration (du lat. *aberrare*, s'égarer, se fourvoyer).
Déviation du trajet d'un rayon lumineux provocant des erreurs d'observation. Se dit aussi d'un instinct dont l'activité se pervertit, d'un raisonnement qui perd toute rectitude, etc.

Abolitionnisme (d'*abolition*, milieu du XIXe siècle).
Hist. Mouvement pour l'abolition du commerce des esclaves puis de l'esclavage lui-même. Il est d'abord d'origine religieuse (méthodistes en Angleterre, Quakers aux U.S.A.). Un député anglais, W. Wilberforce, fonde une société pour l'abolition de la traite en 1787 ; en France, la Société des amis des Noirs est fondée en 1787 (abbé Grégoire).

Abondance (lat. *abundantia*, d'*abundare*, d'après *unda*, flot).
Éco. L'idéal d'une société d'abondance est celui de la gratuité de tous les biens, ou du moins des biens de première nécessité (nourriture, logement, vêtement, médecine). Il se retrouve dans toutes les utopies sociales et suppose une réorganisation totale du travail et de la propriété.

Aborigène (lat. *aborigenes*, premiers habitants ; ang. *aboriginal*).
Ethn. *a)* str. désigne les natifs d'un pays au moment de sa découverte et leurs descendants, not. les indigènes d'Australie ; *b)* syn. d'indigène, d'autochtone.

Aboulie (gr. *aboulia*, irréflexion, imprudence, de *boulê*, volonté).
Psy. path. Ralentissement ou impuissance anormale de la volonté, acquise ou constitutionnelle, consciente et ressentie douloureusement, désignant « la suppression de l'action réfléchie, l'impossibilité de donner à l'acte la forme d'une décision » (P. Janet) ; ex. l'aboulie du mélancolique*, du psychasthénique*.

Abréaction (de l'all. *abreagieren*, terme créé par Breuer et Freud).
Psychan. Décharge émotionnelle à retardement d'une tension due à un souvenir traumatisant oublié jusque-là. Grâce à l'abréaction, soit spontanée, soit plus souvent provoquée par une psychothérapie cathartique, le malade,

en se remémorant et en exprimant l'événement traumatique, se libère d'un ensemble d'idées et de sentiments douloureux ; v. *Catharsis*, Défoulement, Narco-analyse.

Absolu (lat. *absolutus*, d'*absolvere*, séparé de, achevé).
Adj. *a)* complet, intégral, sans exception ; ex. nécessité absolue, pouvoir absolu, vide absolu ; *b)* indépendant de tout repère conventionnel : l'espace absolu, le temps absolu considérés comme indépendants des phénomènes qu'ils contiennent ; *c)* simple, évident, au-delà duquel on ne peut remonter : « Le secret de toute méthode consiste à regarder avec soin en toutes choses ce qu'il y a de plus absolu » (Descartes, *Règles pour la direction de l'esprit*, II) ; *d)* parfait, appliqué à Dieu comme être infini.
Subst. **1.** *Méta., Hist.* Depuis la fin du XVIIIe, l'adjectif substantivé désigne la substance, l'être qui a en lui-même sa raison d'être : par ex. Dieu qui, selon Spinoza, est substance unique, infinie, dont toutes choses ne sont que des modes (*Dieu ou nature*). L'*idéalisme* absolu* allemand (Fichte, Schelling, Hegel) est caractérisé par cette quête de l'absolu en opposition à l'*idéalisme transcendantal* (Kant ou Schopenhauer) qui maintient au-delà de la représentation la chose en soi inconnaissable. Le rationalisme* hégélien, réprouvant toute interprétation mystique, voit dans l'absolu non plus un principe premier, mais le résultat d'une construction dialectique, et donc le système même par lequel l'*esprit absolu* prend conscience de lui-même à travers l'art, la religion, la philosophie (*savoir absolu*). Une telle conception idéaliste de l'Absolu sera réfutée et même brocardée par la critique schopenhauerienne ou nietzschéenne, par les divers empirismes ou néo-kantismes, et surtout par les positivistes pour qui absolu est un autre mot pour inconnaissable. **2.** *Cosm.* Indépendant de tout repère conventionnel. *Mouvement absolu* : qui ne peut être référé à un point fixe de l'espace ; *espace absolu* : indépendant des objets qui le remplissent ; *temps absolu* : indépendant des phénomènes qui s'y passent.

Absolutisme (fin XVIIIe siècle).
Pol. Se dit souvent du pouvoir sans limite de l'ancienne monarchie française. Mais le souverain absolu peut être un comité, ou même le peuple en corps.

Abstraction (lat. *abstractio* d'*abstrahere*, tirer de, séparer de).
Psy. a) opération de l'esprit qui isole, pour la considérer à part, un élément d'une représentation qui n'est pas ni ne peut être donné séparément dans la réalité ; ex. la forme d'un objet indépendamment de sa couleur ; *b)* résultat de cette opération : « Un point géométrique est une abstraction de l'esprit » (Voltaire).

Abstrait (p.p. d'abstraire).
1. *Log., Psy.* Opp. concret*, qui constitue une abstraction ; se dit notamment d'une idée* obtenue par abstraction et du terme* qui l'exprime. *Idée abstraite* : celle qui s'applique à une essence considérée en elle-même et qui

est tirée par abstraction* de divers sujets qui la possèdent ; ex. la blancheur, l'orgueil, la sagesse ; *dist.* l'*idée* générale*. Une idée est plus abstraite qu'une autre si elle a une plus grande extension* ; ex. vivant est plus abstrait qu'animal puisqu'il comprend aussi le végétal ; elle est moins abstraite qu'une autre si sa compréhension* est plus grande ; ex. l'animal a tous les caractères qui appartiennent au vivant, mais il a en outre ses propriétés spécifiques.

2. *Hist.* La dialectique hégélienne inverse paradoxalement l'usage habituel d'*abstrait* et de *concret* : le plus abstrait est le plus immédiat de l'expérience sensible, le « ceci » ; le concret, le plus déterminé dialectiquement, le concept.

3. *Esth. Art abstrait* : tout art qui, en peinture ou en sculpture, s'éloigne de l'imitation de la réalité sensible telle qu'elle est communément perçue et privilégie dans un paysage, une nature morte et même dans un portrait, les formes géométriques simples (cube, cylindre, sphère). La représentation subsiste mais devient de moins en moins reconnaissable : une telle abstraction est fréquente dans les arts archaïques ou dits primitifs*, et bien entendu dans les arts décoratifs. On en retrouve des exemples plus ou moins nets dans toute l'histoire des arts (jusqu'à Cézanne, et au cubisme de Picasso et de Braque). L'art abstrait devient *non figuratif* quand la référence à la réalité sensible disparaît pour faire place à un pur jeu de formes et de couleurs, de vides et de pleins. Cet art qui revendique l'abstraction comme telle commence vers 1910 avec Kandinsky, Malevitch, Mondrian, Kupka.

Absurde (lat. *absurdus*, du préf. *ab* et *surdus*, sourd : qui sonne faux, discordant ; qui choque la raison, incohérent, inconséquent).

1. *Log.* Qui viole les normes de la logique, contradictoire ; *dist.* le faux, qui peut ne pas être contradictoire ; ex. l'existence du mouvement perpétuel. *Réduction à l'absurde* : raisonnement qui rejette une assertion en montrant qu'elle aboutit à une conséquence connue comme fausse ou contraire à l'hypothèse de départ ; *démonstration par l'absurde* : celle qui démontre une proposition en prouvant que sa contradictoire* conduit à une conséquence évidemment fausse ; or de deux propositions contradictoires, si l'une est vraie, l'autre est fausse, si l'une est fausse, l'autre est vraie. Ex. pour démontrer que la perpendiculaire est plus courte que toute oblique, on démontre qu'il est absurde de supposer une oblique plus courte que la perpendiculaire. Ce type de démonstration est tout à fait rigoureuse, mais « elle contraint sans éclairer » (Leibniz) ; v. Opposition des propositions.

2. *Hist.* On a appelé philosophes de l'absurde (Kafka, A. Camus, J.-P. Sartre, S. Beckett) les auteurs athées qui insistent sur ce que le monde, la vie, l'existence ont d'inexplicable, d'injustifiable. Ce sont souvent des philosophes de la liberté, des *humanistes*, pour qui l'homme a seul la charge de donner sens à ses actions comme à toutes choses, mais qui n'excluent pas le bonheur (« Il faut imaginer Sisyphe heureux », A. Camus). V. Humanisme.

3. *Esth.* Sorte de comique qui joue sur l'impossibilité évidente de ce qui est dit ou montré (ex. un homme s'appuie sur le mur d'une maison ; au moment où il s'en éloigne, la maison s'écroule).

Académie

Hist. *a)* école philosophique de Platon, ainsi appelée parce qu'il enseignait dans les jardins d'Académos (héros athénien), près d'Athènes ; *b) Nouvelle Académie* : école probabiliste* sceptique, d'Arcésilas (316-241 av. J.-C.) et de Carnéade (215-129 av. J.-C.).

Académisme (d'académique, lat. *academicus*).

Esth. Ensemble de règles de production artistique élaborées, codifiées par une institution, officielle ou non. L'académisme maintient les idéaux traditionnels et en général une certaine qualité de métier, mais au détriment de la nouveauté, de l'invention, du génie personnel.

Acception (lat. *acceptio*, d'*accipere*, recevoir ; prendre dans tel ou tel sens).

Ling. Signification particulière dans laquelle est prise un terme ; ex. dans son acception économique, *flottement* s'applique à la variation de la valeur des monnaies.

Accident (du lat. *accidere*, survenir ou s'ajouter).

1. *Vulg.* Ce qui arrive de façon imprévue, fortuite, que l'événement soit heureux ou plus souvent malheureux.

2. *Méta.* (Opp. essence* ou substance*) ce qui existe non en soi-même mais en une autre chose ; ex. la forme ou la couleur appartiennent à une chose qui subsiste en elle-même ; par suite, ce qui peut être modifié ou supprimé sans que la chose elle-même change de nature ou disparaisse.

3. *Log. form. Sophisme de l'accident* : consiste à conclure d'un caractère accidentel à un caractère essentiel ; ex. définir la matière par l'état solide.

Accommodation (du lat. *accommodare*, ajuster).

Terme utilisé par Piaget pour désigner les ajustements, les transformations des structures psychologiques d'un individu sous la pression de l'environnement.

Acculturation (ang., terme forgé par les anthropologues anglo-saxons).

1. *Anthr., Ethn.* Processus d'intégration d'un individu ou d'un groupe à un milieu culturel étranger, résultant d'un contact direct et prolongé avec celui-ci, et assimilation de ses manières et modèles de vivre, de sentir, d'agir et de réagir ; ex. l'acculturation d'un émigré dans le milieu social américain (« s'américaniser »).

2. *Psy. soc.* Anal. intégration d'un individu à un milieu professionnel.

Achille (Argument de l')

Hist. Argumentation due à Zénon d'Élée (né vers 490 av. J.-C.), visant les héraclitéens et les pythagoriciens et tendant à prouver l'impossibilité métaphysique du mouvement : Achille « aux pieds légers » ne pourra jamais rattraper la tortue partie avant lui, car si, par exemple, la tortue a une avance de dix mètres (point A), quand Achille atteindra ce point, la tortue aura franchi une nouvelle distance (point B), et ainsi de suite ; l'intervalle entre Achille et la tortue sera de plus en plus petit mais jamais nul. Zénon en conclut que le concept de mouvement est contradictoire. Diogène le Cynique se contenta de lui opposer le fait et il prouva le mouvement en marchant. Le calcul infinitésimal (Leibniz) permet de surmonter mathématiquement le paradoxe. Bergson l'a interprété comme une spatialisation indue de la durée.

Acmé (gr. *akmê*, pointe ; plus haut point de force, de puissance, etc.).
Point culminant d'une civilisation, d'une vie, d'un désir, etc.

A contrario (lat. : par le contraire).
Rhét. Argumentation rhétorique selon laquelle des conclusions contraires devraient être tirées d'hypothèses elles-mêmes contraires.

Acosmisme (du gr. *a* priv. et *cosmos*, monde).
Conception selon laquelle la réalité du monde serait illusoire. Hegel a considéré que la doctrine de Spinoza (Dieu c'est-à-dire la nature) était un acosmisme plus qu'un athéisme. V. Panthéisme.

Acousmatique (gr. *acousmatikos*, disposé à entendre).
Hist. S'applique à l'enseignement des disciples de Pythagore qui développaient les aspects religieux et rituels par opposition aux « mathématiciens ». Parfois syn. d'*ésotérique*.

Acquis, adj. et subst. (lat. *acquisitus*, p.p. d'*acquirere*, qui s'est ajouté à la nature).
Adj. *Biol., Psy.* (Ctr. congénital, inné) qui résulte de l'exercice, de l'expérience ou de l'éducation. *Caractères acquis* : ceux qui viennent s'ajouter à la nature d'un être vivant au cours de son existence ; v. Lamarckisme ; opp. caractères innés*.

Acroamatique (gr. *acroama*, leçon orale).
Hist. a) doctrines pythagoriciennes non écrites transmises oralement à un petit nombre de disciples pour les garder secrètes, syn. ésotérique ; *b)* écrits didactiques d'Aristote réservés à ses disciples (Simplicius).

Acte (lat. *actum*, le fait accompli, d'*agere*, agir, faire).
1. *Vulg. a)* tout exercice voulu d'un pouvoir matériel ou spirituel de l'homme ; ex. un acte de violence, un acte de courage ; *b)* résultat de cet exercice.
2. *Hist. (Méta.)* Chez Aristote, (ctr. puissance*) l'être en acte est l'être pleinement réalisé, opp. l'être en voie ou en puissance de devenir (potentialité). Ex. la plante est l'acte de la graine (mais celle-ci reste en puissance tant qu'elle n'est pas mise en terre). *L'Acte pur* : l'Être qui ne comporte aucune puissance ou potentialité et qui est soustrait au devenir, Dieu.
3. *Psychan.* V. acte manqué*, Lapsus.
4. Acte gratuit, v. Gratuit.
5. Acte de langage, v. Langage.

Actif, activité (lat. *activis, activitas*).

1. *Vulg.* Qui agit, qui travaille, qui exerce une profession, qui est porté à l'action (caractère). Se dit aussi des choses (volcan actif). Opp. inactif.

2. *Hist.* *a)* vie active s'oppose à vie contemplative* en particulier dans la tradition chrétienne ; *b)* dans le cartésianisme, actif s'oppose à passif, comme action à passion* ; *c)* une activité essentielle, immanente, caractérise la *monade* leibnizienne.

3. *Épist.* Une *force active* a pour opposé une *force réactive* (v. Réaction). Nietzsche a transposé cette opposition dans sa critique généalogique de la morale pour caractériser le ressentiment*.

4. *Péd.* *Méthodes actives* : méthodes préconisées par l'américain Dewey et le belge Decroly pour susciter l'activité des enfants (ce que ne ferait pas la pédagogie traditionnelle) par le travail en équipes, l'initiative laissée aux élèves pour une activité de découvertes, l'appel aux motivations.

Action (lat. *actio* d'*agere*, agir).

1. *Gén.* Suite continue d'actes ayant un même but, un même résultat : ex. action politique, action syndicale, etc. Action s'oppose à paroles, discours : ex. un homme d'action. Acte et action ont plusieurs sens spécialisés. Ex. un *acte* juridique, une *action* judiciaire, l'action d'une comédie en trois *actes*.

2. *Mor.* Depuis Aristote, se distinguent deux types d'action : l'action qui produit, qui fabrique quelque chose d'extérieur à l'agent, en grec *poiêsis* ; l'action comme comportement qualifié moralement (la *praxis**). Une distinction analogue se retrouve chez Kant entre raison « technique » et raison « pratique ».

3. *Soc.* *Sociologie de l'action.* On appelle ainsi l'ensemble des recherches psychologiques (M. Weber, Simmel, Pareto, T. Parsons, R. Boudon) qui considèrent les forces collectives, les structures sociales, comme des expressions résumées et plus ou moins stables, des effets et non des causes, de multiples actions ou réactions individuelles. Contre l'*holisme** de la tradition sociologique représentée en France par Comte, Durkheim, Lévi-Strauss, elle prend en compte les capacités d'innovation des acteurs sociaux (« individualisme* méthodologique ») par la construction de modèles, de « types idéaux* » (M. Weber).

Actualisation (d'actualiser, XIXe siècle).

1. *Hist. (Méta.)* Passage de la puissance à l'acte* ; on dit aussi *actuation*.

2. *Psy.* Passage de l'état virtuel à l'état réel ; ex. l'actualisation des souvenirs.

Actuel, actualité (lat. *actualis*, actif, pratique).

1. *Vulg.* (Opp. éventuel, passé et futur) qui se passe dans le moment présent, ex. l'époque actuelle, un ouvrage d'actualité.

2. *Hist. (Méta.)* Est dit actuel ce qui est en acte et non en puissance (potentiel, virtuel) ; v. Acte.

3. *Théo.* *Grâce actuelle* : accordée par Dieu comme recours particulier (opp. *grâce habituelle* ou *sanctifiante*, donnée à l'âme de façon permanente).

Adaptation (du lat. *adaptare*, ajuster, adapter, préf. *ad* et *aptare*, attacher).
1. *Psy., Soc.* Capacité d'un individu à se faire admettre dans un milieu social, scolaire, professionnel et à y entretenir des relations normales avec les membres du groupe.
2. *Biol. a)* ensemble des modifications actives ou passives par lesquelles un être vivant se met en harmonie avec ses conditions d'existence ; pour Lamarck, la transformation des espèces se confond avec le processus de l'adaptation ; v. Lamarckisme ; *b)* not. en physiologie, ensemble des mouvements par lesquels un organe s'accommode aux conditions de sa fonction.
3. *Psy.* Anal. acte consistant à inventer la réaction appropriée à une situation nouvelle, appropriation des moyens adéquats à une fin donnée.

Addiction (lat. *addictio*, sens d'abord juridique).
Psy. État de dépendance totale (par ex. d'une drogue). « Conduite addictive ».

Adéquat, adéquation (lat. *adaequatus* d'*adaequare*, rendre égal).
1. *Gén.* Est adéquat ce qui correspond exactement à la réalité, répond bien au but recherché (ex. solution adéquate à une difficulté technique).
2. *Épist.* V. Vérité.
3. *Hist. a)* « Par idée adéquate, j'entends une idée qui, en tant qu'on la considère en soi sans rapport avec son objet, a toutes les propriétés ou dénominations intrinsèques de l'idée vraie » (Spinoza, *Éthique* II, déf. 4) ; *b)* « Lorsque tout ce qui entre dans une définition ou connaissance distincte est connu distinctement jusqu'aux notions primitives, j'appelle cette connaissance adéquate » (Leibniz, *Discours de métaphysique*, § 24).

Ad hoc (lat. : pour ceci).
Rhét., Épist. Une argumentation *ad hoc*, une hypothèse *ad hoc* ne sont introduites que pour rendre compte d'un cas particulier. Leur validité est limitée.

Ad hominem (Argument)
Log. Argument polémique dirigé personnellement contre celui avec lequel on discute et qui peut n'avoir qu'une valeur singulière.

Admiration (lat. *admiratio*, admiration, étonnement, surprise).
Hist. (Psy.) Chez Descartes, « elle est la première de toutes les passions » *(Passions*, 53), qui donne de la force presque à toutes les autres ; elle « est une subite surprise de l'âme qui fait qu'elle se porte à considérer avec attention les objets qui lui semblent rares et extraordinaires » (70). Elle n'a « pas le bien ou le mal pour objet, mais seulement la connaissance de la chose qu'on admire » (71).

Adolescence (lat. *adulescentia*, d'*adulescens*, p.pr. pris adj. d'*adulescere*, croître, grandir).
Psy., Péd. Période de développement de l'être entre l'enfance et l'âge adulte. Sa délimitation dépend de conditions physiologiques, mais aussi sociales, culturelles, historiques (dans la Rome antique, l'*adulescentia* allait de 15 à 30 ans). L'adolescence est marquée par un bouleversement physiologique

(*adolescence pubertaire* ou *primaire*) et par une rupture d'équilibre psychologique et social (*adolescence sociale* ou *secondaire*), qui s'annonce vers 12 ans par l'*âge* ingrat* ou préadolescence, aux négations et affirmations excessives. Elle est caractérisée le plus souvent, de façon plus ou moins accentuée selon les situations sociales, par la *crise d'originalité juvénile* (M. Debesse). Caractérisée par le double refus parfois violent du statut de l'enfant et des rôles de l'adulte, celle-ci peut avoir des conséquences sociales redoutables (formation de bandes, délinquance juvénile).

Adulte (lat. *adultus*).
Soc. L'état adulte est caractérisé par l'adaptation à un rôle social, familial, professionnel. Il correspond à *a)* une capacité d'agir, d'exercer des droits dont l'âge est déterminé par la loi : *majorité* pénale, politique (18 ans en France), opposée à *minorité* ; *b)* à une *maturité* affective, à une personnalité stable, à un sens des responsabilités indépendant de l'âge et qui peut n'apparaître que tardivement. Opp. infantile.

Adventice (lat. *adventitius*, qui vient du dehors).
Hist. (Crit.) Idées adventices : chez Descartes, représentations qui viennent des sens. « Entre mes idées, les unes me semblent nées avec moi (*innatae*) ; les autres être étrangères et venir du dehors (*adventitiae*) ; et les autres, êtres faites et inventées par moi-même (*factitiae*) » (*Méd.* III) ; v. Factice, Inné.

Adversatif (lat. *adversativus*).
Ling. Qui marque une opposition, une restriction (« mais », « encore que »).

Affect, affection (lat. *affectus*, *affectio* d'*afficere*, disposer, affecter).
1. *Gén., Psy.* Les mots français affection, émotion, passion, sont souvent pris l'un pour l'autre en particulier dans les traductions du grec (*pathos*), du latin (*affectus, affectio*), de l'allemand (*Affekt*). Affection s'emploie souvent au sens de trouble de la vie organique, ou même de maladie (par ext. maladie mentale), mais aussi au sens de sentiment tendre. Affect est un néologisme venu de l'allemand.
2. *Hist.* Spinoza : « Par affect (*affectus*), j'entends les affections (*affectiones*) du corps qui augmentent ou diminuent, aident ou contrarient, et aussi les idées de ces affections » (*Éthique* III, définition). L'affect peut donc être passion (tristesse) ou action (joie). La notion d'affect est plus large que celle d'affection.
3. *Psychan.* État affectif pénible ou agréable, plus ou moins qualifié précisément et correspondant à une énergie pulsionnelle (*quantum d'affect*). L'abréaction* suppose la décharge de l'affect liée à la remémoration du souvenir.

Affectif (lat. *affectivus*, d'*afficere*, mettre en une certaine disposition).
Psy. Les phénomènes affectifs sont les phénomènes de la sensibilité en tant qu'ils modifient le moi selon une tonalité agréable ou désagréable (plaisir, douleur, émotions, passions, sentiments). Sont souvent ainsi qualifiés les tendances, inclinations, penchants, désirs qui relèvent plutôt de l'activité.

Affectivité (du lat. *affectivus*, qui exprime un désir, terme forgé sur le modèle d'activité).

Psy. a) fonction générale de la vie psychique, syn. sensibilité*, opp. intelligence, activité ; *b)* ensemble des phénomènes affectifs.

Affinité (lat. *affinitas*, d'*adfinis* ou *affinis*, limitrophe d'où allié, parent).

1. *Dr., Anthr.* Parenté résultant du mariage, syn. alliance.

2. *Gén.* Anal. ressemblance, analogie, rapport.

3. *Psy.* Anal. avec la tendance de certains corps à se combiner (chimie), sympathie ou attraction entre deux êtres résultant d'une harmonie de caractère, de sentiments et d'idées ; cf. *Les Affinités électives* (roman de Goethe).

Affirmation (lat. *affirmatio*, d'*affirmare*, rendre ferme, d'où : donner comme certain).

Psy., Log. a) acte par lequel on énonce un jugement (affirmatif ou négatif) comme vrai et certain ; *b)* produit de cet acte ; ex. une affirmation discutable, *dist.* assertion ; v. Assertorique et Catégorique.

A fortiori (expression lat. : à plus forte raison).

Log. Raisonner *a fortiori*, c'est raisonner en allant du plus au moins, de l'universel au particulier ou du général au spécial ; ex. opposition* des propositions subalternes du type : tout A est B, *a fortiori* quelque A est B, ou : nul A n'est B, *a fortiori* quelque A n'est pas B.

Âge (*Chanson de Roland* : *eage, aage*, du lat. *aetas, aetatis*, âge).

1. *Vulg.* Nombre d'années écoulées depuis la naissance. *Âges de l'homme* : enfance, maturité, vieillesse.

2. *Hist.* Longue période de temps dans l'histoire d'un peuple, d'une civilisation, de l'humanité. Ex. en préhistoire l'âge de la pierre taillée. *Âge d'or* : dans les mythes anciens, débuts supposés heureux et prospères de l'humanité. Lui succèdent dans une longue décadence*, l'âge d'argent, de bronze, de fer. Cette croyance s'accorde souvent avec une conception cyclique de l'histoire. Elle s'est en quelque sorte inversée à partir du XVIIIe siècle en une croyance au progrès* : l'âge d'or serait à venir.

3. *Psy., Péd. Âge mental* : niveau de développement intellectuel atteint par un sujet ; se mesure à l'aide d'épreuves standard, appelées *tests psychométriques*, qui constituent l'échelle métrique de l'intelligence. Si l'enfant ou le préadolescent réussit les épreuves correspondant à son *âge chronologique*, on dit que son *âge mental* ou son *niveau mental* équivaut à son âge réel ; v. Quotient intellectuel.

Agent (lat. scol. *agens*, p.pr. d'*agere*, agir).

Vulg. Celui qui agit (corr. patient) ou ce qui agit (syn. cause).

Agnation, agnat (lat. *agnatio*, parenté du côté paternel).

1. *Hist.* Dans le droit romain, parenté civile (opp. *cognatio*, parenté par le sang).

2. *Soc., Anthr.* Parenté consanguine en ligne paternelle et masculine. La filiation des agnats, individus descendant d'un même ancêtre par les mâles, est dite agnatique ou patrilinéaire.

Agnosie (du gr. *a*, priv., et *gnôsis*, connaissance : manque de connaissance).
Psy. path. Incapacité de percevoir et de reconnaître les objets ou les symboles usuels, les fonctions sensorielles élémentaires restant intactes. Variétés principales : les *agnosies visuelles* portant sur les couleurs ou les formes des objets, celle relative à la lecture (cécité psychique), les *agnosies auditives* portant sur les bruits, la musique, les paroles (surdité psychique) et les *agnosies tactiles* portant sur les formes et l'identification des objets, s'accompagnant de troubles de la kinesthésie.

Agnosticisme, agnostique (termes créés par Th. Huxley, 1896, du gr. *a* priv., et de *gnôstikos*, capable de connaître).
Rel. Doctrine qui rejette dans l'inconnaissable toute thèse, toute croyance d'ordre métaphysique ou relevant de la religion. *Dist.* scepticisme* et athéisme*. Ne pas confondre avec la critique kantienne qui limite la connaissance théorique pour mieux assurer la raison pratique* (foi rationnelle).

Agoraphobie (du gr. *agora*, place publique, et *phobos*, peur).
Psy. path. Névrose consistant en une peur morbide des grands espaces découverts, ou des rassemblements humains ; ex. traverser une grande avenue, se mêler à la foule (opp. claustrophobie*).

Agraphie (du gr. *a* priv., et *graphein*, écrire).
Psy. path. Perte de la capacité des opérations motrices de l'écriture, indépendamment de toute paralysie organique ; v. Apraxie.

Agréable (lat. *gratus*).
Psy. Conforme à ses désirs ou à ses goûts ; v. Plaisir.

Agrégat (lat. *adgregatus*, p.p. d'*adgregare*, adjoindre, associer, réunir).
1. *Gén.* Ensemble d'éléments fixes présentant une certaine cohésion.
2. *Soc.* Anal. terme générique désignant un groupement social quelconque, non nécessairement homogène ni organisé : v. Foule, Masse.

Agressivité (lat. *agressor*, d'*adgredi*, aller vers, attaquer).
Psy., Soc. Elle qualifie des conduites visant à nuire à autrui de quelque façon que ce soit, depuis le meurtre jusqu'à l'insulte et le sarcasme. Elle a été interprétée soit comme endogène (« l'homme est un loup pour l'homme ») et même propre à tout être vivant (thèse du biologiste Konrad Lorenz), soit comme exogène (thèse de la bonté naturelle), et alors comme réponse à une frustration, à des conditions sociales, historiques, insupportables (Rousseau, Marx...). Selon Freud, elle accompagne plus ou moins toute autre pulsion, en particulier sexuelle ; il la rattache finalement à la pulsion de mort*.

Airain (Loi d')
Éco. Expression créée par le socialiste Lasalle (1825-1864) concernant la loi déjà énoncée par Ricardo et reprise par Marx, selon laquelle le salaire du travailleur est réduit au pouvoir d'achat qui lui est strictement nécessaire pour survivre et pour subvenir aux besoins de sa progéniture, destinée à le remplacer. V. Prolétaire, prolétariat.

Aire (lat. *area*, surface, sol uni ; arène ; aire, superficie).
Soc. Région habitée par un groupe social ; ex. une aire de civilisation, étendue géographique où s'observent les phénomènes typiques de cette civilisation.

Alchimie (lat. *alchemia* ; arabe *al Kiymia* ; gr. *khêmia*, magie noire ; égyptien *Kêm*, noir).
Art chimérique, né dans l'Égypte romaine (Ier siècle), qui prétend décomposer les métaux vils (plomb) par calcination, sublimation, distillation pour en combiner autrement les constituants et produire ainsi des métaux précieux (or, argent). Au XVIe siècle, Paracelse introduit trois principes — le sel, le soufre, le mercure — qu'il isole par expérimentation et qui s'adaptent plus ou moins à la théorie aristotélicienne des quatre éléments*. La doctrine alchimique fondamentale est celle des correspondances*, de la sympathie* universelle. L'alchimie qui a persisté jusqu'au XVIIIe siècle a légué à la chimie scientifique proprement dite tout un vocabulaire et des techniques d'expérimentation.

Aléatoire (du lat. *alea*, jeu de hasard).
1. *Gén.* Qui dépend du hasard, fortuit.
2. *Math.* Un événement aléatoire est un phénomène comme tel imprévisible, qui relève du calcul des probabilités et peut être représenté selon un modèle probabiliste.
3. *Psy. soc. Sondage aléatoire* : sondage réalisé sur un échantillon d'individus tirés au sort, qui seul se prête au calcul des probabilités statistiques.

Aléthique (néol. d'après le gr. *alêthês*, vrai).
Log. a) *logique aléthique*, dont les propositions sont exprimées en termes de vérité (et non par ex. d'obligation et d'interdit) ; *b*) modalités aléthiques : la nécessité, la contingence, la possibilité, l'impossibilité.

Alexandrinisme
1. *Hist.* Civilisation grecque d'Alexandrie (ville d'Égypte actuelle) florissante du IIIe siècle avant notre ère au IIIe après J.-C. (philosophie, lettres, arts) ; siège sp. en philosophie du néo-platonisme (Plotin, Porphyre) et de l'alexandrinisme chrétien (Clément d'Alexandrie, Origène).
2. *Esth.* Style raffiné à l'excès, par allusion aux poètes de l'époque alexandrine.

Alexie (du gr. *a* priv., et *lexis*, action de parler, mot, de *legein*, dire).
Psy. path. Incapacité, pour un sujet capable de s'exprimer oralement, de comprendre ce qu'on lui explique et même d'écrire, de reconnaître les mots écrits et de leur donner un sens ; syn. cécité* verbale ; v. Aphasie.

Algèbre (de l'arabe *aldjebr*, mot désignant une opération algébrique).

1. *Math.* Méthode générale de représentation des relations mathématiques : *a*) traitement des problèmes arithmétiques effectués en représentant les nombres connus ou inconnus par des lettres ; *b*) méthode générale de représentation des relations et fonctions mathématiques par des symboles.

2. *Log. Algèbre de la logique* (G. Boole vers 1850) : emploi des symboles littéraux et des signes opératoires de l'algèbre pour traduire, étendre et rendre plus rigoureuses les théories de la logique formelle ou aristotélicienne.

Algorithme (déformation du nom d'un mathématicien arabe du IXe siècle, *Al Kharezoni*).

Épist. Suite de symboles et de règles permettant de résoudre un problème par un nombre fini d'opérations. Les machines à calculer, les automates utilisent des algorithmes.

Aliénation (du lat. *alienus*, d'*alienare*, rendre autre. Le verbe avait les trois sens de vendre, rendre étranger, et perdre la raison).

1. *Dr.* Vente ou don, changement dans le droit de propriété. C'est encore le sens du mot dans le *Contrat social* de J.-J. Rousseau : « Quand chacun pourrait s'aliéner lui-même, il ne peut aliéner ses enfants, ils naissent hommes et libres, leur liberté leur appartient ».

2. *Psy. path.* Trouble mental tel qu'un homme ne se possède plus lui-même, devient étranger au milieu social. L'expression d'*aliénation mentale* n'a plus guère qu'un sens administratif, juridique.

3. *Hist. a*) chez Hegel, l'aliénation correspond à deux mots : *Entaüsserung* (extériorisation) et *Entfremdung* (devenir étranger). Le terme désigne le moment dialectique par lequel l'esprit sort de lui-même, se nie lui-même, devient non seulement autre, mais le contraire de ce qu'il était. Le terme a une signification spéculative très générale, et n'est pas en lui-même péjoratif ; *b*) dans la philosophie de l'histoire et la sociologie d'inspiration marxiste, le terme devient synonyme de dépossession, d'oppression, de perte de sens. L'aliénation politique, philosophique, religieuse, sociale résulte en dernière instance de l'aliénation économique (*lutte des classes*). Le capitalisme « reproduit et éternise les conditions qui forcent l'ouvrier à se vendre pour vivre et qui mettent le capitaliste en état de l'acheter pour s'enrichir » (Marx, *Le Capital*, I, 2-3).

Allégorie (lat. *allegoria*, d'origine gr.).

Esth. Représentation sensible, imagée, d'une idée abstraite. Ex. statue de la justice en femme tenant une balance et une épée. L'allégorie peut être très complexe et se développer dans un récit. Ex. allégorie de la caverne* dans la *République* de Platon. Contrairement au symbole* et au mythe*, l'allégorie apparaît souvent trop concertée, artificielle, intellectuelle, froide (comme dans l'art néo-classique).

Alliance (du lat. *adligare*, attacher, lier à).

1. *Ethn.* Parenté issue du mariage, considérée comme plus importante que la filiation pour rendre compte des systèmes de parenté (Lévi-Strauss).

2. *Pol.* Accord entre États avec ou sans traité formel, pour mener une politique commune dans un domaine déterminé (militaire, commercial…). Par ext. accord entre deux partis, deux entreprises.

Altération (lat. *alteratio*, du gr. *alloiôsis*, changement).

1. *Hist.* Chez Aristote (repris par Hamelin), changement dans l'ordre de la qualité.

2. *Vulg.* Péj. dénaturation, falsification.

Altérité (du lat. *alter*, autre).

1. *Gén.* Caractère de ce qui est autre, opp. identité. L'identité ne va pas sans l'altérité, le Même* sans l'Autre*.

2. *Psy. soc.* Caractère de l'autre en tant que tel (« l'être autre »). Se dit de nos jours de la différence sexuelle, de la différence des cultures.

Altermondialisme (néol. fin XXe siècle).

Mouvement intellectuel et politique qui, sans être hostile à toute mondialisation, refuse que celle-ci soit entièrement subordonnée au libéralisme économique. V. Impérialisme.

Alternative (du lat. *alternare*, faire tour à tour).

Dist. alternance, au sens de deux états de choses revenant périodiquement. Ne pas appeler alternative chacun des termes de l'alternative.

1. *Log. form.* Système de propositions dont une seule est vraie, syn. disjonction.

2. *Gén.* Situation dans laquelle il n'est que deux partis possibles entre lesquels il faut choisir ; *dist.* dilemme*.

Altruisme (du lat. *alter*, l'autre, terme créé par A. Comte pour désigner l'amour d'autrui par opposition à l'égoïsme).

Psy., Mor. a) sentiment d'affection pour les autres qui dispose à se dévouer pour eux ; *b*) *morale altruiste* : doctrine morale qui pose l'intérêt de nos semblables comme but essentiel de la conduite morale.

Ambiance (du lat. *ambiens*, p.pr. d'*ambire*, entourer).

Psy. soc. Influence (euphorisante, contraignante ou déprimante) exercée sur le comportement des membres d'un groupe (famille, groupe de travail) par le climat affectif et l'atmosphère morale qui y règne.

Ambiguïté (lat. *ambiguitas*, double sens, équivoque, d'*ambiguus*, entre deux).

1. *Gén.* Double sens d'un mot ou d'une expression, syn. équivocité, opp. univocité.

2. *Phén., Exist.* (Merleau-Ponty, Sartre, S. de Beauvoir) condition de l'être humain, qui est de ne pouvoir fixer d'avance un sens à son existence. « Il ne faut pas confondre la notion d'ambiguïté et celle d'absurdité. Déclarer l'existence absurde*, c'est nier qu'elle puisse se donner un sens ; dire qu'elle est ambiguë, c'est poser que le sens n'en est jamais fixé, qu'il doit sans cesse se conquérir » (S. de Beauvoir).

Ambivalence (d'abord terme de chimie ; du lat. *ambo*, les deux ensemble).
Psychan. Dans la relation à un même objet (chose ou personne), coexistence de sentiments, de pulsions, de valeurs opposées, essentiellement d'amour et de haine, de vie et de mort.

Âme (lat. *anima*, souffle vital, le masculin *animus* désigne la pensée, l'esprit).
1. *Méta.* Principe de mouvement et de vie, de sentiment et de pensée. Selon les traditions philosophiques ou religieuses, elle est conçue comme corporelle (épicurisme) ou incorporelle, comme mortelle ou survivant au corps. Elle a été attribuée à l'humanité, à chaque individu humain, mais aussi aux animaux, aux végétaux, au monde considéré comme un tout.
2. *Esth.* Sensibilité particulière, sentiment profond propre à un paysage, une époque, une culture, un peuple (ex. l'âme russe dans la musique de Moussorgski, les romans de Dostoïevski). La poésie unit les deux sens : « Objets inanimés, avez-vous donc une âme qui s'attache à notre âme et la force d'aimer ? » (Lamartine, *Harmonies*).
3. *Hist. (Méta.) a*) chez Aristote et chez les scolastiques, on distingue : l'*âme pensante*, l'âme ou partie de l'âme comme principe de la pensée ; l'*âme sensitive* : l'âme ou partie de l'âme en tant que principe de la sensation et de la sensibilité, chez les animaux comme chez l'homme ; l'*âme végétative* : l'âme ou partie de l'âme qui produit surtout la croissance et la reproduction des êtres vivants ; *b*) chez Descartes, l'âme est identifiée à la pensée ou esprit*, les autres parties ou fonctions de l'âme sont renvoyées au corps (*animal-machine*) ; *c*) *âme du monde* : dans la philosophie grecque et dans la philosophie romantique de la nature, principe d'unité et de mouvement « qui soutient la continuité du monde organique et inorganique, et unit toute la nature en un organisme universel » (Schelling).
4. *Théo. Immortalité de l'âme* : croyance selon laquelle l'âme, étant distincte et indépendante du corps, ne peut être sujette à la mort et persiste au-delà de la mort du corps.

Amitié (lat. *amicitia*).
1. *Psy.* Relation affective entre deux personnes, qui les rattache l'une à l'autre sous le signe de l'égalité, avec les mêmes droits et devoirs, quelles que soient les inégalités extérieures, selon le dicton latin *amicitia pares invenit, vel fecit* (l'amitié trouve ou fait des égaux). Dans une formule célèbre, Montaigne insiste sur le caractère inexplicable du sentiment d'amitié : « Parce que c'était lui, parce que c'était moi ».
2. *Pol.* Aristote fait de l'amitié une vertu de bienveillance réciproque fondamentale dans une communauté politique stable. Elle a alors un sens proche de la « fraternité » républicaine depuis le XVIIIe siècle.

Amnésie (du gr. *amnêsia*, oubli, d'*a* priv., et *mnêmê*, mémoire).
1. *Psy. path.* Perte totale ou partielle de la mémoire, survenant souvent à la suite d'un choc physique ou psychique. *Types d'amnésie* : de *fixation*, la

faculté de retenir est abolie ; d'*évocation*, les souvenirs sont enregistrés mais ne peuvent être rappelés à volonté ; de *reconnaissance*, soit des objets (*agnosie**) soit des idées (*réminiscence**) ; de *localisation*, le souvenir ancien est pris pour un souvenir récent ou inversement ; *antérograde*, affectant le passé immédiat, ou *rétrograde*, affectant le passé lointain ; *lacunaire*, ne s'étendant qu'à une courte période ; *systématisée*, portant sur des souvenirs relatifs à un ordre déterminé d'idées.

2. *Psychan.* L'*amnésie infantile* porte naturellement sur les cinq premières années. Freud la rattache à l'évolution du complexe* d'Œdipe.

Amoral, amoralité (comp. du gr. *a*, priv., et du lat. *mores*, mœurs, terme créé par J.-M. Guyau, 1885).

1. *Mor.* Qui n'est pas susceptible d'être qualifié moralement ; étranger au domaine de la morale ; ex. les animaux sont amoraux.

2. *Vulg.* Dépourvu non seulement de moralité mais de sens moral* ; se dit d'un individu qui « n'a même pas conscience des jugements moraux » (Brunschvicg).

Amoralisme (néol. fin XIXe siècle).

Mor. Doctrine qui veut ignorer toute morale. *Dist.* immoralisme.

Amor fati (lat. : amour du destin).

Formule stoïcienne : il faut non seulement accepter mais vouloir, aimer ce qui arrive, qui ne dépend pas de nous mais du *Logos* universel. Expression reprise par Nietzsche pour la pensée de l'Éternel retour.

Amour (lat. *amor*, masc.).

1. *Psy.* En français, les mots aimer, amour s'appliquent à tous les niveaux de la vie affective, depuis le simple plaisir superficiel (amour des fleurs) jusqu'à la passion la plus exclusive (l'amour du jeu). Il peut désigner les formes les plus élevées de la vie morale (amour du prochain, amour de Dieu) aussi bien que les désirs considérés comme les plus bas, en particulier les désirs sexuels. Le problème essentiel est celui de l'unité, de la continuité des désirs sous toutes ces formes. La définition de Descartes dans le *Traité des passions* conjoint une base physiologique (esprits animaux) à l'entendement* et à l'affirmation métaphysique du libre arbitre : « L'amour est une émotion de l'âme, causée par le mouvement des esprits (animaux) qui l'incite à se joindre de volonté aux objets qui lui paraissent être convenables ».

2. *Soc.* L'ensemble des comportements sociaux, esthétiques, culturels qui se rattachent à la sexualité, et sont l'expression idéalisée et caractéristique d'une société et d'une époque. On a ainsi décrit un amour *courtois* (Moyen Âge) et un amour *précieux* (XVIIe), un amour *romantique* (XIXe), etc.

3. *Hist. a*) dès la pensée présocratique, l'amour apparaît comme un principe cosmologique d'affinité universelle. Empédocle oppose ainsi la *philia* à un principe de désordre (*neikos*). Dans le célèbre dialogue du *Banquet*, Platon transpose *Eros*, le désir sexuel, en force universelle qui s'élève de la beauté des corps à la beauté des âmes jusqu'aux réalités divines et intelligibles elles-mêmes. Cette conception de l'amour comme élan ascensionnel de la beauté sensible à la beauté intelligible (beau* en soi), du délire poétique et mystique à la contemplation de l'Idée* (vrai en soi) va marquer toute la tradition philosophique, morale et religieuse occidentale. Freud s'y réfère expressément quand, dans sa première topique, il oppose l'*amour* (pulsions sexuelles) à la *faim* (pulsions du Moi) et, dans la deuxième topique, l'*Eros* (ensemble des pulsions de vie) aux pulsions de mort ; *b*) avec le monothéisme judéo-chrétien, s'introduit une distinction entre l'*Eros* sensible et sensuel et l'*agapê* ou amour charité. D'un côté l'amour *concupiscence* qui est égoïste, captatif, et en fait négation d'autrui ; de l'autre l'amour oblatif qui est don de soi : « Aimer est se réjouir de la félicité de l'autre » (Leibniz). La tradition évangélique fait de l'amour du prochain un commandement fondateur de la morale : « aimez Dieu comme il vous a aimés », et « Dieu tu aimeras et ton prochain comme toi-même ». Mais cela ne va pas sans paradoxes. Les théologiens disputent du « pur amour » mystique. Kant ne voit pas comment l'amour pourrait devenir un impératif. Les diverses pensées antireligieuses, matérialistes, positivistes, le réduisent toujours depuis l'Antiquité à un instinct biologique diversement évolué ou sublimé. V. aussi Sexualité.

Amour-propre

1. *Vulg.* Respect de soi, sentiment de sa dignité personnelle.

2. *Hist.* Chez les moralistes classiques, l'amour-propre caractérise la corruption de la nature humaine. Il est à la source de l'égoïsme. « L'amour-propre est l'amour de soi-même et de toutes choses pour soi » (La Rochefoucauld). Partant de la thèse de la bonté naturelle, J.-J. Rousseau oppose à cet amour-propre, jamais satisfait parce qu'en rivalité avec autrui, « l'amour de soi » qui est « content de la satisfaction de nos vrais besoins ».

Amphibologie (comp. du gr. *amphibolia*, équivoque, et *logos*, langage, discours).

1. *Log.* Équivoque d'une phrase ou d'une proposition pouvant être interprétée en deux sens différents ; ex. : « Pourquoi me regardez-vous comme un sot ? »

2. *Hist.* Dans la *Critique de la raison pure* de Kant, l'amphibologie est la confusion de l'usage empirique et de l'usage transcendantal de l'entendement. La *Monadologie* de Leibniz résulterait d'une telle confusion.

Anagogique (du gr. *anagôgê*, élévation).

Dans l'herméneutique*, le sens anagogique conduit du sensible, du sens littéral, au sens spirituel.

Analogie (gr. *analogia*, proportion mathématique ; correspondance, analogie, d'*analogos*, qui est en rapport avec, proportionnel).

1. *Gén.* Identité de rapports unissant deux à deux les termes de plusieurs couples, ex. « un cheval de bronze ressemble à un cheval, et est analogue à un homme de bronze » (Alain). L'analogie est aux idées ce que la ressemblance est aux images ; l'analogie est à quatre termes, il en suffit de deux pour la ressemblance.

2. *Math.* Str. égalité de rapports unissant deux à deux les termes de plusieurs couples ; ex. A, B, et C, D, qui s'écrit : « A : B : : C : D » et s'énonce : « A est à B comme C est à D ». L'égalité proportionnelle A/B = C/D en est un cas particulier, tel que connaissant la valeur de trois termes, on peut calculer la valeur du quatrième (calcul de la *quatrième proportionnelle*) ; ex. d'analogie mathématique : entre la troisième puissance d'un nombre et le cube géométrique, entre les sections coniques et l'équation générale du second degré, entre une tangente et une dérivée, etc.

3. *Épist.* Identité de rapports entre des êtres ou des phénomènes : *a*) *Phys.* analogie entre chute et gravitation ; *b*) *Biol.* analogie entre la baleine et la vache, opp. ressemblance entre la baleine et le marsouin ; analogie entre la respiration et la combustion, ressemblance avec le vent. *Raisonnement par analogie* : str. inférence fondée sur la définition de caractères communs ; ex. un corps subit dans l'eau la poussée dite d'Archimède, il doit la subir dans l'air ; ces caractères communs à l'eau (liquide) et à l'air (gaz) définissent le fluide. Les découvertes scientifiques consistent souvent dans l'aperception d'une analogie, c'est-à-dire d'une identité foncière entre deux phénomènes sous la diversité des apparences ; ex. celle de la foudre et de l'étincelle électrique par Franklin.

4. *Méta., Hist. a*) *analogie de l'être.* En philosophie scolastique, relation de ressemblance entre des êtres différents (Dieu et la créature, l'homme et l'animal…) qui rend cependant possible des désignations communes : Dieu et les créatures ont en commun d'être, d'agir, etc. ; *b*) *analogies de l'expérience.* Chez Kant, application de la catégorie de la relation à l'expérience dans le temps. Il en résulte trois règles : celle de la permanence de la substance, celle de la succession (principe de causalité), celle de l'action réciproque (simultanéité).

Analyse (gr. *analusis*, d'*analuein*, délier, résoudre un tout en ses parties).

1. *Log., Épist.* Opp. synthèse*, décomposition d'un tout en ses éléments constitutifs, *dist.* division*. L'analyse peut être réelle comme en chimie (ex. la décomposition de l'eau en hydrogène et oxygène) ou mentale comme la distinction classique de l'âme en facultés : intelligence, sensibilité, activité.

2. *Vulg.* Procédé par lequel on fournit l'explication raisonnée d'un ensemble complexe : ex. l'analyse historique de la Révolution française, d'un roman, d'une composition musicale.

3. *Math. a*) chez les Grecs, méthode consistant 1) pour la solution des problèmes, à supposer le problème résolu et à remonter de là à un principe dont la solution supposée soit la conséquence nécessaire ; 2) pour la démonstration d'un théorème, à supposer la conclusion prouvée et à remonter de là à une proposition connue et tenue pour certaine ; *b*) auj., par opp. à l'algèbre élémentaire, désigne les disciplines mathématiques qui étudient les relations de dépendance existant entre diverses grandeurs (calcul infinitésimal, théorie des fonctions, théorie des ensembles, etc.).

4. *Psy. métr. Analyse factorielle** : technique mathématique de psychométrie introduite par le psychologue anglais Spearman. Elle détermine des comportements fondamentaux ou *facteurs* à partir des corrélations établies entre les variations des résultats de séries de tests. Il se dégage ainsi un facteur G, dit d'intelligence générale et des facteurs S d'aptitudes particulières. La difficulté de l'interprétation est dans l'établissement de la hiérarchie des facteurs.

5. *Psy. soc. Analyse de contenu* : examen objectif, exhaustif, méthodique et, si possible, quantitatif d'un matériel soit verbal, information ou texte (vocabulaire, syntaxe, style, thèmes, etc.), soit non verbal (image, affiche, gestes, attitude, mimique, voix, etc.) en vue d'en classer et d'en interpréter les éléments ; ex. étude d'un article, d'un ouvrage, dépouillement d'un journal, d'une enquête sociale, etc.

6. *Phil. Analyse réflexive* (Lagneau) : v. Réflexif.

7. *Psychan.* Syn. de cure psychanalytique ; analyste : syn. de psychanalyste.

Analytique, adj. et subst. (gr. *analutikos*).

Adj. **1.** *Log.* Opp. synthétique, qui procède par analyse. *Jugement* analytique* (opp. jugement synthétique*) : celui dont l'attribut appartient nécessairement à l'essence ou à la définition du sujet ; ex. les corps sont étendus. **2.** *Math.* Méthode analytique ; v. Analyse. **3.** *Philosophie analytique.* Devenue dominante dans les pays de langue anglaise, elle apparaît au début du XXe siècle, à la suite des travaux de Wittgenstein, B. Russel, et du « cercle de Vienne » (v. *Positivisme logique*). Radicalement opposée à l'idéalisme, à la dialectique et aux philosophies allemande et française d'inspiration phénoménologique, elle est caractérisée par le rejet des énoncés métaphysiques considérés comme vides de sens, l'attention quasi exclusive portée aux faits de langage, qu'il s'agisse du langage scientifique ou formalisable, ou bien de la langue commune. Dans la seconde moitié du XXe, la philosophie analytique s'est beaucoup diversifiée, jusqu'à sembler parfois revenir aux questions métaphysiques traditionnelles après un travail de clarification.

Subst. *Hist. a) Log.* chez Aristote, partie de la logique qui traite de la démonstration *(Premiers et Seconds Analytiques*, 3e partie de l'*Organon)* ; *b) Crit.* chez Kant, dans la *R. pure*, partie de la logique transcendantale dite *analytique transcendantale*, qui a pour objet « la décomposition de notre connaissance *a priori* dans les éléments de la connaissance pure de l'entendement », c.-à-d. les *catégories**.

Anamnèse (gr. *anamnêsis*, action de rappeler à la mémoire ; souvenir).

1. Chez Platon, l'anamnèse est liée à la métempsychose* ; l'âme retrouve en elle-même la vérité qu'elle détenait déjà, les connaissances acquises dans une vie antérieure alors qu'elle contemplait le monde des Idées.

2. *Psychan.* En surmontant l'amnésie infantile, la méthode *cathartique** permet la réapparition des souvenirs traumatiques et leur maîtrise. Cependant Freud découvre l'importance des phantasmes qui s'interposent entre le passé vécu et les souvenirs évoqués et c'est d'abord sur ces phantasmes que va porter l'analyse.

Anarchie (gr. *anarchia*, absence de chef, d'*a*, priv., et *archê*, commandement).

1. *Pol.* Absence d'État, de pouvoir politique dans une société.

2. *Vulg.* Ext. inorganisation ou désordre, de fait ou volontaire, dans un groupe (armée, entreprise, service, etc.).

Anarchisme (début XIXe siècle).

Pol. Doctrine politique reposant sur le postulat que les hommes sont par nature bons et sociables et que l'organisation des masses en communautés est *spontanée*, rejetant en conséquence toute intervention de l'État* et se donnant même pour but sa destruction pour le remplacer par la libre association (ou fédéralisme*) toujours réversible entre les individus (Bakounine). Également hostile à la religion, autre forme d'autorité et d'oppression étroitement liée à l'État, elle prône une entière liberté de pensée et d'action (courant libertaire*) : « Ni Dieu, ni maître, chacun n'obéit qu'à sa propre volonté » (J. Grave). Reposant sur le principe selon lequel « tout gouvernement corrompt », l'anarchisme récuse tout contrat social et cherche une solution dans la libre association de petits propriétaires producteurs (Proudhon) ou dans un communisme (Kropotkine).

Anarcho-syndicalisme

Mouvement apparu en France à la fin du XIXe siècle, qui associe un idéal anarchiste à la politique syndicale et refuse de lier cette action à un parti politique (Pelloutier, G. Sorel).

Anarthrie, v. Aphasie.

Anatomie (du gr. *anatomê*, dissection, d'*anatemnein*, couper, disséquer).

Biol. Étude de la structure des êtres vivants, *dist.* physiologie.

Ancien (bas lat. *anteanus*, d'*ante*, avant).

Adj. et subst. au sens particulier mais usuel : qui appartient à l'Antiquité gréco-romaine. Querelle des Anciens et des Modernes. V. Moderne.

Âne (de Buridan)

Méta. Exemple attribué au philosophe médiéval Buridan (vers 1300-1366) pour illustrer la liberté d'indifférence : un âne, ayant également faim et soif et placé à égale distance d'une botte de foin et d'un seau d'eau, se laisserait mourir dans l'incapacité de choisir entre l'une et l'autre.

Angélisme (du lat. eccl. *angelus* ; gr. *aggelos*, messager).

Gén. Attitude philosophique qui consiste à faire de l'homme un « ange », c.-à-d. un esprit pur et désincarné. Montaigne dénonce ceux qui « veulent se mettre hors d'eux, et échapper à l'homme ; c'est folie ; au lieu de se transformer en anges, ils se transforment en bêtes, au lieu de se hausser, ils s'abattent ». *Cf.* Pascal : « L'homme n'est ni ange ni bête, et le malheur veut que qui veut faire l'ange fait la bête » (*P.* 358).

Angoisse (lat. *angor*, d'*angere*, serrer, étrangler).

1. *Psy.* Réaction de détresse, forte émotion devant un danger indéterminé ou peu déterminé, mais ressenti comme imminent, imparable et mettant la vie en question. Elle est accompagnée de divers phénomènes somatiques (sensation d'étouffement, accélération du pouls, sueur, etc.). Le terme d'*anxiété* est utilisé en général pour une réaction seulement psychologique et d'un degré plus faible. *Dist.* peur.

2. *Psychan.* « L'acte de *naissance* est la première expérience de l'angoisse et constitue aussi la source et le prototype de l'affect d'angoisse » (Freud, *L'Interprétation des rêves*). La *névrose d'angoisse* est interprétée comme accumulation de la libido* sans possibilité d'élaboration psychologique suffisante.

3. *Méta.* L'angoisse est introduite comme tonalité affective fondamentale propre à l'existence humaine authentique*, d'abord par Kierkegaard puis par les philosophies de l'existence (Jaspers, Heidegger, Sartre...). Elle est liée au thème de la finitude* humaine, de la déchéance, de la contingence et de la mort* mais aussi de la liberté comme choix des possibles qui ne seront plus. « L'angoisse se distingue de la peur d'être au monde par ceci que la peur est peur des êtres au monde et que l'angoisse est peur devant moi » (Sartre).

Anhypothétique (gr. *anhupotheton*, non présupposé).

1. Adj. Se dit d'un principe premier qui n'est subordonné à aucun autre ; ex. chez Aristote le principe de contradiction. Syn. inconditionné.

2. Subst. *Méta.* Principe ontologiquement le plus élevé, nécessairement présupposé au fondement de toutes choses, et ce à quoi tous les êtres aspirent ; dans la *République* de Platon, l'idée de Bien ; chez Aristote, le premier moteur non mû ; chez les néo-platoniciens, l'Un.

Anima, animus (lat., v. Âme).

Psychan. Chez Jung, image-archétype* constituant *a*) dans l'inconscient de l'homme, les éléments complémentaires de sa masculinité *(anima)* ; ex. Dionysos, Siegfried ; *b*) dans l'inconscient de la femme, les éléments masculins complémentaires de sa féminité *(animus)* ; ex. la Béatrice de Dante.

Animal, subst. et adj. (lat. *animal*, être animé, d'*anima*, souffle vital).

1. *Biol.* (Opp. végétal) être vivant doué de motilité et de sensibilité, et ne pouvant se nourrir directement d'éléments minéraux. En ce sens, il est incontestable que l'homme est un animal, même sans faire intervenir une théorie de l'évolution. La « bête » est l'animal hors de l'homme.

2. *Méta.* Rapport de l'homme et de l'animal. Tout homme a en lui-même l'animalité. Mais qu'il se définisse comme un vivant doué de raison introduit-il une rupture, une différence spécifique décisive ? Un dualisme de type cartésien fait de l'homme l'union d'une âme au sens d'esprit, de raison dont l'animal est dépourvu, et d'un corps (réduit ou non à une *machine*). Le critère généralement avancé est celui du langage articulé proprement humain. Mais la psychologie* animale reconnaît aux animaux un langage au sens élargi, une capacité

de communiquer par signes. La rupture entre l'homme et l'animal a été récusée par les matérialismes, divers évolutionnismes, les philosophies de la vie.
3. *Mor.* L'expérience de la souffrance animale, même en dehors de tout anthropomorphisme, induit chez l'homme des sentiments de pitié* et des préceptes d'ordre moral ou religieux (pensées de l'Inde, mais aussi présentes dans l'Ancien Testament). Des penseurs comme J.-J. Rousseau et Schopenhauer ont insisté sur ce point. Que l'homme ait des *devoirs* envers les animaux est très généralement admis. Mais l'animal peut-il être considéré comme sujet de *droit*, entrer dans un ordre moral et *juridique* à son insu ?

Animisme (v. Âme).
1. *Hist. (Méta.)* Doctrine, reprise d'Aristote par les scolastiques, selon laquelle l'âme est le principe de la vie organique comme de la pensée. Rejeté par le dualisme cartésien, il réapparaît à la fin du XVIIIe (Stahl). V. Vitalisme.
2. *Soc., Ethn.* Croyance ou religion selon laquelle la nature est régie par des âmes ou esprits, analogues à la volonté humaine. V. État théologique (A. Comte), Mythologie.

Anomal, anomalie (gr. *anômalos*, non uni, irrégulier, d'*an* priv., et *omalos*, uni).
Épist. Qui s'écarte de la règle générale ; caractère de cet état irrégulier. *Dist.* anormal, anormalité. L'anomalie n'est pas elle-même pathologique.

Anomie (comp. du gr. *a.* priv., et *nomos*, loi, absence de loi, terme créé par Durkheim).
Mor., Soc. Absence de loi fixe ou absence d'organisation, dérèglement pouvant entraîner un malaise et une crise de solidarité entre les membres d'une société.

Anormal (du gr. *a.* priv., et du lat. *norma*, règle).
1. *Gén.* contraire à la norme, à la règle, d'où irrégulier par rapport au type ou à l'espèce. Souvent syn. de pathologique.
2. *Soc.* Qui s'éloigne des usages les plus généralement approuvés dans une société donnée.

Antécédent (lat. *antecedens*, p.pr. d'*antecedere*, précéder).
Épist. a) dans les sciences expérimentales, phénomène ou fait qui précède un autre fait, en particulier l'antécédent constant lié au conséquent par une relation invariable ou loi ; *b*) au plus, dans les sciences humaines, not. en psychologie pathologique, particularités héréditaires ou événements du passé personnel servant à expliquer les anomalies psychiques d'un individu donné.

Anteprédicatif (comp. du lat. *ante*, avant et de prédicatif).
Adj. *Phén.* Antérieur au jugement de prédication ; et généralement à toute formulation réfléchie.

Anthropique (gr. *anthrôpikos*, humain).
Épist. Principe anthropique. Principe finaliste selon lequel la constitution de l'univers doit être comprise comme évoluant vers la production d'un être

intelligent. Il s'appuie sur l'argument (très contestable) de la très faible probabilité qu'aient été réunies les conditions d'apparition de l'homme.

Anthropocentrisme (comp. du gr. *anthrôpos*, homme, et du lat. *centrum*, centre).

Phil. État d'esprit ou doctrine qui fait de l'homme le centre de l'univers et le considère comme la fin à laquelle tout le reste, soleil, végétaux et animaux, est subordonné.

Anthropologie (du gr. *anthrôpos*, homme, et *logos*, science).

Dans ses diverses acceptions, le mot s'applique, depuis le XVIe s., à des disciplines distinctes et son sens est mal fixé.

1. *Biol.* *a*) *anthropologie physique* : ensemble des sciences naturelles qui étudient l'homme en tant qu'animal, recherches paléontologiques et théories relatives aux origines morphologiques de l'homme ; *b*) plus particulièrement, étude des caractères morphologiques des différentes races humaines.

2. *Anthr.* *Anthropologie culturelle* : expression d'origine anglo-saxonne ; discipline englobant l'ethnographie* et l'ethnologie* et ayant pour objet l'étude des diverses cultures et leur comparaison. *Anthropologie structurale* : application du structuralisme et de ses méthodes à l'anthropologie culturelle, introduite en France par Cl. Levi-Strauss après 1945. V. Structure, Structuralisme.

3. *Hist. (Phil.)* *Anthropologie philosophique* (Kant) : « connaissance pragmatique de ce que l'homme, en tant qu'être de libre arbitre, fait ou peut ou doit faire de lui-même » ; elle a pour sources l'histoire, les biographies, et même le théâtre et le roman. On appelle de nos jours *anthropologie philosophique* une synthèse des résultats des sciences dites humaines permettant de caractériser l'homme comme être au monde et par rapport à l'animal (M. Scheler).

Anthropomorphisme (comp. du gr. *anthrôpos*, homme et *morphê*, forme, déjà chez d'Holbach, 1770).

1. *Gén.* Tendance à étendre à tous les êtres, spécialement aux animaux, les manières de sentir, de percevoir, de réagir qui sont propres aux hommes. C'est un obstacle important, et jamais tout à fait surmonté, à la compréhension et à l'étude des comportements animaux.

2. *Esth.* Représentation sous forme humaine des dieux du polythéisme ou du Dieu du monothéisme ; v. Zoomorphisme. Un interdit religieux frappe la représentation de Dieu dans le monothéisme juif ou islamique. V. Iconoclasme.

3. *Méta., Hist.* La critique philosophique n'a pas cessé de dénoncer l'anthropomorphisme. Déjà le présocratique Xénophane disait que « les Thraces voient leurs dieux avec des yeux clairs et des cheveux roux ». Descartes, Spinoza réduisent l'explication de la nature par la finalité à un anthropomorphisme. Pour Nietzsche, c'est la rationalité scientifique tout entière qui est anthropomorphique.

Anthropophagie, v. Cannibalisme.

Anticonformisme (néol. milieu du XXe siècle).
Psy. soc. Attitude d'opposition et de négation de la part d'individus ou de groupes à l'égard des opinions, normes, valeurs dominantes de la société à laquelle ils appartiennent. Si cette attitude est systématique, elle aboutit à la formation de groupes anticonformistes établissant pour leurs membres des contre-normes auxquelles ils se conforment.

Antilogie, antilogique (gr. *antilogia*, *antilogikos*, contradictoire).
Hist. Débat contradictoire, procédé utilisé par des *sophistes*, des *sceptiques*. Exercice dialectique chez les *péripatéticiens*.

Antinomie (gr. *antinomia*, contradiction entre des lois dans leur application pratique).
1. *Hist. (Crit.) Antinomie de la raison pure* : contradiction entre deux propositions dans laquelle tombe la raison lorsqu'elle prétend, dans la *cosmologie rationnelle**, dépasser l'ordre des phénomènes et atteindre l'absolu ; les deux propositions, dites *thèse* et *antithèse*, s'appuient sur des arguments d'égale puissance. Les antinomies se résolvent par leur double rejet comme faisant de l'espace et du temps des réalités en soi ; ex. thèse : le déterminisme des phénomènes de la nature n'est pas absolu et il y a des causes libres ; antithèse : il n'y a pas de liberté, tout arrive selon des lois naturelles (*R. pure*, Dial., l. II).
2. *Vulg.* Notion souvent étendue à toute contradiction fondamentale.

Antipsychiatrie (néol. comp. du gr. *anti* et de psychiatrie).
Psychia. Mouvement intellectuel, d'ailleurs assez divers, apparu dans les années 1960, qui cherche l'origine des troubles mentaux, d'abord dans les contradictions et les contraintes familiales, sociales, institutionnelles, et qui va jusqu'à remettre en question la notion même de maladie mentale (D. Laing, F. Guattari, F. Basaglia).

Antiracisme (néol. comp. du gr. *anti* et de racisme, milieu du XXe siècle).
Soc. Organisation de la lutte contre toute manifestation de racisme par l'éducation, l'information, l'action judiciaire et politique.

Antisémitisme (néol. introduit par Drumont en 1891, de Sem, fils de Noé).
Soc. Sentiment d'hostilité à l'encontre des juifs, de leur religion, de leur communauté ; *dist.* racisme*, bien que les deux termes soient souvent associés. Il peut s'accompagner de violences verbales ou physiques, individuelles ou collectives (pogrom). Historiquement, il a inspiré des politiques de discrimination, de bannissement, d'extermination depuis l'Antiquité jusqu'à nos jours.

Antithèse (gr. *antithesis*, opposition).
1. *Log.* Opposition de contradiction* entre deux termes ou propositions. Ext. opposition* de contrariété. En rhétorique, l'antithèse est utilisée comme figure de style.

2. *Hist.* *a*) dans la dialectique transcendantale* de Kant, proposition contradictoire de la thèse. V. Antinomie ; *b*) dans la dialectique hégélienne, qui procède par négation, deuxième moment négatif, lui-même surmonté par la synthèse* (négation de la négation).

Antitypie (gr. *antitupia*, résistance).
Hist. Syn. impénétrabilité, impossibilité pour un corps d'occuper le même espace qu'un autre corps (Leibniz) ; chaque partie de l'étendue reste extérieure aux autres (*partes extra partes*).

Anxiété (lat. *anxietas*, d'*angere*, serrer, étrangler ; gr. *agchein*, étrangler).
V. Angoisse.

Apagogique (Raisonnement) (du gr. *apagôgê*, action d'emmener ; réduction à l'absurde).
Log. Syn. de raisonnement par l'absurde*.

Apathie (gr. *apatheia*, insensibilité, d'*a*, priv., et *pathos*, manière d'être affecté).
1. *Hist.* *(Mor.)* *a*) chez Pyrrhon, état d'indifférence qui n'offre aucune prise et constitue le souverain bien ; *b*) chez les stoïciens, état de l'âme atteint par la volonté et qui la rend inaccessible au trouble des passions (*ataraxie**) et insensible à la douleur.
2. *Psy. path.* Indifférence et passivité affective avec disparition de toute initiative et activité ; souvent symptôme de schizophrénie.

Aperception (terme créé par Leibniz).
1. *Psy.* Acte par lequel la conscience saisit son objet interne ou externe (jugement, mémoire, imagination, perception).
2. *Hist.* *(Crit.)* *a*) chez Leibniz, prise de conscience réfléchie par les monades douées de raison des choses qui les entourent : « Il est bon de faire la distinction entre la perception, qui est l'état antérieur de la monade représentant les choses externes, et l'aperception, qui est la conscience ou la connaissance réflexive de cet état antérieur » ; s'oppose aux « petites perceptions », qui ne sont pas conscientes et dont l'ensemble produit l'aperception ; *cf.* l'ex. des vagues de la mer dont le bruit est « aperçu » par la sommation des petits bruits de chacune des vagues (*N.E.*, Avant-propos) ; *b*) chez Kant, conscience de soi, soit *aperception empirique*, qui accompagne toute connaissance du réel, soit *aperception transcendantale** ou *Je Pense*, principe suprême du moi*, qui confère l'unité au divers de la pensée (*unité originairement synthétique de l'aperception)* (*R. pure*, Anal., l. I, et II, 2e sect.) ; *c*) chez Maine de Biran, aperception immédiate : acte par lequel le moi se saisit comme cause et comme sujet dans le fait ressenti de l'effort*.

Aphasie (gr. *a*, priv., et *phasis*, parole : impuissance à parler).
Phy. path. Perte totale ou partielle des fonctions du langage sans lésion ni paralysie des organes de la phonation ; elle concerne soit la fonction de

l'expression verbale (*apraxie** ou *anarthrie**, trouble moteur dans l'articulation des mots), soit celle de compréhension (*agnosie**) du langage parlé (*surdité verbale*) ou écrit (*cécité verbale*).

Apodictique (gr. *apodeiktikos*, démonstratif, d'*apodeixis*, action de montrer ; démonstration).

Crit. Qui est nécessaire en droit. Une *proposition apodictique* est une proposition nécessairement vraie, soit évidente par elle-même, soit démontrée par un raisonnement déductif ; ex. toutes les vérités mathématiques sont des propositions apodictiques ; *dist. assertorique* et *problématique*. V. Modalité.

Apollinien, apollinisme (d'après le nom du dieu grec Apollon).

1. *Hist.* Dès son premier ouvrage, *La Naissance de la tragédie*, Nietzsche oppose l'apollinien (la mesure, l'équilibre, le rationnel) et le dionysiaque (l'ivresse, la démesure, la création et la destruction) : « Par le mot d'apollinien est exprimé un élan vers un être pour soi accompli, une individualité caractérisée, vers tout ce qui rend unique, ce qui met en relief, renforce, distingue, élucide, caractérise la liberté sans loi » (*Fragments* de 1885). V. Dionysiaque. De ces deux forces créatrices (artistes) de la nature est née la tragédie attique.

2. *Esth.* Après Nietzsche et au-delà de ses analyses, les termes d'apollinien et de dionysiaque sont souvent utilisés comme catégories esthétiques générales appliquées à toutes sortes d'œuvres et de périodes de l'art.

Apologétique (gr. *apologetikos*, propre à défendre, d'*apologia*, défense, justification).

Théo. Désigne, sous sa forme négative, la partie de la théologie qui a pour objet de défendre la foi contre toute attaque ; sous sa forme positive, la partie de la théologie qui vise à établir, par des arguments historiques et rationnels, le fait de la Révélation chrétienne.

Apophantique, adj. et subst. (gr. *apophantikos*, qui affirme, d'*apophainein*, faire connaître, montrer).

Adj. *Log.* Qui déclare par une assertion pouvant être soit affirmative, soit négative : « La première espèce de discours apophantique, c'est l'affirmation ; la seconde, c'est la négation » (Aristote).

Subst. *Log.* Théorie logique des jugements et des propositions, not. chez Aristote.

Aporie (gr. *aporia*, impasse, absence d'issue).

Dans les dialogues de Platon, moment d'incertitude, conscience de non-savoir, étape capitale de la discussion. Les dialogues dits aporétiques s'achèvent sur un constat d'ignorance. Chez Aristote, toute science commence par un exposé aporétique de deux thèses opposées et également raisonnées.

A posteriori (expression latine).

Log., Crit. Ctr. *a priori*. Postérieur à l'expérience, qui ne peut être affirmé qu'en vertu de l'expérience ; ex. le phosphore fond à 44 degrés.

Apotropaïque (du gr. *apotrepein*, détourner).
Se dit d'un signe ou d'un symbole, de tout objet qui est supposé écarter les malheurs, les accidents, les maladies.

Appareil (lat. pop. *appariculum*, d'*apparare*, préparer).
En tout domaine, l'appareil se caractérise par une complexité de moyens au service d'une ou de fonctions déterminées, en technologie (ex. appareil photo), en physiologie (appareil respiratoire), en sociologie (l'appareil de l'État). Par anal., Freud parle d'appareil psychique (structure des trois instances*).

Apparence (de l'anc. verbe *apparoir*, lui-même du lat. *apparere*, apparaître).
1. *Vulg.* Aspect peu sûr ou trompeur d'une chose. Opp. Réalité.
2. *Épist.* L'expérience sensible immédiate, distinguée de la théorie scientifique qui l'explique ; par ex. le mouvement apparent du soleil autour de la Terre.
3. *Méta.* Le *phénomène* opposé à l'être qui apparaît dans le phénomène. *a*) Platon : le monde des réalités sensibles distingué du monde des réalités intelligibles ou Idées ; *b*) dans l'idéalisme transcendantal (Kant, Schopenhauer), le phénomène, la représentation, distinguée de la chose en soi ; *c*) la phénoménologie refuse cette dualité : l'être d'une chose n'est rien d'autre que ce qu'elle paraît : « aller aux choses mêmes » (Husserl).

Apparition (lat. *apparitio*, d'*apparere*, apparaître).
1. *Gén.* *a*) manifestation d'un phénomène, d'un symptôme. Ex. apparition d'un astre au-dessus de l'horizon, apparition d'une épidémie, etc. ; *b*) survenue d'une personne qui se montre. Ex. apparition d'un acteur sur scène ; *c*) *apparition surnaturelle* : se dit d'un dieu, d'un saint, de la Vierge, de la Trinité, quand ils se rendent visibles aux humains ; *d*) fantôme, illusion : le mot devient alors syn. d'apparence.
2. *Hist.* L'allemand de Kant distingue *Schein* (apparence, illusion) et *Erscheinung* (apparence, phénomène). Mais le même mot *Erscheinung* correspond aussi à la réalité phénoménale en tant qu'elle se manifeste, qu'elle est donnée dans l'immédiateté de l'expérience sensible. Le terme se retrouve en ce sens chez Hegel (*Phénoménologie de l'esprit*) et chez Husserl et les phénoménologues.

Appartenance (du lat. *adpertinere*, être attenant à).
1. *Log. form.* Relation logique entre un sujet x et la classe A dans l'extension de laquelle il entre ; le signe de l'appartenance est $\in$: on écrit : $x \in A$, ce qui s'énonce : x est un A.
2. *Psy. soc.* Groupe d'appartenance ; v. Groupe.

Appétit, appétition (lat. *appetitio* ou *appetitus*, désir, penchant naturel, d'*appetere*, chercher à atteindre, désirer, convoiter).
1. *Hist.* *a*) chez les scolastiques, *appétit concupiscible*, celui où domine le désir ; on y rattache l'amour et la haine, l'attrait et l'aversion, la joie et la

tristesse ; *appétit irascible*, celui où domine la colère ; on y rattache le courage et la crainte, l'espérance et le désespoir ; *b*) chez Spinoza, effort de chaque chose pour persévérer dans son être ; *c*) chez Leibniz, appétition désigne la tendance de toute monade*, même inférieure, à l'action, qu'il définit « l'action du principe interne qui fait le changement ou le passage d'une perception à l'autre ».

2. *Psy.* Inclination ayant pour objet immédiat le bien-être de l'organisme et étroitement liée à une fonction : faim, soif, envie de dormir, besoin de mouvement, désir sexuel.

Application (lat. *applicatio*).

1. *Gén.* *a*) passage d'un principe, d'une théorie, d'une loi générale à un cas particulier (ex. application du code de la route par un tribunal) ; *b*) conséquences techniques, industrielles, commerciales tirées d'une découverte scientifique. En ce sens on oppose couramment la recherche scientifique dite *fondamentale* et la recherche *appliquée* ; on affirme aussi souvent, sans autres preuves que quelques exemples historiques, que toute théorie purement scientifique trouvera toujours une application utilitaire.

2. *Épist.* Appliquer est faire correspondre étroitement deux théories scientifiques (comme on applique deux surfaces l'une sur l'autre). C'est ainsi que la géométrie analytique naît de l'application de l'algèbre à la géométrie, ou plus généralement que la physique mathématique est l'application des mathématiques à la physique.

Appréhension (lat. *apprehensio*, acte de saisir physiquement ou intellectuellement).

1. *Vulg.* *a*) arrestation (d'un délinquant) ; *b*) sentiment de crainte.

2. *Hist.* Dans la pensée médiévale, saisie par l'intellect, activité de connaissance. Chez Kant, synthèse dans l'unité d'une intuition empirique. Terme repris par la phénoménologie.

Apprentissage (d'un anc. adj. *apprentif*, *apprentisse*).

1. *Vulg.* Prop. acquisition par la pratique d'un métier manuel sous la direction d'un artisan ou d'un ouvrier expérimenté.

2. *Psy.* Acquisition de savoir-faire et de savoirs sous l'effet de l'expérience méthodiquement guidée. Dans quelle mesure s'explique-t-il par un conditionnement de réflexes, de réponses à des stimuli (behaviorisme*) ou bien faut-il faire intervenir des activités purement mentales (psychologie cognitive, v. Cognitivisme) ?

Apraxie (comp. du gr. *a.* priv., et *praxis,* action).

Psy. path. Trouble de l'activité motrice volontaire, indépendant de toute paralysie, pouvant aller jusqu'à l'incapacité d'exécuter correctement au commandement des actes habituels ; ex. de se servir d'un couteau ou d'accomplir les mouvements de l'écriture *(agraphie)* : *dist.* agnosie*.

A priori (expression latine).

1. *Gén.* Logiquement antérieur à l'expérience ; indépendant de l'expérience.

2. *Hist. (Crit.)* Chez Kant, sont *a priori*, c.-à-d. nécessaires et universelles, les formes* ou intuitions* pures de la sensibilité : espace et temps, les *catégories** de l'entendement, les idées* de la raison.

3. *Épist.* Antérieur chronologiquement à telle série d'expérience. Idée *a priori* : idée préconçue ou hypothèse* antérieure à la vérification expérimentale : « C'est une idée qui se présente sous la forme d'une hypothèse dont les conséquences doivent être soumises au criterium expérimental afin d'en juger la valeur » (Cl. Bernard).

4. *Vulg.* Arbitraire, gratuit, qui ne se fonde sur rien de positif.

Aptitude (lat. *aptitudo*, d'*aptus*, approprié, fait pour).

Psy., Péd. Disposition naturelle et individuelle qui favorise l'acquisition de savoir-faire et de savoirs de tous ordres (manuels, intellectuels, artistiques, sociaux). Ex. aptitude aux mathématiques, au dessin, au commandement. Considérées comme innées, elles peuvent cependant n'apparaître et se développer que progressivement, à différents âges. Des tests d'aptitudes sont utilisés pour l'orientation professionnelle.

Arbitraire, adj. et subst. (lat. *arbitrarius*, qui dépend de l'arbitre).

Adj. **1.** *Soc.* (Syn. conventionnel) qui ne dépend que du choix ou de la décision libre d'un homme ou d'un groupe. **2.** *Ling.* Caractère arbitraire du signe. Selon Ferdinand de Saussure, séparation radicale entre le signifiant et le signifié, l'ordre symbolique des mots et l'ordre réel des choses. **3.** *Pol. Pouvoir arbitraire* : pouvoir illégal : « Le pouvoir absolu est un pouvoir indépendant des hommes sur lesquels il s'exerce ; le pouvoir arbitraire est un pouvoir indépendant des lois en vertu desquelles il s'exerce » (De Bonald). **4.** *Vulg.* Péj. s'applique à une décision non justifiée.

Subst. *Vulg.* Caractère de ce qui est arbitraire ; ex. l'arbitraire d'un ordre.

Arbitre (Libre), v. Liberté.

Arbre de Porphyre

Hist. (Log.) Diagramme du philosophe alexandrin Porphyre (233-305), très utilisé par les scolastiques et destiné à figurer la subordination des concepts selon une extension* de plus en plus petite et une compréhension* de plus en plus grande.

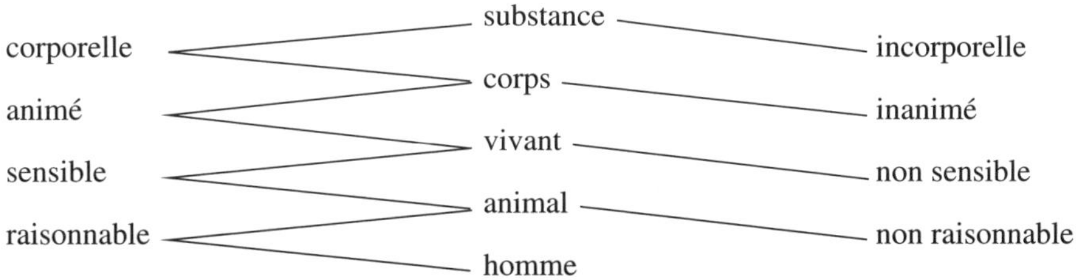

Archaïque (gr. *archaikos*, antique, archaïque, d'*archaios*, primitif, originaire, dérivé d'*archê*, commencement, principe, origine).
Soc., Ethn. S'applique à des sociétés ou peuplades isolées ne connaissant pas l'écriture et dont la civilisation sous certains aspects est relativement plus simple que la civilisation urbaine et industrielle des sociétés occidentales. Ce terme tend à se substituer à celui de primitif*, qui trahit des concepts ethnocentriques* sur ces civilisations, lesquelles sous d'autres aspects (langue, système de parenté) se révèlent aussi ou même plus complexes que les sociétés occidentales.

Archée (lat. *archeus*, du gr. *archê*, principe).
Hist. Chez Paracelse (1493-1541), Van Helmont (1577-1644), etc., principe vital participant de la matière et de la pensée.

Archéologie (comp. du gr. *archaios*, primitif, antique, et *logos*, science).
1. *Soc., Hist.* Étude scientifique des civilisations préhistoriques ou disparues, par l'interprétation des vestiges qu'elles ont laissés.
2. Ext. toute recherche menée systématiquement sur les commencements, les déterminations premières d'une idée, d'une institution, d'une pratique, d'un sentiment.
3. *Archéologie du savoir.* Expression de Michel Foucault qui s'inspire de la déconstruction* heideggerienne, de la généalogie selon Nietzsche, et des méthodes du structuralisme. L'archéologie analyse les « a priori historiques » de la production des savoirs à une époque donnée, en quelque sorte leurs conditions de possibilités, communes à plusieurs domaines scientifiques (économie, linguistique, histoire naturelle par ex.). Cette archéologie n'atteint pas des infrastructures au sens marxiste, mais reste au niveau des règles d'énonciation du discours.

Archétype (gr. *archétupos*, modèle, type original d'une chose).
1. *Hist., Méta.* *a*) chez Platon, les *Idées* comme modèles idéaux de toutes choses ; *b*) chez Malebranche, les idées de Dieu comme modèles éternels des créatures : « Il voit dans son essence les idées ou essences de tous les êtres possibles, et dans ses volontés leur existence » ; *c*) chez Kant, *entendement archétype* ou entendement divin, qui est cause de la réalité de toutes ses représentations, opp. *entendement ectype* ou entendement humain, dont les représentations ne sont que des copies de la réalité.
2. *Psychan.* (Jung) Au plur., désigne les images et symboles ancestraux, qui constituent un fond commun à toute l'humanité et se retrouvent en tout individu à côté de ses souvenirs personnels, leur ensemble formant « l'inconscient* collectif ». Les archétypes, portés par les récits fabuleux, les mythologies, les contes et les légendes, se manifestent dans les rêves, les délires et dans les arts ; ex. l'archétype de la Mère, « celle qui est la Nourriture, la Sécurité, l'Enveloppement absolu, la Fécondité inépuisable, celle qui berce, comble, assure l'avenir ». V. Inconscient* collectif.

Architectonique (gr. *architectonikê*, s.e. *technê*, art de l'architecte).
Hist. *a*) chez Aristote, s'applique à une science à laquelle une ou plusieurs sciences sont subordonnées dans leurs fins et qui lui servent de moyens ; ex. la politique par rapport à l'éthique ; *b*) chez Leibniz, s'applique à ce qui dépend de causes non mécaniques mais finales ; ex. le règne de la sagesse ; chez Kant, employé subst., désigne l'art des systèmes, c.-à-d. « la théorie de ce qu'il y a de scientifique dans notre connaissance en général ».

Argument (lat. *argumentum*, argument, preuve, d'*arguere*, montrer, prouver).
Log. Raisonnement formant un tout distinct et visant à prouver ou réfuter une proposition, une théorie. *Argument en forme* : conforme aux règles de la logique formelle ; ex. l'argument ontologique*. *Argumentum baculinum* (argument du bâton) : consiste à vouloir prouver la réalité du monde extérieur niée par les sceptiques en frappant le sol d'un bâton ou, comme Sganarelle dans *Le Mariage forcé* de Molière, en rouant de coups le « docteur pyrrhonien » Marphurius.

Argumentation (lat. *argumentatio*).
Log. *a*) suite d'arguments coordonnés de façon rationnelle pour aboutir à une certaine conclusion ; *b*) manière de présenter et de disposer les arguments. L'argumentation peut persuader sans convaincre*, être rhétorique sans être démonstrative (ex. débat politique).

Aristocratie (gr. *aristokratia*, d'*oi aristoi*, les meilleurs, et *kratos*, puissance).
Pol. Système de gouvernement dans lequel le pouvoir politique est exercé exclusivement par une minorité, classe ou caste, qui se considère ou se donne comme formant l'élite de la société ; opp. monarchie, démocratie. V. Oligarchie.

Aristote (Illusion d'), v. Illusion.

Aristotélisme, aristotélicien
Hist. Système philosophique d'Aristote (384-322 av. J.-C.) et de son École. Syn. péripatétisme. On distingue habituellement : *a*) un aristotélisme antique orienté vers la recherche empirique, naturaliste, mais aussi repris et réinterprété par le néo-platonisme ; *b*) un aristotélisme arabe (Avicenne xᵉ, Averroès xiiᵉ) et juif (Maïmonide xiiᵉ) ; *c*) un aristotélisme latin qui se développe au xiiiᵉ (thomisme, scolastique*). À partir du xviiᵉ, la conception du monde aristotélicienne est discréditée par l'apparition de la nouvelle physique galiléenne et le nouveau rationalisme cartésien.

Arithmétique (gr. *arithmêtikê*, s.e. *technê*, art de compter, d'*arithmos*, nombre).
Math. *a*) science théorique des nombres, de leurs propriétés et de leurs rapports, exprimés par des chiffres ; *b*) théorie du calcul, c.-à-d. des opérations portant sur les nombres entiers et les fractions.

Arriération (du lat. pop. *ad retro*, arrière).
Psy. path. État d'un enfant ou d'un adulte retardé ou arrêté, globalement ou partiellement, dans son développement mental ou affectif. *Arriération*

mentale ou *intellectuelle* : insuffisance congénitale dans le développement de l'intelligence. On a distingué dans l'arriération mentale considérée comme congénitale l'arriération profonde ou *idiotie*, la débilité profonde ou *imbécillité*, et la débilité moyenne ou légère qui relèvent d'une méthode éducative. *Arriération affective* : immaturité affective, par suite d'une fixation à un certain stade de l'enfance, qui se manifeste par un comportement égocentrique et possessif, un attachement excessif aux parents, une absence d'autonomie, une puérilité du jugement.

Art (lat. *ars, artis*, talent, savoir-faire, art ; plur. *artes*, œuvres d'art).

1. *Gén.* Ensemble de procédés visant un certain résultat pratique, sp. dans un métier déterminé, syn. technique* ; en ce sens, on parle d'artisan. Opp. *a*) la science* comme connaissance pure indépendante des applications pratiques ; *b*) la nature* conçue comme principe interne : « La nature est principe dans la chose même ; l'art est principe en autre chose » (Aristote) ; ex. les arts mécaniques, menuiserie, chaudronnerie, etc. ; le Conservatoire des arts et métiers.

2. *Esth.* Les œuvres d'art relèvent des « beaux arts » au sens où « la beauté est l'objet propre et exclusif de l'art » (Ravaisson). Mais l'expression même de *beaux arts* est devenue désuète, et elle est remplacée couramment par le terme au singulier : l'art. À l'intérieur de l'art en général, on distingue habituellement les *arts plastiques* (architecture, peinture, sculpture), la musique, la danse (arts du temps), la poésie élargie à l'ensemble de la littérature. À cette liste traditionnelle a été ajoutée la cinématographie (dite septième art). Divers modes de classement ont été proposés : c'est ainsi que l'art culmine avec la poésie chez Hegel, et avec la musique chez Schopenhauer. Se pose alors la question de la relation entre les arts (correspondance*, synesthésie*) et celle de la possibilité d'une *œuvre d'art totale* qui a été recherchée par R. Wagner dans le drame lyrique. Depuis la Renaissance, l'*artiste* se fait reconnaître un rang social, des aptitudes propres (le « génie ») qui le distinguent de l'*artisan* ; à cette distinction correspond celle des arts *majeurs* et des arts *mineurs* (décoration, orfèvrerie, reliure, etc.), distinction de plus en plus contestée de nos jours quand est atteint un certain degré de qualité, de raffinement, d'originalité (art culinaire).

3. Depuis le début du XXe (dadaïsme, 1917), les avant-gardes artistiques ont rejeté toute référence à une tradition, à des règles académiques quelles qu'elles soient, et utilisent tous les matériaux. Généralisant la notion de génie, l'artiste est devenu le seul *créateur*, le seul responsable de ce qu'il propose sous le nom d'art. Comment définir l'art quand tout objet naturel ou artificiel peut être considéré comme objet d'art par la libre décision de l'artiste (un galet, une roue de bicyclette) ? Il reste que la production artistique s'oppose toujours à la production mercantile et utilitaire des sociétés industrielles, que d'ailleurs elle s'attache souvent à dénoncer systématiquement.

4. *Hist. Arts libéraux* (ou les sept arts) : au Moyen Age, ensemble des « arts » composant le cours complet des études donné à l'Université dans la Faculté de droit ou de philosophie, qui conduisait à la maîtrise ès arts et comprenait le *trivium* (carrefour à trois voies) : grammaire, rhétorique, dialectique ou logique, et le *quadrivium* (à quatre voies) : arithmétique, musique, géométrie, astronomie, c.-à-d. la division néo-pythagoricienne des mathématiques conservée par le philosophe latin Boèce (480-525).

Artefact (néol. qui signifie fait artificiellement, *arte factum*).
Psy. Désigne not. les distorsions provoquées dans les réactions du sujet, au cours de tests, du fait du caractère inhabituel et artificiel de la situation, et qui peuvent être prises pour la réalité alors qu'elles sont produites par la méthode utilisée.

Artificialisme (néol. créé par Piaget).
Psy. Croyance spontanée de l'enfant qui considère les objets et phénomènes extérieurs comme l'œuvre de l'homme.

Ascèse (gr. *askêsis*, exercice).
1. *Mor.* Str. renoncement volontaire et réglé aux plaisirs sensibles impliquant une mortification des passions en vue d'aboutir à la perfection morale et à l'épanouissement spirituel ; ex. l'ascèse stoïcienne (anal. avec l'entraînement des athlètes), l'ascèse chrétienne qui est, chez les Pères de l'Église, l'application de l'âme à la méditation des choses divines.
2. Ext. Toute règle de vie austère et méthodique ; ex. l'ascèse du doute chez Descartes ; l'ascèse intellectuelle dans la recherche scientifique.

Ascétisme (d'ascète, début XIXe siècle).
Mor. *a*) mode de vie austère fait de privations et de mortifications en vue d'atteindre la perfection morale et la maîtrise de soi ; *b*) doctrine morale ou religieuse préconisant ce mode de vie.

Aséité (lat. scol. : caractère de l'être qui est *par soi, a se*, et non par un autre, *ab alio*).
1. *Théo.* Attribut de Dieu consistant en ce qu'il est la raison d'être et le principe de son existence, *dist. perséité.*
2. Ext. Ce qui possède son existence propre ; ex. la volonté de vivre chez Schopenhauer, constitutive et première.

Asocial (comp. du gr. *a.* priv., et de social).
Soc., Mor. Qui rejette les valeurs sociales ou qui est incapable de s'y adapter et vit en marge des usages et lois de la société ; caractéristique du comportement délinquant.

Assentiment (lat. *adsensio* ou *adsensus*, d'*adsentiri*, donner son adhésion).
Crit. Acte de l'esprit qui adhère de façon réfléchie à un jugement ou à une décision ; comporte des degrés qui vont de la simple opinion à la conviction. Il marque l'intervention de la volonté dans le jugement, peut être suspendu (scepticisme) ou être entraîné par l'idée claire et distincte (intellectualisme).

Assertion (lat. *adsertio*, d'*adserere*, soutenir, affirmer).
Log., Psy. Acte par lequel on pose un jugement, affirmatif ou négatif, comme vrai et certain.

Assertorique

Hist. (Crit.) Chez Kant, s'applique, dans la catégorie de la *modalité*, à une assertion contingente, c.-à-d. portant sur une affirmation ou une négation non posée comme nécessaire ou comme possible et désigne des vérités de fait ; ex. le soleil luit. V. tableau des catégories*.

Assimilation (lat. *adsimilatio* ou *adsimulatio*, d'*adsimulare*, rendre semblable à).

1. *Biol.* Sens propre, fonction par laquelle l'organisme transforme les aliments en sa propre substance, en entretenant son individualité sans la modifier dans son type spécifique ; ex. la repousse d'une patte d'écrevisse sectionnée.

2. *Soc.* Il y a assimilation quand un individu, d'abord étranger à un milieu social, est devenu indiscernable des autres membres de ce milieu par son comportement, ses façons de penser et de s'exprimer. Dans l'usage actuel, l'assimilation est plus complète que l'intégration.

Association (du lat. *adsociare*, joindre, associer).

1. *Psy. Association dite des idées* : phénomène psychique par lequel un état de conscience entraîne spontanément, c.-à-d. sans l'intervention de la volonté ou même malgré sa résistance, d'autres états de conscience. Le terme *idées**, équivoque en français dans cette acception, signifie dans la psychologie anglaise classique ce qui revient à la conscience quand l'état de conscience premier ou *impression* a disparu ; il correspond donc plutôt au terme d'image pris dans son sens général. *Lois de l'association*, partant de l'énumération par Hume des causes de l'association, reprise en gros d'Aristote, on distingue : 1) la *contiguïté spatiale* et la *contiguïté temporelle* (simultanéité ou succession immédiate ou encore continue) ; ex. l'évocation du Panthéon me fait venir à l'esprit l'image de l'église Saint-Étienne-du-Mont ; la guerre de 1914, celle de 39, etc. ; 2) la *ressemblance* ou la *dissemblance* ou le *contraste* ; ex. l'évocation d'un géant me fait penser à un nain ; 3) l'*intérêt*, qui amène dans l'esprit un état de conscience s'harmonisant avec ce qui intéresse actuellement ou ordinairement le sujet : « Un soldat, par exemple, ayant vu sur le sable les traces d'un cheval, passera aussitôt de la pensée d'un cheval à celle d'un cavalier, et de là à la pensée de la guerre, etc. Un paysan, au contraire, passera de la pensée d'un cheval à celle d'une charrue, d'un champ, etc., et ainsi chacun, suivant qu'il est habitué à joindre les images des choses de telle ou telle manière, passera d'une même pensée à telle ou telle autre » (Spinoza, *Eth.* scol. propos. 18) ; 4) l'*affectivité* : « la joie, la tristesse, l'amour, la haine, etc., peuvent devenir un centre d'attraction qui groupe des représentations ou des événements » (Ribot) ; 5) la *loi de rédintégration** (Hamilton), selon laquelle « quand deux ou plusieurs idées ont fait partie du même acte intégral de connaissance, chacune d'elle suggère naturellement les autres » ; cette loi a été retrouvée et approfondie par la psychologie de la forme, selon laquelle « tout membre d'un tout organique lorsqu'il paraît dans la conscience avec cette fonction tend à restaurer le tout » et qui montre que les associations ne sont pas unilinéaires mais multipolaires ; 6) *les filiations rationnelles ou logiques*, la

cause faisant penser à l'effet, et inversement ; la fin au moyen, et inversement, etc. *Dist.* la relation logique dans le jugement.
2. *Soc., Pol.* Forme de base de l'interaction sociale qui conduit à l'intégration des groupements humains et fondée sur une volonté commune de s'unir, *dist.* agrégation : « Que des hommes épars soient asservis à un seul [...], c'est si l'on veut une agrégation, mais non pas une association » (Rousseau). La notion d'*association*, impliquant à la fois la liberté d'adhésion au groupe et la coopération dans une tâche commune, joue un rôle essentiel dans les socialismes dits utopiques du XIXe siècle, en particulier fouriériste et proudhonien.
3. *Psychan. Méthode des associations libres* : v. Psychanalyse, Inducteur.

Associationnisme (ang. *associationism*).
1. *Psy.* Théorie qui entend expliquer toutes les opérations mentales par l'association mécanique des idées ; elle a été systématisée par Hume qui se voulait ainsi le Newton du monde mental : « Il y a là une espèce d'attraction qui, trouvera-t-on, a dans le monde de l'esprit d'aussi extraordinaires effets que dans le monde de la nature ».
2. *Méta.* Théorie empiriste selon laquelle les principes dits rationnels ou logiques de non-contradiction et de causalité ne sont pas constitutifs de l'esprit mais se sont imposés par la constance dans l'expérience des associations d'idées, dont les termes s'appellent mutuellement de façon si irrésistible qu'il nous est impossible de les penser l'un sans l'autre. V. Atomisme psychologique.

Assumer, assomption (lat. *assumere*, prendre sur soi).
Mor., Phil. Dans la philosophie contemporaine et not. chez les existentialistes, prendre la responsabilité d'une situation avec toutes les conséquences qu'elle implique, en particulier sa condition d'homme ; c'est la condition de l'authenticité morale.

Asthénie (gr. *astheneia*, manque de vigueur, d'*a*, priv., et *sthenos*, force).
1. *Psy.* Manque de force vitale se traduisant par la lassitude physique et la fatigabilité intellectuelle.
2. *Psy. path.*, v. Neurasthénie, Psychasthénie.

Asthénique (gr. *asthenikos*, maladif), v. Morphologie.

Astrologie (gr. *astrologia*, astronomie, astrologie).
Hist. Art (considéré auj. comme une pseudo-science) de prédire l'avenir humain, fondé sur l'observation de la place et de la marche des astres. À la fois origine de l'*astronomie* scientifique et obstacle au développement de la pensée scientifique.

Ataraxie (gr. *ataraxia*, absence de trouble, d'*a*, priv., et *taraxia*, trouble, agitation).
Hist. (Mor.) Absence de trouble dans l'âme obtenu *a*) chez les stoïciens par la maîtrise des passions ; *b*) chez les épicuriens, par la recherche des plaisirs paisibles et la satisfaction des seuls désirs naturels. V. Apathie.

Atavisme (du lat. *atavus*, le père du grand-père, *avus*, c.-à-d. l'arrière-grand-père).

Biol. *a*) particularité de l'hérédité qui consiste dans la réapparition chez un individu de certains caractères absents chez ses ascendants immédiats mais présents chez ses ascendants plus éloignés ; ex. la ressemblance fréquente des enfants à leurs grands-parents ; *b*) présence chez un animal ou chez l'homme d'une fonction dépourvue de sens dans la situation actuelle ; ex. le chien qui tourne sur lui-même avant de se coucher sur quelque surface que ce soit, même sur un parquet.

Athéisme (gr. *a* priv. et théisme de *theos*, dieu).

1. *Méta.* Négation de l'existence de Dieu, du moins tel que le conçoit la tradition judéo-chrétienne : tout-puissant, transcendant, créateur et juge suprême. Les arguments les plus classiques en faveur de l'athéisme sont : *a*) l'incompatibilité de la toute-puissance et de la bonté divine avec l'existence du mal dans le monde créé ; *b*) la création divine est une « hypothèse inutile » pour les positivistes et les matérialistes ; *c*) un humanisme* conséquent avec lui-même ne peut être qu'athée. L'idée de Dieu absolutise l'aliénation humaine (Feuerbach, Marx, Sartre).

2. *Mor.* Un athée peut-il être vertueux s'il ne croit pas en une justice suprême, divine (« Tout est permis en ce monde ») ? La moralité publique est-elle compatible avec l'absence de croyance en un être suprême ? La tolérance religieuse doit-elle être étendue à l'absence de religion ? La plupart des philosophes des Lumières ont estimé l'athéisme intolérable (Locke, J.-J. Rousseau).

3. *Hist.* *a*) dans l'Antiquité, l'accusation d'athéisme visait les philosophes qui critiquaient la représentation traditionnelle des dieux de la cité ; *b*) la tradition chrétienne a taxé d'athéisme toute conception non orthodoxe de la divinité, en particulier le *panthéisme* de Spinoza au XVIIIe siècle, ou l'hégélianisme au XIXe siècle ; *c*) un philosophe comme Nietzsche se dit athée contre le nihilisme* chrétien, mais se réfère à la divinité de Dionysos comme affirmation vitale.

Atome (gr. *atomos*, non coupé, qu'on ne peut couper, indivisible ; atome).

Phys., Hist. *a*) corps matériel très petit, indivisible, de formes diverses, séparé des autres dans le vide. Dans la physique antique (Démocrite, Épicure, Lucrèce), toute la complexité des apparences visibles pourrait être expliquée par des combinaisons d'éléments simples, indivisibles, les atomes ; *b*) longtemps repoussée en physique, (ex. par Descartes, Kant), l'hypothèse des atomes réapparaît en chimie au début du XIXe siècle (Proust, Dalton) avec la loi des proportions définies, la notion de poids atomique ; *c*) depuis le XXe siècle, la microphysique ne voit plus dans l'atome un grain de matière indivisible, mais la plus petite unité de matière qui peut être partagée sans libérer de particules électriques. Elle en étudie la structure et les constituants dont les principaux sont les protons (charge positive), les électrons (charge négative) et les neutrons.

Atomisme (d'atome, milieu du XVIIIe siècle).
1. *Phys.* Théorie atomique de la constitution de la matière.
2. *Méta.* Doctrine matérialiste expliquant l'univers entier, y compris les âmes et les dieux par des combinaisons d'atomes (dans l'Antiquité, Leucippe, Épicure, Lucrèce).
3. *Épist.* Point de vue doctrinal privilégiant en logique l'élément, en sociologie l'individu, en psychologie la donnée sensible, comme seule réelle. Opp. *holisme*. L'associationnisme est un *atomisme psychologique*.

Attention (lat. *adtentio*, attention, application d'*adtendere*, tendre vers).
Psy. Concentration de l'activité mentale sur un objet déterminé à l'exclusion des autres. *Attention spontanée* : celle qui est produite par un intérêt direct provenant de l'objet et par laquelle s'accroît la netteté de la perception ; *attention volontaire* ou *réfléchie* : celle qui s'applique à un objet dont l'intérêt n'est pas direct et qui exige par conséquent un effort.

Attitude (it. *attitudine*, dér. du lat. *aptitudo*).
1. *Psy. physio.* Posture du corps (ex. une attitude crispée) gén. expressive ou préparant l'action.
2. *Psy. soc. a*) syn. d'opinion, prise de position ; *b*) rôle joué volontairement dans une situation sociale ou professionnelle ; ex. attitude de leader, d'arbitre ; *c*) rôle joué spontanément dans une situation de groupe ; ex. une attitude d'agressivité, de conciliation ; *d*) prédisposition acquise et fixée à réagir dans un sens donné.

Attraction (lat. *attractio*, d'*attrahere*, tirer à soi, attirer ; anc. fr. *attraire*).
1. *Phys.* Action à distance d'un corps sur un autre corps. Cette notion est devenue, depuis les *Principia mathematica* de Newton (1687), fondamentale pour les sciences physiques. Elle est exprimée mathématiquement dans la loi fameuse de l'*attraction universelle* qui semble devoir unifier l'astronomie, la physique et la chimie (attraction moléculaire). Les disciples de Descartes (Fontenelle) ont d'abord refusé de reconnaître cette notion d'action à distance qui leur paraissait un retour aux forces occultes médiévales.
2. *Psy., Soc., Hist.* Au XVIIIe et au début du XIXe siècle, plusieurs auteurs ont tenté d'étendre la notion d'attraction à la psychologie et à la sociologie. Citons les utopies sociales de Saint-Simon et surtout de Charles Fourier (« l'attraction passionnée ») dans la *Théorie des quatre mouvements* (1808).

Attribut, attribution (du lat. *attribuere*, attribuer).
1. *Log. form.* Syn. prédicat*, ce qui dans une proposition est affirmé ou nié du sujet ; ex. l'homme (sujet) est mortel (attribut) ; une telle proposition est dite *attributive* ou *prédicative, dist. proposition existentielle*. Jugement d'attribution ou de prédication* : celui qui énonce et affirme un attribut du sujet.
2. *Méta.* Propriété essentielle d'une substance, opp. accident ou mode : « Par attribut j'entends ce que l'entendement perçoit de la substance comme constituant son essence » (Spinoza).

3. *Théo.* Les attributs de Dieu qui définissent son essence ; on distingue les attributs métaphysiques, ex. l'omniscience, et les attributs moraux, ex. la providence. V. Dieu.

Aufheben, Aufhebung (all. dépasser, dépassement, avec le double sens de supprimer et de conserver).

Méta. Chez Hegel, désigne l'action de dépasser une contradiction : « *Aufheben* a dans la langue un double sens : il signifie garder, conserver et en même temps faire cesser, mettre fin à. L'idée de conserver contient déjà en elle cet élément négatif consistant en ce que, pour le garder, quelque chose est enlevé à son être immédiat ». V. Dialectique, Médiation.

Augustinisme

L'autorité morale et doctrinale est reconnue très tôt dans l'Occident chrétien aux œuvres de saint Augustin (354-430) et n'a pas cessé de l'être sous des formes très diverses. Des thèses augustiniennes d'origine platonicienne sur la connaissance par Idée se retrouvent chez les cartésiens (Malebranche). L'augustinisme est au centre de querelles théologiques sur la grâce*, la prédestination*, le libre arbitre*. Il y a une mystique de tradition augustinienne chez Bérulle (XVIIe) et aussi une politique augustinienne (à partir de la *Cité de Dieu*) sur la subordination du pouvoir temporel au pouvoir spirituel.

Autarcie (gr. *autarkeia* d'*autarkês*, qui se suffit à soi-même).

1. *Mor.* Elle caractérise un individu, un groupe, qui cherche à se suffire à lui-même en tout domaine, à éviter toute dépendance extérieure. Elle caractérise la liberté du sage antique (en particulier chez les cyniques).

2. *Pol.* L'idéal de l'autarcie économique de l'État se trouve chez Platon et Aristote. À l'époque moderne, elle a été recherchée par des mesures protectionnistes, un dirigisme étatique et même une politique d'expansion nationaliste. Fichte en a fait la théorie dans *L'État commercial fermé* (1800). L'économiste anglais Keynes en a montré les avantages sous le nom de *self sufficiency* (1933).

Authenticité, authentique (gr. *authentikos*, d'*authentês*, qui agit par soi-même).

1. *Gén.* Se dit d'une chose dont l'origine est connue, certaine. Ex. en droit un acte certifié par un notaire, en art une œuvre qui est de l'époque, de l'atelier ou de la main d'un artiste, au dire d'un expert. Opp. *inauthentique* (*dist.* faux). Se dit aussi d'une personne qui est pleinement elle-même, sans dissimulation ; ex. un artiste authentique ne fait aucune concession à la mode, au succès.

2. *Exist.* Appréhension subjective, individuelle de la vérité (la notion d'authenticité collective est peu claire), par opp. à l'universalité d'une science ou d'un système philosophique. La notion a été introduite par les philosophes de l'existence qui se réclament de Kierkegaard, mais la *sincérité* revendiquée par J.-J. Rousseau en était déjà très proche. Chez Sartre, l'authenticité consiste pour un homme à accepter, à « assumer » son mode d'être, c'est-à-dire son

existence, la liberté d'être toujours en projet. Elle s'oppose à la mauvaise foi* et fonde une morale.
3. *Phén.* En dehors de toute connotation psychologique ou morale, l'authenticité, selon Heidegger, est la possibilité pour le *Dasein* de s'arracher à l'inauthenticité commune de la quotidienneté du « on* », de se déterminer comme existence marquée par la finitude, comme être pour la mort*.

Autisme (terme créé par Bleuler du gr. *autos*, soi-même).
1. *Psy.* « Détachement de la réalité, accompagné d'une prédominance de la vie intérieure », d'où la fermeture sur soi, la perte ou le refus de la communication et la rupture du lien avec autrui et avec la réalité ; la schizophrénie* en est la forme pathologique la plus accentuée. *Dist.* introversion*.
2. *Psy. path.* Maladie de l'enfance, pouvant être très précoce (avant 3 ans), caractérisée par l'incapacité d'établir des rapports normaux avec l'entourage.

Autocrate (gr. *autokratos*, qui gouverne par soi-même).
Pol. Monarque absolu. Titre de l'empereur de Russie (tzar).

Auto-érotisme (comp. du gr. *autos*, soi-même, et *eros*, amour).
Psy., Psychan. Jouissance sexuelle éprouvée en l'absence d'un partenaire, soit spontanément (pendant le sommeil), soit volontairement (*onanisme*). Chez les enfants, d'autres activités, telles que la succion du pouce ou le balancement du corps, sont, selon Freud, des comportements érotiques, qui engendrent une détente et un bien-être. Ces activités disparaissent avec l'âge adulte, sinon elles sont le signe d'une régression. V. Narcissisme, Sexualité, Zones érogènes.

Autogestion (néol. XXe s.).
Soc., Pol. Gestion d'une entreprise par ceux-là qui y travaillent à tous les niveaux. Elle s'oppose d'une part au capitalisme et d'autre part à la bureaucratie étatique. L'idéal de l'autogestion est apparu au XIXe dans le socialisme d'inspiration proudhonienne.

Automate, automatisme (gr. *automatos*, qui se meut de soi-même).
Hist. (Méta.) a) la fabrication d'automates a fourni à Descartes les modèles pour expliquer, en leur déniant toute vie psychique, l'automatisme des « bêtes » qui agissent comme des machines par le simple jeu des esprits animaux, v. Animal ; *b*) chez Leibniz, être qui a en lui-même le principe de ses mouvements : « Chaque corps organique d'un vivant est une espèce d'automate naturel » ou de ses déterminations : « L'âme est un automate spirituel ».

Automatisation, automation (du gr. *automatos*, qui se meut de soi-même).
Tech. Dans la grande industrie, techniques de mécanisation du travail permettant de faire effectuer par des machines les tâches accomplies jadis par travail manuel ; selon certains auteurs, l'automation désigne l'achèvement de l'automatisation, c.-à-d. la suppression totale non seulement du travail manuel mais du contrôle même des machines qu'elles assurent elles-mêmes (auto-régulation électronique et cybernétique).

Autonomie (gr. *autonomia*, d'*autonomos*, qui se régit par ses propres lois).
1. *Soc., Pol.* Liberté politique d'une société qui se donne ses lois dans des domaines plus ou moins étendus sans être complètement indépendante.
2. *Mor.* *a*) chez Kant, caractère de la volonté pure qui ne se détermine qu'en vertu de sa propre loi, c'est-à-dire en se conformant au devoir édicté par la raison pratique et non par un intérêt externe : « L'autonomie de la volonté est cette propriété qu'a la volonté d'être à elle-même sa loi (indépendamment de toute propriété des objets du vouloir). Le principe de l'autonomie est donc : de toujours choisir de telle sorte que les maximes de notre choix soient comprises en même temps comme lois universelles dans ce même acte de vouloir » (*Fond.* 2e section) ; *b*) ext. *liberté morale*, opposée à la fois à l'emprise des impulsions et à l'obéissance servile aux règles d'une autorité extérieure. V. Volonté.
3. *Péd.* Organisation scolaire accordant à une communauté d'élèves une certaine faculté de choix des matières ou des modes d'enseignement ainsi que certaines modalités de discipline libérale. « L'autonomie est une discipline. L'étymologie du mot l'indique. La liberté déréglée, l'esclavage des caprices ne peuvent porter le nom d'autonomie » (Ferrière).

Autoritaire (néol. XIXe).
Psy. La personnalité autoritaire est caractérisée par la rigidité, la violence des réactions, l'attachement aux valeurs traditionnelles et le respect de l'autorité. Politiquement, selon Adorno, elle favoriserait les attitudes antidémocratique et raciste.

Autoritarisme (d'autoritaire, fin XIXe siècle).
1. *Pol.* Mode de gouvernement qui restreint les libertés politiques, use de censure et de coercition, mais sans instaurer un totalitarisme et en conservant un certain équilibre des pouvoirs. Ex. le second Empire jusque vers 1864.
2. *Psy. soc.* Style de commandement dominateur, caractérisé par la coercition et le contrôle étroit à l'égard des subordonnés et l'exigence d'une obéissance stricte à la lettre des ordres.
3. *Péd.* Abus dans l'exercice de l'autorité qui empêche l'initiative des élèves et les rend passifs ; ctr. libéralisme*.

Autorité (« Le mot et la notion d'autorité nous viennent de la pensée romaine. *Auctor* est celui qui soutient une chose et la développe ; *auctoritas* la force qui sert à soutenir et à accroître », Jaspers).
1. *Pol.* L'autorité repose moins sur la simple détention du pouvoir que sur le savoir, la compétence, le prestige, reconnus par la loi ou la tradition. *Dist.* puissance. « Alors que la puissance réside dans le peuple, l'autorité réside dans le sénat » (Cicéron, *Des lois*). Les détenteurs légaux de l'autorité sont eux-mêmes appelés « les autorités ».
2. Ext. Ascendant moral et intellectuel en tout domaine (militaire, pédagogique, professionnel, artistique, littéraire, scientifique).

3. *Argument d'autorité* : celui qui s'appuie moins sur un raisonnement ou une preuve expérimentale que sur une tradition, le prestige d'un maître (*magister dixit*, le maître a dit), ou d'une société savante.

Autosuggestion (comp. du gr. *autos*, soi-même et de suggestion).
Psy. Suggestion par laquelle, involontairement ou volontairement, on s'impose à soi-même certaines idées, certains sentiments ou comportements ; ex. être transformé inconsciemment, dans ses actions et réactions, par une lecture, un spectacle ; rééduquer sa volonté par la répétition régulière de certaines formules : « Tous les jours, à tous les points de vue, je vais de mieux en mieux » (Coué).

Autotélique (gr. *autos*, soi-même, et *telos*, fin).
Se dit d'une activité qui a sa fin en elle-même (ex. le jeu, ou l'art dans la doctrine de l'art pour l'art).

Autre (lat. *alter*, autre).
1. *Méta., Hist.* Opp. même. Dans le *Sophiste* de Platon, un des cinq genres de l'Être avec le Même, le Mouvement, le Repos, l'Être. Le Même et l'Autre appartiennent à chacun des autres genres, y compris l'Être. Contre Parménide (v. Non-être), il faut admettre un être du non-être qui est l'*être autre*. L'autre est la possibilité de dire le faux donc de l'erreur ; c'est aussi la possibilité de toute prédication (a est b) et enfin la possibilité du devenir.
2. *Exist.* Syn. autrui, opp. *moi* ou *nous* : « Pour obtenir une vérité quelconque sur moi, il faut que je passe par l'autre. L'autre est indispensable à mon existence, aussi bien d'ailleurs qu'à la connaissance que j'ai de moi » (Sartre).

Autrui (lat. *alteri huic*, à cet autre ici présent).
Exist. Syn. de l'autre comme autre moi et comme corrélatif du moi, relation telle que la connaissance de moi est inséparable de celle d'autrui. « Autrui, c'est l'autre, c.-à-d. le moi qui n'est pas moi » (Sartre). « Ce qui est donné, ce n'est pas moi et d'autre part autrui », c'est « moi *avec* autrui » (Merleau-Ponty). Cette relation concerne également l'existence et l'action.

Avant-garde (terme militaire : troupes envoyées en avant du front d'attaque).
Esth. Terme couramment employé depuis la fin du XIXe pour désigner, de façon laudative, les nouvelles écoles, les nouveaux styles artistiques. Son emploi implique souvent que la nouveauté en soi, la rupture avec le passé, sont considérées comme des valeurs esthétiques.

Avatar (sanscrit : descente).
Rel. Se dit, dans le brahmanisme*, des réincarnations ou métamorphoses du dieu Vishnou, qui pense le monde et donne naissance à Brahma, créateur de l'univers.

Averroïsme
On appelle ainsi un courant de la pensée médiévale qui considérait l'œuvre du philosophe arabe Averroès (XIIe), connue en traduction latine, comme le meilleur exposé de l'aristotélisme, c'est-à-dire de la philosophie elle-même.

Or cette philosophie impliquait des thèses contraires à la foi comme l'éternité du monde (contraire à la création divine) ou l'unité de l'intellect pour tous les êtres humains (contraire à l'immortalité personnelle de l'âme). Il en résultait une doctrine de la « double vérité » selon la philosophie et selon la foi, doctrine condamnée par l'Église.

Aversion (lat. *aversio*, action de détourner, éloignement, dégoût).
Psy. Tendance à s'éloigner d'un objet qu'on se représente comme un mal ou d'un être pour lequel on éprouve de la répulsion, ctr. désir.

Avoir (lat. *habere*).
Phén., Exist. Catégorie de la pensée, not. chez Gabriel Marcel. L'Avoir, qui se distingue du Faire et de l'Être, désigne pour l'existant le risque d'être possédé par ses possessions. Ce que « j'ai » se présente comme extérieur à ce que « je suis », qui est un rapport d'intériorité à moi, d'où le risque que court l'existant, soit de perdre ce qu'il a, soit de s'anéantir en lui en s'identifiant à ce qu'il possède.

Avunculat (du lat. *avunculus*, oncle).
Soc., Ethn. Système de rapports familiaux et d'organisation sociale, fréquent dans les sociétés archaïques, dans lequel l'autorité familiale est exercée par le frère de la mère ; sa fonction concerne principalement les échanges matrimoniaux mais implique aussi des obligations économiques et éducatives dans ses rapports avec ses neveux.

Axiologie (néol., du gr. *axios*, digne d'être estimé et *logos*, science).
Syn. *philosophies des valeurs*. Elles se développent diversement à la fin du XIXe et au début du XXe en Allemagne (Rickert, M. Scheler) et en France (Lavelle, Sartre). Leurs origines sont plutôt chez Kant que chez Nietzsche. Reposant sur l'opposition de l'être et du devoir-être, l'axiologie tend à se substituer à l'ontologie*. Le problème principal est celui de l'origine des valeurs et de leur objectivité.

Axiomatique, subst. et adj. (gr. *axiomatikos*, d'*axiôma*, axiome).
Subst. **1.** *Math.* Système hypothético-déductif* dans lequel sont totalement explicités les termes non définis et les propositions non démontrées, ces dernières étant posées comme de simples hypothèses (axiomes*), à partir desquelles toutes les propositions du système peuvent se construire selon des règles parfaitement fixées. Le système d'axiomes définissant une théorie mathématique doit être complet (nécessaire et suffisant) et consistant (cohérent ou non contradictoire). **2.** *Épist.* Ext. dans la physique mathématique (mécanique, optique, etc.) « système formel, vidé de tout contenu empirique » (R. Blanché).

Axiomatisation (néol. d'axiomatique).
Math., Épist. Opération par laquelle on formalise une axiomatique en en fixant la langue par des règles de syntaxe et en en définissant les procédures démonstratives par des règles rigoureuses de déduction.

Axiome (gr. *axiôma*, prix, valeur ; principe ; axiome).

1. *Math. a*) chez les Grecs, et jusqu'à la découverte des géométries non euclidiennes, proposition ou principe évident et non démontrable, concernant la notion de grandeur ; ex. le tout est plus grand que la partie, et posé comme « notion commune » préalable à toute démonstration avec les postulats* et les définitions* ; *b*) sens actuel, englobant les trois types de principes de la géométrie euclidienne (axiomes, postulats, définitions) : les axiomes sont les notions de base ou hypothèses abstraites posées arbitrairement comme telles et dont la fonction est de constituer une science cohérente : « Il ne reste plus qu'un système d'hypothèses dont on n'exige plus qu'elles soient évidentes, mais seulement qu'elles soient compatibles entre elles, c.-à-d. que leurs conséquences ne soient pas contradictoires ; c'est le critère de la cohérence interne. La vérité inconditionnelle, déduite de l'évidence, fait place à la vérité conditionnelle d'un système hypothético-déductif* » (Ullmo).

2. *Épist.* Ext., s'appliquant à toute discipline, proposition ou principe fondamental indiscutable et la commandant tout entière.

3. *Hist. (Crit.) Axiomes de l'intuition* (Kant) : principes a priori de l'entendement pur, relatifs à la catégorie de quantité, et selon lesquels « tous les phénomènes sont, quant à leur intuition, des grandeurs extensives » (*R. pure*, Anal., l. II. ch. II, 3e section).

B

Babélisme (du mythe biblique de la tour de Babel).
Soc., Pol. Confusion des langues, des cultures, des valeurs avec l'apparence illusoire de l'universalité.

Babouvisme (de Babeuf, chef révolutionnaire exécuté en 1797).
Doctrine communiste*, essentiellement égalitariste*, que Gracchus Babeuf a tenté de réaliser politiquement (conspiration des Égaux, 1797).

Bande (dér. du germanique *banda*, troupe réunie autour de sa bannière, *cf.* all. *Band*, bande, lien).
Psy. soc. Désigne le plus souvent un groupe de préadolescents ou d'adolescents gén. non intégrés à leur milieu socio-familial et éprouvant, par le fait d'être en groupe, un sentiment d'indépendance et de puissance fondé sur une opposition commune et une attitude de défi et d'agressivité à l'égard des normes et valeurs de pensée et de conduite de la société adulte.

Barbare (gr. *barbaros*, sans doute onomatopée).
1. *Hist.* Pour les Grecs, étranger à la langue et aux mœurs des cités grecques. Pour les Romains, étranger à l'Empire romain (comprenant la Grèce).
2. Ext. Contraire aux pratiques et aux valeurs des nations qui se considèrent comme civilisées.

Baroque (portugais *barroco*, perle irrégulière).
Esth. a) jusqu'à la fin du XIXe siècle, le mot est péjoratif et se dit dans les arts plastiques d'un style considéré comme irrégulier, bizarre, surchargé et même ridicule (appelé aussi « style jésuite » parce qu'apparu à la Contre-Réforme). Opp. *classique* ; *b*) le style baroque succédant au *maniérisme* se développe en Italie au XVIIe, en architecture (Bernin, Borromini), en sculpture (Bernin), en peinture (Caravage, Pierre de Cortone, Pozzo). Le style est caractérisé par l'expression du mouvement, des émotions violentes, par les contrastes de lumières, de couleurs, par la prédilection pour les courbes et contre-courbes, les surfaces concaves, par les effets de perspectives illusionnistes, les raccourcis hardis, la richesse décorative. Le style baroque se répand rapidement dans toute l'Europe et l'Amérique du Sud en architecture surtout, mais aussi en peinture avec des génies originaux comme Rubens ou Vélasquez. On a pu parler d'une littérature baroque (ex. la poésie française avant Malherbe, les premières pièces de Corneille). L'existence d'un baroque musical est discutée (débuts de l'opéra) ; *c*) en un sens seulement chronologique, baroque s'applique à toutes les œuvres d'art du XVIIe siècle. Mais alors l'opposition du baroque et du classique disparaît et l'on est amené à qualifier de baroque le classicisme* de Versailles. On a même parlé d'une politique, d'un État baroque (absolutisme royal).

Base (gr. *basis*, ce sur quoi l'on marche, piédestal, base).

1. *Vulg.* Ce sur quoi repose une construction, matérielle ou intellectuelle, syn. fondement.

2. *Soc.* Base économique, v. Infrastructure.

3. *Anthr. Personnalité de base* : v. Personnalité.

Béatitude (du lat. *beatus*, bienheureux).

1. *Gén.* État de plénitude, de contentement total, souvent associé à une vie contemplative. Syn. félicité.

2. *Théo.* État bienheureux des élus jouissant de la contemplation divine.

3. *Hist.* L'Antiquité, en particulier le stoïcisme, l'a considérée comme accessible au sage parfait ; Descartes s'y réfère dans la lettre à Élisabeth (4 août 1645) : « La béatitude consiste, ce me semble, en un parfait contentement d'esprit et une satisfaction intérieure que n'ont pas d'ordinaire ceux qui sont les plus favorisés par la fortune et que les sages acquièrent sans elle ». Saint Thomas distingue une béatitude parfaite (vie future) et une béatitude imparfaite : « En cette vie une certaine participation à la béatitude est possible ».

Beau (du lat. *bellus*, joli, diminutif de *bonus*, bon).

Adj. *Esth.* Qui suscite un sentiment de satisfaction et d'admiration, en dehors des considérations d'utilité. Cependant un objet beau (œuvre d'art) peut prendre une valeur d'échange élevée et un objet utilitaire (une automobile) avoir une beauté propre. Une *belle action* est une action admirable par son désintéressement. Une *belle démonstration* de géométrie est remarquable par sa force probante alliée à la simplicité des moyens.

Subst. **1.** On distingue traditionnellement le beau *naturel* (un paysage) et le beau *artistique*, d'abord conçu comme imitation du beau naturel (le paysage peint). D'autre part, le beau proprement dit est distingué habituellement du *joli** et du *sublime**, mais ceux-ci peuvent être compris dans le beau au sens large. Dans la tradition philosophique, l'idée de beau est en corrélation avec l'idée de bien et l'idée de vrai. Au XIXe siècle, elle est communément définie comme le principe fondamental d'une science normative appelée *esthétique*.

2. *Hist.* *a*) dans le platonisme et le néo-platonisme, l'idée de beau a une signification métaphysique : la beauté sensible est le reflet de la beauté intelligible et l'âme s'élève de la beauté des corps à la beauté spirituelle et enfin à « la beauté éternelle incréée et impérissable qui n'a rien de sensible mais qui existe absolument par elle-même et de laquelle dérivent les autres beautés » (Platon, *Le Banquet*). V. Amour ; *b*) dépendant plus ou moins du platonisme, la conception *classique* du beau se réfère à un beau naturel dans l'univers créé : « La lumière est belle de son propre fonds » (le père André, 1741) et surtout à un beau géométrique (régularité, unité, ordre, proportion) : « J'appelle beau tout ce qui contient en soi de quoi réveiller dans mon entendement l'idée de rapports » (Diderot, *Traité du beau*). À la fin du XVIIIe siècle, le néo-classicisme* cherche à atteindre le « beau idéal » par l'interprétation de la « belle nature » telle qu'elle nous a été révélée dans les chefs-d'œuvre de l'Antiquité ; *c*) déjà depuis les présocratiques, a été soutenue contre la définition rationnelle d'un beau en soi immuable, la relativité sociale, historique, individuelle de son appréciation. Les divers empirismes insistent sur le sentiment et ses inévitables variations. Citons seulement la célèbre formule de Stendhal de la beauté comme « promesse de bonheur ». La critique kantienne renonce à la possibilité d'une argumentation objective dans le jugement de beauté, tout en maintenant sa prétention à une universalité subjective* (v. Esthétique) ; *d*) à partir de Hegel, il n'y a plus de philosophie du beau qu'en rapport avec l'histoire de l'art. Le beau ne peut plus être défini en dehors d'une école philosophique, d'un courant artistique (romantisme, réalisme, symbolisme). C'est ainsi que le surréaliste André Breton écrit en 1930 : « La beauté sera convulsive ou ne sera pas ». À la fin du XXe siècle, beaucoup d'artistes finissent par renoncer à la notion même de beauté, réduite trop souvent à n'être qu'un argument publicitaire ou touristique.

Beauté (lat. pop. *bellitas*).

Esth. Caractère de ce qui est beau, pouvant s'appliquer aux choses, aux personnes ou aux œuvres d'art. Kant oppose une *beauté libre* qui ne présuppose aucun concept de ce que l'objet doit être, aucune finalité (une fleur) et une *beauté adhérente* liée à une fin, une utilité (forme d'un couteau).

Beaux-arts

Esth. Expression classique pour désigner les arts qui ont pour objet de représenter le beau : peinture, sculpture, architecture, musique, danse, poésie, etc. En ce sens, on dit simplement *arts*.

Behaviorisme (de l'ang. *behaviour*, conduite, comportement).

1. *Psy.* Méthode de psychologie expérimentale appliquée à l'étude scientifique de l'homme et de l'animal et qui se borne à l'étude du *comportement* (ensemble des réactions sensorielles, nerveuses, musculaires et glandulaires en réponse à un *stimulus* externe), à l'exclusion de toute référence à la conscience (Watson) ; syn. *psychologie de comportement. Néo-behaviorisme* : conception qui ajoute à l'étude du couple *stimulus-réponse* l'objectivité et l'importance de l'organisme en situation (Tolman). Le behaviorisme « pose que la psychologie, pour être une science incontestée, telle que la physique ou la physiologie, ne peut et ne doit avoir d'autre objet que le comportement *(behaviour)* de l'homme et de l'animal » (Tilquin).

2. *Phil.* Doctrine érigeant cette méthode en philosophie, selon laquelle il y a continuité de la vie animale à la vie humaine, le passage de l'une à l'autre s'opérant par simple évolution : « Le behaviorisme, qui se propose l'expérimentation, considère que l'existence de la conscience nous ramène aux anciens jours de la superstition et de la magie » (Naville). V. Matérialisme 3.

Bellicisme (néol. d'après 1870, du lat. *bellicus*, guerrier).

Pol. Le belliciste préconise la guerre pour résoudre un conflit entre États ou pour satisfaire une ambition nationale. Opp. pacificisme.

Bergsonisme (H. Bergson, 1859-1941).
Doctrine de Bergson. Bergson a eu peu de disciples, mais il a eu une influence considérable au début du XXe siècle comme rénovateur de la tradition spiritualiste française, comme philosophe de la vie (élan vital*) et de la création des valeurs, comme critique du kantisme* et du positivisme* alors dominants en France (les écrivains Charles Péguy, Marcel Proust, Georges Sorel).

Besoin (francique *bisunnia* du préf. germanique *bi* (all. *bei*, auprès) et soin).
Psy. État de tension interne, plus ou moins pénible, provoquant la conscience d'un manque, d'une privation de ce qui est nécessaire ou désiré par un individu. On peut distinguer : 1) les *besoins naturels* (ang. *need*) *a*) *primaires*, str. indispensables à sa survie plus ou moins immédiate (faim, soif, sommeil, évacuation, sexualité ; les troubles morbides de ces besoins se nomment anorexie et boulimie*) ; *b*) *secondaires* : nécessaires à plus ou moins long terme (mouvement, protection, affection) ; leur manque engendre des phénomènes de frustration, 2) les *besoins acquis ou culturels* (ang. *want*), qui peuvent devenir chez l'homme aussi ou plus impérieux que les besoins naturels (ex. le besoin de l'alcool, du tabac, de la drogue). V. Épicurisme.

Bicamérisme (du lat. *bis*, double, et *camera*, voûte, plafond voûté).
Pol. Système politique de type parlementaire fondé sur deux chambres ou assemblées représentatives.

Bien (du lat. *bene*, qui est seulement adverbe).
1. *Vulg.* Tout ce qui est désirable, utile, profitable à un individu, une famille, un groupe, dans un sens physique, moral ou légal. *Bien commun*, *bien public* sont syn. d'intérêt général, d'intérêt public.
2. *Dr.* On appelle bien ce dont on a la propriété, la jouissance selon la loi : biens meubles et immeubles, biens fonds, etc. Avoir du bien est avoir de la fortune, sans signification morale.
3. *Mor.* Le bien désigne la valeur morale considérée comme telle : un homme de bien est un homme juste, faire le bien est agir avec compassion. Dans la tradition philosophique, le bien désigne la valeur morale suprême, le principe d'une science normative appelée morale* ou éthique*. Il faut noter que la notion de bien ne comporte pas en elle-même celle d'obligation*, de devoir*.
4. *Méta., Hist.* *a*) dans un passage célèbre de la *République*, Platon compare l'idée de bien au soleil : elle est la condition ultime de l'existence et de la connaissance des autres Idées, et donc aussi du monde sensible, comme le soleil fait vivre et rend visible toutes choses. Le Bien est ainsi source de tout être et de toute valeur. Dans la pensée médiévale, Dieu créateur est à la fois Être suprême et Bien suprême, et les créatures sont bonnes dans la mesure où elles lui sont semblables d'une certaine manière ; *b*) dès l'Antiquité, apparaît la thèse de la relativité du bien avec les sophistes, les cyniques, les sceptiques. Elle se développe surtout avec la conception moderne de la subjectivité. L'appréciation du bien ne relève plus alors d'une sagesse, d'un savoir plus ou

moins rationnel, mais d'un sentiment ; *c*) au XVIIIe, certains auteurs ont affirmé l'existence d'un véritable instinct, propre à la *conscience* morale*, permettant de juger du bien et du mal. « Conscience, conscience, instinct divin ! », s'exclame J.-J. Rousseau (*Émile*) ; *d*) chez Kant, c'est la *raison pratique** qui pose le bien comme ce qui est inconditionnellement valable pour tout être raisonnable. Mais le bien n'est pas le principe de la loi morale ; il est au contraire déterminé par la conformité de la volonté à la *loi morale* ; *e*) *souverain bien*. Chez Aristote, le souverain bien désigne la fin ultime de toute activité dans le monde, et en particulier de toute pratique humaine. Chez Kant, l'idée du souverain bien est celle d'une liaison nécessaire entre la vertu et le bonheur. Or cette exigence *pratique** ne peut être réalisée qu'en postulant l'immortalité de l'âme et l'existence de Dieu.

Bien-être

a) sentiment agréable d'équilibre physique et moral considéré comme premier degré du bonheur ; *b*) *Soc.* conditions matérielles, économiques, variables selon le milieu et l'époque (*niveau de vie*), qui rendent possible la recherche individuelle du bonheur.

Binaire (lat. *binarius*, double).

Log. Une logique est binaire quand elle admet seulement deux valeurs, le vrai et le faux.

Crit. Qualifie toute théorie reconnaissant deux principes opposés. Syn. dualiste.

Bioéthique (néol. répandu depuis environ 1960).

Mor., Soc. Étude des problèmes d'ordre éthique ou juridique posés par la pratique médicale contemporaine et la recherche biologique de laboratoire. Portant en particulier sur des choix médicaux concernant le début et la fin de la vie des êtres humains (avortement, euthanasie*, par ex.), elle constitue moins une « éthique appliquée » qu'un renouveau remarquable de la casuistique*. Cependant en l'absence d'une éthique incontestable, quand il s'agit de définir de nouvelles règles, elle ne peut que rechercher un *consensus* minimal qui ne heurte pas trop les opinions les plus influentes.

Biogénétique (Loi)

Biol. Loi selon laquelle « l'ontogenèse reproduit la phylogenèse », (c.-à-d. que le développement de chaque individu, not. son développement embryonnaire, reproduit en abrégé les états parcourus par l'espèce dans son évolution). Cette loi découverte par Serres (1860), formulée par Fritz Müller (1864) et reprise par Haeckel, est auj. très contestée.

Biologie (terme répandu par Lamarck (1802) du gr. *bios*, vie, et *logos*, science).

Biol. *a*) str. science des phénomènes généraux de la vie commune aux végétaux et aux animaux ; *b*) sens large, ensemble des *sciences du vivant*, soit du point de vue de leur objet, botanique et zoologie, soit du point de vue des formes, des organes et des fonctions : morphologie ou anatomie et physiologie.

Biologisme (néol. de biologie).
Sorte de scientisme qui prétend trouver dans les résultats et les théories des sciences biologiques l'explication et le fondement de tous les phénomènes humains, qu'il s'agisse de psychologie, de morale ou même d'histoire. Ex. le racisme.

Biopolitique (néol. créé par M. Foucault vers 1975).
Pol. Forme nouvelle du pouvoir moderne (*biopouvoir*). Elle est caractérisée par le contrôle de la vie des populations par l'instauration de « normes régulatrices » (hygiène, natalité, sexualité, longévité, etc.) et par un rôle accru des institutions médicales. Le terme, du moins chez Foucault, n'est pas forcément péjoratif (nouvelle « rationalité »).

Biosphère (comp. du gr. *bios*, vie, et *sphaira*, sphère).
Biol. *a*) ensemble des êtres vivants, végétaux et animaux (opp. règne minéral) ; *b*) d'une façon plus particulière, enveloppe de la planète, constituée par les êtres vivants et leurs résidus ; ex. les houilles.

Bisexualité (comp. du préf. lat. *bis*, deux fois et de sexualité).
Association chez un même individu de traits féminins et masculins. Elle présente selon les cas des aspects physiologiques (androgynie), psychologiques conscients ou inconscients, sociaux, différemment et inégalement répartis, et en général mal acceptés. L'hypothèse d'une bisexualité primitive chez les êtres humains se trouve fréquemment en mythologie (par ex. le discours d'Aristophane dans le *Banquet* de Platon). Elle a été prise en considération par Freud sans faire l'objet d'une théorie précise (v. Anima, animus).

Bon (lat. *bonus*).
1. *Gén.* Terme laudatif très général, impliquant l'efficacité dans un certain domaine, mais qui n'a pas forcément un sens moral. S'applique aux animaux (un bon chien de chasse) et aux choses (un bon couteau). La signification morale est souvent marquée par la place de l'adjectif : un bon soldat n'est pas forcément un soldat bon.
2. *Mor.* La *bonne conscience* : conscience satisfaite d'agir en accord avec ses propres principes. L'expression est souvent prise de nos jours en mauvaise part au sens d'hypocrisie ou de mauvaise foi*.
3. *Bonne volonté* : v. Volonté.

Bonheur (de bon et de l'anc. mot *heur* (chance), du lat. *augurium*).
1. *Gén.* « Le bonheur est la satisfaction de toutes nos inclinations tant en extension c'est-à-dire en multiplicité, qu'en intensité, c'est-à-dire en degré, et en protension c'est-à-dire en durée » (Kant, *Critique de la raison pure*, *méth.*). Les différences entre les notions de bonheur, de béatitude, de joie qui se recouvrent largement, ne peuvent être précisées que dans un contexte doctrinal. Opp. malheur, détresse, tristesse, etc.

2. *Mor., Hist.* Depuis l'Antiquité jusqu'à nos jours, la question fondamentale que pose le bonheur est celle de la part qu'il comporte de faveur divine, de circonstances extérieures fatales ou fortuites. Toutes les sagesses antiques ont cherché à réduire la place de la « Fortune » dans l'accès à un bonheur le plus stable possible. V. *Eudémonisme.* La théologie morale chrétienne reporte le bonheur complet dans l'au-delà (v. *Béatitude*). Mais c'est Kant qui a rejeté toute morale du bonheur en disjoignant, en opposant même, recherche du bonheur et accomplissement du devoir : « Mériter le bonheur, il n'y a que cela que l'homme peut atteindre ». D'autre part, l'expérience du bonheur apparaît comme forcément individuelle. Elle ne peut pas être proposée comme fin collective, politique, sans risque de « paternalisme » ou de « despotisme » (v. ces mots et aussi Bien-être).

Bon sens

1. *Vulg. a*) maîtrise de soi, santé mentale ; opp. passion ; *b*) jugement équilibré dans les choses de la vie pratique ; *c*) parfois en mauvaise part, opinion commune dépourvue d'esprit critique. V. Sens.

2. *Hist. a*) Descartes : « La puissance de bien juger et de distinguer le vrai d'avec le faux, qui est proprement ce qu'on nomme le bon sens ou la raison, est naturellement égale chez tous les hommes » (*Discours de la méthode*). Bon sens est donc ici syn. de raison. Mais, ajoute Descartes : « Ce n'est pas assez d'avoir l'esprit bon, mais le principal est de l'appliquer bien », ce qui exige la méthode* ; *b*) les philosophies du bon sens (ou du sens commun) s'opposent au rationalisme classique, cartésien, en s'appuyant sur des croyances fondamentales, des vérités premières qui échappent au doute : existence du monde extérieur, identité du moi, lois de la raison, sens moral (philosophies de l'école écossaise, et en France de Buffier, au XVIIIe siècle).

Bonté (lat. *bonitas*).

1. *Théo.* Attribut de Dieu : « Il veut en général la perfection des choses et en particulier la félicité et la vertu de toutes les substances intelligentes » (Leibniz, *La Cause de Dieu*). V. Providence.

2. S'applique à une action conforme au bien. Souvent syn. de charité* au sens fort comme au sens faible.

Borderline (mot ang. signifiant frontière, utilisé en psychiatrie depuis 1930).

Se dit d'une personnalité très instable, d'un cas limite entre psychose et névrose.

Borne (mot peut-être d'origine gauloise).

1. *Vulg.* La borne marque une frontière entre deux domaines, donc souvent syn. de limite.

2. *Crit., Hist.* Kant distingue les *bornes* de la connaissance, correspondant à un état de fait, empirique, et les *limites* de la connaissance qui sont *a priori* indépassables par aucun progrès concevable, correspondant à des conditions transcendantales.

Bouc émissaire (d'un rite hébraïque d'expiation).
Soc. Personne ou groupe de personnes sur qui se concentrent toutes les haines collectives et sont projetés tous les sentiments collectifs de culpabilité.

Bouddhisme (Bouddha signifie Éveillé, l'éveillé par excellence étant Çakia-Mouni, fondateur de cette religion).
Rel. Religion apparue dans l'Inde au VIe siècle, mais qui s'est surtout développée en dehors de l'Inde, en Chine et dans toute l'Asie du Sud-Est, au Japon, en Asie centrale et même de nos jours en Occident, sous diverses formes et traditions. Il se présente comme une religion universelle telle que le christianisme et l'islam, mais contrairement à celles-ci, il n'implique ni Dieu créateur unique, ni immortalité de l'âme personnelle. Il apparaît ainsi comme une « religion athée », bien qu'elle soit souvent associée à des pratiques cultuelles polythéistes. Sa conception du monde est celle de l'impermanence de tous les phénomènes, mais aussi de leur interdépendance. Tout n'est que relation, les choses ou plutôt les idées des choses sont sans consistance. Il a retenu du brahmanisme hindou qui le précède la croyance au cycle des réincarnations jusqu'à la délivrance finale (*nirvana**). Il propose une thérapeutique qui tend à éteindre les désirs, causes des illusions et des souffrances, par la méditation, les pratiques yoguiques, etc. Schopenhauer, au début du XIXe siècle, interprète le bouddhisme comme un idéalisme pessimiste et athée confortant sa propre métaphysique. Nietzsche a vu en lui un nihilisme plus accompli que le christianisme occidental. Mais l'interprétation du bouddhisme comme une sorte de culte du néant est fortement combattue par tous les spécialistes contemporains.

Boulimie (gr. *boulimia*, de *boulimos*, qui a une faim dévorante, du préf. augmentatif *bou* et de *limos*, faim).
Méd. Trouble morbide de l'appétit et sensation anormale de faim entraînant une consommation excessive d'aliments. Le mot s'emploie aussi au figuré. Opp. anorexie.

Bourgeoisie, bourgeois (du bas lat. *burgus*, dér. de l'all. *Burg*, *Bürger*, citoyen d'un bourg).
1. *Soc. a*) *Hist.* classe sociale occupant une position intermédiaire entre la noblesse et, d'autre part, les paysans et les ouvriers, administrant gén. les villes et ayant reçu une charte d'affranchissement de la part des seigneurs féodaux ; *b*) auj. englobe tous les groupes ou individus dont les intérêts sont plus ou moins directement liés avec ceux des possesseurs des moyens de production ; à la limite, sont dits *bourgeois* tous ceux dont la profession n'est pas principalement manuelle, la bourgeoisie embrassant non seulement les industriels, les grands propriétaires ruraux, les banquiers et les commerçants, mais aussi les membres des professions libérales, les fonctionnaires, les propriétaires en général et même les artisans. On divise par convention la

bourgeoisie selon son niveau économique, culturel et professionnel en petite, moyenne et grande bourgeoisie.

2. *Pol.* Classe dominante de la société (opp. prolétariat*) : « On comprend par bourgeoisie la classe des capitalistes modernes qui sont propriétaires des moyens sociaux de production et emploient du travail* salarié. On entend par prolétaires la classe des ouvriers salariés modernes qui, ne possédant en propre aucun moyen de production, en sont réduits à vendre leur force de travail pour vivre » (Marx et Engels).

Bovarysme (mot créé en 1902 par Jules de Gautier d'après le nom de l'héroïne du roman de Flaubert, *Madame Bovary*).

Psy., Soc. C'est, dit le créateur du mot : « le pouvoir départi à l'homme de se concevoir autre qu'il n'est », c'est-à-dire de se duper soi-même, de vivre avec une image illusoire de soi. Un indice d'écart « bovaryque » explique les échecs d'un individu, d'un groupe, d'une nation.

Brahmanisme (de *Brahman*, formule sacrée).

Rel. On appelle ainsi un ensemble de croyances, de cultes, de rituels, de pratiques sociales, propres à l'Inde depuis le premier millénaire de notre ère et s'appuyant sur les textes sacrés des *Védas* et des *Védantas*. Le Brahman est le principe métaphysique suprême, sorte d'Absolu impersonnel, à la fois transcendant et immanent. Le brahmanisme est polythéiste et la croyance à la métempsychose* joue un rôle essentiel dans le maintien du système hiérarchique des castes*.

Bruit (p.p. de l'ancien verbe *bruire*).

En théorie de la communication*, tout ce qui nuit à la transmission de l'information.

Brut (lat. *brutus*).

1. *Gén.* Grossier, non travaillé (ex. matériau brut).

2. *Esth. Art brut* : expression artistique qui ignore toute règle et même tout apprentissage ; ex. dessins d'enfants, de fous (expression répandue par J. Dubuffet vers 1950).

Bureaucratie, bureaucratisation (puissance, gr. *kratos*, des bureaux, terme créé par l'économiste Vincent de Gournay, 1712-1759).

Soc. a) hiérarchie de fonctionnaires à attributions et responsabilités définies ; *b*) organisation administrative des grandes entreprises privées de l'industrie, de la banque et du commerce, et même des syndicats, des coopératives et des églises. Les caractéristiques générales en sont : 1) la rationalisation des fonctions administratives ; 2) leur impersonnalité et l'anonymat des mesures prises pour toutes les personnes extérieures à l'administration ; 3) l'importance des écrits (règlements, circulaires, rapports). D'où le risque de *bureaucratisation*, c.-à-d. de l'accaparement du pouvoir réel par les bureaux, la multiplication des écrits (paperasserie), la lenteur du travail administratif et l'inertie routinière empêchant l'adaptation aux solutions nouvelles.

Burlesque (it. *burlesco*, de *burla*, plaisanterie).
Esth. Forme outrée de comique qui ne recule pas devant l'inconvenance, l'absurdité (en particulier dans les arts du spectacle. Ex. comédies d'Aristophane, ve siècle av. J.-C.).

But (probablement du francique *büt*, souche, billot, puis cible de flèche).
1. *Gén.* ce qu'on se propose d'atteindre : *a*) propr. (all. *Ziel*) visée concrète de la chose à atteindre ; ex. cible ; *b*) fig. (all. *Zweck*) représentation mentale de la réalisation d'un projet, d'un dessein, d'une intention, d'une fin*.
2. *Hist.* Les stoïciens ont distingué le but (*skopos*) et la fin (*telos*). Comparable à l'archer qui vise très correctement une cible, mais peut la manquer par suite d'une circonstance qui ne dépend pas de lui, le sage trouve la fin de sa visée dans la visée même et non dans le but, qu'il soit atteint ou non.

C

Ça (all. *es*, pronom neutre impersonnel).
Psychan. La notion de ça, empruntée à G. Groddeck (*Le Livre du ça*, 1923) permet à Freud de radicaliser la critique des philosophies de la conscience. Le Ça est le « grand réservoir » des pulsions de vie et de mort dans la deuxième topique de la théorie freudienne. Il comprend tout l'inconscient (y compris les empreintes héréditaires) mais aussi la part inconsciente du Moi et du Surmoi (v. ces mots) et le refoulé se fond avec lui. Le Moi lui-même est la « partie du Ça modifiée sous l'influence directe du monde extérieur ». De même le Surmoi s'enracine dans le Ça qui absorbe ainsi la notion d'Inconscient* de la première topique freudienne.

Cabale ou **Kaballe** (de l'hébreu *kaballat*, chose reçue).
Hist. *a*) ouvrage de philosophie hébraïque, de date inconnue, prétendant se relier par une tradition secrète à la religion originelle du peuple hébreu ; *b*) doctrine ésotérique qui a pour caractéristique de déchiffrer le sens secret de la Bible.

Cadre de référence
Psy. soc. Système des idées, stéréotypes*, préjugés*, normes et valeurs, auquel un individu se réfère plus ou moins inconsciemment dans ses pensées, ses sentiments et ses comportements, et constitué par son éducation familiale, son milieu (rural, citadin), l'école, ses croyances en matière religieuse, ses fréquentations, sa profession, etc.

Calcul (lat. *calculus*, caillou servant à compter).
1. *Épist.* Procédure qui permet en arithmétique d'obtenir de façon automatique le résultat exact et rigoureux d'une opération donnée. De l'arithmétique, la notion s'est étendue à l'ensemble des mathématiques (calcul algébrique, calcul infinitésimal) puis, à la fin du XIXe siècle, à la logique (Boole).
2. *Méta.* Le calcul est-il le modèle du fonctionnement de toute la pensée rationnelle ? Leibniz voit dans la création du monde le résultat d'un calcul divin. De nos jours, Heidegger a caractérisé « l'essence de la technique » moderne par la domination de la raison calculante.

Cannibalisme (esp. altération de *caribal*, caraïbe).
Ethn. Consommation rituelle de chair humaine (sacre de chefs, initiations, etc.) en vue de s'approprier par son ingestion, les puissances propres à un être, supposées être inhérentes à certains organes (cœur, foie, etc.).

Canon (gr. *kânon*, roseau ; règle d'abord au sens matériel, puis fig.).
1. *Rel.* Liste des livres de l'Ancien et du Nouveau Testament officiellement reconnus comme inspirés par Dieu, liste différente selon le judaïsme, le christianisme catholique ou protestant. Par anal., se dit du corpus des textes sacrés dans d'autres religions.

2. *Esth.* Tout système de normes, en particulier ensemble des proportions jugées les plus harmonieuses pour le corps humain d'après la statuaire antique (Polyclète) ou en architecture pour la construction des colonnes (canon de Vitruve).
3. *Crit.* : « J'entends par canon l'ensemble des principes a priori pour usage légitime de certaines facultés de connaître en général. Ainsi la logique générale, dans sa partie analytique, est un canon pour la raison en général » (Kant) ; le canon ne concerne que les règles formelles, car cette logique est indépendante du contenu ou matière de la connaissance (opp. *organon*).
4. *Épist.* Ext. méthode empirique de recherche, ainsi les canons de la *méthode inductive* de J. S. Mill.
5. *Théo.* *a*) règles de foi promulguées par les conciles ; *b*) règles du droit de l'Église catholique.

Capacité (lat. *capacitas*, de *capax*, *capacis*, qui peut contenir, capable).
Psy. « Possibilité de réussite dans l'exécution d'une tâche ou l'exercice d'une profession » (Piéron). Elle est directement observable, appréciable. *Dist.* aptitude*.

Capital, subst. (lat. *capitalis*, adj. : qui concerne la tête, qui entraîne la mort ; qui tient la tête, principal).
1. *Eco.* *a*) richesse mise en réserve, soit pour une consommation ultérieure, soit comme moyen destiné à produire des richesses nouvelles ; *b*) richesse produisant d'elle-même un revenu (intérêt, rente, loyer, bénéfice) à son propriétaire (Adam Smith).
2. Ext. Tout ce qui est susceptible d'être accumulé, augmenté, transmis ou perdu. Ex. capital de société, capital scolaire, culturel.

Capitalisme (de capital, milieu du XVIIIe siècle).
Éco. Régime économique caractérisé par la grande industrie (machinisme, production en série, spécialisation du travail) et par la propriété privée des capitaux. Sous sa forme stricte, ce régime pose le principe de la libre concurrence dans une économie de marché (*libéralisme* économique* et loi de l'offre et de la demande). La possession et l'accroissement des capitaux excluent toute limite et toute restriction, ainsi que l'intervention de l'État. Le système du capitalisme peut être figuré par le diagramme suivant, dû à Pierre Naville (opp. collectivisme*, socialisme*, communisme*).

SYSTÈME CAPITALISTE		
Personnes	**Propriétés**	**Revenus**
Ouvriers Capitalistes Propriétaires	Force de travail Capital Terre	Salaire Profit Rente foncière

Capitalisme d'État : régime dans lequel l'État est possesseur des moyens de production et qui est une forme de collectivisme. Le capitalisme s'explique-t-il par des lois économiques « essentielles », cohérentes, propres à la nature humaine, ou bien n'est-il qu'un phénomène historique, transitoire, appelé à disparaître du fait même de ses contradictions fondamentales, comme le marxisme le prévoit ?

Caractère (gr. *charaktêr*, signe gravé, empreinte).

1. *Vulg.* Dualité de sens analogue à celle du terme personnalité* ; *a*) ensemble des dispositions psychologiques et des comportements habituels d'un individu, sans distinction de l'inné et de l'acquis ; ex. tel est son caractère (*jugement de réalité*) : *b*) maîtrise de soi et fermeté dans l'action ; ex. un homme de caractère (*jugement de valeur**).

2. *Biol.* Ce qui distingue un individu ou une espèce des autres individus ou espèces.

3. *Car.* Syn. de *naturel** : « ensemble des dispositions congénitales qui forment le squelette mental d'un homme » (R. Le Senne) ; v. Caractérologie de Heymans et Wiersma.

Caractériel (de *caractère*, à partir du XIXe s., répandu au XXe s.).

1. *Psy.* S'applique aux troubles du caractère chez un enfant mal adapté, difficile, agressif, mais non affecté d'une maladie mentale.

2. *Car.* Qui concerne les caractères ; ex. les types caractériels (R. Le Senne) ; en ce sens, on tend à dire plutôt *caractérologique*.

Caractéristique (gr. *charakteristikos*, qui sert à distinguer, caractéristique de).

1. *Log.* adj. S'applique à toute définition correcte : elle doit convenir à tout le défini (générale) et au seul défini (propre).

2. *Hist.* subst. *Caractéristique universelle* (Leibniz) : art de représenter toutes les idées et leurs relations par des signes ou « caractères » en vue de raisonner sur eux de façon analogue au calcul sur les symboles algébriques.

Caractérologie (comp. du gr. de *charaktêr*, empreinte, caractère, et de *logos*, science).

Car. Forme de psychologie appliquée à la détermination des caractères individuels, v. Tempérament. La caractérologie la plus répandue est celle de Heymans et Wiersma (psychologues et médecins hollandais de l'université de Groningue) développée en France par R. Le Senne. Elle pose : 1) que tout homme a son caractère, qu'il est inné et invariable (c.-à-d. n'évoluant que dans sa ligne propre) ; 2) que tout caractère est une composition de trois propriétés constitutives : l'*émotivité* (E), aptitude à être ébranlé par des événements dont l'importance objective est minime, ou l'*inémotivité* (nE) ; l'*activité* (A), disposition naturelle à agir stimulée par l'obstacle, ou l'*inactivité* (nA) ; *la durée de retentissement* des représentations, concernant l'action exercée par un contenu psychologique sur la conscience, soit immédiate, réactive et passagère (*primarité*, P), soit prolongée, accumulative et explosive (*secondarité*, S).

Les réponses à un questionnaire approprié permettent la détermination pour chaque individu de son type de caractère parmi les huit types résultant de la combinaison des trois propriétés constitutives, le nerveux (E-n A-P), le sentimental (E-n A-S), le colérique (E-A-P), le passionné (E-A-S), le sanguin (n E-A-P), le flegmatique (n E-A-S), l'amorphe (n E-n A-P) et l'apathique (n E-n A-S). L'étude des propriétés supplémentaires (not. ampleur du champ de conscience, intérêts intellectuels, polarité, tendresse, avidité) par le moyen d'autres questionnaires appropriés vient ensuite approfondir cette connaissance. Mais le caractère n'est pas le tout de la personnalité, il n'est que l'ensemble des *éléments innés psychologiques*. V. Typologie.

Cardinales (Vertus) (mot créé par saint Ambroise, du lat. *cardo, cardinis*, pivot ; point sur lequel tout roule ; point capital).
Hist. (Mor.) Désigne les quatre vertus fondamentales considérées par Platon comme constituant la perfection morale : sagesse ou « prudence », courage, tempérance et justice (division admise également par les épicuriens et les stoïciens), auxquelles se rattachent toutes les autres vertus morales.

Carence affective (du lat. *carere*, être privé de, sentir le manque de).
Psy., Péd. Manque ou insuffisance d'affection déterminant chez les jeunes enfants, surtout en cas de carence maternelle (relation primordiale nécessaire à leur développement et à leur épanouissement), des troubles divers : apathie et refus d'aliments, retard et même régression physique et mentale ; v. Hospitalisme.

Cartésianisme (de *Cartesius*, nom latin de Descartes).
1. Philosophie propre à Descartes (1596-1650).
2. Rationalisme qui se réclame de Descartes au XVIIe siècle, y compris les grandes philosophies indépendantes de Malebranche, Spinoza, Leibniz. Il est considéré comme ouvrant la période moderne de la philosophie.
3. Abusivement et en mauvaise part, pensée considérée comme abstraite, systématique, exclusivement logique (alors que Descartes récuse le formalisme logique).

Cas (lat. *casus*, accident, ce qui arrive ou peut arriver).
1. *Mor. Cas de conscience* : problème moral particulier et embarrassant ; v. Conflit de devoirs, Casuistique.
2. *Péd. Méthode des cas* : méthode de pédagogie active inaugurée vers 1914 par l'université de Harvard dans le domaine du droit et de la législation ; l'étude faite en discussion de groupe (composé de futurs professionnels, d'étudiants et de stagiaires) de situations et de problèmes concrets élaborés par le professeur et la recherche de solutions pratiques reposent sur cette idée maîtresse qu'une situation problématique particulière doit recevoir une solution particulière, la discussion de groupe ayant, d'autre part, une valeur formatrice par elle-même. La méthode des cas est appliquée auj. aux problèmes de relations humaines dans l'industrie, les administrations, etc.

Caste (du lat. *castus*, pur, par le portugais *casta*).
1. *Régime des castes* : en Inde et aussi dans certaines sociétés rurales africaines, division de la société en groupes héréditaires et hiérarchisés, caractérisés par leur fonction. Ils s'opposent au mélange des sangs, au changement de statut social ou de métier. En Inde, les castes principales sont celles des brahmanes (prêtres), des guerriers, des propriétaires marchands et artisans, des serviteurs avec de nombreux sous-groupes héréditaires. Les « parias » sont hors caste.
2. *Gén.* Tout groupe social fermé qui résiste au changement de son statut et de ses valeurs.

Castration (complexe de) (du lat. *castrare*, couper, d'où châtrer)
V. Complexe.

Casuistique (lat. ecclésiastique *casus*, cas de conscience).
1. Recherche argumentée et informée de solutions à des cas de conscience*, des conflits* de devoirs, nécessaire lorsque les règles générales de la morale ne peuvent pas s'appliquer clairement à la multiplicité des circonstances.
2. Dans l'Antiquité, les stoïciens ont développé la casuistique. Elle a pris une grande importance dans la doctrine morale chrétienne. Ses abus conduisant au laxisme moral, le mot a pris un sens péjoratif. Les attaques de Pascal contre la casuistique des Jésuites, dans les lettres *Provinciales* (1656), sont restées célèbres.

Catalepsie (gr. *katalêpsis*, action de saisir, d'atteindre ; attaque ou état de catalepsie, de *katalambanein*, s'emparer de, saisir soudainement).
Psy. path. Phase de l'hypnose où le sujet est inerte et conserve les attitudes qu'on lui donne.

Catastrophe (gr. *katastrophê*, bouleversement).
1. *Gén.* Changement brutal et destructeur de grande ampleur.
2. *Épist.* L'explication de l'histoire de la Terre par des bouleversements, des ruptures catastrophiques d'ordre sismique ou volcanique, a été soutenue par Cuvier. Il s'opposait ainsi au transformisme progressif de Lamarck. Le « catastrophisme semble mieux s'accorder avec les données de la Bible. »

Catatonie (comp. du gr. *kata*, en bas, en descendant le long, et *tonos*, tension).
Psychia. Psychose traduisant une dissociation profonde de l'activité psychomotrice, qui se manifeste alternativement par le négativisme* (contractures, mutisme, refus d'aliments), la passivité (inertie, stupeur, écholalie, automatisme) et l'expressivité (attitudes stéréotypées, accès de fureur, verbigération*) et qui s'accompagne d'une activité psychique intérieure intense (hallucinations*, sentiments de culpabilité*) très dépendante de l'attitude de l'entourage (Th. Kammerer).

Catégorématique
Log. En langue scolastique, se dit de mots qui ont un sens par eux-mêmes (nom et verbe). Opp. syncatégorématique.

Catégorème (gr. *katégorêma*, indice).
Relation logique d'un prédicat avec le sujet (genre, espèce, différence).

Catégorie (gr. *katêgoria*, accusation ; qualité attribuée à un objet, catégorie, de *katêgorein*, affirmer).
1. *Hist.* *a*) chez Aristote et les scolastiques, les dix genres suprêmes ou premiers de l'être : la substance ou essence, la quantité, la qualité, la relation, le temps, le lieu, la situation, l'action, la passion, l'avoir ; syn. prédicament ; *b*) chez Kant, les *catégories* concernent non plus l'être mais le connaître. Tout jugement pouvant être considéré à quatre points de vue : quantité, qualité, relation, modalité, et trois sortes de jugement étant possibles pour chacun de ces points de vue, il y a donc douze catégories et douze seulement. Ces douze catégories de l'entendement ou concepts fondamentaux a priori de la connaissance peuvent être présentés dans le tableau suivant (*R. pure*, Anal., 1, I, ch. I, 3e section).

Quantité	Qualité	Relation	Modalité
Unité	Réalité	Substance (et accident)	Possibilité
Pluralité	Négation	Cause (et effet)	Existence
Totalité	Limitation	Réciprocité	Nécessité

2. *Log.* En dehors d'une référence ontologique ou transcendantale, on a appelé catégories les principaux modes d'emploi des concepts dans un langage naturel ou spécialisé.
3. *Esth.* On appelle catégories esthétiques les principaux modes d'appréciation d'une œuvre d'art : le joli, le gracieux, le comique, etc.

Catégorique (gr. *katêgorikos*, affirmatif).
1. *Log.* Proposition ou jugement où l'assertion est purement affirmative (ex. je partirai), c.-à-d. ni *hypothétique* ou *conditionnelle* (je partirai s'il fait beau) ni *disjonctive* (je partirai ou je ne partirai pas).
2. *Mor.* *Impératif catégorique*, v. Impératif.

Catharsis (terme gr. : purification, purgation).
1. *Hist.* Chez Aristote, anal. avec les cérémonies initiatiques de purification dans les mystères d'Éleusis, purgation des passions opérée par le moyen de l'art, not. par la tragédie, qui leur fournit un objet fictif de décharge.
2. *Psychan., Psychia.* (Terme employé par Breuer et Freud) méthode psychothérapique consistant à débarrasser le sujet de ses troubles physiques ou mentaux en rappelant à sa conscience une idée ou un souvenir refoulé qui les produisait ; v. Abréaction, Psychodrame, Sociodrame.

Catholique, catholicité (gr. *katholikos*, dér. de *kat'holou*, universel).

1. *Rel.* Adepte de la forme de christianisme qui reconnaît l'autorité du pape, adhère au *Credo* et aux dogmes de son Église et en accepte les « commandements ».

2. *Phil.* Acception étymologique : syn. d'universel* ; ex. la catholicité de la raison.

Causalité (dér. du lat. *causalis, causaliter*, causal, en vertu d'une cause).

Méta., Crit., Épist. Rapport de cause à effet. *Principe de causalité* : principe fondamental de la raison appliquée au réel que l'on peut énoncer ainsi : « tout phénomène a une cause » ou, plus précisément, « tout ce qui arrive (ou commence à être) suppose avant lui quelque chose dont il résulte suivant une règle » (Kant) ou encore, selon la conception rationaliste, « principe de succession de la loi de causalité : tous les changements arrivent suivant la loi de liaison entre la cause et l'effet » (Kant) ; pour le rationalisme, la causalité est un concept a priori* nécessaire et universel, c.-à-d. indépendant de l'expérience et qui la constitue objectivement. Pour l'empirisme (Locke, Hume), au contraire, la causalité n'est qu'une nécessité subjective engendrée dans notre esprit par la succession régulière des phénomènes dans l'expérience.

Causation (de l'ang.).

Crit. L'opération même de la cause, c.-à-d. la production effective de l'effet, que l'empirisme nie : « Nous voyons bien des successions, jamais des causations » (Hume).

Cause (lat. *causa*, sens d'abord juridique).

1. *Vulg.* Il faut rappeler que cause est étymologiquement le doublet de « chose » : la cause est cette chose qui explique l'apparition d'un effet. Cause a d'abord un sens juridique toujours très usuel (plaider une cause) et étendu au sens moral (se remettre en cause). Pour expliquer ce qui est arrivé par « accident », l'enquête démêle parfois difficilement les *causes matérielles*, mécaniques (état d'un moteur, etc.) et les *causes dites humaines* (fautes dont le pilote est responsable). La distinction est donc difficile entre « être cause de » et « être responsable de », juridiquement, moralement. De plus, dans la multiplicité des causes, il faut distinguer les *circonstances* qui entourent l'événement, les conditions qui l'ont rendu possible, de ce qu'on appelle la cause *directe*, la cause *prochaine*, la cause *sine qua non* (sans laquelle l'événement ne se serait pas produit). Dans le langage courant, la cause est ce qu'il est possible de changer techniquement, de réparer, impliquant une fin, une intention ; on appellera cause de la fuite de gaz une fissure dans la tuyauterie et non la pression « normale » du gaz sans laquelle la fuite n'aurait pas eu lieu.

2. *Hist. a*) chez Platon les Idées, réalités intelligibles sont causes (par participation*) des réalités sensibles. Dans le *Phédon*, Socrate montre l'insuffisance des causes matérielles, mécaniques et recourt aux causes finales qui supposent la considération de l'âme* (âme individuelle, âme du monde) ; *b*) la célèbre quadripartition des causes chez Aristote s'est imposée pendant presque deux millénaires par l'intermédiaire de la scolastique. Ce sont : la *matière* (*hylê*), le *substrat* (*hypokeimenon*), dite par les scolastiques *cause matérielle* (le bois de construction du bateau) ; la *forme* (*eidos* mais aussi *logos* ou *ousia*), le *modèle*, l'*essence* d'après laquelle une chose est faite (la structure du bateau) ; le principe du mouvement, de la construction du bateau (l'activité technique de l'artisan) appelée dans la scolastique *cause efficiente* ; ce en vue de quoi la chose est faite, la *fin* (*telos*), c'est-à-dire la *cause finale* (la navigation) ; *c*) dans le monde matériel (celui de la substance étendue), le *mécanisme** cartésien ne reconnaît plus que la cause efficiente. Dans les *Principes de la philosophie*, Descartes rejette explicitement la forme et la cause finale. Poussant plus loin la critique de la notion de cause, l'occasionnalisme ne reconnaît plus que l'efficience d'une cause unique, celle de Dieu qui s'exerce selon des lois universelles rationnelles qu'il a lui-même décrétées. Toute la physique classique repose sur l'élaboration de la notion de *loi* naturelle* par la mathématisation de la physique. Dans l'interprétation *positiviste* (Auguste Comte) de l'évolution de l'esprit humain, la notion encore théologico-ontologique de cause fait place dans la science positive à la seule notion de loi (« rapport sans support ») ; *d*) reprenant une argumentation déjà présentée par les sceptiques grecs, Hume présente une critique empiriste de la relation causale : « La première fois qu'un homme vit le mouvement se communiquer par impulsion, par exemple dans le choc de deux boules de billard, il ne peut affirmer que l'un des événements était en connexion* avec l'autre ; il affirma seulement qu'il y avait conjonction. Une fois qu'il eut observé plusieurs cas de cette nature, alors il affirma que les faits étaient en connexion » (*Enquête sur l'entendement humain*). Si la cause n'est plus qu'un « antécédent constant », s'il n'y a rien d'intelligible dans la « production » de l'effet par la cause, alors il n'est plus possible d'écrire *causa sive ratio* (cause, c'est-à-dire raison) comme l'ont fait Descartes (2e réponse) et Spinoza (*Éthique*), il n'est plus possible de réduire la causalité à une forme du principe de raison suffisante ; *e*) réveillé par Hume de son « sommeil dogmatique », Kant entreprend de rendre compte de la rationalité de la science newtonienne par la révolution copernicienne du criticisme* (v. Idéalisme transcendantal). La connaissance des causes dépend des jugements synthétiques* a priori. La liaison causale n'est plus une croyance inspirée de l'expérience, mais au contraire « l'expérience n'est possible que par la représentation d'une liaison nécessaire des perceptions » (*R. pure*, Anal.) et « tous les changements arrivent selon la liaison des effets et des causes » (*Ibid.*). Désormais dans la philosophie des sciences des XIXe et XXe siècles, l'interprétation du principe de causalité va se confondre avec celle du déterminisme* scientifique*, y compris sa remise en question dans la microphysique.

3. *Cause et loi.* V. Loi

4. *Cause et raison.* V. Raison.

5. *Cause finale.* V. Finalité.

Caverne (Allégorie de la)

Hist. Récit-fiction par laquelle Platon (*Répu.* VII) dépeint la condition humaine. Les hommes sont comme des prisonniers enchaînés au fond d'une caverne dont ils ne voient que la paroi, sur laquelle défilent les ombres d'objets fabriqués imitant des objets ou des êtres réels. Les ombres projetées par un foyer brûlant derrière eux sont donc éloignées à deux degrés de la réalité et ce sont ces apparences d'imitations que les prisonniers prennent pour la réalité. On détache l'un d'eux que l'on force à marcher jusqu'à la lumière du jour hors de la caverne où il découvre progressivement les vraies réalités et le soleil qui les produit. On doit le forcer également à retourner dans la caverne pour apporter la vérité à ses anciens compagnons. La montée vers le monde visible et vers le soleil symbolise l'ascension de l'âme vers les *Idées* et vers le *Bien*, le retour à la caverne signifiant le devoir pour le philosophe affranchi des apparences de quitter le domaine de l'intelligible et la contemplation du Bien pour administrer la cité. L'allégorie marque, en effet, les étapes de l'éducation véritable pour les futurs gardiens de l'État.

Cécité (lat. *caecitas*, état de celui qui est aveugle, de *caecus*, aveugle).

Psy. path. a) cécité physique ou *corticale* : état dans lequel, la vision brute étant intacte, le sujet ne reconnaît pas les êtres* familiers ou les objets usuels ; syn. agnosie* visuelle ; *b) cécité verbale* : impuissance à retrouver le sens des caractères écrits ou imprimés, pourtant correctement perçus et incapacité de lire, syn. alexie.

Cénesthésie ou **cœnesthésie** (gr. *koinê aisthêsis*, sensibilité générale).

Psy. physio. Sensation globale et confuse d'aise ou de malaise relative à l'ensemble des organes internes, qui peut concerner parfois un organe particulier (le cœur, l'intestin).

Censure (lat. *censura*, fonction du magistrat qui à Rome faisait le recensement des citoyens et fixait l'impôt).

1. *Soc., Pol.* Limitation de la liberté d'expression (de la presse, du livre, du théâtre, du film, etc.) au nom de la religion, de la morale, de l'ordre public, du secret militaire en temps de guerre. Tous les régimes utilisent une forme de censure plus ou moins étendue, plus ou moins avouée. « La censure maintient les mœurs en empêchant les opinions de se corrompre » (J.-J. Rousseau, *Contrat social*, IV, 7).

2. *Psychan.* Fonction inconsciente qui interdit sélectivement à certains désirs l'accès au système conscient-préconscient. Elle est à l'origine du refoulement* et des mécanismes de défense*. Elle intervient également entre le préconscient et le conscient de façon atténuée, dans le rêve (déformation du rêve). Freud la met en relation avec la conscience morale, avec le Surmoi.

Centilage (de l'ang. *centile*, par aphérèse de *percentile*, de *per cent*, pour cent).

Psy. métr. Classement obtenu en divisant l'échantillon représentatif d'une population en cent parties d'effectif égal ou centiles ; ex. pour une population de mille personnes, le premier *centile* sera la note du test dépassée par dix sujets, soit 1 % de la population ; le cinquantième *centile* est appelé *médiane*.

Cercle (lat. *circulus*, de *circus*, cercle).
Log. *a*) réciprocité logique entre deux termes dont chacun peut se déduire de l'autre ; ex. si un théorème et sa réciproque sont vrais ; *b) cercle vicieux* : faute de raisonnement consistant à prouver deux propositions non démontrées l'une par l'autre, A par B et B par A ; c'est une pétition de principe redoublée ; ex. historique, dit le *cercle cartésien* : Arnauld et Gassendi ont accusé Descartes de cercle vicieux : « Vous admettez qu'une idée claire et distincte est vraie parce que Dieu existe, qu'il est l'auteur de cette idée et qu'il n'est pas trompeur ; et, d'autre part, vous admettez que Dieu existe, qu'il est créateur et vérace*, parce que vous en avez une idée claire » (Gassendi, *5e obj.*).

Certain (lat. pop. *certanus* de *certus*, assuré).
Adj. S'applique à une proposition tenue pour vraie, impossible à nier par le sujet connaissant (qui est lui-même certain).

Certitude (lat. *certitudo*).
1. *Psy., Épist.* État d'esprit de qui tient une proposition pour certaine. *Dist.* vérité*. Opp. doute*. Elle peut être immédiate (intuitive) ou discursive (démonstration).
2. *Hist. Certitude morale* : au XVIIe s., assurance d'une extrême probabilité, « suffisante pour régler nos mœurs, ou aussi grande que celle des choses dont nous n'avons point coutume de douter touchant la conduite de la vie, bien que nous sachions qu'il se peut faire, absolument parlant, qu'elles soient fausses. Ainsi ceux qui n'ont jamais été à Rome ne doutent point que ce ne soit une ville en Italie, bien qu'il pourrait se faire que tous ceux desquels ils l'ont appris les eussent trompés » (Descartes, *Pr.* IV, 205) ; opp. *certitude mathématique* : « il est impossible que deux et trois ensemble fassent plus ou moins que cinq, ou qu'un carré n'ait que trois côtés, et choses semblables » (*ibid.*, 206).

Césarisme (de César, général et dictateur romain).
Pol. Pouvoir absolu ou du moins régime autoritaire, d'origine militaire. Ex. premier et second Empire en France. On parle de *césaropapisme* (terme polémique) quand le souverain temporel s'adjuge le pouvoir religieux (ex. les empereurs byzantins).

Chair (lat. *caro*, *carnis* ; confusion avec *chère* (dans l'expression faire bonne chère), du bas lat. *cara*, visage).
1. *Rel.* Dans les textes religieux, chair désigne la vie en laquelle l'esprit s'*incarne*, la part terrestre (donc pécheresse) de l'homme par opp. à la part spirituelle, céleste, ou encore plus particulièrement la sexualité. Ex. la résurrection de la chair, le péché de chair.
2. *Psy., Exist.* Le terme chair a été utilisé *a*) pour désigner le corps ressenti de l'intérieur comme vivant et agissant dans le monde, par opp. au corps objectif sous le regard d'autrui (la volonté faite corps chez Schopenhauer) ;

b) pour désigner l'articulation du corps qui voit et du corps qui est vu, antérieurement à toute division de l'âme et du corps, de l'esprit et de la matière (Merleau-Ponty).

Chaman, Chamanisme (d'une langue sibérienne, le toungouse, *shaman* signifie transporté, bouleversé).

Ethn. Ensemble de croyances religieuses et de pratiques magiques observées d'abord en Sibérie, puis en Amérique indienne du Nord. Le chaman est un prêtre magicien et guérisseur, médiateur du monde surnaturel des esprits, de la divinité, lorsqu'il entre en état de transe, d'extase mystique.

Champ (lat. *campus*, plaine, étendue de terre cultivée).

1. *Phys.* Partie de l'espace dans laquelle s'exercent des forces à distance ou en interaction : champ électrique, magnétique, de gravitation, etc.

2. *Tech. Champ d'action* : partie de l'espace déterminée par les effets possibles d'un instrument (ex. champ d'un miroir). Anal. ensemble des possibilités d'agir d'un animal, d'un être humain dans des circonstances, dans des fonctions déterminées.

3. *Psy.* Étendue variable de la sensibilité pour un organe des sens : champ de vision pour l'œil. Ext. *Champ de conscience* : ensemble de phénomènes qui accèdent ou peuvent accéder à la conscience (au système conscient-préconscient).

4. *Ling. Champ lexical*, *champ sémantique* : ensemble des mots, dans une langue donnée, dont les emplois, les significations sont en relation réciproque.

5. *Champ transcendantal.* Ensemble des conditions qui structurent la relation du sujet connaissant aux choses connues et rendent la connaissance possible (commentateurs de Kant, phénoménologues).

Chance (lat. pop. *cadentia*, chute, puis chute de dés, dér. de *cadere*, tomber).

1. *Math.* Probabilité que se produise un événement aléatoire ; ex. qu'un dé jeté au hasard retombe sur une face donnée.

2. *Vulg.* Hasard favorable qui produit un événement dont la probabilité était faible.

Changement (du bas lat. *cambiare*, échanger, troquer).

1. *Épist.* Transformation d'une même substance, soit quantitative (augmentation ou diminution), soit qualitative (altération).

2. *Hist.* *a*) chez Aristote, passage d'un contraire à l'autre : 1) du non-être à l'être, naissance *(genesis)* : 2) de l'être au non-être, mort (*phthora*) ; 3) de l'être à l'être, mouvement *(kinesis)* ; v. Mouvement ; *b*) chez Kant, « mode d'existence qui succède à un autre mode d'existence du même objet. Tout ce qui change est donc permanent et il n'y a donc que son état qui varie [...]. Seul le permanent [la substance] change, et [...] le changeant n'éprouve pas de changement, mais une variation, puisque certaines déterminations cessent et que d'autres commencent ». En outre, « tous les changements arrivent suivant la loi de la liaison des effets et des causes » (*R. pure*, Anal., l. II, ch. III, 3e section).

3. *Changement social.* Variation importante pendant un laps de temps donné dans une société entière, un groupe social, une institution. Son étude relève de ce que Comte a appelé la sociologie *dynamique* (par opp. à statique). Son sens général a d'abord été conçu comme celui d'un progrès (Comte, Spencer, Marx, Durkheim), mais des alternances cycliques ont très tôt été relevées (phases critiques et organiques selon le saint-simonisme). Les facteurs principaux du changement social, au-delà de la résistance au changement, ont été cherchés dans l'innovation technologique, les conflits socio-économiques, les mœurs et traditions, les idéologies politiques. La recherche empirique a montré la très grande variation de ces facteurs et de leur importance selon les contextes. V. Crise, Conflit social.

Chaos (gr. *chaos*, gouffre, abîme).

1. *Hist. a*) dans la mythologie grecque, état de vide, d'obscurité préexistant au monde avant l'apparition des choses, puis désordre de ces choses avant l'apparition du cosmos : « Hésiode dit que ce qui a existé en premier, c'est le chaos, et ensuite la Terre à l'ample poitrine, fondement de toutes choses à jamais assuré, et l'Amour » (Platon, *Banquet*, 178 b) ; *b*) dans la Bible, mélange confus de toutes choses avant leur mise en ordre par une puissance organisatrice (*Genèse*, I, 2).

2. *Vulg.* Anal. tout état de désordre par rapport à l'ordre.

3. Chez Nietzsche, le devenir en dehors de toute considération de finalité.

Charisme, charismatique (gr. *charisma*, grâce, faveur, de *charis*, grâce).

1. *Rel.* Don surnaturel conféré par l'Esprit pour le bien commun à un élu, et qui va du don de la sagesse ou de la science, de la guérison des maladies au don des miracles ou de la prophétie (saint Paul, *Corinthiens*, I-XII).

2. *Pol.* Ext. rayonnement personnel d'un individu, « qualité extraordinaire d'un personnage qui est, pour ainsi dire, doué de forces ou de caractères surnaturels ou surhumains » (Max Weber). *Pouvoir charismatique* : autorité qui « se caractérise par le dévouement tout personnel des sujets à la cause d'un homme et par leur confiance en sa seule personne en tant qu'elle se singularise par des qualités prodigieuses, par l'héroïsme ou d'autres particularités exemplaires qui font le chef. C'est là le pouvoir « charismatique » que le prophète exerçait, ou – dans le domaine politique – le chef de guerre élu, le souverain plébiscité, le grand démagogue ou le chef d'un parti politique » *(Id.)*.

Charité (lat. *caritas*, amour).

1. *Théo.* Vertu théologale, qui est amour* de Dieu, dans l'ambiguïté même de l'expression, amour de Dieu pour les hommes et amour de Dieu par les hommes, l'amour du prochain n'étant pas secondaire mais second, amour du prochain en Dieu. Dieu « ordonne que l'amour et la charité s'attachent premièrement à lui comme au principe de toutes choses, que de là ils se répandent par un épanchement général sur tous les hommes » (Bossuet).

2. *Mor. Justice et charité*, v. Justice.

3. *Vulg.* Bienfaisance et sp. aumône ; ex. faire la charité.

Chefferie, chef (lat. de *caput, capitis*, tête ; personnage principal).
Soc., Ethn. Autorité politique exercée de manière permanente par un individu dans un groupe déterminé, souvent de façon autocratique. L'accession à la chefferie se fait par hérédité ou élection ; en général, le chef possède des privilèges, économiques, religieux, sexuels, et son autorité a fréquemment un caractère sacré.

Chiffre (de l'arabe *cifr*, vide, zéro, puis signe de la numération).
1. *Math.* Signe figuré d'un nombre.
2. *Méta.* Signe secret à déchiffrer : « Le Vieux Testament est un chiffre » (Pascal) ; sp. chez Jaspers, signes de la Transcendance* cachés dans l'histoire, les mythes, les doctrines philosophiques, etc. « Il n'est rien qui ne puisse être un chiffre ».

Choix (d'une racine germanique).
1. *Vulg.* Avoir le choix est être libre, et choisir est se déterminer entre deux ou plusieurs possibles. La notion de choix se réfère à celles de liberté d'indifférence*, de libre arbitre*, de futurs* contingents et de déterminisme*.
2. *Choix originel.* Dans l'existentialisme de J.-P. Sartre : « Pour la réalité humaine, il n'y a pas de différence entre exister et se choisir » (*L'Être et le néant*). Aucune liberté ne préexiste au choix de soi-même.

Chose (lat. *causa*, qui en lat. juridique a pris le sens de chose, éliminant le lat. pop. *res*).
1. *Gén.* Tout ce qui a une existence individuelle et concrète et qui constitue un système fixe de qualités et de propriétés : « La chose s'oppose à l'idée comme ce que l'on connaît du dehors à ce que l'on connaît du dedans. Est chose tout objet de connaissance qui n'est pas compénétrable à l'intelligence [...], tout ce que l'esprit ne peut arriver à comprendre qu'à condition de sortir de lui-même, par voie d'observation et d'expérimentation » (Durkheim).
2. *Hist.* *a*) chez Descartes, syn. de *substance** : « chose qui existe en telle façon qu'elle n'a besoin que de soi-même pour exister » (*Pr.* I, 51), ainsi la « chose pensante » ou âme (*res cogitans*), la « chose étendue » ou corps *(res extensa)* ; *b*) chez Kant, la *chose en soi*, corr. de *phénomène*, est une réalité intelligible inconnaissable mais qui peut être pensée *(noumène*)* : « Si nous ne pouvons connaître ces objets comme choses en soi, nous pouvons du moins les penser comme tels. Autrement on arriverait à cette absurde proposition qu'il y a des phénomènes (ou des apparences) sans qu'il y ait rien qui apparaisse » (*R. pure*, préf. 2e édition).
3. *Mor.* (opp. personne) : « Les êtres dont l'existence dépend proprement non de notre volonté mais de la nature n'ont toutefois, si ce sont des êtres privés de raison, qu'une valeur relative, comme moyens, et c'est pourquoi on les appelle des *choses* ; au contraire, les êtres raisonnables sont nommés des *personnes* parce que la nature les distingue déjà comme des fins en soi, c.-à-d. quelque chose qui ne doit pas être employé simplement comme

moyen » (Kant, *Fond.*, 2e section). Les choses ont un prix et sont remplaçables par un équivalent, les personnes ont une dignité et sont supérieures à tout prix, c.-à-d. sans équivalent.

Citoyen (lat. *civis* formé en fr. sur *cité*, lat. *civitas*).

1. *Pol. a)* subst. La notion de citoyen n'a de sens que dans une société régie par des lois. C'est la loi qui détermine les droits (ex. droit de vote) et les devoirs (ex. obligations militaires) des citoyens. Par la citoyenneté, l'État reconnaît aux individus citoyens des libertés égales et leur assure une certaine protection. Le problème politique essentiel de la citoyenneté dans la démocratie actuelle est celui de la participation effective de tous les citoyens à la vie politique et à la confection des lois ; *b)* adj. De nos jours, l'adjectif citoyen implique le respect des lois, des libertés fondamentales et le souci du bien commun.

2. *Hist. a*) dans la cité antique d'Athènes, les citoyens se considéraient comme hommes libres et égaux par nature dans la participation à la vie publique et l'accès aux magistratures. Mais étaient exclus de ce droit de cité, les femmes, les résidents étrangers (métèques) et les esclaves ; *b*) la notion de citoyen reprend toute son importance au XVIIIe dans la philosophie politique de Rousseau. Dans la théorie du « contrat social », de Rousseau, le « sujet » qui obéit à l'autorité politique n'en reste pas moins libre puisqu'en tant que citoyen, il est membre du souverain et n'obéit qu'à lui-même en décidant de la loi ; *c*) la première constitution française de 1789 a distingué le citoyen *actif* (qui a le droit de vote) et le citoyen *passif* qui bénéficie seulement des libertés fondamentales, distinction qui tombera avec l'institution du suffrage universel.

3. *Citoyenneté mondiale.* La seule appartenance à l'Humanité fonde-t-elle une égalité de droits et de devoirs pour tout être humain au-delà des divisions entre États-nations ? Déjà le sage stoïcien (Épictète) s'était voulu *cosmopolitique*, citoyen d'un monde gouverné par la providence divine. Kant fait du cosmopolitisme une idée régulatrice : « l'idée d'une communauté générale, pacifique sinon amicale à tous les peuples de la terre » (*Métaphysique des mœurs*). Faut-il en espérer l'instauration d'un État mondial unique qui pourrait bien être hégémonique et tyrannique ou d'une fédération des États-nations (dont l'Europe serait une étape) ? Bergson a objecté : « De la société close à la société ouverte, de la cité à l'humanité, on ne passera jamais par voie d'élargissement. Elles ne sont pas de même essence » (*Deux Sources*, remarques finales).

Civil (lat. *civilis*, de la cité).

1. *Gén.* Qui concerne les rapports entre citoyens dans une cité, un État. Ex. l'état civil (qui identifie chaque citoyen), guerre civile (entre groupe de citoyens), droit civil (concerne la propriété, la famille, par opp. au droit *pénal*).

2. *Hist. a*) *état civil*. Chez Rousseau, condition humaine résultant du contrat social, par opp. à l'état de nature ; *b*) Hegel, dans les *Principes de la philosophie du droit* (1821), oppose la *société civile* (activité économique et vie privée des citoyens) à la *société politique* (l'État), distinction souvent reprise de nos jours aussi bien par le libéralisme que par le socialisme.

Civilisation (du lat. *civilitas*, civilité).

1. *Phil. hist.* La civilisation (au singulier) désigne le progrès universel de l'humanité, progrès à la fois matériel, intellectuel, moral, politique quels que soient les décalages selon les régions et les peuples, assuré par l'expansion des Lumières et de la raison, ou, comme le croyait F. Guizot, par un dessein de la Providence divine : « Je suis convaincu qu'il y a une destinée générale de l'humanité » (Cours de 1829 sur la civilisation en Europe). Opp. état de nature*, barbarie*.

2. Appliqué à une *nation* (ex. la civilisation française) ou au pluriel, le terme de civilisation devient à peu près syn. de *culture* (v. Culture 2) ; ex. les civilisations asiatiques.

3. Des auteurs allemands ont distingué *culture* et *civilisation*, cette dernière désignant alors plus spécialement les aspects rationnels, techniques, matériels de la vie sociale d'un peuple (v. la distinction de la société et de la communauté*). Chez O. Spengler, la civilisation est la phase de sclérose, de déclin de la vie d'un peuple.

Civisme (de civique, deuxième moitié du XVIIIe siècle).

Vertu propre des citoyens égaux devant la loi et qui la respectent sans contrainte. *Dist. civilité* : relations correctes, polies entre citoyens.

Clair (lat. *clarus*, prop. brillant ou sonore, puis net, manifeste).

1. *Psy., Log.* Désigne ce qui est manifeste et évident.

2. *Hist. a*) pour Descartes connaissance « qui est présente et manifeste à un esprit attentif » (*Pr.* I. 45), *dist.* distinct*, ctr. obscur* ; *b*) chez Leibniz, « une idée est claire lorsqu'elle suffit pour connaître la chose et pour la distinguer [...]. Si j'ai une idée claire d'une plante, je la discernerai parmi d'autres voisines, sans cela l'idée est obscure » (*N.E.* II, 29, 3). Leibniz appelle claire l'idée que Descartes appelle distincte, et qui s'oppose chez celui-ci à confus*.

Clan (du celtique *clann*, famille, d'abord observé en Écosse et en Irlande).

1. *Soc.* Groupe dont les membres sont liés par un lignage, un ancêtre commun, en ligne paternelle ou maternelle. Cet ancêtre commun peut être un héros mythique ou encore un *totem*, animal ou objet.

2. Ext. péj., groupe restreint formé autour d'une personnalité politique, littéraire, etc.

Classe (lat. *classis*, division du peuple romain).

1. *Vulg.* Tout ensemble, toute collection d'objets ou d'individus ayant un ou des caractères communs.

2. *Log.* Ensemble d'êtres, d'objets ou de faits en nombre indéterminé possédant tous un ou plusieurs caractères communs. En logique moderne, tout ensemble possédant certains caractères déterminés ; ainsi la classe comprend le genre et l'espèce de la logique formelle comme l'universel comprend le particulier.
3. *Péd.* Groupe d'élèves d'à peu près le même âge et considérés comme de même niveau dans l'ensemble des résultats scolaires. Salle où ils sont réunis.
4. *Soc. Classe sociale.* Groupe plus ou moins homogène de familles et d'individus caractérisés par le même statut socio-économique et des relations de pouvoir et de prestige avec les autres groupes sociaux. Non définie juridiquement, la classe sociale est considérée comme « ouverte » (mobilité sociale). Dans un système de stratification sociale, elle se distingue ainsi des *ordres* ou états de l'Ancien régime ainsi que des castes*. Ex. classe bourgeoise, classe ouvrière, classe paysanne. *Classes moyennes* (en général au pluriel) : ensemble assez mal défini qui rassemble les « petits patrons » du commerce et de l'industrie, les professions libérales, les intellectuels. *Hist. a*) dans la République romaine, les citoyens étaient répartis selon leur fortune en quatre classes auxquelles correspondaient des droits politiques et des obligations militaires ; *b*) la notion de classe est utilisée depuis le XVIIIe. Les physiocrates (Quesnay) distinguent la classe *productive* (agriculture), la classe des *propriétaires*, la classe *stérile* (administration, armée).
5. *Lutte des classes.* C'est dans la lutte que les classes se définissent et s'affirment comme telles. L'affrontement des pauvres et des riches dans les sociétés historiques a déjà été remarqué dans l'Antiquité (Platon). La notion n'est donc pas proprement marxiste. Mais Marx en a fait la clé d'interprétation de toute évolution sociale : « L'histoire de toute société jusqu'à nos jours est celle de la lutte des classes » (*Manifeste du parti communiste*, 1848).
6. *Conscience de classe.* Notion liée à celle de lutte des classes dans la philosophie marxiste de l'histoire. Être membre d'une classe sociale, est-ce participer *consciemment* aux modes de vie, aux valeurs caractéristiques de cette classe ? Et surtout la classe du prolétariat a-t-elle conscience du rôle qu'elle peut et doit jouer dans l'histoire (conscience révolutionnaire) ? Dans le léninisme, c'est le Parti qui est le lieu de cette prise de conscience.

Classification (de *classifier*).

1. *Log.* Répartition des objets ou des concepts étudiés en classes hiérarchiquement ordonnées en genres et en espèces selon l'extension* ; *dist.* le classement, qui est gén. d'ordre pratique ; ex. classement alphabétique, chronologique, et la classification qui est d'ordre scientifique.
2. *Épist.* Classification des sciences, dont la plus connue est celle d'A. Comte qui hiérarchise les sciences selon leur complexité croissante et leur généralité décroissante : mathématiques, astronomie, physique, chimie, biologie, sociologie.
3. *Biol.* Distribution des êtres vivants en groupes de plus en plus vastes s'emboîtant les uns dans les autres : espèces, genres, familles, ordres, classes, embranchement ; syn. systématique*, taxinomie.

Classique, classicisme (lat. *classicus*, citoyen de première classe).

Esth. *a*) historiquement, le classicisme se caractérise par référence aux chefs-d'œuvre de l'Antiquité gréco-romaine (au XVIe siècle en Italie, au XVIIe en France, au XVIIIe en Allemagne et en Angleterre), que ce soit en littérature ou dans les arts plastiques ; *b*) le style classique est caractérisé par la recherche de l'harmonie, de l'équilibre, de la symétrie, de la rationalité, de l'expression naturelle. Opp. baroque*, romantique*. Il est abusif d'appeler *baroques* les œuvres artistiques, littéraires, musicales relevant du classicisme français du XVIIe ; *c*) tout style peut être dit classique quand il atteint une perfection dans son genre (une cathédrale d'un gothique classique) ; *d*) par confusion avec le sens scolaire de classe, toute œuvre considérée comme exemplaire est « classique » (ex. *Madame Bovary* de Flaubert), comme le furent longtemps les chefs-d'œuvre antiques.

Claustrophobie (comp. du lat. *claustra*, plur., fermeture d'une porte, verrou, de *claudere*, fermer, et du gr. *phobos*, peur).

Psy. path. Trouble mental névrotique qui se manifeste chez un sujet se sentant enfermé dans une espace clos, cette angoisse pouvant être ressentie même avant d'entrer dans un tel espace (métro, tunnel, etc.) ; inverse de l'agoraphobie*.

Clinamen (lat. signifiant déclinaison ; gr. *parenklisis*).

Dans l'atomisme antique (Épicure, Lucrèce), déviation spontanée et fortuite des atomes dans leur chute en ligne droite ; c'est ainsi que se composent les corps et la nature entière.

Clos (lat. *clausus*, p.p. pris adj. de *claudere*, fermer, clore).

Mor. Distinction centrale chez Bergson entre le clos et l'ouvert*, concernant la société et la morale qui y règne. *Société close* : système d'habitudes et d'obligations contraignantes qui répondent aux besoins de la communauté et en assurent la cohésion : « L'homme était fait pour elle comme la fourmi pour la fourmilière » (*Deux Sources*, ch. IV). Ce système engendre, par la *pression sociale*, une *morale close*, statique et impersonnelle, fixée dans des mœurs, idées et institutions déterminées. Opp. société et morale *ouverte* et dynamique, qui est aspiration et élan, différente non en degré mais en nature de la première et s'incarnant dans une personnalité privilégiée (sages de la Grèce, prophètes d'Israël, saints du christianisme) et qui vise à s'étendre à toute l'humanité. D'où la double formule de la moralité : « un système d'*ordres* dictés par des exigences sociales impersonnelles et un ensemble d'*appels* lancés à la conscience de chacun de nous par des personnes qui représentent ce qu'il y eut de meilleur dans l'humanité » (*Ibid.*).

Codage, décodage (néol. XXe siècle).

Psy. soc. Opération par laquelle le message est traduit en signes ou signaux en vue de la communication ; *décodage* : opération inverse par laquelle le récepteur, connaissant le code de l'émetteur, déchiffre le message. V. Communication.

Code (lat. juridique impérial, de *codex*, tablette à écrire, puis registre).

1. *Dr.* Ensemble cohérent de lois, de règlements, rendu publics et s'imposant à tous (citoyens, autorités publiques) dans un domaine défini (code commercial, code des impôts, etc.). Tout citoyen doit pouvoir en avoir connaissance.

2. *Psy. soc.* Système conventionnel de signes, signaux ou symboles, grâce auquel un « émetteur* » peut transmettre un message, une information, une idée, à un « récepteur » ; en ce sens, toute langue est un code, mais les langues parlées sont reçues du milieu social anonyme, alors que les codes créés artificiellement sont l'objet de conventions explicites entre les usagers ; ex. le morse, les langues de l'informatique. V. Communication.

Cœur (lat. *cor*).

Outre sa signification anatomique, le terme français cœur peut désigner dans la langue classique « courage » et même volonté (ex. chez Corneille), amour (et charité), lumière naturelle, connaissance immédiate, intuitive (ex. chez Pascal, celle des dimensions de l'espace), connaissance de Dieu par la foi (« C'est le cœur qui sent Dieu et non la raison », *Pensées*, 278, éd. Brunschvicg).

Cogito (lat. : je pense).

1. *Hist. (Méta.)* Chez Descartes, principe premier de la philosophie qui y institue une révolution consistant à partir de la présence de la pensée et non comme jusque-là de celle du monde. La formule du *Discours de la méthode* (IV) : « je pense donc je suis » (*cogito ergo sum*) est équivoque, car elle se présente comme un syllogisme abrégé (enthymème*) : tout ce qui pense est, or je pense, donc je suis, et les trois propositions formeraient une succession soumise aux aléas de la mémoire et ce ne serait plus un principe ; mais, il s'agit d'une intuition, c.-à-d. que c'est dans le même acte de pensée que le sujet qui doute saisit son existence : « Je pris garde que, pendant que je voulais ainsi penser que tout était faux, il fallait nécessairement que moi qui le pensais, fusse quelque chose ». C'est pourquoi, dans la 2e *Méditation*, la formule devient : « Cette proposition : *Je suis, j'existe*, est nécessairement vraie, toutes les fois que je la prononce, ou que je la conçois en mon esprit ». V. Sujet.

2. *Phén.* Chez Husserl, le *Cogito*, c.-à-d. l'acte de pensée du sujet, est inséparable de l'objet pensé, *cogitatum* : « Tout *cogito* ou encore tout état de conscience « vise » quelque chose et [...] porte en lui-même [...] son *cogitatum* respectif », cette visée est dite *intentionnalité**, v. Conscience. À la différence de Descartes qui passe du *cogito* à la substance pensante, « dont toute l'essence est de penser », pour Husserl, le sujet par l'*épochè** ou suspension du jugement se saisit comme moi pur ou transcendental, mais en même temps se donne par là-même « la vie de conscience pure [...], vie dans et par laquelle le monde objectif existe tout entier pour moi ».

3. *Exist.* Une fonction analogue à celle du *Cogito* chez Descartes et chez Husserl est au principe de toutes les philosophies du sujet et not. des existentialismes et désigne la conscience de soi comme telle.

Cognation (lat. *cognatio*, de *cognatus*, uni par le sang, parent de naissance).
Soc. a) autr. parenté consanguine en ligne maternelle ; *b*) auj. descendance du même ancêtre indifféremment par les hommes ou par les femmes.

Cognition (lat. *cognitio*, connaissance de *cognoscere*, connaître).
Épist. Terme très général. Ensemble de processus par lesquels s'élaborent les connaissances vraies, fausses ou approximatives. La cognition peut être dite « naturelle » quand elle est considérée comme fonction biologique du cerveau des hommes et des animaux, ou « artificielle » lorsque l'élaboration des connaissances est obtenue par des machines (intelligence artificielle).

Cognitives (Sciences) (lat. *cognitum*, de *cognoscere*, connaître).
Épist. Ensemble des disciplines scientifiques qui ont pour objet commun l'étude expérimentale de la cognition. Interviennent également la neurobiologie, la linguistique, la logique, la psychologie expérimentale, animale, sociale, mais aussi des recherches portant sur l'intelligence artificielle, la cybernétique, l'informatique. L'expression même de sciences cognitives présuppose la convergence des recherches, des méthodes et des résultats dans ces diverses sciences.

Cognitivisme (néol., de cognition).
Doctrine qui s'appuie sur les résultats des sciences cognitives et a succédé au *behaviorisme* (v. ce mot) dans la psychologie américaine de la deuxième moitié du XXe. L'hypothèse fondamentale du cognitivisme est que le cerveau animal ou humain fonctionne « comme » un *ordinateur*. Il en résulte de multiples hypothèses dérivées, des directions de recherche, ainsi que la construction de modèles théoriques ou expérimentaux.

Collectif (lat. *collectivus*, de *colligere*, lier ensemble, réunir, rassembler).
1. *Log.* Ce qui est commun à un nombre fini d'individus et est une propriété du groupe ; *dist.* général, qui est commun à une pluralité indéfinie d'individus et forme un genre ; opp. individuel, singulier.
2. *Psy. soc. Psychologie collective* : psychologie des groupes humains, syn. de *psychologie sociale*, expression qui prévaut ; on dit aussi *psychosociologie**.
3. *Soc. Conscience collective* : manières de sentir, de penser et d'agir propres à un groupe déterminé ou collectivité ; en s'associant, « les âmes individuelles donnent naissance à un être psychique, si l'on veut, mais qui constitue une individualité psychique d'un type nouveau » (Durkheim), distincte de la *conscience moyenne* « médiocre, tant au point de vue intellectuel que moral ; la conscience collective, au contraire, est infiniment riche, puisqu'elle est riche de toute la civilisation » (*Id.*). *Représentations collectives* : « ensemble des croyances et des sentiments communs à la moyenne des membres d'une société et formant un système déterminé qui a sa vie propre » (*Id.*). La notion de conscience collective considérée comme fondamentale par Durkheim et ses

disciples est souvent rejetée comme hypothèse théorique quasi métaphysique par la sociologie contemporaine.

4. *Psychan.* V. Inconscient* collectif.

Collectivisme (néol. Internationale de Bâle, 1869).

Pol. Système économique et social caractérisé par l'appropriation collective du sol et des moyens de production ; conçu à l'origine comme non étatiste, non centralisateur, mais assimilé à la fin du XIXe au socialisme marxiste.

Colonie, colonisation, colonialisme (lat. *colonus*, paysan de *colere*, cultiver).

Hist. a) cité grecque créée par des citoyens d'une autre cité dans un territoire non grec. Elle est indépendante, mais elle garde des liens de langue, de religion, de tradition plus ou moins étroits avec la cité d'origine. Ex. Marseille de *Massalia*, colonie de Phocée ; *b*) à l'époque moderne, domination d'un territoire et de ses habitants américains, africains, asiatiques par un État européen, dans un but économique (matières premières, métaux précieux, produits exotiques, monopole de navigation, etc.) dans un but politique (lutte des grandes puissances), religieux et culturel (conversion au christianisme, diffusion d'une langue, etc.) ou de peuplement (les immigrants conservant un statut privilégié). La *colonisation* s'est faite selon des modalités très diverses selon les époques, les pays colonisés et surtout les États colonisateurs (Espagne, Grande Bretagne, France). L'esclavage (v. Esclave) et la traite des Noirs sont liés à la colonisation de l'Amérique du Nord et du Sud. On appelle *pacte colonial* le monopole des exportations et des importations, du commerce maritime au profit de l'État colonisateur. On appelle *colonialisme* la justification cynique (enrichissement) ou plus ou moins sincère (développement, civilisation des populations colonisées) donnée à la colonisation.

Combinatoire (bas lat. *combinare* : unir deux choses).

1. *Log., Math.* Étude de toutes les relations possibles, non contradictoires, d'un nombre donné d'objets.

2. *Hist.* Chez Leibniz, anal. avec la combinatoire en mathématiques, essai pour former par ordre toutes les combinaisons possibles des concepts, et qui se confond par là avec l'art d'inventer ; v. Caractéristique universelle.

Comique (gr. *cômos*, cortège de Bacchus).

Esth. Adj et subst. Catégorie esthétique associée au rire, en particulier dans les œuvres théâtrales (comédies).

Commencement (lat. populaire *cominitiare*, de *cum* et *initium*, commencement).

La première partie dans un ordre logique, spatial, temporel. Ex. commencement d'un livre. *Dist.* origine (l'idée d'où vient le livre).

Commun (lat. *communis*, qui est partagé par tous, opp. *proprius*).

1. *Log. Notions communes* : celles qui font partie intégrante de la raison et sont communes à tous les hommes ; ex. le principe de non-contradiction.

2. *Hist. (Math.) Notions communes* (gr. *koinai ennoiai*) : Euclide désignait ainsi ce qu'on appela ensuite principes (axiomes, postulats, définitions) et qu'on appelle auj. axiomes*.

Communautarisme (néol. milieu XXe s., de communauté).

1. *Soc.* Tendance de toute communauté linguistique, religieuse à se replier sur elle-même, à imposer à ses membres les mêmes us et coutumes, à refuser la loi de l'État auquel elle appartient et à demander sous une forme ou une autre un statut d'exception de fait ou de droit.

2. *Pol.* Philosophie politique qui réagit au rationalisme et au libéralisme des Lumières du XVIIIe et qui apparaît chez des auteurs contre-révolutionnaires (Burke, Bonald, Maistre) ou positivistes (Comte, Taine). Un *néo-communautarisme* apparaît à la fin du XXe en Amérique du Nord, en réaction contre les conséquences du libéralisme contemporain.

Communauté (anc. fr. *communité*, du lat. *communitas*).

1. *Soc.* Groupe social qui, à l'intérieur d'une société, se distingue par des liens particuliers de langue, de religion, d'origine géographique ou ethnique. Il est caractérisé par un attachement affectif à ses traditions (v. Communautarisme).

2. L'opposition de *communauté* et de *société* a été généralisée par certaines théories sociologiques (Toennis) ; la communauté ferait essentiellement appel à la tradition, à l'histoire, au mythe, au sentiment instinctif, la société à l'adhésion consciente, réfléchie, raisonnée. Elles s'opposent comme le droit coutumier et la loi codifiée, ou encore comme l'hospitalité domestique et l'hôtellerie industrielle. Cette distinction ne comporte pas nécessairement un jugement de valeur : elle recoupe largement celle de la *solidarité organique* et de la *société mécanique* selon Durkheim (*La Division du travail*). Bien que lui-même hostile au nazisme, Toennis a reconnu que ce dernier pouvait se réclamer de certains aspects de l'idée de communauté.

3. *Communauté scientifique*. Par delà les divisions entre disciplines, appartenances nationales, politiques, religieuses, l'ensemble des savants et des chercheurs sont supposés participer à un même esprit scientifique. Leur consensus exprimé dans des congrès, des publications scientifiques, assurent la validité de leur travail et permet de proposer des solutions aux questions posées par les applications des sciences et des techniques.

4. *Hist., Crit.* Chez Kant, la communauté est une catégorie de relation : « Toutes les substances en tant qu'elles existent simultanément ont ensemble une communauté universelle, c'est-à-dire une action réciproque » (*R. pure*, Anal.). V. Réciprocité.

Communication (lat. *communicatio*, action de faire part, de *communicare*, mettre en commun, communiquer).

1. *Gén.* Tout échange de signes, volontaire ou involontaire, conscient ou non, d'individu à individu, d'individu à groupe et inversement, de groupe à groupe ; en ce sens, les animaux communiquent, sans langage véritable, par des signaux (mimiques, cris, etc.) ; ex. l'abeille butineuse.

2. *Psy. soc.* Dans la *théorie des communications*, processus par lequel l'information est transmise d'un émetteur à un récepteur. Le processus le plus simple peut être présenté sous la forme du schéma suivant (d'après Shannon), dit *schéma cybernétique* :

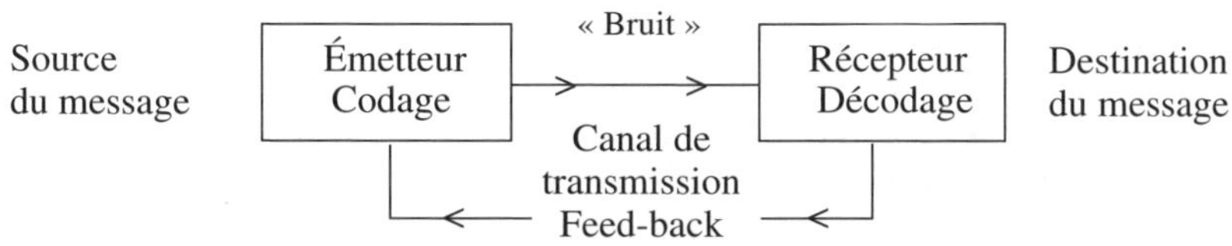

Dans ce schéma, le codage* est univoque pour l'émetteur et le récepteur ; le « bruit » désigne toute perturbation aléatoire pouvant intervenir dans la transmission du message et l'altérer ; le *feed-back* ou *rétroaction* est l'action récurrente qu'exerce le récepteur sur l'émetteur au cours de la transmission du message et qui tend à sa régulation pour une meilleure réception. Dans le cas de la langue courante, la communication du message court le risque de pertes et de distorsions, dus à la fois au caractère conventionnel et à la polysémie* de cette langue et à l'hétérogénéité entre l'« univers » subjectif de l'émetteur (statut, rôle, cadre de référence) et celui du récepteur ; le *feed-back**, qui vise à surmonter ces obstacles, consiste ici dans le dialogue par lequel le récepteur se fait à son tour émetteur, l'émetteur récepteur, jusqu'à ce que les interlocuteurs aient l'assurance que le message a été compris.

3. *Soc. Communication de masse* ou *média de masse* : ensemble des procédés (presse, affichage, radiodiffusion, cinéma, télévision, etc.) par lesquels se transmet l'information* et s'exerce l'action ou la propagande sur l'opinion publique.

4. *Psy. Communication des consciences* : acte par lequel la conscience individuelle sort d'elle-même pour communiquer ou sympathiser avec celle d'autrui. Selon la psychologie classique, elle est le résultat d'un *raisonnement par analogie**, c.-à-d. d'une interprétation du sujet qui infère de la comparaison avec ses propres expériences passées toute la vie psychique d'autrui ; selon la psychologie moderne (phénoménologie, existentialisme), la compréhension d'autrui est intuitive, directe et primitive (Max Scheler, Merleau-Ponty).

Communicationnel (néol. pour traduire l'all. *Kommunikatio*).

Mor., Pol. L'expression d'action communicationnelle a été introduite par le sociologue J. Habermas (*Theorie des Kommunikativen*, 1981). S'inspirant de l'universalité de l'impératif moral kantien, des recherches en linguistique et en sociologie de la communication dans les sociétés contemporaines, ainsi que de la théorie de la justice de Rawls, il propose une conception « communicationnelle » de la rationalité, comme entente réciproque. Le juste est ce sur quoi tout le monde doit pouvoir s'accorder, comme la vérité est l'opinion ultime idéale à laquelle parvient une communauté scientifique. Enfin, « l'éthique de la discussion » s'approfondit en une théorie du droit et la démocratie.

Communion (lat. chrétien, *communio*, communauté des fidèles).

1. *Rel.* Groupe de fidèles qui communient dans une même foi, syn. confession religieuse : ex. les communions protestantes.

2. *Théo. Communion des saints* : dans le catholicisme, union spirituelle de tous les fidèles qui les fait participer aux mêmes mérites.

3. *Phén.* Fusion intime des consciences d'où résulte le « nous ».

4. *Soc.* Forme la plus haute de la sociabilité (amitié, amour, extase religieuse ou esthétique) et du contact interpersonnel : « La communion représente le degré maximum de l'intensité de participation, de la force d'attraction et de la profondeur de fusion dans le Nous dont les membres ne ressentent de ce fait que la pression minimum » (Gurvitch).

Communisme (mot introduit par Cabet vers 1840. « Communiste » apparaît au XVIIe au sens de copropriétaire).

1. *Pol.* Le terme de communisme, qui n'est nullement syn. de marxisme, s'applique aux projets de mise en commun de tous les biens par l'abolition de la propriété privée et même de la famille (communauté des femmes, éducation publique des enfants), afin d'établir une *égalité** réelle entre les membres d'une société. L'instauration du communisme, et surtout son maintien, semble impliquer un pouvoir étatique fort et centralisé : « Sa théorie se réduit à cette proposition, asservir l'individu afin de rendre la masse libre » (Proudhon). *Dist.* socialisme*.

2. *Soc. Communisme primitif* : hypothèse évolutionniste sur l'état premier des sociétés humaines qui à l'origine n'auraient connu ni la propriété, ni la famille. Des ethnologues au XIXe ont cru en trouver des traces.

3. *Hist. a*) l'idée de communisme apparaît d'une part dans la réflexion morale et politique grecque sur l'égalité des citoyens, d'autre part dans des sectes hérétiques judéo-chrétiennes. Un certain communisme de consommation a pu être pratiqué par des communautés de premiers chrétiens prenant à la lettre des préceptes du Nouveau Testament. Cabet dira que Jésus était « le premier des communistes » ; *b*) dans la cité idéale décrite dans la *République* de Platon, l'abolition de la propriété et de la famille n'est envisagée que pour les classes supérieures et non pour celles des producteurs. De nombreuses utopies s'en inspirèrent, par ex. la *Cité du soleil* de Campanella (1602), le *Code de la nature* de Morelly (1753), le *Voyage en Icarie* de Cabet (1840) ; *c*) l'idéal d'une société communiste encore à venir inspire plusieurs insurrections paysannes (Th. Munzer en 1525), sous le Directoire la « conspiration des Égaux » (Gracchus Babeuf, 1796), en Russie le coup d'État bolchevik de 1917 et en Europe centrale plusieurs prises de pouvoir révolutionnaires ; *d*) avec Marx et Engels (*Manifeste du parti communiste*, 1848), le communisme n'est plus présenté comme la solution d'un problème juridique et moral, mais comme le résultat historique dialectiquement nécessaire de la lutte des classes* dans sa phase finale opposant bourgeoisie et prolétariat. Avant l'établissement du communisme, Marx envisage une phase dite provisoire de *dictature du prolétariat*.

Commutative (Justice), v. Justice.

Comparatisme (néol. fin XIXe).

Épist. Le comparatisme est moins une doctrine que le recours à une méthode consistant à rechercher des rapports de différence et de ressemblance entre des êtres, des réalités distinctes, même apparemment très éloignées (par ex. dans le Japon du XIXe et la France médiévale). Cette méthode permet d'établir une *typologie** et prend une importance particulière dans les sciences humaines lorsque l'expérimentation* n'est pas possible. Par ex. le système social de la féodalité est comparé dans des pays et des époques très éloignées. La préhistoire reconstitue « l'âge de pierre » par comparaison avec les observations de l'ethnographie. Il semble que ce soit en linguistique que le comparatisme a obtenu les plus importants résultats. Le comparatisme n'évite pas toujours le risque d'arbitraire (psychologie comparée entre l'enfant, le malade mental, le « primitif »).

Compassion (bas lat. *compassio* de *compati*, souffrir avec).

Psy., Mor. Syn. pitié*. Par l'étymologie, équivalent de *sympathie**, mot venu du grec.

Compatible, compatibilité (du lat. *compati*, souffrir avec).

Log. Des énoncés sont compatibles quand ils ne sont pas contradictoires et n'engendrent pas des contradictions par leurs conséquences. Les axiomes d'une axiomatique doivent être compatibles.

Compensation (lat. *compensatio* de *compensare*).

1. *Vulg.* Retour à l'équilibre en tout domaine, financier, physique, moral. C'est une croyance populaire, en général optimiste, que tout dans l'univers ou dans l'histoire, finit par s'équilibrer (« après la pluie, le beau temps »). Certains auteurs (ex. Azaïs à la fin du XVIIIe) en ont fait un principe métaphysique.

2. *Psy.* Tendance d'un individu à développer plus particulièrement une aptitude dans un domaine où il se croit inférieur (Démosthène, bègue, devient un grand orateur). Réaction au sentiment d'infériorité* dans la psychologie d'Adler.

Compétence (lat. *competere*, revenir à).

1. *Vulg.* Capacité de porter un jugement en toute matière (compétence médicale), spécialement en langage juridique (compétence d'un tribunal).

2. *Ling.* Le linguiste américain Chomsky a introduit la distinction de la *compétence* (connaissance implicite d'une langue et de ses usages par un locuteur) et la *performance* (production effective de phrases dans cette langue).

Complétude (de complet, d'après incomplétude).
Log. math. Propriété d'une théorie dont toutes les propositions peuvent être ou démontrées ou réfutées. Ex. complétude d'une axiomatique.

Complexe (lat. *complexus*, p.p. de *complecti*, embrasser, contenir).
1. *Log.* Adj. Se dit d'un concept décomposable en plusieurs éléments.
2. *Vulg.* Adj. Difficile à analyser, obscur.
Subst. Ensemble structuré d'éléments distincts mais interdépendants. Ex. un complexe industriel.
3. *Psychan.* Ensemble organisé de représentations à forte valeur émotionnelle, et en grande partie inconscientes (Jung, Bleuler). Pour Freud, il s'agit essentiellement du *complexe d'Œdipe*, ainsi appelé d'après la tragédie de Sophocle (*Œdipe roi*) dont le héros a la révélation qu'il a, sans le savoir, tué son père et épousé sa mère. Œdipe a réalisé tout ce que les enfants désirent : l'inceste rendu possible par le parricide. Le *complexe de castration* (lié au fantasme de mutilation de l'organe viril) n'est qu'un aspect du complexe d'Œdipe. Selon Freud, le triangle « œdipien » (père, mère, enfant) vaudrait pour la fille comme pour le garçon. Constitué sous des formes diverses approximativement entre trois et cinq ans, il connaît ensuite une période de *latence**, pour se réveiller à la puberté et être ensuite normalement surmonté. Chaque description d'un type en psychopathologie s'y réfère et une cure psychanalytique cherche à déterminer comment, sous quelles formes, les conflits œdipiens sont apparus et ont évolué.
4. *Soc.* Freud pose d'emblée la situation œdipienne de l'enfant comme ayant une valeur universelle, inévitable dans toute culture, quel que soit le système de parenté, ce qui a été très contesté par des ethnologues non psychanalystes.
5. Ext. *complexe d'infériorité* selon Adler (v. sentiment d'infériorité*). Des auteurs, psychanalystes ou non, ont décrit un grand nombre de « complexes » (d'Électre, de Caïn, etc.) en général affublés de dénominations mythologiques mais qui ne peuvent être mis sur le même plan que le complexe d'Œdipe : ils ont surtout une valeur typologique. Dans la langue courante, le terme de « complexe » finit par désigner toute réaction affective, même consciente, considérée comme plus ou moins pathologique ou simplement troublante.

Comportement, comportemental (terme repris de Pascal par H. Piéron pour traduire l'ang. *behaviour* : « Pour reconnaître si c'est Dieu qui nous fait agir, il vaut mieux s'examiner par nos comportements au-dehors que par nos motifs au-dedans » (à *Périer*, 1667).
1. *Psy.* *a*) gén. ensemble des actes, soit de l'homme, soit de l'animal, accessible à l'observation extérieure ; *b*) not. dans le *behaviorisme*, « ensemble des réponses ajustées aux *stimuli* qui les déclenchent » (Tilquin), dans lequel on

fait entrer le langage et même la pensée considérée comme langage implicite. Tous les comportements ont une signification adaptative : alimentaire (nourriture et boisson), sexuelle, d'exploration et d'investigation, etc. ; le problème est de déterminer dans chaque cas quel *stimulus* détermine tel comportement, et quel comportement est déterminé par tel *stimulus* : *dist.* conduite* ; v. Psychologie.

2. *Thérapie comportementale* (ou comportementaliste). Appuyée sur la psychologie behavioriste*, en opp. avec la psychanalyse, cette thérapie tend à l'extinction progressive des symptômes inadaptés à la vie sociale (ex. phobie de l'avion) par des méthodes de conditionnement progressif.

Composé (du lat. *compositus*, p.p. de *componere*, placer ensemble, réunir).

1. *Vulg.* S'applique à tout ce qui a plusieurs parties ou éléments.

2. *Épist.* Employé parfois subst. pour *corps composé*, corps formant un tout différent de ses composants et possédant par rapport à eux des propriétés spécifiques ; ex. l'eau par rapport à ses composants, hydrogène et oxygène.

3. *Log. form.* *a) proposition composée* : celle qui a plusieurs sujets ou plusieurs attributs, ex. une disjonctive : A est B ou C ; *b) syllogisme composé* : raisonnement formé de plusieurs syllogismes enchaînés ; v. Polysyllogisme, Sorite.

Composite (lat. *compositus*, bien agencé).

1. *Tech.* *Portrait composite* : « air de famille » obtenu par superposition de divers visages en même dimension sur un même cliché ; ex. en faisant poser six personnes de la même famille un sixième du temps normal.

2. *Psy.* Anal. *image générique** qui se forme dans l'esprit par l'expérience visuelle de plusieurs objets de même nature ou de plantes ou d'animaux de même espèce, et qui serait à l'origine de l'idée générale (Galton).

3. *Esth.* Qui participe de plusieurs styles, en particulier en architecture ; ex. l'église Saint-Étienne-du-Mont à Paris, qui allie le renaissant au roman* et au gothique*.

Compréhension, comprendre (lat. *comprehensio*, action de saisir ensemble, d'embrasser par la pensée, *comprehendere*).

1. *Vulg.* Saisie par l'esprit de l'ensemble d'un phénomène, d'un raisonnement, d'une explication, d'un énoncé.

2. *Épist.* Dans les théories allemandes de l'*Einfühlung* (Rickert, Dilthey, Jaspers, Scheler, Max Weber), « connaissance obtenue par interpénétration psychologique » (Jaspers) ou *empathie**, caractéristique des sciences humaines (psychologie, sociologie, histoire), selon la formule de Dilthey : « Nous expliquons la nature, nous comprenons la vie psychique (*Seelenleben*) ». On doit distinguer *l'explication*, qui cherche à déterminer les conditions d'un phénomène, et la *compréhension*, par laquelle l'esprit connaissant réussit à s'identifier aux significations intentionnelles*, essentielles à l'activité historique. La *compréhension* est un mode de connaissance d'ordre intuitif et synthétique, alors que *l'explication* est une connaissance analytique et discursive qui procède par décomposition et reconstruction de concepts.

3. *Hist.* Descartes distingue savoir et comprendre : « On peut savoir que Dieu est infini et tout-puissant encore que notre âme étant finie, ne peut le comprendre ni concevoir, car comprendre c'est embrasser par la pensée ; mais pour savoir une chose, il suffit de la toucher de la pensée » (à Mersenne, 27 mai 1630).

4. *Log. form.* Opp. extension*, ensemble des qualités ou des caractères essentiels communs appartenant à un terme ou à un concept, qui s'exprime par la définition ; ex. un oiseau est un vertébré, à sang chaud, ovipare, etc. Quand un terme est contenu par extension dans un autre (ex. Socrate par rapport à Grec), le second est contenu en compréhension dans le premier ; l'extension et la compréhension des concepts sont donc en raison inverse l'une de l'autre. V. Extension, Connotation, Dénotation, Espèce, Définition, Genre.

Compulsion (lat. *compulsio*, de *compellere*, presser, contraindre).

Psy. path. Dite parfois *compulsion de répétition*, tendance irrépressible chez un sujet atteint de *névrose obsessionnelle** à répéter indéfiniment certains actes en quelque sorte rituels, sans utilité ni justification V. Obsession.

Conatus (du lat. *conari*, se préparer à, entreprendre, d'où *conatus*, tentative, effort).

Hist. (Méta.) Chez Spinoza, notion centrale désignant l'effort par lequel « chaque chose, autant qu'il est en elle, s'efforce (*conatur*) de persévérer dans son être » (*Eth.* III, 6) ; le *conatus* « n'est rien en dehors de l'essence actuelle de cette chose même » (*Ibid.* 7). Cet effort est volonté quand il se rapporte à l'âme seule, appétit quand il se rapporte à la fois à l'âme et au corps, le désir étant l'appétit avec conscience de lui-même (*Ibid.* 9, scolie).

Concept (lat. *conceptus*, p.p. de *concipere* au sens figuré de concevoir).

1. *Crit.* Représentation intellectuelle rapportée à l'activité d'un sujet, le concept suppose donc une double relation, d'une part avec la chose représentée, d'autre part avec le sujet actif. Il ne se confond pas avec l'*intuition* : la connaissance conceptuelle comporte toujours un certain niveau d'abstraction. Quant à l'*idée*, elle n'implique pas forcément l'activité du sujet. On évitera l'usage récent de concept au sens très vague de simple projet, d'idée nouvelle.

2. *Concept et langage.* Au concept correspondent en général un ou plusieurs mots dans une langue naturelle. Jusqu'à quel point une pensée conceptuelle (philosophique) dépend-elle de la langue dans laquelle elle est exprimée ? (v. le cas du mot *Aufhebung** dans la philosophie de Hegel). Le concept comme objet de pensée n'a-t-il de réalité que par le signe linguistique (problème des universaux* ; v. Nominalisme) ?

3. *Épist. Concept scientifique.* La connaissance scientifique se développe en formant de nouveaux concepts qui proposent un nouveau découpage de la réalité, une nouvelle représentation de l'univers. Par ex. l'attraction universelle

(Newton) en physique ; vertébrés et invertébrés (Lamarck) en zoologie (v. Préscientifique). On distingue habituellement des concepts *quantitatifs* susceptibles d'un traitement mathématique (ex. densité) et des concepts seulement *qualitatifs* (légèreté, lourdeur). L'opposition des concepts abstraits et des concepts concrets est très relative et sans rigueur.

4. *Hist.* On peut distinguer depuis Kant : *a*) des concepts a priori ou *purs*, les *catégories** de l'entendement ; ex. l'unité et la pluralité, la causalité, l'existence et la nécessité, *dist.* idées ; *b*) des concepts a posteriori ou empiriques, formés par la « représentation d'un procédé général de l'imagination, servant à procurer à un concept son image » (*R. pure*, Anal. 1. II, ch. I) et qu'il appelle le *schème* de ce concept ; ex. le schème du nombre ou du triangle en général ou encore du chien.

Conception (lat. *conceptio* de *concipere*, concevoir).

1. *Gén.* *a*) Opération par laquelle le sujet forme, à partir de l'expérience (physique, psychologique, morale, sociale, etc.) la représentation d'un objet de pensée ou concept, v. Conceptualisation ; *b*) le résultat de cette opération, syn. de *théorie* ; ex. la conception platonicienne de l'État, la conception ondulatoire de la lumière, la conception libérale de l'économie, etc.

2. *Crit.* Syn. d'*intellection,* opération prop. intellectuelle par laquelle l'entendement forme un concept ; ex. celui de triangle, « figure composée et comprise de trois lignes ». Descartes la distingue de l'imagination et en donne pour preuve qu'il ne peut imaginer que confusément les mille côtés d'un chiliogone, alors qu'il est conçu aussi clairement que le triangle et qu'il n'y a pas de différence entre l'imagination d'un chiliogone et celle d'un myriogone (polygone de dix mille côtés) (*Méd. VI*).

Conceptualisation (de conceptualiser, milieu du XXe siècle).

Épist. Élaboration d'un concept. Passage de l'énoncé empirique à la théorie scientifique ou philosophique.

Conceptualisme (du lat. *conceptualis*).

1. *Hist.* Dans la pensée médiévale, solution au problème des universaux, dont l'introduction est attribuée à Abélard. Le conceptualisme récuse à la fois le réalisme* des idées (existant séparément de l'esprit) et le nominalisme* (qui réduit l'existence des idées à celle des mots). Le concept est alors le produit d'une construction de l'esprit.

2. Théorie empiriste de la formation des concepts qui ne la réduit cependant pas à celle des mots (Locke, Condillac). Le criticisme kantien est un conceptualisme en ce qu'il fait dépendre la formation des concepts des structures a priori de l'esprit (concepts purs).

Concertation (néol. de l'it. *concertare*, du lat. *concertare*, combattre, rivaliser, mais de sens différent : agir de concert).

Psy. soc. Recherche en coopération, par une discussion préparatoire à la décision, d'une entente en vue d'une certaine action ; réunion de travail au sein d'une entreprise.

Conclusion (lat. *conclusio*, action de fermer ; achèvement, conclusion, du préf. *cum* et de *cludere* ou *claudere*, clore).
Log., Math. *a*) proposition qui termine le raisonnement ou l'inférence et par laquelle est établi ce qu'ils avaient pour but de prouver ; *b*) sp. en log. form., la troisième proposition du syllogisme, dont la vérité résulte des deux premières propositions dites *prémisses*.

Concomitantes (Méthode des variations), Concordance (Méthode de), v. Méthode.

Concret (lat. *concretus* de *concrescere*, s'agglomérer, se solidifier).
1. Adj et subst. Réel, matériel, empirique par opp. à ce qui est pensé, théorique, abstrait. C'est en ce sens que l'on a opposé les sciences concrètes (ex. géologie) aux sciences abstraites dont les énoncés sont de forme mathématique. Mais c'est un contresens de faire de concret un syn. de vrai (un théorème mathématique très abstrait n'en est pas moins vrai).
2. Se dit d'un terme désignant un être, un objet, singulier, individuel. Opp. abstrait.
3. *Hist.* *a*) *universel concret.* Expression apparemment paradoxale de Hegel. Dans l'idéalisme absolu, « tout le rationnel est réel et tout le réel est rationnel ». Dans son mouvement dialectique, historique, la raison dépasse et unifie toutes les déterminations abstraites de l'entendement ; *b*) *Exist.* Concret renvoie au vécu singulier d'un individu dans une situation historique, générale, sociale, particulière : « Le concret c'est l'homme dans le monde » (J.-P. Sartre).

Concupiscence, concupiscible (lat. *concupiscentia*, de *concupiscere*, convoiter, désirer ardemment).
Théo. *a*) inclination de l'âme qui la porte vers la jouissance des biens sensibles, et surtout des plaisirs charnels ; *b*) péj. appétit déréglé de la volonté corrompue par le péché : « Tout ce qui est au monde est concupiscence de la chair, ou concupiscence des yeux, ou orgueil de la vie : *libido sentiendi, libido sciendi, libido dominandi* [désir de jouir, de savoir, de commander] » (Pascal, *P.* 458, d'après saint Jean, *Épitres* I, 2, 16) ; v. Appétit.

Concurrence (du lat. *concurrere*, courir ensemble de manière à se rassembler sur un point ; se rencontrer, se heurter, d'où en lat. juridique, venir en concurrence).
1. *Éco.* Caractéristique d'un régime de liberté économique, dit *libéralisme**, tel que chacun a la liberté de produire et de vendre à son gré et dont le principe est qu'il s'équilibre de lui-même par la loi de l'offre et de la demande ; opp. monopole privé, dirigisme étatique.
2. *Biol.* Concurrence vitale ; v. Sélection naturelle.

Condensation (lat. *condensatio* de *condensare*, rendre compact).
Psychan. Avec le déplacement* un des principaux processus du psychisme inconscient, d'abord décrit dans le « travail du rêve », mais aussi à l'œuvre dans le lapsus, le mot d'esprit et de nombreux symptômes, etc. Une représentation unique

renvoie à elle seule à plusieurs chaînes d'associations à l'interaction desquelles elle se trouve. En résultent des surdéterminations*, des images composites, des récits absurdes. La condensation n'est ni une généralisation, ni un résumé.

Condition (lat. *condicio*, au sens soit d'état, de situation, soit de stipulation, de clause, de *condicere*, fixer en accord).

1. *Épist.* Ce sans quoi le phénomène ne se produirait pas ; ex. une des conditions de l'ébullition est que la pression soit inférieure au point critique ; *dist.* la cause qui est ce par quoi est produit l'effet, mais la distinction entre cause et condition est mal fixée : pour les uns, « la cause d'un fait est l'ensemble de toutes ses conditions » (E. Goblot) ; pour d'autres, elle est la *condition nécessaire et suffisante*, « celle qui entraîne toujours une conséquence quand elle est posée, et qui l'exclut toujours quand elle fait défaut » (A. Lalande) ou encore la condition *sine qua non*, c.-à.-d. la circonstance sans laquelle (*sine qua*) le phénomène ne (*non*) peut être produit.

2. *Crit.* La microphysique du XXe siècle a mis en évidence que la définition même de l'objet observé (atomes, particules) dépendait des conditions d'observation de cet objet. Les propriétés, les mesures d'une réalité physique n'ont de sens que relativement aux conditions expérimentales. L'idéalisme transcendantal* détermine les conditions de toute expérience possible c'est-à-dire de la connaissance des phénomènes : les formes de l'espace et du temps, les catégories*, n'appartiennent pas au phénomène, à la réalité qui se manifeste, mais aux *conditions* de son apparition dans le champ transcendantal.

3. *Condition humaine* : dans la philosophie et la littérature contemporaines (G. Marcel, Sartre, Camus, Malraux), cette expression tend à se substituer à celle de *nature humaine*, considérée, dans la philosophie classique, comme universelle et éternelle malgré la différence des temps et des lieux, et désigne la situation singulière et unique de chaque homme dans le monde aussi bien social, historique, que physique. V. Homme.

Conditionnel (lat. *condicionalis*).

1. *Log.* Syn. hypothétique. *Proposition conditionnelle* : qui pose une condition, une hypothèse ; ex. s'il fait beau. *Syllogisme conditionnel* ou *hypothétique* : celui dont la majeure soumet la conclusion à une condition : s'il fait beau, j'irai me promener, or il fait beau, donc j'irai me promener.

2. *Psy. physio. Réflexe conditionnel ou conditionné* : v. Réflexe, Conditionnement.

Conditionnement (de condition, milieu XIXe siècle).

Psy. physio. a) dans les expériences de Pavlov, montage de réflexes chez le chien ; ex. associer régulièrement à la présentation des aliments qui font saliver une sonnerie de cloche ; à la longue l'audition de la sonnerie suffira à le faire saliver ; *b*) utilisation de mécanismes montés par la même méthode, adaptés à des domaines divers ayant pour but de faire acquérir un certain comportement (dressage, désintoxication, publicité, propagande). V. Réflexe.

Conduite (du lat. *conducere*, conduire ensemble, de *ducere*, mener, et *cum*, ensemble).

1. *Vulg.* Valeur morale d'une action appréciée selon certaines normes reconnues dans un milieu donné (l'école par ex.).

2. *Psy. Psychologie* de la conduite* : « étude de l'homme dans ses rapports avec l'univers et surtout dans ses rapports avec les autres hommes » (P. Janet) ; *dist.* behaviorisme*, qui se réduit à l'étude des seules réactions de l'organisme dans son milieu, alors que la conduite est également réponse à une motivation qui fait intervenir des composantes psychologiques (prise de conscience, responsabilité).

Confédération (lat. *confœderatio*).

Pol. Réunion d'États visant à constituer une nouvelle unité politique à l'égard des autres États. Ex. confédération helvétique. En principe, le gouvernement central d'une confédération a des pouvoirs moins étendus que celui d'une fédération.

Configuration (lat. *configuratio*).

1. Aspect extérieur, syn. forme*.

2. Disposition relative des éléments d'un tout. Syn. structure. Elle peut être en mouvement.

Confirmation (lat. *confirmatio* de *firmus*, ferme).

Épist. Une hypothèse, une théorie est confirmée quand les conséquences que l'on peut en tirer sont étayées par des données empiriques. Opp. réfutation. La théorie de la confirmation a été développée par l'empirisme logique. La recherche a porté sur la mesure d'un degré de confirmation (ou de *corroboration*). Encore faut-il que l'hypothèse soit empiriquement testable (confirmabilité). V. Falsifiabilité.

Conflit (lat. *conflictus* de *confligere*, heurter).

1. *Gén.* Le conflit est la rencontre, le heurt de forces physiques, sociales, psychiques, de représentations ou d'idées contraires, opposées, mais sans être nécessairement *contradictoires*. Le conflit se résout soit par le dépassement* des oppositions soit par la disparition ou la subordination d'un des deux opposés.

2. *Soc. Conflit social.* Dans la vie sociale, la notion de conflit n'est pas toujours clairement distincte de celle de *compétition*. Il peut être apprécié soit comme un facteur favorable du changement social, soit comme un risque de désagrégation du lien social. Son interprétation ultime dépend de la théorie sociologique adoptée : darwinisme social, lutte des classes, etc.

3. *Psy., Soc., Péd. Conflit de générations* : expression sociale de la crise d'adolescence, sous des formes très diversifiées (langage, modes, comportement, valeurs morales, révoltes ouvertes).

4. *Mor. Conflit de devoirs.* Dans certaines circonstances, deux exigences morales peuvent apparaître comme contradictoires et pourtant d'égale force. V. Casuistique, Choix.

5. *Psychan. Conflit psychique.* Un des grands acquis de la théorie freudienne est la découverte de la nature conflictuelle de la vie psychique et cela à tous les niveaux : conflits conscients déjà décrits par la psychologie classique (passion et volonté), conflits inconscients s'exprimant dans des symptômes, conflits entre les pulsions (sexuelles et de conservation de soi, pulsions de vie et pulsions de mort), entre les instances (le Ça et le Moi, le Surmoi et les deux autres instances). Le complexe d'Œdipe est une expression du conflit du désir et de l'interdit.

Conformisme (du lat. *conformis*, de même forme, exactement semblable).
Mor., Psy. soc. Comportement de dépendance sociale et morale qui consiste pour un individu à adopter d'une façon plus ou moins mécanique et inconsciente les opinions, les normes, les modèles et les usages de son milieu ou d'un groupe ; l'*anticonformisme* en est l'opposition systématique et déclarée, souvent plus négative que constructive et se bornant entre les membres d'un groupe au conformisme de l'anticonformisme.

Confus (lat. *confusus*, mélangé, sans ordre).
Crit. Ctr. de distinct*. S'applique aux perceptions et aux idées ou concepts dont les éléments restent mêlés ou à un esprit qui est incapable de les analyser, *dist. obscur** dont le contraire est *clair**.

Confusion (mentale) (lat. *confusio*).
Psy. path. État pathologique, généralement temporaire, caractérisé par l'obtusion intellectuelle (c.-à.-d. l'imperméabilité mentale), l'incapacité de coordonner les sensations et les idées et par des troubles profonds de la mémoire.

Congénital (lat. *congenitus*, né avec l'individu).
Bio., Psy. physio. Ctr. acquis*. Tout ce qu'un être possède à sa naissance, à peu près syn. d'inné*, bien que l'usage réserve plutôt ce terme à ce qui est d'ordre intellectuel ou moral et se serve de préférence de congénital pour désigner l'apport anatomique et physiologique ; ex. des aptitudes innées, une tare congénitale ; *dist. héréditaire* : l'hérédité résulte des caractères des gènes paternels et maternels, le congénital y ajoute les caractères acquis pendant la vie embryonnaire.

Congruence (lat. *congruentia*, accord, conformité de *congruere*, se rencontrer étant en mouvement, concorder).
Math. Propriété de deux figures d'être superposables ; deux figures peuvent être identiques dans tous leurs éléments pris chacun à chacun sans être congruentes ; ex. un gant de main droite et un gant de main gauche.

Conjecture (lat. *conjectura* de *jacere*, jeter).
1. *Vulg.* Synonyme de supposition.
2. *Épist.* Proposition non vérifiée mais considérée comme plausible par ses conséquences. Elle a d'autant plus de valeur qu'elle résiste davantage aux réfutations (v. Confirmation).

Conjoncture (lat. *conjunctus*, connexe, concordant ; anc. fr. *conjoincture*).
Ensemble de circonstances favorables ou défavorables dans une situation économique ou politique donnée (par ex. conjoncture internationale, diplomatique). Sa connaissance doit permettre une certaine prévision (v. Prospective). *Dist.* conjecture.

Connais-toi toi-même (en gr. *gnôthi seauton*).
Hist. D'après Platon et Xénophon, inscription gravée sur le fronton du temple d'Apollon à Delphes et devenue la devise de Socrate. Elle semble d'abord avoir été un avertissement adressé aux hommes de ne pas dépasser les limites qui leur sont assignées par l'ordre du monde aussi bien dans la connaissance que dans l'action. Chez Socrate, elle devient une règle de sagesse contre les thèses sophistiques qui promettaient la domination d'autrui et des choses par les divers savoirs. Il ne s'agit donc pas d'une maxime invitant à une introspection individuelle (traits de caractère) mais d'une élucidation philosophique de ce qui est universellement humain.

Connaissance (lat. *cognoscere*, chercher à savoir).
1. *Gén.* Le terme de connaissance désigne aussi bien l'acte même de connaître (prendre connaissance d'un événement) que la faculté de connaître (dans l'expression *critique de la connaissance*). Une connaissance peut être implicite, tacite (celle de la grammaire chez l'enfant). Le terme s'applique aux savoir-faire plus ou moins inconscients (pratique d'un métier, d'un sport). Il n'y a pas seulement connaissance d'énoncés tenus pour vrais, mais aussi d'un objet, d'une personne (appelée d'ailleurs elle-même une connaissance).
2. *Psy.* Le terme de connaissance est synonyme de conscience dans des expressions telles qu'« avoir toute sa connaissance ».
3. *Sociologie de la connaissance.* Étude des conditions sociales, historiques du développement des connaissances humaines, en particulier scientifiques. Elle peut rester très empirique dans la recherche des influences du milieu historique, politique, religieux sur l'histoire des sciences (par ex. à l'époque de Galilée) ou bien poser en principe l'origine sociale de toute connaissance humaine, même la plus théorique. Philosophiquement, elle se réfère à l'œuvre de K. Marx (v. Idéologie), de Durkheim (v. Conscience collective), de Max Weber (v. Idéal type).
4. *Théorie de la connaissance.* V. Épistémologie, Gnoséologie.

Connaturel (lat. *connaturalis*, qui est donné avec la nature d'un être).
Méta. Ce qui appartient à la nature d'un être en tant que propriété essentielle ; ex. la liberté est connaturelle à l'homme.

Connexion (lat. *connexio* de *connectere*, attacher ensemble).
Liaison établie entre des éléments d'abord considérés isolément dans un organisme vivant. Une connexion peut être, mais n'est pas forcément par elle-même constante ou nécessaire. *Dist.* lien de cause à effet.

Connexionnisme (néol., de connexion).
Théorie des sciences cognitives qui s'inspire des réseaux de connexion des neurones étudiés par la neurobiologie pour construire des modèles cognitifs avec des réseaux d'automates.

Connotation, connoter (lat. scol. de *notare*, marquer, désigner, et *cum*, en même temps).
1. *Log. form. a*) *Hist.* chez les scolastiques, propriété que possède un terme de désigner un ou plusieurs attributs en même temps que l'objet qu'il désigne ; ex. le mot latin *esse* signifie l'existence et connote l'essence ; *b*) syn. de *compréhension**, ensemble des propriétés et qualités communes à la classe d'objets ou d'êtres qu'un concept ou terme représente ; opp. *dénotation* dont le syn. est extension*.
2. *Psy.* Compréhension subjective d'un concept ou terme, c.-à.-d. outre sa valeur cognitive pour un individu donné, la résonance affective, morale ou sociale qu'elle éveille consciemment ou non dans son esprit ; ex. ce qu'évoque spontanément le terme « jeune » pour des adolescents, pour tel adolescent, pour des adultes, des gens âgés, etc.

Conscience (lat. *conscientia* de *scire*, savoir).
1. *Mor.* Le mot a eu longtemps le sens exclusif de connaissance du bien et du mal, de conscience morale (all. *Gewissen*). Il le conserve dans des expressions telles que « cas de conscience », « examen de conscience », « conscience professionnelle ». Être conscient de ses actes est s'en sentir moralement responsable. Un sens moral naturel, inné (« voix de la conscience ») appartient à tout homme indépendamment des différences intellectuelles ou sociales, que cette conscience morale soit de l'ordre du sentiment (« instinct divin » selon Rousseau) ou de la raison (raison pratique selon Kant). Le relativisme moral des sceptiques (Montaigne) ou des empiristes (Locke) la réduit aux opinions inculquées dès l'enfance chez les différents peuples. J.-J. Rousseau répondait que seule l'immoralité variait selon le temps et le lieu.
2. Conscience dite *psychologique* (all. *Bewusstsein*). Ensemble des phénomènes de la « vie intérieure », de « l'expérience interne » dans la diversité de leurs manifestations. On parlera de *conscience réflexive* (opp. conscience spontanée) quand la conscience se connaît elle-même par réflexion, retour sur soi ; mais cette connaissance peut-elle devenir scientifique, objective (v. Introspection, Psychologie) ? Peut-on parler de *faits de conscience* (V. Cousin, Th. Jouffroy) comparables aux faits physiques du monde extérieur ? De même à la notion d'*états de conscience*, est opposée la continuité de la vie psychique en perpétuel devenir (v. *Durée* selon Bergson). Enfin la totalité de la vie psychique (sensations, désirs, idées) est-elle accessible à la conscience (v. Inconscient, Subconscient) ?
3. *Méta., Crit. Philosophie de la conscience*. C'est avec le *cogito** cartésien que commencent les philosophies de la conscience (bien que le terme de conscience ne soit pas pris en ce sens chez Descartes). Posé comme vérité première de la philosophie, il ouvre la voie à toutes les interprétations

idéalistes. Kant distingue, tout autant de l'*âme** comme substance que du moi* empirique, le « je pense » qui accompagne toutes mes représentations, comme « sujet* transcendantal », comme « aperception* pure », condition de possibilité du rapport à l'objet, « corrélat de toutes mes représentations ».

4. *Phén.* À partir de la notion d'intentionnalité* et en réinterprétant Descartes et Kant, Husserl décrit toute conscience comme « conscience de », se référant à un objet. À sa suite, J.-P. Sartre décrit la conscience comme présence à soi, « être pour soi », projet* vers l'avenir, liberté et négativité, par opp. à « l'être en soi » des choses, opposition qui est insurmontable.

5. *Conscience malheureuse*. Dans la *Phénoménologie de l'esprit* de Hegel, la conscience malheureuse est une figure du développement dialectique de la conscience scindée en elle-même, et qui souffre de l'altérité entre elle et la transcendance divine. Elle correspond aux religions juive et chrétienne.

6. *Conscience collective*. V. Collectif.

Consécution (lat. *consecutio*, suite, conséquence, de *consequi*, venir après, suivre).

Hist. (Méta.) Chez Leibniz, syn. d'association d'idées : *a*) chez l'homme, « la mémoire fournit une espèce de consécution aux âmes qui imite la raison, mais qui doit en être distinguée » (*Mon.* 26) ; *b*) chez les animaux, « les consécutions des bêtes ne sont qu'une ombre du raisonnement, c.-à.-d. ne sont que connexions* d'imagination et que passage d'une idée à une autre, parce que, dans une rencontre nouvelle qui paraît semblable à la précédente, on s'attend de nouveau à ce qu'on y trouvait joint autrefois, comme si les choses étaient liées en effet parce que leurs images le sont dans la mémoire » (*N.E.* Av. propos) ; en ce sens, les hommes agissent le plus souvent comme les bêtes par consécution : « Nous ne sommes qu'empiriques dans les trois quarts de nos actions » (*Mon.* 28).

Consécutives (Sensations ou images)

Psy. physio. Image qui, après une stimulation de l'œil par une plage lumineuse vive, reproduit pendant quelques centièmes de seconde la sensation (*image primaire*), puis est suivie d'une image de coloration complémentaire si la plage était colorée, d'une image noire si la plage était blanche, ex. filament électrique incandescent (*image secondaire*), et enfin d'une image tertiaire positive d'une durée plus courte.

Consensus, consentement (lat. *consentire*, être de même sentiment).

1. *Gén.* Accord implicite ou explicite des membres d'une société, ou d'un groupe social quelconque sur des concepts politiques ou moraux, des institutions, des règles de vie, assurant la cohésion sans recourir à la force.

2. *Pol.* On appelle consensus une opinion unanime ou très majoritaire, même si elle n'est pas exprimée formellement par un vote.

3. *Psy., Dr.* Adhésion de l'esprit à une croyance, une action, une décision, ou du moins absence d'opposition, même si elle reste tacite. Juridiquement, il n'a de valeur que s'il est libre (obtenu sans menace), éclairé (sans tromperie) et obtenu d'une personne saine d'esprit et juridiquement « capable ».

4. *Crit. Consentement universel* (*consensus omnium*, Cicéron). Argument selon lequel l'accord des esprits supposé constant et universel (en tout temps, dans tout peuple) aurait la valeur d'une preuve rationnelle. Argument présenté en faveur de l'existence de Dieu.

Conséquence (lat. *consequentia*, suite, succession, de *consequi*, venir après, suivre).

Log. Proposition qui découle *nécessairement* d'une autre et qu'une fois les hypothèses ou les principes admis, on ne peut nier sans contradiction, *dist.* conclusion qui est la dernière conséquence d'un raisonnement.

Conséquent (lat. *consequentes*, de *consequi*, suivre).

1. *Épist.* Corr. *antécédent**, dans les sciences expérimentales, phénomène dont l'apparition suit régulièrement celle d'un phénomène antérieur, syn. consécutif.

2. *Log.* Inférence ou raisonnement conforme aux règles logiques ; ex. un raisonnement conséquent.

3. *Vulg.* Désigne le caractère cohérent d'un individu dans ses pensées ou ses paroles ou actes, ou dans l'ensemble de sa personnalité (ctr. inconséquent).

Conservation (lat. *conservatio* de *conservare*, garder).

1. *Gén.* Maintien d'une réalité quelconque dans un état constant quelles que soient les circonstances.

2. *Biol., Psy. Instinct de conservation.* Chez tout être humain, tendance supposée dominante à se maintenir en vie, à persévérer dans son être. Longtemps considérée comme évidente (en particulier dans la description évolutionniste de la *lutte pour la vie*), elle est contestée par tous ceux qui voient le sens de la vie dans une expansion, une conquête (J.-M. Guyau, Nietzsche), et qui voient dans la conservation le symptôme d'un affaiblissement de la vie. La première théorie freudienne des pulsions oppose les pulsions sexuelles (conservation de l'espèce) aux pulsions d'autoconservation du moi. Dans la deuxième théorie, elles sont associées dans l'*Eros* et opposées aux pulsions de mort.

3. *Phys. Principe de la conservation de l'énergie* : dans un système physique isolé, l'énergie mécanique est constante, principe qui est maintenu par la physique relativiste.

4. *Esth.* Mesures de sauvegarde des chefs-d'œuvre et généralement des monuments du passé et de toute documentation (archives), afin d'empêcher leur dégradation progressive ou de les préserver du vandalisme. Elle est au service de l'éducation artistique (modèles classiques), de la tradition religieuse (monuments sacrés, reliques), de la tradition politique nationale, de la documentation scientifique (musée d'histoire naturelle) et surtout, depuis le XIXe, d'une conscience historique de plus en plus étendue en tout domaine (archéologie, conservatoire des arts et métiers, musées historiques, etc.). Comme l'a montré Malraux, l'institution – de plus en plus étendue – des *musées* a changé profondément la perception esthétique. La conservation ne se confond pas avec la restauration (essai de restituer une authenticité perdue) bien qu'elle doive souvent y recourir.

Conservatisme (néol. milieu du XIXe siècle).
Pol. Doctrine ou attitude visant au maintien d'une tradition ou d'un régime politique et opposée à tout changement dans les mœurs, les usages et les institutions. Au XIXe siècle, parti de l'ordre.

Consistance (du lat. *consistere*, être compact, lui-même comp. de *cum*, avec, et *stare*, être stable).
1. *Gén.* Solide, compact, cohérent (ex. consistance d'un morceau de cire). Opp. inconsistant au sens d'incohérent, manquant de sérieux.
2. *Log.* Se dit d'une théorie dans laquelle il est impossible de tenir pour vraie à la fois une proposition et son contraire. Non-contradiction d'un système d'axiomes. Ex. établissement de la consistance d'une géométrie non euclidienne relativement à la géométrie d'Euclide.

Consommation (lat. *consummatio*, de *consummare*, additionner, faire la somme, mais dont le sens est plutôt dérivé de *consumere*, dépenser, consommer, épuiser).
Éco. Fonction essentielle de la vie économique consistant dans la satisfaction des besoins individuels (produit, bien, services) et constituant l'opération finale de la chaîne économique que précèdent la production et la distribution. *Biens de consommation*, syn. biens fongibles : objets qui sont directement utilisables ; ex. aliments, vêtements, meubles, etc. *Société de consommation* : péj. critique dirigée contre les sociétés industrielles capitalistes et contre le régime économique, politique et social de ces sociétés dont toute l'activité viserait, en vue du maximum de profit, la vente des biens de consommation, dont une grande partie ne répondrait qu'à des besoins artificiels, créés par la publicité ; v. Productivisme.

Constance (du lat. *constare*, se maintenir).
1. *Gén.* Propriété de ce qui est permanent, continu, invariable, au physique comme au moral. Spécialement force d'âme, fermeté opposée aux passions et à l'adversité (notion d'origine stoïcienne).
2. *Psychan. Principe de constance.* Selon Freud, l'énergie dans l'appareil* psychique tend à se maintenir au plus bas niveau possible.
3. *Psy. Constance perceptive.* Une personne, un objet qui s'éloignent d'un sujet sont perçus comme ayant la même taille. Une couleur tend à être perçue comme constante malgré des variations d'éclairage qui modifient les sensations visuelles. Ces constances peuvent jouer un rôle primordial dans l'appréhension et la connaissance d'un monde extérieur stable. Sont-elles acquises à la suite d'un raisonnement inconscient (Piaget), ou bien faut-il faire intervenir des facteurs innés ?

Constante (du lat. *constare*).

1. *Gén.* Quantité qui conserve la même valeur. Opp. *variable*. Direction qui reste la même. Tendance qui se retrouve tout au long d'une évolution.

2. *Constantes physiques, constantes universelles.* Quantités établies expérimentalement (ex. vitesse de la lumière dans le vide), qui se retrouvent dans les théories physiques différentes (microphysique, macrophysique) et qui assurent en quelque sorte l'unité de l'univers observé.

Constatation, constater (de l'impersonnel lat. *constat*, il est certain, c'est un fait établi que).

Épist. *a*) observation ou expérimentation, par laquelle on établit la réalité d'un fait ou sa relation avec d'autres phénomènes ; ex. on constate que le phosphore fond à 44 degrés ; *b*) le résultat de cette opération ; ext. tout ce que révèle directement l'expérience de façon manifeste.

Constatif (néol. de constat, constater. On a dit aussi constatatif).

Ling. Se dit d'un énoncé qui décrit seulement un état de fait. Opp. performatif* (J. L. Austin).

Constitution (lat. *constitutio*, deux sens principaux : complexion et institution).

1. *Psy. physio.* Ensemble des caractères congénitaux et transmissibles, morphologiques, physiologiques, psychiques qui définissent la structure biotypologique d'un individu ; ex. les constitutions schizoïde, cycloïde, épileptoïde (Kretschmer), v. Tempérament.

2. *Psychia.* Prédispositions héréditaires à tel ou tel type de troubles mentaux, paranoïa, schizophrénie, etc.

3. *Pol.* Ensemble des lois fondamentales dites constitutionnelles qui définissent le régime politique d'une nation et ses institutions ; ex. la constitution de l'an I (1793), la constitution de la Ve République (1958). La *charte* accordée par Louis XVIII en 1815 était une constitution. Le pouvoir constituant appartient au souverain (monarque ou peuple souverain, ou assemblée constituante représentant le peuple souverain). Les constitutions actuelles sont écrites (à l'exception souvent citée de la monarchie anglaise). Les lois constitutionnelles sont supérieures à toute autre loi. Une constitution prescrit elle-même les formes de sa révision ultérieure.

Construction (lat. *constructio* de *construere*, ranger, assembler).

Psychan. Reconstitution hypothétique, en cours d'analyse, d'une partie de l'histoire infantile du patient. Elle doit être plus ou moins confirmée par des souvenirs, des réactions de transfert et divers recoupements.

Constructivisme (lat. *constructus*, constructif).

1. *Épist.* En tout domaine, un point de vue qui privilégie le construit par rapport au donné, l'acquis par rapport à l'inné dans les activités intellectuelles. Ex. l'épistémologie génétique de Piaget étudie comment l'esprit construit les notions de cause, d'espace, etc.

2. *Log., Math.* Les objets mathématiques sont considérés comme des constructions mentales et non des réalités indépendantes de l'activité du sujet connaissant. La non-contradiction ne suffit pas à démontrer l'existence d'un objet mathématique. Déjà chez Kant : « La connaissance philosophique est la connaissance rationnelle par concept, la connaissance mathématique celle qui procède par construction de concepts. Construire un concept veut dire présenter l'intuition a priori qui lui correspond » (*R. pure*).

3. *Esth.* Mouvement fondé en Russie par Tatline et Rodchenko en 1919. Ils veulent créer un art révolutionnaire vraiment international, en supprimant les références aux arts du passé, aux apparences naturelles, en recourant seulement aux formes créées par l'homme dans le monde moderne industriel, c'est-à-dire sans présupposé culturel. Le constructivisme s'est répandu dans tous les arts (arts décoratifs, cinéma) et dans toute l'Europe (ex. le *Bauhaus* allemand) en relation avec l'abstraction géométrique.

Contagion (lat. *contagio*, contact, de *tangere*, toucher, et du préf. *cum*).

1. *Psy. Contagion émotionnelle* : phénomène par lequel une émotion (peur, colère, rire) est provoquée par la perception chez autrui d'une émotion semblable.

2. *Soc. Contagion sociale* : transfert et intensification spontanée et rapide d'états émotionnels plus ou moins violents dans une *foule**.

Contemplation (lat. *contemplatio* : le *templum* était l'espace du ciel dans lequel les augures observaient les présages ; d'où action de regarder attentivement).

1. *Hist.* Chez Platon, trad. du gr. *theôria*, vision par l'âme, au terme de l'ascension spirituelle de l'*Idée du Bien*, ultime connaissable, cause de tout ce qui est droit et beau (*Répu.* VI et VII) ; v. allégorie de la caverne*.

2. *Méta.* Ext. état de l'esprit qui s'absorbe dans la connaissance d'un objet intelligible ; ex. la contemplation de la vérité.

3. *Théo.* État mystique consistant en une vue directe de Dieu ou des réalités surnaturelles.

4. *Esth.* Attitude désintéressée du spectateur ou de l'auditeur d'une œuvre d'art, captivé par un sentiment esthétique.

Contemporain (lat. *contemporeanus*, du même temps).

1. *Hist.* Par convention, la période contemporaine en histoire commence avec la Révolution française, de même que les Temps modernes commencent avec les dernières années du XVe (chute de Byzance, découverte de l'Amérique).

2. *Esth.* L'expression d'art contemporain est en elle-même vide de sens : à toutes les époques, il y eut des arts « contemporains ». Employée depuis la fin du XXe, elle ne correspond à aucun style dominant, à aucune époque précise. Il s'agit seulement de s'opposer à un art qui se définissait déjà comme moderne* et de surenchérir sur le goût de la nouveauté. V. Postmoderne.

Contestation (lat. *contestatio*, attestation, de *contestari*, entamer un débat judiciaire en produisant des témoins).

Pol. Refus systématique d'une disposition légale, de l'ordre établi, et même de toutes les contraintes sociales.

Contiguïté (du lat. *contiguus*, qui touche, de *contingere*, toucher ; être en rapport).

Psy. Deux états de conscience sont dits en contiguïté quand ils se produisent simultanément ou en succession immédiate dans l'esprit. *Association par contiguïté* : tendance d'un état de conscience à en évoquer un autre qui lui était simultané ou immédiatement successif ou immédiatement antérieur ; v. Association.

Contingence, contingent (bas lat. *contingentia*, hasard).

1. *Gén.* Ctr. nécessité. Caractère de tout ce qui est conçu comme pouvant être ou ne pas être ou être autre qu'il est. Ex. un acte volontaire ou libre.

2. *Méta.* Caractère de ce qui n'a pas en soi sa raison d'être : « l'être est sans raison, sans cause et sans nécessité ; la définition même de l'être nous livre sa contingence originelle » (Sartre). *Futurs contingents* : selon Aristote, dans le domaine de l'action humaine, le futur est contingent : « Nécessairement il y aura demain une bataille navale ou il n'y en aura pas ; mais il n'est pas nécessaire qu'il y ait demain une bataille navale, pas plus qu'il n'est nécessaire qu'il n'y en ait pas ». Au contraire, pour saint Thomas, pour Leibniz, « tout ce qui est dans le temps est éternellement présent à Dieu [...]. L'éternité existe tout ensemble et enveloppe tout le temps, d'où il est clair que les contingents sont infailliblement connus de Dieu ».

3. *Crit. Preuve de l'existence de Dieu par la contingence du monde (a contingentia mundi)* : syn. *preuve cosmologique*, ainsi nommée parce qu'elle part de l'existence de quelque chose qui appartient au monde, que Kant expose ainsi : « Tout ce qui est *contingent* a sa cause, et cette cause, si elle est contingente, à son tour, doit aussi avoir une cause, jusqu'à ce que la série des causes subordonnées les unes aux autres s'arrête à une cause absolument nécessaire, sans laquelle elle ne serait jamais complète » (*R. pure*, Dial., ch. III, 5e section).

Contingentisme

1. *Épist.* Doctrine affirmant d'une part l'irréductibilité des quatre domaines scientifiques, mécanique, physique, biologique, psychologique, d'autre part une contingence accrue d'un domaine à l'autre : « La loi tend à se rapprocher du fait » (É. Boutroux, *De la contingence des lois de la nature*, 1874). Le déterminisme* n'est donc pas total.

2. Toute doctrine apparentée à celle de Boutroux, tenant compte des résultats scientifiques récents. (V. Indéterminisme).

Continu, continuité (lat. *continuitas*, de *continere*, maintenir uni ; *continuus*, sans interruption ni dans l'espace ni dans le temps).

1. *Phil.* Qui constitue une réalité sans parties actuellement distinctes, ainsi l'espace, le temps, le mouvement.

2. *Hist. (Méta.)* Chez Leibniz et chez Kant, *principe de continuité* : *la nature ne fait pas de sauts*, c.-à.-d. qu'il n'y a pas de solution de continuité entre les êtres ou les phénomènes de la nature.

3. *Épist.* Dans la physique contemporaine, la continuité est exprimée par la notion de champ.

4. *Math. a) grandeur* ou *quantité continue* : celle qui varie par différences infiniment petites, en plus ou en moins, opp. discontinu, discret ; *b) fonction continue* : celle qui est susceptible de varier aussi peu qu'on voudra.

Contractualisme (néol. de contrat, contractuel).

Pol. Doctrine pour laquelle le modèle des relations sociales est ou devrait être le contrat entre des volontés conscientes, autonomes. Elle se réclame de Hobbes ou de Rousseau. Mais une loi est-elle un contrat ?

Contradiction (lat. *contradictio*, action de contredire, de *dicere*, dire, et *contra*, contre).

1. *Log. form. a)* le fait d'affirmer et de nier en même temps quoi que ce soit d'une même chose. *Principe de non-contradiction* (ou *de contradiction*) : deux propositions contradictoires* ne peuvent être à la fois toutes deux vraies ni toutes deux fausses ; v. Opposition des propositions ; *b)* opposition entre deux termes dont l'un nie ce que l'autre affirme, ex. blanc, non blanc. *Contradictio in adjecto* : celle entre un terme et ce qu'on lui ajoute ; ex. un cercle carré.

2. *Hist. (Méta.) a)* dans la logique dialectique de Hegel, la contradiction est le moteur à la fois de la pensée et du réel, toute position de vérité n'étant qu'un moment provisoire de la possession du réel par l'esprit et qui doit être dépassé, ce dépassement (*Aufhebung**) se réalisant par les trois phases, *thèse, antithèse, synthèse* qui marquent le progrès de la conscience et le mouvement de l'histoire jusqu'à l'*Esprit absolu* ; *b)* chez Marx, conflit historique entre les forces et les rapports de production qui doit aboutir à la révolution et amener un autre régime de société. V. Dialectique.

Contradictoire (lat. *contradictorius*).

Log. form. a) concepts contradictoires (entre eux) : concepts tels que l'affirmation de l'un implique la négation de l'autre et que la négation de l'un implique l'affirmation de l'autre ; ex. mort et vif, chaud et froid ; *b) propositions contradictoires* : celles qui ayant même sujet et même attribut diffèrent en quantité et en qualité, la première étant universelle affirmative, l'autre particulière négative (tout A est B, quelque A n'est pas B) ou bien la première étant universelle négative, l'autre particulière affirmative (nul A n'est B, quelque A est B) ; v. Opposition des propositions, Démonstration par l'absurde.

Contrainte (lat. *constringere*, serrer).

1. Pression exercée par un individu ou un groupe sur d'autres individus pour leur faire adopter un comportement déterminé. Elle suppose l'usage de la force, de la menace ou du moins de l'intimidation. Mais elle peut être intériorisée, résulter de l'habitude, de l'éducation, de la tradition. « La loi n'agit que du dehors et ne règle que les actions ; les mœurs seules pénètrent intérieurement et dirigent les volontés » (J.-J. Rousseau, fragment « des mœurs »). Pour le sociologue Durkheim, la contrainte est le critère même du fait social. *Dist.* l'*obligation* morale, le devoir de type kantien qui manifeste la *liberté* d'un sujet se donnant à lui-même sa propre loi.

2. *Psychan.* Contrainte de répétition (ou compulsion* de répétition). Le sujet tend à reproduire des comportements pénibles, rechercher des situations d'échec, d'origine inconsciente, et inexplicables par le jeu du principe de plaisir et du principe de réalité.

Contraire, contrariété (lat. *contrarius*, qui est en face, du côté opposé ; opposé, contraire).

Log. form. *a*) *concepts contraires* : concepts opposés dans un même genre ; ex. chaud et froid, nain et géant, et tels que l'affirmation de l'un implique la négation de l'autre, mais sans que la négation de l'un implique l'affirmation de l'autre ; *b*) *propositions contraires* : celles qui comprennent des termes identiques (même sujet et même attribut) mais qui diffèrent par la quantité*, toutes deux étant universelles mais l'une étant affirmative, l'autre négative (tout A est B, nul A n'est B). *Principe de contrariété* : deux propositions contraires ne peuvent être toutes les deux vraies, mais elles peuvent être toutes les deux fausses : v. Opposition des propositions ; *dist.* contraire et contradictoire, contrariété et contradiction.

Contraste (lat. *contrastare*, s'opposer à, de *stare*, se dresser, *contra*, contre). Il ne peut y avoir contraste qu'en des espèces du même genre.

1. *Psy. physio.* Opposition entre des sensations qui se font valoir par leur rapprochement soit dans l'espace, soit dans le temps ; ex. le contraste simultané ou immédiatement successif des couleurs complémentaires, ainsi le vert et le rouge.

2. *Psy.* Ext. *a*) dans le domaine intellectuel, une idée paraît plus claire opposée à l'idée contraire ; dans le domaine affectif, renforcement de la joie et de la peur, de l'effort et du repos par leur rapprochement ; *b*) *association par contraste* : liaison qui s'établit entre deux choses à cause de l'opposition qui est entre elles ; ex. blanc et noir, bien et mal.

Contrat, contractuel (lat. *contractus*, action d'engager une affaire ; contrat).

1. *Dr.* « Convention par laquelle une ou plusieurs personnes s'obligent envers une ou plusieurs autres, à donner, à faire ou à ne pas faire quelque chose » (*C.C.* 1101). *Contrat synallagmatique* ou *bilatéral* : celui qui comporte une obligation réciproque pour les contractants ; *contrat unilatéral* : celui qui ne comporte d'obligation que pour l'une des parties contractantes (C.C. 1102, 1103). *Droit contractuel* : celui qui est fondé sur la volonté des intéressés, opp. droit statutaire.

2. *Pol.* *Contrat social* : conception, très différente selon les philosophes (Hobbes, Pufendorf, Locke, Rousseau), des conventions par lesquelles les citoyens, librement et volontairement, en échangeant leur liberté naturelle contre la paix et la sécurité, constituent le pouvoir commun. Ex. *a*) chez Hobbes, « le seul moyen d'instituer un pouvoir commun » qui donne aux hommes la sécurité est « qu'ils confèrent tout leur pouvoir et toute leur force à un homme ou à une assemblée d'hommes qui puissent réduire toutes leurs volontés à une seule volonté » (*Leviathan*), pouvoir illimité qui s'imposera, au besoin par la terreur ; *b*) chez Rousseau, pacte qui constitue le fondement idéal du droit politique et qui repose sur une forme d'association telle qu'elle « défende et protège de toute la force commune la personne et les biens de chaque associé, et par laquelle chacun s'unissant à tous n'obéisse pourtant qu'à lui-même et reste aussi libre qu'auparavant » (*Du contrat social*, 1, 6). « Idée rationnelle » (Kant), le contrat social n'a besoin d'aucune confirmation empirique, historique ni ethnologique.

Contre-culture

Ensemble plus ou moins cohérent de pratiques et d'idées non conformistes qui se veulent en rupture avec la culture dominante d'une société. Elle se manifeste par des genres de vie provocants, des mouvements littéraires, artistiques (*underground* américain), ou politiques. V. Anticonformisme.

Contre-révolutionnaire

1. *Hist.* On désigne ainsi les idées, les théories politiques, les activités qui se sont opposées à la Révolution française, à ses principes et aux institutions qu'elle a créées. S'applique en particulier aux ouvrages de Burke, Bonald, Maistre, Lamennais qui critiquent la notion de souveraineté populaire, opposent la réalité historique à la rationalité abstraite de la déclaration des droits, et invoquent une conception théologique du pouvoir.

2. Ext. réactionnaire.

Contrôle social, v. Contrainte.

Convaincre, conviction (lat. *convictio*, de *convincere*, prouver victorieusement).

Psy. Convaincre : obtenir de quelqu'un à l'aide d'arguments ou de preuves rationnelles la reconnaissance de la vérité d'une proposition ou de l'obligation d'un acte, *dist.* persuasion. *Conviction* : attitude d'esprit de celui qui tient une chose pour vraie en vertu de motifs ou d'arguments rationnels. *Morale de la conviction* (M. Weber), v. Responsabilité.

Convention, conventionnel (lat. *conventio*, réunion : convention, pacte).

1. *Dr.* Accord ou clauses d'accord entre les parties ; v. Contrat.

2. *Phil.* Accord de fait, non exprès, de la part d'un individu, « sentiment de l'intérêt commun [...] qui le fait entrer, concurremment avec d'autres, dans un plan général et système d'actions tendant à l'utilité publique » (Hume) ; dans le même sens, « la parole, les mots, la langue sont fixés par une convention et un accord humains » (*Id.*).

3. *Épist.* Caractère général, not. selon H. Poincaré, des principes des sciences, qui ne sont ni des évidences, ni des généralisations expérimentales, ni des hypothèses tout à fait vérifiables, mais qui n'en sont pas moins inspirées par l'expérience et se révèlent à l'usage de grande commodité pratique ; ex. la conventionnalité des axiomes de la géométrie euclidienne.

Conventionnalisme (néol. début XXe s., de conventionnel).
Épist., v. Convention 3.

Conversion (lat. *conversus*, retourné).
1. *Log. form.* Échange du sujet et de l'attribut dans une proposition pour obtenir une nouvelle proposition dite *converse* et qui reste vraie : « Les grands hommes sont mes rois, mais la converse n'a pas lieu ici, les rois ne sont pas mes grands hommes » (Voltaire).
2. Ext. changement profond en tout domaine, de direction, de front militaire, de monnaie, de religion.
3. *Psychan.* Observée d'abord dans l'hystérie*, la conversion réalise une transposition d'un conflit psychique* en symptômes* corporels (somatiques). Ces symptômes expriment alors par le corps, et symboliquement, des représentations refoulées (compte tenu des phénomènes de condensation*, de déplacement*).
4. *Hist.* Chez Platon, mouvement de l'âme (*periagôgê*) qui s'élève jusqu'à l'idée du Bien. V. allégorie de la caverne*. Dans le néo-platonisme, mouvement inverse de la procession*, retour sur soi-même par lequel l'Âme se saisit elle-même comme dérivée de l'Intellect et l'Intellect de l'Un. V. Hypostase.

Coopérative, coopératisme (du lat. *cooperari*, coopérer, collaborer).
Éco. Organisation économique groupant soit des consommateurs (*coopératives de consommation*), soit des ouvriers ou des agriculteurs (*coopératives de production*) qui visent à faire profiter ces groupes de marges que s'approprient les entreprises commerciales à but lucratif ; il existe également des *coopératives de crédit*, dont les adhérents constituent une caisse commune destinée à leur fournir des capitaux. Le *coopératisme* est la doctrine politico-économique selon laquelle le développement des coopératives résoudrait en grande partie les problèmes sociaux.

Copule (lat. *copula*, lien).
Log. form. a) dans les jugements de prédication ou d'attribution, verbe qui unit le sujet au prédicat et établit leur rapport, soit selon la *compréhension** (*inhérence*), soit selon l'*extension** (*inclusion*) ; ex. le chien *est* un mammifère ; il a les propriétés des mammifères, il est classé parmi les mammifères. Dans ces jugements, la copule (*est*) ne pose pas une existence objective mais établit simplement une relation logique ; *b*) ext., dans un jugement quelconque, verbe qui exprime la relation que ce jugement affirme entre ses divers termes ; ex. Pierre a acheté à Paul un couteau pour un franc : la copule est *a acheté*, en laquelle réside l'assertion qui constitue le jugement.

Corollaire (lat. *corollarium*, petite couronne donnée comme gratification : corollaire).

Log., Math. Proposition qui découle immédiatement d'une autre par voie purement logique, syn. conséquence ; en mathématiques, théorème qui dérive d'un autre théorème.

Corporation, corporatisme (de l'ang., dérivé du lat. médiéval *corporari*, se réunir en corps).

Hist., Éco., Soc. a) du XIIIe au XVIIIe s., association de droit public groupant les maîtres artisans en corps de métiers, jouissant d'une certaine autonomie, douée d'un pouvoir disciplinaire et réglementaire sur le travail, les ouvriers et les produits et possédant l'exclusivité d'autoriser l'exercice d'un métier ; *b*) auj. ensemble de personnes exerçant le même métier ou la même profession, souvent regroupées en syndicats. *Corporatisme* : doctrine fondée sur le principe d'une organisation étatique des professions dotée de fonctions politiques qui font des corporations des instruments du pouvoir de l'État ; ex. le corporatisme d'État du fascisme italien ou la Charte du travail du gouvernement de Vichy ; *dist.* syndicalisme ; *c*) défense abusive d'intérêts seulement professionnels et négligeant l'intêret général, national.

Corps (lat. *corpus*, corps, tout ce qui est matériel).

1. *Phil., Psy.* Substance matérielle qui se présente à la perception comme un groupe stable et solidaire de qualités, indépendant du sujet et situé dans l'espace. Ses propriétés essentielles sont l'étendue à trois dimensions et l'impénétrabilité, auxquelles les physiciens ajoutent la masse.

2. *Méta.* Sp. le corps humain par opposition à l'esprit ou à l'âme ; ext. le corps ou organisme des animaux comme doués d'indépendance.

3. *Phén., Exist.* Distinction, quant au corps humain, du *corps-objet*, qui « n'admet entre ses parties ou entre lui-même et les autres objets que des relations extérieures et mécaniques », et tel qu'il est étudié par le physiologiste, le médecin, etc. et du *corps propre* ou corps-sujet, c.-à.-d. « mon » corps comme centre de « mon » existence, comme puissance à la fois d'agir et de percevoir et comme moyen pour le sujet d'insertion dans le monde ; syn. corporéité.

Corrélation, corrélatif (lat. *correlatio*, relation avec).

1. *Épist.* Liaison empiriquement constatée entre deux ou plusieurs caractères biologiques, psychologiques ou sociologiques ; ex. taille et poids, aptitudes physiques et mentales, industrialisation et urbanisation. *Coefficient de corrélation* : nombre variable qui mesure cette liaison.

2. *Phil. a*) caractère de deux termes tels qu'ils ne peuvent aller l'un sans l'autre : haut, bas ; droite, gauche ; père, fils, etc. ; *b*) chez Hamelin, désigne le rapport entre deux idées, tel que l'une est inséparable de l'autre, la *corrélation* ayant pour fonction de construire progressivement le tout de la représentation, comme la *contradiction* est chez Hegel le moteur du progrès de la connaissance.

Correspondance (dér. de correspondre, du lat. med. *correspondere*, s'harmoniser, concorder).

1. *Log.* Relation telle qu'un terme étant donné, un autre terme est déterminé selon une loi dite de correspondance.

2. *Théorie des correspondances*. Doctrine ou plutôt conviction selon laquelle toute chose dans l'univers a son analogue, ce qui permet d'en connaître les propriétés et d'agir sur elle (v. Sympathie). Elle est présente dans les croyances populaires (magie) aussi bien que dans les ésotérismes savants (Swedenborg).

3. *Esth. a*) la doctrine des correspondances, en particulier entre le microcosme et le macrocosme, a été souvent reprise dans l'histoire des arts, en particulier pendant la Renaissance. Elle inspire des métaphores poétiques chez les poètes romantiques ou symbolistes qui n'ont pas manqué de s'en réclamer : « La nature est un temple où de vivants piliers/Laissent parfois sortir de confuses paroles/L'homme y passe à travers des forêts de symboles » (Baudelaire, *Les Fleurs du mal*, *Correspondances*) ; *b*) correspondance entre les ordres de sensations : « les parfums, les couleurs et les sons se répondent » (Baudelaire, *ibid.*) ; « A noir, E blanc, I rouge, U vert, O bleu » (Rimbaud, *Voyelles*) ; *c*) correspondance entre les arts, ex. dans une mélodie entre le texte et la musique, entre un roman et le film qui l'adapte. Le vocabulaire de la critique d'art use de telles transpositions (impressionnisme pour la littérature et la musique).

Corroboration (bas lat. *corroboratio* de *robur*, force, action de renforcer, sens d'abord juridique. Terme introduit par Popper).

Épist. Syn. confirmation*.

Corruption (lat. *corruptio*, altération, destruction).

Hist. (Méta.) Dans la philosophie grecque, destruction (*phtora*) de la substance, opp. génération (*genesis*), qui est naissance, développement.

Cosmogonie (du gr. *kosmos* et *gonia*, naissance).

Explication scientifique ou mythique de l'origine de l'univers. Se dit surtout des récits mythiques de la naissance du monde qui se trouvent dans toutes les traditions religieuses.

Cosmologie (terme introduit par le métaphysicien Wolff au XVIIIe siècle).

1. *Épist.* « La cosmologie est la science du monde en tant que tel » (Wolff), c'est-à-dire en tant que *totalité*. Ensemble des hypothèses, des théories (relevant des différentes sciences) portant sur la structure, l'origine, l'évolution de l'univers. (ex. théorie de l'expansion de l'univers).

2. *Hist., Méta. Cosmologie rationnelle* : idée d'une totalité absolue de tous les phénomènes. Elle conduit selon Kant à des antinomies insolubles. Avant et après Kant, les thèses de l'infinité spatio-temporelle du monde ou au contraire de sa finitude ont été soutenues par les métaphysiciens et les physiciens. *Preuve cosmologique* de l'existence de Dieu. V. Contingence.

Cosmopolitisme (du gr. *kosmopolitês*, citoyen du monde).
Mor., Pol. V. Citoyen du monde.

Cosmos, cosmique (mot gr. : ordre ; ordre de l'univers, monde).
Phil. Le monde considéré comme un tout ordonné, gén. syn. d'*univers* plutôt que de monde. *Cosmique* : qui concerne l'univers ou en provient ; ex. les rayons cosmiques.

Courage (du lat. dér. de *cor.*, cœur).
Mor. L'une des quatre vertus cardinales* de Platon consistant dans la force d'âme à l'égard des dangers extérieurs et la patience dans l'épreuve.

Courant de conscience (ang. *stream of consciousness*).
Psy. Expression créée par W. James pour marquer le flux continuel des « événements » psychiques dans la conscience ; v. *Durée* (Bergson).

Coutume (lat. *consuetudo*, de *consuescere*, s'accoutumer, prendre l'habitude de).
1. *Soc.* Pratique traditionnelle et générale dans un groupe social donné, syn. usages, mœurs ; *dist.* habitude, gén. individuelle, la coutume étant collective.
2. *Dr.* Jurisprudence ayant acquis force de loi par un long usage et dont l'ensemble forme le droit coutumier ; ext. obligation sociale plus ou moins coercitive.

Création (lat. *creatio*, de *creare*, engendrer, créer).
1. *Théo., Méta.* Dans la tradition judéo-chrétienne, acte par lequel Dieu a tiré l'univers du néant (*ex nihilo*), c.-à.-d. l'a produit sans matière préexistante. *Création continuée* (saint Thomas, Descartes, Malebranche, etc.) : « Si le monde subsiste, c'est donc que Dieu continue de vouloir que le monde soit. La conservation des créatures n'est donc de la part de Dieu que leur création continuée » (Malebranche, *Entr.* VII, 7.)
2. *Esth. Création artistique* : production originale du génie dans les beaux-arts. Ext. toute production quelque peu nouvelle ou à la mode est aussi appelée création.

Créationnisme (de création, fin XIXe siècle).
1. *Méta.* Toute doctrine qui, par opp. à la thèse de l'éternité du monde (ex. chez Aristote), admet la création de l'univers par une divinité.
2. *Soc.* On appelle ainsi un mouvement d'inspiration religieuse qui, au nom d'une lecture littérale de la Bible, refuse tout évolutionnisme, tout transformisme même purement scientifique.

Créativité (ang. *creativness*, néol. construit sur le modèle de productivité par rapport à production).
1. *Psy. soc.* Capacité et méthodes pour trouver des idées originales ou des solutions neuves, not. dans le domaine des applications industrielles, de la publicité, des ventes, etc.

2. *Péd.* Méthodes et moyens pour développer chez l'enfant ou chez l'adolescent la fécondité de l'intelligence et de l'imagination (activités de jeu, dessin, modelage, art dramatique, etc.).

Crétinisme (de crétin, terme d'origine savoyarde, issu du lat. *christianus*, employé au sens de chrétien, innocent (crétins des Alpes).
Psychia. Arriération mentale profonde accompagnée de symptômes physiques.

Crime, criminel (lat. *crimen*, accusation, grief ; faute dont on est accusé ; faits criminels).
Soc. Gén. violation des règles considérées par la société comme indispensables à son existence : « Un acte est criminel quand il offense les états forts et définis de la conscience collective* » (Durkheim).

Criminalité (du lat. *criminalis*, criminel).
1. *Soc.* Fréquence et nature des crimes dans une société donnée.
2. *Dr.* « L'infraction que les lois punissent d'une peine afflictive (mort, travaux forcés, déportation, détention ou réclusion) ou infâmante (bannissement, etc.) est un crime » (*Code pénal*, I, 7, 8) ; *dist. délit*, faute passible seulement d'une peine correctionnelle. V. Peine.

Criminologie (du lat. *criminalis*, criminel et du gr. *logos*, science).
Soc. Science de la criminalité, c.-à.-d. étude de la nature et des causes des crimes et de la personnalité des criminels (constitution physique, intelligence, affectivité, milieu socio-économique, etc.) et recherche des mesures de prévention ou de rééducation à l'égard des criminels ; v. Délinquance.

Crise, critique (gr. *krisis*).
1. *Vulg.* Dans la tradition médicale, phase décisive de l'évolution d'une maladie (*état critique*), manifestation aiguë (crise d'asthme). Ext. moment décisif dans la vie d'un individu et qui commande son évolution ultérieure (crise d'adolescence).
2. *Phil. de l'histoire.* Changement profond et rapide dans la vie politique (révolution), les institutions, les mœurs, les valeurs communes d'une société (la crise de l'Ancien Régime en France). Un adjectif peut préciser le domaine en crise : crise morale, crise financière, etc.
3. *Éco.* Déséquilibres graves et étendus dans la vie économique régionale, nationale, mondiale (ex. crise dite de surproduction). Diverses théories économiques tentent d'expliquer, de prévoir le retour des crises cycliques (phases d'expansion et de dépression).
4. *Hist.* Le saint-simonisme, et à sa suite le positivisme d'A. Comte, décrivent l'évolution des sociétés humaines comme une alternance de périodes *organiques* (positives, stables) et de périodes *critiques* (négatives, révolutionnaires).

Cristallisation (terme créé par Stendhal, *De l'amour*).

Psy. Anal. avec la formation des masses alcalines par concrétion, processus par lequel, dans la passion, l'imagination transforme l'objet, not. dans l'amour qui transfigure les qualités de la personne aimée, mais aussi dans la haine : « Dès qu'on peut espérer de se venger, on recommence de haïr ». D'autre part, la cristallisation a pour effet d'orienter d'une façon exclusive par une sorte de « folie » la pensée, la sensibilité, l'activité du sujet sur un seul objet.

Critère ou **critérium** (gr. *kritêrion*, ce qui sert à juger, *krinein*, à distinguer le vrai d'avec le faux).

1. *Log.* Signe grâce auquel on reconnaît une chose et on la distingue de toute autre.

2. *Crit. Critérium de la vérité* : signe grâce auquel on reconnaît la vérité avec certitude et on la distingue de l'erreur ; ex. l'évidence, le consentement universel, etc.

Criticisme (première moitié du XIXe s., de critique).

Hist. Nom donné par les historiens de la philosophie à la « philosophie critique » de Kant, c'est-à-dire à son *idéalisme transcendantal* (v. ce mot). Le projet de Kant est d'étendre la critique rationnelle à la raison elle-même, de traduire les prétentions de la raison devant son propre tribunal. Kant opère ainsi ce que lui-même a appelé une « révolution copernicienne ». De même que Copernic a rendu compte du mouvement apparent des astres en admettant que c'était la terre qui tournait autour du soleil, Kant, nouveau Copernic, pose que « ce sont les objets qui se règlent sur notre connaissance », et qu'il n'y a donc d'objet que par le pouvoir de synthèse* de l'entendement humain.

Critique, subst. et adj. (gr. *kritikê*, s.c. *technê*, art de juger, *krinein*).

Subst. : **1.** *Gén.* Jugement d'appréciation, soit esthétique, portant sur une œuvre d'art (en ce sens, on dit en gén. seulement la critique) ; soit logique, portant sur un raisonnement ; soit intellectuel (philosophique ou scientifique) portant sur une conception, une théorie, une expérience ; soit morale, portant sur une conduite. **2.** *Hist. (Crit.)* V. Criticisme. **3.** *Vulg.* Jugement défavorable ou négatif à l'égard d'une assertion, d'une conception, etc. (objection, réfutation).

Adj. **1.** *Psy. Sens critique, esprit critique* : ctr. crédulité, tendance ou attitude d'esprit qui n'admet aucune affirmation sans en avoir reconnu la légitimité rationnelle ; *dist. esprit de critique* : attitude d'esprit négative de dénigrement systématique concernant les opinions ou les actions d'autrui. **2.** *Hist. (Crit.)* Problème critique, philosophie critique ; v. Criticisme. **3.** *Péd., Mor., Pol., Soc., Éco.* Qui se rapporte à une crise dans tous les sens de ce mot. **4.** *Hist.* Critique ou étiologie* historique, v. Histoire.

Croyance, (du lat. *credere*, tenir pour vrai, croire).

1. *Vulg.* Attitude de l'esprit qui affirme, selon des degrés plus ou moins grands de probabilité, la réalité ou la vérité d'une chose, sans pouvoir en administrer la preuve ; syn. opinion*.

2. *Psy.* Acte par lequel l'esprit adhère à une proposition, à un raisonnement, à une doctrine considérée ou non comme certaine.
3. *Rel.* Assentiment de l'esprit, sans justification rationnelle, à l'existence d'une réalité transcendante, syn. foi* : « On pourrait caractériser ainsi la pensée religieuse : c'est la croyance qu'il existe un ordre de choses invisibles » (W. James) ; ex. les croyances religieuses, les croyants (ctr. les incroyants).

Crucial (repris de l'ang., décisif, du lat. *crux, crucis*, croix).
Épist. Expérience cruciale : *a*) *Hist.* chez Bacon, faits privilégiés grâce auxquels on peut, comme le voyageur choisit sa route à la croisée des chemins, entre deux causes possibles déterminer celle qui est la cause du phénomène ; *b*) ext. toute expérience décisive pour ou contre une hypothèse ; ex. la découverte des phénomènes d'interférence, qui tranchaient, semblait-il, en faveur de la théorie ondulatoire de la lumière.

Culpabilité (depuis la fin du XVIIIe s., du lat. *culpabilis*, coupable, de *culpa*, faute).
1. *Gén.* État de celui qui a commis une faute, un délit, un crime, au sens religieux un péché ; au sens objectif (reconnu par un tribunal) ou au sens subjectif (faute reconnue par la conscience morale).
2. *Mor.* *a*) Nietzsche dans la *Généalogie de la morale* fait remonter la conscience de la faute à la relation entre créancier et débiteur (v. Dette). Le sentiment chrétien du péché, de la faute contre la loi divine, joue un rôle essentiel dans le retournement du ressentiment contre soi-même, dans la naissance de la conscience morale moderne, de cette « maladie grave » qu'est la mauvaise conscience ; *b*) *Exist.* la culpabilité n'est pas la conséquence de telle ou telle faute particulière, mais d'une faute originelle liée à l'existence humaine et à sa finitude.
3. *Psychan.* Sentiment intériorisé, torturant, de la faute, indépendamment même d'une faute particulière, qui peut se manifester par des idées obsédantes, des comportements d'échec et même d'autopunition. Il apparaît avec la conscience morale dans l'évolution du complexe d'Œdipe*, et se développe avec l'instance critique du Surmoi*.

Culte (lat. *cultus*, de *colere*, supin *cultum*, cultiver ; honorer).
1. *Théo., Rel., a*) sentiment intérieur d'adoration que l'homme rend à Dieu ; *b*) ensemble des pratiques et des cérémonies par lesquelles il s'exprime.
2. *Soc.* Ensemble des rites qui sont liés à la vénération ou à la propitiation de divinités, d'ancêtres ou d'êtres surnaturels.

Culturalisme (néol. milieu XXe s., d'apr. l'ang.).
Soc. Courant de la sociologie américaine (Benedict, Mead) qui caractérise une société par la façon dont les individus s'intègrent dans sa culture, les systèmes de valeurs, les schèmes de pensée et les modèles de comportement (*patterns*) transmis par cette société : les problèmes posés sont ceux de la cohérence des éléments culturels et des processus d'intégration des individus.

Culture (lat. *colere*, cultiver mais aussi vénérer).

1. Le mot fr. « culture » a gardé le sens agricole (culture du blé). Par une métaphore qui était déjà chez Cicéron, l'esprit se cultive comme la terre afin d'en améliorer les productions. La culture est alors formation (all. *Bildung*) ou éducation intellectuelle ; le terme implique souvent un certain raffinement du goût et des mœurs. L'adj. correspondant est *cultivé*. Un *homme cultivé* développe ses qualités intellectuelles et son goût sans être forcément un savant (opp. inculture).

2. *Soc., Ethn.* On appelle culture, depuis la fin du XIXe, « un tout complexe qui inclut les connaissances, les croyances religieuses, l'art, la morale, le droit et toutes les autres capacités et habitudes que l'homme acquiert comme membre d'une société » (Taylor, 1871). Le mot all. est *Kultur*, traduit par « civilisation » ou, de plus en plus de nos jours, par « culture ». L'adj. correspondant est *culturel* (ex. anthropologie culturelle). Culture s'oppose alors à nature comme acquis à inné.

3. La pensée allemande distingue et oppose culture et civilisation : la culture représente la vie spirituelle, religieuse, littéraire, artistique, les mœurs et le genre de vie qui font qu'un peuple s'affirme dans sa particularité et se différencie des autres. Adj. *culturel* (v. Civilisation). L'usage du mot s'est étendu récemment à tout état d'esprit propre à un groupe social quel qu'il soit (« culture d'entreprise »).

4. Par une autre évolution, le mot culture désigne tout ce qui concerne les arts au sens large. Le ministre de la Culture est le successeur du ministre des Beaux-Arts de la IIIe République. Adj. *culturel*. On se gardera de la confusion – fréquente – entre ces différentes acceptions.

Cubisme (de cube, nom donné d'abord par dérision).

Esth. Créée en 1907 par les peintres Braque et Picasso, la peinture cubiste privilégie à la suite de Cézanne les formes géométriques simples (sphère, cube). Au lieu de rendre compte de l'apparence fugitive (impressionnisme*), le cubisme cherche à restituer l'objet, le paysage, le visage sous ses divers aspects conçus ou imaginés : « Je peins les choses comme je les pense, non comme je les vois » (Picasso). Le cubisme n'est donc pas un art abstrait, même si parfois dans le *cubisme analytique*, qui multiplie les aspects représentés, l'objet est difficilement reconnaissable. Il existe aussi en sculpture et dans les arts décoratifs.

Cybernétique, adj. et subst. (gr. *kubernetês*, pilote. Néol. du XIXe s. qui a d'abord désigné la science du gouvernement).

Terme introduit par Norbert Wiener (1940) au sens de « théorie générale de la rétroaction », qu'il s'agisse de machines ou d'êtres vivants, c'est-à-dire de la propriété qu'a un système mécanique ou vivant de se contrôler lui-même (de se gouverner) selon des buts prédéterminés et en utilisant une quantité relativement faible d'énergie. Il en résulte une science des systèmes automatiques en relation avec la théorie de l'information, et avec les sciences cognitives.

Cyclothymie, cyclothyme ou **cyclothymique, cycloïde** (comp. du gr. *kuklos*, cercle, et *thumos*, âme affective).
Psy. path. Tendance psychologique caractérisée par de brusques alternances d'excitation et de dépression, de variations d'humeur allant du pôle de la gaieté et de l'activité au pôle opposé de la tristesse et de l'abattement. *Cyclothyme* s'applique plutôt à la constitution (v. Tempérament), *cycloïde* à une cyclothymie prémorbide. Sous sa forme proprement morbide, elle conduit à la psychose maniaco-dépressive* ou folie circulaire.

Cynisme (du gr. *kunikos*, qui concerne le chien, *kuôn*).
1. *Hist.* École et doctrine philosophique d'Antisthène, disciple de Socrate (vers 444-365 av. J.-C.), de Diogène de Sinope, de Cratès, précurseurs du stoïcisme, ainsi nommée parce qu'Antisthène enseignait dans le *Cynosarge* (mausolée du chien) mais surtout parce qu'il s'appelait lui-même le chien ; de même, Diogène fut appelé le chien, sans doute à cause de son genre de vie et du mépris des conventions sociales et de la loi (*nomos*) qu'il affectait ouvertement, la philosophie cynique voulant être un retour à une vie conforme à la nature *(phusis)*.
2. *Mor.* Attitude individuelle qui consiste dans le mépris des convenances, de l'opinion publique, de la morale admise, dans les paroles et les actes ; sorte d'amoralisme agressif.

Cyrénaïsme (de Cyrène, ville de Cyrénaïque, sur la côte de la Libye actuelle).
Hist. École et doctrine philosophique fondée par Aristippe (IVe s. de notre ère), qui professait l'hédonisme* sous sa forme la plus absolue, c.-à-d. l'identité du plaisir ou volupté et de la vertu ou du bien. Pour cet « individualisme anarchique », le plaisir est personnel et limité au seul moment pendant lequel on l'éprouve, mais le sage cyrénaïque n'en est pas moins indépendant et libre, il domine le plaisir et, comme le disait Aristippe de sa maîtresse, la belle courtisane Laïs : « Je possède, je ne suis pas possédé ».

D

Dada (mot tiré au hasard d'un dictionnaire. On dit aussi dadaïsme et dadaïste).
Esth. Mouvement né pendant la première guerre mondiale (1916-1917) de la rencontre à Zurich (en Suisse neutre) de jeunes poètes et artistes de différents pays (allemands : H. Ball et Hüselbeck ; roumains : T. Tzara, et M. Janco). Ses manifestations provocantes (publications, spectacles, expositions) s'étendent rapidement à l'Allemagne, à Paris (A. Breton) et aux USA (Picabia, M. Duchamp). Il disparaît en 1924 pour laisser place au surréalisme*. Dada apparaît comme la dérision, la destruction des valeurs de la culture et de l'art européen, non seulement traditionnel mais aussi « moderne » et d'avant-garde (« Dada n'est pas moderne », T. Tzara). Ce caractère foncièrement négateur, cette valorisation du n'importe quoi (un urinoir en faïence peut être présenté comme un objet d'art) ont marqué durablement tout l'art du XXe siècle.

Darwinisme (seconde moitié du XIXe s., de Darwin, 1809-1882).
1. *Hist.* Théorie de l'évolution biologique exposée dans l'ouvrage de Charles Darwin *L'Origine des espèces* (1859) vite célèbre, et qui a imposé le darwinisme comme la théorie dominante de l'évolution à l'encontre du lamarckisme. Il fut considéré comme un des pires adversaires du christianisme parce qu'il détruisait la croyance au récit biblique de la création de l'homme ; Darwin se voulait pourtant lui-même agnostique. La « sélection naturelle » transpose les techniques des éleveurs qui créent des races nouvelles à partir des variations qu'ils ont observées. Mais de telles pratiques ne peuvent pas être supposées dans la nature sinon en ajoutant une deuxième hypothèse : celle de la *lutte pour l'existence* entre les groupes d'êtres vivants.
2. *Biol. Néo-darwinisme.* Darwinisme complété, précisé, modifié à partir des travaux de la biologie du XXe siècle (génétique). L'hérédité des caractères acquis est abandonnée, l'accent est mis sur les mutations génétiques accidentelles ou provoquées par le milieu.
3. *Darwinisme social.* Le darwinisme a été accueilli avec enthousiasme par Marx et Engels surtout en ce qu'il confortait le matérialisme historique. Aujourd'hui le darwinisme social (ou *sociobiologie*) est un scientisme qui transpose dans l'histoire des sociétés les thèmes de la lutte pour la vie et de la survivance des plus aptes : il en résulte la justification des inégalités* sociales et des mesures plus ou moins brutales d'eugénisme* ou d'euthanasie* (élimination des faibles et des malades), qui est elle-même une transposition de la théorie de Malthus publiée en 1798 : un accroissement de la population plus rapide que celui des moyens de subsistance rend inévitables les famines, les misères et les guerres. La théorie biologique générale de Darwin apparaît ainsi comme une extension à tous les êtres vivants de phénomènes d'abord observés chez l'homme. Mais en retour, elle va s'appliquer à l'espèce humaine, considérée comme une espèce animale en continuité avec les autres.

Dasein (mot all. signifiant couramment *existence*).
Méta. Il est dans doute préférable de conserver le mot allemand pour cette notion centrale dans l'œuvre majeure de Heidegger *Être et Temps* (1927). Transposer par *être là* ou par *être le là* comme Heidegger lui-même le suggère dans la *Lettre sur l'humanisme*, serait bien peu éclairant. Traduire par « réalité humaine » comme les premiers traducteurs fait contresens en transformant une question ontologique en question anthropologique. Quant au mot « existence », il correspond à l'allemand *Existenz* dans « L'essence du *Dasein* réside dans son existence » (c'est-à-dire dans son propre dépassement). En tant qu'il y va de son être même, le *Dasein* est le lieu de la compréhension de l'être.

Data (p.p. plur. neutre du verbe lat. *dare* : ce qui est donné).
Syn. de données* et de donné*.

Débilité mentale (lat. *debilitas*, de *debilis*, faible, infirme).
Psy. path. État permanent, congénital ou précoce, d'insuffisance intellectuelle, malgré une bonne mémoire et de la facilité verbale mais une incapacité presque totale de raisonnement, d'où un état d'infériorité sociale plus ou moins grave ; âge mental : de sept à dix ans ; v. Arriération mentale.

Décadence (du lat. *cadere*, tomber).
1. *Phil. hist.* Affaiblissement, déclin d'un Empire, d'une nation, d'une culture, d'une institution. Ex. décadence de l'Empire romain, décadence de la féodalité. Les causes physiques ou morales peuvent en être profondes, de longue durée, ou accidentelles. Selon une métaphore organiciste* fréquente, la décadence est interprétée comme une phase inévitable de vieillissement de la vie d'un pays. Dans une conception cyclique de l'histoire, la décadence est la dernière phase d'un cycle annonçant une renaissance.
2. *Esth.* À la fin du XIXe siècle, un groupe de poètes, d'écrivains (J. Laforgue, J.-K. Huysmans) se sont dits eux-mêmes « décadents », conscients d'exprimer la décadence d'une civilisation européenne, de ses valeurs morales et esthétiques (*décadentisme*).

Décision (lat. *decisio*, de *decidere*, de *de* et *caedere*, détacher en coupant, trancher, décider).
1. *Psy.* Syn. choix, résolution, troisième phase, selon l'analyse classique, et la plus essentielle de l'acte volontaire, qui suit la délibération et provoque l'exécution ; v. Volonté.
2. *Psy. soc., Éco. Théorie de la décision* : ensemble des procédés et des méthodes d'analyse visant à assurer la cohérence et l'efficacité des décisions en fonction de l'information disponible (recherche opérationnelle*, théorie des jeux*, etc.).

Déclaration (des droits) (lat. *declaratio*, de *declarare*, faire voir clairement, proclamer).
Pol. Acte solennel par lequel un État ou un ensemble d'États posent certains principes considérés comme fondements de toute législation nationale ou

internationale et comme l'expression du droit* naturel ; ex. la Déclaration des droits du Parlement anglais (1688), des représentants des États-Unis d'Amérique (1776), des droits de l'homme et du citoyen (France, 1789), la Déclaration universelle des droits de l'homme, adoptée par l'Assemblée des Nations Unies en 1948.

Déclinaison, v. Clinamen.

Déconstruction (notion introduite par J. Derrida en 1967).

Méta. Le terme semble d'abord avoir été un équivalent de la notion heideggerienne de *Destruktion*. La déconstruction n'est pas à strictement parler une méthode d'interprétation des textes, mais une lecture qui retrouve patiemment en eux les ambiguïtés, les apories indécidables au-delà des oppositions métaphysiques traditionnelles. La déconstruction s'applique à tout ce qui peut être traité comme texte (œuvres d'art, institutions).

Découverte (du bas lat. *discoperire*).

Épist. Découvrir et inventer ont d'abord été des termes synonymes (encore en termes juridiques parle-t-on de l'*invention* d'un trésor). De nos jours, la découverte accroît le savoir d'un fait ou d'une théorie qui, inconnus jusqu'alors, sont considérés comme existants déjà (découverte d'une île, d'un microbe, d'une loi de la nature, etc.). Inventer est construire ce qui n'existait pas encore (une machine, une méthode…). La distinction est en fait peu claire (on « découvre » un vaccin). La découverte peut être organisée, planifiée, ou au contraire inattendue, géniale ou fortuite. Mais elle n'existe dans l'histoire des sciences que si elle est reconnue par la communauté* scientifique. Existe-t-il une méthode, une logique de la découverte, un *ars inveniendi*, selon l'expression médiévale ? La question, toujours disputée, est quelque peu renouvelée par les théories de l'intelligence artificielle*.

Dédoublement (de la personnalité) (du lat. *duplicatio*, action de doubler, et préf. *de*, partager en deux).

Psy. path. Syndrome présentant plusieurs formes cliniques : *a*) croyance du sujet dans l'existence en lui, simultanée ou successive, de deux êtres dissemblables vivant chacun leur propre vie et pouvant s'ignorer mutuellement (états « seconds » de l'hystérie et de la cyclothymie pathologique) ; *b*) perception par le malade de son corps comme étant en dehors de lui (« image du double ») ; *c*) dissociations fragmentaires de la personnalité entraînant chez le sujet un manque de contrôle sur une partie de son activité.

Déduction (lat. *deductio*, action d'emmener, *ducere*, et *de*, à partir de).

1. *Log. form. Déduction formelle* : raisonnement ou inférence qui consiste à tirer d'une ou plusieurs propositions données une autre proposition qui en est la conséquence nécessaire et qui y était implicitement impliquée, c.-à-d. qu'une telle déduction n'est qu'un passage de l'implicite à l'explicite ; la forme la plus usuelle en est le syllogisme.

2. *Math. Déduction constructive* : syn. *démonstration*, celle où la conclusion, tout en étant nécessaire comme celle de la déduction formelle, est un apport nouveau pour la connaissance.

3. *Épist. Méthode hypothético-déductive* : *a*) dans les sciences expérimentales, celle qui part d'une ou plusieurs propositions posées comme hypothèses et en tire les connaissances nécessaires qui sont soumises à la vérification de l'hypothèse ; *b*) ext. en mathématiques, celle qui consiste à tirer du système cohérent des axiomes* les conséquences qui en découlent nécessairement :

Formes de la déduction			
			opposition
Déduction	formelle	immédiate	
			conversion
		médiate (syllogisme)	
	constructive (hypothético-déductive)		

4. *Hist. a*) chez Descartes, la déduction se distingue de l'intuition*, qui est l'aperception immédiate, en un seul acte de l'esprit *(uno intuitu)*, de la relation entre la conséquence et le principe (*Reg.* XI) ; *b*) chez Kant, déduction transcendantale des concepts purs de l'entendement ou *catégories** : anal. avec la langue juridique, celle qui consiste à expliquer et à justifier *en droit* « comment des conditions subjectives de la pensée peuvent avoir une valeur objective, c.-à-d. fournir les conditions de la possibilité de toute connaissance des objets » (*R. pure*, Anal., l. I, ch. II, Ire section, § 13).

Défaut (du lat. *fallere*, tromper, manquer à, d'où défaillir : faire défaut dans l'anc. fr.).

1. *Hist. (Méta.)* Dans la philosophie scolastique et chez Descartes, manque d'être, imperfection par rapport à la perfection absolue de Dieu.

2. *Vulg. (Mor.)* Opp. qualité, imperfection morale jugée d'après les normes du milieu social ; ex. paresse, négligence.

Défense (lat. *defensus*, p.p de *defendere*, défendre).

Psychan. Lutte du moi individuel contre tout ce qui compromet son intégrité, que ce soit d'origine externe ou interne. Les « mécanismes de défense » du moi contre les pulsions internes et contre les représentations qui lui sont liées sont en grande partie inconscients : ex. le refoulement*, la sublimation*. Les réponses très variées à une menace, à une agression d'origine interne peuvent être normales ou devenir pathologiques en s'imposant au Moi (ex. phobies*). Cette notion de défense doit être reliée à la conception, proprement freudienne, de conflit* psychique.

Définir, définition (lat. *definire*, borner, fixer les limites, *fines*, définir).

1. *Log. form.* Définir une idée ou un concept, c'est par l'analyse de sa *compréhension** en dégager l'essence ; l'essence d'une chose n'est pas tout ce qu'elle est, mais seulement ce qu'elle ne peut pas ne pas être (*1re règle de la définition*). Opp. accident. En d'autres termes, elle doit être *caractéristique*, c.-à-d. convenir à *tout le défini* et au *seul défini* (*2e règle*). La définition fournissant la matière propre du concept fournit le critère pour déterminer sa circonscription, c.-à-d. son extension* et sa place dans la classification. En logique, de deux termes généraux contenus l'un dans l'autre, celui qui a l'extension la plus grande s'appelle genre, l'autre espèce : ex. *vertébré* est genre par rapport à *mammifère* qui est espèce, mais à son tour *mammifère* est genre par rapport à *cheval* ou à *baleine* qui sont espèces, et ainsi de suite jusqu'à l'individu *singulier*, qui n'a pas d'espèce et est donc comme tel indéfinissable ; *dist.* genre* et espèce* en biologie. La définition rigoureuse se fait par le *genre prochain* (c.-à-d. le plus proche dans la hiérarchie ascendante) et la *différence spécifique* (*3e règle*) ; ex. l'homme est un mammifère bimane.

2. *Math. Définition génétique ou génératrice* : définition opératoire qui formule la loi de construction d'un être mathématique ; ex. la sphère est la figure engendrée par un demi-cercle qui tourne autour de son diamètre.

3. *Épist. Définition empirique* : celle qui résume les connaissances acquises par induction, c.-à-d. par l'expérience, sur un objet. *Définition nominale* ou *de mot* : explication du sens d'un mot par le recours à d'autres mots ou à l'étymologie ; *définition réelle* ou *de chose* : celle qui indique la nature de l'objet défini. *Définition extensionnelle* : par énumération complète.

4. *Théo.* Formulation solennelle d'un dogme (par un concile, par un pape) afin de le distinguer précisément des thèses hérétiques.

Défoulement (néol. trad. de l'all. *Verdrängung*, décharge psychique, opp. refoulement*). V. Abréaction.

Dégradation (de l'it. *degradazione*, de *gradio*, grade).

1. *Gén.* Sanction grave consistant à ôter un grade (militaire, civil). Ext. toute détérioration d'une situation physique, morale, sociale, économique, etc. Se dit aussi des objets matériels.

2. *Phys.* V. principe de dégradation de l'*énergie**.

Déisme (du lat. *deus*, dieu).

1. *Méta.* Affirmation d'un Dieu créateur et juge, mais en dehors des dogmes d'une Église.

2. *Hist.* Au XVIIIe siècle, le déisme correspond à la religion « naturelle » des philosophes (Voltaire), par opp. à la *révélation* chrétienne. « Le théiste est celui qui est déjà convaincu de la réalité du bien et du mal moral, de l'immortalité de l'âme, des peines et des récompenses à venir mais qui attend pour admettre la révélation qu'on la lui démontre ; il ne l'accorde pas ni ne la nie. Le déiste au contraire, d'accord avec le théiste sur l'existence de Dieu et la réalité du mal, nie la révélation et doute de l'immortalité de l'âme et des peines et des récompenses à venir » (Diderot).

Déité (lat. *deitas*).

Syn. divinité.

Déjà-vu (Illusion du), v. Paramnésie.

Délibération (lat. *deliberatio*, de *librare*, peser avec la balance, et préf. *de* ; d'où faire une pesée dans sa pensée, réfléchir mûrement, délibérer).
Psy. *a*) deuxième phase de l'*acte volontaire* selon l'analyse classique, suivant la conception, précédant la décision, et consistant à peser les motifs pour et contre relativement à la décision à prendre ; v. Volonté ; *b*) pour certains phénoménologues et existentialistes (Merleau-Ponty, Sartre), la délibération consiste à se rendre compte après coup des mobiles qui ont entraîné la décision. « La délibération suit la décision » (Merleau-Ponty). « Quand je délibère, les jeux sont faits » (Sartre) ; v. Volonté.

Délinquance (lat. *delinquentia*, délit, comme *delictium*, de *delinquere*, faire défaut, faillir).
1. *Gén.* Désadaptation sociale que sanctionne le droit et qui relève à la fois de la caractérologie, de la psychologie sociale, de la sociologie et de la psychiatrie.
2. *Dr.* Ensemble des infractions, délits ou crimes sanctionnés par la loi pénale.

Délire (lat. *delirium*, de *delirare*, s'écarter du sillon, *lira* ; extravaguer, délirer).
1. *Psy. path.* Désordre fondamental, temporaire ou chronique, de la personnalité, caractérisé par une extrême confusion des idées, de fausses interprétations, des déviations de la perception, par l'autisme* et l'imperméabilité au réel. *Thèmes du délire* : idées de grandeur, de supériorité, de culpabilité, d'impuissance, de persécution, de jalousie ; constructions imaginaires et incohérentes dont la justification se fonde soit sur de fausses interprétations, soit sur de fausses perceptions (hallucinations*).
2. *Psychan.* Expression de sentiments refoulés inacceptables pour la personnalité consciente du malade, qui éprouve comme venant de l'extérieur ce qui lui appartient en propre et qui attribue à autrui ses propres tendances : haine, infidélité, etc.

Démagogie, démagogue (gr. *dêmagôgia*, art de conduire, *agein*, le peuple, *dêmos*, de *dêmagôgein*, amener le peuple à soi).
Pol. Action politique visant à conquérir ou à conserver le pouvoir en flattant le peuple et en prenant des mesures de facilité destinées à engendrer la popularité mais contraires à l'intérêt général. « Un démagogue est le flatteur du peuple » (Aristote).

Démarcation (peut-être de l'esp. *demarcacion*).
1. *Gén.* Fixation d'une frontière, d'une limite entre deux domaines (ligne de démarcation).
2. *Épist.* Définition de critères permettant de distinguer les énoncés scientifiques et ceux qui ne le sont pas. Dans les sciences de la nature, il s'agit de la possibilité de recourir aux données expérimentales, de la possibilité de vérifier, de confirmer ou de falsifier (au sens de Popper). Dans les sciences humaines, les critères de démarcation sont beaucoup plus difficiles à définir :

faut-il invoquer l'avis majoritaire d'une communauté scientifique ? Les positivistes veulent avant tout dénoncer les exposés qu'ils considèrent comme métaphysiques. Il faut préciser qu'un énoncé reconnu comme scientifique n'est pas forcément vrai : il peut rester hypothétique, et le non scientifique n'est pas forcément dépourvu de valeur.

Démence (lat. *dementia*, de *demens*, préf. *de* et *mens,* esprit, privé de raison, insensé).
Psy. path. Affaiblissement propre et irréversible des fonctions intellectuelles dû à des lésions cérébrales ; *dist.* arriération, arrêt du développement mental. *Démence précoce* : v. Hébéphrénie.

Démesure, v. Hybris.

Démiurge (gr. *dêmiourgos*, artisan, comp. d'*ergon*, travail et *dêmos*, peuple).
Hist. Dans le *Timée* de Platon, le démiurge est l'artisan de l'univers, qui le façonne, l'ordonne à partir des Idées comme modèle. *Dist.* le dieu créateur dans les monothéismes. Le terme a été réinterprété par le néo-platonisme.

Démocratie (gr. *dêmokratia*, gouvernement du peuple, de *dêmos*, peuple, et *kratos*, puissance).
1. *Pol.* Régime politique dans lequel la souveraineté appartient à l'ensemble des citoyens, c.-à-d. au peuple* : « Lorsque, dans la république, le peuple en corps a la souveraine puissance, c'est une démocratie » (Montesquieu) ; on distingue la *démocratie directe*, dans laquelle le peuple exerce le pouvoir sans intermédiaire ; la *démocratie représentative* ou *parlementaire*, celle dans laquelle le peuple délègue à un parlement, constitué gén. par voie d'élection, parfois par tirage au sort, l'exercice du pouvoir législatif ; la *démocratie autoritaire* ou *dictatoriale*, celle dans laquelle le peuple délègue à un seul homme, à temps ou à vie, l'ensemble des pouvoirs (opp. autocratie, aristocratie). La démocratie est dite *libérale* quand elle respecte les libertés individuelles et les droits d'une opposition politique. C'est en ce sens seulement que la démocratie exclut la dictature d'un homme ou d'un parti.
2. *Hist.* *a*) la démocratie dans les cités grecques antiques reposait sur l'égalité* devant la loi de tous les citoyens (*isonomia*) mais elle excluait de la vie publique les femmes et les esclaves ; *b*) par le *contrat social* (v. ce mot), Rousseau fonde une démocratie sur le principe d'une souveraineté populaire infaillible et illimitée qui n'est soumise à aucun droit naturel* (droits de l'homme), n'accorde aucun droit à l'opposition* et peut même imposer une religion civile ; *c*) Tocqueville caractérise la *Démocratie en Amérique* par l'aspiration à l'égalité* des conditions (contre la hiérarchie des aristocraties européennes) : « Le développement graduel de l'égalité est un fait providentiel ; il est universel, il est durable, il échappe chaque jour à la puissance humaine ». Mais il craint un nouveau despotisme démocratique qui dissoudrait dans la multitude les individualités et leurs libertés (v. Égalitarisme).

Démographie (comp. du gr. *dêmos*, peuple, et *graphein*, écrire).
Soc. Étude statistique des mouvements de la population (natalité, nuptialité, mortalité, migration, etc.) et de sa composition par âge, sexe, profession, religion, lieu de résidence, etc.

Démon (gr. *daimôn*, génie, bon ou mauvais).
1. *Hist.* Dans le polythéisme* grec, génie, esprit bon ou mauvais, inférieur à un dieu mais supérieur à un homme. *Démon de Socrate* : dans Platon, génie* par lequel Socrate se disait inspiré et dont il suivait les conseils.
2. *Théo.* Dans la religion chrétienne (Ancien et Nouveau Testament), les diables (opp. anges), not. le Démon ou Satan, principe actif du mal.

Démonstration (lat. *demonstratio*, action de montrer, de faire voir ; déduction*).
1. *Log. form.* Syn. *déduction formelle*, raisonnement qui consiste à passer de propositions admises à une proposition qui en résulte nécessairement.
2. *Math.* En arithmétique, en géométrie et en analyse, raisonnement constructif qui procède par substitution de grandeurs égales ou équivalentes. *Démonstration par l'absurde* ; v. Absurde.

Démystification (contraire de mystification, terme créé par Grimm en 1764 pour désigner un auteur crédule).
Psy. soc., Pol. Dénonciation verbale ou écrite visant à détromper un groupe ou une collectivité sur une opinion ou un ensemble d'opinions reçues considérées comme préjugés* ; *dist.* démythification.

Démythification (néol. milieu XIXe siècle).
1. *Psy. soc., Pol.* Examen critique de conceptions collectives en vue d'en faire apparaître le caractère de mythe ; ex. le mythe de l'ennemi héréditaire ; *dist.* démystification.
2. *Rel.* Exégèse qui cherche à retrouver l'authenticité du message chrétien en le dépouillant des représentations devenues périmées sous lesquelles il a été exprimé dans l'Écriture (Bultmann). On a dit aussi *démythologisation.*

Dénégation (lat. *denegatio*, de *denegare*, nier fortement, refuser).
Psychan. (all. *Verneinung*). Forme de résistance dans laquelle un désir refoulé est exprimé dans le moment même où il est consciemment refusé. « Il n'y a pas de preuve plus forte que l'on a réussi à découvrir l'inconscient que de voir réagir l'analysé par ces mots : « Je n'ai pas pensé cela » (Freud, *La Dénégation*).

Dénombrement (du lat. *denumerare*, compter).
1. *Vulg.* Action d'énumérer les différentes parties d'un tout.
2. *Hist.* Chez Descartes, quatrième et dernière règle de la méthode, dite aussi règle de l'*énumération*, consistant, dit-il, à « faire partout des dénombrements si entiers et des revues si générales que je fusse assuré de ne rien omettre » (*Méth.* III), c.-à-d. aussi bien dans l'application de la deuxième règle (« diviser les difficultés » ou problèmes) que dans celle de la troisième (les parcourir par ordre). « Il résulte de là que l'énumération doit être continue, ininterrompue,

suffisante, ordonnée » (E. Gilson). Le terme *énumération* est celui des *Règles pour la direction de l'esprit*.

3. *Log. form. Dénombrement imparfait* : sophisme qui consiste, dans un raisonnement exigeant une énumération complète, à omettre un des cas possibles ; ex. A n'est pas plus grand que B, donc A est plus petit que C.

Dénomination (lat. *denominatio*, de *denominare*, nommer, dénommer).

Psy. Syn. formulation, acte par lequel le sujet donne un nom à quelque chose dans une opération mentale corrélative de la conceptualisation* : « La dénomination des objets ne vient pas après la connaissance, elle est la connaissance même [...]. Le mot porte le sens, et, en l'imposant à l'objet, j'ai conscience d'atteindre l'objet » (Merleau-Ponty).

Dénotation (lat. *denotatio*, de *denotare*, indiquer par un signe, désigner).

Log. form. Opp. connotation*, propriété que possède un terme de désigner tous les objets appartenant à la classe définie par le concept et de recouvrir toute l'extension* du concept qui lui donne sens ; ex. le terme mammifère s'appliquant à tous les vertébrés qui allaitent leurs petits, y compris la baleine et la chauve-souris ; v. Compréhension.

Déontologie (comp. du gr. *deon*, ce qui convient, et *logos*, science : science de ce qu'il faut faire).

1. *Hist.* Terme créé par Bentham en 1834 pour désigner son *arithmétique des plaisirs*, morale utilitariste* qui permet de décider de l'action à accomplir d'après la mesure des valeurs propres à chaque plaisir (intensité, durée, fécondité, etc.), positives ou négatives qu'elle entraîne.

2. *Mor.* Code moral des règles propres à une profession ; ex. la déontologie médicale, qui remonte à l'Antiquité grecque (serment d'Hippocrate).

Dépassement (du lat. pop. *passare* de *passus*, pas).

1. *Vulg.* Le simple fait d'aller au-delà, plus loin dans l'espace ou dans le temps. Transgression d'un seuil, d'une limite (par ex. d'honoraires).

2. *Méta.* Dans la dialectique hégélienne, le dépassement conserve tout autant qu'il nie. V. *Aufhebung*.

3. *Exist.* J.-P. Sartre associe le dépassement à l'intentionnalité de la conscience, à sa liberté, à son pouvoir de néantiser* (sans mouvement dialectique de type hégélien). V. Projet, Transcendance.

Dépersonnalisation (fin XIXe s., de dépersonnaliser).

Psy. path. Trouble conscient de la personnalité dans lequel le sujet a l'illusion de percevoir ses propres paroles ou actes comme quelque chose d'anormal et d'étranger à soi (not. dans les états délirants et dans la schizophrénie).

Déplacement (gr. *plateia* par le lat. *platea*, large rue).

Psychan. Passage de l'énergie psychique liée à une représentation à une autre représentation en suivant une chaîne d'associations. Le déplacement rend possible la condensation*, la surdétermination*. V. Transfert.

Dépression (lat. *depressio*, de *deprimere*, presser de haut en bas, abaisser, enfoncer).

Psy. path. État mental morbide, plus ou moins durable, caractérisé par un abaissement du tonus et de l'énergie psycho-physiologique, se traduisant par la lassitude, le découragement, la fatigabilité, l'insomnie, et s'accompagnant fréquemment d'anxiété ; inhérent aux états de mélancolie*, de psychasthénie*, de neurasthénie*.

Déréliction (lat. *derelictio* de *derelinquere*, délaisser).

1. *Théo.* État de celui qui est totalement abandonné, même de Dieu (ex. le Christ dans sa Passion).

2. *Phén., Exist.* Traduction très contestable du mot all. *Geworfenheit*, utilisé par Heidegger, désignant pour le *Dasein** le fait d'« être jeté » et de devoir se prendre en charge. Le terme a été repris par J.-P. Sartre pour décrire la condition humaine (sans justification, sans espoir) : « Elle est la conscience malheureuse sans dépassement possible » (*L'Être et le Néant*).

3. *Psychan.* Sentiment d'abandon, d'angoisse du nourrisson incapable d'assurer sa survie. La *névrose d'abandon* ne correspond pas nécessairement à un danger réel.

Désacralisation (néol. milieu du XXe s., de désacraliser).

1. *Soc.* Processus dû à l'avancement des sciences et des techniques et par lequel la part du sacré, du religieux se restreint dans la vie sociale et personnelle moderne.

2. *Vulg.* Contestation, parfois violente, des valeurs reconnues en morale et en esthétique.

Désenchantement (néol. XXe siècle, de l'all. *Entzauberung*).

Soc. Expression introduite par le sociologue Max Weber pour désigner le recul des conceptions et des pratiques magiques à l'intérieur même de l'évolution des religions. Dans un sens plus large, tendance des sociétés modernes à une intellectualisation, à une rationalisation technico-scientifique au détriment du sens de la poésie et du mystère. La notion a été associée récemment à celles de culture de masse et d'administration bureaucratique.

Description (lat. *descriptio*, reproduction, copie ; dessin ; description).

Log. Mode d'expression d'une chose qui la détermine par ses caractères extérieurs et sensibles, ce qui permet de la distinguer pratiquement d'une autre ; au sens rigoureux, la définition* se faisant par le genre et l'espèce, l'individu peut être décrit mais non défini.

Design (mot ang.).

Esth. Mouvement qui tend à réhabiliter esthétiquement l'objet produit industriellement et en série (par opp. à l'objet unique de l'artisanat). La beauté est cherchée dans la simplicité des formes, la rationalité des moyens de production, l'adaptation de l'objet à son usage, ce qui ne va pas, d'ailleurs, sans avantages économiques et marchands.

Désintéressement, désintéressé (comp. du lat. *interest*, il importe, et du préf. négatif *de*).

1. *Gén.* Absence de toute considération d'avantage personnel dans un jugement, une décision.

2. *Mor.* Caractère de l'action morale pure, qui est obéissance inconditionnelle à la loi morale, sans considération des conséquences : fais ce que dois, advienne que pourra. Pour Kant, le bien moral « comporte l'intérêt suprême », mais celui-ci est syn. de désintéressement, puisque l'acte moral est l'accomplissement du devoir par pur respect pour la loi morale ; v. Impératif catégorique.

3. *Esth.* Attitude commune à l'artiste dans la création de l'œuvre d'art et à son contemplateur dans le jugement esthétique : « le beau donne le plaisir d'une libre contemplation » (Kant. *Jug.* § 5), opp. l'agréable*.

4. *Épist.* Caractère de la connaissance scientifique pure, c.-à-d. de la recherche de la vérité pour elle-même, abstraction faite de toute application pratique.

Désir (lat. *desiderare*, regretter).

1. *Gén.* Le mot français, très fréquent dans la langue courante, la psychologie, la philosophie classique et contemporaine, a une signification très floue. Il est tantôt distingué, tantôt confondu avec *regret* (sens étymologique), *besoin* (d'un objet déterminé), *souhait*, *volonté* ; parfois syn. d'instinct sexuel, mais aussi de tendance* (au sens le plus général). Ajoutons que dans les traductions de Freud, désir correspond à un mot all. (*Wunsch*) signifiant plus précisément *souhait*. Il en résulte des confusions (parfois délibérées) avec le désir selon Spinoza (*cupiditas*) ou selon Hegel (*Begierde*).

2. *Psychan.* Chez Freud, le désir n'est pas commandé par l'objet, mais renvoie au champ des fantasmes* inconscients et aux investissements* antérieurs de la *libido*. Il traduit le combat inconscient entre *principe de plaisir* et *principe de réalité* qui se représente de façon déformée dans la conscience comme un conflit entre désir et volonté.

3. *Hist., Méta. a*) dans la tripartition de l'âme selon Platon, les désirs (*epithumaï*) enchaînent l'âme au corps et s'opposent au raisonnement (*logismos*) et au courage (*thumos*). On évitera de traduire *Eros** (amour) dans le *Banquet* par désir, afin d'éviter des rapprochements arbitraires ; *b*) chez Spinoza, puissance même d'exister et affirmation positive de soi ; dans l'homme, « le désir est l'appétit* avec conscience de lui-même » (*Eth.* III, IX) ; le désir étant l'essence de l'homme, « nous ne désirons aucune chose parce que nous la trouvons bonne [...], mais, au contraire, nous jugeons qu'une chose est bonne parce que nous la désirons » *(Ibid.)* ; *c*) chez Hegel, désir humain de la reconnaissance de l'homme par un autre homme (opp. au désir animal réduit au désir de conserver sa vie) ; ce désir porte sur le désir d'autrui : l'homme désire ce que désirent les autres parce qu'ils le désirent et est capable de nier sa nature organique, c.-à-d. de risquer sa vie pour être reconnu dans sa nature d'homme par l'autre sans avoir à le reconnaître soi-même (*Phénoménologie de l'Esprit*).

Despotisme (gr. *despotês*, maître de maison, même racine que *domos*, maison). *Pol., Hist.* *a*) le despote est d'abord le maître de maison, celui qui a toute autorité sur ses esclaves. Montesquieu introduit le terme de despotisme en philosophie politique : « Un seul, sans loi et sans règle, entraîne tout par sa volonté et ses caprices ». Il s'oppose ainsi autant à la monarchie* qu'à la république*. Notons qu'il peut être exercé par un groupe ou même par le peuple en corps. Le ressort du despotisme est la crainte ; *b*) *despotisme éclairé*, ou plutôt « despotisme légal » (expression des physiocrates*). Des philosophes adversaires de Montesquieu ont voulu croire qu'un monarque ami des Lumières (Voltaire avec Frédéric II de Prusse, Diderot avec Catherine II de Russie) aurait tous les pouvoirs pour réaliser les réformes libérales ; *c*) J.-J. Rousseau oppose radicalement despotisme et liberté. Avec l'époque révolutionnaire, despotisme devient syn. de tyrannie*. De nos jours, le terme n'a guère gardé qu'un sens historique ; *d*) *despotisme oriental.* Montesquieu (mais déjà Aristote) donne en exemple de despotisme les empires asiatiques, là où les conditions naturelles prédisposent les peuples à l'esclavage. K. Marx dans le *Capital* préfère parler de « mode de production asiatique » antérieur à la lutte des classes proprement dite.

Destin, destinée (lat. *destinare*, fixer, assujettir).

1. Enchaînement nécessaire des événements, qu'ils aient été prédits ou non, et cela même en conséquence de ce que l'homme fait pour les éviter. Dans l'Antiquité, le destin s'impose aux dieux comme aux hommes (ex. destin du héros tragique dans *Œdipe roi*). Le destin est le plus souvent pensé comme irrationnel ou du moins inaccessible à l'entendement humain. Les stoïciens ont identifié le Destin à la Raison divine (*logos*) qui gouverne l'univers. Destin, destinée, sort, fatalité sont le plus souvent synonymes. V. Déterminisme, Grâce, Fatum, Futur contingent, Prédestination, Providence.

2. On appelle destin, destinée, la fin* (au double sens du mot) d'un être, d'une vie, d'un peuple, d'une institution. Ex. le destin de l'Empire romain, la destinée de l'âme humaine.

3. *Psychan.* Freud parle de destin quand le sujet paraît dominé par une fatalité qui lui serait extérieure. V. Compulsion de répétition. Dans la *Métapsychologie*, il appelle destin des pulsions leurs modes de satisfaction dans un processus psychique (refoulement*, sublimation*, renversement, retournement) : « On peut présenter les destins des pulsions comme des modes de défense ».

4. *Phén.* Selon Heidegger, loin d'être soumission à une nécessité extérieure, le destin est fidélité à la possibilité la plus authentique du *Dasein* : « La résolution comme destin est la liberté de renoncer éventuellement si la situation l'exige à une décision déterminée » (*Être et Temps*, § 75).

Destruction (all. *Destruktion, Abbau*).

Au sens de Heidegger (*Être et temps*, 1927), la « destruction » de l'histoire de la métaphysique occidentale, en tant que celle-ci oublie, occulte la question de l'être, n'est en rien une démolition de la tradition, mais une restitution des questions et des expériences originelles de pensée recouvertes par la tradition.

Détermination (du lat. *determinare*, borner, fixer une limite).

1. *Log., Ling.* Déterminer une idée est lui donner une extension moindre par une opération contraire à celle de l'abstraction. Ex. un mammifère marin. « Toute détermination est une négation », formule célèbre de Spinoza (Lettre à Jarig Jelles : *omnis determinatio est negatio*). Dire ce qu'une chose est en disant ce qu'elle n'est pas, formule qui peut être interprétée dialectiquement (Platon dans le *Sophiste*, Hegel).

2. *Épist.* Opération consistant à donner une valeur fixe à une variable. Principe de détermination s'est dit aussi pour déterminisme*.

3. *Psy.* Décision ferme. Syn. résolution (sens réfléchi : le sujet se détermine lui-même). V. Choix, Volonté.

Déterminisme (de l'all. *Determinismus*).

1. *Épist. a*) ensemble des conditions nécessaires ou conditions d'existence d'un phénomène et processus de son évolution ; ex. le déterminisme d'une maladie ; *b*) conception positive, fondée sur la vérificabilité des phénomènes, selon laquelle certaines conditions étant données, les faits qui s'ensuivront sont prévisibles avec précision : « pour le physicien, il y a déterminisme lorsque la connaissance d'un certain nombre de faits observés [...] jointe à la connaissance de certaines lois de la Nature, lui permet de prévoir rigoureusement que tel ou tel phénomène aura lieu à telle époque postérieure » (L. de Broglie). *Déterminisme statistique* : en microphysique, la découverte des relations d'incertitude* d'Heisenberg, c.-à-d. l'impossibilité de connaître à la fois la position d'un corpuscule et sa vitesse, rend également impossible la connaissance de l'enchaînement linéaire des phénomènes individuels et ne laisse subsister que le déterminisme statistique ; v. Indéterminisme.

2. *Crit. Principe du déterminisme universel* ou *de légalité* : principe selon lequel tous les phénomènes naturels sont liés les uns aux autres par des relations invariables ou lois : « il y a un déterminisme absolu dans les conditions d'existence des phénomènes, aussi bien dans les corps vivants que dans les corps bruts » (Cl. Bernard). L'expression la plus nette de ce principe a été donnée par Laplace : « Nous devons donc envisager l'état présent de l'univers comme l'effet de son état antérieur et comme la cause de ce qui va suivre. Une Intelligence qui, pour un instant donné, connaîtrait toutes les forces dont la nature est animée et la situation respective des êtres qui la composent, si d'ailleurs elle était assez vaste pour soumettre ces données à l'analyse, embrasserait dans la même formule les mouvements des plus grands corps de l'univers et ceux du plus léger atome ; rien ne serait incertain pour elle, et l'avenir, comme le passé, serait présent à ses yeux » (*Essai philosophique sur* *les probabilités*, 1814). Ce principe, très contesté de nos jours au nom même des théories scientifiques récentes (physique des quantas, relativité), est souvent considéré comme de nature métaphysique (v. Contingence, Indéterminisme).

3. *Méta.* Doctrine philosophique qui implique la négation du libre arbitre et selon laquelle tout dans l'univers, y compris la volonté humaine, est soumis à la nécessité. « Toute chose singulière, c.-à-d. finie, dépend d'une autre cause elle-même finie et ainsi à l'infini » (Spinoza, *Eth.* I, 28) : « Il n'y a dans l'âme aucune volonté absolue ou libre » (I, 48). Les stoïciens ont identifié le dieu suprême (Zeus), la raison (*logos*), le destin et l'ordre du monde (v. Futurs contingents).

Dette (lat. *debita*, p.p. de *debere*, devoir).

1. *Vulg.* Au sens général, tout ce qui est dû à une personne, à une institution, etc., en dehors même du sens juridique ou financier (en all. *Schuld* signifie aussi faute, péché).

2. *Hist., Mor.* *a*) chez Kant, si l'homme ne cesse jamais d'être soumis aux exigences de la loi morale, c'est qu'il est toujours en défaut, en dette, et que l'on peut douter qu'aucun acte n'ait jamais été accompli par pur respect pour la loi morale ; *b*) dans la *Généalogie de la morale* de Nietzsche (2e dissertation), la dette est à l'origine de la mauvaise conscience, de la responsabilité, des châtiments les plus cruels dans les sociétés archaïques : « Grâce au châtiment infligé au débiteur, le créancier prend part au droit des maîtres » ; *c*) dans l'analytique du *Dasein* de Heidegger, « l'être en dette » est un mode propre au *Dasein* (en dehors même de tout rapport à une loi, à une obligation) en tant qu'il reste toujours en deçà de ses possibilités, en tant que choisir librement une possibilité est ne pas choisir une autre possibilité. C'est cet être en dette qui est la condition de possibilité de la moralité en général.

Développement (de l'anc. fr. *voloper*, d'origine obscure).

1. *Gén.* Développer est déployer, expliquer*, passer de l'implicite* à l'explicite*, d'où le sens d'argumenter, d'éclaircir en rhétorique. Le mot a divers sens spécialisés en mathématiques (développement d'un cône) et dans les techniques de la photographie.

2. *Biol.* Transformation successive d'un individu vivant de la naissance à l'âge adulte. Déploiement des virtualités d'un germe.

3. *Psy.* *Psychologie du développement.* Nom donné aux recherches sur les lois psychologiques, sur l'acquisition des conduites intelligentes et les obstacles qui peuvent s'y opposer. Il s'agit d'éviter des expressions qui paraissent trop normatives comme psychologie de l'enfant, psychologie génétique (Piaget).

4. *Soc.* Le développement économique d'une nation s'apprécie par l'industrialisation, la modernisation des structures traditionnelles, la division du travail. Il se mesure par l'augmentation des échanges et du produit national brut. Développement et évolution restent couramment synonymes, mais évolution est réservé à la transformation des espèces depuis le début du XIXe siècle.

Devenir (lat. *devenire*).

Hist., Méta. Suite des changements présents, mais aussi passés et futurs. Le mot grec correspondant est *genesis* et signifiait d'abord naissance, génération (genèse). *a*) dès les penseurs présocratiques, le devenir s'oppose à l'être* et à la notion d'état* (immobile, sans changement). « Tout s'écoule » disait Héraclite, et aussi « On ne se baigne pas deux fois dans le même fleuve », ce qui introduit la notion d'imprévisible nouveauté. La connaissance philosophique, ou scientifique, doit donc atteindre, au-delà ou dans le devenir de l'expérience sensible, des réalités stables, intelligibles (les Idées* de Platon, les atomes* d'Épicure, la matière* et la forme* d'Aristote). *Dist. temps* ; *b*) au XIXe siècle, l'opposition être-devenir est renouvelée par l'évolutionnisme* et les philosophies de l'histoire (idée de progrès*, d'un sens général du devenir humain), mais surtout par la dialectique hégélienne dont le système est tout entier devenir. L'être (en-soi) se contredit (pour-soi) dans le *néant** pour se réconcilier avec lui-même dans le *devenir* : ce thème du début de la *Logique* a été maintes fois cité, commenté, mais aussi attaqué et brocardé au non d'un rationalisme et d'un empirisme classique ; *c*) les philosophies de la vie de la fin du XIXe sont aussi des philosophies du devenir. Chez Bergson, la durée* intérieure est libre élan d'imprévisible nouveauté. Nietzsche insiste sur la multiplicité du devenir sans fin, en perpétuelle métamorphose, qu'il pense finalement comme un *éternel retour*.

Déviance (lat. *deviare*, sortir de la voie ; mot introduit récemment par la sociologie anglo-américaine).

Soc. On désigne ainsi tout comportement qui s'écarte des normes communément admises dans une société, et susceptible d'une sanction morale ou légale (de la petite délinquance à la grande criminalité). Pour le cas de la folie, M. Foucault a montré la relativité historique des représentations et des appréciations de la déviance.

Dévoilement (gr. *alêtheia*, non-voilement, vérité).

Phén. Heidegger substitue à la conception de la vérité comme adéquation, celle d'un dévoilement, d'une non-occultation de l'être, suggérée par l'étymologie du mot grec. Il remonte ainsi jusqu'à la question proprement ontologique de la vérité.

Devoir (lat. *debere*, verbe pris comme subst.).

1. *Mor.* Ce qui est à faire par suite d'un commandement, d'une loi, d'une obligation d'ordre religieux, juridique, social (déontologie*), familial (l'honneur*) ou même personnel (respect de soi-même). Le devoir de chacun est en général considéré comme connu immédiatement : « Je ne consulte pas quand je fais mon devoir », dit Rodrigue dans *Le Cid* de Corneille. Mais il peut y avoir conflit* de devoirs. On a voulu distinguer, de façon moralement très contestable, des *devoirs stricts* (devoirs de justice*) et des *devoirs larges* (devoirs de charité*), ces derniers laissant une marge d'appréciation individuelle.

2. *Hist.* L'analyse la plus célèbre et la plus rigoureuse de la notion de devoir moral est celle de Kant dans la *Critique de la raison pratique*. La distinction essentielle est celle de l'action seulement conforme au devoir et de l'action faite *par devoir*, c'est-à-dire de l'action faite par pur respect de la loi morale dans une situation donnée (impératif catégorique*). Agir par devoir suppose le désintéressement*, l'objectivité* (c'est la raison qui commande) et l'autonomie* (obéissance à une loi qu'on se donne à soi-même) d'un être libre et doué de raison. Kant récuse expressément l'origine sociale du devoir, en dépit de l'interprétation ultérieure qu'en feront Durkheim et Bergson.

Diachronie, diachronique (comp. du gr. *dia*, à travers, et *chronos*, temps, qui suit les événements dans leur déroulement, leur succession, ctr. *synchronie*).

Épist. Caractère d'une étude qui s'intéresse aux faits dans l'histoire et en suivant leur évolution ; en linguistique, dans l'école de Saussure, elle est subordonnée et postérieure à la synchronie*, c.-à-d. à l'étude de l'état de la langue à une époque déterminée.

Diagnostic (gr. *diagnôstikos*, de *diagnôsis*, action de discerner).

1. *Car., Péd.* Anal. avec le diagnostic médical, s'applique à la détermination du caractère d'un individu (diagnostic caractérologique) ou au résultat de l'examen psychopédagogique de l'âge mental, des aptitudes d'un enfant, etc.

2. *Psy. soc.* Groupe de diagnostic ou *training group* ; v. Groupe.

Dialectique (gr. *dialektikê*, s.e. *technê*, art de discuter, not. par questions et réponses, de *dialegein*, parler l'un avec l'autre).

1. *Hist. a*) dans les dialogues de Platon, c'est en tant que dialecticien que le philosophe s'oppose au sophiste qui n'est qu'un rhéteur. Elle se distingue aussi de l'art de la controverse (éristique*). « Qui sait interroger et répondre, comment l'appellerons-nous, sinon dialecticien ? » (*Cratyle*, 390 c). Elle est un examen long et minutieux qui, dans la recherche d'une définition, fait apparaître les apories, l'art de conduire la pensée par rassemblement et division* pour atteindre l'unité de l'*idée* à partir de la multiplicité du sensible ; *b*) la dialectique n'est pas seulement une méthode, le philosophe dialecticien a une vue d'ensemble de la multiplicité réglée des idées et non seulement du sensible. L'être considéré comme totalité est structuré dialectiquement, sinon aucune méthode qui lui resterait extérieure ne pourrait y accéder. La dialectique platonicienne est une dialectique de l'altérité : dans le *Sophiste*, le « non-être » se détermine comme être autre* ; *c*) chez Aristote, art des raisonnements fondés sur des principes simplement probables (opp. analytique, déduction à partir de propositions certaines) ; *d*) chez les scolastiques, application ou pratique de l'art dont la logique est la théorie ; *e*) chez Kant, sens repris d'Aristote, *dialectique transcendantale* : (opp. analytique transcendantale ou

« logique de la vérité ») « Logique de l'apparence transcendantale* », c.-à-d. de la vaine illusion qui pousse notre esprit à dépasser les limites de l'expérience possible pour atteindre l'absolu (*Idées* du moi, du monde, de Dieu) (*R. pure*, Dial.) ; *f*) chez Hegel, par une signification nouvelle et qui commande la pensée contemporaine, marche de la pensée suivant ses propres lois, qui est aussi conforme au développement même de l'être, en sorte que le mouvement dialectique est « la vraie nature propre des déterminations de l'entendement, des choses et d'une manière générale du fini » (*Encyclopédie*, § 81) ; elle consiste à apercevoir l'union inséparable des contradictoires et à découvrir le principe de cette union en une unité supérieure : c'est le « moment » dialectique, c.-à-d. le passage d'un terme à son antithétique, et l'étape du progrès, tant dans la pensée que dans la réalité, selon le principe fondamental de la philosophie hégélienne que tout ce qui est réel est rationnel et que tout ce qui est rationnel est réel ; le rythme du processus par lequel la pensée et l'être se développent simultanément est ternaire : *thèse* ou affirmation, *antithèse* ou négation, *synthèse* ou négation de la négation ; c'est-à-dire dépassement (*Aufhebung**), réconciliation et totalisation. Dans les textes de Hegel, ce rythme ternaire est souvent indiqué par les expressions : *en soi*, *pour soi*, *en soi et pour soi* ; *g*) avec le marxisme, la dialectique hégélienne n'est plus une ontologie, mais une méthode d'interprétation de l'histoire humaine : la contradiction est concrètement lutte des classes, combat révolutionnaire s'achevant moins dans une synthèse que dans une victoire abolissant une des deux forces opposées. L'adj. « dialectique » devient presque syn. d'historique, impliquant un progrès nécessaire, par opp. à « métaphysique », impliquant des lois immuables de l'économie politique et de l'ordre social ; *h)* avec l'accord de Marx, F. Engels a développé une « dialectique de la nature », sorte de philosophie matérialiste de la nature englobant la dialectique des sociétés humaines. Elle réinterprète dialectiquement des oppositions comme celle du pôle positif et négatif en électricité, celle des forces d'abstraction et de répulsion, et admet le passage du quantitatif au qualitatif, surgissant brusquement à partir de variations quantitatives continues.

2. *Phil.* Ext. dialectique s'applique, chez de nombreux auteurs, à toute pensée dynamique qui se situe dans la réalité historique ; la méthode dialectique est « la découverte progressive de l'esprit humain qui se connaît peu à peu en se créant à travers ses contradictions : la dialectique, c'est en somme, dans l'explication, la substitution des catégories historiques aux catégories logiques » (Lacroix).

3. *Épist.* (Gonseth, Bachelard) Mouvement de la connaissance scientifique qui est rectification incessante des idées par les faits et des faits par les idées.

4. *Vulg.*, Péj. argumentation de caractère subtil et spécieux, voire sophistique.

Dialogue (gr. *dialogos*, entretien, de *dialegein*, discourir l'un avec l'autre).

1. *Hist. a*) chez Socrate, puis chez Platon, forme de recherche philosophique par la discussion où le « meneur de jeu » conduit ses interlocuteurs à découvrir le savoir qu'ils portent en eux-mêmes ; v. Maïeutique, Réminiscence ; *b*) chez Platon, le dialogue, cheminement du Logos, s'identifie avec la dialectique ascendante vers les *Idées* et vers l'*Idée du Bien* ; v. Dialectique.

2. *Phil.* Dans la pensée contemporaine (phénoménologie, existentialisme, personnalisme, etc.), *a*) échange réciproque de pensées par lequel s'opère la communication des consciences : « Les objets sont séparés et exclusifs ; les consciences sont réciproques. Leur existence est dialogue et leur unité consiste à vivre les unes des autres, dans un échange et un enrichissement mutuels » (Madinier) ; *b*) fondement de la subjectivité dans l'*intersubjectivité**, la pensée, inséparable du langage, se constituant par le langage intérieur, le *Tu* étant inscrit dans le *Je* de façon originaire.

3. *Pol., Éco.* Dans les démocraties libérales (politiquement et économiquement), toute procédure de discussion permettant de réduire les tensions, de résoudre les conflits entre groupes sociaux (patronat et syndicats, partis politiques).

Diallèle (gr. *diallêlos*, s.e. *tropos*, choses qui se démontrent les unes par les autres, *di'allêlôn*).

Hist. *a*) nom gr. du cercle* vicieux ; *b*) chez les sceptiques, l'un des cinq modes de suspension du jugement ou *tropes** d'Agrippa : « Ce qui doit confirmer la chose en question a besoin d'être prouvé par la chose en question ; aussi ne pouvant prendre ni l'un ni l'autre pour prouver l'autre, nous abstenons-nous de juger de l'un et de l'autre » (Sextus Empiricus), not. opp. aux dogmatiques qui prétendent démontrer la valeur de la raison humaine par la raison.

Diaspora (mot gr., dispersion, du gr. *diaspeirein*, répandre en dispersant).

1. *Hist. (Rel.)* Dispersion des Juifs, à partir du IXe siècle av. J.-C., en dehors de la Palestine, dans diverses régions de l'Orient, puis d'Occident.

2. *Soc.* Anal. toute dispersion d'une population loin de ses origines.

Dichotomie (gr. *dichotomia*, de l'adv. *dicha*, en deux et *tomia*, division, coupure).

Log. *a*) division du concept d'un genre en deux espèces qui en épuisent l'*extension* ; ex. division du genre animal en vertébré et invertébré ; *b*) division ou classification par deux ; ex. l'arbre* de Porphyre.

Dictature (lat. *dictatura*, de *dictator*, dér. de *dictare*, dicter, prescrire, imposer).

Pol. *a*) à Rome, pouvoir absolu conféré pour six mois, dans des circonstances exceptionnellement graves, à un personnage désigné par décret du Sénat ; *b*) auj. système politique où le pouvoir absolu est entre les mains d'un seul homme (ou d'un groupe restreint) en tant que représentant d'un parti unique ; syn. autocratie ; *c*) dans le marxisme communiste, *dictature du prolétariat* (Marx, Lénine) : période de transition politique entre la société capitaliste et la société proprement communiste, nécessaire « pour réprimer la résistance des exploiteurs que pour diriger la grande masse de la population » et « mener le peuple tout entier au socialisme » (Lénine).

Dictum (mot lat., p.p. neutre employé subst. de *dicere*, dire).

Log. form. a) bref énoncé d'une thèse ou d'une règle logique ; *b*) *dictum de omni et nullo* : double principe fondamental de tout syllogisme selon lequel ce qui est affirmé ou nié *(dictum)* de tout un genre* peut être légitimement affirmé ou nié de toute espèce* ou de tout individu du genre.

Didactique (gr. *didaktikos* de *didaskein*, enseigner).

1. Adj. Qui a pour but d'instruire, qui contribue à l'enseignement. Ex. un roman, un film didactique. Le poème didactique (ex. les *Géorgiques* de Virgile) est un genre littéraire périmé, mais encore florissant à la fin du XVIIIe. Parfois péj. : trop scolaire.

2. Subst. *Péd.* Réflexion sur la manière d'enseigner une discipline particulière. Ex. didactique des mathématiques. La didactique dite générale prend en considération un ensemble de disciplines. V. Pédagogie.

Diégèse (gr. *diêgêsis*, contenu d'un récit, terme introduit en 1950 par Anne Souriau).

Esth. La diégèse est l'univers de l'art, le monde qu'il représente, au moins partiellement, dans un film, une pièce de théâtre, un tableau peint, etc. Elle peut se donner comme réelle ou comme imaginaire, mythique, etc.

Dieu (lat. *deus*, d'une racine signifiant ciel, lumière ; gr. *theos*).

1. *Gén., Rel.* Être supérieur aux hommes, doué de pouvoirs surnaturels. Ex. les dieux de la mythologie, les dieux hindous.

2. *Hist. Origine des dieux.* Très tôt la représentation des dieux, sinon leur existence, a été l'objet de la critique philosophique : « Les Éthiopiens disent que leurs dieux ont le nez camus et le teint foncé, les Thraces voient leurs dieux avec des yeux clairs et une chevelure rousse » (Xénophane de Colophon, VIe av. J.-C.) ou encore : « C'est d'abord sur la terre la crainte qui a créé les dieux » (Pétrone, écrivain épicurien Ier siècle). Les dieux du polythéisme* sont-ils des phénomènes naturels personnifiés, des grands hommes divinisés, ont-ils une origine linguistique ? Toutes les théories avancées pour expliquer les « faux dieux » païens se sont retournées à partir du XVIIIe contre le *monothéisme**.

3. Dieu (sans article et avec une majuscule en français) est l'être suprême, unique, parfait, souverainement puissant et créateur dans les religions abrahamiques (judaïsme, christianisme, islam) et dans la « religion naturelle » des philosophes français du XVIIIe (v. *Déisme*). Il est considéré comme infini* et personnel (le croyant s'adresse à lui dans la prière). On notera que le polythéisme* n'exclut pas un principe divin suprême, ex. la raison (*logos*) immanente à l'univers dans le stoïcisme. Dieu peut être conçu comme cause première, créatrice ou comme fabricateur, ordonnateur (démiurge*) d'une matière qu'il n'a pas créée (Platon, *Timée*), comme fin dernière à laquelle tendent toutes choses (Aristote). Dieu peut être conçu comme transcendant* infiniment le monde créé (Descartes) ou comme immanent* (Spinoza). Selon une tradition néoplatonicienne persistante en particulier dans l'expérience mystique, Dieu *n'est pas*, en ce sens qu'il est au-delà de l'Être (*théologie négative**). Dans une pensée célèbre, Pascal a opposé au Dieu des philosophes et des savants « Dieu sensible au cœur ». On prendra garde aux alternatives trop simples : l'athéisme* est souvent relatif à une certaine conception de Dieu.

4. *Hist., Méta. Preuves de l'existence de Dieu.* L'idée de Dieu et les preuves de son existence sont au centre des grands systèmes du rationalisme : la preuve ne peut être expérimentale au sens de l'épistémologie moderne, mais rationnelle et métaphysique. Descartes a présenté la preuve dite ontologique* comme un raisonnement de type mathématique. À cette preuve tirée de l'examen de l'idée rationnelle d'Être infini, s'ajoutent communément les preuves qui s'appuient sur la considération de l'ordre et de la beauté du monde (preuves physico-théologiques*) ou sur son existence même (preuve cosmologique*). Ces preuves, dont les diverses versions ont donné lieu à de nombreuses critiques, ont été discréditées par la philosophie transcendantale* kantienne : aucun jugement d'existence n'est possible en dehors des conditions de l'expérience sensible. Mais pour Kant, l'idée de Dieu n'en reste pas moins un « idéal de la raison pure » et l'existence de Dieu un postulat de la raison pratique (morale). Notons que le pari* pascalien ne se présente pas comme une preuve, Pascal retenant comme preuves les prophéties et les miracles.

5. *Mort de Dieu.* Le thème de la mort de Dieu est d'abord un thème chrétien (mort de Jésus sur la croix, homme-Dieu) et il a donné lieu à des développements théologiques, mystiques ou philosophiques (Hegel) nombreux. Nietzsche a répandu l'expression en en faisant l'aboutissement du *nihilisme** européen. C'est au nom des valeurs chrétiennes que la croyance en Dieu disparaît (v. le « meurtrier de Dieu » et le « dernier pape » dans *Zarathoustra*). Il ne s'agit donc pas d'un simple athéisme ni d'un constat historique : Nietzsche a d'ailleurs toujours maintenu le sens du divin.

Différence (lat. *differentia*, de *differre*, transitif : porter en sens divers ; intransitif : différer, être différent).

1. *Gén.* Rapport d'altérité entre des choses qui ont des éléments identiques : « On appelle différent ce qui est autre tout en étant le même à certains égards : non seulement le même numériquement, mais en espèce, en genre, en analogie » (Aristote) ; ex. chien, loup, renard.

2. *Log. form. Différence spécifique* : caractère qui distingue une espèce des autres espèces du même genre ; ex. le mammifère (qui allaite ses petits), par rapport aux autres vertébrés ; v. Définition.

3. *Différence ontologique* selon Heidegger. V. Ontologie.

4. *Mor., Pol.* La notion de différence a pris une importance considérable dans la pensée contemporaine, en relation avec celle d'égalité. Dans la théorie de la justice de Rawls, le principe de différence admet des inégalités sociales, économiques, considérées comme équitables si elles sont à l'avantage de chacun et surtout des moins favorisés. En morale, le *droit à la différence* serait surtout le droit d'un individu (ou d'une communauté*) à choisir ses valeurs, son genre de vie, contre une conformité imposée au nom de l'égalité. C'est ainsi que la *différence sexuelle**, celle des rôles féminins et masculins, est revendiquée dans l'égalité politique, sociale, professionnelle.

5. *Méta.* On appelle *philosophie de la différence* (J. Derrida, G. Deleuze) une pensée qui pose d'emblée une totalité comme totalité de différences, sans s'appuyer sur une unité première, toute identité (celle du moi par ex.) étant affirmation sans cesse active de sa différence. « Être est différer », avait déjà écrit Leibniz.

Différenciation (de différentier, du lat. scol. *differentiare*).

1. *Biol.* Processus par lequel des organes primitivement similaires se transforment progressivement en organes différents, la différenciation des organes* concordant avec la spécialisation des fonctions*.

2. *Soc.* Différenciation sociale : « passage de l'homogène à l'hétérogène » (H. Spencer). Complexité croissante dans l'organisation des sociétés, depuis les sociétés dites primitives jusqu'aux sociétés modernes. Elle est liée à la division du travail et à la diversité des fonctions, des rôles sociaux. Elle implique des solidarités, des complémentarités, mais aussi des hiérarchies (stratification* sociale).

Différend (variation orthographique de différent).

On appelle parfois ainsi les conflits qui, comme tels, n'ont pas de manifestation déterminée, pas de solution juridique satisfaisante.

Diffusion (lat. *diffusio* de *diffundere*, répondre).

Soc. Processus par lequel une croyance, une rumeur, une mode, une innovation technique se répand dans un milieu social. Elle paraît d'abord un effet d'imitation* (G. Tarde). Mais d'autres facteurs interviennent qui peuvent relever de la rationalité (diffusion d'un mode de production agricole).

Diffusionnisme

Phil. hist. Hypothèse générale sur la formation et la diffusion des cultures humaines qui s'oppose globalement à l'évolutionnisme*. Elle se fonde sur la rareté des inventions décisives et explique la diffusion des traits de civilisation par des emprunts d'une aire géographique à une autre. Une méthode comparative permet de retrouver les origines, les foyers de civilisation et les itinéraires de la diffusion, en faisant appel à l'histoire, à l'archéologie, à la linguistique. On a ainsi supposé, par des rapprochements arbitraires, l'origine égyptienne de toute civilisation. Mais des recherches inspirées par le diffusionnisme

(W. Schmidt en Autriche, Boas aux USA) ont permis de préciser les phénomènes d'*acculturation** et de contacts entre cultures.

Dignité (lat. *dignitas*, fait de mériter, estime, dignité).
Mor. Dignité de la personne* humaine, se caractérisant par l'autonomie* de l'agent moral, « qui n'obéit à d'autre loi que celle qu'il institue en même temps lui-même » (Kant, *Fond.* 2e section) et qui lui confère une valeur telle qu'elle doit toujours être traitée en même temps comme une fin et jamais simplement comme un moyen : d'où la distinction entre les *choses**, qui ont un *prix* et peuvent toujours être remplacées par un équivalent, et les *personnes*, qui sont supérieures à tout prix et qui, n'admettant pas d'équivalent, ont une *dignité*. V. Respect.

Dilemme (gr. *dilemma*, de *dis*, deux fois, et *lemma*, principe, prémisse).
1. *Log. a*) prop. forme d'alternative (ou proposition conjonctive s'exprimant par : ou bien, ou bien) telle que les deux membres étant pris comme principes ou prémisses, on en tire une seule et même conséquence ; ex. le célèbre dilemme d'Aristote *(Protreptique)* : ou bien il faut philosopher, ou bien il ne faut pas philosopher ; or, pour savoir s'il faut encore philosopher, il faut philosopher ; pour savoir s'il ne faut pas philosopher, il faut encore philosopher ; conclusion : donc il faut philosopher ; *b*) ext. raisonnement composé dans lequel, après avoir divisé un tout en ses parties, on montre qu'ayant conclu affirmativement *ou* négativement de chaque partie, on conclut légitimement de même pour le tout ; ex. l'ennemi étant passé, la sentinelle est accusée : « ou bien tu as quitté ton poste, ou tu t'es endormi, ou tu l'as laissé passer volontairement, etc. ; dans tous les cas tu mérites la mort ».
2. *Mor. (Vulg.)* Situation dans laquelle il faut nécessairement choisir entre deux partis, qui seraient l'un et l'autre à rejeter si justement il ne fallait pas choisir ; ex. un chirurgien, lors d'un accouchement, peut se trouver dans le cruel dilemme d'avoir à sacrifier la mère ou l'enfant ; v. Cas de conscience, Conflit de devoirs.

Dilettantisme, dilettante (ital. *dilettante*, amateur, dér. du lat. *diligere*, aimer).
Psy. a) goût très vif pour la musique ; ext. pour un art déterminé ; *b*) péj. état d'esprit de celui qui se complaît à traiter les choses sérieuses (art, philosophie, morale) comme un jeu sans se prendre à rien et sans agir : le terme dilettante a le même double sens.

Dionysiaque (gr. *Dionysos*, nom d'un dieu).
1. *Hist., Méta.* Dans *La Naissance de la tragédie* (1872), Nietzsche décompose le tragique en un élément apollinien* et un élément dionysiaque : « Dans ce mot dionysiaque est exprimé un élan vers l'unité, une sortie de la personne, du quotidien, de la société, de la réalité, par dessus l'abîme de ce qui passe [...] la grande participation panthéiste à la joie et à la douleur qui approuve et qui sanctifie même les aspects les plus terribles et les plus énigmatiques de la vie »

(fragments de 1888). V. Apollinien. Dans son œuvre, Nietzsche a enrichi et précisé cette notion en opposant successivement le Dionysos asiatique et le Dionysos grec, le Dionysos grec et Apollon, le dionysiaque et le socratique et enfin le dieu chrétien et le dieu païen : « M'a-t-on compris ? Dionysos contre le Crucifié » (*Ecce homo*).

2. *Esth.* Le dionysiaque nietzschéen a été souvent réduit à une catégorie esthétique opposée à l'apollinien comme l'exaltation à l'équilibre, l'ivresse à la sérénité.

Dire (lat. *dicere*).

Gén. S'exprimer par le langage parlé ou écrit. Dire s'oppose à faire et à penser. Mais souvent, dire s'oppose à parler par la considération du contenu qui est exprimé, d'où l'expression : « parler pour ne rien dire ». Des auteurs contemporains ont utilisé cette distinction : le « dire », le « dit » peut alors être considéré comme indépendant des signes verbaux. Wittgenstein opposait dire à montrer : « ce qui ne peut se dire, il faut le montrer » (*Tractatus*).

Directivité, v. Non-directivisme.

Dirigisme (néol. XXe s., de diriger).

Pol., Éco. Doctrine et méthode politico-économique selon laquelle l'État intervient pour organiser et diriger la production et la distribution des richesses économiques, syn. étatisme (opp. libéralisme).

Discipline (lat. *disciplina*, action d'apprendre : éducation, discipline, de *discere*, apprendre).

1. *Péd. a*) sens premier, désigne toute matière d'enseignement ; ex. les disciplines littéraires, scientifiques ; *b*) ensemble des règles imposées aux élèves. *Autodiscipline* : régime scolaire dans lequel, en accord avec les maîtres, un groupe d'élèves assure l'organisation de son travail et de ses loisirs.

2. *Vulg.* Ensemble des règles de conduite imposées aux membres d'une collectivité ; ex. la discipline militaire, la discipline de vote dans un parti.

Discontinu (comp. du lat. *dis,* préf. marquant la séparation, et *continuus*, continu).

1. *Math. Quantité discontinue* ou *discrète* : celle qui varie par saut d'une valeur à une autre ; ex. les nombres entiers, v. Continu.

2. *Épist.* Formé d'éléments séparés : « L'intervention des quanta a conduit à introduire partout le discontinu dans la physique atomique » (L. de Broglie).

Discours, discursif (lat. *discursus*, action de courir çà et là ; conversation, discours).

1. *Phil. Discours* ou *pensée discursive* : syn. *connaissance médiate*, mouvement de la pensée qui va d'un jugement à un autre en parcourant (*discursus*) un ou plusieurs intermédiaires pour atteindre à la connaissance ; en ce sens, discours s'oppose à intuition, connaissance immédiate ; mais chacun des intermédiaires du discours est l'objet d'une intuition et la suite des intuitions partielles doit être saisie dans son unité organique par un acte de synthèse intuitive : « Les deux opérations s'aident et se complètent mutuellement au point de paraître se confondre en une seule, en vertu d'un certain mouvement par lequel la pensée considère avec attention chaque objet et passe en même temps à un autre » et en parcourant ces intermédiaires « assez rapidement, pour paraître presque sans le secours de la mémoire, en embrasser toute la suite d'une seule intuition » (Descartes, *Reg.* XI).

2. *Log. Univers du discours* (de Morgan) : classe totale qui constitue le domaine logique au sein duquel sont portés des jugements et des raisonnements ; ex. l'affirmation : aucun chien ne parle, est vraie en zoologie, elle ne vaut pas dans l'univers de la fable.

Disjonctif, disjonction (du lat. *disjungere*, séparer, disjoindre, opposer une chose à une autre).

Log. form. a) propositions ou *jugements disjonctifs* : ceux qui sont composés de deux relations, dont chacune n'est affirmée que si l'autre est niée ; ex. A est B ou C ; si A n'est pas C, il est B ; si A n'est pas B, il est C ; *b) syllogisme disjonctif* : celui qui a pour majeure une proposition disjonctive ou alternative ; ex. A ou B est vrai, or A n'est pas vrai, donc B est vrai ; A ou B est vrai, or A est vrai, donc B n'est pas vrai.

Disposition (lat. *dispositio* de *disponere*, mettre en ordre ; gr. *diathesis*).

1. *Gén.* Résultat d'une action de prévoir, de mettre en ordre, de régler (disposition des troupes, disposition d'un testament, disposition des parties d'un discours).

2. *Psy.* Manière d'être qui peut être passagère, mais aussi stable, au sens d'aptitude*, de talent (disposition pour la musique), de qualités intrinsèques d'un être, de finalité naturelle. Le sens peut varier notablement selon les auteurs et les contextes.

3. *Phén.* Dans l'analytique heideggerienne du *Dasein*, la disposition est la condition de possibilité des émotions et des affects : elle n'est pas une disposition affective particulière, mais l'*existential** par lequel le monde des étants se révèle selon une tonalité affective (*Stimmung*) – joyeuse, triste, anxieuse – avant même toute connaissance objective.

Dispute (lat. *disputatio*, action d'examiner le pour et le contre d'une question).

Hist. Chez les scolastiques, discussion organisée sur une question où un accord est possible (il n'y a pas matière à discussion sur « les goûts et les couleurs »).

Distanciation (all. *Verfremdung*, effet d'étrangeté).

Esth. Selon l'écrivain et homme de théâtre B. Brecht, la mise en scène théâtrale, le jeu des acteurs, le texte même de la pièce doivent provoquer chez le spectateur un recul réflexif et critique sur la représentation elle-même, la réalité qu'elle représente, et finalement sur sa signification politique. Opp. identification*, catharsis*.

Distinct (lat. *distinctus*, p.p. employé adj. de *distinguere*, séparer de façon marquée).

Hist. (Crit.) a) chez Descartes, caractère d'une perception qui la rend évidente et critère de la vérité : « La connaissance indubitable doit être non seulement claire*, mais aussi distincte. J'appelle claire celle qui est présente et manifeste à un esprit attentif [...], et distincte, celle qui est tellement précise et différente de toutes les autres qu'elle ne comprend en soi que ce qui paraît manifeste à celui qui la considère comme il faut » (*Pr.* I, 45). « La connaissance peut quelquefois être claire sans être distincte [ce peut être le cas de la douleur] mais elle ne peut jamais être distincte qu'elle ne soit claire par même moyen » (*Ibid.* 46) (ctr. confus*) ; en conséquence, s'appliquant à une substance, l'idée distincte est celle qui permet de la poser comme réelle : « Les choses que l'on conçoit clairement et distinctement être des substances diverses, ainsi que l'on conçoit l'esprit et le corps, sont en effet des substances réellement distinctes les unes des autres » (*Méd.* Abrégé) ; v. Distinction ; *b*) chez Leibniz, les idées distinctes « sont distinctes en elles-mêmes et distinguent dans l'objet les marques qui le font connaître, ce qui en donne l'analyse ou définition ; autrement, nous les appelons confuses » (*N.E.* II, ch. 29, § 4).

Distinction (lat. *distinctio*).

Hist. (Crit.) Selon les scolastiques et selon Descartes, « il y a des distinctions de trois sortes », distinction : *a*) *réelle*, celle qui est entre deux substances ; ex. « la distinction réelle entre l'âme et le corps » ; *b*) *modale*, soit entre le mode et la substance, soit entre les divers modes d'une même substance ; ex. entre la figure et le mouvement d'une pierre ; *c*) *de raison*, « qui se fait par la pensée, entre la substance et l'un de ses attributs » ; ex. la durée qui n'est distincte de la substance que par la pensée, ou entre ses attributs ; ex. entre l'étendue et la divisibilité d'un corps (Descartes, *Pr.* I, 60-62).

Divertissement (du lat. *divertere*, se détourner de).

Hist., Mor., Rel. Description célèbre de la condition humaine dans les pensées de Pascal : « l'homme est visiblement fait pour penser, c'est toute sa dignité et son mérite ; et tout son devoir est de penser comme il faut. Or l'ordre de la pensée est de commencer par soi et par son auteur et sa fin. Or que pense le monde ? Jamais à cela, mais à danser, jouer du luth, à chanter [...], à se faire roi, sans penser à ce que c'est d'être roi, qu'être homme » (*P.* 146).

Divinité (lat. *divinitas*).

1. Le terme, peu déterminé, désigne Dieu dans le monothéisme ou un dieu dans toute autre religion.

2. *Théo.* Caractère divin, nature divine. Ex. la divinité de Jésus.

3. *Méta.* « Par divinité, nous entendons l'Infini, l'Être sans restriction, l'Être infiniment parfait » (Malebranche).

Division (lat. *divisio*, de *dividere*, diviser en parties, partager).

1. *Log. form.* Opération par laquelle on distingue et sépare dans l'extension* d'un concept, d'un genre, les différentes classes ou espèces qu'il comprend ; ex. division des courbes du second degré en espèces : cercle, ellipse, parabole et hyperbole.

2. *Vulg.* Séparation d'un objet en parties*, *dist.* analyse*.

Division du travail

Soc., Éco. L'expression désigne des phénomènes très différents ; on peut distinguer : 1) la *division du travail par sexes*, les tâches accomplies respectivement par les hommes et par les femmes variant avec les sociétés, mais les hommes étant plus généralement guerriers, pêcheurs, chasseurs, les femmes s'adonnant aux soins de la culture et aux activités domestiques ; 2) la *division professionnelle*, c.-à-d. dans les sociétés plus complexes où, l'extrême diversité des tâches et des productions ne pouvant être assurée par le même individu, la différenciation des professions se répartit entre les trois *secteurs** de l'agriculture, de l'industrie et des services ; 3) la *division du travail technique*, consistant dans la décomposition du travail en gestes élémentaires, voire parcellaires, effectués par des ouvriers différents (travail industriel en série et à la chaîne), qui tend à l'automatisation* et même à l'*automation**.

Divisionnisme (néol. XXe s., de division).

Esth. Technique picturale qui vise à représenter les formes par la juxtaposition de touches de ton pur sur la toile. Plus particulièrement, nom donné à un groupe de peintres issus de l'*impressionnisme** et qui utilisent systématiquement ce procédé (Seurat, Signac). Ils prétendent s'appuyer sur une théorie scientifique des sensations visuelles.

Docimologie (néol. créé par H. Piéron du gr. *dokimê*, épreuve, et *logos*, science).

Psy., Péd. Étude systématique des conditions de validité des examens et des concours.

Doctrine (lat. *doctrina*, enseignement, théorie, méthode, doctrine, de *docere*, enseigner).

Ensemble systématique de conceptions d'ordre théorique enseignées comme vraies par un auteur ou un groupe d'auteurs ; ex. la doctrine de saint Thomas, la doctrine du libéralisme.

Dogmatisme (du lat. chrétien *dogmatismus*).

1. *Phil.* Opp. *scepticisme* (ou *pyrrhonisme*). Toute doctrine professant la capacité de l'homme à atteindre la certitude absolue : « Nous avons une impuissance de prouver invincible à tout le dogmatisme. Nous avons une idée de la vérité invincible à tout le pyrrhonisme » (Pascal, *P.* 508).

2. *Hist. (Crit.)* Chez Kant, « préjugé qui consiste à vouloir avancer dans cette science [la métaphysique], sans commencer par une critique de la raison pure » (*R. pure*, préface 2e édition), opp. *criticisme**.

3. *Vulg.* Attitude qui consiste à affirmer sans preuve, de façon péremptoire et intransigeante.

Dogme (gr. *dogma*, ce qui paraît bon, de *dokein*, paraître).

1. *Hist.* Opinion philosophique reçue dans une école.

2. *Théo., Rel.* Désigne les positions d'une doctrine religieuse gén. fondées sur la vérité révélée par un livre saint, ex. le Coran, et s'imposant à ses fidèles. Dans le catholicisme, le dogme a deux sources : l'Écriture sainte et l'autorité de l'Église ; le dogme proprement dit est contenu dans le *Credo* ou symbole des Apôtres du concile de Nicée (325).

Don (lat. *donum*).

Le mot même désigne l'acte de donner et la chose donnée.

1. *Mor.* Le don est cédé librement, sans contrepartie, donc désintéressé (gratuité*) sans attendre ni reconnaissance, ni prestige (discrétion, anonymat).

2. *Ethn.* Dans les sociétés dites archaïques, le don est collectif, ritualisé et donc ostentatoire : « Les échanges et les contrats se font sous forme de cadeaux en théorie volontaires, en réalité obligatoirement faits et rendus » (*Essai sur le don*, Marcel Mauss).

Donné, (du lat. *donare*, trad. plutôt le lat. *datum*, de *dare*, ce qui est donné), adj. et subst.

Psy., Épist. Ce que l'expérience externe ou interne présente à l'observateur, ce qui est l'objet d'une constatation, la matière du fait.

Données (de donner, lui-même du bas lat. *donare* de *dare*, donner).

1. *Épist.* Hypothèses, propositions admises sans discussion comme point de départ d'une démonstration, ou généralement d'un raisonnement, nécessaires et suffisantes pour aboutir à une conclusion, à une solution.

2. *Épist. Données statistiques.* Dans les sciences de la nature (biologie) et dans les sciences humaines (sociologie en particulier), résultats empiriques d'enquêtes de tous ordres qui doivent avoir été recueillies systématiquement, archivées, classées (tableaux statistiques) avant d'être analysées puis interprétées.

3. *Données sensibles* (ang. *sense data*). Éléments premiers de la connaissance fournis antérieurement à toute élaboration du sujet connaissant (v. Sensation, Idée). On notera que *Les Données immédiates de la conscience* selon Bergson ne sont atteintes intuitivement que par un long travail d'analyse.

Douleur (lat. *dolor* de *dolere*, avoir mal, être affligé).

1. *Gén.* Impression, sentiment très pénible au physique comme au moral quelles qu'en soient les causes. L'usage classique fait de douleur et de souffrance des synonymes. Son opposé habituel est le plaisir. Médicalement, la douleur ne dépend pas seulement de causes physiologiques, neurologiques, mais aussi de facteurs culturels, sociaux, personnels (sens que le malade donne à sa douleur) dont la bioéthique* doit tenir compte.

2. *Mor.* La sagesse antique, en tant qu'elle est recherche du bonheur (eudémonisme*), refuse toute valeur à la souffrance, et prétend s'élever au-dessus d'elle par la force d'âme et atteindre la sérénité. À cet égard, l'humanisme moderne est resté marqué par l'idéal stoïcien de maîtrise de soi. La plupart des traditions religieuses voient dans la douleur un châtiment de la divinité offensée. Le croyant chrétien, méditant les souffrances de Jésus (*Passion*), accepte la douleur comme une épreuve envoyée par Dieu (ce qui d'ailleurs n'exclut pas la lutte contre la douleur).

3. *Méta.* Dans le pessimisme schopenhauerien, la douleur seule est positive : « vivre est souffrir » (négativité du plaisir).

Doute (du lat. *dubitare*, balancer entre deux choses, hésiter, douter).

1. *Vulg.* État d'incertitude de l'esprit touchant la réalité d'une chose ou d'un événement, la validité d'un raisonnement, la vérité d'une conception, etc., qui se traduit par la suspension* du jugement.

2. *Hist. (Méta.) a) doute sceptique* : attribué à l'école sceptique grecque (Pyrrhon), doute radical et définitif consistant dans l'impossibilité pour la raison d'affirmer (ou même de nier) quoi que ce soit avec certitude ; *b) doute méthodique* : qualification donnée à la méthode philosophique de Descartes (*Méd.* I) visant à fonder de façon inébranlable la certitude en frappant systématiquement de doute tout ce qui n'est pas certain d'une certitude absolue : ce doute est dit par lui « hyperbolique » ou « métaphysique » en ce double sens qu'il traite comme absolument faux ce qui n'est que simplement douteux et comme toujours trompeur ce qui a pu le tromper quelquefois ; *dist. doute sceptique*, car dans l'acte même du doute la pensée saisit avec évidence son existence : « Je doute, donc je suis, ou bien, ce qui est la même chose, je pense, donc je suis » et « à partir de ce doute universel, comme à partir d'un point fixe et immobile, je me suis proposé de faire dériver la connaissance de Dieu, de nous-même et de tout ce qui existe dans le monde » (*Recherche de la vérité*).

3. *Épist. Doute scientifique.* Mise en question des observations et des théories en vue de les soumettre au contrôle expérimental : « Le douteur est le vrai savant ; il ne doute que de lui-même et de ses interprétations, mais il croit à la science ; et il admet même dans les sciences expérimentales un critérium ou un principe absolu. Ce principe est le déterminisme des phénomènes » (Cl. Bernard).

4. *Psy. path. Doute obsessionnel* ou *folie du doute* : trouble mental caractérisé par la manie de vérification ou de répétition indéfinies des moindres gestes ou par celle de l'interrogation sur la cause de chaque fait.

Doxométrie (comp. du gr. *doxa*, opinion, et *metron*, mesure : mesure des opinions).

Psy. soc., Soc. Évaluation de la répartition des opinions par la méthode des sondages*.

Dressage (du lat. pop. *directiare*, de *directus*, droit, et *dirigere*, donner une direction).

1. *Psy.* Formation chez l'animal d'un ensemble d'habitudes par la méthode des réflexes* conditionnés* ; ex. le dressage du chien de chasse ou du cheval d'obstacles.

2. *Péd.* Partie de l'éducation de l'enfant consistant à modeler son comportement selon les normes et les usages du milieu culturel (soins de propreté, manières de manger, de se vêtir, règles de civilité, etc.).

Droit, subst. (de l'adj. lat. *directus*, droit, ce qui est conforme à une règle, *regula* ; cf. *regere*, régir ; *dirigere*, mettre en ligne droite ; le subst. droit correspond plutôt au lat. *jus*).

1. *Vulg.* Sens subjectif (opp. *fait**, corr. *devoir**), pouvoir moral de posséder, de faire ou d'exiger quelque chose, soit ce qui est conforme à une règle précise (avoir droit à, avoir un droit sur), soit ce qui est permis (avoir le droit de).

2. *Dr.* Sens objectif, *droit positif* : lois établies en fait dans les différents États (v. tableau) ; *droit coutumier* : celui qui résulte des us et coutumes établis ; *droit écrit* : celui qui est consigné dans un code ; *droit public* : celui qui concerne les rapports des citoyens avec le pouvoir ; *droit des gens (jus gentium)* : *droit international* public et privé, régissant les rapports des nations entre elles ou des sujets de ces nations entre eux.

Droit positif	National	Privé	Droit civil Droit commercial
		Public	Droit pénal Droit administratif Droit constitutionnel
	International (droit des gens)		Public Privé

3. *Mor.* *Droit naturel* ou *idéal* ou *rationnel* : celui qui résulte de la nature de l'homme, supérieur à toute convention ou législation positive, et inaliénable : « Le droit naturel [...] consiste dans certains principes de la Droite Raison, qui nous font connaître qu'une Action est moralement honnête ou déshonnête, selon la convenance ou disconvenance nécessaire qu'elle a avec une Nature Raisonnable et Sociable » (Grotius). « Le droit positif repose sur le droit naturel, qui lui sert tout ensemble de fondement, de mesure et de limite. La loi suprême de toute loi positive est qu'elle ne soit pas contraire à la loi naturelle » (V. Cousin). C'est ce *fondement* que Kant s'est efforcé d'établir dans la *Doctrine du Droit*. Le *droit naturel* (ou droit idéal), en tant qu'il est conforme à l'autonomie* et au respect* de la personne* humaine, est le seul fondement rationnel du droit. En effet, le *droit positif* nous dit bien ce que les lois réelles « prescrivent », mais il ne saurait être le critère universel « de ce qui est conforme et de ce qui est contraire au droit (*justum et injustum*). À la question : Qu'est-ce que le droit ?, seule la raison peut répondre, car elle est l'unique fondement de toute législation possible ». Autrement dit, par opp. au droit positif, le droit naturel, résultant de la nature de l'homme, ne peut être déterminé que par la raison. Or, selon la raison, le droit ne commence qu'avec les rapports des personnes entre elles et ces rapports ne peuvent se fonder sur le besoin ou le désir d'un individu, lesquels ne lui confèrent aucun droit d'exiger d'autrui qu'il les satisfasse. D'où le principe universel du droit que toute action est juste, c.-à-d. conforme au droit, qui permet à la liberté de chacun de s'accorder avec la liberté de tous et qu'au contraire, toute action qu'on ne peut concilier avec la liberté générale est injuste, c.-à-d. porte atteinte au droit. « Le droit est donc, dit Kant dans une définition célèbre, l'ensemble des conditions sous lesquelles la libre faculté d'agir de chacun peut s'accorder avec la libre faculté d'agir des autres, conformément à une loi universelle de liberté ». Toutefois, le droit ne se réduit pas à ce respect tout négatif de la liberté d'autrui, car le fondement de tout droit est ce que Kant appelle le *droit inné*, « droit unique, originaire, que chacun possède par cela seul qu'il est homme », c'est la *liberté naturelle*, inviolable en chacun de nous, en tant qu'elle n'empiète pas sur la liberté d'autrui. Le « principe de liberté » est ainsi le principe supérieur du droit. Toutes les fois qu'il peut y avoir contestation sur le *droit acquis*, c'est toujours au *droit inné*, c.-à-d. à la liberté inhérente à la personne humaine qu'il faut remonter. « Relativement à ce qui est inné, par conséquent au mien et au tien intérieurs, il n'y a pas des droits, mais *un* droit », et de ce droit unique découlent rationnellement tous les droits (pour l'opposition à la philosophie du droit naturel, v. Utilitarisme et Positivisme juridique).

4. *Droits de l'homme.* Droits reconnus à tout être humain sans distinction d'origine, de sexe, de religion. Ils sont considérés comme naturels et imprescriptibles, de valeur universelle, qu'ils soient fondés explicitement ou non sur une théorie du droit naturel. Mais la liste des droits donne lieu à contestation. La déclaration française de 1789 énumère comme droits fondamentaux la *liberté*, la *propriété*, la *sûreté*, la *résistance à l'oppression.* Mais Kant a contesté ce dernier qui serait un retour à l'état de nature, et la propriété peut être considérée comme une simple convention sociale. D'autre part, la multiplicité même des déclarations fait soupçonner qu'elles ne représentent qu'un moment historique, par exemple celui de l'affirmation de la société bourgeoise en 1789. « Aucun des prétendus droits de l'homme ne s'étend au-delà de l'homme égoïste » (Marx). Enfin l'universalité des droits de l'homme a été récemment discutée : elle cacherait un impérialisme idéologique des États occidentaux et les autres États seraient fondés à ne pas les respecter. L'argument est contradictoire puisqu'il se réclame d'une universalité que par ailleurs il récuse.

Dualisme (du lat. *dualis*, qui est au nombre de deux).

Méta. a) (opp. *monisme*) gén. toute doctrine admettant, dans un domaine quelconque, deux principes ou réalités irréductibles ; ex. la matière et la vie, la nature et la grâce, le principe du bien et celui du mal (manichéisme*), la raison et l'expérience ; *b*) sp. chez Descartes, dualité en l'homme de l'âme et du corps consistant en ce que, d'une part, l'âme et le corps forment deux substances distinctes (*Méd.* VI) et que, d'autre part, « l'âme est unie à toutes les parties du corps conjointement » (*Passions*, 30), c.-à-d. que l'âme et le corps sont distincts mais non pas séparés.

Dualité (lat. *dualitas* de *duo*, deux).

Caractère de ce qui est double en soi, composé de deux éléments, susceptible de deux interprétations. On notera que la dualité n'implique pas nécessairement un dépassement dialectique. C'est ainsi qu'en microphysique (mécanique quantique), un même objet peut avoir des propriétés ondulatoires et des propriétés corpusculaires.

Durée (du lat. *durare*, se durcir : subsister, durer).

1. *Hist. a*) chez Descartes, la durée est ce que nous appelons gén. le temps : « Le temps, que nous distinguons de la durée prise en général et que nous disons être le nombre du mouvement, n'est rien qu'une certaine façon dont nous pensons à cette durée » (*Reg.* I, 57) ; *b*) chez Spinoza, « le temps sert à déterminer la durée et la mesure la quantité » (Lettre à Meyer) ; *c*) à partir de Leibniz, « la durée et l'étendue sont les attributs des choses ; mais le temps et l'espace sont comme pris hors des choses et servent à les mesurer ».

2. *Méta. a*) gén. partie finie du temps considéré comme une grandeur illimitée ; *b*) chez Bergson, réalité substantielle et universelle de la mobilité ou changement qui caractérise notre moi, les êtres vivants et même la matière.

3. *Psy.* Chez Bergson, saisie intuitive et vécue de cette réalité par une sorte de sympathie qui fait coïncider la conscience avec son objet et grâce à laquelle nous éprouvons « cette continuité indivise et indestructible d'une mélodie où le passé entre dans le présent et forme avec lui un tout indivisé » ; la durée pure, hétérogénéité pure et qualitative, s'oppose au temps homogène et mesurable de la science.

Dyade (gr. *duos, duados*, groupe de deux, dyade).

Hist. Chez Platon et dans la philosophie grecque, désigne soit l'idée de dualité, soit un couple de contraires employés comme principes d'explication ; ex. la dyade indéfinie du Grand et du Petit, c.-à-d. la matière en tant que principe d'indétermination opposé à l'Un.

Dynamique, subst. et adj. (gr. *dunamikos*, de *dunamis*, puissance, force).

Subst. **1.** *Math.* Partie de la mécanique qui a pour objet l'étude du mouvement des corps sous l'action des forces, *dist.* statique, cinématique. **2.** *Soc.* *Dynamique sociale* : partie de la sociologie qui traite du progrès de la société, opp. la *statique sociale*, science des lois générales de l'ordre social : « La

dynamique sociale étudie les lois de succession, pendant que la statique sociale cherche celles de la coexistence » (A. Comte). **3.** *Psy. soc. Dynamique des groupes* ou *de groupe* (K. Lewin) : *a*) connaissance des phénomènes spécifiques des *groupes* restreints*, c.-à-d. de « face à face » (ex. famille, groupe d'amis, groupe de discussion, etc.) et de leur lois ; *b*) méthode d'action sur les individus en groupe ou sur les groupes en vue de modifier leur comportement.
Adj. **1.** *Phil., Mor.* Chez Bergson, morale et religion dynamique ; v. Morale, Religion, Clos. **2.** *Psychan.* Qualifie le caractère conflictuel des phénomènes psychiques, et donc la conception freudienne de l'inconscient (opp. statique*).

Dynamisme (du gr. *dunamis*, force, d'après dynamique).
1. *Vulg.* Force vitale, caractéristique d'un être vivant, d'un être humain qui fait preuve d'une grande activité physique, intellectuelle, professionnelle.
2. *Méta., Épist.* Toute doctrine prenant fondamentalement en considération des *forces* (par opp. au *mécanisme** restreint à l'étendue et au mouvement). La monadologie de Leibniz est un dynamisme. Le vitalisme du XIXe est un dynamisme.
3. *Esth.* Qualité d'un art qui suggère la force, le mouvement, l'intensité, dans les arts plastiques, la musique, la poésie, etc. Le futurisme* s'en est particulièrement réclamé. On peut l'attribuer au style baroque*. Opp. statisme.

Dynamogène ou **dynamogénique** (comp. du gr. *dunamis* et *genos*, naissance, qui engendre de la force).
Psy. Se dit des sensations, sentiments ou idées qui augmentent le tonus physiopsychologique et donc la puissance ou le besoin d'agir : ex. la joie.

Dysharmonie (gr. : préf. *dys*, mal et *harmonia*).
Psy. Absence de cohérence d'une personnalité, dans son comportement et son évolution. Elle correspond à un état de crise qui n'est pas forcément pathologique (adolescence).

Dyslexie (gr. : préf. *dys*, mal et *lexis*, lecture).
Péd., Psy. path. Trouble plus ou moins grave, sans déficience sensorielle ni motrice, de l'apprentissage de la lecture chez l'enfant, lié le plus souvent à des troubles de l'écriture (dysgraphie) ou de l'acquisition de l'orthographe (dysorthographie). Diverses explications concurrentes ont été proposées (par ex. mauvaise latéralisation, v. *Latéralité*).

Dyssymétrie (gr. : préfixe *dys*, mal et *symetria*).
Esth. Symétrie d'un mauvais effet, manquée. *Dist.* asymétrie (absence de symétrie qui peut être intentionnelle).

E

Écart-type

Psy. métr. Indice statistique relatif à la dispersion des résultats obtenus par un grand nombre de sujets à un même test ; il est égal à la racine carrée de la moyenne des carrés des écarts individuels par rapport à la moyenne arithmétique.

Eccéité (lat. scol. *ecceitas*, de l'adverbe *ecce*, voici, trad. du gr. *tode ti*, l'être individuel (Aristote)).

Hist. (Méta.) Syn. de *haeccéité**, essence propre de l'individu, grâce à laquelle on peut dire de chacun : le voici lui-même (Duns Scot) ; l'eccéité est donc la propriété d'exister individuellement et de se révéler comme tel à l'expérience.

Échange (dér. du bas lat. *cambiare*).

1. *Gén.* Acte par lequel deux personnes se livrent mutuellement des objets considérés comme équivalents.

2. *Éco.* Tout ce qui possède une valeur d'échange s'appelle richesse et l'économie est la science des lois de l'échange. *Libre échange* : système économique préconisant la liberté totale des échanges entre les nations par la suppression des restrictions douanières (ctr. protectionnisme).

Échantillonnage, échantillon (du lat. *scandere*, monter, escalader, dér. *scala*, en vieux français échelle pour mesurer, essai, morceau coupé d'étoffe à titre de modèle de la pièce entière).

Psy., Psy. soc., Soc. Choix méthodique et calculé, dans un groupe donné, des éléments représentatifs de l'ensemble : ex. pour que l'échantillon soit représentatif d'une population dans une enquête ou un *sondage** d'opinions, il faut interroger des sujets appartenant à différents groupes d'âge, de sexe, de profession, de milieu, en proportion de leur importance réelle dans cette population.

Échec (de l'expression persane *chah mat*, le roi est mort, dans le jeu de même nom).

1. *Psy. Sentiment d'échec*, sentiment douloureux d'être personnellement coupable dans l'insuccès d'un projet que l'on avait fait sien ; ce sentiment est plus ou moins justifié.

2. *Psychan. Névrose d'échec* : l'échec n'est pas le motif, la circonstance déclenchante, mais au contraire le symptôme inconsciemment recherché. Elle apparaît, paradoxalement, avec la satisfaction du désir.

Échelle (lat. *scala*, de *scandere*, monter, escalader).

Psy. métr. Batterie de tests permettant un classement gradué des sujets examinés ; utilisée not. pour établir des niveaux de développement mental (échelle métrique de l'intelligence déterminant l'âge* mental et le quotient* intellectuel des sujets examinés).

Éclectisme (gr. *eklectikos* de *eklegein*, choisir).

1. Système ou plutôt méthode qui, à partir de l'examen critique des principales philosophies, en retient les principes considérés comme complémentaires. *Dist.* syncrétisme*.

2. *Hist., Méta.* L'Antiquité a connu des éclectismes (ex. le néo-platonisme qui s'associe à des thèmes aristotéliciens et stoïciens). Leibniz a été considéré comme éclectique (cartésianisme et scolastique). V. Cousin (1829) s'est réclamé d'un système d'interprétation générale de toute l'histoire de la philosophie à partir de quatre principes élémentaires, « harmonieux et opposés, toujours en guerre et inséparables » : sensualisme*, idéalisme*, scepticisme*, et mysticisme*. Il en résulta un rationalisme spiritualiste très influent en France au XIXe.

École (gr. *scholê*, lat. *schola*, loisir ; occupation d'un homme de loisir, not. occupation studieuse ; lieu d'étude, école).

1. *Hist. a*) dans l'Antiquité gréco-latine, groupe de philosophes professant une doctrine commune sous un chef et l'enseignant en un lieu fixe ; ex. l'école et l'Académie de Platon, l'école et le Lycée d'Aristote ; *b*) l'*École*, absolument, désigne la philosophie du Moyen Âge enseignée dans les écoles c'est-à-dire les universités ; v. *Scolastique* : parfois, sp. la *philosophie thomiste**, inspirée des principes de l'aristotélisme.

2. *Gén.* Ext. groupe ou suite de personnes, d'écrivains, d'artistes qui se rattachent à un chef d'école ou à un courant dominant.

3. *Péd. a) école traditionnelle* ou *classique* : opp. *école nouvelle* ou *active*, désigne, de façon polémique, une école qui se contenterait de déverser des savoirs en méconnaissant la psychologie de l'enfant (la critique en est déjà chez Montaigne) ; *b*) *école nouvelle* : éducation centrée, par une sorte de révolution copernicienne, sur l'enfant, sur ses intérêts et ses aptitudes ; *c) école active** celle qui prend pour base du travail scolaire l'activité spontanée de l'enfant, son appétit propre de savoir et son besoin naturel d'agir ; sp. chez l'Américain Dewey, désigne l'instruction par l'action, *learning by doing*.

Écologie, écologique (comp. du gr. *oikos*, maison, habitat, et *logos*, étude, science ; terme créé par Haeckel).

1. *Épist.* « Science des relations de l'organisme avec l'environnement, comprenant, au sens large, toutes les "conditions d'existence" » (Haeckel).

2. *Soc.* Ext. *écologie humaine* : étude de l'interdépendance des institutions et du groupement des hommes dans l'espace (démographie, mobilité sociogéographique, inadaptation sociale, etc.).

3. *Soc., Pol. Écologie*, *écologisme.* Désigne des mouvements d'opinion, des associations ou des partis politiques, apparus vers 1960, et présentant de nombreuses variantes nationales et internationales. Ils s'appuient tous sur des résultats scientifiques diversement interprétés, pour préconiser une protection des milieux naturels et de la diversité des espèces animales et végétales, une limitation ou une réorganisation profonde de l'activité industrielle et des causes de pollution qui en résultent. La plupart de ces mouvements entendent assurer l'avenir de l'humanité, mais certains développent une sorte de mystique panthéiste plaçant les fins de la Nature au-dessus des fins de l'activité humaine.

Économie, économique (gr. *oikonomia*, administration, de *nomos*, règle, et *oikos*, maison).

1. *Hist.* Autr. ce qu'on appelle auj. par pléonasme l'*économie domestique*, c.-à-d. la gestion rationnelle des biens familiaux, opp. économie politique, ou générale, qui désignait l'art de bien gérer les finances de l'État.

2. *Éco.* *Économie politique* (expression créée par Monchrétien, 1615) : sens actuel introduit par les *Physiocrates*, étude ou science de la production, de la distribution et de la consommation des richesses, en entendant par richesses tout ce qui possède une valeur* d'échange ; en ce sens, on dit de plus en plus *économie* ou *science économique*, selon que l'on met l'accent plutôt sur l'activité ou sur la science elle-même.

3. *Épist.* *Économie mentale* ou *de pensée* (Mach) : fonction générale de la recherche scientifique visant « à exposer les faits aussi parfaitement que possible avec la moindre dépense intellectuelle » et à s'épargner certaines expériences en les concevant et les figurant par la pensée (*expérimentations* mentales*). *Principe d'économie* (ou de parcimonie), selon lequel Dieu agit toujours selon les voies les plus simples pour obtenir un maximum d'effet (Malebranche, Leibniz). Il correspond dans l'interprétation scientifique des phénomènes naturels au *principe de moindre action* (Maupertuis).

4. *Psychan.* Est dite économique l'énergie pulsionnelle de la *libido** dont la circulation et la répartition caractérisent les processus psychiques, le principe du plaisir étant lié à la réduction de la quantité d'excitation déployée, le déplaisir à son augmentation.

Écossaise (École)

Hist. École philosophique fondée au XVIIIe siècle par l'Écossais Thomas Reid et dont les principaux représentants furent avec lui Dugald Stewart, W. Hamilton, J. Bentham et James Mill (père de J. S. Mill). Selon Reid, le *sens commun*, étant suffisant « pour agir avec la prudence commune dans la conduite de la vie et pour découvrir le vrai et le faux dans les choses évidentes, quand elles sont distinctement conçues », est l'instrument naturel de la philosophie.

Écriture (lat. *scriptura* de *scribere*, écrire).

1. Représentation de la parole (et donc de la pensée) par un système graphique. Classiquement, un progrès continu est supposé de l'écriture *pictographique* (représentant par un *pictogramme* un objet réel ou symbolique) à l'écriture *idéographique* (plus abstraite, conventionnelle), *hiéroglyphique* (usant de plusieurs systèmes), *syllabique* et enfin *alphabétique*, notant les consonnes et les voyelles, et considérée comme la plus parfaite. Cette conception évolutionniste est sans doute trop simpliste. Depuis l'Antiquité, des systèmes conventionnels d'écriture abrégée rapide ont été utilisés (*sténographie*).

2. *Crit.* Selon J. Derrida, l'écriture en tant que trace d'une présence est plus originaire que la parole elle-même, ce qui est un renversement du *logocentrisme* de la philosophie grecque.

3. *Esth.* *a*) *écriture automatique* : élaboration écrite d'un poème en se laissant porter par l'inspiration immédiate, avec un minimum de contrôle critique. Ce procédé a été utilisé et prôné par le surréalisme* (A. Breton et Ph. Soupault dans *Champs magnétiques*, 1920). Le premier essai était : « Fleur de laque jésuite dans la tempête blonde » ; *b*) depuis la fin du XXe, écriture se dit généralement de l'activité d'un écrivain, de son style, de tout mode de production d'un texte.

Ectype (gr. *ektupos*, de *ektupein*, façonner d'après un modèle).

Hist. *a*) chez Berkeley, opp. *archétype* ou modèle de l'existence des choses dans l'entendement divin, l'*ectype* ou état *ectypal* est l'existence de ces mêmes choses dans les esprits créés ; *b*) chez Kant, opp. entendement *archétype* ou entendement divin intuitif, cause directe de la réalité de toutes ses représentations, l'entendement *ectype* ou entendement humain discursif n'a que des représentations qui dérivent de cette réalité (*Jug.* § 77) ; v. Intuition.

Éducation (lat. *educatio* d'*educare*, élever, conduire hors de).

1. *Gén.* L'éducation est la direction qu'un groupe humain, famille, classe sociale, État, donne au passage de l'enfance à l'âge adulte. Tout d'abord, elle est propre à l'homme (on ne parle de l'éducation chez l'animal que par métaphore) et elle implique la *perfectibilité**, comme l'a montré J.-J. Rousseau, et la participation consciente de l'éducateur et de l'éduqué. Elle se distingue du *dressage*, simple montage de réflexes conditionnés. Elle est à la fois physique, intellectuelle, morale et sociale. Par là, elle se distingue de l'*instruction* qui repose avant tout sur l'acquisition de connaissances rationnelles. Quant à la *formation*, elle se rapporte à un travail, une profession. On notera que *culture* peut être syn. d'éducation : un homme éduqué et un homme cultivé sont des expressions quasi synonymes.

2. *Hist.* Depuis les penseurs présocratiques jusqu'au XXe, tous les philosophes de quelque importance ont entrepris une réflexion sur les fins de l'éducation, et aussi souvent sur ses moyens, à partir d'une critique des pratiques « traditionnelles » de leur temps et de leur milieu. Il y a une *philosophie de l'éducation* qui reste marquée par la sophistique, Socrate et Platon. De nos jours, les *sciences de l'éducation* (le pluriel est significatif) associent des recherches empiriques, des dispositifs expérimentaux, des systématisations théoriques d'ordre psychologique, sociologique, médical, concernant les pratiques éducatives contemporaines. On leur reproche parfois d'introduire des prémisses philosophiques non critiques (v. *Pédagogie*).

Effectif, effectivité (lat. ecclésiastique *effectus*, qui produit des effets).
Terme qui s'applique à la réalité en ce qu'elle a d'actif. Il sert à traduire (ex. chez Hegel) l'all. *wirklich*, *Wirklichkeit* de *wirken*, agir) quand il est distingué de *real*, *Realität*, qui signifient également réel, réalité.

Effet (lat. *effectus* d'*efficere*, produire).
1. *Épist.* Corrélat d'une cause. Résultat d'une action. Conséquence d'une structure.
2. *Pol., Soc.* *Effet pervers* (on dit aussi effet *boomerang*). Se dit lorsque des mesures sociales, politiques aboutissent à des conséquences contraires à l'objectif poursuivi. Ils sont dus à la complexité des relations sociales insuffisamment analysées.

Efficace (lat. *efficax* d'*efficere*, produire, réaliser).
1. *Gén.* Adj. Qui produit régulièrement l'effet prévu : une machine efficace, une décision efficace.
2. *Théo.* Grâce efficace, celle qui ne manque pas d'agir. Le subst. féminin *efficace* ne s'emploie plus qu'en théologie.
3. *Méta.* Dans l'occasionnalisme* de Malebranche, Dieu seul est cause efficace et produit un effet sans épuiser sa puissance (opp. cause occasionnelle).

Efficience (lat. *efficiens*, participe d'*efficere*, produire, réaliser).
Dans la langue scolastique, la cause efficiente est la troisième cause* aristotélicienne. Par la suite, cause efficiente s'oppose à cause finale (ce en vue de quoi).

Effort (du lat. *fortis*, fort, courageux, énergique, et préf. *ex.*, traduisant l'idée de mouvement hors de).
1. *Psy.* Dans l'analyse classique de l'acte volontaire, conscience des difficultés à vaincre pour passer de la décision ou résolution à l'exécution effective. On distingue *l'effort physique*, c.-à-d. la mobilisation de l'énergie musculaire et nerveuse pour accomplir une action. ex. soulever un poids, courir à sa vitesse maximale, etc., et *l'effort intellectuel*, c.-à-d. la concentration des facultés intellectuelles en vue de l'intellection ou de l'invention, ex. résoudre un problème de mathématiques, retrouver un souvenir précis.
2. *Hist. (Méta.)* Chez Maine de Biran, fait primitif du sens intime sur lequel se construit toute la vie de l'esprit : « L'effort emporte nécessairement avec lui la perception d'un rapport entre l'être qui meut ou qui veut mouvoir, et un obstacle quelconque qui s'oppose à son mouvement ; sans un sujet ou une volonté qui détermine le mouvement, sans un terme qui résiste, il n'y a point d'effort, et sans effort, point de connaissance, point de perception d'aucune espèce ».

Égalitarisme (milieu du XIXe s., d'égalitaire, lui-même d'égalité, lat. *æqualitas*).
Pol. Doctrine exigeant une égalité des droits parfaite entre les membres d'une société, quelles que soient les inégalités naturelles, et ceci en tout domaine,

y compris la distribution des biens. L'égalitarisme ne semble réalisable que par une limitation importante des libertés individuelles. Montesquieu a vu en lui la corruption du gouvernement démocratique. Tocqueville en fait la menace d'un nouveau despotisme.

Égalité (lat. *aequalitas*, égalité, d'*aequare*, aplanir ; rendre égal à).

1. *Math.* Caractère des grandeurs ou quantités qui peuvent être substituées l'une à l'autre sans qu'il en résulte augmentation ni diminution.

2. *Log. form. Égalité logique* : se dit : *a*) des propositions qui s'impliquent mutuellement ; ex. tout carré est un losange rectangle ; tout losange rectangle est un carré ; *b*) des concepts qui ont même extension*.

3. *Égalité juridique* des citoyens devant la loi : « Elle doit être égale pour tous, soit qu'elle protège, soit qu'elle punisse » (Déclaration des droits de l'homme, art. 6).

4. *Égalité politique* : « La loi est l'expression de la volonté générale, tous les citoyens ont le droit de concourir personnellement par leurs représentants à sa formation. Tous les citoyens étant égaux à ses yeux sont également admissibles aux plus hautes dignités, places et emplois publics selon leurs capacités et sans autre distinction possible que celles de leurs vertus et de leurs talents » (même article). Cette dernière phrase pose à la philosophie politique plusieurs questions : celle de la relation établie entre l'*homme* (universel) et le *citoyen* (d'un État), celle d'une égalité de droits qui fonde une inégalité de rang social, celle d'une égalité dite « arithmétique » (loi du nombre) et d'une égalité proportionnelle à la capacité. V. Égalitarisme.

Église (gr. *ekklesia*, assemblée ; assemblée de fidèles, Église).

Soc. Groupe religieux organisé et institutionnalisé, comprenant la communauté des croyants et gén. un corps sacerdotal ; représentant, comme institution, un système d'enseignement dogmatique, de rites et de croyances.

Ego (pron. personnel lat. de la 1re personne du sing. : je, moi).

1. *Phil.* Depuis Descartes et sa formule *ego cogito*, désigne le moi comme sujet ; v. Moi.

2. *Phén.* Chez Husserl not. (opp. *moi empirique*), l'*ego transcendental* est le « sujet méditant » qui, par la réduction phénoménologique ou *épochè**, s'abstient de toute croyance existentielle à l'égard du monde et se saisit comme moi pur ou transcendantal*.

Égocentrisme (comp. du lat. *ego* et de *centrum*, centre, qui fait de son moi le centre de tout).

1. Tendance spontanée à comprendre toutes choses par rapport à soi, à ses intérêts, ses désirs, ses façons de penser et de vivre, et à agir en conséquence. *Dist.* égoïsme* (V. Amour de soi).

2. *Psy.* Chez Piaget, caractère *autistique* de la pensée de l'enfant qui n'éprouve pas le besoin de communiquer sa pensée à autrui ni de se conformer à celle des autres ; *dist.* égoïsme* ; v. Autisme.

Égoïsme (dérivé d'*ego*, terme créé par Port-Royal).

1. *Mor.* Syn. d'amour-propre* au sens ancien (La Rochefoucauld, Pascal) (opp. altruisme*) ; l'égoïsme n'est pas seulement individuel ; sous le manteau du désintéressement collectif, il existe sous diverses formes : familial, professionnel, national, etc., attitude le plus souvent réfléchie et calculée de celui qui ne pense et n'agit que suivant la loi de son propre intérêt ; *dist.* égocentrisme*.

2. *Psychan.* Chez Freud, la distinction de l'égoïsme et du *narcissisme** correspond à celle des intérêts du moi et des pulsions sexuelles.

3. *Soc.* A. Comte distingue les « intérêts égoïstes » (y compris l'instinct sexuel et l'instinct maternel) des penchant altruistes, c'est-à-dire sociaux : « L'harmonie morale s'établit en subordonnant l'égoïsme à l'altruisme* » (*Philosophie positive*). L'opposition est reprise par Durkheim pour qui l'égoïsme correspond aux besoins biologiques individuels et résulte d'une insuffisante intégration au groupe social.

Égotisme (ang. *egotism*).

Psy., Esth. Habitude de parler de soi, goût de l'autobiographie. Apparu en français depuis la Restauration, le terme se distingue nettement de l'égoïsme à partir de Stendhal, au sens de connaissance de l'homme et des hommes à partir de la connaissance du moi : « L'égotisme, mais sincère, est une façon de peindre le cœur humain » (*Souvenirs d'égotisme*, 1832).

Éidétique (gr. *eidetikos*, d'*eidos*).

Adj. Subst. *Phén.* Chez Husserl, recherche concernant les essences indépendamment de toute référence psychologique. La phénoménologie est elle-même une science descriptive. La *réduction éidétique* dégage l'essence au-delà du fait empirique (psychologique). L'*intuition éidétique* est une « vision » directe de l'*eidos*. Elle est un acte donateur originaire et à ce titre elle est l'analogue de la perception et non de la vision.

Eidos (mot gr. signifiant aspect visible, contour, espèce).

Hist. *a*) chez Platon, le mot *eidos* (traduit par idée* ou forme*) désigne le modèle invisible, intelligible des choses sensibles ; *b*) chez Aristote, la forme est inséparable de la substance : elle est l'essence d'un être, sa cause intelligible ; *c*) chez Husserl, le mot est repris pour désigner l'essence d'un objet matériel ou non, c'est-à-dire ce qui résiste à toutes les variations de ses prédicats que l'on puisse imaginer (ex. un triangle rectangle, quelles que soient la longueur et les proportions de ses côtés).

Einfühlung, v. Empathie.

Élaboration (lat. *elaborare*, obtenir par le travail).

1. *Gén.* Mise en œuvre plus ou moins longue d'un projet à partir d'éléments divers.

2. *Psychan.* (all. *Verarbeitung*). Par métaphore, le psychisme est conçu comme un appareil qui « travaille » à transformer l'énergie des excitations accumulées par toutes sortes de liaisons, d'associations, de connexions : « La tension sexuelle se transforme en angoisse dans les cas où, tout en se produisant avec force, elle ne subit pas l'élaboration psychique qui la transformerait en affect » (Freud).

Élan vital (expression introduite par Bergson en 1907).
Hist., Méta. Concept central de l'*Évolution créatrice*. Il implique le double rejet d'une explication mécaniste et d'une explication finaliste de l'évolution. D'une part, il n'y a pas de réduction physico-chimique possible de la vie. D'autre part, il y a bien orientation, adaptation, mais par une succession de sauts sans buts prédéterminés, par création d'imprévisible nouveauté.

Éléates
Hist. Philosophes présocratiques de l'école d'Élée (Grande Grèce), dont les principaux sont Parménide et Zénon (VIe au Ve s. av. J.-C.) et qui affirmaient l'identité absolue de l'Être avec lui-même et l'impossibilité du devenir et du mouvement ; v. Arguments de l'Achille*, de la flèche*.

Élément (lat. *elementum*, le plus souvent plur. *elementa*, lettres de l'alphabet ; principes, éléments).
1. *Gén.* Composant constitutif d'un tout résultant d'une analyse, *dist.* partie, résultant d'une division du tout et aussi complexe que le tout.
2. *Épist.* En chimie classique, syn. corps simple ou atome, indécomposable (mais qui ne l'est plus dans la microphysique).
3. *Hist.* La théorie des *quatre éléments* (eau, air, feu, terre) comme constituant la totalité de l'univers remonte aux présocratiques (Empédocle, Ve siècle avant notre ère). Elle a subsisté jusqu'à la fin du XVIIIe. Au XXe, Bachelard a fait des quatre éléments les archétypes de l'imagination « matérielle » des poètes et des artistes.

Elenchus (gr. *elegchos*, preuve, argument pour réfuter).
Log. form. Ignoratio elenchi : ignorance volontaire de ce qui est à prouver, sophisme qui consiste à prouver autre chose que ce qui est en question.

Élite, élitisme (ancien p.p. féminin substantivé du verbe *élire*, du lat. *eligere*, choisir).
Pol. Une élite est un groupe qui accède à un niveau supérieur dans un domaine scientifique (élite des biologistes), technique (un ingénieur d'élite), militaire, sportif, artistique, économique, financier (*dist.* classe). L'élitisme estime que toute société évoluée, si démocratique, si socialiste qu'elle se veuille, est nécessairement dominée par une ou des élites éventuellement en conflit entre elles. Il convient donc de prévoir rationnellement les conditions d'accès à l'élite (en particulier par l'éducation). On a parlé d'élitisme républicain. *Dist.* aristocratie.

Émanation (lat. *emanatio*, d'*emanare*, couler).
Hist. (Méta.) a) formes de panthéisme (brahmanisme*, néo-platonisme de Plotin, cabale), selon lesquelles l'univers n'a pas été créé par un acte libre de la puissance divine mais *émane* ou *procède* nécessairement de Dieu par l'effet

d'une loi immanente à la nature divine ; *b*) chez certains scolastiques et chez Leibniz, syn. de création : « Dieu les produit continuellement [les substances créées] par une sorte d'émanation, comme nous produisons nos pensées » (*Disc.* XIV).

Émergence (lat. *emergere*, sortir de l'eau).

Épist. Terme très général qui désigne, en biologie surtout et en histoire des idées, l'apparition plus ou moins rapide, et plus ou moins prévisible, d'un être nouveau, de caractéristiques nouvelles, d'un mode de penser, d'un concept. Elle s'explique par la réunion qui n'est pas toujours attendue de plusieurs conditions indépendantes.

Éminent, éminemment (lat. *eminens*, supérieur, d'*eminere*, s'élever au-dessus, être saillant).

Hist. (Méta.) Chez Descartes (langage scolastique), l'entité ou être d'une chose peut avoir trois réalités, la *réalité objective*, c.-à-d. sa représentation dans l'idée, qui est elle-même une réalité immanente à l'esprit ; la *réalité formelle*, c.-à-d. sa réalité effective dans l'être que représente l'idée ; la *réalité éminente*, c.-à-d. le principe ou la cause de cet être ; la réalité formelle, cause de l'effet, n'est pas nécessairement le modèle dont elle serait le reflet et une cause éminente peut ne pas ressembler à son effet ; ex. le moi a Dieu pour cause, qui le dépasse infiniment.

Émotion (d'émouvoir, du lat. *emovere*, mettre en mouvement).

1. *Hist.* Dans la langue classique, jusqu'au romantisme, l'émotion est une « passion » qui ne se distingue en général des autres que par un degré d'intensité de « l'agitation de l'âme » : « Parce que, de toutes les sortes de pensées qu'elle peut avoir, il n'y en a pas qui l'agitent et l'ébranlent si fort que le font les passions » (Descartes, *Passions de l'âme*, § 28).

2. *Psy.* La description des émotions a donné lieu à des théories associant diversement la conscience (perception), l'affectivité et le corps. On a distingué les « émotions-chocs », brèves, irréfléchies, et les « émotions-sentiments » plus durables. Darwin a vu dans l'émotion une réaction adaptative ou bien la survivance d'une ancienne réaction adaptative dans l'histoire des espèces. Ex. il voit un ours, il a peur, il fuit. Mais il peut aussi être cloué au sol, paralysé par la peur ! Cependant toute une partie de la recherche contemporaine (sciences cognitives) continue à attribuer une « fonction » à l'émotion. Une théorie célèbre de W. James décrit la réaction physiologique comme suivant immédiatement la perception (il voit un ours, il s'évanouit) avant même l'état affectif correspondant. Le problème de l'émotion devient celui des rapports entre une *situation** perçue comme émouvante et la « conduite émotive » (P. Janet) mettant en œuvre des processus inconscients. Pourtant la théorie phénoménologique de J.-P. Sartre s'en tient au seul plan de la conscience : la conscience émotionnelle utilise le corps comme moyen d'incantation et elle transforme *magiquement* le monde en niant la réalité du danger perçu par la fuite ou par l'évanouissement.

3. *Esth.* Le meilleur exemple de « l'émotion-sentiment » est celle que provoque la vue ou l'audition d'une œuvre d'art. Aucun jugement esthétique ne peut être purement intellectuel, mais il ne peut être non plus la simple expression d'une réaction seulement affective. Descartes reprend ainsi la fameuse *catharsis** de la *Poétique* d'Aristote : « Lorsque nous lisons des aventures étranges dans un livre, ou que nous les voyons représentées sur un théâtre, cela excite quelquefois en nous la joie, ou l'amour, ou la haine et généralement les passions selon la diversité des objets qui s'offrent à notre imagination ; mais avec cela nous avons du plaisir de les sentir et ce plaisir est une joie intellectuelle qui peut tout aussi bien naître de la tristesse que de toutes les autres passions » (*Passions de l'âme*, § 147).

Émotivisme (de l'ang.).
Mor. Doctrine d'origine anglo-saxonne (C. L. Stevenson, Ayer) concernant les énoncés de morale. Ils sont considérés comme n'ayant pas plus de sens que les énoncés de métaphysique : ils expriment seulement l'approbation ou la désapprobation subjective. « Ceci est bien » revient à dire : « J'aime cela, aimez-le ».

Empathie (gr. *empatheia*, passion, de *pathein*, sentir, et *en*, intérieurement, trad. de l'all. *Einfühlung*).
1. *Psy.* Connaissance d'autrui par communication affective ou par communion sympathique ; on a dit aussi en ce sens *intropathie*.
2. *Psy. soc.* Dans les sciences humaines, attitude envers autrui caractérisée par un effort de compréhension intellectuelle de l'autre, excluant tout entraînement affectif personnel (sympathie, antipathie) et tout jugement moral (« sens historique », compréhension de cultures étrangères, techniques d'entretien, etc.) ; ce deuxième sens tend à prévaloir.

Empirie (néol. du gr. *empeiria*, expérience).
Phil. Opp. *epistêmê* (science), l'expérience brute avant toute élaboration.

Empirique (gr. *empirikos* de *empeiros*, qui a l'expérience).
1. *Épist.* Qui se limite à l'observation, aux habitudes de la pratique sans réflexion critique. « Nous sommes empiriques dans les trois quarts de nos actions » (Leibniz, *Monadologie*, § 28). Ex. médecine empirique, méthode empirique : par essais et erreurs. Opp. expérimental, théorique.
2. *Crit.* *a*) qui a sa source dans l'expérience sensible. En ce sens, peut se dire d'un concept, d'une théorie. Empirique devient syn. d'*a posteriori.* Opp. *a priori*, rationnel ; *b*) qui tient sa vérité de l'expérience, qui est justifié par l'expérience ou l'expérimentation. Opp. logique, formel, analytique.

Empirisme (gr. *empeiria*, expérience).
1. *Crit.* Doctrine philosophique qui voit dans l'expérience la source unique de toute connaissance humaine. L'adjectif est *empiriste* et non empirique. L'empirisme ne consiste pas à s'en tenir aux savoirs et au savoir-faire seulement empiriques, il ne refuse pas toute élaboration des données sensibles par

l'esprit. Il ne conduit ni au matérialisme, ni même forcément au réalisme (ex. idéalisme empiriste de Berkeley).

2. *Hist.* L'empirisme apparaît comme un antidogmatisme, une critique radicale du monde intelligible* des platoniciens, de l'innéisme* des cartésiens. Dès l'Antiquité, il est lié au scepticisme de Pyrrhon. Au XVIIIe, il récuse l'innéisme des cartésiens. La théorie de la connaissance semble alors devenir un dialogue entre rationalistes et empiristes. « Il n'est rien dans l'intellect qui n'ait été d'abord dans la sensibilité… si ce n'est l'intellect lui-même », réplique Leibniz à la thèse de Locke expliquant l'origine des idées à partir de la sensation. Le plus grand penseur de l'empirisme anglais, Hume, conclut à un scepticisme modéré. La critique kantienne arbitrera par la détermination des conditions de possibilité de l'expérience. V. Sensualisme.

Encyclopédie (gr. *egkuklos paideia*, instruction embrassant le cercle des connaissances. Depuis Rabelais : au Moyen Âge, on disait *somme*).

Exposition du savoir dans sa totalité. L'encyclopédie se doit donc d'être *exhaustive* (ne rien négliger de la multiplicité des avoirs effectifs) et d'être *ordonnée*, organisée pour constituer un système. Cette double exigence la rend difficilement réalisable à l'époque contemporaine avec la progression indéfinie des sciences et des techniques. Citons l'*Encyclopédie des sciences philosophiques* de Hegel (1817). La célèbre *Encyclopédie* dirigée par Diderot et d'Alembert (1751-1772) suivait un ordre alphabétique : elle était donc en réalité un « dictionnaire » (malgré de multiples renvois d'un article à l'autre).

Endogamie (comp. du gr. *gamos*, mariage, et *endon*, à l'intérieur).

Soc., Ethn. Opp. *exogamie**, régime matrimonial qui ne permet le mariage qu'avec des personnes du même groupe social (racial, professionnel, caste, tribus).

Énergétisme (néol. introduit par le chimiste all. Ostwald vers 1890).

Épist., Méta. Conception appuyée sur le principe de conservation de l'énergie qui entend unifier sous le terme d'énergie la substance, la force, la matière. Toute réalité physique ou mentale est énergie et tout processus est échange d'énergie.

Énergie (gr. *energeia*, force en action, opp. *dunamis*, force en puissance).

1. *Phys. a*) pouvoir que possède un corps ou un système de corps de produire du travail mécanique (qui est le produit d'une force par son déplacement) : on distingue l'énergie cinétique ou actuelle qui est proportionnelle à la vitesse et a pour formule $1/2\ mv^2$ (ex. un ressort qui se détend) et l'énergie potentielle, énergie en repos et en réserve (ex. un ressort tendu) ; on appelle énergie totale d'un corps la somme de son énergie actuelle et de son énergie potentielle ; *b*) dans la théorie de la Relativité*, l'énergie est équivalente au produit de la masse par le carré de la vitesse de la lumière : $E = mc^2$; *c*) *principe de la conservation de l'énergie* (1er principe de la thermodynamique) : l'énergie totale d'un système de corps demeure toujours la même si aucune force n'agit sur ce système, l'énergie actuelle et l'énergie potentielle se transformant l'une dans l'autre, de telle sorte que leur somme est toujours la même ; *principe de la dégradation de l'énergie* (théorème de Carnot, 1824, généralisé par Clausius, 1850, ou 2e principe de la thermodynamique) : une machine thermique ne peut fonctionner sans déplacement de chaleur d'une source chaude à une source froide : la chaleur ne peut donc être transformée en travail sans chute de température, ce qui a pour conséquence qu'une partie de la chaleur dissipée par un travail mécanique ou un échange d'énergie ne peut être récupérée sous forme de travail ; ainsi, dans un système thermiquement isolé, se produit une dégradation irréversible de l'énergie (qui est une augmentation de l'*entropie** de ce système). Il en résulte que l'énergie, tout en restant à travers ses transformations constante en quantité (conservation de l'énergie), tend à déchoir de ses formes supérieures à des formes non utilisables, du moins en totalité (chaleur). V. Thermodynamique.

2. *Psy.* Le terme d'énergie s'emploie par anal. en psychologie au sens de capacité d'action plus ou moins grande sans pouvoir être déterminée quantitativement. Syn. force (ex. énergie du caractère). Freud parle de la quantité d'énergie d'une pulsion. La *libido* est alors conçue comme une énergie sexuelle d'ordre psychique mais non mesurable.

Enfance (lat. *infantia* d'*infans*, enfant, proprement : qui ne parle pas).

Psy. Période de la vie humaine qui précède l'adolescence, d'un point de vue aussi bien physiologique que psychologique et social. Classiquement l'enfance est pensée comme un état de manque, d'imperfection par rapport à l'accomplissement de l'âge *adulte*. La perspective change avec J.-J. Rousseau : « Chaque âge, chaque état de la vie a sa perfection convenable, sa sorte de maturité qui lui est propre » (*Émile*, IV). Mais jusqu'à quel point peut-on considérer l'enfance comme ayant une valeur en soi en dehors du devenir adulte auquel elle est appelée ? Parler même de « psychologie de l'enfant » (plutôt que de psychologie génétique, du développement, etc.) n'est-ce pas déjà hypostasier abusivement un état d'enfance ? Freud a contribué de façon ambiguë à ce débat en introduisant la notion de sexualité* infantile et en retrouvant chez l'adulte les traces ineffaçables des complexes* de l'enfant.

Engagement (d'*engager*, donner en gage, sens d'abord juridique).

Mor., Pol. Terme très répandu en France après la seconde guerre mondiale par l'existentialisme* de Sartre (et aussi le personnalisme* d'E. Mounier). Il recouvre trois thèses différentes : d'une part tout homme *est engagé* dans une situation morale, sociale, politique qu'il n'a pas choisie et qui s'impose à lui ; d'autre part, tout homme en tant qu'existence qui se projette elle-même ne peut pas ne pas choisir, ne pas *s'engager* librement (mauvaise foi*) ; enfin, selon Sartre, chaque fois qu'un individu s'engage, il *engage* avec lui l'humanité (reprise de l'impératif catégorique* kantien). Chacune de ces thèses a été contestée. L'engagement implique une morale de l'action en toutes circonstances, et s'oppose à la sagesse antique, à l'eudémonisme, au retrait du monde (le « jardin d'Épicure »), à l'idéal de vie contemplative (Aristote). Elle rend plus urgents, sans les résoudre, le problème de la justification des moyens par la fin, et celui de l'acceptation des conséquences prévisibles de la fidélité totale à une cause, à un parti.

Engramme (comp. du gr. *gramma*, caractère gravé, et *en*, dans).
Psy. Terme utilisé dans la psychologie objective, substitué au terme souvenir pour éviter toute référence à la conscience et désignant les traces imprimées dans le cerveau par l'expérience.

Ennui (déverbal d'*ennuyer*, du bas lat. *inodiare*, avoir en haine).
1. *Psy.* Sentiment de vide affectif, de désir inaccompli, qui peut devenir pénible, désespérant. Le sens classique de tourment est très atténué de nos jours dans la langue courante (« Dans l'Orient désert, quel devint mon ennui », Racine, *Bérénice*).
2. *Méta.* L'ennui apparaît comme révélateur de la finitude de l'existence humaine chez les écrivains romantiques (le *spleen** de Baudelaire par ex.). Mais il est déjà un aspect essentiel chez les moralistes classiques : Montaigne (« Nous ne sommes jamais chez nous ; nous sommes toujours au-delà »), Pascal (« Nous ne vivons jamais, nous espérons de vivre »), La Bruyère (« La vie est courte et ennuyeuse : elle se passe toute à désirer »). Schopenhauer décrit une existence humaine qui n'échappe à la douleur que pour tomber dans l'ennui.

Énoncé, énonciation (lat. *enuntiatio*, énoncé d'un jugement, proposition, d'*enuntiare*, exprimer par des mots).
1. *Log.* Proposition qui n'affirme ni ne nie et qui n'est présentée que comme hypothèse ou définition, syn. *lexis*.
2. *Epist. Énoncés protocolaires* ou *protocoles** (du gr. *kollon*, colle, et *prôton*, en premier ; en vieux français *prothecolle*, minute d'un acte) : compte rendu codifié d'une expérience scientifique ; selon l'*empirisme* logique* (*Cercle de Vienne*), la science avancée ne doit utiliser que de tels énoncés. V. Physicalisme.

En soi, pour soi
1. *Gén.* Dans le langage courant, *en soi* s'applique à une chose considérée absolument, sans relation avec autre chose : « Chacun pris dans son air est agréable en soi » (Boileau).
2. Dans le langage scolastique, la substance est dite en soi (*in se*) par opposition à l'accident qui est dans autre chose (*in alio*).
3. *Hist., Méta. a*) les Idées platoniciennes existent en soi dans le monde intelligible, indépendamment des réalités sensibles (phénomènes) qui en sont le reflet ; *b*) chez Kant, les *choses en soi* sont inconnaissables puisque situées au-delà des conditions de l'expérience possible, mais elles sont nécessairement pensées (*noumènes**) par opp. aux *phénomènes** constitués par l'activité du sujet connaissant ; *c*) dans la dialectique hégélienne, l'*en soi* est le

premier moment, donné immédiatement ; le *pour soi* le deuxième moment négatif, abstrait, de la réalité en devenir ; le troisième moment, *en soi* et *pour soi*, est celui de la négation de la négation, du dépassement dialectique dans un tout concret. Les développements de Hegel sont souvent rythmés par ces expressions ; *d*) *Exist.* Avec les mots de Hegel, J.-P. Sartre est revenu en fait à un dualisme d'inspiration cartésienne. L'en soi désigne l'être, la matière, et le *pour soi* désigne la conscience libre, négatrice de ce qui est en soi (« néantisante »).

Ensemble (du lat. impérial *insimul*, à la fois, en même temps).

1. *Gén.* On appelle ensemble un certain nombre d'éléments considérés comme formant un tout, qu'ils soient ou non de même nature. Ex. en musique un « ensemble » d'instruments à vent. Mais un ensemble peut aussi résulter d'une rencontre fortuite.

2. *Math.* Multiplicité d'êtres mathématiques, en nombre fini ou infini, déterminés par leurs relations d'appartenance, et pensés comme formant une unité. La théorie des ensembles fondée par Cantor a eu des développements mathématiques très importants, notamment concernant la notion d'*infini.* Elle a donné lieu à des paradoxes logiques tel que celui de l'ensemble de tous les ensembles : peut-il ou non se contenir lui-même sans qu'apparaissent des contradictions ? La question n'est décidable que par l'introduction de règles logiques.

Entéléchie (gr. *entelecheia*, énergie agissante, d'*entelos echein*, avoir sa fin en soi, être dans son état de perfection).

1. *Gén.* Être qui possède en soi toute la perfection dont il est susceptible.

2. *Hist. (Méta.) a*) chez Aristote, mouvement de l'être en acte* qui tend à sa perfection, c.-à-d. à sa pleine réalisation ; *b*) chez Leibniz, désigne « toutes les substances simples ou monades créées » en tant qu'elles ont en elles la source de leurs actions internes et qu'elles se suffisent à elles-mêmes (*Mon.* 18).

Entendement (du lat. *intendere*, tendre vers, tourner son attention vers).

1. Faculté de comprendre, de connaître par idée, par concept, par raisonnement, distincte classiquement de la sensibilité*, de l'imagination*, de la volonté*. Selon les différentes théories de la connaissance, l'entendement appréhende les idées ou forme les concepts. Syn. intellect*, intelligence*. À partir de Kant, l'entendement est distingué de la *raison**.

2. *Hist. a*) chez Descartes, 1) sens large, parmi les façons de penser, « l'une consiste à apercevoir par l'entendement, et l'autre à se déterminer par la volonté. Ainsi sentir, imaginer et même concevoir des choses purement intelligibles ne sont que des façons différentes d'apercevoir » (*Pr.* I, 32) ; 2) sens strict, dans la faculté de connaître, entendement est signe de pure intellection ou conception et diffère de l'imagination ; ex. dans la pensée d'un chiliogone, « je connais clairement que j'ai besoin d'une particulière contention d'esprit pour imaginer, de laquelle je ne me sers point pour concevoir ou pour entendre ; et cette particulière contention d'esprit montre évidemment la différence qui est entre l'imagination et la conception ou intellection pure » (*Méd.* VI) ; *b*) chez Kant, l'entendement (*Verstand*) 1) constitue, avec la sensibilité (*Sinnlichkeit*) ou connaissance par les sens, par laquelle des objets nous sont donnés, l'une des deux sources de la connaissance humaine, celle par laquelle ils sont pensés (*R. pure*, Introd. fin) et d'où sortent les concepts qui ordonnent le divers de la sensation ou forme du phénomène suivant certains rapports qui en sont la forme ; 2) plus précisément, l'entendement est la « faculté des règles », c.-à-d. la fonction de l'esprit qui, grâce aux concepts purs de l'entendement ou *catégories**, coordonne les données de l'expérience et fonde ainsi en droit la science de la nature ou physique (dont Galilée et Newton ont établi l'existence de fait) ; 3) « toute notre connaissance commence par les sens, passe de là à l'entendement et finit par la raison » (*R. pure*, Dial, Introd. II. A), et « si l'entendement peut être défini : la faculté de ramener les phénomènes à l'unité au moyen de règles, la raison (*Vernunft*) est la faculté de ramener à l'unité les règles de l'entendement sous des principes. Elle ne se rapporte donc jamais immédiatement à l'expérience ou à un objet, mais à l'entendement, aux connaissances diverses duquel elle s'efforce de donner une unité a priori par le moyen de certains concepts » (*Ibid.*).

Enthymème (gr. *enthumêma*, ce qu'on a dans l'esprit, de *thumos*, esprit, et *en*, dans).

Log. form. Forme de syllogisme dans lequel on sous-entend la majeure, ou la mineure, ou la conclusion, parce que la proposition qu'on omet est aisément restituée ; ex. : « Vous changez sans cesse de profession, vous n'arriverez à rien » sous-entend « Ceux qui changent sans cesse de profession n'arrivent à rien. »

Entité (lat. *entitas*, d'*ens*, étant).

1. Toute chose considérée en tant qu'elle est, (en médecine, une entité morbide est un type de maladie) : « Par réalité objective d'une idée, j'entends l'entité ou l'être représenté par l'idée » (Descartes, 2e réponse).

2. Péj. simples abstractions prises pour des réalités objectives. Dans le positivisme de Comte, elles caractérisent la pensée métaphysique.

Entoptiques (Images ou sensations) (comp. du gr. *optikos*, qui est vu, et *entos*, à l'intérieur).

Psy. physio. Taches ou images multicolores qui dans l'obscurité et les paupières closes, occupent ou traversent le champ visuel (globules, leucocytes, etc. circulant dans le corps vitré) ; syn. *phosphènes*.

Entropie (du gr. *entropê*, action de se retourner, involution).

Phys. « Quantité thermodynamique qui mesure le niveau de dégradation d'un système » (J. Monod). La mise en communication de deux enceintes à températures différentes aboutit à une température uniforme du système et abolit toute différence de potentiel, de sorte que le système est inerte et qu'aucun phénomène n'y peut avoir lieu ; le 2e principe de la thermodynamique prévoit ainsi la dégradation inéluctable de l'énergie au sein du système-univers et, par suite, tout phénomène accroît l'entropie du système où il a lieu, c.-à-d. le fait tendre irréversiblement à l'état d'équilibre ; v. Énergie.

Énumération (lat. *enumeratio*, énumération, dénombrement).
1. *Log.* Induction par énumération ; v. Induction formelle.
2. *Hist.* Chez Descartes, v. Dénombrement.

Environnement (néol. deuxième moitié du XXe siècle, de l'ang. *environment.*) Mot introduit par l'écologie au sens de milieu extérieur, condition de vie d'un organisme vivant. Souvent confondu avec le français les « environs » au sens d'alentours. V. Biosphère, Écologie, *Umwelt.*

Éon (gr. *aiôn*, temps ; éternité ; ce qui existe de toute éternité ; entité divine ; opp. *anthrôpos*, homme).
Hist. Chez certains platoniciens et chez les gnostiques, puissances éternelles émanées de l'Être suprême ou Principe absolu de toutes choses et par lesquelles s'exerce son action sur le monde.

Épagogique (du gr. *epagôgê*, induction).
Log. Syn. d'inductif, sp. en parlant de l'*induction* formelle.*

Épicurisme
1. *Hist.* Doctrine d'Épicure (341-270 av. J.-C.) et de ses disciples dont le poète latin Lucrèce. Il s'agit avant tout d'une morale, d'une recherche du bonheur comme *ataraxie* (absence de trouble). Seul le plaisir est un bien (*hédonisme**), mais le sage se limite aux plaisirs simples, naturels et nécessaires. La conception du monde épicurienne, l'*atomisme**, est avant tout un moyen d'éviter la peur et les superstitions. Le sage n'a à craindre ni un dieu créateur, ni des dieux eux-mêmes constitués d'atomes et indifférents aux hommes, ni la mort (notre âme est composée d'atomes qui se désagrègent). Le « jardin d'Épicure » est un refuge pour le sage qui échappe aux agitations du monde en cultivant des relations amicales.
2. Péj. dès l'Antiquité, l'épicurisme a été décrié, accusé d'athéisme, d'immoralité, d'encouragement à tous les plaisirs, même la débauche. Ce contresens subsiste dans le sens courant d'épicurien (homme sensuel qui s'autorise tous les plaisirs).

Épigenèse (du gr. *épigignesthai*, naître après, se produire à la suite de).
Biol. Théorie selon laquelle l'embryon se développe par prolifération cellulaire et sous l'influence du milieu, l'œuf au début de la segmentation étant une cellule analogue à toutes les autres ; elle a remplacé celle de la *préformation* (ou *emboîtement des germes*) selon laquelle non seulement tous les organes de l'être vivant sont préformés dans l'embryon mais aussi tous les êtres d'une lignée dans l'œuf des premiers géniteurs.

Épiphénomène (gr. *epiphainomenon* d'*epiphainein*, se montrer en surface).
Psy. Théorie réduisant la conscience à un phénomène accessoire dépendant des processus nerveux. Th. Ribot la comparait à une lampe éclairant la machine sans agir sur son fonctionnement.

Epistémé (mot gr. *epistêmê*).
1. *Hist.* Chez Platon, le savoir, la science, par opp. à l'expérience (*empeiria*) ou à l'opinion (*doxa*). Chez Aristote, organisation systématique des connaissances rationnelles.
2. *Hist. des idées.* M. Foucault reprend le terme pour désigner l'ensemble des présupposés, des « évidences » qui rendent possibles les sciences à une époque donnée. L'apparition d'une nouvelle *epistémé* est contingente, discontinue. Ex. depuis la fin du XVIIIe, l'épistémé moderne est un mode d'être de l'homme qui rend possible les sciences humaines. V. Paradigme.

Épistémologie (gr. *épistêmê*, science, savoir).
1. *Gén.* Philosophie des sciences, dans leur diversité, leur devenir effectif, en tenant compte des transformations récentes des théories scientifiques. Autrefois appelé scolairement « logique », elle comprend la méthodologie et elle est en rapport étroit avec l'histoire de la formation des concepts scientifiques.
2. *Crit.* Dans la pensée anglo-saxonne, contrairement à l'étymologie, syn. de « théorie de la connaissance » ou « gnoséologie », acception qui, selon certains auteurs, se justifie par l'étroite connexion des deux disciplines : « Le problème central de l'épistémologie a toujours été et reste le problème de la croissance des connaissances, et la meilleure façon d'étudier cette dernière est d'étudier la croissance de la connaissance scientifique » (Popper). D'autres auteurs insistent sur l'importance des méthodes historiques et génétiques en épistémologie, l'*épistémologie génétique* se définissant comme « l'étude du passage des états de moindre connaissance à ceux de connaissance plus poussée » (Piaget).

Époché (mot gr. qui signifiait arrêt, supension).
Hist. a) dans le scepticisme antique (Pyrrhon, Archésilas), suspension du jugement, sans se prononcer sur la conformité de nos représentations avec la réalité extérieure. *Dist.* le doute cartésien qui porte sur l'*existence* de cette réalité ; *b*) dans la réduction phénoménologique* husserlienne, le terme grec désigne la « mise entre parenthèse » de la position du monde, en quelque sorte sa mise hors d'usage, sans qu'aucune conséquence sceptique en soit tirée.

Équation personnelle
1. *Épist.* Prop., en astronomie, erreur systématique, en plus ou en moins, commise par tout observateur (en raison du temps qu'exigent les opérations physiologiques et psychologiques de l'observation) dans la notation du moment où une étoile passe au méridien, d'où la nécessité d'une correction, dite d'équation personnelle, aux valeurs notées, qui varient avec chaque observateur et aussi pour un même observateur.

2. *Vulg.* Ext. distorsion et déformation systématiques que le cadre de référence du sujet (préjugés, stéréotypes, idées préconçues) imprime aux faits.

Équilibre (lat. *aequilibrium* d'*aequus*, égal, et *libra*, balance).

1. *Gén.* Il y a équilibre lorsqu'à l'intérieur d'un système, il y a équivalence des forces opposées et donc maintien du système sans transformation. Ex. immobilité de la balance dont les deux plateaux sont en équilibre.

2. Ext. en économie, l'équilibre d'un système implique la stabilité ou du moins le retour rapide à la stabilité des principaux facteurs de la vie économique. Opp. crise*. Par métaphore, le terme est courant en psychologie (personnalité équilibrée), en écologie (équilibre naturel), etc., avec l'idée vague d'une certaine stabilité malgré une diversité d'adaptations.

Équipollent, équipollence (lat. *aequipollens*, équivalent, de *pollere*, être très puissant, et *aeque*, également).

Log. form. Se dit de deux concepts qui ont même extension ou de deux propositions qui ont même signification, c.-à-d. entre lesquelles il existe une *égalité* logique*.

Équité (lat. *aequitas*, égalité d'âme, équilibre moral ; équité, esprit de justice).

1. *Mor.* Sentiment sur ce qui est juste ou injuste comme conforme à ce qu'exige la justice idéale.

2. *Dr.* Justice qui a égard à l'esprit de la loi plutôt qu'à sa lettre et qui peut même parfois prononcer contre celle-ci ou « corriger la loi, dans la mesure où celle-ci se montre insuffisante, en raison de son caractère général » (Aristote).

Équivalent, équivalence, v. Équipollent.

Équivoque (lat. *aequivocus*, à double sens).

Log. form. (Ctr. *univoque*), caractère des termes qui peuvent s'entendre en deux ou plusieurs sens différents ; ex. le chien, animal aboyant, et le chien constellation (Spinoza) ; l'équivoque des termes s'appelle *ambiguïté, dist. amphibologie* qui concerne les propositions.

Éreutomanie, éreutophobie (du gr. *ereuthein*, rougir, *mania*, folie, *phobos*, peur).

Psy. path. Crainte obsessive et chronique de rougir qui a précisément pour effet de faire rougir le sujet à tout moment ; peut tourner à la névrose obsessionnelle.

Ergonomie, ergologie (comp. du gr. *ergon*, travail, et de *nomos*, règle, usage, ou *logos*, science).

Soc. Ensemble des études et des méthodes qui ont pour but l'organisation rationnelle du travail (simplification des mouvements, diminution de la fatigue et du bruit, amélioration des conditions de travail, de la sécurité, etc.).

Éristique (gr. *eristikos*, qui aime la dispute, la controverse, d'*eris*, querelle).

1. *Hist.* On appelait *éristiques* ou *controversistes* les philosophes de l'école de Mégare*.

2. *Gén.* (subst. fem.) Péj. art de la discussion sophistique faite d'arguties subtiles et de raisonnements spécieux.

Erlebnis (mot all. subst. neutre d'*erleben*, vivre ; transitivement : éprouver).
Psy., Phil. Dans la pensée contemporaine, désigne le plus souvent l'expérience interne telle qu'elle est « vécue » par la conscience.

Eros (gr. *erôs*, élan sexuel, passion amoureuse, du nom du dieu grec de l'amour. Eros est opposé à *philia*, amitié, et à *agapê*, amour-charité).
1. *Hist., Méta.* Dans le *Banquet*, le désir sexuel devient une force cosmique d'attraction, de fécondité, d'unification et d'ascension de l'âme vers les Idées et le Beau en soi.
2. *Psychan.* En référence précise à Platon, Freud a désigné dans sa deuxième topique, sous le nom d'Eros, l'ensemble des pulsions sexuelles et des pulsions du moi, c'est-à-dire des *pulsions de vie* par opp. aux pulsions de mort.

Érotique, érotisme (lat. *eroticus* ; gr. *erôtikos*, qui concerne l'amour).
Classiquement, érotique désigne tout ce qui se rapporte à la passion amoureuse en général, et de nos jours plus particulièrement à l'amour physique. D'autre part, l'érotisme dans la littérature et dans les arts prétend se distinguer de la pornographie par la qualité de l'expression artistique.

Érotomanie (du gr. *erôtomanein*, être fou d'amour).
Psy. path. Illusion délirante d'être aimé qui peut conduire le sujet à poursuivre dangereusement de ses assiduités l'individu qui en est l'objet.

Errer (lat. *errare* avec les deux sens).
1. Avancer sans but, à l'aventure. D'où le néol. *errance* (qui ne signifie pas erreur).
2. Se tromper, être dans l'erreur (sens classique).

Erreur (lat. *error*).
On notera qu'*errement* (allure, procédure, du bas lat. *iterare*) n'est pas synonyme d'erreur. *Dist.* aussi d'*errance.* Adj. erroné.
1. *Gén.* Confusion du vrai et du faux en tout domaine ; le faux étant pris pour le vrai et réciproquement. Erreur est souvent syn. de *faute**. On distingue classiquement l'erreur logique, formelle (sophisme*, paralogisme*) et l'erreur matérielle, de fait. Selon Descartes, les causes principales de l'erreur sont la *précipitation* (manque d'attention, de méthode) et les *préjugés** (« parce que nous avons été enfants avant que d'être hommes »).
2. *Mor.* Manquement aux usages sociaux, aux lois morales reconnues (*péché* quand il s'agit d'une loi religieuse, d'un commandement divin). L'erreur morale est-elle la conséquence de l'ignorance, d'une erreur dans la connaissance ? L'Antiquité s'est demandé si la vertu pouvait s'enseigner : « Nul n'est méchant de plein gré » est une formule attribuée à Socrate. Cependant, Ovide constate : « Je vois le mieux et je fais le pire ». Mais la pensée chrétienne fait intervenir l'arbitre* humain et la grâce* divine.

Eschatologie (comp. du gr. *eschatos*, dernier, et *logos*, étude, doctrine).

1. *Théo.* Doctrine concernant les fins dernières soit de l'individu après la mort (ce qui implique la croyance à la vie future), soit de l'humanité ou de la nature (fin du monde, « jugement dernier », etc.).

2. *Phil.* Anal. toute conception concernant les fins à venir de l'humanité et de l'univers (sens et fin de l'histoire).

Esclave (lat. médiéval *slavus*, devenu *sclavus*, et désignant les peuples slaves).

1. *Gén.* Individu humain qui n'a pas (par naissance) ou qui a perdu (par châtiment ou fait de guerre) le statut politique, juridique, moral, reconnu dans une société à un être humain. Opp. homme libre. On appelle *affranchi* un ancien esclave, libéré par l'action de son maître ou de l'État, mais qui, souvent, n'a pas encore recouvré tous ses droits. L'esclave est considéré comme un bien, qui est acheté, vendu ou mis en location, est l'objet d'un commerce officiellement reconnu (*traite des Noirs* jusqu'au milieu du XIXe).

2. *Mor., Pol., Hist.* *a*) dans les cités antiques, l'esclavage est partout pratiqué sous diverses formes (*ilotisme* à Sparte). Il semble avoir été accepté par la plupart des penseurs. Dans un texte célèbre, Aristote s'est interrogé sur la distinction entre l'esclave *par nature* et l'esclave *par convention.* En Grèce, l'esclavage est surtout domestique : « Si les navettes marchaient toutes seules, il n'y aurait plus besoin d'esclaves » (*Pol.*, livre I). En lui épargnant les travaux pénibles ou trop absorbants, l'esclave permet à l'homme libre de se consacrer aux activités politiques, militaires, religieuses ; *b*) le christianisme préparait à l'abolition de l'esclavage (égalité devant Dieu), mais en fait les Églises ont longtemps accepté et utilisé l'esclavage sous la forme atténuée du *servage* (du lat. *servus*, esclave), aboli en France seulement sous Louis XVI et en Russie sous le tzar Alexandre II (1861). Pour Grotius (XVIIe), l'esclavage s'explique par un contrat tacite qui n'est pas contraire au droit naturel. J.-J. Rousseau réplique : « Renoncer à sa liberté, c'est renoncer à sa qualité d'homme, aux droits de l'humanité et même à ses devoirs » (*Contrat social*, I, 4) ; *c*) l'*esclavage colonial* a été expliqué par les nécessités de l'exploitation des terres en climat tropical et aussi par le mépris racial. Il a été en fait admis par les États et les Églises jusqu'au milieu du XIXe, malgré les critiques très vives des philosophes des Lumières associant l'esclavage au despotisme (Locke, Montesquieu, Mably), et malgré l'action du mouvement abolitionniste* ; *d*) l'esclavage a été aboli sur le territoire français une première fois entre 1794 et 1804 (Première République) puis définitivement en 1848 (Deuxième République) ; au Brésil en 1856, aux Indes néerlandaises en 1860, aux États-Unis en 1865. Les États contemporains condamnent au moins en droit l'esclavage, ainsi que les instances internationales qui l'assimilent à un crime contre l'humanité (1999).

3. *Dialectique du maître et de l'esclave.* Dans un texte célèbre de la *Phénoménologie de l'esprit* (1807), Hegel décrit l'esclave comme celui qui, dans la lutte à mort pour la reconnaissance, a préféré la survie et la lutte avec la nature par le travail. Ainsi le maître est reconnu comme maître, mais il dépend dans sa vie du travail de l'esclave, il devient « l'esclave de l'esclave », qui lui-même prend conscience de pouvoir devenir le « maître du maître ». Le renversement dialectique peut alors se reproduire à un autre niveau. La dialectique du maître et de l'esclave n'est pas située historiquement. Elle structure tous les rapports de domination. Hors de la dialectique proprement hégélienne, elle a été transposée, parfois très arbitrairement, à d'autres relations (pédagogique, amoureuse), et bien entendu à la lutte des classes.

Ésotérique, ésotérisme (gr. *esôterikos*, de l'intérieur, c.-à-d. réservé aux seuls adeptes, d'*esô* ou *eisô*, à l'intérieur, opp. *exôterikos*, du dehors, puis public ou écrit pour le public, d'*exô*, au-dehors).

1. *Hist.* *a*) dans les écoles grecques, s'applique à l'enseignement qui ne se donne qu'aux disciples déjà instruits, syn. acroamatique* ; *b*) dans certaines sectes religieuses grecques, s'applique à la doctrine secrète qui n'est communiquée qu'aux initiés ; opp. est dit *exotérique* un enseignement ou une doctrine ouvert à tous et public.

2. *Rel.* S'applique à une doctrine religieuse qui se donne elle-même pour secrète, accessible seulement à des initiés, se réclamant d'un savoir immémorial ou d'une révélation particulière, et s'exprimant par symboles plutôt que par concepts. Les ésotérismes sont en général considérés comme hérétiques par les Églises. Ex. *soufisme* en islam, certaines franc-maçonneries, théosophies ou anthroposophies. Des écrivains, des poètes s'en sont plus ou moins explicitement réclamés (ex. Gérard de Nerval). V. Hermétique.

Espace (lat. *spatium*, champ de course ; étendue, espace).

1. *Crit., Méta. Espace physique* : milieu homogène et illimité, défini par l'extériorité mutuelle de ses parties ou impénétrabilité (*partes extra partes*), qui contient par conséquent toutes les étendues finies et dans lequel la perception externe situe les objets sensibles et leurs mouvements.

2. *Math. Espace géométrique* : conception abstraite de ce milieu vidé de tout contenu sensible et caractérisé par les propriétés suivantes : il est continu, homogène et isotrope (toutes les directions ont les mêmes propriétés) : dans la géométrie usuelle ou *euclidienne**, qui correspond à l'espace de la perception, il est en outre *tridimensionnel* (par un point on peut mener trois droites perpendiculaires entre elles et trois seulement) et *homaloïdal* (on peut y construire des figures semblables à toute échelle) ; dans les géométries *non euclidiennes*, la négation de ces deux dernières propriétés définit des espaces à plus ou moins de trois dimensions (*hyperespaces*).

3. *Phys. Espace-temps* : dans la théorie de la Relativité, système des quatre variables (x, y, z, t) nécessaires pour repérer complètement un phénomène (continuum spatio-temporel dit à quatre dimensions), sa position dans l'espace et sa position dans le temps étant solidaires, à la différence de la physique classique.

4. *Psy.* *a*) *espace psychologique* : *dist.* espace géométrique, il est limité (champ de la perception actuelle), non isotrope* ou *anisotrope* (distinction du haut et du bas, de la droite et de la gauche), non homogène (différencié par le contenu de ses éléments sensibles) ; c'est de la perception de cette étendue concrète, à laquelle s'associent une fonction imaginative (confiance ou crainte) et une fonction pratique (projet, actions esquissées ou retenues), qu'on passe par abstraction à la conception de l'espace abstrait de la géométrie ; *b*) *espace physiologique* : système construit par la perception à partir de la vue (espace visuel), du toucher (espace tactile) et de la cénesthésie, et constituant la perception de l'étendue concrète, qui s'organise autour de la vue, en raison des propriétés spécifiques de celle-ci.

5. *Hist. (Crit.)* *a*) pour Aristote, l'espace ou *lieu* est une enveloppe immobile ; *b*) chez Descartes, l'étendue géométrique est l'essence de l'espace physique qui se confond avec la substance corporelle ou matérielle : « L'espace ou lieu intérieur, et le corps qui est compris en cet espace, ne sont différents aussi que par notre pensée. Car, en effet, la même étendue en longueur, largeur et profondeur, qui constitue l'espace, constitue le corps » (*Pr.* II, 10) ; *c*) chez Leibniz, au contraire, l'espace n'a pas de réalité matérielle, il est de l'ordre des essences et consiste en de pures relations de coexistence entre les choses, qui fonde son *idéalité** ; c'est l'ensemble des mouvements et des situations de ces choses, abstraction faite de ces choses, qui constitue l'espace ; *d*) chez Kant, l'espace ne peut être réduit à un ordre idéal de coexistence, il n'est pas un concept mais une intuition pure* ou *forme a priori de la sensibilité**, c.-à-d. une forme nécessaire à la connaissance par les sens ; les espaces ou prop. les parties de l'espace ne sont pensés que dans l'espace unique, intuition pure qui sert de fondement à tous les concepts que nous en formons (*R. pure*, Esth.).

Espèce (du lat. *species*, vue, aspect ; espèce d'un genre*, dér. de *specere*, regarder, observer).

1. *Log. form.* Un des *universaux** qui désigne ce en quoi se divise le genre, c.-à-d. ce qui est compris dans l'extension* du genre ; ex. le carré est une espèce du genre rectangle, lui-même espèce du genre parallélogramme, etc. : ainsi tout terme (sauf le terme *être* qui ne peut être que genre) est espèce par rapport à un second terme qui en est le genre et qui l'englobe en extension, celui-ci à son tour étant espèce par rapport à un troisième terme, et ainsi de suite.

2. *Biol.* Dans la *systématique**, classe d'êtres vivants, végétaux ou animaux, caractérisée par des formes bien définies et constituant un type héréditaire de fécondité illimitée par croisement ; en ce sens, on dit parfois espèces naturelles, *dist.* hybrides, produits de croisement entre espèces voisines dont la fécondité n'est que de quelques générations : ex. étalon et ânesse (bardot), âne et jument (mulet).

3. *Dr.* *Cas d'espèce* : cas particulier qui n'est pas explicitement prévu par la loi et qui demande une interprétation et une application particulières.

4. *Théo.* Dans le catholicisme, le dogme de l'Eucharistie affirme la présence réelle du corps et du sang de Jésus-Christ sous les *espèces* du pain et du vin dans le sacrement de la communion (transsubstantiation).

5. *Hist. (Méta.) Espèces intentionnelles* ou *impresses* : chez les scolastiques, images matérielles et sensibles, ressemblant aux objets extérieurs, qui se détachent des corps et viennent impressionner les sens : « On appelle espèce intentionnelle un signe formel de la chose présentée aux sens, ou une certaine qualité qui, émise par l'objet et reçue dans le sens, a le pouvoir de représenter l'objet même, bien qu'elle-même ne soit pas perceptible par le sens ; elle est appelée intentionnelle parce que, par son moyen, le sens se tend vers l'objet » (Eustache de Saint-Paul) ; rendues intelligibles ou spiritualisées (*espèces expresses*) par l'*intellect agent*, elles peuvent être reçues dans l'*intellect patient*. V. Intellect.

Espérance, espoir (lat. *sperare*).

1. *Gén.* Les deux termes sont syn. au sens d'attente, fondée rationnellement ou non, d'une amélioration, d'une réussite, d'un bonheur à venir. Un pessimisme radical n'y voit qu'une illusion du vouloir-vivre : « C'est en général le cours de la vie de l'homme : déçu par l'espérance, il danse dans les bras de la mort » (Schopenhauer).

2. *Théo.* Vertu « théologale » (avec la foi et la charité). En ce sens l'espérance est distincte de l'espoir. « Une attente confiante et patiente de ce que l'on ne voit pas » (saint Paul).

Esprit (lat. *spiritus*, souffle, air ; gr. *pneuma*).

1. *Gén.* Principe de pensée et d'action par opp. à ce qui est corporel, matériel : « Est nommé esprit tout ce qui n'est pas corporel et pourtant est quelque chose » (saint Augustin). Le terme s'applique à l'âme des hommes (et même des animaux), aux êtres immatériels (anges), à Dieu. Il désigne plus particulièrement les activités intellectuelles, la raison : « L'esprit c'est-à-dire la raison » (Descartes) ; « les esprits ou âmes raisonnables » (Leibniz, *Monadologie*). En ce sens, esprit correspond plutôt au lat. *mens*, au gr. *nous*.

2. *Psy.* Syn. de *psychisme**, plus particulièrement de pensée consciente et réfléchie. Au sens classique (XVIIe-XVIIIe), l'esprit désigne la tendance caractéristique d'un individu, d'un écrivain, d'un artiste. Le mot devient syn. de génie* à l'époque classique. Par ext., esprit d'une nation, d'une époque (ex. l'esprit de la Renaissance italienne).

3. *Méta.* « La substance dans laquelle réside la pensée est appelée esprit » (Descartes, *Méditation* II). Ainsi conçu, l'esprit est *conscience de soi*, *moi*, *subjectivité*. V. Dualisme, Substantialisme.

4. *Philosophie de l'esprit. a*) désigne parfois la tradition du spiritualisme* français des XIXe et XXe siècles (Maine de Biran, Louis Lavelle) ; *b*) traduisant l'expression anglaise *philosophy of the mind*, ensemble de recherches sur la nature de l'esprit et des processus mentaux (non physiologiques), en rapport avec les *sciences cognitives** et les théories de l'intelligence artificielle*.

L'expérience vécue d'un sujet est-elle réductible à des faits d'ordre biologique, physique ? Comment expliquer l'émergence du *mental* ? La philosophie de l'esprit reprend, avec les acquis des sciences et des techniques contemporaines, les anciens débats autour du dualisme âme/corps et du monisme matérialiste.

5. *Rel.* *a*) opp. à la chair* en tant que celle-ci représente les impulsions de la vie animale : « la chair a des désirs contraires à ceux de l'esprit, et l'esprit en a de contraires à ceux de la chair » (saint Paul) ; *b*) chez Pascal, le deuxième ordre* de grandeur, « grandeur des gens d'esprit » comme Archimède, est au-dessus de la grandeur charnelle mais au-dessous de la grandeur de sagesse ou de charité : « La distance infinie des corps aux esprits figure la distance infiniment plus infinie des esprits à la charité, car elle est surnaturelle » (*P.* 793) ; *c*) *esprit fort* ou *libertin** : celui qui s'est libéré des croyances et obligations religieuses ; *d*) *esprit* désigne tout être surnaturel, désincarné (ange, démon, âme des défunts).

6. *Hist., Pol.* *a*) *esprit général d'une nation.* Expression de Montesquieu : « Plusieurs choses gouvernent les hommes, le climat, la religion, les lois, les maximes de gouvernement, les exemples des choses passées, les mœurs, les manières dont il se forme un esprit général qui en découle » (*Esprit des lois*, 19, 4). L'*esprit des lois* est lui-même le système des rapports des lois entre elles et avec cet esprit général ; *b*) de Montesquieu vient la notion hégélienne d'*esprit d'un peuple*. Dans le développement dialectique de la totalité de l'*esprit du monde* (*Weltgeist*), la philosophie de l'histoire passe nécessairement par les esprits des peuples qui ont eux-mêmes chacun leur naissance, leur développement et leur décadence. C'est en eux que les individus trouvent la possibilité d'une vie morale. Le « grand homme » est celui qui exprime l'esprit de son peuple. La succession historique des esprits des peuples réalise ainsi concrètement la médiation de l'individuel à l'universel.

7. *Hist., Méd.* *Esprits animaux.* Particules matérielles exhalées du sang par la chaleur du cœur et qui « montant continuellement en grande abondance du cœur dans le cerveau vont se rendre de là par les nerfs dans les muscles et donnent le mouvement à tous les membres » (Descartes, *Discours de la méthode*, V). Correspondant à l'influx nerveux, l'expression d'esprits animaux a maintenu dans l'ancienne médecine (jusqu'au XVIIIe) le sens étymologique d'esprit comme souffle, vapeur, matière subtile.

8. *Sciences de l'esprit.* Syn. sciences humaines.

9. *Esth.* Trait d'esprit, mot d'esprit, v. Spirituel.

Esquisse (it. *schizzo* de *schizzare*, jaillir).

1. *Esth.* Première indication rapide, premier projet en vue d'une œuvre artistique accomplie, particulièrement en peinture (esquisse dessinée ou peinte), mais aussi en tout art, plastique, musical, littéraire. Depuis le romantisme, et déjà chez Diderot, une valeur propre est reconnue à l'esquisse, parce qu'elle révèle une spontanéité que l'achèvement de l'œuvre fait disparaître

(ex. esquisses de Delacroix, de G. Moreau). Dans l'art contemporain, l'œuvre peut rester volontairement à l'état d'esquisse.
2. *Phén.* Dans la perception d'un cube, la visée de l'objet n'est jamais complètement remplie. Il est cependant identifié bien que seulement un, deux, trois faces au plus soient vues. Dans le monde vécu, la chose ne se donne jamais que par *esquisses*.

Essais et erreurs (Méthode des) (ang. *trials and errors*).
Psy. Méthode consistant à tenter des expériences au hasard, d'où par tâtonnement on élimine progressivement les erreurs pour aboutir à la solution d'un problème ; le succès conduit à répéter l'expérience qui a réussi, ce qui, selon certains auteurs, serait la base des habitudes efficaces.

Essence (lat. *essentia* du verbe *esse*, mot créé par Cicéron pour traduire le gr. *ousia*).
N.B. Il faut prendre garde à la diversité des acceptions de ce mot qui peut signifier « espèce » en botanique (essences d'arbres), « extrait » en alchimie et en industrie chimique (essence de pétrole). En théologie et en philosophie, il a été utilisé au sens d'*être* jusqu'au XVIIIe : l'*essence première* est Dieu, les essences secondes sont les créatures.
1. *Méta.* Ce qui fait qu'une chose est ce qu'elle est, sa nature propre. Nature humaine est syn. d'essence de l'homme. Elle s'oppose à l'*accident** qui n'appartient à un être que de façon contingente : « Je dis appartenir à l'essence de la chose ce dont la présence pose nécessairement la chose, et dont la suppression supprime nécessairement la chose » (Spinoza, *Éthique*, II). La définition d'une chose porte donc sur l'essence. Chez Descartes, la pensée est l'essence de la « chose pensante » (âme). L'essence répond à la question : *Qu'est-ce que* ? En ce sens peuvent être dites essences les Idées platoniciennes, les quiddités* aristotéliciennes, les idées innées* du cartésianisme.
2. *Hist. Essence et existence. a*) Aristote avait distingué entre le fait qu'une chose est (*oti esti*) et ce qu'elle est (*ti esti*). Mais c'est dans l'aristotélisme arabe (Avicenne) et latin que va se développer la distinction scolastique de l'essence (*essentia*) et de l'existence (*esse*). En Dieu seul l'existence est inhérente à l'essence puisqu'il ne peut la recevoir d'un autre. Dans les créatures, la distinction est *réelle* (thomisme) ou seulement « de raison », mentale (Dun Scott). En ce sens l'essence devient syn. de possibilité. Or, écrit Leibniz : « Tous les possibles, c'est-à-dire les expressions de l'essence ou de la réalité possible tendent à l'existence selon leur quantité d'essence ou de réalité » (*De l'origine radicale des choses*). Cependant la critique nominaliste*, à l'origine de la tradition empiriste*, réduit la réalité de l'essence à celle du mot qui l'exprime ; *b*) dans l'idéalisme transcendantal kantien, le problème se pose autrement : l'essence « réelle » des choses est inconnaissable, hors de portée de la raison théorique humaine (*chose en soi*). Reste l'essence « logique » comme « concept fondamental premier de tous les caractères nécessaires d'une chose ». Mais elle est obtenue de façon analytique* et l'existence ne

peut en être déduite (v. Preuve ontologique). Après Kant l'essence s'oppose à l'*apparence* sensible, au monde des *phénomènes*, à l'être immédiat. C'est de l'essence cachée des choses que cherche à rendre compte la théorie scientifique, la rationalité dialectique, ou même encore l'intuition mystique.

3. *Phén.* Chez Husserl, l'intuition des essences est distinguée de la connaissance empirique des faits dont elle est la condition de possibilité. V. Eidos, Éidétique.

Essentialisme

Terme polémique récent appliqué à toute pensée autre que celle relevant de l'existentialisme*. Il suppose qu'une alternative est inévitable en philosophie entre le primat de l'essence et le primat de l'existence.

Esthète, esthétisme (gr. *aisthetês*, qui perçoit par les sens, néol. introduit par les Goncourt, 1882).

L'esthète privilégie en tout domaine les valeurs esthétiques. Péj. il fait preuve d'un raffinement excessif du goût. L'esthétisme entend préserver l'art de toute censure morale ou politique ; il est souvent accusé d'immoralisme.

Esthétique (gr. *aisthetikos*, d'*aisthêsis*, sensation).

1. *Vulg.* Adj. *a*) dans l'usage courant, l'adj. « esthétique » est devenu le simple syn. de beau (avec la prétention de parler grec !) ; *b*) se dit de l'art de mettre en valeur la beauté du corps humain et surtout du visage (« soins esthétiques »).

2. *Gén.* *a*) philosophie de l'art, des arts considérés dans leur diversité et leur évolution historique ; *b*) ensemble de conceptions sur l'art, sa pratique, ses fins, propres à une culture (esthétique japonaise), à un artiste (esthétique de Poussin), à un philosophe (esthétique de Platon) même s'ils n'ont pas constitué explicitement une théorie esthétique. Au sens actuel, il ne s'agit plus du beau naturel.

3. *Esthétique expérimentale*. Ensemble des recherches d'ordre sociologique, psychologique, psychanalytique, qui veulent déterminer empiriquement les formes, les couleurs, les rythmes, etc. qui sont les plus appréciés par une population donnée.

4. *Hist.* *a*) le terme est introduit par le métaphysicien A. G. Baumgarten (*Aesthetica*, 1750) au sens général d'une science de la connaissance sensible, y compris celle du beau ; *b*) Kant utilise le terme esthétique dans son sens le plus général dans la *Critique de la raison pure* : l'esthétique transcendantale* est l'étude des *formes a priori* de toute connaissance sensible (c'est-à-dire dans l'espace et le temps). Mais chez Kant lui-même, le terme se restreint aux considérations sur le beau dans la *Critique de la faculté de juger*. Cependant le jugement esthétique porte aussi bien sur le beau naturel que sur le beau artistique. En distinguant radicalement le beau de ce qui est ressenti seulement comme agréable*, Kant préserve l'universalité du jugement esthétique, tout en renonçant à définir des règles rationnelles d'appréciation et de production du beau (« le beau est ce qui plait universellement sans concept ») ; *c*) au XIXe, en dépit de la critique kantienne, l'esthétique est encore définie comme une « science normative » qui aurait pour principe l'idée de beau (éclectisme* de Victor Cousin). Mais cette science n'a jamais connu de réalisation ; *d*) l'*Esthétique* de Hegel (cours de 1818 à 1829) ne porte plus que sur le beau artistique, elle appartient essentiellement à la philosophie de l'esprit. Elle établit d'une part une dialectique* des arts en eux-mêmes et dans leurs rapports avec la religion et la philosophie et d'autre part un système dialectique des arts dans leur évolution socio-historique (art oriental, classique, romantique). C'est ce dernier sens qui est resté le plus fréquent.

Étalonnage (dér. d'étalon, de l'anc. fr. *estel*, pieu, puis bâton gradué).

Psy. métr. Technique mathématique de division des notes obtenues à un test par un échantillon assez nombreux pour être représentatif d'une population donnée ; l'étalonnage consiste à établir la dispersion des résultats de cette population. Cette échelle de référence sert ensuite à situer parmi les autres tout autre sujet de cette même population soumise au même test (niveau) et de prévoir ses comportements ; on distingue deux types d'étalonnages : le premier repose sur l'*écart*-type* (distance par rapport à la moyenne), le second sur la division des notes en pourcentages égaux de l'effectif de l'échantillon (*centilage*, décilage*).

Étant (mot qui apparaît en 1610 dans la *Métaphysique* de Scipion Dupleix, du lat. *ens*).

Phén. Le terme désigne toute chose qui est, quelle qu'elle soit (aussi bien Dieu). Un étant semble ainsi syn. d'« un être ». Mais le mot a été introduit pour traduire l'all. *Seiend*, dans la doctrine heideggerienne de la *différence ontologique** de l'être* et de l'étant.

État (lat. *status*, position, situation).

Dans le sens général, le subst. s'écrit normalement en français avec une minuscule initiale.

1. *Vulg.* Manière d'être d'une chose ou d'une personne.

2. *Psy. État de conscience*, donnée de l'expérience interne. L'expression est très controversée par ce qu'elle semble impliquer de stabilité, de discontinuité, d'objectivité.

3. *Anthr. État de nature* (opp. *état civil*) : état hypothétique de l'homme avant l'organisation sociale (Hobbes, Locke, Rousseau), « état qui n'existe plus, qui n'a peut-être point existé, qui probablement n'existera jamais » (Rousseau), mais qui est une hypothèse féconde pour juger de notre état présent (Rousseau, Lévi-Strauss).

4. *Théo. État de nature* (opp. état de grâce) : état hypothétique d'une humanité qui n'aurait pas été élevée à l'état surnaturel ; désigne parfois l'état de l'homme avant la chute.

5. *Soc. Loi des trois états* : loi énoncée par A. Comte, selon laquelle « chacune de nos conceptions principales, chaque branche de nos connaissances passe successivement par trois états théoriques différents », 1) l'état *théologique** ou fictif*, initial et préparatoire, où l'esprit humain explique les phénomènes par l'action d'agents surnaturels ; 2) l'état *métaphysique** ou abstrait, transitoire et intermédiaire, qui remplace ces agents par des forces abstraites ou entités (nature, affinité, vertu dormitive de l'opium) ; 3) l'état *positif** ou scientifique, final et définitif, qui, renonçant à la vaine recherche des causes, « s'attache uniquement à découvrir, par l'usage bien combiné du raisonnement et de l'observation, leurs lois effectives [des phénomènes], c.-à-d. leurs relations invariables de succession et de similitude » (*Cours*, 1re leçon). Le développement de l'individu reproduit celui de l'espèce : L'homme est « *théologien* dans son enfance, *métaphysicien* dans son adolescence, et *physicien* dans sa virilité » (*Ibid.*).

État (lat. *status*, qui a aussi le sens politique).

S'écrit alors avec une majuscule initiale.

1. *Pol.* Principe de pouvoir politique suprême dans une société, et institutions par lesquelles ce pouvoir s'exerce. Un État a une légitimité, une souveraineté* reconnue par les autres États. Il suppose une organisation politique, une constitution* écrite ou coutumière : le pouvoir est exercé par l'intermédiaire d'un gouvernement et d'une administration (fonctionnaires). Communément (sauf monarchie absolue ou totalitarisme), le chef de l'État est distinct du chef de gouvernement (principal ministre, Premier ministre). Le principe est celui de la continuité de l'État, même s'il y a changement de gouvernement ou même de constitution. Malgré l'expression répandue d'État-nation, un État peut être multinational (ex. Autriche-Hongrie au XIXe) et inversement une même nation* être divisée en plusieurs États (la Pologne au XIXe). Un *État fédéral* peut regrouper, selon des règles constitutionnelles définies, un certain nombre d'États (ex. des États-Unis d'Amérique du Nord, de la Suisse). Pour la notion d'État mondial, v. Citoyen du monde.

2. *Raison d'État.* L'État a le monopole de l'usage légitime de la violence pour sauvegarder l'ordre public, l'intérêt public, le droit des personnes et des biens. Mais l'intérêt supérieur de l'État, celui de son maintien et de sa tranquillité, peuvent-ils autoriser la transgression délibérée de la morale reconnue, des lois qu'il a lui-même établies, des droits qu'il est chargé de garantir ? Telle est la question de la raison d'État qui s'est posée aux XVIe-XVIIe siècles (en Italie : Machiavel, Guichardin, Botero ; en France : G. Naudé) et qui n'a pas cessée d'être débattue. Une action par raison d'État est d'autant plus efficace qu'elle reste longtemps dissimulée. Elle est donc liée à la pratique du *secret d'État*, observée en fait par tous les régimes, même démocratiques.

3. *Dépérissement de l'État.* Au XIXe, les doctrines anarchistes, les utopies socialistes, ont envisagé la suppression, ou du moins l'affaiblissement de l'État, de son appareil répressif. On notera que l'idéal du « moins d'État » dans le libéralisme va dans le même sens. Pour le marxisme, l'État est historiquement au service des intérêts de la classe dominante : la victoire finale du prolétariat, mettant fin à la lutte des classes, doit donc amener, d'elle-même, le dépérissement de l'État. On sait qu'en fait, tout en maintenant le principe, Lénine et Staline, parvenus au pouvoir, ont au contraire renforcé le pouvoir de l'État.

Étatisme (néol. fin du XIXe siècle).

a) mainmise plus ou moins complète de l'État sur l'organisation de l'économie. Le mot est en général péjoratif. V. Dirigisme. Opp. libéralisme ; *b*) en tout domaine, syn. de totalitarisme, opp. individualisme.

Étendue (lat. *extentio*, d'*extendere*, étendre, déployer).

1. *Crit. a*) propriété des corps d'être situés dans l'espace et d'en occuper une partie ; *b*) portion ou partie limitée d'espace ; l'étendue est par rapport à l'espace ce que la durée est par rapport au temps ; v. Espace.

2. *Hist. a*) chez Descartes, essence de la matière : « La nature de la matière, ou du corps pris en général, ne consiste point en ce qu'il est une chose dure, ou pesante ou colorée, ou qui touche nos sens de quelque autre façon, mais seulement en ce qu'il est une substance étendue en longueur, largeur et profondeur [...] : d'où il suit que sa nature consiste en cela seul qu'il est une substance qui a de l'*extension* » (*Pr.* II, 4), ce qui revient à dire que l'essence de la matière est toute géométrique ; *b*) chez Malebranche, *l'étendue intelligible**, grandeur abstraite de toute qualité sensible, est l'idée archétype qui représente les corps dans l'entendement divin.

3. *Psy.* Caractère des sensations, not. visuelles et tactiles : « L'étendue est un caractère de toutes les sensations [...], le caractère d'extériorité et de spatialité augmente en elles en proportion de leur caractère représentatif » (M. Pradines).

Éternel (du lat. chrétien *aeternalis*, qui est hors du temps).

1. *Vérités éternelles*, v. Vérité.

2. *Éternel retour. a*) doctrine du cours cyclique inconditionné et infiniment répété de toutes choses, attribuée entre autres dans l'Antiquité à Héraclite, aux stoïciens, aux pythagoriciens. Ces derniers croyaient pouvoir déterminer ce cycle par la *Grande Année* (retour de tous les astres à la même position dans le ciel). Le terme antique est palingénésie* ; *b*) Nietzsche a fait de la pensée de l'éternel retour à l'identique de toutes choses sa « pensée d'abîme », la plus exaltante (« je t'aime, ô éternité ») et la plus angoissante (« j'appartiens moi-même aux causes de l'éternel retour »). Son interprétation difficile se réfère à la volonté de puissance : tout « il fut » doit être considéré comme un « je veux » créateur.

Éthique (gr. *ethikos*, de *ta éthê*, les mœurs).

1. *Gén.* Adj. Subst. Le mot est syn. de morale, philosophie morale. Les distinctions proposées sont arbitraires et souvent contradictoires. Tantôt l'éthique est donnée comme plutôt théorique, tantôt comme plutôt appliquée. Ex. philosophie pratique, morale, éthique de Kant sont des expressions équivalentes.

2. Éthique professionnelle, syn. déontologie*.

Ethnie, ethnique (gr. *ethnos*, peuple ; le terme a désigné d'abord les nations païennes, non chrétiennes).
Soc. Groupe social caractérisé par une culture, des coutumes, souvent une langue particulière, et par le sentiment d'une origine commune. Le mot n'a pas de sens biologique et n'est donc pas syn. de race (erreur souvent commise). *Dist.* nation. Le mot s'emploie souvent pour les peuples qui ne sont pas de culture européenne, mais il n'y a pas de raison de ne pas parler d'ethnie française pour la population de la France.

Ethnocentrisme (néol. créé par W. G. Summer (1907) du gr. *ethnos* et de *kentron*, lat. *centrum*, qui prend sa civilisation pour centre de référence).
Soc., Ethn. Attitude générale plus ou moins inconsciente des membres d'une société qui considère le type de la société à laquelle ils appartiennent comme modèle de référence pour juger les autres sociétés ou peuples ; elle tend à ressentir à leur égard un sentiment d'étrangeté (cf. les *Lettres persanes* de Montesquieu), mais aussi, dans la mesure où ces peuples sont directement en contact, de xénophobie* et de racisme*.

Ethnographie (comp. du gr. *ethnos* et *graphê*, description, de *graphein*, écrire).
Ethn. Étude descriptive et classificatrice des différentes civilisations (mœurs, croyances, coutumes, pratiques religieuses, institutions, structures politiques et économiques, techniques, arts, etc.), not. non européennes, ce qui suppose le travail et l'observation « sur le terrain », *dist.* ethnologie*, anthropologie*.

Ethnologie (comp. du gr. *ethnos* et *logos*, science).
Ethn. Science qui, partant le plus souvent des phénomènes observés par l'ethnographie dans les sociétés non européennes, cherche à en fournir une théorie synthétique et explicative ; v. Anthropologie* culturelle. Le terme englobe couramment celui d'ethnographie, et il s'étend à l'étude des cultures européennes en utilisant les méthodes élaborées pour les peuples dits « primitifs* ».

Éthologie (mot introduit au XXe, du gr. *ethos* au sens de comportement).
Étude comparative des comportements sociaux des animaux, des instincts* qui caractérisent une espèce animale. K. Lorenz a élargi l'éthologie à l'étude des comportements humains que l'on peut considérer comme « instinctifs », propres à l'ensemble de l'espèce humaine (ex. l'agressivité). Le terme a été utilisé au XIXe au sens de science des mœurs (Wundt).

Éthos (gr. coutume, usage).
1. *Soc., Ethn.* Désigne, chez certains auteurs, un ensemble hiérarchisé de caractères culturels et de valeurs sociales qui confèrent à un groupe donné une physionomie propre et distincte, syn. personnalité* de base.
2. *Psy.* Désigne, chez certains auteurs, la manière habituelle d'agir, de penser.

Étiologie (gr. *aitia*, cause).

1. *Gén.* Recherche des causes ou raisons, en tout domaine.

2. Ext. Ensemble des causes connues déterminant un phénomène (ex. en médecine : étiologie d'une maladie).

3. *Épist.* Anal. avec l'étiologie médicale : *a*) *Biol.* étude de la genèse des organes et des fonctions ; *b*) *Hist.* « analyse et discussion des causes ou des enchaînements de causes qui ont concouru à amener les événements dont l'histoire nous offre le tableau » (A. Cournot) ; négligeant les accidents fortuits, ne retenant que les données essentielles de la situation, « l'étiologie ou philosophie de l'histoire s'enquiert de la raison* des événements plutôt que de la cause* des événements » *(Id.)*, la cause ne pouvant donner que le *comment* des choses, la raison en cherchant le *pourquoi*.

Être (lat. *esse*, gr. *einai*).

1. *Ling.* Les grammairiens distinguent deux sens principaux du verbe être, d'abord un sens plein, absolu. Ex. la fameuse formule de Descartes : « je pense, je suis » (*cogito*, *sum*). En ce sens, exister est souvent syn. d'être et le renforce : « je suis, j'existe » (Descartes). D'où l'expression de « sens existentiel », utilisé par les logiciens. Mais d'autre part, être a un sens relatif et se réduit à la fonction de copule*, reliant l'attribut au sujet dans un jugement : ex. la neige est blanche. Dans l'usage de la langue surtout littéraire et poétique, la distinction n'est pas aussi tranchée. Ex. dans Verlaine : « Mon Dieu, mon Dieu, la vie est là, simple et tranquille », le petit mot *est* n'a pas seulement fonction de copule. Ajoutons qu'il y a en français comme en latin et en grec d'autres expressions pour dire être (« il y a » justement !).

2. *Être et étant.* Être peut s'entendre comme subst. au sens de ce qui est, ou au sens du fait d'être. Mais il y a confusion entre la forme de l'infinitif (*être*) et celle du participe (*étant*), particulièrement en français (ex. les « êtres vivants ») jusqu'à ce qu'« étant » soit introduit pour traduire Heidegger (v. Différence ontologique). L'expression *être de raison* (parfois péj.) désigne ce qui n'est que dans la pensée.

3. *Hist., Méta. a*) c'est le présocratique Parménide (VIe av. J.-C.) qui a entrepris de penser et de dire l'être, l'être comme tel, ni divin, ni périssable, ni physique (comme l'était l'*étant* primordial de l'eau chez le « physicien » Thalès). Il fait appel à la raison pour refuser l'opinion* confusément attachée au non-être* inconnaissable, inexprimable. Platon considérait Parménide comme le père de la philosophie (*Sophiste*) et il oppose la « chasse » à l'être du philosophe (*Phédon*) à la chasse aux richesses des sophistes ; *b)* très tôt apparaît l'opposition d'une philosophie de l'être et d'une philosophie du devenir (dont l'origine est attribuée au « tout s'écoule » d'Héraclite). Hegel entreprendra de dépasser cette opposition dans une logique ou plutôt une ontologie* dialectique qui commence par poser l'être dans son immédiateté indéterminée ; *c*) le phénoménologue M. Heidegger (*Être et Temps*, 1927) reprend à nouveaux frais la question de l'être qu'il juge oubliée dans une histoire de la philosophie qu'il faut donc réinterpréter de fond en comble (v. Destruction). Il dénonce trois préjugés qui font que cet *oubli** a lui-même été oublié. D'une part, l'être est pris pour le concept le plus universel, donc le plus appauvri, le plus vide : « Une compréhension de l'être est toujours déjà comprise dans ce que l'on saisit » (saint Thomas d'Aquin, *Somme théologique*). D'autre part, et en conséquence, il est indéfinissable : « Donc pour définir l'être il faudrait dire *c'est* et ainsi employer le mot défini dans sa définition » (Pascal, *De l'esprit géométrique*). Enfin, il ne semble pas nécessaire de s'interroger sur un concept considéré comme évident par tout le monde. Mettant en cause toute la tradition classique, Heidegger se propose pourtant de « répéter la question de l'être ». V. Ontologie.

Étymologie (gr. *etumologia*, sens véritable ou primitif d'un mot, d'*etumos*, vrai, véritable, et *logos*, science).
Épist. *a*) science qui a pour objet de déterminer l'origine des mots, l'évolution de leurs formes et de leur sens (*sémantique*) ; *b*) origine d'un mot particulier pour montrer le rapport entre sa *valeur* historique et sa valeur actuelle.

Euclidien (qui concerne le géomètre Euclide d'Alexandrie, IIIe siècle av. J.-C.).
Math. S'applique à la géométrie classique dans son ensemble, et plus particulièrement à la droite, au plan et à l'espace* qu'elle définit ; parmi les notions communes ou principes qu'Euclide pose comme fondement de la géométrie (où classiquement on distingue axiomes, postulats et définitions), le 5e postulat* dit des parallèles a historiquement une importance fondamentale, car c'est sa négation qui permet de construire des géométries non euclidiennes ; ex. la première en date, celle de Lobatchevski en 1826, qui pose que par un point pris hors d'une droite on peut mener une infinité de parallèles, et celle de Riemann, publiée en 1867, qui pose que par un point pris hors d'une droite on ne peut mener aucune parallèle à cette droite (cette dernière géométrie a trouvé son champ d'application dans la physique de la Relativité). V. Métagéométrie.

Eudémonisme (gr. *eudaimonia*, bonheur, d'*eu*, bon, et *daimon*, démon, au sens de destinée individuelle).
Mor. Doctrine qui, identifiant la vertu et le souverain bien avec le *bonheur**, considère que la fin de l'action morale consiste dans la recherche du bonheur ; *dist.* hédonisme*.

Eugénique, eugénisme (du gr. *eugenês*, bien né, néol. introduit par Galton en 1883).
1. *Biol.* Science et art ayant pour objet d'améliorer l'espèce humaine par l'application rationnelle des lois de la génétique aux facteurs héréditaires, en vue d'obtenir les meilleures conditions de reproduction et d'éviter la propagation des tares.
2. *Mor., Pol.* Politique visant à sélectionner les individus propres à la perpétuation ou à l'amélioration d'une supposée race pure et à éliminer les autres (sp. dans le nazisme) par l'interdiction du mariage, la ségrégation et même la

stérilisation des groupes humains jugés impurs ; en ce sens, on dit plutôt *eugénisme*.

Euphorie (gr. *euphoria*, force de porter ou de supporter, d'*eu*, bien, et *pherein*, porter).

1. *Psy.* Sentiment de bien-être général et de « bonne forme » sans cause apparente.

2. *Psy. path.* *a*) dans certaines psychopathies, sentiment de satisfaction qui se traduit par une expansivité béate *(manies)* ; *b*) bien-être spécifique éprouvé sous l'effet de certaines drogues (morphine).

Euthanasie (gr. *euthanatein*, bien mourir).

Mor. « Mort douce et sans souffrance » (Littré). Le mot signifie plus précisément la mort donnée délibérément à une personne pour abréger des souffrances jugées inguérissables. Si l'on n'admet pas que la valeur d'une vie individuelle dépend de sa seule utilité sociale, l'euthanasie pose une des questions les plus difficiles de la *bioéthique** contemporaine. On distingue communément (mais la distinction est loin d'être facile) l'euthanasie active ou euthanasie proprement dite, avec la variante du suicide assisté (à la demande du malade lui-même), et l'euthanasie passive par abstention thérapeutique (refus de ce que l'on appelle l'acharnement thérapeutique).

Évaluation (dérivé du verbe évaluer, de l'anc. fr. *value*, valeur, prix).

1. *Épist.* *a*) mesure d'une grandeur physique donnée par comparaison avec une grandeur prise pour unité ; *b*) estimation d'une théorie, par rapport à d'autres théories : une théorie scientifique est estimée selon des critères formels (non-contradiction, simplicité), expérimentaux (confirmation par les conséquences), et même historiques (nouveauté, fécondité pour la recherche à venir).

2. *Péd.* Toute procédure (y compris les examens traditionnels) permettant de déterminer, si possible de mesurer, les acquis scolaires d'un élève, ou plus généralement ses capacités*.

3. *Hist., Mor.* La formule célèbre de Nietzsche : « L'homme est l'animal évaluateur en soi » signifie que les valeurs* ne sont que l'expression, négative ou affirmative, de l'acte même d'évaluation, c'est-à-dire de la volonté de puissance* qui donne sens aux choses. Dans la *Généalogie de la morale*, Nietzsche expose la question de la valeur des valeurs, et entreprend l'évaluation des évaluations.

Événement, événementiel (lat. *eventus*, événement, résultat, d'*evenire*, avoir une issue, arriver).

1. *Épist.* Fait notable ayant de l'importance pour un groupe humain, dans le déroulement de l'histoire. *Événementiel* : se dit d'une certaine conception de l'histoire qui la réduit au simple récit des faits dans leur filiation sérielle en s'interdisant toute recherche des causes ou toute interprétation d'ensemble.

2. *Vulg.* *a*) fait qui attire l'attention par quelque caractère singulier ; *b*) ce qui est arrivé ou ce qui arrivera, au sens étymologique d'issue ; ex. l'événement montrera si nous avons raison.

Evhémérisme

Hist. Conception attribuée à Evhémère de Cyrène (vers 300 av. J.-C.) qui, après avoir visité l'océan Indien, rédigea un roman où il expliquait toute la mythologie grecque comme l'histoire de personnes réelles qui auraient vécu dans une île lointaine ; d'où il ressortait que les dieux ont été des hommes (rois puissants, guerriers victorieux, inventeurs des arts) et que les mythes religieux viennent de traditions populaires ayant à l'origine un fondement historique.

Évidence, évident (lat. *evidentia*, possibilité de voir, clarté, de *videre*, voir, et *ex*, d'après).

1. *Crit.* Caractère de ce qui s'impose comme manifestement vrai et qui emporte nécessairement l'adhésion de l'intelligence ; on distingue gén. l'évidence *intellectuelle* ou *rationnelle*, qui concerne les principes de la raison (ex. le principe de non-contradiction), les axiomes (ex. le tout est plus grand que la partie) et l'évidence *sensible* ou *empirique*, qui se fonde directement sur l'expérience.

2. *Hist.* Chez Descartes, est évident ce qui se présente si clairement et si distinctement à l'esprit qu'on ne peut le mettre en doute (*Discours*, II, 1re règle de la méthode) : « C'est la conception ferme qui naît dans un esprit sain et attentif des seules lumières de la raison [...]. Ainsi chacun peut voir par intuition qu'il existe, qu'il pense, qu'un triangle est déterminé par trois lignes, qu'un globe n'a qu'une surface et d'autres vérités semblables » (*Reg.* III). L'évidence, immédiate et infaillible, en tant qu'intuition* rationnelle, est le critère de la vérité.

Évocation (lat. *evocatio*, appel, d'*evocare*, appeler à soi, faire venir).

Psy. Syn. rappel, fonction de la mémoire par laquelle le passé revient à la conscience ; on distingue gén. l'*évocation spontanée* des souvenirs qui obéit au mécanisme de l'association et l'*évocation volontaire*, qui est commandée par un effort méthodique de l'esprit (effort intellectuel).

Évolution (lat. *evolutio*, action de dérouler).

1. *Gén.* La notion d'évolution s'applique à toutes sortes de processus, économique, politique, psychologique, biologique, géologique, etc. Elle implique un changement continu, progressif, par étape (opp. révolution), qui réalise une certaine *fin**, même si celle-ci n'est pas connue, consciente, et n'apparaît qu'après coup. Elle est toujours liée à l'idée de progrès, de perfectionnement, de meilleure adaptation, d'efficacité accrue.

2. *Biol.* Le terme d'évolution désigne d'abord le *développement* d'un individu, d'un organisme à partir d'un germe, d'un œuf. Le naturaliste Charles Darwin l'a emprunté avec le sens de succession des espèces au philosophe Spencer dans la 13e édition de son livre célèbre, *De l'origine des espèces*

(1ère édition 1859). V. Darwinisme, Lamarckisme. C'est le biologiste Haeckel qui a associé ces deux sens du terme évolution dans une formule célèbre : « L'ontogenèse (formation de l'organisme individuel) reproduit la phylogenèse (formation de la suite des espèces) ». V. Évolutionnisme.

Évolutionnisme (deuxième moitié du XIXe s., d'évolution).

1. *Rel.* La théorie darwinienne de l'évolution des espèces quand elle est appliquée à l'homme s'oppose radicalement à la lettre du récit biblique, et semble la reléguer définitivement dans les mythes. D'où de vives polémiques entre évolutionnistes et *créationnistes** (il s'agit alors de la création de l'homme, de son âme, non du monde). P. Teilhard de Chardin, théologien et paléontologue a tenté une conciliation au milieu du XXe.

2. *Biol.* Hypothèse générale de l'apparition successive des espèces, que les principes en soient darwiniens ou non. Opp. fixisme*. L'idée générale d'évolution est déjà chez Lamarck (1802) sans le nom. V. Darwinisme, Lamarckisme. La distinction parfois faite entre évolutionnisme et transformisme* est arbitraire.

3. *Méta.* L'évolutionnisme philosophique doit autant sinon plus à Herbert Spencer qu'à Darwin. Spencer conçoit l'évolution en physicien comme : « une intégration de matière et une dissipation concomitante de mouvement durant laquelle la matière passe d'une homogénéité indéfinie et incohérente à une hétérogénéité définie et cohérente ». Spencer voit là un principe unifiant toutes les sciences, y compris humaines, et la morale. En opposition ouverte à Spencer, Bergson fait de « l'évolution créatrice » un dépassement du dilemme du mécanisme et du finalisme. (V. Élan vital) : « L'évolution est une création sans cesse renouvelée ».

4. *Crit.* À la fin du XIXe, l'évolutionnisme est souvent donné comme la solution du problème traditionnel des idées innées : elles seraient explicables (plutôt que vraiment expliquées) comme l'héritage immémorial de très anciennes adaptations.

Exact (lat. *exactus* d'*exigere*, mener à terme, accomplir).

1. *Gén.* Ce qui est exact est entièrement déterminé : un énoncé qui est tout à fait adéquat à son objet, une mesure qui établit un rapport sans reste entre une grandeur et une unité de mesure, etc. Deux grandeurs *incommensurables** (la diagonale et le côté du carré) ne peuvent avoir un rapport exact. *Dist. précision*, qui est toujours relative.

2. *Épist.* On appelle sciences exactes les mathématiques et les sciences de la nature en tant qu'elles sont mathématisées. L'expression est souvent utilisée par opp. à « sciences humaines ».

Excitant (lat. *excitans*, d'*excitare*, faire sortir de son état, exciter).

Physio. Phénomène physique ou chimique agissant sur un être vivant et déterminant de sa part une réaction ; on distingue l'excitant naturel, naturellement adapté à l'organe sensoriel (ex. la lumière ou la couleur pour la rétine), et l'excitant artificiel, qui excite directement un nerf (ex. l'électricité appliquée au nerf optique) ; v. Stimulus.

Excitation (lat. *excitatio*, action de réveiller).

1. *Physio.* Modification d'un organe des sens par l'action d'un excitant sur une extrémité nerveuse sensitive et, au sens large, ensemble des phénomènes physiques et physiologiques nécessaires à la production d'une sensation, v. *Impression.*

2. Activité excessive physique et mentale, dont les causes sont diverses : émotion forte, intoxication, trouble mental.

Exécution (lat. *exsecutio*, achèvement, accomplissement, d'*exsequi*, suivre jusqu'au bout).

Psy. Dans l'analyse de l'acte volontaire, quatrième et dernière phase qui consiste dans la réalisation de la décision ; v. Volonté. En musique et arts du spectacle, réalisation d'une œuvre, v. Interprétation.

Exégèse (gr. *exêgêsis*, récit, explication, de *exêgeisthai*, exposer, expliquer, interpréter).

Rel., Dr. Interprétation philologique ou doctrinale de textes fondamentaux ; ex. l'exégèse de la Bible, du Coran, des textes de lois, etc.

Exemplarisme (d'exemple, au sens de modèle).

Méta. Doctrine qui pose à l'origine des réalités sensibles des *causes exemplaires*, archétypes, des paradigmes* (ex. platonisme). V. Archétype, Paradigme.

Exemple (lat. *exemplum* d'*eximere*, extraire).

1. *Gén.* Cas particulier proposé pour illustrer une explication, la rendre plus claire, ou même la remplacer. User d'exemples étant un passage de l'abstrait au concret, l'expression d'exemple concret est un pléonasme.

2. *Mor., Péd.* L'exemple a le sens de modèle à suivre, proposé en comptant sur l'effet d'entraînement, d'imitation. Kant reproche à l'enseignement de la morale par l'exemple de conduire à méconnaître la *loi morale* qui seule peut permettre de juger l'exemple bon ou mauvais. Bergson fonde au contraire la morale ouverte* sur l'exemple du héros, du saint.

Exhibitionnisme (lat. *exhibitio* d'*exhibire*, produire au jour).

Psy., Soc. Satisfaction jugée excessive, provocante, à se montrer, à être vu. Au sens premier, perversion* sexuelle (exhibition des organes génitaux).

Existence (lat. *existere*, sortir de, naître, puis exister).

1. *Vulg.* Durée de vie, vie. Ex. une existence heureuse.

2. *Épist.* Le fait d'être, syn. de réalité*. L'existence d'un objet empirique, d'un phénomène exige une *observation* : ex. celle de la planète Neptune dont l'orbite avait pourtant été calculée à l'avance par Le Verrier. Cependant l'existence d'un objet mathématique peut être démontrée par simple raisonnement.

3. *Méta.* La critique kantienne nie que l'existence puisse être un prédicat : « Quoi que contienne un objet, nous sommes toujours obligés d'en sortir pour lui attribuer l'existence ». La raison, dans son usage théorique, ne peut donc pas déduire son existence de la simple idée d'être infini* (v. Preuve ontologique*).
4. *Phén.* Selon Heidegger, l'homme n'est pas seulement un « étant » parmi d'autres. En tant que *Dasein* il *existe* (orthographié parfois *ek-siste*), c'est-à-dire qu'il est toujours au-delà de lui-même. « L'essence du *Dasein* réside dans son existence » ; cette formule distingue d'emblée Heidegger des penseurs dits existentialistes* quand ils opposent sommairement essence et existence. L'existence implique l'alternative de l'authenticité* et de l'inauthenticité : « Le *Dasein* se comprend toujours soi-même, à partir de son existence, d'une possibilité d'être lui-même ou de ne pas être lui-même » (*Être et temps*).
5. *Exist.* Le penseur religieux danois Kierkegaard avait opposé au système* totalisant hégélien l'existence de l'individu chrétien anxieux de son salut. Le thème de l'*existence* individuelle dans sa liberté radicale, irréductible à la nécessité objective d'aucun système philosophique ou scientifique, a été repris au XXe par des penseurs et des philosophes athées ou chrétiens (en particulier K. Jaspers). « Le mot existence est un de synonymes du mot réalité, mais grâce à l'accent mis sur lui par Kierkegaard, il a pris un aspect nouveau, il désigne fondamentalement ce que je suis pour moi » (K. Jaspers). « L'existence, au sens moderne, c'est le mouvement par lequel l'homme est au monde, s'engage dans une situation physique et sociale qui devient son point de vue sur le monde » (Merleau-Ponty). V. Existentialisme.

Existential, existentiel (dérivés d'existence).

1. *Gén.* L'adjectif existentiel correspond à tous les sens du mot existence. Ex. en logique, le sens « existentiel » du verbe *être* est son sens pris absolument, c'est-à-dire équivalant à « exister ». Dans la langue courante, de nos jours, existentiel devient syn. de vital ou même de personnel (problème existentiel).
2. *Philosophie existentielle* ou de l'existence. V. Existentialisme.
3. *Phén.* Heidegger a introduit une distinction entre existentiel et existential, existentiel s'appliquant à la description empirique de l'existence humaine, existential aux structures propres du *Dasein** comme tel (en tant qu'il se distingue des autres *étants*). Ex. l'être au monde* est un existential.

Existentialisme (mot créé par J.-P. Sartre).

1. Au sens large, le terme rassemble toutes les « philosophies de l'existence » qui, mettant l'accent sur l'expérience humaine vécue par les individus, sont par là même d'une grande diversité. L'alternative entre existentialisme chrétien (en France G. Marcel) et existentialisme athée (J.-P. Sartre) est sommaire. Quant à Heidegger, c'est par confusion et contresens qu'il est classé dans l'existentialisme.
2. Str. le terme s'applique seulement à son inventeur J.-P. Sartre et à ses disciples. Il implique une systématisation qui est paradoxale quand il s'agit de l'existence. Sartre utilise le vocabulaire de Husserl, de Heidegger, mais aussi

de Hegel et de Descartes pour décrire un homme qui n'a ni nature, ni essence et pour qui, selon une formule célèbre, *l'existence précède l'essence*. « L'homme n'est rien d'autre que son projet, il n'existe que dans la mesure où il se réalise, il n'est rien que l'ensemble de ses actes, rien d'autre que sa vie » (*L'Être et le Néant*). V. En soi, pour soi, Essentialisme.

Exogamie (comp. du gr. *exô*, en dehors, et *gamos*, mariage).
Soc., Ethn. (Ctr. *endogamie**) régime matrimonial qui prohibe le mariage entre des personnes du même groupe social, not. appartenant à la même famille ou au même clan ; il est une des bases fondamentales des échanges dans les sociétés archaïques (Lévi-Strauss).

Exotérique, v. Ésotérique.

Expérience (lat. *experientia*, *experiri*, faire l'essai).
1. Savoir ou savoir-faire acquis par l'usage, par la pratique en dehors d'une connaissance théorique et qui lui est parfois opposé. Ex. un médecin d'expérience ou *expérimenté*. C'est le sens du latin *experientia* (all. *Erfahrung*). L'adj. est *empirique**.
2. *Phil. de la vie., Phén. Expérience vécue*. L'adj. correspondant est *vécu* (all. *Erlebnis*). Connaissance immédiate, pré-réflexive, que le sujet découvre en lui-même. C'est d'elle que relève l'empathie*, la compréhension* (opposée à l'explication), en psychologie, en histoire, en sociologie. Chez Bergson, c'est l'intuition de la durée distinguée de l'intelligence conceptuelle, du temps mesuré. Elle a une importance particulière en phénoménologie. V. Monde* de la vie.
3. *Crit.* Ensemble des données de la sensibilité externe ou interne (impressions, sensations, perceptions) qui constituent la source, ou une des sources de la connaissance objective commune ou scientifique (all. *Erfahrung*). L'adjectif est *empirique*. V. Empirisme, Rationalisme, Connaissance. Par anal., on parle d'expérience métaphysique, religieuse, mystique pour désigner un accès intuitif à une réalité métaphysique, surnaturelle, divine.
4. *Épist. Expérience scientifique*, syn. d'expérimentation*. L'adj. est *expérimental* (all. *Probe*, *Experiment*). Le terme peut désigner l'ensemble des processus de l'expérimentation, y compris l'observation, ou bien seulement ce qui s'ajoute à la simple observation (ex. faire une expérience, monter une expérience de laboratoire) : « L'observation est l'investigation d'un phénomène naturel, et l'expérience est l'investigation d'un phénomène monté par l'observateur » (Claude Bernard). Mais cette distinction n'est pas rigoureuse : observer est déjà isoler, modifier le phénomène. *Expérience cruciale* (notion introduite par F. Bacon) : expérience décisive qui permet de trancher entre deux hypothèses, deux théories, l'une vraie, l'autre fausse. Mais l'histoire des sciences, et la théorie épistémologique contemporaine, montrent qu'aucune hypothèse ne peut devenir incontestable.

5. *Expérience morale.* Expression très incertaine qui se réfère souvent à une connaissance acquise par l'usage des comportements humains (sens 1), soit à une connaissance intuitive particulière des valeurs (ex. chez Max Scheler, sens 3), soit même à une sorte d'expérimentation des idéaux et des valeurs dans la vie personnelle et sociale (sens 4) : « Une croyance morale ne se prouve pas par un raisonnement, elle s'éprouve » (Fr. Rauh).

Expérimental (lat. médiéval *experimentalis*, d'*experimentum*).

Épist. *a*) s'applique à tout ce qui relève de l'expérimentation et à l'expérience au sens d'expérimentation ; *b*) *méthode expérimentale* : elle est considérée par le positivisme comme caractéristique de l'esprit scientifique (par opp. à la croyance commune, religieuse, métaphysique).

Expérimentation (du lat. *experimentum*, preuve par expérience, par les faits).

Épist. *a*) str. montage technique visant à la production artificielle de phénomènes dans des conditions déterminées en vue de contrôler la validité d'une hypothèse ; ex. les expériences faites en calorimètre, vase clos (eudiomètre, tube de Newton, etc.) ; *b*) au sens large, production artificielle de phénomènes en vue de leur observation précise et méthodique ; *dist.* l'application. *Expérimentation mentale* (all. *Gedankenexperiment*, expression du physicien E. Mach) : expérience idéale, non effectivement réalisée, soit parce qu'irréalisable (ex. chez Galilée, l'énoncé de la loi de la chute des corps : « tous les corps tombent avec la même vitesse dans le vide » est la conclusion d'un raisonnement expérimental, car on ne savait pas à l'époque produire le vide), soit parce qu'inutile, le raisonnement suffisant à apporter la certitude (ex. Galilée, pour expliquer que des poussières de poids spécifique considérable puissent flotter dans l'air et dans l'eau, conçoit un cube partagé par trois sections en huit petits cubes ; le poids agissant reste le même, mais la résistance opposée à la chute par le milieu devient double, de sorte qu'en répétant plusieurs fois l'opération, la résistance devient extrêmement grande). V. Falsifiabilité, Objectivité 3.

Expliquer, explication (lat. *explicare*, déplier, dérouler).

1. *Gén.* Rendre aussi clair et distinct que possible ce qui apparaissait d'abord obscur et confus. Une explication n'est pas par elle-même une preuve.

2. *Épist.* L'explication *scientifique** consiste souvent à passer des notions communes qualitatives (chaud, froid, lourd, léger) aux concepts scientifiques quantitatifs (température, densité, poids mesuré). Expliquer un phénomène est le rattacher à une loi formulée mathématiquement. Opp. compréhension*.

Expliciter (lat. *explicitus*, déployer, terminer).

Expliciter est aller jusqu'au bout de l'explication. V. Implicite.

Expression (lat. *expressio* d'*exprimare*, faire sortir de).

1. *Gén.* Au sens premier, l'expression est une extériorisation, un rapport établi entre un signe, un système de signes et un contenu, par convention ou naturellement. Il peut s'agir d'attitudes du corps, de gestes, de mouvements du visage exprimant des états affectifs, de signes linguistiques, de manières de parler exprimant une pensée, etc. L'expression correspond en linguistique à la distinction du signifiant* et du signifié*. Couramment, une « expression » est un assemblage remarquable de mots, propre à une langue naturelle (ex. en français : « il y a »).

2. *Épist.* Correspondance établie entre une réalité physique complexe et un langage scientifique, mathématique : « Il est certain que le nombre infini des figures (géométriques) suffit à exprimer toutes les différences de choses sensibles » (Descartes, *Reg.* XIII).

3. *Méta.* Déploiement des attributs d'une substance. En particulier, dans la *Monadologie* de Leibniz, chaque substance exprime d'une certaine façon toutes les autres ; elle est le « miroir » de toutes choses, et par suite de l'harmonie universelle* de la création.

4. *Esth.* *a*) qualité originale, particulière au style d'un artiste ou d'un écrivain ; *b*) capacité de l'art à évoquer, à symboliser la condition humaine dans tous ses aspects, et en particulier la vie intérieure et l'affectivité. Benedetto Croce a pu définir l'esthétique comme « science de l'expression ».

Expressionnisme (mot apparu vers 1910, d'abord en Allemagne).

Esth. Conception esthétique (d'abord en peinture) qui compte avant tout sur le pouvoir expressif de la couleur pure, sur le rapprochement violent des couleurs et des formes simplifiées (groupe du *Cavalier bleu*, Marc, Macke, Kokoschka). Il tend à un primitivisme* ou parfois à un mysticisme*. Après 1920 en Allemagne, l'expressionnisme se consacre à la critique sociale, radicale par le rendu violemment déformé d'une réalité dérisoire, angoissante, insoutenable. L'expressionnisme cinématographique a été important (Murnau, F. Lang, Dreyer).

Extase (gr. *ekstasis*, action de se déplacer, d'être hors de soi).

1. *Hist. (Méta.)* Chez les néoplatoniciens (sp. Plotin), union intime avec l'Un, où l'âme détachée du monde, de la connaissance sensible et de soi-même, s'anéantit dans la substance divine.

2. *Psy.* État psychique caractérisé par un sentiment de béatitude et d'union avec l'Absolu : « Dans l'extase, la conscience personnelle, la conscience du moi et du monde extérieur disparaît presque totalement » (H. Delacroix), v. Mysticisme.

3. *Phén., Exist.* (On écrit gén. *ek-stase* ou *ex-stase*). Conscience d'être au-delà de soi, « le sens de l'ek-stase étant la distance à soi » (Sartre), à la fois comme *pour-soi* (dans le mouvement alternant et perpétuel d'être ce qu'il n'est pas et de ne pas être ce qu'il est) et comme temporalité, selon les trois ek-stases temporelles du passé, du présent et de l'avenir ; v. Transcendance, En soi, pour soi.

4. *Psy. path.* Syndrome psychopathique présentant certains aspects de l'extase mystique : sentiment intense et ineffable de béatitude et attitude physique d'immobilité, de fixité du regard et de perte de la sensibilité.

Extensif (dérivé d'extension).
1. *Épist.* Se dit des grandeurs qui peuvent être représentées par une étendue ; ex. les grandeurs géométriques et la plupart des grandeurs physiques, opp. grandeurs intensives* qui ne sont pas mesurables ; ex. l'intensité d'une émotion.
2. *Psy.* S'applique à ce qui représente une étendue, à ce qui a un caractère spatial ; ex. les sensations tactiles.

Extension (lat. *extensio*, action d'étendre, *extendere*).
1. *Crit.* Syn. d'étendue* ; ex. chez Descartes : « L'extension de l'espace ou du lieu intérieur n'est point différente de l'extension du corps » (*Pr.* II. 16).
2. *Psy.* Étendue concrète : « L'extension est la qualité la plus apparente de la perception » (Bergson).
3. *Log. form.* Corr. *compréhension**, ensemble des êtres, objets ou faits auxquels s'applique un concept ou une idée et le terme qui les désigne ; l'extension s'exprime dans la classification ; ex. vivant a une plus grande extension qu'animal qui a lui-même une plus grande extension que vertébré, etc. V. Genre, Espèce, Dénotation.

Extérieur, extériorité (lat. *exterus*, ou *externus*, du dehors, comparatif *exterior*).
1. *Psy. a*) ce qui existe en dehors de la conscience, opp. intérieur ; *b*) *monde extérieur* : ensemble des objets sensibles qui peuvent être donnés au sujet par la perception externe ; *c*) *jugement d'extériorité* : croyance, accompagnant cette perception, à des objets distincts de nous dont nos sensations sont les qualités.
2. *Méta., Crit.* S'applique à ce qui est posé comme existant en soi indépendamment du sujet percevant : « L'extériorité est le caractère propre des choses qui occupent l'espace, tandis que les faits de conscience ne sont point essentiellement extérieurs les uns aux autres » (Bergson).

Externalisme (lat. *externus*, externe).
Psy. Thèse selon laquelle un contenu de pensée n'est pas réductible ou du moins n'est pas entièrement réductible à l'intériorité de l'esprit et suppose toujours une relation au corps ou au milieu environnant. Opp. internalisme.

Externe (lat. *externus*).
1. *Psy. physio.* Sens externes : ceux dont les terminaisons nerveuses se trouvent à la surface du corps (toucher, vue, ouïe, odorat, goût), opp. sensations internes dont les terminaisons sont à l'intérieur du corps (sensations musculaires, organiques, cénesthésiques, etc.).
2. *Épist., Hist. Critique externe des documents* : celle qui a pour but de déterminer leur authenticité, leur provenance, leur datation ; *dist. critique interne* : qui porte sur leur contenu.

Extéroceptif (de l'ang. *exteroceptive*).
Psy. physio. Corr. *proprioceptif** et *intéroceptif**, se dit des sens qui captent à la périphérie du corps les impressions qui viennent du monde extérieur, not. vue, ouïe, toucher ; v. Sensibilité.

Extrapolation (néol. fin XIXe s. d'après interpolation).
Épist. Méthode de découverte qui consiste à généraliser à tout un domaine des résultats limités d'abord à une partie de ce domaine (de quelques individus à toute l'espèce, d'une espèce aux espèces voisines, etc.). Cette méthode est féconde si une *confirmation* est au moins envisageable. Mais on ne peut pas transposer en métaphysique une théorie d'ordre scientifique (ex. parler de *liberté* des particules atomiques, comme l'ont fait des savants éminents). Dans les sciences humaines (économie, démographie), les extrapolations vers l'avenir par le prolongement des courbes déjà obtenues sont souvent démenties par les faits ultérieurs.

Extraversion, extraverti (terme créé par le psychanalyste C. G. Jung du lat. *extra* et *versus*, tourné vers le dehors, opp. *introversion**, d'*intro* et *versus*, tourné vers le dedans).
Car. Orientation de l'énergie psychique vers l'extérieur. L'extraversion habituelle produit le sujet extraverti. L'extraverti est ouvert au monde extérieur, sociable, il laisse paraître ses sentiments et son caractère ; selon Jung, l'extraversion forme, avec son opposé l'introversion*, la dimension fondamentale de la personnalité.

Extrêmes (du lat. *extremus*, superlatif d'*externus*, le plus en dehors).
Log. form. a) désigne le *grand* et le *petit terme* du syllogisme, par rapport au *moyen terme*, dont le premier a la plus grande extension, le second la plus petite ; ex. dans le syllogisme : tout A est B, or C est A, donc C est B, le moyen terme est A, par le moyen duquel s'établit la relation entre le grand terme B et le petit terme C, qui constituent les extrêmes ; *b*) les deux espèces opposées dans un même genre, syn. contraires ; ex. petit et grand, jeune et vieux, etc., *dist.* contradictoire.

Extrinsèque (du lat. *extrinsecus*, adverbe, du dehors, de l'extérieur ; de *secus*, loin).
Log. Opp. *intrinsèque**. *a*) qui n'est pas compris dans l'essence de l'être ou dans la définition de l'être dont il s'agit ; ex. d'une propriété extrinsèque : avoir le nez camus ; *b*) *dénomination extrinsèque* : détermination d'un objet par une propriété extrinsèque ; ex. une chose bonne par elle-même a une valeur *intrinsèque*, tout ce qui vaut comme moyen d'autre chose a une valeur *extrinsèque*.

F

Fabulation, fabulateur (lat. *fabulatio*, de *fabulari*, parler, raconter ; cf. *fabula*, propos de foule, récit sans garantie historique, fable).

1. *Psy.* *a*) tendance fréquente chez le jeune enfant, souvent sous l'influence des conversations adultes, des lectures, des spectacles (cinéma, télévision), à construire des récits par une sorte de jeu où se mêlent le fictif et le réel, dont l'enfant n'est pas dupe, mais qui ne cherche pas non plus à tromper ; *b*) tendance chez certains adultes à construire des récits imaginaires. Lorsque le sens du réel est perdu, elle devient pathologique (*mythomanie**).

2. *Soc.* Selon Bergson, une « fonction fabulatrice » est à l'origine des mythes, des superstitions, et des représentations de la religion « statique » : « Elle contrecarre ce qu'il pourrait y avoir de déprimant pour l'individu, et de dissolvant pour la société dans l'exercice de l'intelligence » (*Deux Sources*).

3. *Hist.* Procédé philosophique qui consiste à exposer sa pensée sous forme de mythes, d'allégories ou de légendes ; ex. « la fabulation platonicienne » (Schuhl) ; le mythe d'Er, l'allégorie de la caverne*, la légende de l'anneau de Gygès (*Répu.* X, VII et II).

Facteur (lat. *factor*, celui qui fait).

1. *Math.* En arithmétique, terme d'un produit.

2. *Épist.* Ext. *a*) en toute discipline, élément isolable d'un ensemble, réel ou logique ; ex. les facteurs économiques de la guerre de 1914.

3. *Psy. métr.* Eléments communs à plusieurs opérations mentales de même nature susceptibles d'être dissociés par l'analyse* : v. Factoriel et facteur G*.

Factice (lat. *factitius* ou *facticius*, artificiel, de *factus*, fait. p.p. de *facere*).

1. *Vulg.* *a*) s'applique à ce qui feint artificiellement la réalité des choses ou des êtres vivants ou de leurs sentiments ; *b*) ext. comportement qui donne l'illusion d'éprouver un sentiment ; ex. un chagrin factice.

2. *Hist.* *Idées factices.* (lat. *factitiae*) : chez Descartes, celles qui sont « faites et inventées » par l'imagination, (sirènes, hippogriffes, chimères, etc.). Opp. *idées adventices** et *idées innées** (*Méd.* III).

3. *Exist.* (all. *faktisch*). Ce qui existe à l'état de simple fait ; en ce sens, pour éviter l'équivoque avec la signification courante, factuel* est préférable.

Facticité (all. *Fahtizität* du lat. *factum*, fait).

Phén., Exist. Caractère de ce qui existe comme pur fait, contingent et sans raison : « Ma facticité, c.-à-d. le fait que les choses sont là simplement comme elles sont, sans nécessité ni possibilité d'être autrement, et que je suis là parmi elles » (Sartre). V. Absurde.

Factoriel
Épist. *a*) qui concerne les facteurs ; *b) analyse*factorielle* : not. en psychométrie et en sociologie, recherche statistique ayant pour objet d'établir les corrélations qui existent entre un certain nombre de variables en vue de déterminer les constantes qui les expliquent.

Factuel (de l'ang. *factual*, de *fact*, fait).
Ce qui est de l'ordre des faits (opp. ce qui est de l'ordre du droit*) ; v. Factice, Fait.

Faculté (lat. *facultas*, possibilité, capacité, faculté de faire, *facere*).
1. *Gén.* *a*) pouvoir d'agir (ex. en justice). S'emploie couramment pour les activités intellectuelles (ex. retrouver toutes ses facultés) ou corporelles (faculté de récupérer après l'effort) ; *b*) une faculté est un corps universitaire qui a le pouvoir, le droit, d'enseigner et de décerner des grades ; *c*) pouvoirs de l'esprit ayant leur fonction propre et considérés comme distincts : faculté de connaître, d'imaginer, de juger. La *psychologie des facultés* du XIXe s. a été très contestée : définitions arbitraires, multiplication abusive des facultés, hiérarchie reflétant des préjugés intellectuels. Cependant les sciences cognitives* semblent reconstituer à partir des résultats de la neurobiologie une nouvelle psychologie des facultés. V. Localisations cérébrales.
2. *Hist.* *a*) chez les cartésiens (Descartes, Bossuet, Malebranche), syn. des opérations de l'esprit ou âme : « L'entendement n'est autre chose que l'âme en tant qu'elle conçoit : la mémoire n'est autre chose que l'âme en tant qu'elle retient et ressouvient ; la volonté n'est autre chose que l'âme en tant qu'elle veut et choisit [...]. De sorte qu'on peut entendre que toutes ces facultés ne sont, au fond, que la même âme qui reçoit divers noms à cause de ses différentes opérations » (Bossuet) ; *b) théorie ou psychologie des facultés* : division scolaire traditionnelle dans l'école éclectique* française de la psychologie en trois facultés principales de l'esprit : intelligence, sensibilité, volonté, considérées comme causes actives des phénomènes psychiques et comme pouvoirs indépendants : « L'âme accomplit des actes indépendants les uns des autres qui nous font connaître en elle des pouvoirs indépendants » (A. Garnier).

Faillibilisme (lat. scol. *faillibilitas*, possibilité de commettre une faute, mot introduit par Peirce, fin du XIXe).
Épist. Thèse qui se rattache à l'empirisme contemporain. Elle refuse la distinction considérée comme dogmatique, et d'origine platonicienne, entre le savoir rationnel et l'opinion toujours incertaine. Toute *croyance* (c'est-à-dire pour l'empirisme toute connaissance) peut devenir fausse. Le faillibilisme se défend d'être un scepticisme et ne met pas en cause l'activité scientifique.

Fait (lat. *factum* de *facere*, faire).
1. *Gén.* Donnée de l'expérience bien établie, par opp. au mot (« des faits, non des mots ! »), au mythe, à tout ce qui relève de l'imagination (les maisons

hantées, fait ou superstition ?). En conséquence, il est considéré communément comme objectif : le psychologue peut-il alors parler de *fait de conscience*, de fait mental ? Bien établi, il doit être répétable : l'historien peut-il parler de *fait historique* pour un événement unique ? En droit, la question de fait (*quid facti*) s'oppose à la question de droit (*quid juris*), c'est-à-dire à la justification du fait par une règle, une loi. Cette distinction s'étend à la vie morale, sociale, politique. Ex. distinction de la *possession de fait* d'un bien et de sa *propriété* (*légitime*).

2. *Épist. a*) donnée réelle de l'expérience bien établie et sur laquelle on peut faire fond, *dist.* événement, phénomène ; *b) fait brut* et *fait scientifique* : le fait brut serait la donnée empirique pure saisie par l'intuition sensible ; ex. une couleur, une douleur, opp. *fait scientifique*, qui est élaboré, mesuré et corrigé, énoncé en un langage rigoureux, son « constat » de réalité impliquant sa liaison avec d'autres faits, son rapport à des lois, à des théories ; ex. c'est un fait que la Terre tourne : « le fait le plus brut en apparence est déjà quelque chose d'élaboré ; en d'autres termes, les faits sont faits [...]. Les faits n'ont de sens, je dirai même ils n'existent que par leur insertion dans un système ; en fonction d'une théorie ou d'un groupe de théories seules capables de leur donner un sens » (E. Le Roy).

3. *Crit. Vérités de fait et vérités de raison* ou *de raisonnement* : « Les vérités de raisonnement sont nécessaires* et leur opposé est impossible, et celles de fait sont contingentes* et leur opposé est possible » (Leibniz, *Mon.* 33).

4. *Hist. Fait primitif* (Maine de Biran) : sentiment intérieur de l'effort par lequel l'homme a conscience « de l'union ineffable des deux termes qui le constituent », âme et corps : « En partant du fait du sens intime pour ramener le principe de Descartes de l'abstrait au concret, du possible à l'actuel, du passif à l'actif, de la substance à la force, il pourrait être exprimé ainsi : « Je veux, j'agis, donc j'existe. » V. Effort.

Falsifiabilité (néol. créé par Karl R. Popper en 1934 du lat. *falsus*, faux, et de *fiabilité*, dér. de *fieri*, devenir ; caractère de ce qu'on peut infirmer, réfuter, rendre faux).

Épist. Dans les sciences expérimentales, critère des énoncés d'une théorie, dont « la forme logique est telle qu'ils puissent être infirmés au moyen de contrôles empiriques au sens négatif : un système empirique doit pouvoir être réfuté par l'expérience ». Une théorie ne peut donc jamais être définitivement, absolument, vérifiée. K. Popper oppose ce principe à celui de la vérificabilité des positivistes et des néo-positivistes (cercle de Vienne). La falsifiabilitié est un critère de la *scientificité** d'une théorie, d'une part à l'égard des propositions d'ordre métaphysique, d'autre part à l'égard des théories telles que le marxisme ou la psychanalyse, lesquelles sont, selon Popper, pseudo-scientifiques, parce qu'elles restent irréfutables*, quels que soient les faits historiques ou les observations scientifiques auxquelles elles sont confrontées, et qu'elles peuvent toujours réinterpréter. V. Démarcation.

Famille (lat. *familia*, dér. de *famulus*, serviteur, esclave de la maison ; d'abord ensemble des serviteurs de la maison, puis famille).

1. *Soc.* Groupe des parents et des alliés vivant ensemble, dans un même lieu. Son extension est très différente selon les époques et les types de société : elle peut comprendre tous les serviteurs, une « maison ». Elle désigne aussi la continuité temporelle d'une descendance à travers les générations (la famille de Bourbon, de Habsbourg). Les relations entre les membres d'une famille peuvent être étendues, complexes, hiérarchisées (pouvoir du père de famille), soumise à toutes sortes de prohibitions, d'origine traditionnelle ou religieuse. La famille dans les sociétés contemporaines dites modernes, très simplifiée, se restreint aux parents et aux enfants (société conjugale). V. Exogamie, Polygamie, Monogamie.

2. *Mor., Pol.* L'institution de la famille assure le contrôle social de la vie affective et sexuelle, du renouvellement des générations, de l'éducation des enfants. Son rôle économique est aussi très important (transmission du patrimoine, division du travail) ainsi que son rôle culturel (transmission de la langue, des valeurs morales) et son rôle politique (hérédité du pouvoir politique). Institution primitive qui semble située à l'articulation de la nature et de la culture, elle paraît à certains théoriciens un obstacle à l'égalité des citoyens et à l'organisation rationnelle de l'État (communisme*).

Fanatisme (lat. *fanaticus*, se disait de certains prêtres inspirés, de *fanum*, temple).

Rel., Pol. Le terme désigne toute passion religieuse, nationale, politique, très intolérante, et prête à toutes les violences contre les autres et soi-même (kamikaze).

Fantaisie (gr. *phantasia*, dér. de *phainein*, apparaître ; apparition, faculté de se représenter par l'esprit, imagination).

1. *Hist. (Psy.).* Syn. imagination, not. chez les scolastiques et les cartésiens : « Lorsque celui qui a la jaunisse se persuade que les choses qu'il voit sont jaunes, sa pensée sera composée de ce que sa fantaisie lui représente et de ce qu'il prend en soi, à savoir que la couleur lui apparaît jaune, non à cause d'un défaut de l'œil, mais parce que les choses qu'il voit sont réellement jaunes » (Descartes, *Reg.* XII).

2. *Esth.* Caractère des œuvres d'art agréables et légères qui sont le produit du jeu libre et original de l'imagination (arts plastiques, musique, littérature).

Fantasme (gr. *phantasma*, apparition, image, fantôme, de *phainomai*, apparaître. On écrit aussi phantasme).

Psychan. *a*) rêverie diurne, plus ou moins consciente, qui permet de satisfaire des désirs, des souhaits par une mise en scène qui connaît des variations mais garde cependant une certaine stabilité. Son élaboration est la même que celle du rêve pendant le sommeil. La rêverie consciente recouvre elle-même des fantasmes inconscients et la notion de fantasme est liée dans la théorie psychanalytique à celle de *réalité psychique** ; *b*) *fantasme originaire.* Freud admet au principe des fantasmes individuels, des schémas fantasmatiques qui structurent la vie inconsciente individuelle et remonteraient aux expériences les plus anciennes de la famille humaine (castration, séduction, rapports sexuels des parents que Freud appelle « scène primitive »).

Fascisme (dér. du lat. *fasces*, faisceaux de verges d'où émergeait le fer de la hache que les licteurs portaient devant les premiers magistrats de Rome et que Mussolini choisit pour emblème).

Pol. a) doctrine et organisation politiques introduites en Italie par B. Mussolini et ses adeptes en 1922, reposant sur la dictature d'un parti unique et la toute-puissance de l'État, le totalitarisme, et exaltant le nationalisme et le corporatisme ; *b*) par ext. dictature hostile au socialisme d'inspiration marxiste, tout en prenant certaines mesures sociales.

Fatalisme, fatalité (lat. *fatalis*, fatal de *fatum*, le destin, le sort).

Croyance (plutôt que doctrine) au caractère inévitable parce que déterminé à l'avance de tout ce qui arrive dans l'univers et le monde humain. V. *Fatum.* « La liaison des causes et des effets, loin de causer une fatalité insupportable fournit plutôt un moyen de la lever » (Leibniz, *Théodicée* 55).

Fatum (mot lat. : litt. ce qui a été dit, de *fari*, dire, parler).

1. *Méta.* Syn. destin, ce qui a été dit ou écrit dans le livre des destinées et qui arrivera aux hommes par une nécessité absolue, aveugle, irrationnelle et inflexible.

2. *Hist. (Méta.) a*) Leibniz distingue le « *Fatum Mahometanum*, destin à la turque », fatalisme absolu qui a pour base l'argument paresseux* ou « raison paresseuse » ; le *Fatum Stoïcum*, qui « donne la tranquillité à l'égard des événements par la considération de la nécessité qui rend nos soucis et nos chagrins inutiles » ; le *Fatum Christianum*, qui produit le « contentement » par la confiance en la bonté de Dieu et en sa providence » (*Théod.* préface) ; *b*) chez Kant, étant donné que « tout ce qui arrive est déterminé *a priori* dans le phénomène par sa cause », et que donc « tout ce qui arrive est hypothétiquement nécessaire », il s'ensuit qu'« il n'y a pas dans la nature de nécessité aveugle, mais une nécessité conditionnelle, par conséquent intelligible (*non datur fatum* [il n'y a pas de fatum]) » (*R. pure.* Anal., I, II, ch. II, 3e section).

Faustien (de *Faust*, savant légendaire de la Renaissance, connu surtout par le poème dramatique de Goethe).

S'applique à un désir de connaissance et de puissance sans limite, attribué à la civilisation européenne (Spengler).

Faute (bas lat. *faillita*, action de faillir, de *fallere*).

Mor. La faute se comprend soit dans la tradition rationaliste, comme erreur « morale » (v. Erreur), soit dans la tradition chrétienne comme *péché*, qui consiste « non pas à ne pas comprendre le juste, mais à ne pas le vouloir »

(Kierkegaard). La faute est l'acte d'un sujet libre et conscient de la loi morale dans la philosophie pratique de Kant.

Fauvisme (on attribue l'invention du terme au critique d'art Louis Vauxcelles, lors du Salon d'automne de 1905).

Esth. Mouvement de peintres français (Matisse, Vlaminck, Derain) qui au début du XXe utilisaient des couleurs pures, intenses, en contrastes violents, et en soulignant les formes, par opp. à l'impressionnisme* (mais aussi au cubisme*). V. Expressionnisme.

Faux (lat. *falsus*, faux, de *fallere*, tromper).

1. *Log. form.* (Ctr. vrai) se dit des propositions qui sont incompatibles avec d'autres propositions reconnues comme vraies et qui violent le principe d'identité, de non-contradiction ou du tiers exclu ; ex. la proposition : quelque A n'est pas B, est fausse si la proposition : tout A est B, est vraie.

2. *Épist.* Se dit des hypothèses, des lois ou des théories qui sont infirmées par l'expérience.

3. *Esth.* *a*) se dit d'une œuvre inauthentique, imitée, avec volonté de tromper ; *b*) ce qui ne respecte pas les règles reconnues dans une discipline artistique (un vers faux), résultat d'une erreur, d'une maladresse (fausse note) ; *c*) morceau en désaccord avec l'harmonie d'ensemble d'une œuvre.

Fechner (Loi de) (énoncée par le physiologiste et philosophe all. Fechner en 1860).

Psychophysique. Si l'excitation croît (ou décroît) suivant une progression géométrique, la sensation croît (ou décroît) suivant une progression arithmétique (on la formule aussi : l'intensité de la sensation varie comme le logarithme de l'excitant). Cette loi, dite également *psychophysique**, suppose que l'intensité d'une sensation puisse être considérée comme une grandeur mesurable. Quant au seuil* différentiel de la sensation, il est régi par la loi dite *loi de Weber* qui s'énonce de la façon suivante : une sensation étant donnée, la quantité dont il faut augmenter l'excitant qui l'a produite pour obtenir le plus petit changement possible de la sensation est proportionnelle à la grandeur de l'excitant initial.

Fédéralisme (du lat. *foedus*, traité).

1. *Pol.* *a*) sens général, système politique opposé à la centralisation de l'État en dotant des unités régionales d'une certaine autonomie politique et économique (justice, police, écoles, services sociaux) compatibles avec les intérêts généraux de l'État gérés par le gouvernement fédéral (défense nationale, affaires étrangères, monnaie, etc.) ; ex. la confédération des États-Unis d'Amérique, la Confédération helvétique ; *b*) forme d'anarchie* selon laquelle une association libre, sans distinction de classes, débarrassée de toute aliénation étatique ou religieuse, s'organise spontanément par un mouvement ascendant de l'entreprise à la commune et à l'État, et même à une fédération d'États (Proudhon, Bakounine).

2. *Fédération, confédération.* La distinction n'est pas toujours claire : *a*) la confédération associe, à un niveau supérieur, des fédérations d'associations (ex. syndicats) ; *b*) dans une confédération d'États, le lien est en principe plus lâche, avec droit de reprendre son indépendance, de faire « sécession » (en fait peu respecté). Mais dans tous les cas une fédération ou une confédération constitue un unique État.

Feed-back (ang. : litt. alimentation récurrente, de *to feed back*).

1. *Techn. Cyb.* Dispositif d'autocorrection grâce auquel une machine régularise son action par les variations même de cette action relativement aux normes de celles-ci (Norbert Wiener) ; ex. le régulateur à boules inventé par Watt en 1776 pour égaliser la vitesse de la machine à vapeur ; le *feed-back*, suggéré à N. Wiener par certains phénomènes biologiques, intervient dans de nombreux phénomènes physiques, psychologiques, sociologiques, économiques, pédagogiques, etc.

2. *Biol. a*) maintien de l'équilibre interne organique *(milieu intérieur)* par des actions régulatrices complexes analogues au *feed-back cybernétique* ; ex. les homéostasies* ; *b*) contrôle dans le système nerveux des impulsions musculaires par la réintroduction permanente dans le système, sous l'effet des sens, d'« informations » concernant leurs conséquences.

3. *Psy. soc.* Dans la *théorie de la communication**, signes grâce auxquels un émetteur connaît le résultat ou l'effet de son comportement ou de son message sur le récepteur et information en retour, verbale et non verbale, qui renseigne l'émetteur sur la façon dont a été reçu son message et lui permet ainsi de le modifier en conséquence.

Féminisme (mot qui se répand à la fin du XIXe).

Soc., Pol. Mouvement en faveur de la condition des femmes dans la société qui s'est développé sous des formes très diverses aux XIXe et XXe siècles, par des écrits, des manifestations (les « suffragettes » pour le droit de vote des femmes), parfois des alliances avec des partis politiques socialistes. Il comporte d'une part une critique vigoureuse de la domination masculine traditionnelle ; d'autre part la revendication d'une égalité* des droits politiques, familiaux, économiques, professionnels ; enfin l'affirmation, qui n'est pas toujours clairement articulée avec la revendication d'égalité, d'une autonomie propre à la féminité, d'une différence* sexuelle librement assumée.

Fête (lat. *festa dies*, jour faste).

1. *Soc.* Célébration, commémoration d'un fait remarquable dans un groupe amical, professionnel, familial, national, religieux, etc. La fête se caractérise par des manifestations graves ou joyeuses, des expressions corporelles (danses, chants), un renforcement des liens affectifs. La fête provoque un effet de groupe : d'une part, l'individu est absorbé par le groupe et se soumet à ses normes. D'autre part, elle peut avoir un effet libératoire, d'affranchissement pour un temps des contraintes sociales habituelles (Carnaval, fête de la bière).

2. *Pol.* Chaque société a institué des fêtes de portée nationale, religieuse dont l'organisation est prévue par la plupart des penseurs politiques (Platon) pour renforcer le lien social (fêtes révolutionnaires) : « Donnez les spectateurs en spectacle ; rendez les acteurs eux-mêmes ; faites que chacun se veut et s'aime dans les autres, afin que tous soient mieux unis » (J.-J. Rousseau, *Lettre à d'Alembert*). Les régimes politiques contemporains, qu'ils soient démocratiques ou totalitaires, multiplient les fêtes. Il peut en résulter une suspension de l'esprit critique et une régression de la libre réflexion individuelle.

Fétiche, fétichisme (du portugais *fictiço* ; du lat. *factitius*, fabriqué).

1. *Ethn.* Le culte des fétiches a été décrit par le président de Brosses : le fétiche est tout objet naturel ou artificiel, considéré comme habité par un esprit surnaturel auquel est attribué un pouvoir magique. *Dist.* idole, idôlatrie.

2. *Hist.* *a*) chez A. Comte, préliminaire à l'*état* théologique**, « premier régime mental de l'humanité [...] caractérisé par l'essor libre et direct de notre tendance positive à concevoir tous les corps extérieurs quelconques, naturels ou artificiels, comme animés d'une vie analogue à la nôtre, mais plus énergique » ; *b*) chez Marx, *fétichisme de la marchandise* : illusion qui confère à la marchandise un caractère « mystique » et lui attribue une valeur immanente, alors que cette valeur n'appartient qu'au travail humain qui la produit.

3. *Psy.* Attachement érotique plus ou moins intense à une partie du corps de la personne aimée (ex. pied), à un objet lui appartenant (vêtement, ex. le mouchoir de Desdémone dans *Othello*). Quand il devient exclusif, il est décrit comme une forme de perversion*.

Fiat (lat. subjonctif 3e pers. sing. de *fieri*, devenir, se produire, trad. de la Genèse, I, 3 : « *Fiat lux, et lux facta est* » ; que la lumière soit, et la lumière fut).

1. *Théo.* Acte créateur de Dieu.

2. *Psy.* Anal. caractérise, not. chez. V. Cousin et chez W. James, la soudaineté de la décision volontaire qui met fin à la délibération et qui apparaît comme un acte de libre arbitre analogue à l'acte créateur du Dieu biblique.

Fiction, fictif (lat. *fictio* et *fictus*, p.p. de *fingere*, feindre, imaginer).

1. *Gén., Épist.* La fiction se distingue du mythe*, du mensonge*, ou de l'erreur* en ce qu'elle est consciente, volontaire et qu'elle n'a pas pour but de tromper. Elle joue un rôle dans la compréhension du réel en philosophie (le *malin génie* de Descartes, l'*état de nature* de Rousseau), dans les arts (analyse psychologique du personnage de roman), au théâtre (catharsis* dans la tragédie) et dans toutes les sciences (expérience imaginaire).

2. *Hist.* Chez A. Comte, l'état* *théologique*, ou *fictif**, « consiste à transporter partout le type humain en concevant tous les phénomènes comme produits par des volontés analogues aux nôtres, et seulement supérieures d'ordinaire, proportionnellement à leurs effets ». « Cette synthèse initiale est nécessairement chimérique et passagère, en tant que purement fictive » ; v. loi des trois états*.

Fidéisme (dér. du lat. *fides*, foi).

1. *Hist. (Théo.)*. Doctrine (condamnée par l'Église en 1838) de ceux pour qui la religion est objet de pure foi et qui, n'admettant que la Révélation, rejettent toute justification rationnelle des dogmes (Huet, Lamennais).

2. *Phil.* Opp. rationalisme. De signification assez différente selon les auteurs, *a*) doctrine qui admet des vérités de foi indépendantes de toute justification rationnelle ; *b*) doctrine d'après laquelle les vérités fondamentales de l'ordre spéculatif ou pratique ne peuvent être établies et justifiées par la raison, mais seulement admises à titre de pure croyance ; *c*) péj. tendance de la foi à supplanter la raison dans un domaine considéré comme appartenant à cette dernière.

Figuratif (lat. *figurativus*).

Esth. Désigne les arts plastiques (peinture, sculpture) en tant que leur sujet se réfère à la réalité sensible, opp. art non figuratif ou abstrait*.

Figure (lat. *figura*, configuration, structure ; figure).

1. *Vulg.* Forme extérieure des objets, *dist.* configuration ou arrangement interne des parties.

2. *Math.* Étendue limitée par des lignes.

3. *Psy.* Dans la *psychologie de la forme* (Gestaltpsychologie)*, corr. fond, partie structurée qui se détache et prend du relief sur le fond amorphe du champ ; pour certaines configurations, un même élément peut être vu soit comme figure, soit comme fond, le caractère de la perception en étant dans chaque cas profondément changé.

Fin (lat. *finis*, mêmes sens qu'en fr.).

1. *Gén.* Le terme *fin* correspond à toute une série de significations souvent difficiles à distinguer hors d'un contexte précis. On peut les regrouper ainsi : *a*) par opp. à *commencement*, ce qui est au bout d'une succession temporelle ou logique. La fin devient alors syn. de terme, terminaison, achèvement, conclusion, résultat, limite, avec des nuances dans le contexte ; *b*) par opp. à *moyen*, ce vers quoi tend une action, une pensée, le but, le projet, l'intention, la visée. On notera que des verbes comme accomplir, achever, parfaire, participent des deux séries de significations : un bâtiment est achevé quand les travaux ont cessé et quand le projet souhaité a été réalisé. Dans la pensée médiévale, la fin propre à laquelle tend toute chose est sa *perfection*. V. Finalité.

2. *Mor.* Dans la philosophie pratique de Kant, le *règne des fins*, par anal. avec le règne de la nature, est celui où les êtres raisonnables agissent selon des maximes qu'ils se sont eux-mêmes données : « C'est une idée pratique de ce qui n'est pas donné, mais qui peut devenir réel par notre façon d'agir, et cela conformément à cette idée même » (*Fond.*).

3. *Rel.* Une expression comme *fins dernières* (fins ultimes) suppose une hiérarchie de fins subordonnées les unes aux autres jusqu'à une fin absolue (Dieu).

Final (lat. *finalis*).

L'adj. correspond aux sens principaux de fin. La *cause finale* comme raison d'être d'une chose s'oppose a la cause *efficiente** (v. Cause). Devenue hors d'usage, l'expression de cause finale est remplacée couramment par celle de « finalité ». Mais on prendra garde à la confusion qu'introduit l'usage récent de l'anglicisme « finaliser » au sens de mettre au point, achever.

Finalisme (néol. début XXe siècle).

Méta. Doctrine qui affirme l'action ou l'intervention des causes finales, soit dans l'ensemble de l'univers *(providentialisme*)*, soit chez les êtres vivants et dans les processus vitaux *(vitalisme*)* ; opp. mécanisme. Prônant l'harmonie de l'homme et de la nature, Bernardin de Saint-Pierre a laissé des exemples célèbres de finalisme naïf et intempérant (« les melons ont des côtes et semblent être destinés à être mangés en famille », *Études de la nature*, 1784).

Finalité (néol. du XIXe siècle).

1. *Gén.* But, fin (cause finale), fonction, emploi (pour un outil, une machine). La finalité répond à la question pourquoi ? par opp. à la question comment ? Depuis Kant, on distingue couramment une finalité *externe* (rapport de moyen à fin entre les objets de l'univers physique), et une finalité *interne* (chez les êtres vivants, la fin n'est autre que l'organisme considéré comme un tout : tous les organes sont réciproquement fin et moyen).

2. *Méta. Principe de finalité.* Principe parallèle à celui de causalité et selon lequel tout être dans la nature a une fin. Le caractère universel de ce principe a été contesté dès l'Antiquité comme anthropomorphique*, attribuant à la nature des intentions et des buts qui sont ceux de l'action humaine. Récusé par la science cartésienne (mécanisme*), il est vivement critiqué par Spinoza, mais il retrouve un sens avec l'*harmonie préétablie** de Leibniz qui entend « concilier la voie des causes mécaniques et celle des causes finales » et qui montre que la finalité oriente la recherche scientifique, même en physique. Kant réduit la finalité à un principe subjectif « qui peut servir de concept régulateur pour le jugement réfléchissant* et, d'après une analogie éloignée avec notre propre causalité dans sa tendance générale vers des buts, servir de guide à la recherche d'objets de ce genre » (*Critique du jugement*).

3. *Esth. Finalité formelle* ou *finalité sans fin* (Kant) : le jugement esthétique sur le beau ne vise aucune fin déterminée : il y a finalité parce que la satisfaction esthétique est universellement valable ; il n'y a pas de fin parce qu'elle n'est liée à aucun intérêt ni sensible (plaisir de l'agréable) ni rationnel (conformité à un concept) : elle est désintéressée* ; la finalité du beau réside dans l'harmonie des fonctions de l'esprit, imagination et entendement, telle que la produit la représentation de l'objet beau.

Finesse, fin, adj. (du lat. *finis*, terme, au sens de : qui est accompli, au point extrême).

1. *Vulg.* Désigne la faculté d'un organe sensoriel qui a un grand pouvoir de discernement ou d'un esprit qui a le sens des nuances, *dist.* la délicatesse qui relève plutôt de la sensibilité ou de la morale.

2. *Hist. (Car.) Esprit de finesse* (Pascal) : celui de l'homme du monde, apte à résoudre les problèmes de la vie par son sentiment de la complexité des choses, de discernement des éléments simultanés qui le composent, l'estimation de leur valeur réciproque, tout cela se faisant immédiatement et spontanément avec une sûreté qui tient de l'instinct, syn. intuition*, opp. esprit de géométrie, v. Esprit.

Fini (de finir, lat. *finire*, borner, finir).

Phil. Qui a une limite, et par suite qui peut être mesuré, dénombré ; opp. infini.

Finitisme (de *fini* par opp. à *infini*).

Méta. Thèse selon laquelle l'existence d'un infini en acte est impossible. Elle caractérise en général la philosophie de Ch. Renouvier, mais elle peut s'appliquer à un ordre de choses particulier (temps, espace, nombre).

Finitude (néol. du XXe).

Méta. Condition de l'homme qui se sent libre, responsable, mais mortel, limité physiquement, intellectuellement, moralement. « Qu'est-ce qu'un homme en face de l'infini ? La grandeur de l'homme est grande en ce qu'il se connaît misérable. Un arbre ne se connaît pas misérable » (Pascal, *Pensées*). La finitude est devenue un thème capital des philosophies de l'existence, chrétiennes ou non.

Fixation

1. *Psy.* Dans les descriptions traditionnelles de la mémoire, la fixation est le moment qui précède la conservation du souvenir et qui la rend possible. Il s'agira par ex. de l'inscription de traces cérébrales (engrammes*).

2. *Psychan.* Attachement de la libido à une personne, à une *image*, à un mode de satisfaction, à un stade de l'évolution sexuelle. La persistance des expériences infantiles inconscientes apparaît dans des phénomènes de résistances, de contrainte de répétition, dans des régressions perverses* (stades prégénitaux de la sexualité).

Fixe (Idée), v. Obsession.

Fixisme (néol. du XXe siècle).

Biol. Théorie auj. abandonnée qui admet la fixité des espèces vivantes, c.-à-d. l'immutabilité et la spécificité stricte de chacune d'entre elles ; opp. évolutionnisme*.

Flèche (Argument de la)

Hist. L'un des arguments de Zénon d'Élée tendant à prouver l'impossibilité du mouvement : « Si toute chose est à quelque instant donné ou en repos ou en mouvement et si elle est en repos quand elle est dans un espace égal à elle-même, comme d'autre part ce qui est transporté est toujours dans l'instant, la flèche transportée est toujours immobile » (Aristote, *Phys.* VI, 9), ce qui revient à dire : la flèche qui vole est à la fois en mouvement (puisqu'elle avance) et en repos (puisqu'elle occupe à tout instant un point indivisible de la trajectoire), ce qui est contradictoire. V. Achille, Éléates, Stade.

Flou (mot d'origine germanique).
Log. L'adjectif désigne un concept dont l'extension n'est pas exactement délimitée (combien de pierres faut-il pour définir un tas ?). V. Sorite. Exclus de la logique classique, de tels termes sont traités par des logiques contemporaines.

Flux (lat. *fluxus*).
1. *Phys.* Mouvement continu d'un fluide, d'une onde.
2. *Psychan.* Par anal., on parle de flux du désir conscient ou inconscient, de flux de conscience (courant de conscience), pour insister sur la continuité de l'expérience interne. V. Durée, opp. états de conscience*.

Foi (lat. *fides*, de *fidere*, se fier à).
1. *Gén.* Confiance complète accordée à une conception morale ou religieuse, à une cause, à un homme. La foi n'est pas forcément « aveugle », irraisonnée. Elle implique une adhésion ferme, plus forte que la simple croyance. Le terme s'emploie surtout dans un contexte religieux (foi en Dieu), mais aussi politique (foi en l'idéal républicain). Dans la Bible, la foi apparaît comme l'acceptation de la Révélation divine.
2. *Hist.* *a*) Pascal oppose foi à raison et preuve méthodique : « La foi est différente de la preuve, l'une est humaine et l'autre est un don de Dieu » (*Pensées*, Brunschvicg, § 248). V. Cœur ; *b*) Kant oppose le savoir à la « foi rationnelle » (mais le mot all. *Glaube* correspond aussi à croyance) qui, reposant sur des fondements subjectifs (la disposition morale), n'en est pas moins entièrement certaine, comme la foi en Dieu et en l'immortalité* (v. Postulats de la raison pratique). Cependant, historiquement, au XIXe siècle, la critique kantienne de la connaissance a contribué à renforcer la conception irrationaliste de la foi en Dieu.
3. *Mor. Bonne foi* : sincérité. Opp. mauvaise foi qui implique ruse, hypocrisie.
4. *Exist. Mauvaise foi.* Chez J.-P. Sartre, la description de la mauvaise foi est celle de l'existence inauthentique qui refuse (librement) sa propre liberté. L'homme de la mauvaise foi est celui qui dit : « Je n'avais pas à choisir. Je ne pouvais faire autrement » et qui, par là même, choisit et se choisit. (V. Engagement).

Folie (lat. *follis*, outre gonflée, ballon qui va de-çà de-là).
Gén. La notion de folie ne doit pas être confondue avec celle de maladie mentale. Tout comportement déraisonnable, extravagant, excessif, surprenant est folie. L'opinion commune considère comme fou tout criminel du fait même de son crime. La notion est donc relative à un contexte historique, social, religieux (l'incroyant est « insensé ») ou politique (dans un régime

totalitaire, l'opposant ne peut être que fou). Elle n'est pas utilisée en psychiatrie hors quelques expressions classiques (« folie des grandeurs »). De plus la critique des historiens de la folie (M. Foucault entre autres) s'est étendue à la mise en cause des institutions psychiatriques elles-mêmes (antipsychiatrie*) et à l'ensemble des structures sociopolitiques.

Folklore (terme ang. introduit en 1846 par J. W. Thoms).

Soc. On désigne ainsi l'ensemble des traditions, des croyances, des légendes, des rituels magiques, des coutumes, des pratiques artisanales ou artistiques (chants, danses, etc.) qui subsistent dans les sociétés européennes ou très européanisées. Le folklore est le plus souvent très profondément altéré par la modernisation, l'industrialisation, et surtout son utilisation à des fins commerciales. Son étude relève des méthodes de l'ethnologie. Syn. *arts et traditions populaires*.

Fonction (lat. *functio*, accomplissement, exécution, de *fungi*, s'acquitter de, not. remplir une fonction publique, un devoir).

Le sens très général d'accomplissement d'une activité déterminée varie beaucoup selon le contexte juridico-politique, mathématique, biologique, sociologique.

1. *Pol. Fonction publique* : tout ensemble des institutions chargées de l'exécution des lois et des règlements, des décisions des autorités politiques et administratives ; elles emploient des *fonctionnaires* rémunérés par un traitement correspondant à leur rang social (et non à strictement parler par un salaire).

2. *Vulg.* Par ext. du sens logico-mathématique, toute relation entre deux termes qui varient corrélativement : ex. la notion de liberté politique est fonction de celle d'égalité selon A. de Tocqueville.

3. *Math.* Une variable y est dite fonction d'une variable x quand à toute valeur déterminée de x correspondent une ou plusieurs valeurs déterminées de y, ce qui s'écrit : $y = f(x)$.

4. *Log.* Ext. du sens mathématique, fonction propositionnelle* (B. Russell) : toute « expression » « contenant une ou plusieurs variables et [...] susceptible de devenir une proposition vraie ou fausse si l'on attribue à ces variables certaines valeurs particulières appelées valeurs constantes » (L. Rougier) ; ex. l'expression « x est la capitale de la France » est une fonction propositionnelle vraie pour x = Paris, fausse pour toutes les autres valeurs du même type, c.-à-d. pour toutes les autres villes françaises ou étrangères.

5. *Biol.* Activité d'un organe considérée comme lui étant propre, naturelle, normale. Ex. fonction glycogénique du foie découverte par Claude Bernard. La fonction établit le rapport de l'organe au tout de l'organisme. L'explication par la fonction implique un certain finalisme avoué ou non. Cette notion de fonction s'est étendue à la psychologie (psychologie dite fonctionnelle) en se substituant à celle classique de faculté* pour désigner une activité ou un groupe d'activités déterminées par un résultat attendu. En linguistique, la fonction est le rôle joué par un mot dans le tout de la phrase.

Fonctionnalisme (s'écrit parfois avec un seul n).

1. *Épist.* De façon générale, relève d'un fonctionnalisme toute explication par le rôle, l'usage, l'utilité d'un élément dans une totalité. Le point de vue fonctionnaliste est ainsi souvent opposé au point de vue structuraliste : une même fonction pouvant être satisfaite dans plusieurs structures différentes et vice-versa. L'objection la plus fréquente au fonctionnalisme est d'interpréter comme fonction ce qui s'expliquerait plus simplement, plus exactement comme *conséquence*.

2. *Psy., Sciences cognitives.* Hypothèse ou doctrine qui, contrairement au behaviorisme*, tient compte de l'état mental dans l'ensemble de la vie cognitive.

3. *Soc., Ethn.* Par anal. avec un être vivant, les institutions sociales, culturelles sont considérées comme des « fonctions » répondant à des « besoins » et nécessaires à la vie de la société considérée comme une totalité. La doctrine apparaît en 1930 avec Malinowski et Radcliffe-Browne et a été très discutée. Différents classements des besoins et des fonctions ont été proposés.

4. *Esth.* Théorie qui voit une source de beauté dans l'adaptation de la forme à la fonction : en architecture, quand la structure visible du bâtiment correspond à ses usages prévus ; en esthétique industrielle (aérodynamisme d'une carrosserie).

Fonctionnel (de fonction, lat. *functio*).

1. Relatif aux fonctions, qui porte sur les fonctions aux différents sens du mot (psychologie fonctionnelle), ou encore qui relève d'un fonctionnalisme (architecture fonctionnelle).

2. *Vulg.* La langue contemporaine use du mot comme syn. vague d'utile, d'adapté, qui fonctionne bien.

Fondation, fondement (lat. *fondatio*, *fondamentum*, de *fondare*, fonder).

1. *Gén.* Fondation désigne l'acte de fonder et fondement son résultat. Mais fondation est pris couramment (et classiquement) comme syn. de fondement surtout au sens matériel (les fondations d'une maison). Au sens figuré, « fondé » se dit par métaphore d'un raisonnement bien établi, solide, justifié.

2. *Méta.* Le fondement est la réalité première, la vérité première sur laquelle toutes les autres s'appuient. Le fondement est donc raison d'être et principe de connaissance (comme chez Platon l'idée de Bien*). Fondement et principe sont donc synonymes (c'est le même terme all. *Grund*). Le *cogito* peut être dit principe, fondement, vérité première de la métaphysique cartésienne.

3. *Math.* On appelle fondements, éléments, principes, les propositions mathématiques non démontrables sur lesquelles s'appuient toutes les démonstrations. Ce sont classiquement, les définitions, les axiomes et les postulats, considérés comme évidents*. On a parlé de *crise des fondements des mathématiques* quand, au XIXe, il est apparu que cette évidence pouvait être contestée (géométrie non euclidienne). La réflexion sur la fondation des mathématiques relève de trois grandes doctrines ou hypothèses : l'intuitionnisme*, le logicisme*, le formalisme*, dont aucune ne s'est imposée.

4. *Math., Épist.* Propositions premières ou principes d'un système déductif ; ex. l'axiomatique comme fondement des mathématiques ; le principe de la gravitation universelle comme fondement de la mécanique céleste (on en déduit les lois de Kepler, le mouvement des marées, la rotation de la terre sur elle-même, etc.). Ce fondement épistémologique appelle à son tour un fondement philosophique.

For intérieur (lat. *forum*, place publique, tribunal, de *foras* ou *foris*, dehors).
Mor. Tribunal intérieur de la conscience, *dist.* des jugements des tribunaux civils ou de l'opinion publique, et qui souvent s'y oppose comme juridiction supérieure à toute forme de Justice extérieure.

Force (bas lat. *fortia* de *fortis*, courageux, fort).
1. *Gén.* Puissance d'agir, quel que soit le domaine d'expérience, en dehors même de toute détermination physique ou psychologique. La force est d'abord ressentie dans l'effort musculaire ou intellectuel. Par ext., elle est une qualité de caractère, une qualité morale (*force d'âme*) et devient syn. de *courage*. Par ext. au monde matériel, une expression comme les « forces de la nature » n'implique aucune théorie scientifique précise. En ce sens général, syn. énergie*.
2. *Math.* En mécanique, tout ce qui peut modifier ou tend à modifier l'état de repos ou de mouvement rectiligne ou uniforme d'un corps abandonné à lui-même. V. Inertie ; la force est égale au produit de la masse par l'accélération : $f = mg$. *Force vive* : syn. *énergie actuelle*, le demi-produit de la masse d'un corps par sa vitesse : $1/2\ mv^2$.
3. *Épist., Hist.* La notion de force se développe avec la physique mathématique moderne (Galilée) à partir d'une critique des causes formelles et des causes finales de la tradition aristotélicienne. Cependant le *mécanisme** cartésien récuse complètement la notion de force toujours assimilée aux forces occultes des penseurs de la Renaissance. Il faut attendre Leibniz (force vive) et Newton pour qu'à la force puissent correspondre des quantités mesurables, calculables. V. Dynamisme. La « philosophie naturelle » de Newton explique tous les mouvements de l'univers matériel par des forces *attractives* et *répulsives*.
4. *Forces occultes*. Chez les penseurs de la Renaissance, forces cachées dans la nature et qui l'animent au sens propre, lui donnent une âme, établissent des correspondances symboliques entre les choses et les hommes (macrocosme* et microcosme*). La magie* permet de se rendre maître au moins partiellement de ces forces occultes. Cette conception, souvent inavouée, persiste dans de nombreuses pratiques médicales non scientifiques.
5. *Méta. a*) chez Spinoza, v. *Conatus* ; *b*) chez Leibniz, toute substance, toute monade, tout esprit est force et centre de forces. V. Dynamisme métaphysique : « Par la force ou puissance, j'entends un milieu entre le pouvoir et l'action [...] je la considère comme le constitutif de la substance, étant le principe de l'action qui en est le caractère » (*Système nouveau*) ; *c*) Schopenhauer distingue la causalité, catégorie de la connaissance empirique ou scientifique des phénomènes et la force (attractive, vitale, etc.) comme manifestation de la volonté* en soi d'ordre métaphysique ; *d*) le matérialisme a fait souvent de la force un attribut essentiel de la matière (ex. Buchner, *Force et matière*, 1855), ce qu'elle n'était pas chez Newton.

6. *Psychan.* Par anal. avec la physique, les pulsions psychiques sont considérées comme des forces, qui peuvent entrer en conflit, dont les « quantités » peuvent être comparées (bien que ni calculables, ni mesurables). V. Inconscient dynamique.

Formalisation (du lat. *formalis*, formel).

Épist. Construction d'un système formel. Elle consiste, dans une science, à éliminer autant que possible tout recours au langage commun et à l'intuition, et à construire un nouveau langage dans lequel toutes les hypothèses et les règles d'inférence sont établies de façon précise et explicite. L'exigence de formalisation est apparue au XIXe en géométrie avec la crise des fondements des mathématiques. V. Métamathématiques. *Dist.* axiomatisation. Des processus de formalisation ont été entrepris dans toutes les sciences, y compris les sciences dites humaines (linguistique en particulier).

Formalisme (de formel, du lat. *formalis*).

1. *Épist.* Tout système de signes résultant d'une formalisation. Théorie scientifique réduite à un système formel. Le terme de formalisme renvoie plus particulièrement au projet attribué à Hilbert de fonder la certitude des mathématiques en établissant leur consistance* et leur non-contradiction.

2. *Dr., Mor.* *Le formalisme juridique* tient au strict respect de la lettre de la loi et des règles de procédure. L'expression prend souvent un sens péj. opposant l'esprit à la lettre de la loi, l'équité* à la légalité*. La philosophie pratique de Kant a été considérée comme un formalisme moral parce qu'elle cherche le critère de la moralité dans le pur respect de la loi sans considération ni des « bonnes intentions », ni de la réussite ou des conséquences matérielles de l'action. On lui oppose une morale de la responsabilité ou une philosophie des valeurs.

3. *Esth.* *a*) on a appelé formalistes les recherches qui, en esthétique, s'inspirent de la psychologie de la forme*. V. Structuralisme ; *b*) le formalisme russe désigne un groupe de linguistes, de théoriciens du langage poétique (Jacobson, Bakhtine) qui veulent constituer une science de la littérature en étudiant les œuvres selon leur structure propre, indépendamment de la subjectivité de l'auteur ; *c*) le marxisme soviétique a qualifié de formaliste tout art qui ne se soumet pas au réalisme socialiste.

Formation (lat. *formatio* de *formare*, façonner).

1. *Gén.* Action de former, de donner ou d'acquérir une forme ; le résultat matériel de cette action (ex. formation géologique).

2. *Péd.* Se dit de l'apprentissage d'un métier, d'une fonction (ex. une formation d'ingénieur). S'emploie surtout dans l'enseignement professionnel spécialisé.

3. *Psychan.* *a*) *formation réactionnelle* : comportement de sens opposé à un désir inconscient, souvent caractérisé par la rigidité, l'automaticité, l'excès de moralisme. Il s'agit d'un mécanisme de défense* (ex. pudeur obsessionnelle comme défense contre le désir exhibitionniste) ; *b*) *formation substitutive* : symptôme qui apporte une satisfaction de remplacement à un désir inconscient.

C'est donc, schématiquement, l'opposé de la formation réactionnelle. Ex. mot d'esprit, acte manqué* ; c) *formation de compromis* : celle qui satisfait à la fois le désir inconscient et le mécanisme de défense (ex. déplacement* dans le rêve).

Forme (lat. *forma*).

1. *Gén.* Le mot désigne au sens matériel un *moule*, un modèle et est employé dans différentes techniques. Le sens courant est celui de *contour*, *aspect*, *apparence* et en ce sens la forme peut être mouvante, irréelle (nuage, fantôme). Mais elle peut être aussi syn. de *structure* et impliquer une certaine stabilité, désigner des figures géométriques abstraites (un tableau *informel* ne représente aucune forme reconnaissable). Dans une autre série de signification, forme désigne une manière d'apparaître, d'agir, de dire. La forme s'oppose alors au *contenu* d'un discours, d'un livre. En droit, la question de la forme est distinguée de la question du *fond*. « Mettre les formes » est savoir s'exprimer, se présenter. Les formes grammaticales (conjugaisons, déclinaisons) relèvent de la morphologie (gr. *morphê*, forme). Le mot devient par là syn. de *type*, d'espèce (les différentes formes de démocratie) et rejoint le sens philosophique d'*eidos* chez Aristote ou Platon.

2. *Psy. Psychologie de la forme*, « gestaltisme » (en all. *Gestalttheorie*, c'est-à-dire théorie de la structure) : théorie de la psychologie et tout d'abord de la perception apparue à la fin du XIXe s. en Autriche (Ehrenfels), puis en Allemagne (Wertheimer, Köhler, Kofka) au début du XXe s. et qui a eu une très grande influence sur les recherches en psychologie humaine et animale, en phénoménologie (Merleau-Ponty) et même en biologie en s'attaquant aux doctrines associationnistes jusqu'alors dominantes, en posant que le tout n'est pas équivalent à la sommes des parties, que la perception n'est pas une somme de sensations, mais directement une perception des totalités. Ex. : une mélodie est reconnue même si toutes les notes sont transposées, mais elle ne l'est pas si les mêmes notes sont permutées. Des expériences sur les illusions d'optique ont mis en évidence l'importance de l'organisation du *champ* de perception, du rapport de la figure et du fond. *Bonne forme* : la forme dont la simplicité, la symétrie, la régularité font qu'elle s'impose parmi toutes les autres formes dans un champ de perception visuelle. V. Prégnance.

3. *Esth.* Le mot de forme est très utilisé dans le langage des arts ; il y prend des significations variées, parfois même contraires : *a*) dans les arts plastiques, contour délimitant un espace, qu'il s'agisse de l'œuvre d'art elle-même (ex. une sculpture) ou de ce qu'elle représente (un visage, le dos de l'odalisque d'Ingres). Il s'agit souvent en peinture du dessin, opposé à la couleur. Ce sens s'étend à la danse et à la musique (structure d'une mélodie reconnaissable quand elle est transposée) ; *b*) par opp. au fond, forme devient syn. de style (ex. la forme d'un roman). On dit les « formes baroques » pour le style baroque ; *c*) les règles qui sont propres au genre artistique (les formes de la tragédie) ou les techniques d'exécution (la forme versifiée d'un poème) ; *d*) par anal. avec la finalité interne d'un organisme vivant, principe organisateur d'une œuvre d'art, idée créatrice qui est à son origine (à rapprocher de l'Idée* platonicienne ou plutôt néo-platonicienne).

4. *Hist., Méta.* Le mot fr. forme et le mot lat. *forma* (déjà chez Cicéron) traduisent le gr. *eidos* en usage dans deux traditions : *a*) tradition platonicienne et néo-platonicienne. Forme est exactement syn. d'idée : l'idée du beau ou la forme du beau ; *b*) dans la tradition aristotélicienne, l'usage est de traduire *eidos* par forme : la forme (*forma* du lat. scol.) est le principe qui détermine la matière et lui donne une essence déterminée (*forme substantielle*). La *forme accidentelle* ajoute une détermination sans changer la nature, l'essence d'un être ; *c*) le criticisme de Kant donne une signification particulière à la distinction forme/matière qui devient celle des conditions *a priori* de la connaissance (l'espace et le temps pour la sensibilité, les catégories pour l'entendement) et du *donné* perceptif *a posteriori.* Les formes transcendantales* anticipent et constituent l'expérience.

Formel (lat. *formalis*, dér. de *forma* ; v. Forme).

1. *Vulg. a*) qui concerne la forme (opp. *matériel*) ; *b*) qui s'en tient à l'extérieur, superficiel ; ex. une éducation formelle ; *c*) péj. qui a un caractère abstrait sans rapport avec le réel ; ex. une argumentation formelle ; *d*) qui se présente sous une forme explicite et catégorique ; ex. une promesse formelle.

2. *Crit. Vérité formelle* : celle qui concerne la forme de la connaissance et qui est conforme aux règles de la logique : « Le critère simplement logique de la vérité, à savoir l'accord d'une connaissance avec les lois universelles de l'entendement et de la raison, est donc bien la condition *sine qua non* et par conséquent négative de la vérité » (*R. pure*, Log., Introd. III), opp. *vérité matérielle* : qui constitue la matière de la connaissance sensible et qui ne peut être apportée que par l'expérience.

3. *Log. Logique formelle* : v. Forme, Logique.

4. *Mor. Morale formelle* : celle qui ne considère que la forme de la moralité, c.-à-d. le caractère impératif* et catégorique du devoir, sans égard aux conséquences qui découlent de son accomplissement ; v. Formalisme.

5. *Hist. (Méta.) a*) chez Aristote, *cause formelle*, v. Cause ; *b*) chez les scolastiques et chez Descartes, est *formel* ou existe *formellement* ce qui possède une existence actuelle, opp. ce qui existe *objectivement** (c.-à-d. à titre d'idée) ou *éminemment**, c.-à-d. dans quelque chose de supérieur qui le contient en puissance.

Fortuit (lat. *fortuitus*, qui se produit par hasard, de *fors, fortis*, sort, hasard, fortune).

Phil. Qui relève du hasard, souvent avec la nuance de quelque chose d'inopiné, d'imprévisible.

Fortune (lat. *fortuna*, de *fors, fortis*, sort, hasard ; *Fors, Fortuna*, personnification de la bonne chance).

Hist. Dans l'Antiquité romaine sort, lot, heureux ou malheureux, qui échoit aux hommes ; parfois personnifiée : la Fortune, divinité qui préside aux destinées humaines.

Foule (de fouler, presser, endroit où l'on est pressé).

Psy., Soc. Rassemblement d'individus assez nombreux ayant collectivement un comportement que chacun d'entre eux n'aurait pas isolément. En foule, des individus paisibles peuvent commettre des atrocités (lynchages). La psychologie des foules est caractérisée par l'affaiblissement du jugement critique, par le primat de l'émotion et par la « contagion affective » (G. Le Bon), par l'apparition de chefs suivis aveuglément au moins pendant un temps. La sociologie (Durkheim, Mauss) a vu d'abord dans la foule un phénomène essentiellement négatif de désorganisation, de désagrégation des institutions qui caractérisent toute société. Mais la psychologie sociale de Le Bon, puis de Freud, la décrit au contraire comme la manifestation du lien social premier dans une société archaïque, mais toujours présente (la famille primitive dominée par le père castrateur, selon Freud).

Fragment (lat. *fragmentum*).

1. *Esth.* Partie conservée d'une œuvre d'art, d'une œuvre littéraire perdue ou qui n'a pas été réalisée dans sa totalité. La découverte de statues antiques mutilées, non restaurables, leur ont donné depuis la Renaissance une valeur propre (ex. le torse du Belvédère). V. Esquisse.

2. *Phil.* en dehors de toute recherche de reconstitution d'une œuvre philosophique achevée, les fragments posthumes de Pascal (*Pensées*) ou de Nietzsche peuvent être interprétés comme autant d'intuitions, de points de vue sur une pensée non systématisée (v. Perspectivisme).

Fraternité (lat. *fraternitas* de *frater*, frère).

Hist., Pol. La métaphore familiale a d'abord une signification religieuse (tous les hommes sont enfants de Dieu). Elle prend une signification politique chez les penseurs des Lumières (Fénelon, Voltaire, Rousseau). Mais il fallait exclure les ennemis de la patrie considérée comme une famille, d'où l'étrange formule révolutionnaire : « la fraternité ou la mort ». Cette métaphore familiale peut-elle s'étendre à l'humanité entière ? Peut-elle être considérée comme un fondement moral ou juridique ? Quelle est sa relation avec la liberté et l'égalité ? V. Solidarité.

Frayage (dér. du lat. *fricatio*, friction, néol. traduisant l'all. *Bahnung*).

Psy. physio. Phénomène caractéristique consistant en ce qu'un être vivant, ayant une fois accompli un certain acte ou mouvement, devient de ce fait capable de le répéter avec moins d'effort et plus d'efficacité (extension de la réponse aux *stimuli*, raccourcissement du temps de latence, abaissement du seuil), facilitation qui s'expliquerait par une modification adaptative des voies nerveuses.

Freudo-marxisme

Pol. Doctrine syncrétique* qui associe une critique d'inspiration freudienne pour la psychologie de l'individu à une critique d'inspiration marxiste pour la vie sociopolitique. Elles sont considérées comme compatibles et même complémentaires au prix de quelques ajustements doctrinaux. C'est ainsi que le *refoulement** psychique est assimilé à la *répression** sociale. Plusieurs tentatives de freudo-marxisme sont apparues au milieu XXe (W. Reich, *La Révolution sexuelle*, H. Marcuse, *Eros et Civilisation*).

Frustration (lat. *frustratio*, duperie, de *frustrari*, décevoir, tromper).

1. *Gén.* Non satisfaction d'une demande, d'un espoir, d'une attente considérée comme légitime. *Dist.* privation. Des situations de frustrations provoquées sont étudiées en psychologie expérimentale.

2. *Psychan.* (all. *Versagung*, refus). Obstacle interne à la satisfaction d'une pulsion. La notion renvoie d'une part à un conflit psychique et d'autre part à la formation de symptômes* déterminés se substituant à la satisfaction frustrée.

Fureur (lat. *furor*).

Hist. Dans l'humanisme italien (XVe-XVIe s.) puis français, désigne un égarement de l'âme, mais aussi sa libération des entraves terrestres et son élévation à l'intuition des essences (Marsile Ficin, Giordano Bruno). L'origine est platonicienne (les quatre formes de « l'enthousiasme » dans le *Phèdre*).

Futur (lat. *futurus*, participe futur de *esse*, être).

1. *Vulg.* Ce qui dans le temps suit le présent. Syn. *avenir* dans l'usage d'après Littré, malgré certains auteurs qui considèrent le terme futur plus concret pour les uns, plus abstrait pour les autres, que celui d'avenir.

2. *Futurs contingents.* Dès l'Antiquité (les mégariques), il a été remarqué qu'une proposition telle que : « Demain, il y aura une bataille navale » était nécessairement vraie ou fausse en vertu d'un principe logique : il n'y a pas de place pour un possible entre le nécessaire et l'impossible (négation de la contingence*). D'autre part, le déterminisme scientifique ne suppose-t-il pas que tout fait futur selon les lois de la nature ne peut manquer de se produire ? La question des futurs contingents a des conséquences théologiques (comment concilier la liberté humaine avec la toute-puissance de l'omniscience divine ?) et morales (que reste-t-il de la responsabilité morale si dès maintenant le futur est déterminé ?). Aristote maintient la modalité du possible, du moins pour les événements du monde sublunaire (terrestre). Avec Leibniz, le rationalisme classique maintient la différence entre vérités contingentes et vérités nécessaires. V. Contingence, Déterminisme, Hasard.

Futurisme

Esth. « Mouvement artistique politique », créé par Marinetti à Milan, puis à Paris en 1906, vite connu dans toute l'Europe par ses proclamations, ses expositions, ses manifestations provocantes, qui précèdent celles d'autres mouvements révolutionnaires comme le dadaïsme* ou le surréalisme*. Mais contrairement à eux, il se veut toujours patriote, belliciste même en 1915, et se rallie au fascisme de Mussolini. Il englobe la totalité des arts y compris la musique, la danse, le cinéma, la typographie. Il veut exprimer par tous les moyens la modernité des grandes villes, des foules, des usines ; il exalte l'énergie, la vitesse, les machines. Ses meilleures réussites en peinture et en sculpture (Boccioni) sont dans l'expression du mouvement, des rythmes et de la simultanéité des forces.

G

G (Facteur)

Psy. métr. Facteur *général G* d'intelligence qui, selon Spearman, reste le même dans l'évaluation individuelle de chaque aptitude mentale, distinct des facteurs *spéciaux S*, qui ne varient pas seulement d'un individu à l'autre mais d'une aptitude à l'autre chez un individu déterminé (différentes sortes de mémoire, d'imagination, étendue et finesse sensorielle, abstraction, etc.) ; la réussite à un test déterminé s'explique par l'influence combinée du facteur G et d'un facteur propre à chaque test (théorie bifactorielle).

Gallicanisme (terme apparu au XIXe siècle).

Les historiens regroupent sous ce nom toutes les tentatives plus ou moins réussies pour limiter le pouvoir de la papauté dans le royaume de France, depuis au moins le XVIIe siècle. Le gallicanisme est politique (intervention du pouvoir royal, des parlements, de l'université de Paris) ou ecclésiastique (libertés de l'Église de France). Il invoque des arguments doctrinaux et juridiques pour définir le domaine temporel et le domaine spirituel et il affirme la supériorité du concile sur le Pape.

Galton (Ogive de)

Psy. métr. Courbe (étudiée par Galton, 1822-1911) représentant la répartition des notes selon les rangs ; ex. l'ordre de taille d'un grand nombre de conscrits rangés sur un seul front fait ressortir que la majorité de cette population se trouve entre les extrêmes où se situent des sujets très petits ou très grands ; en joignant les sommets des têtes on dessine une courbe en forme d'ogive ; la division de l'effectif de l'échantillon, considéré en fractions égales, 4, 10 ou 100 (quartile, décile, centile), donne des classes dont on connaît les valeurs limites, procédé par lequel on obtient une échelle de référence (étalonnage) qui sert ensuite à classer n'importe quel sujet.

Gauche (origine incertaine, peut-être de gauchir).

Pol. Dans les assemblées parlementaires, depuis la Révolution française, les députés partisans du changement (parti du Mouvement au XIXe) siégeaient à gauche du président de l'assemblée et les partisans de la conservation (parti de l'Ordre) à droite. Historiquement, il est difficile de faire correspondre à cette répartition des idées politiques ou sociales déterminées et permanentes (par ex. sous Charles X, la gauche « libérale » était hostile aux premières lois sociales proposées par les ultras royalistes).

Gaucherie

Péd. Disposition constitutionnelle de certains individus, d'origine familiale et héréditaire, liée à la prépondérance de l'hémisphère cérébral droit, à se servir spontanément de la main gauche comme l'emportant par la force, l'adresse, la précision, la subtilité ; elle s'étend d'ailleurs souvent à toute la partie gauche du corps (pied, œil, oreille). La gaucherie étant très minoritaire, l'éducation traditionnelle estimait nécessaire de « redresser » la gaucherie en imposant aux enfants des habitudes précoces et contraignantes. La pédagogie moderne a vu dans cette pratique une source de troubles divers du comportement et de l'apprentissage (dyslexie*). La question est complexe et discutée. V. Latéralité.

Gauchisme, gauchiste

Pol. *a*) selon Lénine, qualifie l'attitude extrême de certains révolutionnaires qui préconisent la lutte immédiate et sans concession même provisoire envers les forces de réaction et dont le manque d'organisation, de discipline et de sens des réalités économiques et politiques compromettent cette révolution même ; le gauchisme est « la maladie infantile du communisme » (Lénine) ; *b*) ext. toute théorie et pratique de ceux qui veulent radicaliser le mouvement révolutionnaire sans tenir compte des réalités sociales et économiques.

Gauss (Courbe de)

Psy. métr. Courbe en forme de cloche (étudiée par Laplace et par Gauss) représentant la répartition des notes obtenues par un groupe de sujets à un test ; pour qu'un test soit valide, il faut qu'un grand nombre de sujets aient une note voisine de la moyenne, un petit nombre une note extrêmement faible ou extrêmement forte, de sorte qu'en joignant par une ligne continue les files constituées par les notes on obtienne une courbe en cloche, dont il est aisé de déterminer les valeurs centrales et la dispersion (loi normale de la distribution des notes ou étalonnage d'un bon test) ; v. Écart-type.

Gène (néol. dér. du gr. *genos*, naissance, origine).

Biol. Élément localisé dans le chromosome et porteur d'une caractéristique héréditaire de l'individu ; v. Génotype.

Général (lat. *generalis* d'après *genus*, *generis*, le genre).

1. Ce qui est propre à un genre, qui caractérise tous les individus appartenant à un même *genre* (syn. générique). Opp. particulier, singulier, spécial (propre à l'*espèce*).

2. Qui concerne les principes, les éléments d'une science, d'une doctrine, d'une technique, d'une pratique. Ex. la géographie générale, la politique générale. C'est en ce sens qu'il faut entendre l'expression de *culture générale* (acquisitions permettant de développer soi-même son esprit, de le « cultiver »). Mais l'expression s'est dégradée jusqu'à ne désigner qu'un ensemble approximatif de généralités.

3. *Log.* Qui a une extension plus grande : en ce sens une *loi générale* inclut des lois particulières, dont l'extension est plus restreinte.

4. *Épist.* Qui concerne seulement le plus grand nombre des individus, des événements observés, des cas considérés. L'expression « en général » s'oppose à « universellement » (dans *tous* les cas). Une loi scientifique établie est universelle : et une expression comme « loi générale de la nature » est donc très ambiguë. On ne confondra pas une géographie *universelle* portant sur tous les pays et une géographie *générale* (sur les généralités* de la géographie).

Généralisation

1. *Psy.* (Corr. abstraction*), opération mentale qui consiste à étendre à toute une classe d'êtres ou de faits ce qui est constaté ou prouvé pour certains d'entre eux et par laquelle sont formés les concepts empiriques.

2. *Log.* Opération par laquelle on passe de propositions spéciales à des propositions plus générales.

3. *Épist.* Désigne tout passage du particulier à l'universel, not. dans l'induction, ou du spécial au général ; ex. la théorie de la gravitation universelle est une généralisation de la chute des corps qui en est un cas particulier ; en termes rigoureux il faudrait ici dire universalisation et réserver le terme de généralisation à l'induction amplifiante qui affirme d'un genre ce que l'on sait ou croit savoir empiriquement appartenir à chacune des espèces du genre.

Généralité

Vulg. Le substantif s'applique à toute connaissance générale avec toute l'ambiguïté de l'adjectif. La généralité désigne aussi bien la *totalité* des cas que *la plupart* des cas. Au pluriel et péj., des *généralités* désignent des résumés approximatifs et superficiels, dus à une vulgarisation hâtive (v. culture générale*).

Génération (lat. *generatio*, reproduction, de *generare*, engendrer, dér. de *genus*, origine, race, genre).

1. *Vulg.* *a*) action d'engendrer, au sens biologique ; *b*) intervalle de temps qui sépare l'époque à laquelle on est né de celle où on est en état de procréer.

2. *Biol.* *Génération spontanée.* Croyance très répandue jusqu'au milieu du XIXe siècle, même dans les milieux scientifiques, selon laquelle, dans certaines circonstances favorables, des êtres vivants organisés pourraient être produits directement par la matière inerte. Des expériences de Pasteur ont montré qu'il n'en était rien : tout vivant provient d'un vivant. L'hypothèse de la génération spontanée servait d'argument idéologique à la fois aux partisans de la création divine (toute-puissance de Dieu) et aux partisans du matérialisme (continuité des êtres).

3. *Soc., Hist.* *a*) ensemble des individus se rattachant à une période historique déterminée (environ 30 ans), dont les manières de penser, de sentir et d'agir ont une certaine affinité, différentes de celle de la génération précédente ; ex. la génération de l'entre-deux-guerres ; *b*) la génération des parents à un moment donné par rapport à celle des enfants ou des adolescents ; ex. le conflit* des générations.

4. *Math.* *Définition par génération* ou *génératrice* ou *génétique* : celle qui expose le mode de production d'un être mathématique ; ex. la sphère est la figure engendrée par un demi-cercle qui tourne autour de son diamètre.

5. *Hist.* Dans l'Antiquité grecque, not. chez Aristote, traduisant le grec *genesis*, passage du non-être à l'être, c.-à-d. apparition d'une substance spécifiquement nouvelle, ctr. corruption. C'est une espèce du changement.

Générativisme (ang. *generativism*, du lat. *generatio*).

Ling. Le terme désigne le programme de recherche de *grammaire générative* ou *générativo-transformationnelle* proposé par le linguiste américain Chomsky (à partir de 1957). Il s'agit de retrouver, de reconstruire, les principes, les règles qui gouvernent la compétence qu'a un locuteur dans sa propre langue afin d'obtenir une *grammaire universelle* dont dériveraient toutes les grammaires des différentes langues. L'hypothèse a été avancée d'une origine biologique, génétique, propre à l'espèce humaine, ce qui expliquerait l'apprentissage de la langue par l'enfant.

Générique (du lat. *genus, generis*).

1. *Log.* Se dit d'un caractère qui appartient au genre tout entier, c.-à-d. qui est commun à toutes les espèces d'un genre ; ex. arbre par rapport à chêne, peuplier, sapin, etc.

2. *Psy. Image générique* (Galton) : image schématique représentant une certaine sorte d'objets qui se formerait par la superposition et la fusion des images individuelles multiples des différents objets du même genre et qui expliquerait l'abstraction et la généralisation ; v. Composite.

Générosité (lat. *generositas*, bonté de la race, de *genus*, origine).

1. *Hist.* Chez Descartes, connaissance par le sujet « de la libre disposition de ses volontés », c.-à-d. de son libre arbitre* et « ferme et constante résolution d'en bien user, c.-à-d. de ne manquer jamais de volonté pour entreprendre et exécuter toutes les choses qu'il jugera être les meilleures » (*Passions*, 153).

2. *Vulg.* Vertu morale caractérisée par le don et même le sacrifice de soi pour autrui ou pour une idée.

Genèse (gr. *genesis*, origine, génération).

1. *Rel. La Genèse* : récit de la Création dans la Bible.

2. *Biol.* Formation des espèces vivantes.

3. *Vulg.* Anal. tout processus par lequel une chose est parvenue à un certain état ; ex. en psychologie, chez les empiristes, genèse des connaissances à partir de la sensation (théorie de la sensation transformée de Condillac) ; en sociologie, origine et développement d'une institution, etc.

Génétique, adj. et subst. (gr. *genêtikos*, propre à la génération, *genesis*).

Adj. **1.** *Biol.* Qui concerne les gènes et leur action sur l'hérédité. **2.** *Épist.* Qui retrace la genèse réelle ; *méthode génétique* : méthode générale commune à plusieurs disciplines qui explique un phénomène par sa genèse, c.-à-d. qui compare entre eux les états successifs d'un phénomène en vue de saisir comment un tout complexe s'organise à partir de ses éléments ; *épistémologie génétique* : celle qui consiste à étudier les connaissances selon leur construction psychologique et à considérer toute connaissance comme relative à un certain niveau du mécanisme de cette construction (J. Piaget), not. dans la psychologie de l'enfant ; ex. la formation des notions de nombre, d'espace, de temps, etc.

Subst. fém. *Biol.* Science de l'hérédité qui étudie la répartition, la transmission et l'action des gènes.

Génétisme, génétiste

Méta. a) doctrine d'après laquelle un sentiment, une idée, etc., se forment graduellement, opp. *innéisme** ; *b*) *théorie génétiste* : plus sp. doctrine d'après laquelle la connaissance de l'espace est construite empiriquement à partir des données ou de la vue ou du toucher ou du toucher et de la vue, opp. *nativisme**, qui considère cette connaissance comme innée et donnée dans la sensation même.

Génie (lat. *genius* de *gignere*, engendrer, produire mais aussi *ingenium*, talent, personne de talent).

1. *Rel.* Divinité tutélaire, propre à un être naturel (source, arbre) à une cité (génie de Rome), à un homme (génie d'Auguste). Il correspond au *daimôn* grec (le « démon » de Socrate).

2. *Méta. Malin Génie.* Dans la 1ère *Méditation*, Descartes suppose « un certain mauvais génie non moins rusé et trompeur que puissant qui a employé toute son industrie à me tromper ». Par cette supposition, le doute s'approfondit en doute *hyperbolique**, mais ce n'est rien d'autre qu'une fiction* méthodologique.

3. Ext. dans la langue classique *a*) esprit propre à un peuple (correspond à l'all. *Volksgeist*), mais aussi à une personne, un auteur, sans idée de supériorité particulière. Dans le *Discours sur l'histoire universel* de Bossuet, le génie du peuple romain est l'ensemble des forces et des défauts qui donnent sens à son histoire ; *b*) sens spécialisé : ensemble de moyens techniques, technologie : génie militaire, génie maritime ; *c*) toute personne ayant fait preuve d'une capacité remarquable (lat. *ingenium*) en tout domaine.

4. *Esth.* Au double sens d'*être un génie* et d'*avoir du génie*, le terme se rapporte spécialement à la création artistique avec un sens de plus en plus fort : le génie romantique est un homme exceptionnel bénéficiant de « dons » naturels, mais aussi d'une inspiration quasi divine, et par là même mal adapté à la vie quotidienne. Dans la *Critique de la faculté de juger* de Kant (1792) : « Le génie est la disposition innée de l'esprit, par laquelle la nature donne à l'art ses règles […] Les beaux-arts ne sont possibles que comme production du génie » (*C. J.*, § 47). Il en résulte que selon Kant, il n'y a de génie original que dans les arts et non dans les sciences. Newton n'est pas un génie parce que tout ce qu'il a découvert peut être appris rationnellement, méthodiquement, alors que le génie poétique d'Homère ne peut pas être appris et qu'il ne saurait y avoir de règle pour cela.

5. *Vulg.* De nos jours, le terme de génie est devenu un superlatif banal et attribué fréquemment pour des raisons purement commerciales. D'autre part, l'opinion s'est répandue depuis la fin du XIXe s. que le génie s'expliquait par le trouble mental, à la suite d'une interprétation abusive de quelques cas (Van Gogh). Il y a là une confusion entre l'anormal* et l'exceptionnel (quelle folie trouver à J.-S. Bach ?). Pourtant sans la notion de génie, avec ce qu'elle implique d'inexplicable, de « je ne sais quoi », l'art ne serait plus qu'une production mécanique en série.

Génocide (néol. officiel depuis 1945 (tribunal de Nuremberg) sur le modèle d'homicide, du gr. *genos*, race).

Dr. Entreprise de destruction systématique d'un groupe ethnique, d'une population supposée être une « race ». Considéré comme un crime contre l'humanité.

Génotype (comp. du gr. *genos*, race, et *tupos*, forme, espèce).

Biol. En génétique, ensemble des caractères héréditaires transmis par les gènes, indépendamment de l'action du milieu (*paratype*), la réaction du *génotype* au *paratype* aboutissant au *phénotype*, ensemble des caractères apparents, morphologiques, physiologiques, etc., d'un organisme.

Genre (lat. *genus*, origine, genre).

1. *Log. form.* Est dit *genre* tout terme ou concept englobant d'autres termes ou concepts, c.-à-d. qui possède par rapport à eux une plus grande extension* ; ex. animal est genre par rapport à vertébré et vertébré est genre par rapport à mammifère, etc. ; relativement au genre, le terme qui a la plus petite extension et une plus grande compréhension* est dit espèce*, ex. mammifère par rapport à vertébré ; *genre prochain* : celui qui dans la hiérarchie est immédiatement supérieur à une espèce ; ex. vertébré par rapport à mammifère ; v. Définition ; *genre suprême* : celui qui n'est englobé par aucun autre et qui est au sommet de la hiérarchie (être, substance, unité, etc.).

2. *Biol.* À la différence du genre logique, le *genre biologique* se situe à une place fixe dans la *systématique**. En tant que groupe morphologique, le *genre* est une subdivision de la *famille* et l'*espèce* une subdivision du *genre* ; le genre se place donc entre la famille et l'espèce, ex. le genre chien englobe les espèces chien, loup, renard, fennec, etc.

3. *Esth.* En rhétorique, dans les arts plastiques, en littérature, en musique, les arts sont subdivisés en différents genres selon le public auquel l'artiste s'adresse (discours parlementaire, judiciaire, musique sacrée, musique de danse), selon le sujet représenté (peinture de paysage, portrait), selon le style, les effets recherchés (épique, burlesque, romanesque). L'esthétique classique s'est efforcée d'assigner à chacun des règles déterminées. Mais depuis le romantisme, les limites entre les genres s'effacent de plus en plus ; certains genres ont disparu (peinture d'histoire, poésie descriptive). Cependant la critique littéraire ou artistique contemporaine ne peut s'empêcher de se référer à des *genres* dont l'essence plus ou moins déterminée donne lieu à débat (le *romanesque*, par ex.).

Gens (Droit des), v. Droit.

Géocentrisme (comp. du gr. *gê*, la Terre, et de *kentron*, lat. *centrum*, centre).
Épist. Théorie astronomique selon laquelle la Terre immobile constitue le centre du monde (système de Ptolémée), opp. *héliocentrisme**.

Géographie (gr. *geôgraphia*, description, *graphê*, de la terre, *gê*).
Épist. *a*) autr. étude principalement physique de la surface terrestre ; *b*) auj. étude descriptive et explicative du globe terrestre du point de vue non seulement physique mais biologique, ethnographique, linguistique, politique et économique ; *géographie humaine* : étude descriptive et explicative des rapports réciproques entre l'homme et le milieu terrestre.

Géologie (gr. *gê*, la terre et *logos*).
Épist. Science qui depuis le XIXe a pour objet l'étude de l'écorce terrestre relativement superficielle, et l'histoire de sa formation (« temps géologiques »). Elle fait partie des sciences de la terre.

Géométrie (gr. *geômetria* de *gê*, la terre et *metron*, mesure).
1. Art de la mesure des terrains, très anciennement connu dans le Moyen-Orient et en Égypte. L'expression de « géomètre expert » est toujours utilisée.
2. *Épist.* Science hypothético-déductive, dont les objets sont les figures abstraites et leurs rapports dans l'espace. Elle exclut toute référence à l'expérience et est rigoureusement codifiée depuis les *Éléments* d'Euclide. Depuis Pythagore et Platon, son développement est lié à celui de la rationalité scientifique et philosophique. *Géométrie analytique* (Viète, Descartes) : réunion des deux principales branches des mathématiques : « méthode de résoudre les problèmes et de démontrer les théorèmes de géométrie en y employant l'analyse ou l'algèbre » (d'Alembert dans l'*Encyclopédie*). La géométrie euclidienne semble correspondre à l'expérience physique commune. Mais l'*évidence** des principes d'Euclide disparaît avec la découverte au XIXe des géométries non euclidiennes, tout aussi rigoureuses dans leur développement rationnel.

Géopolitique (néol. forgé à partir de géographie et de politique).
1. *Épist., Pol.* Discipline fondée en 1897 par l'Allemand Ratzel. Il ne s'agit pas seulement de décrire la façon dont les nations, les États se sont partagés l'espace terrestre, mais de poser un droit aux principaux peuples et États d'acquérir un « espace vital », rendant ainsi toute frontière arbitraire et provisoire. La géopolitique est ainsi au service d'une politique d'expansion nationaliste.
2. *Pol.* Ext. Ensemble de relations entre les principales puissances (en particulier celles qui possèdent l'arme atomique).

Germen (lat. : germe).
Biol. Ensemble des éléments génétiques ou cellules reproductrices d'un individu échappant totalement à l'influence du milieu, opp. *soma**, ensemble des cellules non reproductrices (Weissmann).

Gérontocratie (du gr. *gerôn*, vieillard, et *kratos*, pouvoir, autorité souveraine).
Ethn., Soc. Type d'organisation sociale où le pouvoir est exercé par les individus les plus âgés comme disposant de la plus grande somme d'expérience.

Gestalt, Gestalpsychologie, Gestalttheorie (all. traduit par forme, mais signifiant configuration, structure, organisation). V. Forme, Structure.

Ghetto (it. dér. de l'hébreu *ghet*, séparation, divorce).
1. *Hist.* Quartier réservé des villes médiévales (à partir du XIIIe siècle) où les Juifs menaient une vie séparée du reste de la population.
2. *Soc.* Ext. tout groupe social, gén. une minorité ethnique, qui s'isole ou que l'on isole de la société globale (ségrégation*).

Glande pinéale (lat. *pinea*, pomme de pin).
Hist. Petite éminence, en forme de pomme de pin, située entre les tubercules jumeaux du cerveau et un peu au-dessus, que Descartes considérait comme le centre où venaient aboutir les esprits animaux et le siège de l'âme, c.-à-d. le lieu où s'opère la communication de l'âme avec le corps (*Passions*, 31-35).

Global (dér. du lat. *globus*, globe, boule, masse, terme qui s'applique à un tout).
1. *Psy. Perception globale* ou *syncrétique** : caractère initial de toute perception qui saisit d'abord plus ou moins confusément des structures et non primitivement les éléments du champ perceptif ; v. Psychologie de la forme*.
2. *Péd. Méthode globale de lecture* : méthode analytique qui consiste à partir de phrases simples et à les décomposer en mots pour arriver aux syllabes et finalement aux lettres, ce qui rend l'apprentissage plus rapide et plus attrayant (O. Decroly), opp. *méthode traditionnelle* qui va des lettres aux syllabes et aux mots pour aboutir aux phrases, c.-à-d. qui procède synthétiquement.

Glossématique (néol. vers 1935).
Formalisation de la linguistique* structurale par le linguiste danois Hjemslev et le cercle linguistique de Copenhague. Le *glossème* est l'élément ultime de l'analyse linguistique.

Glossolalie (comp. du gr. *glossa*, langue, et *lalein*, parler).
Psy. path. Création par certains malades mentaux d'une langue égocentrique en apparence nouvelle, plus ou moins imaginaire, comportant une relative fixité du sens des mots et une syntaxe très rudimentaire.

Gnomique (gr. *gnômikos*, qui procède par sentences, de *gnômê*, jugement, sentence).
1. *Hist. Philosophies et poésies gnomiques* : doctrines des Sages de la Grèce qui s'exprimaient ordinairement par sentences, maximes et aphorismes (Solon, Poxylide, Théognis, etc.).
2. Ext. s'applique parfois aux auteurs qui s'expriment par sentences ou aphorismes.

Gnose (gr. *gnôsis*, connaissance ; science, sagesse).

Hist. a) gén. connaissance ésotérique* des choses divines par laquelle les *gnostiques** prétendent expliquer le sens profond de toutes les religions ; *b*) chez saint Paul, connaissance éclairée du chrétien, qui distingue clairement sa foi de la croyance des païens en des dieux de pure fiction (*Cor.* I, VIII).

Gnoséologie (comp. du gr. *gnôsis*, connaissance, et *logos*, étude).

Crit. Syn. théorie de la connaissance, c.-à-d. recherche sur l'origine, la nature, la valeur et les limites de la faculté de connaître ; v. Épistémologie.

Gnostiques (gr. *gnôstikos*, qui sait).

Hist. On appelle *gnostiques* (*gnostikoi*, ceux qui savent) plusieurs groupes philosophico-religieux (IIe et IIIe siècle de notre ère), les uns professant une gnose orthodoxe ne visant qu'à l'approfondissement de la foi chrétienne, les autres une gnose hérétique (*gnosticisme*), ésotérique et éclectique, dont les dogmes communs sont l'émanation, la chute, la rédemption et la médiation exercée entre Dieu et l'homme par des puissances célestes (dits éons*) formant une hiérarchie descendant de l'Un* des néo-platoniciens, le Dieu créateur de la Genèse et le Christ lui étant subordonnés.

Gothique (it. *gotico*).

1. *Esth.* Nom méprisant donné par les humanistes italiens de la Renaissance à l'art et à la littérature alors « modernes » mais considérés comme *barbares* parce que coupés des modèles de l'Antiquité. Les Goths étaient une population germanique qui avait envahi l'Empire romain à la fin de l'Antiquité (mais qui n'ont aucun rapport avec le style dit « gothique »). Le terme reste péjoratif jusqu'au XVIIIe (« moyenâgeux »).

2. *Arch.* Le style gothique caractéristique est celui des grandes cathédrales et basiliques, apparu en France au milieu du XIIe (Saint-Denis, 1144), répandu en Allemagne, dans le Saint-Empire, en Angleterre, en Espagne et dans les pays scandinaves (mais peu en Italie). Les maîtres d'œuvre construisent des voûtes très élevées (45 mètres à Beauvais) en utilisant le système des croisées d'ogives et des arcs-boutants souvent très audacieux. Perdant leur rôle de supports, les murs laissent place à de larges baies (vitraux). Donnant une importance toute nouvelle à la lumière, à la couleur, à leur signification symbolique, l'architecture gothique a été mise en rapport avec le néo-platonisme*, mais aussi avec la pensée scolastique contemporaine. Le style gothique s'est différencié considérablement selon les régions et les époques (gothique classique, rayonnant, flamboyant, international) jusqu'au XVIe environ. L'art des cathédrales est inséparable d'une décoration sculptée raffinée, d'une statuaire puissante (statues-colonnes de Chartres), d'une riche floraison des arts mineurs (enluminures, orfèvrerie, ferronnerie, ivoires, etc.).

3. *Néo-gothique.* Au XIXe, en réaction contre le néo-classicisme, est apparu avec le romantisme un « goût » gothique très artificiel en littérature (pittoresque supposé médiéval, « couleur locale »), en peinture (style « troubadour »), dans les arts décoratifs (mobilier) surtout lié au goût des ruines médiévales (châteaux forts). L'architecture néo-gothique a connu un essor considérable dans la deuxième moitié du XIXe (parlement de Londres, restaurations diverses de Viollet-le-Duc) en Europe et même aux États-Unis. Les aspects religieux et nationalistes ne sont pas absents (le gothique est supposé être plus « chrétien » et plus « germanique » que le style classique).

Goût (lat. *gustus*, action de goûter, saveur ; cf. *gustatus*, sens du goût ; appréciation).

1. *Psy. physio.* Sens qui a chez l'homme pour organe le toucher des muqueuses linguale et palatale (consistance, astringence, température, etc.) et par voie rétronasale la muqueuse nasale et a pour objet quatre qualités spécifiques fondamentales et indépendantes, dites *saveurs* : acide, amer, salé et sucré ; l'olfaction est en fait intimement mêlée au goût.

2. *Esth.* *a*) « sentiment des qualités et des défauts dans tous les arts » (Voltaire). Ce sentiment s'exprime par des jugements subjectifs. Qu'il soit considéré comme inné ou comme acquis, il est en tout cas développé et affiné par l'éducation ; *b*) comme agrément généralement ressenti dans un groupe, le goût caractérise un milieu, une classe sociale, une époque : on parlera par exemple du « goût bourgeois vers 1900 ». En ce sens le « bon goût » (ou simplement « le goût ») n'exprime qu'un conformisme* social ; *c*) à la relativité individuelle et sociale du goût, s'oppose l'idée d'une universalité du goût qui peut être saisie intuitivement dans les chefs-d'œuvre de l'Antiquité (*classicisme*). Pour Hume, Burke, Diderot, au XVIIIe siècle, il y a une limite à l'arbitraire du goût dans la rationalité du jugement.

3. *Esth., Hist.* Critique du jugement de goût. Dans la *Critique de la faculté de juger* (1792), Kant introduit la notion d'universalité subjective du jugement de goût : « le *Goût* est la faculté de juger d'un objet ou d'un mode de représentation, *sans aucun intérêt*, par une satisfaction ou une insatisfaction. On appelle *beau* l'objet d'une telle satisfaction » (*Jug.* 5) ; « par le jugement de goût (sur le beau) on attribue à *tout un chacun* la satisfaction procurée par un objet, sans se fonder cependant sur un concept » (8), *(universalité subjective) ;* « on pourrait même définir le goût par la faculté de juger ce qui rend notre sentiment, procédant d'une représentation donnée, *universellement communicable* sans la médiation d'un concept » (40). V. Beau, Esthétique (adj.).

Gouvernance (néol. fin XIXe, de l'ang.).

Soc. On appelle ainsi la coordination des moyens qui permettent de développer une entreprise, de renforcer son efficacité et généralement de mieux articuler les structures économiques, sociales et politiques dans l'ensemble d'une société.

Gouvernement (du lat. *gubernare*, diriger un navire, tenir le gouvernail, *gubernum*, fig. diriger, gouverner).

Soc., Pol. *a*) personne morale en tant que détenant le pouvoir politique ; ex. le gouvernement légitime ; *b*) ensemble des organes par lesquels, dans l'État, le souverain* exerce son autorité ; sp. le pouvoir exécutif et l'ensemble de ses détenteurs (chef de l'État et ministres) ; *dist.* État ; *c*) type de régime politique, ex. gouvernements monarchique, républicain, despotique chez Montesquieu.

Grâce (lat. *gratia*, faveur, agrément).

1. *Gén.* Don gratuit, remise d'une dette, d'une peine, par mesure de bienveillance.

2. *Théo.* Don gratuit, que Dieu accorde à la créature pour son salut, indépendamment de son mérite. La nécessité de la grâce pour le salut met en question le rapport de la liberté humaine et de la toute-puissance divine. Il en est résulté des controverses théologiques très vives entre catholiques et protestants (v. Prédestination) et dans le catholicisme (jansénisme) ainsi que des distinctions multiples et subtiles entre les différents aspects de la grâce divine.

3. *Esth.* La notion de grâce implique l'harmonie expressive, la séduction, le charme dans le geste, la mobilité, le mouvement, même si ce mouvement est représenté comme suspendu, arrêté. « L'onde soulevée qui s'abaisse comme en s'abandonnant est par excellence la ligne de grâce » (Bergson). Déploiement d'une ligne dessinée, d'une mélodie ou d'un pas de danse, éclosion d'un sourire, la grâce se distingue du beau statique, du majestueux, du sublime. Elle exprime esthétiquement la liberté (Schiller), elle est « beauté fluide » (Simmel).

Grammaire (lat. *grammatica*, du gr. *grammatikê*, art d'écrire, de *ta grammata*, les lettres).

1. *Ling. a*) étude des règles de construction des phrases dans une langue donnée. Elle comprend la *morphologie* (études des « formes », des constructions de mots à partir d'éléments plus simples), et la *syntaxe* (étude des règles de construction des phrases à partir des mots) ; *b*) *grammaire générale* : nom sous lequel était enseignée la philosophie dans les « Écoles centrales » (futurs lycées) depuis 1795 sous l'influence des Idéologues (Destutt de Tracy) et suivant le principe condillacien qu'une science est une « langue bien faite » ; *c*) *grammaire universelle* : ensemble des règles grammaticales qui seraient applicables dans toutes les langues connues : elle serait le résultat des travaux d'un linguiste tel que Chomsky.

2. *Log. Grammaires formelles* : règles de formation d'une langue formelle ou formalisée.

Grandeur (dér. du lat. *grandis*, grand, aux grandes proportions).

1. *Épist.* Tout ce qui est susceptible de plus ou de moins et qui peut être mesuré soit directement *(grandeur extensive)*, soit indirectement, par référence à une échelle graduée *(grandeur intensive) ;* on distingue les *grandeurs continues* (étendue géométrique) et les *grandeurs discontinues* (nombres).

2. *Psy. path. Folie des grandeurs* : v. Mégalomanie.

Grand terme

Log. form. Syn. *majeur**, dans un syllogisme, l'attribut de la conclusion.

Graphique (Méthode) (gr. *graphikos*, relatif à l'écriture, de *graphein*, écrire).
Épist. Méthode qui représente linéairement la variation d'une fonction mathématique ou l'évolution de certains phénomènes et de leurs relations abstraites par des figures géométriques (diagrammes, échelles, courbes), soit pour présenter à l'œil un tableau schématique plus saisissant, soit pour mettre en évidence les relations constantes entre les faits ; v. Nomographie.

Graphologie (comp. du gr. *graphê*, écriture, de *graphein*, écrire, et *logos*, science).
Car. Étude du caractère et des aptitudes d'un individu d'après son écriture, fondée sur le principe que toute déformation apportée au graphisme appris à l'école sur un modèle universel reflète la personnalité de celui qui écrit ; surtout intuitive, la graphologie est scientifiquement très contestable.

Gratuit, gratuité (lat. *gratuitus*, sans motif, gratuit, dér. de *gratia*, grâce*).
1. *Vulg. a*) qui est donné sans contrepartie ; ex. entrée gratuite ; *b*) qui n'a pas de justification, s'appliquant soit aux assertions, soit aux actes ; ex. une supposition gratuite, une méchanceté gratuite.
2. *Exist.* Syn. contingent*, absurde* : « La contingence n'est pas un faux-semblant, une apparence qu'on peut dissiper ; c'est l'absolu, par conséquent la gratuité parfaite. Tout est gratuit, ce jardin, cette ville et moi-même » (Sartre, *La Nausée*).
3. *Mor. Acte gratuit* : acte délibéré mais immotivé, dont le seul but est précisément le caractère purement arbitraire, expression créée par A. Gide (et souvent reprise) pour qualifier dans son roman, *Les Caves du Vatican* (1913), le meurtre de Fleurissoire par Lafcadio : « La raison de commettre ce crime, dit celui-ci, est de le commettre sans raison ».

Grave, gravité (lat. *gravis*, lourd, pesant).
Hist. (Épist.) Syn. de pesanteur ; la loi de la chute des graves, c.-à-d. des corps graves ou pesants.

Grégaire, grégarisme (lat. *grex*, *gregis*, le troupeau d'où *gregarius*).
Biol., Soc., Psy. Se dit des animaux qui vivent en troupeaux, en bandes. Ce comportement est attribué à un instinct (au sens large). Péj. quand il s'agit d'un comportement humain : conformisme*, mouvement, réaction de masse*. Nietzsche a associé l'instinct grégaire à la « morale des esclaves », à l'esprit de décadence, à l'amour du prochain d'origine chrétienne.

Groupe (it. *gruppo*, d'abord dans les beaux-arts).
1. *Esth. a*) en peinture, en sculpture, représentation de deux ou plusieurs personnages réunis. Ex. la *Cène* de Léonard de Vinci ; *b*) se dit d'un nombre réduit d'artistes travaillant ensemble avec des préoccupations communes. Ex. *groupe des cinq* dans la musique russe de la fin du XIXe.
2. *Math.* Êtres mathématiques satisfaisant à des conditions précises de transformation (théorie des ensembles).

3. *Psy. soc.* On appelle plus spécialement *groupe* la réunion d'un nombre d'individus suffisamment restreint pour qu'ils se connaissent, ayant des buts communs, acceptant des normes communes et communiquant entre eux. Le groupe proprement dit se distingue des autres rassemblements tels que la foule*, la bande* ou divers groupements occasionnels. On a distingué des groupes *primaires* ou *petits groupes* et des groupes *secondaires* plus étendus, déterminés par une institution, une organisation professionnelle. On appelle *dynamique de groupe* l'évolution des relations interindividuelles (ex. reconnaissance d'un meneur, d'un *leader* dans un groupe considéré comme un champ de forces qui tendent à l'équilibre). Les groupes donnent lieu à de multiples observations ou expérimentations afin de confirmer des hypothèses de psychologie sociale (Lewin, Moreno). Des groupes à fin thérapeutique, des *groupes de diagnostic* sont constitués afin d'amener les participants à mieux connaître et surmonter les difficultés apparues dans leurs relations familiales et professionnelles sous la direction d'un animateur (*training group*).

4. *Pol., Éco. a*) dans un sens plus vague, on appelle *groupe de pression* tout groupement politique ou économique qui intervient auprès des pouvoirs politiques afin d'obtenir un avantage matériel ou idéologique par l'intermédiaire d'un parti, d'une association sous diverses formes ; *b*) dans un sens plus large encore le *groupe de référence* (classe, profession, communauté, nationalité) est celui auquel un individu aspire d'appartenir, dont il prend les valeurs pour modèle, et le *groupe d'appartenance* celui auquel il appartient effectivement.

Guerre (it. *guerra*, du francique *werra*, bataille ; v. all. *Wehr*, armée).

1. *Pol.* Affrontement armé, violent, entre États, quelles que soient les circonstances, les causes ou le but du conflit : « Sitôt que les hommes sont en société, ils perdent le sentiment de leur faiblesse : l'égalité qui était entre eux cesse, c'est l'état de guerre qui commence » (Montesquieu, *Esprit des lois*, I, 3) ; v. État de nature. « La guerre est une relation d'État à État, chaque État ne peut avoir comme ennemi qu'un autre État et non pas des hommes, attendu qu'entre choses de diverses natures, on ne peut fixer aucun vrai rapport » (J.-J. Rousseau, *Contrat social*, I, 2). La guerre implique le risque de mort violente pour les membres des États en guerre, et le risque de la destruction de l'État comme tel. Jusqu'à nos jours, les guerres ont fait partie de la vie des peuples et, selon Hegel, les peuples libres comme les hommes libres sont ceux qui ne craignent pas la mort. « Les guerres n'ont lieu que là où le cours des choses les rend nécessaires ; de toute façon, les semences germent à nouveau et le bavardage se tait devant le sérieux du mouvement cyclique de l'histoire » (Hegel, *Principes de la philosophie du droit*, § 324). Hegel va jusqu'à écrire que la guerre conserve la « santé éthique » des peuples. La *vertu* antique apparaissait d'abord comme le courage du guerrier. Socrate lui-même a été le valeureux guerrier de la bataille de Potidée. Le grand théoricien de la stratégie, Clausewitz (1831), a pu énoncer que : « la guerre est la politique continuée par

d'autres moyens ». Le marxisme y voit le prolongement des rivalités économiques en régime capitaliste, que seul le communisme pourra abolir.
2. *Mor., Dr.* Le recours à la violence semble suspendre toutes relations juridiques ou morales. Le refus absolu de la guerre inspire les doctrines politiques de la non-violence* et les pacifismes*. Cependant les épopées antiques et médiévales ont exalté les vertus proprement guerrières (esprit chevaleresque). Les théologiens chrétiens (saint Augustin, saint Thomas) ont fait la théorie des *guerres justes* soutenues par une autorité reconnue, au service d'une cause juste et charitable (amour du prochain opprimé). La théorie de la guerre juste a été reprise de nos jours (J. Rawls dans la *Théorie de la justice*, 1971). D'autre part, le « droit des gens » (droit international public) s'efforce d'introduire des règles, des limites, dans les actions de guerre. « Toutes les nations ont un droit des gens ; et les Iroquois même, qui mangent leurs prisonniers, en ont un » (Montesquieu, *Esprit des lois*, I, 4). De nos jours, les institutions internationales cherchent à résoudre et à prévenir les conflits, en particulier dans leurs causes économiques (« la paix mondiale par le commerce mondial »).
3. Ext. Par anal. ou métaphore, on parle de « guerre civile » non pas entre États mais entre factions d'un même État, ou encore de guerre économique, de guerre idéologique, diplomatique, etc., sans qu'il y ait de lutte armée. Les guerres de religion peuvent être aussi bien des guerres civiles (en France au XVIe) que des guerres entre États. Anal. Héraclite a donné à la guerre une signification cosmique : « *Polemos* (la guerre) est le père de toutes choses, de toutes choses le roi ; les uns, il les révèle comme dieux, les autres comme hommes, les uns il les fait esclaves, les autres libres ». V. les théories de la concurrence vitale (*struggle for life*) du darwinisme* social.

Gymnosophistes (gr. *gumnosophistai*, de *gumnos*, nu, et *sophos*, sage).
Hist. Nom donné par les Grecs, qui les appelaient aussi *Mages*, aux fakirs de l'Inde qui vivaient nus par renoncement et ascétisme et dont l'un d'entre eux, dit Calanos, avait, du haut de son bûcher, donné à l'armée d'Alexandre le spectacle d'une mort volontaire, supportée sans faiblesse.

Gynécocratie (comp. du gr. *gunê*, femme, et *kratos*, pouvoir).
Ethn. Royauté matriarcale ou gouvernement, de fait ou de droit, par les femmes, ce pouvoir se transmettant gén. par filiation de mère à fille ; v. Matriarcat.

H

Habitude (lat. *habitudo*, manière d'être, état, de *habere*, tenir en possession).

1. *Psy.* Comportement stable acquis par répétition ou entraînement, engendrant un mécanisme global d'actions successives en vue d'une certaine fin et tendant ensuite à se dérouler automatiquement, c.-à-d. avec un minimum de régulation de l'attention et libérant progressivement la conscience d'un effort permanent d'adaptation ; la formation d'une habitude est gén. liée à la nécessité ou à l'utilité d'accomplir des actes répondant à des besoins vitaux ou à des exigences sociales. On doit distinguer deux types d'habitudes très différentes, voire opposées : *a*) (le plus souvent au plur.) celles qui se forment spontanément et mécaniquement, par *essais* et erreurs*, imitation, répétition ; ex. l'apprentissage de la marche ou de la parole chez le jeune enfant, le maniement des outils, les usages de la vie sociale dans un milieu donné ; *b*) (plutôt au sing.) celle qui résulte d'un exercice méthodique et d'une conquête de la volonté qui vise par un entraînement réglé à la plus grande efficacité et sûreté de l'action corporelle en un certain domaine avec la plus grande économie d'efforts et de mouvements ; ex. celle du violoniste ou du pianiste de concert, etc., le but dans chaque cas étant d'arriver à une possession (*habere*) et une maîtrise aussi parfaite que possible du corps toujours susceptible de progrès ; cette sorte d'éducation physique implique la décomposition de l'acte en mouvements élémentaires (analyse), puis leur réorganisation harmonieuse (synthèse). « L'habitude, c'est la volonté qui a un corps, exactement qui possède son corps » (Alain).

2. *Mor. Bonnes et mauvaises habitudes* : syn. vertus et vices, dispositions acquises par la répétition : « La vertu morale est fille de bonnes habitudes [...]. C'est à force de pratiquer la justice, la tempérance et le courage que nous devenons justes, tempérants et vertueux » (Aristote).

Habitus (lat. *habitus*, traduction du gr. *hêxis*, disposition).

1. *Hist.* Pour la tradition aristotélicienne, disposition durable propre à un individu, soit dans l'ordre pratique (vertus morales), soit dans l'ordre intellectuel.

2. *Soc.* Mode d'action, de comportement conscient et volontaire d'un individu dans un groupe social déterminé.

Haeccéité (du lat. *haec*, celle-ci), v. Eccéité.

Hallucination (lat. *hallucinatio*, méprise, de *hallucinari*, se tromper, divaguer, avoir des hallucinations).

Méd., Psy. path. Fausse perception, chez un sujet éveillé, consistant dans la croyance à la présence actuelle d'objets ou d'êtres qui ne sont pas donnés dans la réalité ; pouvant affecter tous les sens externes, not. la vue, l'ouïe, le toucher et la cénesthésie, elle survient dans les états délirants et dans certaines intoxications.

Harmonie (gr. *harmonia*, ajustement, assemblage).

1. *Vulg.* Unité dans la diversité, telle que les éléments du tout concourent à un même effet d'ensemble.

2. *Esth. a*) caractère esthétique produit par la synthèse de plusieurs sons musicaux entendus simultanément, *dist.* mélodie ; *b*) ext. dans les arts plastiques et en littérature, combinaison heureuse d'éléments divers ; ex. dans la peinture, accord des couleurs, des formes ou des couleurs et des formes.

3. *Hist. (Méta.) a) harmonie préétablie* (Leibniz) : doctrine selon laquelle il n'y a pas d'action directe des substances ou monades créées les unes sur les autres, not. de l'âme sur le corps ou du corps sur l'âme ; à l'image de deux horloges qui s'accordent parfaitement et fabriquées avec assez d'art pour qu'elles s'accordent indéfiniment dans la suite, ainsi pour l'âme et le corps « Dieu a fait dès le commencement chacune de ces deux substances de telle nature qu'en ne suivant que ses propres lois, qu'elle a reçues avec son être, elle s'accorde pourtant avec l'autre, tout comme s'il y avait une influence mutuelle, ou comme si Dieu y mettait toujours la main au-delà de son concours général » (*Second éclaircissement du nouveau système de la communication des substances)* ; cette harmonie préétablie entre l'âme et le corps n'est d'ailleurs qu'un cas particulier de l'harmonie générale entre toutes les substances « qui sont toutes les représentations du même univers » (*Mon.* 78) ; *b*) *harmonie de la nature*. Titre d'un ouvrage célèbre de Bernardin de Saint-Pierre, souvent repris à l'époque romantique : croyance à une finalité universelle, à la fois interne et externe chez tous les êtres naturels.

Hasard (arabe *az-zahr* ou *al-sâr*, jeu de dés, par l'esp. *azar*).

1. *Vulg.* Terme équivoque couvrant des significations très différentes : ce qui est imprévu ou imprévisible ; non expliqué ou inexplicable ; trop complexe pour que les conditions en soient déterminables ; sans justification apparente. L'emploi du mot « chance » ou « malchance » ajoute l'intervention d'une cause inconnue, mystérieuse, ou d'une intervention surnaturelle.

2. *Méta., Hist.* Le hasard est-il dans les choses mêmes (*hasard objectif*) ou bien résulte-t-il seulement des limites de la connaissance humaine ? Dans l'Antiquité, Épicure a admis que dans leur chute dans le vide, les atomes subissaient des déviations fortuites déterminant leur rencontre (*clinamen**). Mais pour les philosophies qui supposent un ordre cosmique, une raison divine organisatrice de l'univers, il ne peut y avoir de hasard objectif. Il en est de même dans le providentialisme chrétien ou dans le spinozisme dans lequel toute chose procède nécessairement de la nature divine. Le kantisme et le néo-kantisme, les matérialismes, les positivismes du XIXe siècle affirment un déterminisme* intégral et ne reconnaissent qu'un *hasard subjectif* surmonté par le *calcul des chances.* Cournot cependant donne un sens au *hasard objectif* comme événement non pas sans cause, mais situé à l'intersection de deux séries de causes indépendantes, par exemple la série des causes déterminant la chute d'une tuile d'un toit et d'autre part la série des causes qui ont poussé un passant à se trouver à cet endroit précis. « Les événements amenés par la combinaison ou la rencontre d'autres événements qui appartiennent à des séries indépendantes qu'on nomme des événements fortuits ou des résultats du hasard [...] » (Cournot).

3. *Épist.* *a*) dans la microphysique, impossibilité en raison des relations d'incertitude* d'Heisenberg d'appliquer aux phénomènes atomiques le déterminisme classique, ce qui pour certains physiciens ne tient qu'à l'indétermination* de nos moyens de connaissance à cette échelle, pour d'autres provient de l'indéterminisme* ou hasard dans la nature des choses ; *b) lois du hasard* : loi des grands nombres ou lois du calcul des probabilités ; v. Probabilité.

Hébéphrénie (comp. du gr. *hêbê*, adolescence, et *phrên*, siège de l'intelligence).

Psy. path. Syn. *démence précoce*, maladie mentale caractérisée par de l'inertie, une perte d'affectivité, parfois d'intelligence, un repliement sur soi (*autisme**), et pouvant s'accompagner de délire.

Hédonisme (du gr. *hêdonê*, plaisir, jouissance, volupté).

1. *Hist. (Mor.)* Doctrine qui fait du plaisir le souverain bien de l'homme ; s'applique historiquement et prop. aux Cyrénaïques*, Aristippe, Hégésias, puis ext. aux épicuriens*. *Dist.* eudémonisme*.

2. *Mor.* Ext. toute doctrine qui réhabilite la recherche du plaisir comme principe de la morale à l'encontre de l'ascétisme chrétien (La Mettrie, Bentham au XVIIIe s.).

Hégélianisme (G. W. F. Hegel, 1770-1831).

1. Doctrine du philosophe Hegel et de ses disciples immédiats, caractérisée par l'idéalisme absolu* et la systématisation dialectique*. L'*Encyclopédie** hégélienne des sciences philosophiques comporte une logique (ontologie*), une philosophie de la nature et une philosophie de l'esprit.

2. À partir de 1835 (*La Vie de Jésus* de D. F. Strauss), on distingue des hégéliens de droite (vieux hégéliens) et des hégéliens de gauche (ou jeunes hégéliens) qui s'opposent d'abord sur les rapports de la philosophie et de la religion considérés par Hegel comme deux formes différentes d'un même contenu vrai. La « droite » développe une théologie luthérienne orthodoxe et surtout une politique conservatrice, la gauche passe de la critique de la religion à la critique de l'idéalisme et de la philosophie spéculative en général (Feuerbach, *Pour la critique de la philosophie hégélienne*, 1839 ; l'*Essence du christianisme*, 1841). Marx et Engels ont d'abord été de jeunes hégéliens. On a parlé d'un « centre hégélien » plus fidèle au maître (Rosenkranz).

3. Divers hégélianismes ou néo-hégélianismes plus ou moins éloignés de la lettre de Hegel se sont développés en France (au XIXe avec Taine et Renan), aux États-Unis (Morris, Dewey), en Italie (Gentile, Labriola, B. Croce). L'hégélianisme inspire de nombreux historicismes*. La découverte ou la redécouverte des écrits de jeunesse de Hegel ont joué un rôle important au XXe siècle, concurremment avec l'influence exercée par la dialectique marxiste.

Heideggerianisme (Martin Heidegger, 1889-1976).
Phil. contemp. Il s'agit moins avec Heidegger (1889-1976) d'un nouveau système doctrinal que d'un nouveau mode de questionnement philosophique. Dès sa première grande œuvre philosophique (*Être et temps*, 1927), il se réclame de la méthode phénoménologique du « retour aux choses mêmes », et il développe une analytique du *Dasein** qui aura d'emblée la plus grande influence, non sans malentendu et confusion (*existentialisme**). Mais surtout il propose une nouvelle lecture de la tradition philosophique à partir de la question oubliée du *sens de l'être* (v. Destruction, Être) et là aussi il en résulte un renouvellement de l'interprétation de Platon, d'Aristote, de Kant, de Hegel. Enfin dans les derniers écrits s'instaure un dialogue avec les présocratiques, Nietzsche, les poètes (Hölderlin), qui l'amène à penser l'époque contemporaine comme celle du déploiement planétaire de la technique (*Lettre sur l'humanisme*, 1947). Ajoutons qu'il lui a été vivement reproché une absence de position nette à l'égard du régime hitlérien auquel il semble avoir adhéré quelques mois. Malgré ces polémiques, le heideggerianisme joue un rôle central dans la pensée philosophique contemporaine allemande, française et italienne.

Héliocentrisme (comp. du gr. *hêlios*, soleil, et *kentron*, lat. *centrum*, centre).
Épist. Système astronomique de Copernic et de Galilée, qui place le soleil au centre de notre système planétaire et fait de la Terre une planète qui comme les autres tourne autour du soleil (révolution) et tourne sur elle-même (rotation). V. Géocentrisme.

Héraclitéisme (d'Héraclite l'obscur, philosophe présocratique (vers 545-480 av. J.-C.), dont il reste d'assez nombreux fragments).
La tradition présente l'héraclitéisme comme une philosophie du devenir, de l'impermanence, du « tout s'écoule » et du « on ne se baigne pas deux fois dans le même fleuve ». Il est alors opposé à l'éléatisme* de Parménide, philosophe de l'être immobile. Mais Héraclite est aussi le philosophe « physicien » qui fait du feu l'élément primordial. Il est resté de nos jours le philosophe des contraires, de la *guerre* au principe de toutes choses et par là le précurseur de la dialectique*. C'est lui qui a introduit en philosophie le terme de *logos**.

Hérédité, héréditaire (lat. *hereditas*, hérédité, héritage, de *heres*, héritier).
1. *Dr.* Transmission de biens, de titres, de pouvoir, etc., par voie de succession ; ex. l'hérédité des charges.
2. *Biol.* Anal. transmission des caractères génétiques, spécifiques et individuels des êtres vivants à leurs descendants ; les *caractères héréditaires*, qui peuvent être anatomiques, physiologiques ou psycho-physiologiques, sont transmis par les parents selon la répartition des gènes et leur combinaison.

Hérésie (lat. *haeresis*, opinion, doctrine, du gr. *hairesis*, choix).

1. *Rel.* Doctrine contraire à l'enseignement officiel d'une Église et à ses dogmes ; ex. l'hérésie janséniste, *dist.* hétérodoxie.

2. *Vulg.* Anal. toute doctrine contraire à des conceptions jugées établies ; ex. l'idée d'un mouvement perpétuel réel est une hérésie scientifique.

Herméneutique (gr. *hermeneutikê*, *tecknê*, art d'interpréter).

1. *Gén.* L'herméneutique est d'abord l'art d'interpréter un texte (textes religieux, mais aussi textes juridiques) afin d'en tirer une application présente, particulière. Elle se distingue de l'exégèse, l'analogie, l'allégorie, la symbolique (v. ces mots). Elle est une méthode, un ensemble de méthodes plutôt qu'une science.

2. *Épist.* Au début du XIXe siècle (Schleiermacher), l'herméneutique devient un art général d'interpréter les œuvres de l'esprit humain, en particulier les œuvres d'art dans leur signification historique ; elle met en œuvre la *compréhension** (*dist.* explication) dans les sciences de l'esprit (Dilthey) c'est-à-dire les sciences humaines.

3. *Phil.* Au XXe siècle, l'herméneutique philosophique prend en compte l'historicité de l'homme et sa situation d'être au monde : « Le problème auquel renvoie la question de l'histoire pour l'humanité n'est pas celui de la connaissance scientifique, mais celui de la conscience personnelle de la vie » (Gadamer, *Vérité et méthode*, 1960). L'herméneutique philosophique devient alors réflexion critique sur la pluralité des interprétations de l'existence humaine (P. Ricœur, *Le Conflit des interprétations*, 1969).

Hermétisme (d'Hermès, auteur mythique des Livres dits hermétiques).

1. *Hist.* Ensemble de textes remontant pour les plus anciens au IIIe siècle avant notre ère, et les plus récents au IIIe siècle après notre ère. Hermès Trismégiste (trois fois grand) est assimilé au dieu égyptien Toth. Ce sont des traités de magie, d'astrologie, d'alchimie, de théologie, mais aussi des doctrines du salut d'origine néo-platonicienne ou gnostique. Leur interprétation difficile a intrigué les premiers Pères de l'Église chrétienne, puis les humanistes de la Renaissance.

2. *Esth.* Obscurité d'un discours, d'un texte dont le sens semble fermé, clos sur lui-même. Depuis Mallarmé, des poètes accusés d'hermétisme en ont fait la caractéristique inévitable de la plus haute poésie (densité de l'expression, recherche du mot rare, musicalité).

Héros (mot gr.).

1. *Myth.* Demi-dieu de l'âge mythique, auquel un culte est rendu en tant que fondateur d'une cité, ancêtre mythique d'un peuple.

2. *Esth.* *a*) dans les épopées antiques et médiévales, personnage de premier plan, souvent favorisé des dieux ou d'une providence divine, et qui incarne les vertus d'une famille, le destin d'un peuple ; *b*) protagoniste d'un roman, d'une pièce de théâtre, d'un film, etc. Il peut être médiocre et immoral.

3. *Mor.* Type idéal de vie morale, caractérisé par un courage exceptionnel. Il suscite l'étonnement, l'admiration, l'émulation. Il est avant tout exemplaire et, comme le sage ou le saint selon Bergson, créateur de valeurs. L'importance de l'héroïsme pendant les guerres explique la place éminente faite aux héros dans l'histoire des sociétés. Mais est-ce le héros qui fait l'histoire, ou n'est-ce pas plutôt l'histoire qui fait le héros ?

Hétérodoxie (du gr. *heterodoxos*, qui a une opinion différente).
Variation dans une doctrine philosophique, un dogme religieux, mais qui n'entraîne cependant pas une condamnation pour hérésie*.

Hétérogène (gr. *heterogenos*, qui est d'un autre genre, *heteros genos*).
Se dit d'un ensemble composé d'éléments ou de parties différentes de nature, de structure et de fonction ; ctr. *homogène**.

Hétéronome, hétéronomie (comp. du gr. *heteros*, autre, et *nomos*, loi, formé sur le terme grec contraire, *autonomos*, qui se régit par ses propres lois, *autonomia*).
Pol., Mor. *a*) condition d'une personne ou d'une collectivité qui reçoit d'autrui la loi à laquelle elle obéit ; *b*) str. chez Kant (opp. *autonomie de la volonté*, qui est « cette propriété qu'a la volonté d'être à elle-même sa loi »), l'hétéronomie de la volonté comprend tous les principes de la moralité, soit empiriques, soit rationnels, tirés du principe du bonheur, « fondés, ou bien sur le concept rationnel de la perfection, considérée comme effet possible, ou bien sur le concept d'une perfection existant par soi (la volonté de Dieu), considérée comme cause déterminante de notre volonté », alors que l'autonomie est indépendante de toute propriété des objets du vouloir, même de Dieu (*Fond.* 2e section). V. Autonomie.

Hétérosexualité (du gr. *heteros*, autre, différent).
Psy. Terme créé en 1895 par opp. à celui d'homosexualité, et qui n'a de sens que dans cette opposition. Attrait érotique pour les personnes de l'autre sexe.

Heuristique, adj. et subst. (du gr. *heuriskein*, trouver, de *heuris*, bon nez, flair).
Adj. **1.** *Épist.* Qui se rapporte à la découverte ; ex. une hypothèse* heuristique, c.-à-d. une hypothèse de travail qui sert d'idée directrice dans la recherche. **2.** *Péd.* *Méthode heuristique* : celle qui consiste à faire découvrir par l'élève ce qu'on veut lui apprendre.
Subst. *Épist.* Partie de la science qui a pour objet la découverte ; sp. en histoire, la recherche et la critique des documents.

Hiérarchie (gr. *hierarchia*, de *hieros*, sacré, et *archê*, pouvoir, commandement).
1. *Rel.* *a*) primitivement, dans le catholicisme, désigne l'ordre de subordination des milices célestes (archanges, anges) ; *b*) ext. l'ordre de subordination des fonctions dans l'Église (hiérarchie ecclésiastique).

2. *Pol., Soc.* Série de relations politiques, sociales (administration, profession, etc.), telle que chaque terme (à l'exception du chef qui en est le sommet) dépende de celui qui précède et commande celui ou ceux qui suivent ; de telles séries constituent un système, caractérisé par une graduation déterminée de l'autorité et une délimitation exacte des attributions ou fonctions de chaque degré ou strate. V. Stratification sociale.

3. *Épist. Hiérarchie des sciences* (A. Comte) : classification des sciences reposant sur le principe que les conclusions de chacune servent d'hypothèses directrices à celle qui la suit sans lui enlever sa spécificité (mathématique, astronomie, physique, chimie, biologie jusqu'à la sociologie) et qui se rangent par ordre de généralité décroissante et de complexité croissante, ordre qui est aussi celui de leur développement historique et de la méthode pédagogique adéquate à leur acquisition.

Hindouisme

Rel. Le terme rassemble les formes actuelles du brahmanisme* (croyances, cultes, système social des castes).

Hippies, hippy (néol. américain de l'adj. argotique *hip*, qui sait, qui est à la page).

Soc. Groupe de jeunes (d'abord aux Etats-Unis à partir de 1965-1966) formant de petites communautés solidaires professant le pacifisme, la non-violence, le refus des contraintes sociales et du conformisme, le mépris des conventions et de la morale traditionnelle, l'amour de la nature et de la vie simple, le cosmopolitisme et la tolérance universelle. « Le hippisme, par son aspect profond, est le monde imaginaire enfantin qui veut se réaliser dans l'adolescence, dans la vie » (E. Morin).

Histoire (gr. *historia*, recherche, relation de ce qu'on a appris, de *historein*, chercher à savoir, rapporter ce qu'on sait ; cf. *histôr*, celui qui sait, historien).

1. *Épist. a*) prop. auj. discipline ayant pour objet la reconstitution et le récit suivi du passé des sociétés humaines considérées soit globalement, soit dans des collectivités particulières, soit même chez les individus dans la mesure où ils ont joué un rôle important sur le cours des événements ; *b*) devenir des sociétés humaines considérées dans le mouvement et l'unité des trois dimensions du temps, passé, présent et avenir (all. *Geschichte*, dér. de *geschehen*, arriver, avoir lieu). Celui qui écrit l'histoire (all. *Historie*) est dans l'histoire (*Geschichte*) : « L'homme est donc à la fois le sujet et l'objet de la conscience historique » (R. Aron). *Philosophie de l'histoire* : conception qui admet que, sous les apparences du hasard, de la contingence, du singulier et de l'individuel, il y a un sens total de l'histoire qui explique le passé de l'humanité et commande son avenir, opp. histoire événementielle* qui réduit l'histoire à la simple relation des événements.

2. *Hist. Philosophie de l'histoire. a*) l'expression est introduite par Voltaire (1765) pour qui, dans la succession des empires et dans la transformation des mœurs, « la raison finit toujours par avoir raison ». La philosophie de l'histoire se substitue à une *théologie de l'histoire* apparue dès saint Augustin, et qui avait trouvé une expression très rationaliste dans le *Discours sur l'histoire universelle* de Bossuet (1681). « À la réserve de certains coups où Dieu voulut que sa main parût toute seule [les miracles], il n'est point de grand changement qui n'ait sa cause dans les siècles précédents » (Bossuet, *Discours*, III, 2). Avec Montesquieu, Voltaire, puis Condorcet, s'élaborent des notions de « causes* générales », d'« époque* », d'« esprit des lois* » d'un peuple, d'une nation, et surtout la notion de *progrès**. Le progrès humain de la civilisation* est d'ailleurs identifié à un dessein divin, providentiel, par des penseurs comme Guizot ou Tocqueville ; *b*) mais l'idée de progrès ne peut pas masquer les aspects négatifs, régressifs qui restent inexpliqués. D'où les conceptions *cycliques* de l'histoire, faisant place à des phases inévitables de décadence* (philosophie antique, Vico, Nietzsche, Spengler au XXe siècle) ; *c*) au XIXe siècle, la philosophie de l'histoire est dominée par la conception positiviste d'Auguste Comte (loi des trois états*) et surtout par la dialectique de l'idéalisme absolu* de Hegel, dialectique* qui permet d'interpréter comme rationnels les conflits, les contradictions de la réalité historique. C'est à une conception résolument *matérialiste** (primat des infrastructures* économiques) que le marxisme associe une dialectique d'inspiration hégélienne ; *d*) après les atrocités des guerres mondiales et l'effondrement des régimes d'inspiration marxiste, la plupart des auteurs ont renoncé à déterminer un *sens de l'histoire* humaine global, définitif, et s'en tiennent à des affirmations limitées, précaires, dans une période déterminée.

3. *Critique historique.* Le travail de l'historien apparaît d'abord comme une critique d'un récit mythique, d'un témoignage partial ou mensonger. « Il n'y a d'autre histoire ancienne que celle des fables » (Fontenelle, *De l'histoire*, 1680). Le *Grand dictionnaire* de Bayle (1697) se dit à la fois « historique et critique ». Les méthodes d'établissement des faits historiques et de leurs interprétations sont de plus en plus rigoureuses et font appel à des moyens scientifiques indiscutables (analyse statistique, physique, chimique, des documents, etc.). Cela suffit-il pour répondre à une vieille question : l'histoire est-elle une science ? Il n'y a de science que du général*, remarquait déjà Aristote ; or le fait historique est par définition non répétable. C'est pourquoi il n'y a pas de lois historiques (celles que l'on a proposées ainsi sont en réalité sociologiques).

4. *Cosm., Biol.* Étude descriptive et classificatrice des êtres de la nature. *Histoire naturelle* : « science d'application qui étudie les diverses parties de chacun des corps existants à la surface de l'intérieur de la terre, organisées ou non organisées » (Littré) ; cette expression, tombée en désuétude, est remplacée dans les écoles par sciences naturelles et chez les savants par science de la Terre pour les minéraux et sciences biologiques pour les êtres vivants.

Historial, historialité (all. *geschichtlich, Geschichtlichkeit*).

Phén. La différence entre l'historique et l'historial, introduite par Heidegger, est comparable à la différence entre l'existentiel et l'existential*. « Comment l'histoire (*Gesichte*) peut-elle devenir l'objet de la science de l'histoire (*Historie*), la réponse à cette question ne peut être dégagée qu'à partir du mode d'être de l'historial, à partir de l'historialité et de son enracinement dans la temporalité du Dasein » (*Être et temps*, § 75). La question est donc ontologique* avant d'être épistémologique. L'historialité est un caractère de l'être au monde du *Dasein* et est constitutive de son rapport à l'avenir.

Historicité (du gr. *historikos*, qui concerne l'histoire).

1. *Épist.* Caractère de ce qui est reconnu comme s'étant réellement passé ou ayant réellement existé ; ex. l'historicité de Jésus.

2. *Exist.* Condition de l'existant humain qui, tout en étant conscient d'être engagé dans le temps et solidaire de son passé et de l'histoire, s'en dégage en se situant dans le présent et en se projetant librement dans l'avenir.

Historisme ou historicisme

Phil. *a*) méthode ou système qui, sous des formes diverses, tend à expliquer adéquatement le droit, la morale, la religion par l'histoire, c.-à-d. par les circonstances de l'évolution des idées et des mœurs ou des transformations des structures économiques ; *b*) sp. doctrine de l'école du juriste allemand F. de Savigny (1840), d'après laquelle le droit, comme les mœurs et les langues, est le produit d'une création collective inconsciente et involontaire du corps social qui se développe et se modifie constamment avec lui et qui ne peut en conséquence être interprété autrement que par son étude historique.

Holisme (du gr. *holos*, qui forme un tout).

Biol., Soc. Se dit de toute conception d'après laquelle le tout (organisme, société, etc.) a des propriétés distinctes de celles de ses éléments constitutifs, ce qui requiert, en conséquence, une étude globale. P. Duhem a montré que la réfutation d'une théorie porte toujours sur un ensemble d'hypothèses. « Nos énoncés sur le monde extérieur sont jugés par le tribunal de l'expérience sensible, non pas individuellement, mais collectivement » (Quine). Dans les sciences humaines, le holisme privilégie la compréhension sur l'explication (Dilthey) ou le collectif sur l'individuel (Durkheim).

Homaloïdal (du gr. *homalos*, uni, plan).

Math. Caractère d'un milieu spatial indéfini qui n'a pas de courbure propre ; ex. la droite dans le plan, et dans lequel on peut par conséquent tracer des figures semblables à n'importe quelle échelle.

Homéostasie (comp. du gr. *homoios*, le même, et *stasis*, état, situation).

1. *Biol.* (Cannon, 1926). Désigne l'aptitude du vivant à maintenir constantes les conditions d'équilibre de son milieu intérieur et du milieu extérieur grâce à une adaptabilité spontanée ; ex. malgré les pressions intérieures et les influences extérieures (froid, chaleur), l'organisme humain, à l'état normal,

garde une température sensiblement constante et tend à la rétablir si elle est momentanément modifiée.
2. *Psy.* (Lorenz). Anal. conduite orientée vers un but en vue d'un nouvel équilibre ; caractérise not. les comportements instinctifs allant de la sensation du besoin à sa satisfaction ; ex. la construction d'un nid empêche l'abaissement de la température du corps ; ce principe d'équilibre se retrouve dans les phénomènes hormonaux et nerveux.
3. *Techn.* *a*) maintien ou rétablissement par l'homéostat d'un équilibre suivant une constante déterminée ; *b*) réglage par un thermostat de la chaleur diffusée par un appareil selon une constante donnée ; *c*) contrôle d'un équilibre déterminé dans la cybernétique.

Hominien (lat. *homo*, homme).
Biol. Nom donné dans le groupe simien aux primates immédiatement supérieurs aux anthropoïdes, dont le seul rameau subsistant est dit *homo sapiens*.

Hominisation
Biol. Recherche des étapes par lesquelles a passé le groupe hominien des formes inférieures à l'*homo sapiens*, not. à la station debout, à la libération totale de la main, inutilisée pour la locomotion, à l'augmentation du volume du cerveau, etc.

Homo faber (lat. : homme fabricateur, ouvrier). V. Outil.

Homme (lat. *homo*).
Il est essentiel de noter qu'en français, un seul mot homme a le sens général d'être humain (lat. *homo*, all. *Mensch*, ang. *man*) et le sens d'individu du genre masculin (lat. *vir*, all. *Mann*).
1. *Hist., Méta.* *a*) la nature humaine est définie traditionnellement par le genre prochain (animal, être vivant, grec *zôon*) et la différence spécifique. Aristote propose : animal doué de raison (*zôon logistikon*), animal politique (*zôon politikon*) c'est-à-dire membre d'une cité, animal capable de rire (*Parties des animaux* III, repris par Rabelais dans *Gargantua* : « pour ce que le rire est le propre de l'homme »). Dans la pensée médiévale, l'homme est l'animal raisonnable (*animal rationale*). Il a été créé à « l'image et ressemblance de Dieu » (Genèse), mais sa nature a été profondément altérée par la corruption du péché ; *b*) avec Descartes, l'homme prend conscience de lui-même comme sujet*, dans le fameux *cogito, sum* et abandonne la conception traditionnelle de la nature humaine. « Mais qu'est-ce qu'un homme ? Dirai-je que c'est un animal raisonnable ? Non certes, car il faudrait par après rechercher ce qu'est animal, et ce que c'est que raisonnable, et ainsi d'une seule question nous tomberions insensiblement en une infinité d'autres plus difficiles et plus embarrassées » (*Méditation*, II). Mais si l'essence du moi est dans la pensée, la connaissance entière de l'homme implique la dualité de substances et l'union de l'âme et du corps ; *c*) Montaigne déjà se gardait d'assigner à l'homme une nature déterminée, et parlait seulement de *condition humaine*,

en insistant sur sa variabilité indéfinie selon le temps et les circonstances ; chaque individu porte en soi « la forme entière de l'humaine condition », mais cette forme n'est pas fixée dans une *nature*. D'un tout autre ton, les analyses de Pascal vont dans le même sens : « condition de l'homme, inconstance, ennui, inquiétude » (*Pensées*, n° 127), ce qui n'empêche pas que « l'homme dépasse infiniment l'homme » (Brunschvicg, n° 434). Ces définitions se retrouvent chez les philosophies de l'existence du XXe siècle, chrétiennes ou athées. Chez J.-P. Sartre, la « situation de l'homme » est caractérisée par le refus d'attribuer à l'homme une nature, ce qui est le sens de la fameuse formule « l'existence précède l'essence ». Se réclamer d'une nature est « mauvaise foi ». Il en résulte un humanisme* éthique et métaphysique.

2. *Biol.* Situé dans la classification zoologique, l'espèce humaine appartient au genre *homo* apparu il y a deux millions d'années environ, d'où sont issus l'*homo sapiens* (*neanderthalensis*) et enfin l'homme actuel (*homo sapiens sapiens*) depuis 35 000 ans environ. *Sapiens* signifie ici capable de savoir donc de raison.

3. *Anthr.* À défaut de critères proprement physiques (station debout, développement cérébral, etc), l'apparition des hommes est caractérisée pour le préhistorien par des vestiges d'activité technique (silex modifié intentionnellement). D'où la formule d'*homo faber* à côté de celle d'*homo sapiens*. En fabriquant des choses, l'homme se fait lui-même. Bergson opposait *homo faber* non pas à *homo sapiens*, mais à *homo loquax* (qui seulement parle). Le thème de l'homme utilisateur d'outils* remonte d'ailleurs à l'Antiquité (le rôle de la main chez Aristote) et même au mythe (Prométhée).

4. *Éco. Homo œconomicus* : entité fictive désignant dans le libéralisme économique l'homme en tant que sujet de la science économique, abstraction faite de toute autre considération, à savoir comme un être cherchant naturellement le maximum de satisfactions au prix du minimum d'efforts et n'ayant d'autre principe d'action que celui de l'intérêt.

Homogène (gr. *homogenês*, de même race, *genos* ; de même sorte, semblable).

1. *Gén.* Se dit d'un composé dont les parties sont de même nature (ctr. hétérogène) ; ex. un terrain homogène. Se dit aussi d'un groupe social (même âge, même origine, etc.).

2. *Math.* Se dit des unités du nombre cardinal et de l'espace en tant que milieu où l'on peut déplacer une figure sans déformation (milieu sans courbure ou homaloïdal* ou à courbure constante ; ex. surface sphérique).

Homosexualité (terme forgé en 1891 à partir du gr. *homos*, le même).

1. *Psy., Psychan.* Attrait érotique pour des personnes du même sexe (syn. inversion sexuelle) ; homosexualité masculine ou uranisme ou pédérastie ; homosexualité féminine ou lesbianisme, ou saphisme. Elle a été considérée le plus souvent comme une perversion*, une déviation du développement de la sexualité normale dont les causes seraient innées (physiologiques) ou circonstancielles (relations dans l'enfance ou l'adolescence). On a également invoqué, dès l'Antiquité, une bisexualité* primitive. Freud a donné des interprétations diverses à partir de la situation œdipienne ou plutôt de l'Œdipe inversé et de l'identification au père. « Dans le premier cas le père est ce qu'on voudrait *être*, dans le second cas, ce que l'on voudrait *avoir* » (*Psychologie des masses*). Il n'y a pas d'explication générale unique, mais Freud maintient, avec le mythe de la horde primitive* (meurtre du père par les fils), l'importance du lien homosexuel (masculin) dans la formation du lien social.

2. *Soc., Mor.* Certaines sociétés ont été diversement tolérantes envers l'homosexualité du moins chez les jeunes garçons. C'était le cas, dans l'Antiquité, de cités grecques comme Athènes (pédérastie). Cependant de Platon à Kant, la réprobation des mœurs dites « contre nature » a été très vive et accompagnée longtemps de sanctions religieuses et pénales graves (celles-ci ont disparu en France dans le code Napoléon). Mais l'accusation de mœurs « contre nature » peut-elle être maintenue si l'homme n'a d'autre nature que la liberté de choisir et de se choisir ?

Honneur (lat. *honos* puis *honor*, honneur rendu à un dieu, à un homme, à un magistrat).

1. *Gén.* Récompense publique accordée par l'autorité (ex. décoration). Rang social, dignité particulière surtout héréditaire, qui distingue un individu, une famille. Montesquieu faisait de l'honneur le principe, le ressort du régime monarchique.

2. *Psy., Mor.* Par intériorisation : estime de soi, de sa propre dignité, de celle de son nom, de sa famille, mais toujours mesurée à l'opinion qu'en ont les autres. Opp. honte*. Entraînant souvent des comportements immoraux ou illégaux (ex. duels, dissimulations), l'honneur apparaît moins comme une valeur morale que comme une valeur sociale dans une société très hiérarchisée et guerrière (v. la tragédie de Corneille *Le Cid*).

Honte (du francique *hauntina*, même racine que le verbe honnir).

1. *Psy.* Sentiment pénible de déshonneur, d'humiliation sous le regard d'autrui, quels qu'en soient le motif : faute morale, mais aussi tout échec, toute infériorité ressentie (pauvreté, laideur, maladresse). Sartre décrit la honte comme expérience du regard de l'autre par lequel le sujet se reconnaît lui-même comme objet devant ce regard. *Dist.* repentir*.

2. *Péd.* De nombreux auteurs (Rousseau) ont préconisé la conscience de la honte comme procédé d'éducation morale (du moins en cas de faute).

Horde (mot d'origine tartare).

Ethn. a) originellement troupe de nomades de l'Asie centrale ; *b*) forme considérée comme la plus primitive de toute organisation sociale ; sp. appliqué aux chasseurs-cueilleurs, ex. aux aborigènes australiens : « C'est le protoplasme du règne social et, par conséquent, la base naturelle de toute classification » (Durkheim) ; *c*) *Psychan.* suivant une suggestion de Darwin, Freud se représente la horde humaine primitive comme dominée par un vieux mâle cruel et tyrannique, jaloux de la possession des femelles. Un jour, les frères chassés, châtrés, se sont unis pour le tuer, le dépecer, le dévorer, ce qui reproduit le repas totémique : « C'est ainsi que mus par le sentiment de culpabilité du fils, ils créèrent les deux tabous* fondamentaux qui, pour cette raison ne pouvaient que concorder avec les deux désirs refoulés du complexe d'Œdipe » (*Totem et tabou*). Ces deux tabous sont l'interdiction de l'inceste et le caractère sacré du totem, substitut du père par quoi commence la religion. Freud y a vu un « mythe scientifique » à l'origine de toute l'histoire humaine.

Hospitalisme (ang. *hospitalism*, terme créé par l'Américain Spitz).

Psy. path. Ensemble de phénomènes de carence affective pouvant produire chez le nourrisson ou le jeune enfant des troubles organiques et psychiques, du fait, à l'hôpital ou dans un orphelinat, de l'absence de la mère.

Humanisme, humaniste (lat. *humanus*. Humaniste est du XVIe siècle, mais *humanisme* apparaît dans le *Dictionnaire* de Littré seulement dans le supplément de 1877).

1. *Hist.* Mouvement de pensée apparu d'abord dans la Renaissance italienne (XIVe et XVe siècles) puis européenne, qui se libère de la tradition aristotélicienne et scolastique par un retour au platonisme, et qui trouve dans une lecture renouvelée de la littérature antique gréco-romaine (les « humanités ») une vision neuve d'un monde centré sur l'homme, la raison, l'harmonie de l'âme et du corps humain. Pic de la Mirandole écrit un *Discours sur la dignité de l'homme* (1551).

2. *Méta.* Pensée philosophique qui fait de l'homme, de la liberté radicale de l'homme, la source de toute valeur. En ce sens la pensée du sophiste Protagoras : « L'homme est la mesure de toutes choses » (Ve siècle avant notre ère) était déjà un humanisme. Le matérialisme athée de Feuerbach, quand il transpose la théologie en anthropologie, est aussi un humanisme. Nietzsche est un humaniste (ou surhumaniste). J.-P. Sartre s'est réclamé, à juste titre, d'un humanisme (*L'Existentialisme est un humanisme*, 1946) ; v. Existentialisme. M. Heidegger répliqua dans la *Lettre sur l'humanisme* (1947) : « Précisément nous sommes sur un plan où il y a principalement de l'être* ».

3. *Mor.* On qualifie d'humanisme toute pensée attentive aux droits de l'homme et au respect de la dignité humaine. En ce sens, qui peut devenir très flou, beaucoup de philosophies se déclarent humanistes, y compris le personnalisme chrétien ou le marxisme, qui seraient plus précisément dénommés spiritualisme ou matérialisme.

Humanitaire (néol. du début du XIXe siècle).

Adj. Subst. Le mot remplace les termes de philanthropie, philanthropique (amour de l'humanité) sans doute dévalués par la générosité ostentatoire de quelques riches « philanthropes ». Il s'applique à l'action d'organismes non politiques en général, non gouvernementaux, en faveur des populations démunies, frappés par la guerre, la famine, la misère, les maladies, afin de satisfaire leurs besoins les plus élémentaires, au nom des droits universels de l'homme. L'action humanitaire pose de difficiles problèmes politiques et juridiques (souveraineté des États) et on lui a reproché de s'appuyer sur une conception trop universaliste, trop abstraite de l'humanité.

Humanité (lat. *humanitas*).

1. Ensemble des êtres humains vivant simultanément. Ex. l'humanité actuelle comprend plus de six milliards d'individus. Auguste Comte a fait de l'humanité passée, présente et future le « Grand Être » de la religion positive : « L'humanité est composée de plus de morts que de vivants » (*Catéchisme positiviste*).

2. *Méta.* La nature humaine, la condition humaine.

3. *Mor.* Bienveillance, bonté, respect de la personne humaine. Dans la comédie de Molière *Don Juan*, le protagoniste fait l'aumône à un pauvre « pour l'amour de l'humanité » (et non pour l'amour de Dieu).

Humeur (lat. *humor*, liquide, de *humere*, être humide).

1. *Biol.* Prop. substance liquide intérieure à l'organisme, not. chez l'homme.

2. *Hist. a*) *Physio.* base de la classification hippocratique des tempéraments* d'après l'humeur prédominante : flegmatique (pituitaire ou lymphatique), sanguin, bilieux et atrabilaire ; *b*) *Psy., Car.* ensemble des dispositions psychologiques ou morales, de tonalité agréable ou désagréable, dépendant de la combinaison des humeurs, syn. *thymie* : sp. mauvaise humeur ; ex. il a agi par un mouvement d'humeur.

Humour (forme ang. de humeur, en fr. depuis le XIXe siècle).

1. *Esth.* Sorte de comique. La meilleure définition est peut-être celle de Jacques Vaché, rapportée par André Breton : « le sens de l'inutilité théâtrale (et sans joie) de tout ». L'humour se distingue de l'esprit, de l'ironie, par son caractère bizarre, insolite, qui mêle le sérieux et la plaisanterie (ex. l'humour parfois féroce de l'écrivain anglais du XVIIIe siècle Swift). L'humour consiste souvent à ne pas se prendre soi-même au sérieux.

2. *Vulg.* De nos jours, humoristique tend à devenir seulement syn. de comique.

Hybris ou **hubris** (mot grec, démesure).

Tout ce qui dépasse la mesure, les limites de la condition humaine ; ex. l'acte de Prométhée dérobant le feu aux dieux.

Hylè (gr. *hulê*, matière).

Phén. (Husserl). Matière de la sensation considérée comme pur donné, indépendamment de sa signification intentionnelle*.

Hylémorphisme (comp. du gr. *hulê*, matière, et *morphê*, forme).

Hist. Désigne la théorie aristotélico-scolastique selon laquelle les corps résultent de deux principes distincts et complémentaires, la matière, *ulê*, dont la chose est faite (bois, pierre) et la forme, *morphê*, qui fait qu'une chose est ceci ou cela, soit accidentelle (meuble ou porte, statue ou colonne), soit substantielle (chêne et non sapin, marbre et non granit) ; matière et forme sont respectivement sources des propriétés quantitatives et qualitatives des corps.

Hylétique

Phén. (Husserl) *a*) qui concerne la *hulê ;* ex. les vécus hylétiques ; *b*) (opp. *noétique*) étude de la hylè qui répond à la noétique comme la matière à la forme.

Hylozoïsme (comp. du gr. *hulê*, matière, et *zôon*, être vivant).

Hist. Désigne la doctrine philosophique d'après laquelle toute matière est vivante et le monde est un être vivant qui participe d'une âme du monde ; par ce dernier caractère, le stoïcisme peut être dit un hylozoïsme.

Hyperbole, hyperbolique (gr. *huper*, au-delà, et *bolê*, action de lancer, de *huperballein*).

1. *Rhét.* Excès, qui dépasse la mesure : des éloges hyperboliques.

2. *Math.* Nom donné à une courbe mathématique (section conique).

3. *Méta. Doute hyperbolique.* Dans la 1ère *Méditation* de Descartes, le doute prend une forme métaphysique par la fiction du malin génie* : l'évidence des vérités mathématiques elles-mêmes doit être métaphysiquement fondée. Le doute hyperbolique est radical* et universel (tout ce qui est « en quelque façon » douteux est considéré comme faux). Seul le « je pense, je suis » résiste à un tel doute.

Hypermnésie (comp. du gr. *huper* et de *mnêsis*, formé sur *anamnêsis*, souvenir, de *mimnêskein*, faire souvenir, rappeler).

Psy. path. Surexcitation extraordinaire de la mémoire et de la reviviscence des images sous l'effet de la maladie ou d'une émotion.

Hypertélie (comp. du gr. *huper* et de *telos*, but, fin).

Biol. Développement évolutif d'un caractère d'abord adaptatif qui par excès devient inutile et même nuisible ; ex. les bois trop ramifiés de certains cervidés, les défenses recourbées des mammouths.

Hypnagogique (comp. du gr. *hupnos*, sommeil, et *agôgê*, action d'amener).

Psy. physio. a) état hypnagogique : état de celui qui est en train de s'endormir, syn. endormissement ; *b) images hypnagogiques* (on dit aussi sensations) : images de grande vivacité et netteté qui se déroulent le plus souvent dans le champ visuel (yeux fermés), parfois dans le champ auditif : formes géométriques, points, étoiles brillantes, spirales multicolores, etc.

Hypnose (du gr. *hupnos*, sommeil).

Psy., Psy. path. Sommeil artificiel provoqué, analogue au somnambulisme spontané, se distinguant du sommeil normal par le maintien des perceptions sensorielles, la concentration possible de l'attention et de l'action, un électroencéphalogramme comparable à celui de l'état de veille ; d'autre part, on constate une altération ou déformation des conditions normales de la mémoire et de la personnalité et surtout une très grande suggestibilité qui met le sujet dans un état de dépendance à l'égard de l'hypnotiseur ; v. Suggestion.

Hypnotisme, hypnotique (du gr. *hupnotikos*, somnolent).
Psy. Ensemble des techniques mécaniques, physiques, chimiques ou psychologiques par lesquelles l'hypnotiseur plonge l'hypnotisé dans le sommeil artificiel (état hypnotique) par divers procédés (fixation d'un point brillant, compression des globes oculaires, mouvements respiratoires lents et profonds, usage des hypnotiques, suggestion). V. Narco-analyse.

Hypocondrie, hypocondriaque (gr. *hupochondriakos*, malade des hypocondres, *ta hupochondria*, région du corps sous les fausses côtes).
Psy. path. Affection mentale caractérisée par une préoccupation obsédante du sujet sur son état de santé, qui tend à attribuer ses sensations pénibles à des troubles organiques inexistants ; le malade imaginaire de Molière est le type de l'hypocondriaque.

Hypostase (gr. *hupostasis*, fondement, du préfixe *hupo* au-dessous et de *stasis* ; action de placer, de poser. L'équivalent latin est *substantia*).
1. *Hist., Méta. a*) substance : les « substances individuelles sont dites hypostases ou substances premières » (saint Thomas). En théologie, le terme désigne les trois *personnes* divines de la Trinité chrétienne (Père, Fils, Saint-Esprit) en tant qu'elles sont considérées comme substantiellement distinctes ; *b*) dans le néo-platonisme, les trois hypostases de l'Un, de l'Intellect, de l'Âme désignent des principes éternels, incorporels, hiérarchisés. L'Un suprême est hors du monde et principe constituant des deux autres. L'âme est principe organisateur providentiel du monde, mais séparé des intelligibles. Dans le néo-platonisme, ce n'est pas à l'Un mais à l'Intellect qu'est assimilé le soleil intelligible (mythe de la caverne*). Les trois hypostases procèdent l'une de l'autre (v. *Procession*).
2. Ext. péj. simple abstraction abusivement considérée comme une réalité, une substance. Le verbe hypostasier est toujours péjoratif. Ex. Tarde a reproché à Durkheim d'hypostasier la conscience collective*.

Hypothèse (gr. *hupothesis*, action de peser, *thesis*, dessous, *hupo* ; transcription latine : *suppositio*).
1. *Math. a*) proposition ou ensemble de propositions, qui constituent le point de départ de la démonstration ; on les appelait autr. principes (axiomes, postulats, définitions) ; on les désigne auj. par le terme global *axiomatique** ; *b)* données d'un problème.
2. *Épist.* Dans les sciences physiques et biologiques, il faut distinguer : *a*) l'*hypothèse expérimentale* ou anticipation d'une loi, c.-à-d. d'une relation invariable entre deux ou plusieurs phénomènes : on pose par l'hypothèse que tel phénomène est l'antécédent ou le conséquent ou le concomitant invariable d'autres phénomènes donnés ; ex. Torricelli forme l'hypothèse que c'est l'atmosphère terrestre qui fait équilibre à la colonne de mercure d'un tube d'un mètre rempli de ce liquide, lequel, retourné sur une cuve contenant elle-même

du mercure, s'élève de 76 cm environ au-dessus du niveau de celle-ci ; l'expérience, montée sur les directives de Pascal, de deux tubes de Torricelli placés l'un au pied, l'autre au sommet du Puy-de-Dôme et dont on mesura simultanément le niveau, apporta la vérification de l'hypothèse, le niveau du second étant inférieur à celui du premier ; *b*) la *grande hypothèse* ou *théorie* qui est considérée comme établie tant que les conséquences qu'on en tire peuvent être vérifiées par l'expérience ; ex. gravitation universelle.

Hypothético-déductif

1. *Math.* S'applique au raisonnement qui tire les conséquences logiques des hypothèses constituant l'axiomatique*.

2. *Épist.* S'applique au raisonnement qui déduit de l'hypothèse les conséquences susceptibles d'être soumises à l'expérience pour confirmation*.

Hypothétique (gr. *hupothetikos*, qui concerne une supposition, une hypothèse).

1. *Log. form. a*) *proposition hypothétique*, syn. conditionnelle, opp. catégorique, celle dans laquelle une affirmation ou une négation est subordonnée à quelque condition ou hypothèse ; ex. s'il fait beau, il viendra ; s'il pleut, il ne viendra pas ; *b*) *syllogisme hypothétique* : celui dont la majeure est une proposition hypothétique.

2. *Épist., Crit. Nécessité hypothétique*, v. Nécessité.

3. *Mor. Impératif hypothétique*, v. Impératif.

Hypotypose (gr. *hupotuposis*, image, exemple).

1. Terme de rhétorique. « C'est lorsque, dans les descriptions, on peint les faits dont on parle comme si ce que l'on dit était actuellement devant les yeux » (Dumarsais, *Tropes*).

2. *Hypotyposes pyrrhoniennes.* Titre d'un livre de Sextus Empiricus sur les philosophies sceptiques, source importante de documentation.

Hystérie (du gr. *husteria*, matrice).

Psy. path., Hist. Névrose décrite dès l'Antiquité (Hippocrate) et caractérisée par des troubles somatiques importants très divers (douleurs, paralysies, crises de convulsion, etc.) sans atteinte organique décelable qui puisse en être la cause. Elle a longtemps été considérée comme exclusivement féminine et d'origine sexuelle (d'où le nom). Le Moyen Âge y a vu un phénomène de sorcellerie et a fait appel à l'exorcisme. L'hystérie a souvent été suspectée de *simulation.* Il a fallu attendre la fin du XIXe siècle et les travaux de J.-B. Charcot à la Salpêtrière pour qu'elle soit l'objet d'une étude systématique et scientifique. Pour un de ses élèves, Babinski, elle relève d'abord de l'autosuggestion (pithiatisme*) et peut être surmontée par la suggestion*. Un autre élève de Charcot, S. Freud (*Études sur l'hystérie*, 1895) l'interprète à partir des notions principales de la psychanalyse : inconscient* psychique, refoulement*, conversion*, transfert*, conflit psychique*. À côté de l'hystérie de conversion*, Freud a décrit une hystérie d'angoisse dont le symptôme principal est la phobie*.

I

Icône (gr. byzantin *eikona*, du gr. class. *eikôn*, image).
Dans le christianisme orthodoxe, tableau peint (souvent orné d'une plaque d'argent et même de pierres précieuses) représentant des scènes de la Bible, de la vie du Christ, de la Vierge, des saints. Comme manifestation visible de l'invisible, l'icône prend un caractère sacré* et joue un rôle important dans le culte populaire. Elle participe à l'enseignement doctrinal comme à la dévotion privée. De tradition byzantine, l'art des icônes obéit à des normes strictes : sa production abondante est cependant de styles très diversifiés selon les régions, les époques, les « écoles » monastiques. La valeur esthétique en est très inégale. L'Occident l'a d'abord connue par l'intermédiaire des Vénitiens.

Iconoclasme (d'icône et du gr. *clasma*, morceau brisé).
1. *Théo., Hist.* En 730, l'empereur byzantin Léon III l'Isaurien ordonne la destruction des icônes. Comme souvent à Byzance, le conflit est à la fois philosophique (nature de l'image), théologique (incarnation du Christ) et politique. La vénération des images est rétablie par le concile de Nicée en 787. Mais une autre crise iconoclaste eut lieu entre 813 et 842. La tendance iconoclaste, qui a sa source dans les interdits de l'Ancien Testament, se retrouve en Occident chez les Hussites, plus ou moins radicalement dans le protestantisme, associé à la lutte contre le pouvoir ecclésiastique et la papauté. On a aussi parlé d'un iconoclasme révolutionnaire.
2. *Esth.* Ext. sont iconoclastes toutes les remises en cause radicales d'un système de représentation artistique jusqu'alors reconnu. Ex. le dadaïste Marcel Duchamp affublant la Joconde de moustaches. L'art abstrait peut être interprété comme une résurgence iconoclaste (refus de la représentation).

Iconologie (gr. tardif *iconologia*, le mot désigne pendant la Renaissance une interprétation des symboles et allégories).
Esth. Le sens actuel est introduit en 1939 par Erwin Panofsky dans les études d'histoire de l'art. Les images, les représentations artistiques sont ramenées à leurs significations historiques précises et interprétées comme révélatrices de la culture d'une époque, d'un milieu, d'une personnalité. Ex. *L'Amour sacré et l'amour profane*, grand tableau allégorique de Titien, correspond jusque dans le moindre détail à la culture néo-platonicienne de la Renaissance italienne.

Idéal, adj. et subst. (dér. du gr. *idea*, forme ; idée, forme idéale).
Adj. **1.** *Mor., Esth., Phil.* Qui constitue l'accomplissement parfait d'une idée ou d'un type ; ex. une conduite idéale, le beau idéal, une machine idéale (qui fonctionnerait sans frottement) ; syn. exemplaire, modèle. **2.** *Psy., Crit.* Qui a le caractère de l'idée et n'existe que dans la pensée ; ex. une vue idéale : « la géométrie ne s'occupe pas des solides naturels ; elle a pour objet certains solides idéaux,

absolument invariables, qui n'en sont qu'une image simplifiée et même bien lointaine » (H. Poincaré) ; en ce sens, on utilise souvent le terme idéel ; opp. réel. Subst. **1.** *Mor. a*) selon Kant, l'idéal n'a pas d'existence objective, ne concerne que l'action et ne peut avoir qu'un usage régulateur (transcendant) et non constituant (transcendantal). « La raison humaine ne contient pas seulement des idées, mais des idéaux qui ont force pratique et qui servent de fondement à la possibilité de la perfection de certaines actions » (Kant, *Critique de la raison pure*). L'idée de Dieu, d'être suprême, mais qui ne peut pas être connu comme existant, est par excellence l'*idéal de la raison pure* ; *b*) ext. perfection individuelle dont on peut se rapprocher indéfiniment mais sans pouvoir jamais l'atteindre ; ex. l'idéal de la sainteté : « l'idéal, c'est donc la valeur elle-même en tant que non réelle, ou que non réalisée, on pourrait ajouter en tant que ne pouvant jamais l'être et devant toujours l'être » (L. Lavelle) ; *dist.* utopie. **2.** *Psychan. Idéal du moi.* Formation intra-psychique d'origine narcissique (idéalisation, surestimation du moi), qui a une fonction de *censure** du moi, et rejoint ainsi l'instance séparée du *surmoi**. L'idéal du moi participe à la constitution du lien social, dans la mesure où, dans une foule, les individus identifient leur idéal du moi avec le chef, le meneur, le leader*. V. Surmoi. **3.** *Soc. Idéal-type* ou type idéal (on utilise parfois l'adj. idéal-typique). Expression introduite par le sociologue Max Weber qui la définit comme « une utopie que l'on obtient en accentuant par la pensée des éléments déterminés de la réalité » (réalité sociale, historique). L'idéal-type n'a pas de valeur morale, exemplaire, il n'est même pas un modèle théorique, mais seulement une élucidation, une explicitation des notions générales déjà spontanément utilisées par les historiens et les sociologues. Il a donc surtout une valeur heuristique.

Idéalisation (XIXe siècle, d'idéaliser, rendre idéal).

1. *Psychan., Esth.* Idéaliser consiste à donner, ou à se donner à soi-même une image parfaite ou proche de la perfection d'une réalité quelconque, d'une personne, ou encore de soi-même (narcissisme*). V. Cristallisation.

2. *Épist.* Simplification qui, dans un processus expérimental, ne tient aucun compte de circonstances considérées comme négligeables, en particulier pour faciliter le traitement mathématique. Par ex., un corps de petites dimensions est assimilé à un point.

Idéalisme (mot apparu à la fin du XVIIe siècle).

1. *Vulg.* Croyance en un idéal moral élevé et exigeant, mais aussi, péj., manque du sens des réalités. Cet usage, qui ne se réfère à aucune doctrine précise, est source de confusion.

2. *Phil.* Opposition *matérialisme/idéalisme.* Les matérialistes du XIXe siècle (dialecticiens ou positivistes) ont taxé d'idéalisme toute doctrine autre que la leur, y compris le positivisme d'Auguste Comte. Cet usage, surtout polémique, confond le spiritualisme* avec l'idéalisme et réduit l'histoire de la pensée à un affrontement du matérialisme et de l'idéalisme.

3. *Méta.* Au sens le plus précis, idéalisme s'oppose à *réalisme*** et prend des formes doctrinales très diverses. *a*) le terme d'idéalisme a été appliqué à la *théorie des idées* de Platon, et généralement au platonisme* et au néo-platonisme. On a précisé parfois « idéalisme objectif », expression très contestable (les idées ne sont pas des « objets »). L'expression de « réalisme des idées » serait plus juste ; *b*) à la suite de Descartes et de la position du « je pense, je suis » comme vérité première, l'idéalisme est la thèse qui réduit l'être à l'*être connu*, perçu, par un esprit humain ou divin. Selon la célèbre formule de Berkeley, « être est être perçu ou percevoir » (*esse est percipi aut percipere*). V. Immatérialisme*. Mais en ce sens, Descartes lui-même n'était pas un idéaliste (dualisme* de l'esprit et de la matière) ; *c*) Kant introduit la notion capitale d'*idéalisme transcendantal*, corrélative de celle de réalisme empirique : « J'appelle idéalisme transcendantal de tous les phénomènes la doctrine d'après laquelle nous les considérons comme de simples représentations et non des choses en soi » (*Critique de la raison pure*). V. Criticisme ; *d*) chez les successeurs dialecticiens de Kant (Fichte, Hegel), la chose en soi est abolie, l'idéalisme transcendantal fait place à l'*idéalisme absolu** dont le « renversement » aboutira au matérialisme* de Feuerbach et de Marx (v. Hégélianisme).
4. *Esth.* Désigne assez vaguement au XIXe siècle tout art qui se réfère à un *beau idéal*. Opp. réalisme*, naturalisme*.

Idéalité

1. *Hist.* (*Crit.*) Caractère purement idéal ou idéel de ce qui est : *a*) chez Leibniz, qui est de l'ordre des essences, non des existences ; ex. l'espace, ordre des coexistences, et le temps, ordre des successions, « comme les nombres ou autres idéalités » ; *b*) chez Kant, caractère de l'espace et du temps en tant qu'ils ne sont pas des réalités perçues comme telles dans l'expérience, mais des *formes a priori**, des conditions transcendantales* d'apparition de toute réalité objective (phénomène*).
2. Ext. caractère de ce qui est de même nature que la pensée ou qui ne peut être conçu que par la pensée ; ex. l'idéalité des concepts ou êtres mathématiques.

Idéat

Crit. Objet auquel correspond une idée : « L'idée vraie doit être d'accord avec son idéat » (Spinoza, *Eth.* I, axiome 6). « L'idée présente, dans l'ordre de la pensée, les mêmes caractères que son idéat dans l'ordre de la réalité » (*Id. Réforme de l'entendement*, VII, 41).

Idéation

Psy. Fonction par laquelle l'esprit forme et enchaîne les idées ou les concepts.

Idée (lat. *idea*, du gr. *eidos* ou *idea*, aspect, contour, introduit en philosophie par Platon).
Ce mot n'a vraiment de sens que dans un contexte déterminé.
1. *Vulg. a*) toute représentation mentale, syn. imprécis de concept, notion, projet, etc. *b*) au pluriel croyances, doctrines, opinions individuelles ou collectives.

Ex. idées politiques, histoire des idées ; *c*) simple supposition (ex. « ce n'est qu'une idée »). Claude Bernard a utilisé le terme d'idée au sens d'hypothèse à vérifier ; *d*) *idée fixe*, syn. obsession.

2. *Phil. antique.* Dans la tradition platonicienne ou aristotélicienne, l'idée (*eidos* traduit aussi par « forme » ou encore par « essence ») n'est pas une représentation mentale, mais une structure ontologique qui fait que toute chose est ce qu'elle est. Chez Platon, les idées appartiennent à un monde intelligible immuable, séparé des réalités sensibles, changeantes, et le problème est celui de la participation* du sensible à l'intelligible. Chez Aristote, la « forme » (*eidos*) d'un être est distincte de sa *matière*, mais n'en est pas séparée. L'idée est ainsi un principe à la fois de connaissance et d'existence (de production) de toutes choses. C'est elle qui donne sens et c'est par elle que la chose peut être nommée. Pour les philosophies médiévales, c'est l'intellect divin (*logos*) qui est le lieu des idées.

3. *Rationalisme classique*. Chez Descartes, l'idée appartient à l'entendement du sujet pensant : il y a donc subjectivité de l'idée, elle n'est vraiment idée que consciente, mais elle n'est pas seulement un affect : toutes les pensées ne sont pas des pensées représentatives, ayant une valeur objective*. Que toute vraie idée est une idée vraie, une « vraie et immuable nature », est le sens du fameux critère de la clarté* et de la distinction* de l'idée. L'idée vraie est ainsi l'idée *innée** créée par Dieu en mon esprit, et qu'il convient de distinguer de l'idée *fictive* (que j'ai moi-même forgée et qui ne dépend que de moi) et de l'idée *adventice* (qui a pour cause un objet extérieur à moi). Les grands rationalistes post-cartésiens (Spinoza, Malebranche, Leibniz) vont reprendre, dans des contextes métaphysiques différents, les critères cartésiens de l'idée vraie, les discuter, les préciser (« car nous avons une idée vraie », Spinoza, *Réforme de l'entendement*). V. Clarté, Distinction, Évidence, Adéquation.

4. *L'idéalisme transcendantal* de Kant reprend explicitement le terme platonicien d'*idée* en le distinguant du *concept*, distinction qui correspond à celle de l'entendement* et de la raison*. Alors que le concept est produit par l'entendement pour représenter les phénomènes, l'idée transcendantale est un principe régulateur qui relève de l'inconditionné au-delà des limites de l'expérience : elle exprime le besoin d'unité de la raison dans l'idée d'*âme* (moi substance), l'idée cosmologique (le *monde* comme totalité des phénomènes), l'idée de *Dieu* (idéal* de la raison pure). L'idéalisme* absolu* de Hegel restitue à l'idée tout son poids ontologique. Le développement dialectique du réel est celui-là même de l'idée : « Tout ce qui est réel ne l'est qu'autant qu'il contient et exprime l'idée ».

5. *L'empirisme.* Dans la tradition empiriste qui remonte à l'Antiquité mais qui s'impose largement au XVIIIe siècle en Angleterre et en France, l'idée se réduit à la *représentation** dans l'esprit humain de ce qui est, hors de lui, dans l'expérience sensible. « Il n'est rien dans l'intellect qui n'ait d'abord été dans les sens » (Locke). Toute idée innée est donc exclue. « Par idée, j'entends les images effacées des impressions* dans nos pensées et nos raisonnements »

(Hume). Condillac fait correspondre directement idée à *sensation**. L'idée n'est qu'une « sensation transformée » et la psychologie fait place à « l'idéologie* », théorie de la transformation des idées. C'est à l'empirisme qu'il faut rattacher une expression comme *association des idées* et la plupart des usages actuels du terme idée.

6. *Esth.* Selon Schopenhauer, les différents arts n'expriment pas l'objectivité des phénomènes, leurs relations causales, mais directement les idées, c'est-à-dire les formes sous lesquelles se manifeste directement le vouloir-vivre, la volonté métaphysique en soi.

7. *Idée-force.* Expression introduite par Alfred Fouillée : « Tout état de conscience est idée en tant qu'enveloppant un discernement quelconque, et il est force en tant qu'enveloppant une préférence quelconque si bien que toute force psychique est en dernière analyse vouloir ». A. Fouillée a développé non seulement une psychologie mais toute une métaphysique des idées-forces.

8. *Psy. path.* Idée fixe ; v. Obsession.

Idéel

Adj. Qui est de l'ordre de la pensée (opp. réel). S'emploie parfois au lieu d'idéal pour écarter toute connotation de morale ou d'exemplarité.

Idéisme (d'idée, terme utilisé par Royer-Collard, 1812).

Hist., Crit. Terme polémique utilisé par les disciples de l'école écossaise* contre les cartésiens qui interposent l'idée entre le sujet connaissant et la chose connue, et qui mèneraient ainsi tout droit à un scepticisme.

Identification (dér. du lat. *identitas*).

1. *Vulg.* Reconnaissance des caractères propres à un individu humain, un animal, un objet quelconque, en particulier reconnaissance de son origine.

2. *Psy.* Processus psychique par lequel un individu assimile un aspect d'un autre individu, ou le prend pour modèle. Ce peut être par imitation*, par empathie*, contagion* affective, projection*, introspection*, intériorisation*.

3. *Psychan.* Les identifications inconscientes jouent un rôle essentiel dans la formation de la personnalité. Ce sont par des identifications que les instances du *Moi* et du *Surmoi* se différencient du *Ça*. Dans la *Psychologie des foules*, Freud situe l'identification dans la préhistoire du complexe d'Œdipe* et l'oppose au choix d'objet. « Dans le premier cas, le père est ce qu'on voudrait *être*, dans le second cas, ce qu'on voudrait *avoir* [...] Premièrement l'identification est la forme la plus originelle de la liaison de sentiment à un objet (identification dite primaire), deuxièmement par voie régressive, elle devient le substitut d'une liaison d'objet libidinale (au moins partiellement) et troisièmement elle peut réapparaître chaque fois qu'est perçue de nouveau une communauté avec une personne qui n'est pas l'objet de pulsions sexuelles ». Ce dernier cas est celui de l'identification des individus dans une foule avec le Surmoi du meneur. C'est donc l'identification qui est à l'origine de tous les phénomènes de la psychologie collective, et du lien social lui-même. Les successeurs de Freud ont diversifié et enrichi cette notion d'identification. V. stade du miroir*.

4. *Esth.* L'intérêt pris à un spectacle, à une œuvre littéraire, artistique a été expliqué dès l'Antiquité, par une identification du spectateur, de l'auditeur, du lecteur à un héros* de tragédie, d'épopée, de roman. Elle est supposée dans la théorie aristotélicienne de la *catharsis**. « Tout Paris a pour Rodrigue les yeux de Chimène », a-t-on dit après le succès du *Cid*. Un processus d'identification intervient également entre l'auteur et ses personnages (« Madame Bovary, c'est moi », G. Flaubert). B. Brecht a opposé à l'identification un processus critique de distanciation*.

Identique (lat. scol. *identicus*, qui est le même, *idem*).

1. *Log. form.* Proposition identique : celle dont le sujet et l'attribut ou prédicat représentent le même être ; v. Tautologie.

2. *Phil. a*) se dit de ce qui est une seule et même chose bien que perçue ou conçue de plusieurs manières différentes ; ex. l'Étoile du Matin et l'Étoile du Soir ; *b*) se dit d'un individu ou d'une chose lorsqu'ils restent les mêmes à travers les modifications ; ex. le Moi, la substance, restant identiques sous le changement.

Identité (bas lat. *identitas* d'*idem*, le même).

1. *Identité numérique* : elle qualifie un être qui est *un et le même* (*unus* et *idem*) quels que soient les aspects ou les dénominations qui le font connaître. Opp. différence*, diversité. C'est à ce sens qu'il faut rattacher l'acception juridique, administrative du mot : caractéristique permettant aux autorités de reconnaître qu'un individu est bien le même quelles que soient les circonstances (pièces d'identité).

2. L'identité qualifie deux ou plusieurs objets qui ne sont distincts que par le nombre (*sole numero*), qui ont même forme, même grandeur, mêmes propriétés. Ex. des voitures fabriquées en série. Mais sont-elles absolument identiques, ou seulement très semblables ? Sont-elles *réellement* indiscernables ? En ce sens l'identité ne s'oppose pas à la ressemblance, elle en est même le cas limite. V. *Indiscernables* (principe des). Si l'on tient compte de la complexité du réel, l'identité ne s'affirme que sous un rapport déterminé (même genre, même espèce, même type, même origine, etc.).

3. L'identité désigne ce qui reste le même dans le temps (dans un certain laps de temps), ce qui est *permanent*, subsistant, sous le changement (en lat. *substantia*, en gr. *hypokeimenon*) : « Je sens à travers ma diversité une constance et cette constance est toujours moi » (Gide). Dans la langue courante, une « substance » est une matière qui reste la même alors que changent son aspect, ses qualités sensibles et même ses propriétés (par ex. selon son état solide, liquide, gazeux). C'est en ce sens que se pose la question de l'*identité du Moi* (identité personnelle) à travers la continuité changeante du flux de pensée dans la succession des « états de conscience ». On connaît la thèse de Descartes : dire *je pense*, *je suis*, est affirmer une substance* dont l'attribut essentiel est la pensée. L'empirisme avec Hume recourt à la mémoire* qui met en relation des

impressions du passé et celles du présent, et la littérature a exploité le thème de l'amnésique qui se retrouve une seconde identité. La formation du sentiment de l'identité personnelle dans la première enfance a été décrite par les psychologues (v. Identification, stade du miroir*) et les troubles de la conscience du moi (*dépersonnalisation*) par les psychiatres. Mais aucune de ces descriptions ne peut éviter de présupposer la *singularité du sujet* qui s'affirme aussi bien dans la liberté du cogito* cartésien ou le caractère* intelligible kantien que dans le pour soi sartrien (v. En soi, pour soi) ou la résolution* du *Dasein* heideggerien.
4. *Log. a*) *proposition identique* : jugement dont le prédicat redouble simplement le sujet, *tautologie** ; ex. « une chose est une chose », « j'ai écrit ce que j'ai écrit » (Leibniz, *Nouveaux Essais* IV, qui emploie le terme d'*identicisme*) ; *b*) *principe d'identité* : dans les exposés traditionnels de la logique, principe suprême assurant la cohérence de toute pensée et qui peut s'énoncer : « ce qui est est et ce qui n'est pas n'est pas ». *Dist.* principe de contradiction ou principe du tiers exclu : « Le principe d'identité est la véritable essence de la logique, le vrai moule ou l'homme coule sa pensée ; le principe de causalité* n'est que le principe d'identité appliqué au temps » (Émile Meyerson, *Identité et réalité*).
5. *Méta., Hist.* La corrélation de l'identité et de la différence est une thématique fondamentale dans toute l'histoire de la philosophie, des origines à nos jours. Dès les présocratiques, elle est celle de l'être* et du devenir*. Parménide pose-t-il implicitement le principe d'identité ? Quant à la fameuse formule d'Héraclite : « on ne se baigne jamais deux fois dans le même fleuve », elle implique l'identité du fleuve toujours différent, sans laquelle il ne pourrait même pas être dénommé, comme le remarque Platon. Il répond à la question de l'identité et de la différence par la *participation** de la *multiplicité* du sensible à l'*unité* de l'idée (*Sophiste*) dans une dialectique de l'*altérité* (et non de la contradiction). Le néo-platonisme ne finira pas de commenter et d'interpréter les textes de Platon, le regard fixé sur la transcendance de l'Un. Cependant l'atomisme* antique proposait des combinaisons infinies d'éléments identiques à eux-mêmes, et Aristote léguait à des siècles de discussions théologiques (et épistémologiques) les catégories* de l'être (« être se dit de multiples façons ») et surtout de *substance*. Au XIXe siècle, l'idéalisme absolu de Schelling se dira *philosophie de l'Identité*, identité de la Nature et de l'Esprit (entendue comme non-différence, et non pas comme confusion d'une nuit où tous les chats seraient noirs). Restait à la dialectique* hégélienne de penser concrètement les trois moments de l'identité, de la différence, et de l'identité et de la différence et l'identité (en soi pour soi*). Rappelons seulement que le principe d'identité de la logique formelle n'est nullement aboli ni même dépassé (au sens banal du devenir inopérant) dans une « logique » dialectique qui est logique de l'être c'est-à-dire *ontologie*. La pensée contemporaine de plus en plus attentive aux différences naturelles, individuelles, historiques, soupçonne volontiers toute identité, même seulement conceptuelle, d'imposer l'uniformité, de réprimer les variations qui sont la vie même.

Idéographie, idéographique (comp. du gr. *idea*, idée, et *graphein*, écrire). Écriture représentant les idées par des dessins stylisés d'objets propres à évoquer ces idées ou qui en sont les symboles. V. Écriture.

Idéogramme (comp. du gr. *idea*, idée, et *gramma*, caractère d'écriture, signe). Élément de l'écriture idéographique.

Idéologue, idéologie (depuis 1796).

1. *Crit., Hist.* Terme créé par Destutt de Tracy pour remplacer celui de psychologie jugé trop métaphysique puisque se référant à l'âme. L'idéologie est « l'analyse des sensations et des idées », les idées n'étant elles-mêmes que des sensations transformées. L'idéologie comportait le refus de tout *innéisme**, un point de vue génétique qui exposait l'apparition des facultés à partir des sensations dans leur double aspect de connaissance et d'affectivité, enfin l'analyse du langage comme méthode de connaissance (« la science est une langue bien faite »). Les idéologues — ou *idéologistes* — (Destutt de Tracy, Cabanis, Volney, Degérando) ont eu une influence considérable en France et en Italie jusqu'à Taine.

2. *Soc.* L'idéologie a été vivement attaquée comme suspecte d'irreligion (Chateaubriand) et de libéralisme politique (Napoléon). Le mot a pris très tôt le sens péj. de doctrine faussement rationnelle, éloignée de la réalité. Pour les marxistes, l'idéologie propre à la classe sociale dominante relève d'une mystification idéaliste inconsciente, une superstructure* explicable en définitive par une infrastructure* (rapports de production). Par ext., l'idéologie désigne des croyances, des conceptions d'une société, d'une époque donnée, mais toujours opposée à la connaissance scientifique, et sa connotation est en général péjorative. « L'idéologie est l'idée de mon adversaire, serait une des moins mauvaises définitions de l'idéologie » (Raymond Aron).

Idéo-motrice (Action)

Psy. phys. Action par laquelle toute représentation d'un mouvement tend à produire ce mouvement ; ex. le pendule de Chevreul.

Idiologie (comp. du gr. *idios*, qui appartient en propre à quelqu'un, et *logos*, étude). *Car.* Connaissance de l'individu dans la totalité de sa réalité concrète telle qu'elle peut être déterminée scientifiquement.

Idiosyncrasie (comp. du gr. *idios*. propre, *sun*, avec, et *krasis*, mélange de deux ou plusieurs choses qui se combinent en un tout).

1. *Méd.* Ensemble des dispositions physiologiques propres à un individu.

2. *Psy. physio., Car.* Ensemble des dispositions physiologiques et psychologiques, recouvrant à la fois le tempérament* et le caractère*, propres à un individu. Nietzche a utilisé le terme dans sa typologie de la volonté* de puissance (idiosyncrasie du philosophe).

Idole (gr. *eidôlon*, image).

1. *Soc.* Tout objet matériel, considéré ou non comme une divinité, déterminant, suscitant une dévotion, un rituel, une vénération, une crainte religieuse.

2. *Ext.* Admiration excessive et quasi religieuse d'une personnalité politique, artistique, d'une « star » du cinéma, de la chanson.
3. *Rel.* Représentation des « faux dieux » du paganisme, d'après les monothéismes juif, chrétien, musulman, qui condamnent leur culte et ont souvent appelé à leur destruction. *Dist. icône* (qui n'est idole qu'aux yeux des iconoclastes).
4. *Hist., Épist.* F. Bacon a désigné comme idoles les principaux obstacles à la connaissance scientifique : les *idoles de la tribu* (nature humaine), les *idoles de la caverne* (préjugés individuels) et *idoles du théâtre* (fausses sciences).

Illocution, illocutoire (néol. ang. du lat. *locutio*, parole, de *loqui*, parler).
Ling. Parole qui est par elle-même une action dans une langue et une relation sociale données. Elle exprime une assertion, un ordre, une promesse, une question, etc. En français, elle est marquée par l'ordre des mots, les signes de ponctuation, le mode du verbe, etc. Ex. « Qu'il entre ! » L'analyse de la *force illocutoire* des actes du langage donne lieu à une *logique illocutoire* qui peut être complexe (J. L. Austin, S. Searle).

Illumination (lat. médiéval, du lat. *illuminare*, éclairer).
1. *Théo.* Expérience mystique qui élève l'esprit humain et le met en relation de connaissance et d'amour avec une réalité divine.
2. *Méta.* Dans la tradition platonicienne, reprise en particulier par saint Augustin, puis Malebranche, la connaissance humaine n'est possible qu'en tant que l'intellect humain est éclairé par la lumière divine, qu'il s'agisse aussi bien des vérités de foi, des vérités morales, que des vérités naturelles (rapports mathématiques par ex.).

Illuminisme, illuminé (du lat. *illuminare*, éclairer, illuminer).
1. *Hist.* Doctrine des Illuminés (Swedenborg, Claude de Saint-Martin et divers théosophes et mystiques) qui prétendent recevoir des inspirations directes de Dieu. On ne confondra pas avec l'illuminisme qui, en italien (*illuminismo*), désigne la philosophie des Lumières du XVIIIe s.
2. Ext. anal. péj. état d'esprit des visionnaires qui s'imaginent doués d'intuitions révélatrices.

Illusion (lat. *illusio*, tromperie, illusion, d'*illudere*, se jouer, se moquer de).
1. *Psy. Illusions de la perception* (ou improp. *des sens*) : apparence sensible qui nous trompe sur certaines réalités ; ex. l'*illusion d'Aristote* (la plus ancienne connue) : si l'on croise l'index et le médius d'une main et qu'on introduise ex. une bille entre eux, on aura, en la pressant et surtout en la faisant rouler, l'illusion de la présence de deux billes ; l'illusion qui fait paraître la lune plus grande à l'horizon qu'au zénith ; *dist.* l'*erreur de perception* : alors que l'erreur une fois rectifiée est éliminée, l'explication ou la vérification qui dénonce l'illusion ne la dissipe pas. *Illusion des amputés* : impression fréquente chez les amputés qui localisent les sensations éprouvées (tactiles, thermiques, algiques) dans le bras ou la jambe qui leur a été enlevé : la réflexion ne fait pas disparaître l'illusion.

2. *Méta.* Fausse croyance spontanée concernant certains phénomènes ou choses extérieures ; ex. la dimension du soleil : « Les astronomes [...], après avoir été convaincus par de puissantes raisons que le soleil est plusieurs fois plus grand que toute la terre, ne sauraient pourtant s'empêcher de juger qu'il est plus petit lorsqu'ils viennent à le regarder (Descartes, *6e Rép.* X) ; cf. Spinoza, *Eth.* II, scolie de la propos. XXV : « Quand nous regardons le soleil, nous imaginons qu'il est distant de nous d'environ deux cents pieds, [...] plus tard, tout en sachant que le soleil est distant de plus de 600 fois le diamètre terrestre, nous ne laisserons pas néanmoins d'imaginer qu'il est près de nous ».

3. *Hist. (Crit.) Illusion* ou *apparence transcendantale* (Kant) : illusion constitutive et inévitable de la raison, qui nous conduit à faire des principes subjectifs de la connaissance des phénomènes les principes objectifs des choses en soi (*R. pure*, Dial., Introd. I) ; néanmoins cette illusion enveloppe une puissance légitime et positive d'affirmation de la raison, d'une part en tant que ce besoin indéfectible de l'inconditionné et de l'absolu est le moteur de la raison spéculative et de la science ; d'autre part, en ce que « la raison pure a un usage pratique* absolument nécessaire » qui lui fait poursuivre l'inconditionné sous ses trois formes : l'âme, le monde, Dieu, à titre non plus de savoir mais de foi* rationnelle.

Image (lat. *imago*, reproduction, portrait).

1. *Gén.* Représentation sensible d'un objet en l'absence de cet objet, que cet objet soit donné comme réel, comme disparu, ou comme fictif, partiellement ou entièrement. L'image peut être matérielle (dessin, tableau, photographie) ou mentale (subjective). L'image est le plus souvent visuelle, mais elle peut être auditive, motrice, et même olfactive, tactile.

2. *Psy.* L'empirisme a longtemps considéré l'image mentale comme une sensation atténuée (« idée* »), diversement transformée et associée. L'esprit humain serait donc, selon l'expression célèbre de Taine un « polypier d'images ». Cependant Bergson remarque que l'image d'un bruit fort est distincte de la perception d'un bruit faible. L'analyse phénoménologique de J.-P Sartre montre que l'image mentale se donne d'emblée comme non réelle (« conscience imageante »). Même l'halluciné n'est pas seulement quelqu'un qui se trompe, il a conscience d'être halluciné et en souffre.

3. *Psychan. Image de soi.* Si consciente que soit la représentation qu'un sujet donne de lui-même et de son rapport aux autres, l'image de soi dépend de toute une histoire personnelle largement inconsciente, et des rapports complexes entre les instances du Ça* (inconscient), du Moi* et du Surmoi*, eux-mêmes en partie inconscients. V. Idéal du moi, Moi idéal.

4. *Méta., Hist.* Dans le mythe du *Timée* de Platon, le démiurge* fabrique le monde sensible à l'image du monde intelligible, mais la copie est imparfaite par l'effet d'une cause errante. Le rapport de l'image à la vérité de l'idée est double : d'une part elle est apparence trompeuse, illusoire, faux-semblant, non-être* (*Sophiste*), mais elle est aussi copie approximative, reflet, ombre, possibilité de remonter jusqu'à la vérité de l'idée (réminiscence*). Quant à l'image artificielle (artistique), produite par l'imitation du sensible, elle est copie de copie, éloignée de trois degrés de la vérité.

5. *Esth.* *a*) dans les arts du langage, dans la poétique ou la rhétorique, le terme d'*image* rassemble la comparaison, la métaphore, l'allégorie, le symbole. En dehors des règles purement formelles (versification), le langage poétique est essentiellement caractérisé par l'image, qui permet d'exprimer ce que le concept ne pourrait pas dire ; *b*) le monde de l'art est très généralement le monde des images matérielles (en rappelant qu'un son, un rayon lumineux, un phénomène électronique sont matériels). À cet égard, l'expression récente d'image « virtuelle » est très ambiguë.

Imageant (néol. de J.-P. Sartre).

Adj. Se dit d'une conscience qui pose son objet comme absent. Le terme renvoie à une description phénoménologique, non à une psychologie des facultés.

Imaginaire (lat. *imaginarius*).

Adj. Produit de l'imagination individuelle ou collective. Contraire aux faits.

Subst. **1.** *Soc., Esth.* Ensemble plus ou moins structuré des images, des allégories, des symboles caractéristiques d'une société, d'une époque, d'un style (l'imaginaire du gothique international du XVe siècle) ou encore des œuvres d'un artiste (l'imaginaire de Jérôme Bosch). **2.** *Phén.* L'imaginaire selon J.-P. Sartre ne désigne pas un monde, une totalité, mais « la grande fonction irréalisante » du *pour soi*, de la conscience néantisante*. V. Imagination.

Imagination (bas lat. *imaginatio*).

1. *Gén.* Pouvoir de former des images, d'inventer des récits, de fabuler. Ex. un enfant qui a beaucoup d'imagination. Surtout au pluriel, imagination est syn. d'illusion, d'hallucination (sens ancien). Désigne aussi la capacité à former des concepts, des théories, à inventer des techniques. Ex. imagination technique, scientifique (ce dernier sens est très classique et correct).

2. *Psy.* La psychologie traditionnelle, surtout quand elle identifie l'idée à l'image, accorde un rôle primordial à la faculté d'imaginer. Une formule célèbre de Taine définit la perception du réel comme « une hallucination vraie » (*De l'intelligence*). On distinguait habituellement l'imagination *reproductrice* : représentation d'un objet absent, et l'imagination *créatrice* qui constitue des images nouvelles par synthèse des éléments de l'expérience sensible. Les exemples donnés sont en général empruntés à l'activité artistique.

3. *Crit.* Le rapport de l'imagination à la réalité est double : d'une part elle contribue, dans le prolongement de la sensibilité, à la connaissance de l'objet (« un mouvement produit par une sensation en acte », Aristote, *De l'âme*) et permet ainsi de remonter jusqu'au concept. Dans la *Critique de la raison pure* de Kant, l'imagination est une fonction médiatrice qui rend possible l'application des catégories (concepts purs) aux intuitions sensibles, par la production de *schèmes**. Mais d'autre part, le rationalisme d'origine platonicienne maintient la différence radicale de l'*image* sensible comme apparence et de l'*idée* intelligible. Selon l'exemple de Descartes, l'imagination est dans l'incapacité de former une image du myriogone (figure à mille côtés) alors que l'entendement le conçoit comme concept aussi clairement et distinctement qu'un triangle. Si la vérité est par nature au-delà de ce que peut imaginer l'esprit humain, alors l'imagination est « maîtresse d'erreur et de fausseté » (Pascal), comme le montrent aussi Montaigne et Malebranche, non seulement en science (« la nature a horreur du vide ») mais aussi en morale et en métaphysique : « L'imagination grossit les petits objets jusqu'à en remplir notre âme par une estimation fantastique ; et par une insolence téméraire, elle amoindrit les grands jusqu'à sa mesure, comme en parlant de Dieu » (Pascal, *Pensées*, éd. Brunschwicg, 84).

4. *Phén., Exist.* J.-P. Sartre a proposé une théorie originale de l'imagination, ou plutôt de l'imaginaire* à partir d'une description phénoménologique qui distingue d'emblée une conscience perceptive et une conscience « imageante » (« une certaine façon qu'a l'objet d'être absent au sein de sa présence »). La position dans l'imaginaire d'un objet comme un *pur néant* exprime la liberté du pour soi*, sa possibilité de transcender : « C'est parce qu'il est transcendantalement libre que l'homme imagine ».

Imago (mot latin).

Psychan. Terme utilisé par C. G. Jung pour désigner la représentation inconsciente du modèle des relations réelles ou fantasmatiques de l'enfant avec les parents. Elle servira de schéma aux relations ultérieures avec autrui.

Imitation (lat. *imitatio* d'*imitari*, être semblable, reproduire, même racine qu'*imago*, image).

1. *Biol.* Capacité générale de tout être vivant de reproduire au moins partiellement la manière d'être, le comportement, l'apparence d'un être vivant de la même espèce, ou même d'une toute autre espèce (v. Mimétisme).

2. *Psy.* L'imitation intervient dans tout processus d'adaptation et d'éducation (apprentissage de la marche, du langage). L'imitation est consciente ou non, volontaire ou non (v. Identification).

3. *Soc.* Gabriel Tarde a fondé son interpsychologie* sur l'imitation. « Une société est un groupe de gens qui présentent des similitudes produites par des imitations ou des contre-imitations » (*Lois de l'imitation*), car « faire exactement comme son modèle, ou faire exactement le contraire ne sont que deux formes d'imitation ». L'imitation est donc le fait social élémentaire et caractéristique que Tarde rapproche de l'hypnose : « N'avoir que des idées suggérées et les croire spontanées, telle est l'illusion propre au somnambule comme à l'homme social » (*Ibid.*). Opp. conscience collective selon Durkheim.

4. *Esth.* La théorie classique de l'art repose sur le principe de l'imitation de la nature depuis Platon et Aristote jusqu'au XVIIIe siècle. Encore faut-il s'entendre sur cette imitation ; elle n'est pas pure et simple copie, elle suppose un choix de la belle nature, l'idéalisation du réel, la transposition des mouvements et l'expression des sentiments selon les règles propres à chaque art. Les querelles sur la « vraisemblance » dans le théâtre du XVIIe siècle montrent assez qu'il ne s'agissait pas seulement de reproduire. L'imitation classique ne s'oppose pas au *génie**, elle suppose aussi un artiste *créateur*. L'abbé Batteux emploie ces mots en 1749 dans *Les Beaux-arts réduits à un même principe* (qui est l'imitation) : « La nature originale n'est jamais plus parfaite, ni plus belle que quand elle ressemble à la nature choisie et embellie par l'art ».

Immanence (du lat. *immanere*, rester, de *manere*, rester, et *in*, à l'intérieur de).
Gén. Caractère de ce qui est immanent. Opp. transcendance*. L'intériorité de la conscience. *Méthode d'immanence*, méthode qui part de l'intériorité de l'âme pour s'élever jusqu'à la transcendance divine. Selon Maurice Blondel (*L'Action*, 1893), le *surnaturel* apparaît alors comme une hypothèse nécessaire qui donne sens à l'action humaine et aux exigences primordiales de la conscience.

Immanent (lat. *immanere*, rester dans, demeurer en).
1. *Méta., Épist.* Qui comporte en soi-même son propre principe, sa raison, sa fin ultime. Opp. transcendant*, surnaturel*. Ex. une *justice immanente* est celle qui trouve ses sanctions dans le cours naturel des choses, sans intervention d'un juge. Dans une science, une discipline donnée, une explication immanente ne recourt à aucune notion, à aucun principe extérieur à cette discipline. En métaphysique, le matérialisme explique la totalité du monde par la seule substance matérielle qui le constitue. Pour le panthéisme, Dieu n'est pas extérieur à la nature mais s'identifie à elle par la formule célèbre de Spinoza : « Dieu c'est-à-dire la nature » (*Deus sive natura*). Cependant, immanent ne veut pas dire *immédiat* : l'immanence peut comporter de multiples médiations dialectiques ou non.
2. *Méta., Hist. a*) dans la langue scolastique, l'action immanente (qui reste tout entière dans le sujet) s'oppose à l'action *transitive*. Encore chez Spinoza : « Dieu est de toutes choses cause immanente et non transitive » (*Éthique*, I, 18) ; *b*) Kant parle d'un « usage immanent » du principe de raison quand il reste à l'intérieur de l'expérience possible, par opposition à un « usage transcendant » qui dépasse ces limites et institue une métaphysique transcendante.

Immanentisme
Rel. Néol. apparu dans les controverses théologiques sur le modernisme* et qui a pris dans la polémique des sens divers au début du XXe siècle. La papauté a condamné en 1907 la thèse selon laquelle Dieu serait *immanent* à l'homme et le sentiment religieux serait « un fruit propre et spontané de la nature », ce qui reviendrait à nier l'ordre surnaturel.

Immatérialisme (du pref. nég. in et matérialisme).
Hist. (Méta.) Nom donné par le philosophe anglais Berkeley (1685-1753) à sa philosophie qui nie l'existence de la matière et qui ne reconnaît comme réalité

que celle des esprits et de leurs perceptions (*esse est percipere aut percipi*, être c'est percevoir ou être perçu).

Immatériel (lat. eccl. *immaterialis*).

Terme négatif dont l'emploi contemporain est très ambigu : *a*) par opp. à la massivité, à la pesanteur, à la consistance de l'état solide de la matière, il désigne encore une matière, mais subtilisée, sublimée, devenue effluve, souffle (lat. *spiritus*) ; *b*) par opp. à la substance matérielle, immatériel devient syn. de spirituel, mais en négligeant les connotations religieuses, métaphysiques du mot.

Immature (lat. *immaturus*, qui n'est pas mûr).

1. *Biol.* Se dit d'un organisme ou d'une fonction qui n'a pas atteint son plein développement. Ext. se dit aussi en psychologie et en pédagogie.

Immédiat (lat. *immediatus*, d'*in* nég. et de *medius*, qui est au milieu).

1. *Gén.* Ce qui est connu, posé sans intermédiaire ; se dit d'un raisonnement (inférence directe), d'une contiguïté spatiale, d'une continuité temporelle. Abusivement, l'usage courant fait d'immédiat un syn. d'instantané.

2. *Hist.* *a*) pour Descartes, la présence immédiate à l'esprit d'une idée garantit son évidence : « Par le nom de pensée, j'entends tout ce qui se fait en nous de telle sorte que nous l'apercevons immédiatement par nous-mêmes » (*Principes*, I, 9) ; *b*) pour Hegel, la certitude sensible immédiate « se révèle expressément comme la plus abstraite et la plus pauvre vérité » (*Phénoménologie de l'esprit*) avant toute réflexion (dialectique) sur ses propres contenus ; *c*) chez Bergson, les « données immédiates de la conscience » ne sont telles que saisies intuitivement sous les élaborations conceptuelles qui les recouvrent. L'immédiat est alors en quelque sorte l'ultime. V. Intuition.

Immensité (lat. *immensitas*, caractère de ce qui n'est pas ou ne peut être mesuré, sans limites, d'*in*, négatif, et *mensus*, p.p. de *metiri*, mesurer).

Méta., Théo. Attribut métaphysique de Dieu : « L'étendue créée est à l'immensité divine ce que le temps est à l'éternité » (Malebranche, *Entr.* VIII, 4) ; *dist.* ubiquité.

Immoral (du préf. nég. in et moral, lat. *moralis*, de *mores*, les mœurs).

Qualifie un acte, une pensée une doctrine contraire à la morale commune. Parfois confondu avec amoral*.

Immoralisme

Mise en question radicale des valeurs morales généralement reconnues, en particulier celles du christianisme. Le terme fait souvent référence à Nietzsche et à la *Généalogie de la morale.* Confondu abusivement avec amoralité.

Immortalité (lat. *immortalitas* du préf. nég. *in* et *mortalis*, mortel).

1. *Rel.* Croyance très répandue d'une survie après la mort corporelle, sous des formes d'ailleurs très diverses (comme ombre dans ce monde, dans un autre monde, par réincarnation, indéfiniment ou non). Dans le christianisme, l'immortalité de l'âme préserve l'identité personnelle.

2. *Phil.* L'immortalité de l'âme suppose l'affirmation d'une entité distincte du corps, mais un dualisme* de l'âme et du corps ne suffit pas à prouver l'immortalité de l'âme. La plupart des arguments en faveur de la croyance en l'immortalité sont déjà dans le *Phédon* de Platon, mais dans ce dialogue, Socrate conclut qu'il s'agit là d'un « beau risque ». Descartes supprime la référence à l'immortalité dans le titre de la version française des *Méditations métaphysiques* (1641). Kant en fait un postulat* de la raison pratique* (« Le souverain bien n'est possible que dans la supposition de l'immortalité de l'âme »). Cependant, Bergson fait de la survivance de l'âme une question d'ordre expérimental*, liée à l'intuition de la durée (« De cet approfondissement expérimental, nous concluons à la possibilité et même à la probabilité d'une survivance de l'âme », *Deux sources*).

Immutabilité (ou **immuabilité)** (lat. *immutabilitas*, d'*in*, nég., et *mutabilis*, sujet au changement).
Méta., Théo. Attribut métaphysique de Dieu* qui en tant qu'être parfait échappe au temps et ne comporte absolument aucune espèce de changement.

Impact (lat. *impactus*, p.p. d'*impingere*, frapper contre).
Soc. Anal. avec l'acception balistique du point de la cible atteint par un projectile, effet psychique d'un événement, d'une action ou d'une technique sur une collectivité ou sur un individu ; ex. la puissance d'impact de la télévision.

Impassibilité (gr. *apatheia*).
Mor. Caractéristique de la sagesse antique, en particulier stoïcienne ou sceptique, qui n'est affectée par aucune passion*, c'est-à-dire aucune passivité. Proche de l'« ataraxie* » épicurienne.

Impénétrabilité (du lat. *impenetrabilis*, d'*in*, nég. et *penetrare*, entrer à l'intérieur, pénétrer).
Cosm., Méta. Propriété de la matière en vertu de laquelle deux corps ne peuvent occuper en même temps la même étendue (*partes extra partes*), syn. *antitypie**.

Impératif, subst. (lat. *imperativus*, impératif, d'*imperare*, commander, ordonner).
Gén., Mor. a) gén. proposition ayant la forme d'un commandement ; *b*) *impératifs hypothétiques* et *impératif catégorique* (Kant) : est dit *impératif* toute détermination de la volonté prenant la forme d'une contrainte et s'exprimant par le verbe *devoir (sollen)*, mais il faut distinguer les *impératifs hypothétiques* ou *conditionnels*, qui n'ont égard qu'à l'intérêt (règles de l'habileté ou *impératifs techniques* et conseils de la prudence ou *impératifs pragmatiques*) et, d'autre part, les *commandements de la moralité* ou *impératifs moraux*, qui se réduisent fondamentalement à un *impératif catégorique* unique : « Agis uniquement d'après la maxime qui fait que tu peux vouloir en même temps qu'elle devienne une loi universelle » (*Fond*, 2e section). Les premiers n'ont pas de caractère moral et font dépendre le but visé (construire

une maison, faire fortune, etc.) des moyens ou conditions les plus propres à l'atteindre ; le second, proprement moral, est un commandement du devoir qui « concerne non la matière de l'action ni ce qui doit en résulter, mais la forme* et le principe d'où elle résulte elle-même, et ce qu'il y a en elle d'essentiellement bon consiste dans l'intention*, quelle qu'en soit la conséquence » (*Ibid.*).

Impérialisme (du lat. *imperare*, avoir le commandement, le pouvoir, *imperium*).

1. *Hist. Imperator*, qui signifie d'abord général en chef, est un titre donné au prince (*princeps*, premier) qui, depuis Auguste, détient le pouvoir suprême à la tête de l'*empire romain* déjà constitué par l'expansion militaire de la cité de Rome. Tout autour du bassin méditerranéen, il a assuré pendant plusieurs siècles la paix romaine (*pax romana*), une unité remarquable de civilisation (gréco-latine), de principes juridiques (« droit romain ») et de relations économiques (les voies romaines). Ses successeurs ont été en Orient l'empire byzantin, en Occident le *Saint-Empire romain germanique* rétabli par Charlemagne en l'an 800 et dont les formes institutionnelles ont survécu jusqu'en 1806, date où il fut aboli par « l'empereur Napoléon ». Son souvenir nourrit encore de nos jours quelques rêves politiques.

2. *Pol. a)* politique d'expansion coloniale de quelques grands États européens (France, Grande-Bretagne, etc.) qui s'assuraient ainsi d'un pouvoir d'intervention politique, économique, militaire dans les différentes parties du monde. Doctrine justifiant cette intervention (Disraeli). V. Colonialisme ; *b*) dans l'interprétation marxiste de Lénine, l'impérialisme est le « stade suprême du capitalisme » caractérisé par la constitution d'oligopoles ou de monopoles qui se partagent le marché mondial.

Implication (lat. *implicatio*, entrelacement ; enchaînement, d'*implicare*, envelopper).

Log. form. Relation logique consistant en ce qu'une proposition ou une idée en enveloppe une autre, indépendamment de la vérité matérielle de ces propositions ou de ces idées ; le signe de l'implication en logique moderne est $\supset$; ex. mammifère $\supset$ vertébré, qui s'énonce : mammifère implique vertébré.

Implicite (du lat. *implicare*, envelopper).

Ce qui est contenu dans une notion, une proposition, un exposé, sans être énoncé ni développé. Opp. explicite*. Ce qui n'est pas énoncé n'est pas forcément caché, censuré, mais est au contraire souvent considéré comme allant de soi, évident. *Dist.* refoulé*, inconscient*.

Impliquer (lat. *implicare*, envelopper).

1. *Log.* Entraîner une conséquence à titre de fait (ex. la charité implique la justice) ou de droit (ex. la proposition universelle implique la particulière).

2. *Hist.* Receler une contradiction : « Il est certain que sa nature [de Dieu] n'implique point » (Descartes, 2e *Rép.*) ; le terme ne s'utilise plus en ce sens.

Impression (lat. *impressio*, action d'imprimer ou résultat de cette action, d'*imprimere*, appuyer sur ; empreindre, faire une figure en pressant).

1. *Physio.* Prop. modification physiologique produite par l'action d'un excitant sur une terminaison nerveuse d'un organe sensoriel ; ex. l'impression rétinienne, syn. excitation.

2. *Psy.* Ext. phénomène psychologique produit par l'action d'un objet extérieur et par l'intermédiaire d'un organe sensoriel, syn. sensation*. Peut même prendre le sens de choc émotif.

3. *Hist.* Chez Hume, désigne « toutes nos sensations, passions et émotions, telles qu'elles font leur première apparition dans l'âme », qui sont des *perceptions vives*. Opp. *perceptions faibles* ou *idées**, qui sont « les images effacées de nos impressions dans nos pensées ».

Impressionnisme (du titre du tableau de Claude Monet *Impression, soleil levant*, exposé en 1874).

Esth., Hist. Groupe de jeunes peintres qui s'est constitué progressivement, sans programme préalable à partir de 1874 autour de Monet, Degas, Pissaro, Sisley, Cézanne, Renoir, Bazile, Berthe Morizot, Guillaumin. Il s'agit pour eux de rejeter les prétendues lois académiques de la peinture, les « grands sujets » historiques ou sociaux, pour privilégier la peinture de plein air, et rendre aussi directement que possible sur la toile la sensation visuelle, dans ce qu'elle a de plus changeant, de plus fugitif. Il en résulte une technique de juxtaposition de touches de couleurs, un estompage des contours et des modelés qui leur ont été vivement reprochés. Toute la peinture du XXe siècle découle de l'impressionnisme, ne serait-ce que par réaction. Anal., la musique de Cl. Debussy a été qualifiée d'impressionniste.

Improvisation (de l'it. *improvisare*, improviser, du lat. *improvisus*, imprévu).

Esth., Musique. Improviser une œuvre musicale, quel que soit l'instrument (orgue, piano, violon, etc.) est la créer au cours même de l'exécution, en introduisant un effet de nouveauté, d'inattendu dans l'expression spontanée. Elle suppose le respect des règles d'un langage musical connu de l'auditeur. Pratiquée de tous les temps par les plus grands musiciens, l'improvisation a connu au XXe siècle un développement important avec le jazz. L'improvisation se pratique également dans la danse, la littérature, le théâtre (les « impromptus »). Les acteurs de la *commedia dell'arte* improvisent texte et jeux de scène à partir d'un canevas préalable.

Impulsion (lat. *impulsio*, choc, impulsion, de *pulsio*, poussée, et *in*, vers ou contre, dér. d'*impellere*, heurter contre, pousser à).

Psy. Tendance impérieuse spontanée et irréfléchie sans contrôle de la volonté, qui correspond gén. à une pulsion* profonde (faim, agressivité, désir sexuel) et se traduit souvent par des actes incoercibles. On appelle *impulsivité* un simple trait de caractère ou un symptôme pathologique.

Imputabilité (dér. du lat. *imputare*, porter en compte, attribuer, imputer).

1. *Dr.* Caractère de ce qui peut être attribué à quelqu'un ou de celui à qui quelque chose peut être attribué à titre de responsabilité juridique, indépendamment de la valeur morale d'un acte et de ses conséquences.

2. *Mor.* Ext. caractère d'un acte qui peut être attribué à un agent à titre de responsabilité morale et dont on considère l'intention dans laquelle il a été accompli.

In adjecto (Contradiction)

Log. Celle qui consiste dans l'incompatibilité entre deux termes joints l'un à l'autre, ex. entre un substantif et l'adjectif qui lui est attribué, ainsi un cercle carré.

Incarnation (lat. ecclésiastique *incarnatus* de *caro*, *carnis*, chair).

1. *Rel.* Entrée d'une divinité dans un corps animal ou humain. Ex. les avatars de Vichnou, dans l'hindouisme, sont des incarnations. Sp. dans le christianisme : mystère de Dieu fait homme, assumant une humanité d'âme et de corps.

2. *Gén.* Expression d'une idée dans une réalité sensible, un être vivant. Dans les philosophies de l'existence, affirmation qu'il n'y a d'existence humaine que dans un corps (v. Corps propre).

Incertitude (Relations d'), v. Indéterminisme.

Inceste (lat. *incestum*, souillure, inceste, d'*in*, négatif, et *castus*, pur, chaste).

Soc., Ethn. Rapports sexuels entre parents qui, selon les coutumes et règles établies dans une société donnée, ne peuvent contracter mariage. La *prohibition de l'inceste* est la seule interdiction à peu près universelle, mais chaque société définit de manière propre le degré de parenté pour lequel ces rapports sont « tabou » ; gén. l'union du père et de la fille, de la mère et du fils et le plus souvent celle du frère et de la sœur sont prohibées. Selon les ethnologues contemporains (not. Lévi-Strauss), sous cette interdiction de caractère moral, il faut voir dans la prohibition de l'inceste et dans l'exogamie la base d'une fonction d'échange essentielle aux sociétés non européennes. V. Structuralisme 4.

Incivilité (de l'ang., néol.).

Soc. Ce terme (en général au pluriel) rassemble toutes sortes d'infractions, de perturbations de l'ordre social reconnu, qui ne font pas partie de la délinquance déclarée, mais dont la gravité est jugée de façon très diverse par l'opinion publique. Relèvent-elles de l'éducation, de la prévention, de la répression ?

Inclination (lat. *inclinatio*, action de pencher vers ; inclination, tendance).

Psy. Désigne toutes les espèces et variétés du désir et de l'amour.

Inclusion (lat. *inclusio*, d'*includere*, renfermer).

Log. form. Rapport de deux termes dont l'un englobe l'autre en *extension** ; ex. vertébré inclut mammifère.

Incommensurable (lat. tardif *incommensurabilis*).

1. *Épist., Math.* Se dit de deux quantités qui n'ont pas d'unité de mesure commune. Ex. dans le *Ménon*, Platon montre que la diagonale et le côté du carré sont incommensurables.

2. *Phys.* Se dit plus largement de deux théories physiques dont les termes s'appliquant dans un même domaine ne sont pas traduisibles de l'un à l'autre (Kohn).

Incomplétude (néol. créé par Pierre Janet).

1. *Psy. path.* Sentiment d'incomplétude : sentiment d'inachevé, d'incomplet, d'étrange que donnent aux *psychasthéniques** leurs perceptions, et qui s'accompagne de rumination mentale indéfinie.

2. *Épist.* Caractère d'un système d'axiomes dont un au moins est indécidable (démontré indécidable).

Incompréhensible (lat. *incomprehensibilis*, qu'on ne peut saisir).

1. *Vulg.* Dont le sens est impossible ou très difficile à saisir : ex. une démonstration incompréhensible.

2. *Hist. (Méta.)* Chez Descartes, ce qui s'impose à la raison humaine mais en dépasse la portée ; ainsi l'idée de Dieu est la plus claire et la plus distincte de toutes, mais « il se rencontre en Dieu une infinité de choses que je ne puis comprendre » (*Méd.* III) ; la nature de Dieu « est immense, incompréhensible et infinie [...], il y a une infinité de choses en sa puissance desquelles les causes surpassent la portée de mon esprit* » (*Méd.* IV).

Inconcevable (terme formé sur *concevable*, du lat. *concipere*, concevoir ; ce qui ne peut être conçu).

1. *Crit.* Ce dont la notion ne peut être formée par l'esprit parce que les termes qui l'énoncent enveloppent une contradiction ; ex. un espace limité.

2. *Hist. (Méta.)* Syn. d'incompréhensible* : « Lorsque Dieu est dit *inconcevable*, cela s'entend d'une pleine et entière conception qui comprenne et embrasse parfaitement tout ce qui est en lui » (Descartes, *2e Rép.*).

Inconditionné (terme formé sur *conditionné*, du lat. *condicio*, condition).

1. *Méta.* Qui ne dépend d'aucune condition et qui n'a de raison d'être en aucune autre chose, c.-à-d. qu'en lui-même, syn. absolu.

2. *Crit.* Chez Kant : *a*) exigence nécessaire de la raison « pour tout ce qui est conditionné, afin d'achever ainsi la série des conditions » (*R. pure*, 2e préface) ; *b*) objet de l'usage pratique absolument nécessaire de la raison qui lui fait poursuivre l'inconditionné sous ses trois formes : l'âme, le monde, Dieu, à titre non de savoir mais de foi rationnelle ; v. Illusion* transcendantale*, Raison.

Inconnaissable (lat. *incognoscibilis*).

Crit. Ce qui, tout en étant pensable, ne peut être l'objet d'une connaissance. L'affirmation de l'inconnaissable détermine selon les auteurs les caractères et les limites mêmes de la connaissance ; ex. *a*) chez Kant, il y a une science des phénomènes, mais pour qu'il y ait des phénomènes, il faut qu'il y ait des choses en soi et, d'autre part, si les choses en soi ne peuvent être *connues*, elles peuvent être *pensées*, la foi rationnelle se substituant alors au savoir ; v. Illusion transcendantale ; Inconditionné ; *b*) dans le positivisme d'A. Comte, la relativité de la connaissance scientifique, qui s'interdit la recherche des causes comme inconnaissables pour se borner à celle des *lois** n'enlève rien à la valeur de celles-ci.

Inconscient, inconscience (néol. du milieu du XIXe siècle).

Inconscient est adj. et subst. C'est le passage de l'adj. au subst., c'est-à-dire l'existence d'une substance, d'une réalité, d'un domaine psychique caractérisé comme inconscient qui pose ce qu'on appelle le « problème de l'inconscient ».

1. Adj. *a*) inconscient qualifie l'absence de conscience psychologique (ex. dans le sommeil) ou de conscience morale (ex. accident provoqué par un chauffard inconscient). Dans les deux cas, le nom correspondant est *inconscience* (lat. *inconscientia*, ignorance) ; *b*) qualifie tout phénomène physiologique, social, physique (climat, etc.) qui agit sur la vie psychologique d'un sujet sans qu'il en prenne conscience (ex. contagion d'une mode) ; *c*) qualifie tout fait, toute fonction d'ordre psychique dont le sujet ne prend pas conscience ; ex. un désir inconscient, un savoir inconscient. Tous les usages de l'adjectif ne font pas difficulté.

2. Subst. *a*) *inconscient social*, *organique* : ensemble des phénomènes d'ordre social, physiologique, qui agissent inconsciemment dans la vie psychologique d'un individu. Ces expressions peu claires ont surtout un usage polémique pour nier l'existence d'un inconscient proprement psychique ; *b*) l'existence d'un *psychisme inconscient*, d'une partie inconsciente du psychisme (de l'âme, de l'esprit) a été admise implicitement par la plupart des philosophes. Mais si le psychisme a pour critère la conscience, alors la notion d'« une conscience inconsciente » semble paradoxale, sinon absurde. Le fondateur de la psychanalyse S. Freud n'ignorait pas cette difficulté théorique, mais il renouvelle entièrement la notion d'inconscient en la reliant à celle de conflit* psychique et de refoulement*.

3. *Psychan.* Dans sa première théorie générale du psychisme, Freud distinguait trois systèmes : le système *perception conscience* comprenant les sensations internes mais surtout la perception du monde extérieur ; le système *préconscient** qui correspond aux contenus qui ne sont pas actuellement dans le champ de conscience, et sont donc en un sens inconscients, mais restent cependant accessibles à la conscience ; enfin le système *inconscient* (l'inconscient proprement dit), séparé du préconscient par la censure*, le refoulement* et la résistance*. Dans ce qu'on appelle la deuxième « topique » de Freud, qui distingue les trois instances du Ça*, du Moi*, du Surmoi*, le critère n'est plus le rapport à la conscience. Le terme d'inconscient redevient un adjectif qualifiant le Ça, mais aussi une partie du Moi et du Surmoi. À moins de l'identifier au Ça, il n'y a plus à proprement parler « un inconscient », mais seulement des pulsions, des représentations inconscientes.

4. *Hist.* Leibniz : « Il y a, à tout moment, une infinité de perceptions en nous, mais sans aperception et sans réflexion, c'est-à-dire des changements dans l'âme dont nous ne nous apercevons pas » (*Nouveaux Essais*, Avant-propos). Mais ces « petites perceptions » ne sont que moindre conscience, et ne constituent pas un inconscient opposable à la conscience. Le spiritualiste Maine de Biran s'inspire de Leibniz : « Il y a une foule de ces impressions obscures qui sont dans la sensibilité passive sans être dans la conscience du moi à qui elles sont étrangères » (*Mémoire sur les perceptions obscures*). « L'inconscient me paraît une réalité », dit Bergson en 1909, ce qui est généralement admis par les psychologues à la fin du XIXe siècle à la suite des recherches sur l'hypnose* et l'hystérie*. Mais il s'agit toujours d'une question de degré, et non de structure, par rapport à la conscience claire : « J'appellerai inconscient tout ce qui peut apparaître dans un état conscient quand intervient cet instrument grossissant qu'on appelle l'attention, pourvu qu'on étende le sens de ce dernier mot et qu'il s'agisse d'une attention élargie, intensifiée » (Bergson). V. Subconscient, très distinct de la notion freudienne.

5. *Inconscient cognitif.* Cette expression, démarquée de l'inconscient freudien, renvoie au simple fait que toutes les opérations mentales ne sont pas accessibles à l'introspection (sans qu'il soit question de refoulement ou de censure).

6. *Inconscient dynamique. a*) dans la psychologie du XIXe siècle, inconscient considéré comme susceptible d'évolution (opp. statique) ; *b*) désigne souvent la conception psychanalytique de l'inconscient, considéré d'un point de vue dynamique*, comme conflit de forces.

7. *Ethn. Inconscient collectif* (C. G. Jung) : « héritage spirituel de l'évolution du genre humain qui renaît dans chaque structure individuelle » ; ces représentations collectives fondamentales à tout homme ou *archétypes** se retrouvent dans certaines légendes et transparaissent aussi à travers les symboles de nos rêves profonds.V. Fantasme originaire.

Incorporel (lat. *incorporatus*, gr. *asômaton*).

Méta., Hist. Se dit chez Platon, par opp. aux réalités sensibles des êtres intelligibles (idées) ou encore de l'âme. Les stoïciens ne reconnaissent d'êtres que corporels, mais admettent des incorporels, qui n'ont d'existence que pour le sujet qui les conçoit (le vide, le lieu, le temps, le *lekton*).

Indécidabilité (de la négation *in* et du lat. *decidare*, trancher).

Épist., Méth. Propriété d'une proposition qui n'est pas démontrable, mais dont la négation ne l'est pas non plus. L'existence de problèmes mathématiques insolubles de cette façon met en cause le principe du tiers exclu. On peut créer une logique trivalente (Lukasiewiz) : faux, vrai, indéterminé, fondé sur un principe du quart exclu.

Indéfini (lat. *indefinitus*, indéfini, indéterminé).

1. *Log.* *a*) en parlant des termes, qui n'est pas précisément défini ; *b*) en parlant soit de propositions dont le sujet n'a pas de quantité* logique énoncée ; ex. l'homme est mortel, soit de propositions limitatives (opp. affirmatif et négatif) ; ex. l'âme est immortelle (non mortelle).

2. *Hist. (Méta.)* Chez Descartes, opp. *infini** qui ne s'applique qu'à Dieu : « Il n'y a rien que je nomme proprement infini, sinon ce en quoi, de toutes parts, je ne rencontre point de limites, auquel sens Dieu seul est infini. Mais les choses auxquelles sous quelque considération seulement je ne vois pas de fin, comme l'étendue des espaces imaginaires, la multitude des nombres, la divisibilité des parties de la quantité et autres choses semblables, je les appelle *indéfinies*, et non pas *infinies*, parce que de toutes parts elles ne sont pas sans fin ni sans limites » (*1re Rép.*) ; l'indéfini cartésien correspond à ce que nous appelons auj. l'infini mathématique.

3. *Vulg.* Ce qui est susceptible de recevoir un accroissement sans fin ; ex. un progrès indéfini.

Indéfinissable (préf. nég. in et définissable, du lat. *definire*, limiter).

Épist. Dans une langue donnée, naturelle ou formelle, il y a nécessairement des termes indéfinissables avec les autres termes de cette langue (sans quoi il y aurait circularité). V. Indémontrable. « Ainsi en poussant les recherches de plus en plus, on arrive nécessairement à des mots primitifs qu'on ne peut plus définir et à des principes si clairs qu'on n'en trouve plus qui le soient davantage pour servir à leur preuve » (Pascal, *De l'esprit géométrique*).

Indémontrable (lat. *indemonstrabilis* de *demonstrare*, faire voir).

Log. Qui ne peut être démontré. Se dit surtout des principes de la démonstration considérés comme vrais par évidence intuitive ou par vérification sur un grand nombre de cas. Depuis la découverte des géométries non euclidiennes, se dit des axiomes* et règles de déduction admis comme principes premiers dans un système donné.

Indépendance (pref. nég. in et dépendance, du lat. *dependere*, pendre de, se rattacher à).

Épist., Math. Dans un ensemble d'axiomes, un axiome est indépendant quand il ne peut pas être démontré à partir des autres axiomes. S'il était démontrable, il deviendrait un théorème. Les recherches sur les géométries non euclidiennes au XIXe siècle ont montré l'indépendance du fameux 5e postulat d'Euclide.

Indéterminisme (préf. nég. in et déterminisme, du lat *determinare*, fixer des limites).

1. *Psy., Mor.* Refus d'admettre que selon un déterminisme universel tel qu'il est proposé classiquement dans les sciences physiques, tous les actes humains, toutes les décisions humaines seraient entièrement déterminées et prévisibles, supprimant ainsi toute place non seulement à la notion de hasard*, mais aussi à celle de liberté*. V. Contingentisme.

2. *Phys.* Au XXe, l'introduction des théories de la relativité (Einstein) et les développements de la microphysique (physique des particules, physique quantique) ont conduit à une reformulation du déterminisme* classique (Laplace). Le principe d'Heisenberg (relation dite d'incertitude), énoncé en 1927, stipule qu'il n'est pas possible de déterminer simultanément dans la mécanique quantique un couple de variables (position et vitesse d'une particule) : mieux l'une est connue, moins l'autre l'est. Deux interprétations ont été proposées : ou bien à l'échelle microphysique, il faut admettre dans les choses mêmes une indétermination essentielle, un hasard* (mais évidemment pas un libre-arbitre*), ou bien ce sont les conditions mêmes de l'observation et les instruments de mesure qui introduisent une perturbation inévitable. Se sont alors opposées deux thèses : l'une dite objectiviste (ou matérialiste), l'autre subjectiviste (ou idéaliste) et les présupposés philosophiques ou même politiques (matérialisme dialectique) n'étaient pas absents du débat. Le vocabulaire utilisé (par ex. quand on parle de la relation d'*incertitude* d'Heisenberg) est sans doute très contestable et même trompeur par ce qu'il implique philosophiquement. Quoi qu'il en soit, reformuler le déterminisme n'est pas le nier.

Indifférence (du lat. *indifferens*, d'*in*, négatif, et *differre*, se porter de côté et d'autre ; ni bon ni mauvais, ni à souhaiter ni à éviter).

1. *Psy. États d'indifférence* : états neutres du point de vue affectif, c.-à-d. qui ne peuvent être définis ni comme agréables ni comme désagréables.

2. *Méta. Liberté d'indifférence* : *a*) situation théorique d'un agent, analogue à celle de l'âne* de Buridan, telle que les motifs et les mobiles pour ou contre l'accomplissement d'un acte ou le choix entre deux actes étant équivalents, l'acte exécuté aurait un caractère purement arbitraire : « Cette indifférence que je sens, lorsque je ne suis point emporté vers un côté plutôt que vers un autre par le poids d'aucune raison, est le plus bas degré de la liberté, et fait plutôt paraître un défaut dans la connaissance qu'une perfection dans la volonté » (Descartes, *Méd.* IV) ; *b*) chez Descartes, en un autre sens, faculté positive qui nous donne le pouvoir de résister même à l'évidence et de ne pas nous porter à un bien clairement connu, voire de prendre le parti contraire par un acte de pur libre arbitre, par lequel l'homme témoigne de sa liberté et s'apparente à Dieu (à Mesland, 9 février 1645). « Une entière indifférence en Dieu est une preuve très grande de sa toute-puissance » (*6e Rép.*), qui a créé les normes du vrai et du bien en toute indépendance ; v. Vérités éternelles, Volontarisme.

3. *Mor., Hist.* Est indifférent ce qui n'est ni un bien ni un mal. Pour le stoïcisme, seule la vertu est un bien et à strictement parler tout ce qui n'est pas vertu ni vice est indifférent. Le sage ne craint ni la maladie ni la torture qui lui sont indifférentes. Cependant il y a des choses qui sont relativement préférables (la santé par ex.), ainsi que, généralement, ce qui est « conforme à la nature », d'où un deuxième niveau de moralité. Quant au sage sceptique, rien pour lui n'est préférable : il vit dans la parfaite indifférence (gr. *adiaphora*).

Indiscernables (Principe des) (terme formé sur le lat. *discernibilis*, qu'on peut discerner, de *discernere*, séparer ; qu'on ne peut distinguer).

Hist. (Méta.) Chez Leibniz, principe d'après lequel il n'y a pas deux êtres identiques dans la nature, les choses de même espèce différant toujours non seulement par leur position dans l'espace et dans le temps, mais par des qualités intrinsèques : « Quoiqu'il y ait plusieurs choses de même espèce, il est pourtant vrai qu'il n'y en a jamais de parfaitement semblables ; ainsi, quoique le temps et le lieu, c.-à-d. le rapport au-dehors, nous servent à distinguer les choses que nous ne distinguons pas bien par elles-mêmes, les choses ne laissent pas d'être distinguables en soi » (*N.E.* II, ch. XXVII, § 1).

Individu (lat. *individuum*, indivisible, atome).

1. *Gén.* Tout être formant une unité et ne pouvant être divisé sans être détruit.

2. *Biol.* Être vivant indivisible, circonscrit dans l'espace, doué d'une unité intérieure et d'une solidarité fonctionnelle entre ses parties constituantes (organisme), et jouissant d'une relative autonomie par rapport au milieu ambiant ; par rapport aux autres individus de la même espèce qui possèdent tous les caractères communs qui le définissent, l'individu est une réalité unique et singulière. V. principe des indiscernables*.

3. *Log.* Sujet logique singulier contenu dans l'extension d'une espèce, c'est-à-dire qui admet des attributs et prédicats mais qui ne peut être lui-même prédicat d'un autre ; ex. Socrate, individu de l'espèce homme.

4. *Phys.* Le terme d'individu s'applique aussi en microphysique aux éléments ultimes de la matière (sens premier du mot *atome*).

Individualisme (apparu d'abord au milieu du XIXe siècle, en opp. à socialisme).

1. *Mor.* Refus de réduire l'homme à son état social. C'est l'individu et non la cité qui a une âme immortelle (saint Augustin). C'est la personne individuelle qui a la dignité d'une fin en soi. Le devoir kantien ne se confond pas avec une contrainte sociale. L'individualisme par lui-même n'est donc pas un égoïsme*, même s'il peut en devenir le masque.

2. *Pol., Éco.* Le *libéralisme politique* (défense des droits individuels) et le *libéralisme économique* (la richesse des nations dépend de la libre initiative des individus) sont considérés comme des individualismes. Débat : la propriété est-elle un *droit naturel* de l'individu ou bien n'est-elle qu'une convention sociale d'origine purement historique ? Mais le libéralisme n'annule pas tout pouvoir politique, il a au contraire besoin d'un arbitrage étatique et n'est donc pas un anarchisme.

3. *Hist.* L'individualisme caractérise sous diverses formes la pensée du post-hégélien Max Stirner (le Moi comme fin ultime de la dialectique), des théoriciens de l'*anarchisme* (Kropotkine, Bakounine) de la fin du XIXe siècle, ou encore de F. Nietzsche pour qui une culture se juge à sa capacité de former un « individu souverain » qui accomplit pleinement le type humain.

Individualité (deuxième moitié du XVIIIe s., d'individuel).
Phil. Syn. d'individu mais qui en marque plus nettement le caractère propre et qui s'applique soit aux êtres vivants pour désigner leur unité, leur organisation ou leur existence distincte, soit plus particulièrement aux êtres humains pour désigner leur personnalité singulière.

Individuation (lat. scol. *individuatio*).
1. *Méta.* Réalisation chez un individu du type spécifique ; ex. le type homme en Socrate. *Principe d'individuation* : chez les scolastiques, ce qui confère au type spécifique d'un être son existence singulière et concrète, déterminée dans l'espace et dans le temps et distincte de celle des autres individus ; v. *Haeccéité.*
2. *Psy., Soc., Psychan.* Processus par lequel l'individu se construit ou se réalise en tant qu'être singulier et en se différenciant du collectif et des caractères génériques de l'espèce ; c'est « devenir individu et, dans la mesure où nous comprenons par individualité notre caractère unique, incomparable, dernier, venir à son propre moi ». (C. G. Jung).

Inducteur, induit (comp. du lat. *inductor* et *inductus*, qui amène et qui est amené).
1. *Psy.* État de conscience (dit inducteur) dont la présence amène par association la réapparition d'un autre état appelé induit.
2. *Psychan. Mots inducteurs* : mots caractéristiques utilisés par les psychiatres et les psychanalystes dans la *méthode des associations libres* ; on demande aux patients d'énoncer spontanément les *mots induits* qui leur « viennent à l'esprit » quand on leur propose des mots inducteurs, soigneusement choisis. Ne serait-ce que par le temps de réaction, les réponses permettent de déceler les mécanismes de défense*, les censures* conscientes ou inconscientes.

Induction (lat. *inductio*, action d'amener, de conduire vers, *inducere*, trad. du gr. *epagôgê*).
1. *Vulg.* Inférence conjecturale qui conclut : *a*) de la régularité observée de certains faits à leur constance ; *b*) de la constatation de certains faits à l'existence d'autres faits non donnés mais qui ont été liés régulièrement aux premiers dans l'expérience antérieure ; ces deux formes d'induction sont à la source des *sophismes d'induction*, c.-à-d. des généralisations abusives (préjugés, superstitions, etc.).
2. *Épist. Induction scientifique* (ou induction absolument) : raisonnement par lequel on passe du particulier à l'universel, du spécial au général ou, plus précisément, de la connaissance des *faits** à celle des *lois**. Ce type d'induction recouvre deux conceptions philosophiquement distinctes : *a*) *empiriste* : la généralisation empirique à l'espèce entière d'une observation faite sur plusieurs cas concordants, dite *induction amplifiante* ou *baconienne*, qui ne se distingue pas au fond de l'induction au sens courant sinon par la rigueur des vérifications expérimentales ; *b*) *rationaliste* : découverte ou saisie sous le

contingent du nécessaire, c.-à-d. d'une relation invariable entre faits et loi, une seule expérience suffisant théoriquement à établir cette loi : « Dans un acte singulier, l'esprit saisit le nécessaire qui est aussi singulier, et l'universalité n'est qu'une perspective secondaire qui se déduit de la nécessité » (O. Hamelin). *Fondement de l'induction* : problème posé par le passage des faits à la loi ; les faits observés sont toujours particuliers, la loi est une relation universelle valable pour tous les temps, tous les lieux et tous les esprits. Selon l'*empirisme*, l'universalité de la loi reste une nécessité toute subjective produite par sa constance ; selon le *rationalisme*, elle est la conséquence du principe du déterminisme qui pose que l'ordre de la nature est immuable et que tous les phénomènes sont liés les uns aux autres par des relations invariables et objectivement nécessaires ; dans cette dernière conception, l'induction est « une déduction provisoire et conditionnelle qui se change par la vérification de l'expérience en une induction inconditionnelle et définitive » (Ravaisson).

3. *Math. Induction mathématique* : « Si, dans une série qui peut comprendre une infinité de termes, un ou plusieurs termes consécutifs sont soumis à une certaine loi, le terme suivant y sera pareillement soumis, par conséquent le terme qui vient après celui-ci, et ainsi de proche en proche [...] : une induction rigoureuse l'étendant ensuite à toute la série des termes consécutifs, en nombre infini » (A. Cournot) ; ex. un théorème étant établi pour $n = 1$, « on montre ensuite que s'il est vrai de $n - 1$, il est aussi vrai de n ; et l'on en conclut qu'il est vrai pour tous les nombres entiers » (H. Poincaré, qui appelle cette induction *raisonnement* ou *démonstration par récurrence**).

4. *Hist. (Log. form.) Induction formelle* ou *complète*, dite aussi *aristotélicienne* : raisonnement récapitulatif qui consiste à affirmer d'un genre ce que l'on sait appartenir à chacune des espèces de ce genre ; elle est dite *formelle* parce qu'elle donne une forme nouvelle au savoir acquis sans rien y ajouter et en tant qu'elle en *complète*, elle équivaut à une déduction* logique.

Inductivisme

Épist. Point de vue selon lequel ce sont les procédures inductives qui donnent accès à des énoncés scientifiques vrais (recherche des causes, des lois), et cela dans l'histoire des sciences depuis au moins Francis Bacon. Sa validité a été vivement critiquée par divers empirismes (Hume) et récemment par Popper (falsifiabilité*).

Industrialisation (du lat. *industria*, activité, d'*industrius*, actif, laborieux).

Soc., Éco. Processus complexe, entraînant un changement de civilisation, qui comprend principalement : 1) le passage du travail artisanal ou à petite échelle à la production à grande échelle fondée sur la division technique et la rationalisation du travail ; 2) gén. la diffusion du machinisme ; 3) la formation d'un prolétariat urbain, le développement de l'urbanisation et la rupture relative avec la nature ; 4) le passage d'une économie essentiellement agraire à une économie de marché et au grand commerce national et international.

Ineffable (lat. *ineffabilis* de *fari*, *affari*, dire, parler).

1. *Gén.* Ce qui ne peut être dit. « Ce dont on ne peut parler, il faut le taire » (L. Wittgenstein). Mais peut-être l'ineffable est-il exprimé par l'art, la musique, l'image poétique. « Celles de nos idées qui nous appartiennent le moins sont exprimables par des mots » (Bergson, *La Pensée et le mouvant*).

2. *Hist., Méta. a*) dans le néo-platonisme, l'hypostase* suprême de l'Un, de par sa simplicité même, ne peut être vraiment exprimée par des mots. Damascius, dernier grand néo-platonicien (VIe siècle de notre ère), situe au dessus même de l'Un l'*Ineffable* « inaccessible à tous, sans coordination, séparé à ce point qu'il ne possède même plus véritablement la séparation » ; *b*) au sens d'incompréhensible chez Descartes : « Nous ne pouvons embrasser par des paroles tout ce qui est en Dieu, et c'est pourquoi Dieu est l'ineffable et l'incompréhensible, mais pourtant il y a en vérité beaucoup de choses en Dieu ou touchant Dieu que nous pouvons atteindre par l'esprit et exprimer par des paroles, et même beaucoup plus que sur n'importe quelle autre chose, et c'est pourquoi il est le plus Connaissable et le plus Exprimable *(maxime Cognoscibilis et Effabilis)* » (*à Mersenne*, 21 janvier 1941).

3. *Théo.* S'applique à l'extase religieuse par laquelle les mystiques entrés en union spirituelle avec l'être infini de Dieu ne trouvent pas ensuite de paroles pour exprimer cette union.

Inégalité (lat. *inaequalitas*).

1. *Gén.* L'inégalité est un rapport entre deux ou plusieurs termes. Elle suppose une référence commune établie, une hiérarchie. Elle n'est donc pas seulement une différence*. Il y a autant d'inégalités que de relations possibles : entre deux hommes, inégalités physiques, intellectuelles, de fortune, de droits, etc.

2. *Mor., Soc.* Depuis Aristote, l'inégalité est mise en rapport avec la justice* et l'on distingue une inégalité arithmétique et une inégalité de proportion. Même l'égalitarisme* le plus décidé ne peut annuler toutes les inégalités dites « naturelles » (ex. celles de l'adulte et du nourrisson). En tous temps, certaines inégalités de droits ont été considérées comme légitimes (droits retirés à l'incapable, au fou, au criminel). Depuis l'Antiquité, le problème des inégalités sociales est donc celui de leur perception comme une injustice. V. Égalitarisme, Classes sociales, Communisme, Anarchisme.

Inertie (lat. *inertia*, inaction).

1. *Vulg.* Manque d'initiative, résistance au changement chez un individu, un groupe, une institution.

2. *Phys. Principe d'inertie*, propriété d'un corps en mouvement de conserver la même vitesse et la même direction en ligne droite (depuis le XVIIe siècle).

Inférence (dér. du lat. *inferre*, mettre en avant un raisonnement, une conclusion).

Log. form. Opération logique par laquelle on tire d'une ou plusieurs propositions la conséquence qui en résulte nécessairement, soit directement et sans moyen terme *(inférence immédiate)*, v. Opposition, Conversion ; soit par l'intermédiaire d'une ou plusieurs propositions (*inférence médiate* ou raisonnement), v. not. Syllogisme.

Infériorité (lat. *inferior*, comparatif d'*inferus*, placé au-dessous).

1. *Psy. path.* Le sentiment d'infériorité, souvent peu discernable du sentiment d'échec* ou du sentiment de culpabilité*, est un symptôme lié à la dépression. Refusant la conception adlerienne, Freud y voit une tension entre le Moi et le Surmoi et le fait résulter surtout d'une perte d'amour : « Un enfant se sent inférieur s'il n'est pas aimé et il en est de même pour un adulte » (*Nouvelles conférences*).

2. *Complexe d'infériorité.* Dans la « psychologie individuelle » d'Alfred Adler, ensemble d'attitudes, de réactions, de représentations, fondées sur une infériorité organique réelle, due à l'immaturité biologique de l'enfant, ou à des déficiences héréditaires. Il en résulterait des mécanismes de *compensation** et de « sur-compensation » à l'origine des troubles psychiques. Adler considère le complexe d'infériorité comme antérieur au complexe d'Œdipe, plus général et plus déterminant. Il trouvait une sorte de caution philosophique dans la volonté* de puissance selon Nietzsche.

Infini, infiniment (lat. *infinitus*, d'*in*, priv., et de *finitus*, limité, de *finis*, limite). Adj. et subst.

1. *Méta.* Chez les philosophes chrétiens et chez Descartes, notion positive par excellence malgré sa forme négative, s'appliquant à l'être souverainement parfait*, c.-à-d. en qui résident toutes les perfections (adj.) ou le désignant (subst.) : « Il n'y a rien que je nomme proprement infini, sinon ce en quoi de toutes parts je ne rencontre point de limites, auquel sens Dieu seul est infini » *(1re Rép.)* ; l'infini est « réel et positif », le fini est « négation d'être » : « J'ai retenu le nom d'infini qui pourrait être appelé plus proprement *le plus ample*, si nous voulions que tous les noms soient conformes à la nature de chaque chose ; mais l'usage a voulu qu'on l'exprimât par la négation de la négation » (*à Hyperaspistes*, août 1649) ; *dist.* indéfini*.

2. *Math.* Syn. d'*indéfini**, s'applique à tout « être » mathématique, arithmétique, géométrique ou mécanique auquel on ne peut assigner de limite ; ex. la série des nombres entiers est infinie, c.-à-d. qu'à un nombre si grand soit-il on peut toujours ajouter une unité ; un corps abandonné à lui-même et absolument isolé conserve son état de repos ou poursuit son mouvement sans changement de vitesse ni de direction, à l'infini. *Quantité infiniment grande* : quantité plus grande que toute quantité donnée ; *quantité infiniment petite* : quantité plus petite que toute quantité donnée.

Influence (du lat. *influere*, couler, pénétrer dans).

1. *Gén.* Action à distance, en gén. mal déterminée. Ex. influence du climat sur la qualité du vin. *Dist.* attraction*.

2. *Psy., Soc.* Action exercée par une personne, un groupe, sur une autre personne, un autre groupe, leur façon de penser, de s'exprimer, d'agir. En histoire, l'explication par l'influence d'une idée, d'un événement est en général considérée comme trop facile, superficielle quand elle ne s'appuie pas sur des comparaisons précises. Elle reste fréquente en histoire de l'art (Ex. influence de la Renaissance italienne sur la Renaissance française), quand elle s'appuie sur l'analyse précise d'un style, la récurrence d'un motif, etc.

Information (lat. *informatio*, action de façonner, de mettre en forme).

1. *Vulg.* Informer au sens premier est donner forme, mettre en forme, structurer au sens aristotélicien de forme. De nos jours, informer est mettre en commun des savoirs, des données ; les transmettre à une ou plusieurs personnes, à tout un public par un entretien direct ou par des moyens techniques qui peuvent être très élaborés (v. Communication, qui en est syn. en ce sens). Mais « information » désigne aussi et très souvent le contenu transmis.

2. *Soc., Éco., Mor.* Dans les sociétés contemporaines de plus en plus complexes, avec des moyens techniques de communication de plus en plus diversifiés et perfectionnés, au niveau des relations entre individus comme au niveau des mass media*, l'information prend une importance grandissante dans tous les domaines de la vie sociale et économique. Les problèmes posés sont non seulement d'ordre technique et économique, mais aussi d'ordre politique : quels contrôles peuvent et doivent exercer les pouvoirs publics sur les moyens d'information et leur contenu ? Quant à l'éthique de l'information, elle en est encore à ses débuts. Mais il est clair que les dispositions légales ou professionnelles mises en œuvre au XIXe ne peuvent plus suffire.

3. *Crit.* On prendra garde que l'information transmise, quelle que soit la technique utilisée, peut être tout aussi bien vraie que fausse ou indécidable. La plus parfaite théorie de l'information n'est en rien une théorie de la connaissance*, ce qui est trop souvent oublié dans les considérations pseudo-philosophiques sur l'intelligence artificielle.

Informatique (néol. du milieu du XXe s. d'après information ; science du traitement de l'information).

1. *Épist.* Discipline techno-scientifique apparue après la seconde guerre mondiale dont l'objet est le traitement automatique par des machines d'une information codée. Elle ne se réduit donc pas aux techniques de fabrication industrielle et d'utilisation des machines dites ordinateurs (en ang. *computer*). Or l'ordinateur n'est pas seulement une machine qui transforme du *mouvement* (mécanisme* cartésien) ou qui transforme de l'*énergie** (comme à l'époque de la révolution industrielle) mais elle transforme de l'information en consommant relativement peu d'énergie. Il s'agissait d'abord de simples calculs numériques. Désormais des opérations très complexes, dont un cerveau humain est incapable, peuvent être réalisées par des composants électroniques, à partir d'un système fini d'opérations logiques élémentaires. D'où la métaphore vite apparue de l'*intelligence artificielle* (v. Intelligence). Le mécanisme avait proposé un modèle physico-chimique du fonctionnement des corps vivants (théorie de l'animal machine). L'informatique propose des structures matérielles comme modèles de comportements intelligents. Les questions posées sont d'ordre épistémologique, mais elles ont été trop vite transposées métaphysiquement.

2. *Soc., Pol., Dr., Mor.* L'introduction très rapide des ordinateurs dans tous les domaines de la vie économique, politique, administrative, financière, mais aussi de la vie privée ou culturelle (arts, jeu) a des conséquences dont on a peine à mesurer l'étendue et la gravité dans l'ordre politique (protection et libertés individuelles), juridiques (ex. droits d'auteur) et très généralement moral.

Informel (milieu XXe s., du préf. nég. in et formel).

1. *Gén.* Sans mise en forme, sans formalité : ex. une décision informelle. *Dist.* informe.

2. *Esth.* On appelle *informelle* une peinture (milieu XXe s., en France Fautrier) qui renonce à toute forme reconnaissable (en part. géométrique). S'agit-il d'une « esthétique négative », d'une exaltation de la liberté créative de l'artiste ? La question s'est aussi posée pour la musique (Adorno). Il reste qu'une simple tache est encore une forme, qu'on peut y lire la trace du geste de l'artiste, la force expressive de la couleur et du matériau*.

Infrastructure (comp. de structure, lat. *structura*, construction, et *infra*, en dessous ; fondations).

Éco., Phil. Désigne chez les successeurs de Marx et Engels la structure économique, base de toute société, opp. *superstructures** qu'elle engendre (État, droit, religion, morale, philosophie, art), mais la causalité entre l'infrastructure et les superstructures n'est pas mécanique et linéaire, elle est dialectique et réciproque, la base économique gardant toutefois sa primauté primordiale et historique et commandant, *en dernière instance* (Engels), le devenir. V. Matérialisme.

Inhérence (du lat. *inhaerere*, rester fixé à ; être inséparable de).

1. *Gén. a*) rapport essentiel du phénomène ou de l'accident à la substance, de la qualité au sujet ; *b*) propriété constitutive d'une chose ou d'un être.

2. *Log. form. Jugement d'inhérence* (ou *d'attribution* ou *jugement prédicatif*) : celui qui exprime qu'une qualité appartient à un sujet ; ex. Socrate est mortel ; opp. *jugement de relation* (celui qui compare un sujet à un autre et en exprime le rapport ; ex. Paul est plus grand que Pierre = Pierre est plus petit que Paul).

3. *Hist. (Méta.)* Chez Leibniz, doctrine selon laquelle tout prédicat ou attribut est inhérent au sujet *(praedicatum inest subjecto)* : « Dieu voyant la notion individuelle ou haeccéité* d'Alexandre y voit en même temps le fondement et la raison de tous les prédicats qui se peuvent dire de lui véritablement, comme par exemple qu'il vaincrait Darius et Porus, jusqu'à y connaître *a priori* (et non par expérience) s'il est mort d'une mort naturelle ou par poison, ce que nous ne pouvons savoir que par l'histoire. Aussi, quand on considère bien la connexion des choses, on peut dire qu'il y a de tout temps dans l'âme d'Alexandre des restes de tout ce qui lui est arrivé, et même des traces de tout ce qui se passe dans l'univers, quoiqu'il n'appartienne qu'à Dieu de les connaître toutes » (*Discours*, 8).

Inhibition (lat. *inhibitio*, d'*inhibere*, retenir, arrêter).

1. *Physio.* Mécanisme actif et régulateur d'un centre nerveux qui freine ou suspend une fonction et qui, normalement en harmonie avec l'effet contraire de stimulation, réalise l'ajustement progressif d'une conduite.

2. *Psy.* Terme employé selon les auteurs en des sens opposés, manifestant respectivement la puissance ou l'impuissance de la volonté : *a*) le plus souvent, fonction mentale qui tend à favoriser exclusivement un phénomène psychique en éliminant les représentations inadéquates à l'orientation cherchée, not. dans la concentration de l'attention ; *b*) frein ralentissant ou bloquant le cours de la pensée (timidité chronique, trac, trou de mémoire, lenteur d'esprit) consécutivement à une émotion forte, à un bruit violent, etc.

3. *Psy. path.* Trouble mental paralysant l'activité normale sous l'effet d'une représentation ou d'un sentiment dans la dépression, la *psychasthénie*, la *mélancolie*.

Inné, innéité (lat. *innatus*, né, inné, d'*innasci*, naître dans).

1. *Biol.* S'applique à tout ce que l'organisme apporte en naissant, syn. *congénital*, opp. acquis*, *dist.* héréditaire* ; ex. un réflexe inné.

2. *Psy., Méta.* S'applique à ce qui, dans l'intelligence, dans l'entendement, constitue la nature même de l'esprit ; opp. ce qu'il reçoit de l'expérience ; en ce sens, inné s'oppose à empirique comme *a priori* à *a posteriori*.

3. *Hist., Méta.* *a*) chez Descartes et les cartésiens (Bossuet, Malebranche), s'applique aux idées qui sont « nées avec moi » *(innatae)* : « Que j'aie la faculté de concevoir ce que c'est qu'on nomme en général une chose, ou une vérité, ou une pensée, il me semble que je ne tiens point cela d'ailleurs que de ma nature propre » (*Méd.* III) ; plus précisément, Descartes range parmi les idées innées l'étendue, la substance, la durée, le nombre et enfin Dieu *(Ibid.)*, mais cette innéité peut n'être que virtuelle : « Je n'ai jamais écrit ni jugé que l'esprit ait besoin d'idées innées qui soient quelque chose de différent de la faculté de penser [...], car être naturellement dans une faculté ne veut pas dire y être en acte, mais en puissance seulement, vu que le nom même de faculté ne veut dire autre chose que puissance » *(Notae in programma)* ; *b*) chez Leibniz, à la maxime de Locke, reprise de l'aristotélisme, que rien n'est dans l'entendement qui n'ait d'abord été dans les sens, s'oppose sa célèbre restriction : si ce n'est l'entendement lui-même *(nisi ipse intellectus)*, qui comprend les principes d'identité et de contradiction, de raison suffisante, les mathématiques et toutes les vérités rationnelles et par là même nécessaires, mais, comme pour Descartes, le rapport de l'esprit aux idées innées peut être celui de la puissance à l'acte : « C'est une disposition, une aptitude, une préformation, qui détermine notre âme et qui fait qu'elles en peuvent être tirées » (*N.E.*, l. I, ch. III, sur le § 11).

Innéisme (depuis le XVIIIe siècle).
Méta. Nom donné par leurs adversaires empiristes aux doctrines de Descartes et de Leibniz, et gén. à toutes celles qui admettent la préexistence des idées dans un monde intelligible (platonisme) ou en Dieu (vision en Dieu selon Malebranche).

Innovation (lat. *innovatio*, renouvellement, de *novus*, nouveau).
Soc. On appelle ainsi toute découverte, invention importante ou non, qui fait l'objet d'une exploitation industrielle ou commerciale, après adaptation, transformation. Certaines innovations ne sont guère qu'un effet de mode.

Insight (mot ang., vision intérieure).
Psy. animale. Désigne la découverte soudaine par un animal, dans une situation déterminée, de la solution d'un problème ; ex. le chimpanzé qui, pour atteindre une banane hors de sa portée, empile deux caisses l'une sur l'autre ; dans l'*insight*, le champ perceptif se réorganise en vue d'atteindre le but.

Inspiration (lat. *inspiratio* d'*in* et de *spirare*, souffler).
1. *Rel.* Entrée de l'esprit divin, d'un « esprit » supérieur dans l'âme d'un prophète et dont il résulte des paroles, des écrits ayant un caractère sacré. L'inspiration révèle aux hommes des vérités surnaturelles (v. Révélation). Syn. *enthousiasme* (au sens propre). Les livres de l'Ancien Testament, les Évangiles, quelle que soit la personnalité de leurs auteurs, sont considérés comme inspirés par Dieu lui-même. Le Coran est considéré comme écrit par Dieu.
2. *Esth.* Les grands poètes de l'Antiquité passent pour inspirés par un dieu. Par métaphore, l'inspiration désigne aux XVIIIe et XIXe siècles la capacité créatrice du génie* littéraire ou artistique dont l'origine est inconnue, d'apparence mystérieuse, surhumaine. À l'inspiration subite, inexplicable, la théorie esthétique a opposé le travail sans cesse repris, la rigueur propre à l'art ; le poème selon Baudelaire, Mallarmé, Valéry résulte d'une sorte de calcul savant. Le surréalisme semble revenir à une spontanéité créatrice du poète ou du peintre, mais c'est en invoquant les forces obscures de l'inconscient.

Instance (lat. *instantia*, présence, demande pressante).
1. *Dr.* Nom donné à tout procès dans lequel il y a demande et défense, les divers tribunaux formant une sorte de hiérarchie ; ex. tribunal de première instance.
2. Dans la langue contemporaine, ext. *a*) chacun des échelons d'une hiérarchie quelconque, administrative, politique ; *b*) en un sens plus large mais improp., étapes d'un processus psychologique (mais sans idée de hiérarchie) ; ex. les instances de la mémoire (enregistrement et fixation des souvenirs, évocation, reconnaissance, localisation).

3. *Psychan.* Chez Freud le système des trois *instances* de l'appareil psychique c.-à-d. de ses substructures : le Ça*, le Moi*, le Surmoi*, v. Inconscient.
4. *Hist. (Phil.)* Au plur. *a*) terme scolastique désignant une objection nouvelle à une thèse, succédant à la réponse faite par le défendeur à une objection précédente ; ex. le recueil d'instances de Gassendi contre les *Méditations* de Descartes ; *b*) chez Bacon, faits typiques qui servent d'exemple pour l'étude d'une propriété générale (lat. *instantiae*, ang. *instances*).

Instant (lat. *instans*, présent, *tempus instans*, le temps présent, d'*instare*, être suspendu sur, menacer).
Crit. Str. notion-limite désignant une coupure dans le temps et qui n'a elle-même aucune durée : « À la rigueur, le point et l'instant ne sont point des parties du temps ou de l'espace, et n'ont point de portée non plus » (Leibniz, *N.E.*, l. II, ch. XIV, 10). V. Présent.

Instinct (lat. *instinctus* d'*instinguere*, pousser).
1. *Biol.* Tendance héréditaire et spécifique chez les animaux à des comportements souvent complexes et qui s'interprètent comme une adaptation de l'espèce au milieu. Il apparaît comme étant d'origine organique et, contrairement à l'intelligence, semble n'être conscient ni des buts, ni des moyens mis en œuvre. Ex. instinct de nidification très variable selon les espèces d'oiseaux. D'autre part, le déroulement complexe d'un comportement instinctif se distingue de la simple réponse réflexe* à un stimulus*. L'observation a montré que l'instinct pouvait être perfectionné soit par l'intelligence individuelle, soit par l'éducation donnée par les parents. Divers théoriciens ont tenté de réduire l'instinct animal soit à l'intelligence (habitudes devenues héréditaires) soit à un montage de réflexes.
2. *Psy.* Chez l'homme, aucun comportement instinctif spécifique comparable à celui des animaux n'a été décrit. Le terme d'instinct est souvent appliqué aux grandes fonctions organiques (instinct de reproduction, instinct de nutrition) auxquelles s'ajoutent, de façon hypothétique, un instinct social, un instinct de conservation*, un instinct d'agressivité*. Devenu très vague, le mot se confond alors avec besoin* ou tendance*. Dans les textes de psychanalyse, le terme d'instinct, d'abord utilisé pour traduire l'all. *Trieb*, est maintenant remplacé par celui de pulsion*.
3. *Vulg.* Dans la langue courante, instinctif s'applique à tout acte ou réaction irréfléchie. Savoir d'instinct est savoir sans réflexion, par intuition, par habitude. À partir de là, certains auteurs (Nietzsche) font paradoxalement de l'instinct le résultat d'une culture, propre à un groupe (instinct grégaire) ou même à un individu.
4. *Méta.* Bergson a généralisé la distinction de l'instinct et de l'intelligence en en faisant avec la vie végétative l'une des trois formes fondamentales de l'élan vital*. L'instinct « ne fait que continuer le travail par lequel la vie organise la matière » et « ce sont les trois directions divergentes d'une activité qui s'est scindée en grandissant » (*Évolution créatrice*).V. Intuition.

Institution (lat. *institutio* d'*instituere*, disposer, établir).

1. *Vulg.* Le fait de *fonder*, d'instituer, d'établir des règles, des structures nouvelles dans une société, plus spécialement d'*instruire*, sens vieilli qui a donné « instituteur » (les conceptions pédagogiques de Montaigne se trouvent dans un chapitre des *Essais* intitulé « De l'institution des enfants »). « On dit qu'une chose est d'institution pour dire qu'elle est l'ouvrage des hommes et pour la distinguer de celles que la nature a établies » (Condillac). En gén., syn. culture*.
2. *Soc. a*) forme sous laquelle, dans une société donnée, s'exercent les fonctions publiques : politique, administration, justice, enseignement, sécurité sociale, etc. ; en part. lois fondamentales de l'État (constitution*) ; ext. ensemble des chartes et traités régissant les organismes internationaux ; *b*) au sens large, toutes les manières de penser, de sentir et d'agir que l'individu trouve préétablies dans sa société et qui s'imposent plus ou moins à lui, ainsi que les actions, pratiques et courants sociaux qui tendent à se cristalliser en us et coutumes (Mauss) ; le terme d'*institution* pris dans cette dernière acception définit le domaine de la sociologie chez Durkheim et ses disciples ; *c*) chez Malinowski, « unité élémentaire d'organisation » qui « implique un accord mutuel sur un ensemble de valeurs traditionnelles qui rassemblent les êtres humains » entretenant « un certain rapport les uns avec les autres, et avec un élément précis de leur environnement naturel et artificiel » (« acquisitions d'ordre technique : savoir-faire, habitudes, normes juridiques, injonctions morales, qui sont acceptées par les affiliés, ou imposées contre leur gré »), v. Fonctionnalisme.

Instruction (lat. *instructio* d'*instruire*, disposer, mettre en ordre).

1. *Péd.* Enseignement, transmission d'un savoir, des règles d'un savoir-faire. Se distingue de l'*éducation* qui porte sur l'ensemble de la personnalité de l'enfant, mais assez souvent syn.

2. *Dr.* Au sens juridique, ensemble des actes d'un magistrat préalables à un jugement.

Instrumentalisme

Phil. Forme particulière du pragmatisme* de J. Dewey et de l'école de Chicago qui affirme le caractère *instrumental* de toute théorie, celle-ci étant un instrument *(tool)* pour l'action et un enrichissement pour des expériences ultérieures.

Intégration (lat. *integratio*, restitution, rétablissement).

Soc. Processus par lequel un individu, d'abord extérieur à un groupe (professionnel, national, etc.) en adopte les usages, le système de valeurs et d'abord la langue. V. Assimilation.

Intégrisme (du lat. *integer*, intact).

1. *Rel.* Mouvement qui entend maintenir et même restituer la tradition qu'il juge authentique dans les croyances, les mœurs, la liturgie religieuse, sans compromis avec l'évolution générale des idées qui pourrait les corrompre (catholicisme, islam).

2. *Gén.* Se dit d'une position de principe, politique, idéologique, qui reste ferme et refuse tout accommodement.

Intellect (lat. *intellectus*, faculté de comprendre, d'*intellegere*, discerner, comprendre).

1. Faculté de connaître par idée, par concept. Syn. entendement*.

2. *Hist.* Chez Aristote et chez les scolastiques, on distingue l'*intellect passif* (lat. *intellectus patiens*, gr. *nous pathetikos*), fonction par laquelle nous recevons des connaissances par le moyen des sens, et l'*intellect actif* (lat. *intellectus agens*, gr. *nous poïêtikos*), fonction par laquelle nous élaborons ces données, jugeons, concluons pour construire le savoir.

Intellection (lat. *intellectio*).

Psy. Sp. fonction propre de l'intellect ou entendement, syn. conception*, opp. imagination* ; se dit not. des opérations logiques de la pensée, abstraction*, jugement*, raisonnement*.

Intellectualisme (milieu du XIXe s., formé sur intellectuel).

Psy. Toute doctrine donnant à l'entendement, à la raison, un rôle prédominant dans la vie de l'esprit au détriment de la sensibilité, de la volonté, de l'intuition. Le terme est presque toujours polémique et péjoratif. Parmi les adversaires de l'intellectualisme : le bergsonisme, la phénoménologie* (Merleau-Ponty), les pragmatistes* (W. James), les philosophies de la vie* (Nietzsche). On a appelé ainsi de façon polémique *intellectualisme éthique* une doctrine morale d'origine socratique qui fonde la vertu sur la connaissance du bien. Le spinozisme a aussi été qualifié d'intellectualisme par son refus du volontarisme de Descartes dans le jugement : « Ce n'est pas nous qui affirmons jamais quelque chose d'une chose, mais c'est elle qui en nous affirme ou nie quelque chose d'elle-même » (*Court traité*).

Intellectuel (du lat. *intellectus*, v. Intellect).

Adj. *a*) ce qui se rapporte à l'intellect, à l'entendement, à l'intelligence ; *b*) ce qui est de l'ordre de l'esprit par opp. à corporel : « Ce qui est proprement spirituel, c'est ce qui est intellectuel » (Bossuet). Chez Descartes, « intellectuel » renvoie à la volonté aussi bien qu'à l'entendement.

Subst. *Soc.* Depuis les dernières années du XIXe siècle (affaire Dreyfus), on appelle *intellectuels* les écrivains, les journalistes, les artistes, les hommes de science, tous ceux dont l'activité n'est ni manuelle, ni commerciale, ni administrative, ni militaire. Mais la notion est mal délimitée (comprend-elle les magistrats par ex. ?) et elle est souvent prise en mauvaise part : l'intellectuel manque du sens des réalités.

Intelligence (lat. *intellegentia* d'*intellegere*, discerner).

1. *Vulg.* Discernement, vivacité d'esprit. Capacité intellectuelle en général. Se dit aussi pour relation entre personnes, accord, connivence (« être d'intelligence »).

2. *Méta.* *a*) esprit, raison (correspond au gr. *nous*). Ex. Dieu est l'intelligence suprême : « La foi passera, l'intelligence subsistera éternellement »

(Malebranche) ; *b*) chez l'homme, faculté de connaître et de raisonner distinguée de la sensibilité et de la volonté (acceptions devenues hors d'usage) ; *c*) d'après Bergson, « faculté de fabriquer et d'employer des instruments inorganisés » par opp. à l'*instinct** chez l'animal et à l'*intuition** chez l'homme.

3. *Psy.* « L'intelligence est l'aptitude à modifier sa conduite conformément aux circonstances de chaque cas » (A. Comte). Elle suppose donc la recherche d'une réponse nouvelle, adaptée, autrement que par le hasard des essais et des erreurs. Elle se distingue en principe de l'instinct* (inné) et des habitudes* (acquises). Cependant elle perfectionne l'instinct et dirige l'acquisition des habitudes (apprentissage). Par anal., la psychologie des animaux apprécie une *intelligence animale* (très variable selon les espèces et, dans une espèce, selon les individus), par l'aptitude à saisir l'ensemble d'une situation, à se servir d'un instrument, à réussir un comportement de détour, à utiliser des signes (réactions différées). Mais les conditions artificielles des observations et surtout l'anthropomorphisme limitent leur portée. V. Insight.

4. *Psy. exp.* Depuis le début du XXe siècle, de nombreux tests ont été établis afin de mesurer un degré d'intelligence selon l'âge de l'enfant (quotient* intellectuel) et selon différents domaines d'application de l'intelligence. On a donc distingué des « intelligences » (concrète, abstraite, verbale, sociale). En fait, ces tests ayant été imaginés en réponse à une demande sociale (orientation scolaire, professionnelle, etc.) ne permettent pas de répondre à la question de l'unité de l'intelligence. V. aussi Analyse factorielle de Spearman. Il a été reproché à la psychologie expérimentale de négliger l'intelligence humaine adulte et de confondre intelligence et apprentissage.

5. *Intelligence artificielle.* Une intelligence artificielle serait un système constitué à partir de machines informatiques, et qui pourrait accomplir des tâches qui sont celles de l'intelligence humaine : solution de problèmes de type mathématique, traduction d'une langue dans une autre, etc. L'invention de telles machines suppose des recherches techniques convergentes à partir des données de la psychologie, de la linguistique, de la logique, des sciences dites cognitives* en général. Mais elle n'est pas elle-même une science, elle ne prétend ni reproduire, ni simuler l'ensemble des processus intellectuels humains mais obtenir, pour une tâche déterminée, des résultats comparables ou même supérieurs. C'est ainsi qu'ont été créées, à partir de 1970, des *systèmes experts* qui, dans un domaine précis et dans des limites déterminées, peuvent concurrencer la compétence d'experts humains (ex. diagnostics médicaux). Mais en définitive, les réussites de la technologie ne permettent pas de résoudre la question de savoir si les démarches intelligentes de l'esprit humain sont toutes réductibles à des calculs logiques.

Intelligible (lat. *intelligibilis*, que l'on peut comprendre, d'*intelligere*).

1. *Crit.* Ce qui est appréhendé directement par l'intellect par opp. à ce qui est reçu par la sensibilité. Le mot implique souvent une référence platonicienne (opposition du monde sensible et du monde intelligible). Chez Kant, intelligible se distingue plus précisément d'intellectuel : « Sont *intellectuelles* les connaissances acquises par l'entendement et qui portent aussi sur le monde sensible ; mais les objets s'appellent *intelligibles* quand ils peuvent être représentés seulement par l'entendement et qu'aucune de nos intuitions sensibles ne peut s'y rapporter » (*Prolégomènes*, § 34).

2. *Vulg.* Compréhensible. Opp. inintelligible (ex. un discours inintelligible).

3. *Méta., Hist.* *a*) *étendue intelligible.* Chez Malebranche, elle est l'idée *archétype**, l'idée qui, dans l'entendement divin, représente tous les corps étendus : « L'étendue intelligible, diversement appliquée à notre esprit, peut nous donner toutes les idées que nous avons des figures mathématiques » (*Recherche de la vérité*) ; *b*) *caractère intelligible*, chez Kant, distingué du caractère empirique. Il appartient au moi *nouménal** et est cause des actes dans le monde phénoménal « sans être soumis lui-même aux conditions de la sensibilité » (*Raison pure*, Dialectique).

Intemporel (lat. *intemporalis*).

Méta. Se dit de ce qui est étranger au temps et n'a pas le caractère de la durée ; ex. les vérités mathématiques sont intemporelles.

Intensité, intensif (du lat. *intensus*, violent, intense, d'*intendere*, tendre vers).

1. *Phys.* Grandeur par laquelle on exprime la quantité du *stimulus ;* ex. niveau lumineux, puissance acoustique, concentration d'un corps sapide, etc.

2. *Psy. physio.* Accroissement d'une qualité sensorielle à partir du seuil de la sensation jusqu'à la sensation maximale ; v. loi de Fechner*.

3. *Psy.* Opp. *extension. a*) caractère des grandeurs intensives de comporter du plus ou du moins sans être toutefois mesurables ni représentables dans l'étendue ; ex. l'intensité de l'attention, d'un sentiment ; *b*) selon Bergson, les grandeurs intensives se réduisent pour la conscience vraie ou immédiate* à des différences successives et hétérogènes de qualité, le sujet projetant ensuite dans la qualité de l'effet la quantité croissante de la cause.

Intention (lat. *intentio*, action de tendre, *tensio*, vers, *in*, d'*intendere*, tendre vers, au sens de l'exécution effective du mouvement).

1. *Vulg.* Choix conscient, résolution d'agir, même si l'action n'a pas eu lieu. *Dist.* velléité.

2. *Mor.* *a*) résolution par laquelle l'agent moral s'engage à un acte et valeur morale de cet acte, l'intention authentique étant toujours suivie d'effet, à moins que l'acte soit impossible ou soit empêché par un obstacle indépendant de la volonté de l'agent ; selon la morale formelle de Kant, l'intention n'a d'égard qu'à la loi morale, sans considération des conséquences ni de l'intérêt propre ; *b*) *direction d'intention* : péj. terme de casuistique désignant l'attitude d'esprit par laquelle l'agent s'autorise à ne considérer un acte que sous l'aspect où il est bon ; ex. voler pour secourir autrui : « Nous corrigeons le vice au moyen de la pureté de la forme » (formule que Pascal prête aux Jésuites).

3. *Phén.* Terme scolastique repris par Franz Brentano et Husserl dans un sens cognitif : orientation de la conscience du sujet vers quelque chose d'autre que le sujet considéré comme tel et par laquelle l'objet de la conscience prend son sens : « Dans la représentation, c'est quelque chose qui est représenté, dans le jugement quelque chose qui est admis ou rejeté, dans l'amour quelque chose qui est aimé, dans la haine quelque chose qui est haï, dans le désir quelque chose qui est désiré, et ainsi de suite » (F. Brentano) ; d'où la formule générale de Husserl que « la conscience est toujours conscience *de* quelque chose », c.-à-d. qu'elle se dépasse vers autre chose qu'elle (*transcendance**) ; de même, chez Sartre, la *conscience perceptive* et la *conscience imageante* visent leur objet selon des modes distincts : « La conscience transcendante d'arbre en image pose l'arbre. Mais elle le pose en *image*, c.-à-d. d'une certaine façon qui n'est pas celle de la conscience perceptive » ; v. Intentionnalité.
4. *Hist.* Dans le lat. médiéval, *intentio* a désigné la volonté, l'effort volontaire, mais aussi l'objet, le but visé reconnu comme un bien, la capacité de savoir pourquoi l'on agit. « Le mot d'intention désigne un acte de volonté précédé d'un acte par lequel la raison ordonne quelque chose à sa fin » (Thomas d'Aquin).

Intentionnalité (ou intentionalité, neol. XXe s.).
Phén., Exist. : « Particularité foncière et générale qu'a la conscience d'être conscience *de* quelque chose » (Husserl), c.-à-d. de « viser » un objet, de le penser *(cogito)* et de porter en elle-même son objet pensé *(cogitatum)*, chaque mode de pensée visant son objet à sa manière ; v. Intention. Cette conscience, d'autre part, dépasse à tout instant ce qui, dans l'instant même, est donné comme « explicitement visé », c.-à-d. qu'elle est continuité du passé et de l'avenir dans le présent, autrement dit *temporalité** : l'intentionnalité implique signification, les objets n'ayant de sens que par le projet de la conscience vers eux ; v. Transcendance.

Intentionnel (du lat. *intentio*).
1. *Psy., Mor.* Se dit de ce qui est visé ou expressément voulu ; ex. une omission intentionnelle.
2. *Phén., Exist.* S'applique à tous les actes de la conscience, à ses différents modes et à ses potentialités vers l'avenir ou le passé (*protensions* et *rétentions*) ; ex. dans la perception d'un cube est donnée *intentionnellement* l'unité synthétique de tous les aspects sous lesquels il peut se présenter.
3. *Hist. Espèces intentionnelles* ou *impresses* : v. Espèces.

Interaction (comp. du lat. *inter*, entre, et *actio*, action, action réciproque).
Psy., Soc. Actions et réactions interpersonnelles dans la société globale ou dans un groupe (dynamique des groupes*). Ex. dans un jeu sportif d'équipe, chaque joueur ajuste ses mouvements selon ce qu'il perçoit et anticipe des mouvements de ses coéquipiers et des joueurs adverses.

Interactionnisme

Soc. Conception de la recherche en sociologie qui met l'action sur des relations individuelles pour expliquer l'action collective, le sens des institutions. V. Individualisme sociologique.

Interculturel

Soc. Qui participe des traditions, des systèmes de valeurs propres à plusieurs groupes. L'action interculturelle cherche à éviter les heurts entre personnes appartenant à des communautés* différentes (« choc culturel »).

Intéressant (du verbe fr. intéresser ; all. *das Interressante*).

Esth. Subst. L'intéressant fait appel à la subjectivité du lecteur (roman, poème, théâtre), du spectateur, ou de l'auditeur par la nouveauté, le piquant, l'étonnant, le choquant. Le romantisme all. l'a opposé à l'objectivité du beau classique ou kantien. Schopenhauer lui refuse toute valeur esthétique.

Intérêt (dér. du lat. *interest*, impersonnel, il importe).

1. *Gén.* Intervention d'une motivation subjective personnelle dans le jugement moral, esthétique ou de connaissance. L'intérêt est un obstacle à l'objectivité, à l'impartialité du jugement.

2. *Mor.* Ce qui est utile à l'individu (*intérêt personnel*) ou à un groupe d'individus (*intérêt collectif*) ou à l'ensemble des membres d'une société (*intérêt général*) ou à la société en tant que telle (*intérêt public*). *Morale de l'intérêt* ou *de l'intérêt bien entendu* : v. Utilitarisme ; l'expression d'intérêt personnel a souvent la connotation péjorative d'égoïsme.

3. *Psy.* Attention spontanée provoquée par les objets ou activités qui répondent à nos tendances. *Loi de l'intérêt* : loi de l'association* qui explique certaines associations mentales par leur relation avec ce qui occupe actuellement de façon dominante l'esprit du sujet.

4. *Péd.* Doctrine qui, dans la ligne de Rousseau, prend pour règle de n'enseigner les choses que dans la mesure où l'enfant désire de lui-même les apprendre. *Méthode des centres d'intérêt* (Decroly) : celle qui consiste à faire d'un intérêt manifesté par les enfants à un âge donné le thème et le centre d'un enseignement interdisciplinaire ; ex. la maison, les voyages, le lait, le pain, etc.

5. *Hist.* Kant distingue un intérêt « pur » de la raison pratique et un intérêt « pathologique » (utilité). « La volonté humaine peut *prendre intérêt* à une chose sans pour cela agir *par intérêt* » (*Fondements de la métaphysique des mœurs*).

Intérieur, interne, intériorité (lat. *interior*, compar., et *internus*).

Termes s'opposant à extérieur* ou externe* dans leurs différents sens.

1. *Psy.* Qui relève de la vie de la conscience ; ex. « la pensée est un dialogue intérieur et silencieux de l'âme avec elle-même » (Platon, *Sophiste*, 263).

2. *Mor., Rel.* *a*) ce qui est de l'ordre de la vie propre de l'esprit en tant qu'il se recueille en lui-même ; ex. la vie intérieure ; *b*) caractère du sujet qui, par un acte de liberté, institue le principe de son être et de son action propre.

3. *Hist. (Crit.)* (Kant) *Sens interne* : sens dont le temps est la forme et par lequel l'esprit perçoit ses états intérieurs, opp. espace qui est la forme du *sens externe* par lequel des objets s'ordonnent hors de nous.

Intériorisation (néol. d'intérioriser, rendre intérieur).

1. *Soc.* Processus par lequel les normes et les valeurs d'un milieu social deviennent pour l'individu une « seconde nature », à laquelle il se conforme comme si elles étaient innées. V. Éducation, Socialisation.

2. *Mor.* Dans la *Généalogie de la morale*, Nietzsche fait de la conscience morale elle-même une intériorisation de la cruauté primitive : « Tous les instincts qui ne se libèrent pas vers l'extérieur se retournent en dedans, c'est là ce que j'appelle intériorisation » (*Généalogie*, III, 16).

3. *Psychan.* Transformation de relations intersubjectives en relations intra-subjectives. Ex. les relations d'interdiction, d'autorité du père sur l'enfant sont intériorisées comme relations de l'instance du Surmoi* à celle du Moi*.

Internalisme

Psy. cognitive. Thèse selon laquelle les contenus de la pensée ne se réfèrent pas ou se réfèrent seulement très partiellement à l'environnement physique, social, linguistique. Opp. externalisme*. V. Solipsisme.

Intéroceptive (Sensibilité) (ang. *interoceptive*).

Psy. physio. Caractère du récepteur sensitif innervant la surface interne du corps. *Champ intéroceptif* : ensemble des stimuli* qui excitent la périphérie interne du corps* propre ; *sensations intéroceptives* : ensemble des informations sensorielles qui proviennent des organes de la vie végétative, not. de la digestion ; la sensibilité intéroceptive a une grande influence sur la totalité de nos états affectifs ; v. sensibilité proprioceptive* et extéroceptive*.

Interpolation (lat. *interpolatio*, d'*interpolare*, donner une nouvelle forme, *cf. polire* : rendre uni, égaliser).

1. *Épist.* En mathématique et en sciences physiques, opération de généralisation par laquelle on étend ce qu'on a observé pour certaines valeurs d'une fonction à des valeurs intermédiaires qui n'ont pas été l'objet d'observation et de mesure ; ex. dans une statistique, on relie par une ligne continue tous les points discontinus déterminés par des mesures ponctuelles. L'interpolation est d'un emploi général dans toutes les sciences qui se servent de statistiques (histoire, sociologie, psychométrie, etc.) ; elle postule la continuité d'allure des phénomènes interpolés ; ex. courbes de nuptialité, de mortalité infantile, etc. ; v. Extrapolation.

2. En philologie, passage, fragment de texte qui a été introduit (ou qui a été déplacé) dans l'œuvre originale, quelle qu'en soit la raison (simple erreur, fraude, modification du sens).

Interprétation, interprète (lat. *interpres*, négociateur, intermédiaire ; *interpretatio*, explication).

1. *Gén.* L'interprète est celui qui fait connaître les sentiments, les volontés, d'une personne ou d'un groupe, qui traduit d'une langue à une autre un message écrit ou oral, qui élucide le sens de présages, de signes mystérieux, de prophéties. V. Herméneutique, Inspiration.

2. *Esth.* L'interprète est l'intermédiaire entre l'écrivain, l'artiste et son public, soit en commentant son œuvre (critique littéraire), soit en la représentant (comédien, metteur en scène, danseur), soit en la « jouant » (musicien, chef d'orchestre). En musique, le rapport entre l'interprétation et la pure et simple exécution de la partition écrite a beaucoup varié selon les époques (évolution des systèmes de notation), les exigences des compositeurs (accrues depuis le XIXe siècle), la personnalité des interprètes, le style de l'œuvre. Une grande liberté d'interprétation, et même d'improvisation* peut être prévue par le compositeur lui-même dans la musique contemporaine. Un cas particulier, mais assez fréquent, est celui d'une œuvre musicale, théâtrale, chorégraphique, cinématographique, composée pour un interprète déterminé et en tenant compte de sa personnalité.

3. *Psychan.* L'interprétation exprime dans un langage usuel le sens latent d'un rêve, la signification d'un *lapsus*, d'un phénomène de *résistance*, de *transfert* (v. ces mots). La première œuvre importante de Freud s'intitule l'*Interprétation des rêves* (*Traumdeutung*, mal traduit par « science des rêves »). Le moment, la façon dont est donnée l'interprétation par l'analyste joue un rôle essentiel dans le déroulement de la cure psychanalytique.

Interpsychologie

Psy. « Étude des mécanismes, conscients ou non, par lesquels s'exerce l'action d'un esprit sur un autre esprit » (G. Tarde) ; en ce sens, on dit auj. *psychologie sociale* (collective) ou *psychosociologie**.

Intersubjectivité

Phén., Exist. Relation réciproque et communication* des consciences les unes avec les autres comme constitutive de notre monde, de notre expérience concrète des individus en tant que tels.

Intime (Sens) (lat. *intimus*, superlatif, le plus intérieur).

1. *Psy., Hist.* Dans la psychologie introspective du XIXe siècle, appréhension directe de la vie de la conscience (Maine de Biran).

2. *Méta.* Intuition intellectuelle (idéalisme* all.), saisie la plus profonde que la conscience de soi peut avoir d'elle-même.

Intrasubjectif

Psy., Psychan. À l'intérieur d'un sujet, d'un psychisme conscient ou inconscient. Ex. conflit intrasubjectif.

Intrinsèque (lat. scol. *intrinsecus*, au-dedans).

Log. Qui entre dans la nature, la définition ou la composition d'un être ; ex. la raison est une propriété intrinsèque de l'homme.

Introjection (comp. du lat. *intro*, en dedans, et *jacere*, jeter ; projeter à l'intérieur).

Psychan. Processus psychologique inconscient d'identification par lequel un sujet, not. un enfant, incorpore imaginairement une personne ou un objet à son

Moi ou à son *Surmoi** ; ex. l'introjection des interdits venant des parents ou des éducateurs qui engendre la conscience morale, opp. projection*.

Intropathie (comp. du lat. *intro*, en dedans, et du gr. *pathos*, ce qu'on éprouve, de *paschein*, être affecté de).

Psy. Terme créé par Flournoy pour traduire l'all. *Einfühlung* (Lipps), projection de ses sentiments en un autre être (animé ou inanimé) auquel on s'identifie par une sorte de communion affective, v. Sympathie, *dist. empathie**, qui est gén. dépourvue de caractère affectif.

Introspection (début XIXe siècle, du lat. *introspicere*, regarder à l'intérieur).

1. *Épist., Psy.* Observation méthodique des *faits de conscience**, afin de constituer une psychologie aussi scientifique que possible. Le spiritualisme éclectique du XIXe siècle (Th. Jouffroy) a admis que l'introspection pouvait devenir aussi positive pour l'expérience interne que l'était l'observation des faits physiques pour l'expérience externe. La possibilité pour le sujet de devenir un objet de connaissance pour lui-même a été vivement critiquée tout d'abord par A. Comte, qui rejetait d'ailleurs en même temps que l'introspection toute science psychologique. Les psychologies objectives, psychologie expérimentale, psychologie du comportement se sont constituées contre l'introspection (behaviorisme*). Cependant il ne semble pas possible de constituer une psychologie expérimentale, scientifique, sans aucun recours à l'introspection, ne serait-ce que pour donner sens aux mots qu'elle utilise.

2. *Introspection provoquée.* Méthode consistant en la description par un ou des sujets de leur état d'esprit pendant une épreuve déterminée qui leur est soumise (École de Wursbourg, A. Binet).

Introversion, introverti (du lat. *introversus*, tourné vers l'intérieur).

Psychan. Opp. *extraversion*, extraverti.* Termes créés par C. G. Jung : détachement ou désinvestissement de la *libido* à l'égard de la réalité extérieure et investissement* ou repliement corrélatif du sujet sur son monde intérieur où il cherche sa satisfaction. Terme utilisé en caractérologie.

Intuitif (formé sur intuition).

1. *Psy.* Qualifie : *a*) ce qui est objet d'intuition ; ex. une vérité intuitive ; *b*) ce qui relève de l'intuition ; ex. la connaissance intuitive, opp. discursif.

2. *Car.* Un *esprit intuitif*, qui voit les choses synthétiquement et d'un seul coup, opp. *esprit déductif*, qui procède par analyse* et raisonnement*.

Intuition (bas lat. *intuitio*, regard, d'*intueri*, regarder).

1. *Vulg.* Aptitude, dont seraient douées certaines personnes, à deviner, à anticiper ce qui n'est pas encore présent, à « voir » au-delà de l'expérience immédiate. D'où des expressions comme « avoir de l'intuition », « intuition féminine », « intuition divinatrice », sans signification précise.

2. *Crit., Épist.* Par métaphore avec la vision, connaissance *immédiate* d'un objet présent à l'esprit. La connaissance intuitive se distingue, mais sans l'exclure, de la connaissance *discursive*, par raisonnement*, déduction*,

interprétation*. Les divers adj. qui qualifient le terme intuition se rapportent soit à la faculté à laquelle est attribuée l'intuition (intuition *sensible*, intuition *intellectuelle*), soit à la nature de l'objet d'intuition (intuition *empirique*, *rationnelle*, *métaphysique*, *mystique*). Ce ne sont pas des variétés d'intuitions dont on pourrait faire un tableau d'ensemble, et ces expressions renvoient à des théories de la connaissance historiquement constituées.
3. *Méta., Hist. a*) chez Platon, l'intuition (*noêsis*) des idées et ultimement de l'Idée de Bien auxquelles s'élève l'esprit (*nous*), est inséparable du mouvement ascendant de la dialectique, dont elle est en quelque sorte l'accomplissement. La *noêsis* qui a pour objet l'intelligible se distingue à la fois de la perception sensible (*aisthesis*) et du raisonnement (*dianoia*) ; *b*) Descartes rapporte l'intuition à l'entendement, elle est d'abord « une impression directe de la clarté divine sur notre entendement » (IIIe *Méditation*). Elle n'est autre que l'évidence de l'idée claire* et distincte* : « Chacun peut voir par intuition qu'il existe, qu'il pense, qu'un triangle se termine par trois lignes, qu'un globe (sphère) n'a qu'une surface » (*Règles* III). Cest ce que les manuels appellent intuition métaphysique, rationnelle, etc. D'autre part, si Descartes distingue intuition et déduction, il ne les oppose pas : « L'évidence et la certitude de l'intuition ne sont pas seulement requises pour de simples énonciations, mais aussi pour toute espèce de démarche discursive » (*Ibid.*). Cette distinction et cette continuité de la connaissance intuitive et de la connaissance discursive se retrouve chez les successeurs de Descartes, rationalistes aussi bien qu'empiristes (Locke) ; *c*) la philosophie critique de Kant repose sur une distinction radicale entre l'*intuition intellectuelle* qui atteindrait directement les *choses en soi*, intuition dont l'homme est dépourvu et qui ne pourrait appartenir qu'à l'Être suprême, et *l'intuition sensible*, source de la connaissance des *phénomènes* dérivée de l'expérience sensible (réceptivité*). Les formes transcendantales* de la sensibilité (espace, temps) sont alors appelées *intuitions pures* ; *d*) par la suite, l'expression d'*intuition intellectuelle* a été utilisée dans l'idéalisme allemand (Fichte, Schelling), tout autrement que par Kant, au sens de conscience de soi comme celle d'un sujet actif, distincte donc de l'intuition sensible qui reste essentiellement réceptive ; *e*) à la fin du XIXe siècle, Bergson rompt à la fois avec la tradition kantienne et avec la tradition empiriste ou positiviste en reprenant le terme d'intuition : « Nous appelons intuition la sympathie avec laquelle on se transporte à l'intérieur d'un objet pour coïncider avec ce qu'il a d'unique et d'inexprimable » (*La Pensée et le mouvant*). Opposée à l'intelligence, qui est analytique, conceptuelle, incapable de rendre compte de la durée* et de la vie comme élan*, l'intuition a une portée métaphysique : connaissance de l'esprit par l'esprit, elle atteint l'absolu. Cependant l'*intuition philosophique* qui est au centre de tout système ne s'exprime et ne se développe que sous forme d'images et de concepts ; *f*) avec la phénoménologie de Husserl, il y a d'une certaine façon un retour à la *noêsis* de Platon (v. *eidos*, *eidétique*). L'intuition est la mise en présence de l'objet même qui remplit

ainsi une visée, une signification. L'intuition est une « donation originaire ». L'exemple est celui de la perception du monde extérieur. Mais le contenu intuitif peut être une perception interne, ou une représentation imaginaire, ou encore le corrélat objectif d'une catégorie (*intuition catégoriale*). Avec l'intuition catégoriale et généralement l'intuition des essences*, Husserl réhabilite une intuition intellectuelle au-delà de la perception externe ou interne.

Intuitionnisme

1. *Phil.* Ce terme s'applique à des doctrines, par ailleurs très diverses, qui privilégient la connaissance intuitive par rapport à la connaissance discursive, soit pour atteindre, déterminer les principes rationnels (philosophie du sens commun), soit pour saisir les valeurs morales (ex. Max Scheler), soit pour connaître les essences métaphysiques (ex. Schopenhauer), le sens de la vie, l'absolu (ex. Bergson).

2. *Math.* Conception des mathématiciens dits *intuitionnistes* (Brouwer, Heyting, Bouligand, Cartan ; opp. *formalisme* de Hilbert et de son école), selon laquelle la mathématique n'a pas une signification formelle et ne se réduit pas à une axiomatique* purement hypothético-déductive mais possède un contenu et est une discipline où la logique des conclusions est contrôlée par leur évidence propre. L'existence d'un être mathématique suppose la possibilité d'en faire la construction mentale.

Intussusception (comp. du lat. *intus*, au-dedans, et *susceptio*, action de se charger de, de prendre sur soi).

Biol. Propriété fondamentale des êtres vivants qui consiste à s'accroître ou à se maintenir dans leur type par l'ingestion et l'assimilation à leur propre substance d'aliments divers et hétérogènes, et non par addition et juxtaposition de parties comme les minéraux.

Invention (lat. *inventio*, découverte, d'*invenire*, trouver, rencontrer).

Gén. Invention a le sens premier de découverte (*invention* d'un trésor en termes juridiques). Dans l'usage actuel, il s'en distingue le plus souvent (v. Découverte). Le mot a aussi le sens péjoratif de faux-semblant, de mensonge (ex. ce ne sont que des inventions).

Investissement, investir (du lat. *investire*, revêtir, entourer ; le sens militaire, ex. investir une ville, vient de l'italien).

1. *Éco.* Affectation de moyens financiers à l'acquisition de biens d'équipement.

2. *Psychan.* Anal. à la fois avec l'acception militaire et l'acception économique (all. *Besetzung*), engagement ou fixation inconsciente d'une certaine quantité d'énergie de la *libido** sur un objet externe ou interne, une activité, un être, ou une partie du corps, etc. ; inversement, *désinvestir*, c'est retirer d'un objet ce qui était fixé sur lui et le réinvestir sur un autre. Dans la dernière théorie freudienne du psychisme, le Ça est la source première qui fournit l'énergie à tous les investissements. On parlera de *contre-investissement* quand interviennent des mécanismes de défense*.

Involution (lat. *involutio* d'*involuere*, enrouler, envelopper).
Épist., Biol. Ce terme est opposé à l'évolution en plusieurs acceptions : régression, dégénérescence, passage de l'hétérogène à l'homogène, du divers au même, à l'indifférencié.

Ipséité (lat. scol. *ipseitas*, d'*ipse*, soi-même).
1. *Méta.* Syn. *haeccéité**, le fait pour un individu d'être lui-même et distinct de tout autre.
2. *Exist.* Caractère du *Dasein** par lequel il se confronte à la responsabilité radicale de son existence individuelle.

Ironie (lat. *ironia*, gr. *ironeia*).
1. *Hist. Ironie socratique.* Pratiquée par Socrate, dans les dialogues de Platon, l'ironie est une démarche interrogative affectant l'ignorance. Les sens ultérieurs du terme en dépendent largement.
2. *Esth.* En rhétorique, figure qui fait entendre le contraire de ce qu'on dit, et par là ébranle les croyances irréfléchies et les conventions sociales. Ex. Montesquieu sur l'esclavage colonial : « On ne peut se mettre dans l'idée que Dieu qui est un être très sage, ait mis une âme, surtout une âme bonne, dans un corps tout noir » (*Esprit des lois*, livre XV, chap. 5). Forme de comique, souvent cruel, pratiqué en littérature.
3. *Mor.* L'ironie est suspecte au moraliste par ce qu'elle implique de dissimulation du réel, de travestissement de la vérité (Aristote, saint Thomas). Dans le romantisme allemand, l'ironie manifeste la liberté de la subjectivité, son détachement de toutes choses. V. J.-P. Sartre : « Dans l'ironie, l'homme anéantit dans l'unité d'un même acte ce qu'il pose, il donne à croire pour n'être pas cru, il affirme pour nier et ne pas affirmer » (*L'Être et le néant*).

Irrationalisme (mot formé sur irrationnel).
1. Terme polémique qui disqualifie une pensée en la considérant comme incohérente, reposant sur des fondements arbitraires, ou relevant du mysticisme. L'accusation d'irrationalisme dépend d'une conception de la rationalité : c'est ainsi que la raison dialectique hégélienne a été taxée d'irrationalisme par les positivistes.
2. Se dit aussi, de façon équivoque, d'une doctrine qui, loin de renoncer à la rationalité critique, la pousse jusqu'à rejeter l'existence d'une Intelligence suprême qui aurait organisé rationnellement l'univers, et pose l'origine toute humaine de la rationalité (Ex. volonté métaphysique en soi aveugle de Schopenhauer, volonté de puissance nietzschéenne). V. aussi philosophies de l'absurde*.

Irrationnel (lat. *irrationalis*, gr. *alogos*).
1. *Vulg.* Incohérent, contraire à la raison : ex. une conduite irrationnelle.
2. *Math.* Dans un dialogue de Platon (*Ménon*), Socrate montre que le côté et la diagonale du carré sont incommensurables*, que leur rapport est incalculable (*alogos*), inexprimable en nombre entier. Mais le *nombre irrationnel*

(ex. le nombre dont le carré est 2) n'en est pas moins un *nombre réel* qui ne porte aucune atteinte à la rationalité des mathématiques comme science.

Irréversibilité (particule négative *in* et lat. *reversio*, retour en arrière).
Impossibilité d'inverser le sens d'une succession d'états dans une transformation, une évolution. Les processus mécaniques sont réversibles : il est toujours possible par un certain nombre d'opérations de revenir d'un état final à l'état initial. Mais au milieu du XIXe siècle, le second principe de la thermodynamique (Carnot-Clausius) pose la croissance de l'entropie*, donc semble-t-il, l'irréversibilité des phénomènes physiques. Faut-il l'interpréter comme une impossibilité essentielle ou une haute improbabilité statistique ?

Irritabilité (lat. *irritabilitas* d'*irritare*, exciter).
1. *Car.* Trait de caractère de celui qui se met fréquemment en colère.
2. *Biol., Physio.* Propriété qu'a un organe et en particulier un muscle, de se contracter s'il est blessé ou simplement touché, indépendamment d'un acte volontaire. La notion, introduite par Haller (1755), a joué un grand rôle dans l'histoire de la physiologie en rapport avec le vitalisme.

Isomorphisme (comp. du gr. *isos*, égal, même, et *morphê*, forme).
1. *Épist.* Similitudes formelles de structure entre des systèmes d'équations qui régissent à la fois des phénomènes physiques différents ; ex. certains phénomènes mécaniques et certains phénomènes électriques, ainsi le principe de la gravitation universelle, F = *my* et la loi d'Ohm, U = RL sont isomorphiques.
2. *Epist. Théorie de la forme (Gestalttheorie)*, d'après laquelle il n'y aurait pas de différence essentielle entre les formes psychiques, les formes physiologiques cérébrales et les formes physiques de la matière brute.

Isonomie (gr. *isonomia* d'*isos*, égal et *nomos*, loi).
Pol. Égalité de tous les citoyens devant la loi. Ce fut le principe fondateur de la démocratie athénienne introduit par Clisthène (vers 506 av. J.-C). Mais les citoyens* n'étaient alors qu'une minorité de la population.

Isotrope (comp. du gr. *isos*, égal, même, et *tropos*, direction).
Math., Épist. Qui présente les mêmes propriétés dans toutes les directions ; ex. l'espace euclidien, la vitesse de la lumière en tant qu'elle a la même valeur dans toutes les directions, quel que soit l'observateur qui la mesure.

Item (mot lat., adverbe, de même, pareillement, de même genre, de même nature).
Psy. métr. Élément d'un test ou d'un questionnaire constituant la plus petite unité qui puisse être isolée pour un examen ou une mesure, c.-à-d. notée.

J

Jalousie (dér. du lat. pop. *zelosus*, adaptation de *Deus zelotes*, le Dieu jaloux (Vulgate) ; *cf.* gr. *zêlos*, zèle ; haine, jalousie).
1. *Psy.* État affectif caractérisé par le désir de posséder exclusivement l'objet de son affection et de la crainte d'en être dépossédé par un rival réel ou imaginaire. *Jalousie amoureuse* : sentiment ambivalent d'amour ou de haine fait d'un attachement possessif à un autre être, qui s'accompagne de méfiance et d'anxiété. Cette ambivalence* qui semble caractéristique de la passion amoureuse, avant d'être dénommée par la psychanalyse, a été décrite par la littérature classique ou moderne (Shakespeare, Racine, Proust). Normale ou pathologique (paranoïa, délire de jalousie), elle a, selon Freud, son origine dans le complexe d'Œdipe*.

Jardin (ancien fr. *jart*, du francisque *gard* ; all. *Garten*).
Esth. Art de composer un paysage plus ou moins vaste (parfois très restreint) avec des éléments végétaux ou minéraux (arbres, fleurs, rochers, eau courante, lacs, etc.). Il peut comporter des statues, des bâtiments (fausses ruines, « fabriques ») dont la signification esthétique est subordonnée à l'ensemble. Le jardin n'est pas seulement un *spectacle**, mais aussi un *lieu* qui offre au promeneur une multiplicité de *perspectives**. Il n'en reste pas moins une production artistique, soit qu'il veuille donner le sentiment du « naturel » (jardin dit à l'anglaise), soit qu'il crée une ordonnance rationnelle ou symbolique (jardins dits à la française, jardins orientaux). Si modeste soit-il, un jardin suggère toujours une certaine idée du rapport de l'homme à la nature.

Je (lat. *ego*, d'où *jo*, puis *je*).
Pronom personnel de la première personne dont la forme tonique est *moi*. V. Sujet, Cogito, Ego, Moi. On a appelé psychologie en première personne la psychologie subjective, introspective, par opp. à la psychologie en troisième personne (*Il*), objective, expérimentale et à la psychologie en deuxième personne (*Tu*), phénoménologie, psychanalyse.

Jeu (lat. *jocus*, plaisanterie, amusement, jeu).
1. *Psy.* La notion de jeu rassemble des activités humaines très diverses difficiles à caractériser comme telles. *a*) classiquement le jeu s'oppose à l'activité « sérieuse » en ce qu'elle ne recherche que le pur plaisir d'agir, qu'elle est « gratuite » et en un sens « libre » (ex. courir sans but). Cependant le joueur attend souvent un résultat, un gain ; il y a un sérieux exigé par le jeu et le jeu peut être une profession avec toutes les caractéristiques d'un travail et comporter des risques réels (jeux sportifs) ; *b*) « Le contraire du jeu n'est pas le sérieux mais la réalité » (Freud). Jouer est faire semblant de faire ce qu'on fait, sans le faire vraiment (ex. jeux guerriers). Par là, le jeu devient une activité qui met en œuvre l'imaginaire et prend une valeur esthétique : l'acteur

joue un rôle, « incarne » un personnage qu'il n'est pas. Cependant jouer n'est pas rêver. Le joueur est nécessairement attentif à la réalité dans les conditions effectives du jeu (jeux sportifs) ; *c*) tout jeu obéit à des conventions, à des *règles*, explicites ou non, mais souvent codifiées en détail, en particulier dans les jeux sportifs ou dans les jeux dits intellectuels (échecs, dames, cartes, etc.). L'enfant qui a le sentiment que la règle, même non énoncée, n'a pas été respectée, proteste : « Ce n'est pas de jeu ». C'est d'ailleurs l'existence de ces conventions qui distingue ce qui est « joué » de ce qui est réel, sérieux (par ex. le sport de l'escrime d'un « vrai » duel). C'est pourquoi il est contestable de dire que les animaux « jouent » au-delà du simple plaisir d'agir physiquement.

2. *Péd.* L'explication du jeu de l'enfant par un *instinct* prétendu préparant aux activités sociales de l'adulte est d'un finalisme intempérant. Mais de tout temps, la pédagogie a cherché à utiliser le jeu de l'enfant dans un but de moralisation, d'*adaptation* à la vie sociale (ex. les jeux sportifs d'abord utilisés comme entraînement militaire). D'où l'invention de nombreux jeux dits *éducatifs*. D'autre part, l'observation des jeux des enfants (ex. jeu de la poupée) permet de mieux comprendre sa vie émotive et ses relations affectives avec autrui. De même, les jeux peuvent être utilisés à des fins thérapeutiques (catharsis*).

3. *Anthr. a*) la tradition morale n'accepte le jeu que chez l'enfant, comme préparation au « sérieux » de la vie sociale, mais elle le condamne comme recherche du pur plaisir, « passion » comme telle déraisonnable, « divertissement* » qui détourne des valeurs. Pascal décrit la condition humaine comme divertissement. Le libertin* du XVIIe siècle, l'incroyant, se conduit toute sa vie comme un joueur qui s'efforce de calculer ses chances de gain. C'est à ce joueur que s'adresse le fameux argument du pari*. Il est notable que ce sont les jeux de hasard, les jeux d'argent qui fournissent les exemples, les modèles du calcul des probabilités*, c'est-à-dire d'un progrès décisif de la rationalité scientifique ; *b*) dans les *Lettres sur l'éducation esthétique* (1794), Schiller voit dans le jeu la réconciliation en l'homme du sensible et de l'intelligible : « L'homme n'est tout à fait un homme que là où il joue ». Dans le jeu, la liberté humaine ne se soumet qu'à des règles qu'elle s'est elle-même donnée. Or c'est dans l'art, activité analogue à celle du jeu, dans l'expérience de la beauté, que l'homme réalise pleinement son *autonomie**, l'harmonie de la condition humaine, au-delà des contraintes naturelles ou sociales. Le jeu est ainsi devenu une image de la condition humaine, partagée entre plaisir et raison, libre arbitre et nécessité, réalité et imaginaire.

4. *Psy. soc. Jeu de rôles* : méthode d'étude critique de la personnalité par la prise de conscience des exigences d'un rôle social défini joué avec des partenaires au sein d'un groupe ; v. Psychodrame. *Théorie des jeux* (Von Neumann et Morgenstern, 1944) : théorie mathématique de l'élaboration des décisions à prendre par des agents placés en situation concurrentielle en vue de maximiser leurs gains ou de minimiser leurs pertes ; la prise de décision tient compte à la fois des probabilités des événements et des comportements adverses ; ex. les *jeux de guerre (Kriegspiel)* pour la formation stratégique et tactique des officiers et les *jeux d'entreprise* utilisant les modèles mathématiques, les ordinateurs, les représentations graphiques pour déterminer la meilleure efficacité de la décision technique et financière.

Jeunisme (néol. XXe siècle).
Soc. Dans les sociétés européennes, valorisation des goûts, des comportements, des idées attribuée généralement à la jeunesse. Par suite, volonté de se donner l'apparence de la jeunesse.

Joie (lat. *gaudium* ou plutôt *gaudia*).
1. *Psy.* Sentiment de satisfaction avec ou sans manifestations extérieures. Opp. tristesse. « Plaisir que l'âme ressent quand elle considère la possession d'un bien présent ou futur comme assurée » (Leibniz, *Nouveaux essais*, II).
2. *Méta.* Chez Spinoza, passage à une plus grande perfection et accroissement de notre puissance de connaître : « Plus grande est la joie dont nous sommes affectés, plus nous passons à une plus grande perfection, c.-à-d. plus il est nécessaire que nous participions de la nature divine » (*Eth.* IV, scolie de la proposition XLV). « La Joie consistant en ce que la puissance de l'homme, en tant qu'il est composé d'une Âme et d'un Corps, est secondée ou accrue, tout ce qui donne de la joie est bon » (*Ibid.* ch. XXX).

Joli (étymologie incertaine, peut-être du norois anc. *jol*, fête).
Esth. D'apparence agréable. Parfois syn. de beau*, parfois opposé à beau, par manque de grandeur, de force.

Jugement (de juger, lat. *judicare*, dire le droit, lui-même de *jus*, droit et de *dicere*, dire).
1. *Gén.* Le mot fr. désigne soit un pouvoir, une faculté (ex. ce critique a un bon jugement), soit l'acte, la décision qui en résulte (ex. le jugement de ce tribunal est mal fondé). Le titre de la *Critique du jugement* de Kant est traduit plus précisément par *Critique de la faculté de juger* (all. *Urteilkraft*). *a*) au sens le plus général, la faculté de juger est celle de discerner le vrai et le faux, le juste et l'injuste, le beau et le laid. En ce sens : « La puissance de bien juger et de distinguer le vrai d'avec le faux est proprement ce qu'on nomme le bon sens ou la raison » (Descartes, *Discours de la méthode*) ; *b*) plus précisément, le jugement est la mise en rapport d'un cas particulier avec une loi, une règle, un principe général, un corps de connaissances : « Le pouvoir de penser le particulier sous l'universel » (Kant). Ex. un diagnostic médical, une condamnation par un tribunal. Par là, juger implique choix*, décision*, volonté*, liberté* ; *c*) la faculté de juger est susceptible de perfectionnement ou de dégradation. Dans un domaine déterminé, le jugement s'affine par son exercice même, à la fois théorique et pratique (ex. le stage professionnel). En ce sens, l'obstacle à la formation du jugement est le *préjugé* : « Pour ce que nous avons été enfants avant que d'être hommes, il est presque impossible que nos

jugements soient si purs ni si solides qu'ils auraient été si nous avions eu l'usage entier de notre raison dès le point de notre naissance » (Descartes, *Discours de la méthode*).

2. *Log.* Classiquement, dans la tradition aristotélicienne, un jugement est une proposition qui relie un sujet et un prédicat par l'intermédiaire d'une copule* (jugement d'attribution). Ex. Socrate est mortel ; tous les cygnes ne sont pas blancs. On parle de *jugement de relation* quand le sujet grammatical n'est pas davantage le sujet logique que l'autre terme de la relation. Ex. a = b, Pierre est le fils de Paul. Dans la *Critique de la raison pure*, Kant a proposé un tableau des formes du jugement selon la qualité* (affirmatif, négatif, indéfini), la quantité* (universel, particulier, singulier), la relation* (catégorique, hypothétique, disjonctif), la modalité* (problématique, assertorique, apodictique).

3. *Hist. a*) chez Kant, jugements analytiques*, synthétiques*, a posteriori* et a priori*, jugement de goût* (v. ces mots) ; *b*) à partir de la distinction kantienne entre un usage théorique et pratique de la raison, on distingue des jugements portant sur *ce qui est* (jugement de réalité, de fait, d'existence) et des jugements portant sur *ce qui doit être* (jugements de valeur). V. Valeur.

Jurisprudence (lat. *jurisprudentia*, science du droit et des lois, de *jus*, droit, et de *prudentia*, sagesse, savoir).

Dr. Ensemble des décisions judiciaires : *a*) relativement à un point déterminé du droit et tendant à prendre force de loi ; *b*) concernant des faits non prévus par les lois existantes ; mais dont il est jugé par analogie.

Jusnaturalisme (néol. de la fin du XXe, du lat. *jus*, droit, et *natura*, nature).

Doctrine du *droit* naturel* apparue au XVIIIe avec Grotius et Pufendorf et qui a joué un rôle essentiel dans la formation du droit moderne.

Juste (lat. *justus* de *jus*, le droit. À rapprocher de *jurare*, prêter serment).

Subst. Se dit d'une personne qui agit selon la loi religieuse, morale, juridique. Adj. S'applique à toute assertion, raisonnement, décision, doctrine conforme aux normes de la vérité ou de la justice. Couramment, juste a le sens d'*exact* (un calcul juste) ou de *précis* (midi juste).

Justice (lat. *justitia*, de *justus*, juste).

1. *Gén.* On ne confondra pas la justice comme *a*) *idée*, idéal, principe d'action, valeur ; *b*) *vertu*, disposition de l'homme juste ; *c*) *institution*, ensemble des tribunaux, des juridictions, qui rendent des décisions dites « de justice ». Beaucoup de faux problèmes naissent de leur confusion.

2. *Mor., Pol.* « La notion de l'injuste est primitive et positive ; c'est son contraire, le juste, qui est second et négatif » (Schopenhauer). La justice est exigence de *rétablir* un ordre religieux, cosmique, juridique, social qui a été détruit ou compromis plus ou moins gravement. C'est ainsi que dans la Grèce antique, la justice (*dikê*) répondait à la démesure (*hubris*) qui portait atteinte à l'ordre divin. Le juge du tribunal est celui qui fixe un châtiment comme compensation* du crime, une indemnité comme compensation d'un dommage.

Tel est aussi le rôle du « justicier » des légendes ou du western. La définition classique des juristes romains « donner à chacun ce qui lui est dû » (*suum cuique tribuere*) n'a de sens que si elle renvoie à une loi, à une jurisprudence préalable qui dit ce qui est dû.

3. *Justice commutative et justice distributive.* Cette distinction essentielle est déjà indiquée par Platon (*Les Lois*) et développée par Aristote (*Éthique à Nicomaque*, *Politique*). La justice commutative ou « corrective » repose sur l'égalité arithmétique pour déterminer ce qui est dû à chacun (ex. échange juste entre particuliers). La justice distributive est proportionnelle au mérite, à la capacité, à la dignité du rang de chacun dans la cité. Il y a bien encore égalité, mais égalité de proportion de type géométrique (a/b = c/d et non a = b). Cette distinction a été constamment reprise (en particulier par saint Thomas) et encore de nos jours dans les débats sur la justice sociale.

4. *Justice et charité.* L'opposition de la justice et de la charité est celle d'un ordre juridique, froid, strict et d'un élan altruiste spontané. La charité peut être entendue au sens fort, d'origine théologique comme *amour d'autrui*, ou se dégrader en pratique dérisoire de l'*aumône*. Le socialisme du XIXe siècle a vivement critiqué l'acte charitable comme action morale individuelle détournant des exigences collectives de la justice sociale. Dans un opuscule célèbre mais très attaqué (1848), Victor Cousin opposait la justice, ensemble de devoirs stricts en application des droits de l'homme de 1789, et la charité, ensemble des devoirs larges, non immédiatement exigibles, et relevant du progrès social (instruction publique par ex.). En fait, sous d'autres noms que charité, toutes les sociétés modernes et contemporaines reconnaissent un au-delà moral de l'ordre légal, par des actions de libéralité, de bienfaisance, de philanthropie, d'humanité. v. Humanitaire.

5. *Justice immanente*, v. Immanent.

6. *Hist. a*) Platon dans la *République* expose la vertu de justice dans l'âme individuelle par anal. avec la vertu dans la cité. La cité juste est celle où chacun est à sa place, remplit sa fonction selon la hiérarchie des classes : celle de producteurs, celles des gardiens (« guerriers »), celle des gouvernants (« philosophes »). Par anal. dans l'âme individuelle, la justice est l'harmonie du désir* (*epithumia*), du cœur* (*thumos*), de la raison* (*nous*). La justice n'est donc pas la vertu d'une seule partie de l'âme comme la tempérance, le courage, ou la sagesse, mais la vertu qui unifie les autres vertus, principe de concorde entre les instances de l'âme ; *b*) chez Aristote, la justice n'est pas la vertu parfaite, mais la vertu civique, et c'est seulement comme telle qu'elle implique les autres vertus dans la cité. « Le juste n'existe qu'entre ceux dont les relations mutuelles sont sanctionnées par la loi ». Selon les notions de justice commutative et de justice distributive, l'homme injuste est celui qui prend plus que sa place déterminée par la loi ; d'où la formule de la justice : « ne léser personne » (*neminem laedere*, Cicéron) ; *c*) le stoïcisme élargit la vertu civique en justice universelle du citoyen du monde. Le christianisme superpose à la justice de la cité humaine, essentiellement juridique, la justice divine parfaite (*La Cité de Dieu* de saint Augustin). Encore cette justice supérieure est-elle don, grâce, amour, charité. D'où l'opposition reprise en des sens très divers entre justice et charité* ; *d)* dans la philosophie moderne, l'idée de justice est fondée en raison par les théories du droit naturel et du contrat social. Dans le rationalisme kantien, l'injustice est manquement à l'universalité de la loi morale et à la dignité de la personne. L'*état de droit* (sans majuscule à état !) n'est autre que celui de la justice distributive. C'est d'un universalisme de type kantien que se réclame la *Théorie de la justice* de l'américain J. Rawls (1971), contre l'utilitarisme* dominant dans les pays anglo-saxons.

K

Kaloskagathos (mot gr.).

Adj. Dans la Grèce antique, idéal de perfection individuelle qui unit harmonieusement les vertus du corps et de l'esprit (Platon, Aristote). L'expression est formée à partir de *kalos* (beau physiquement et moralement) et d'*agathos* (noble, courageux, bon) et désignait couramment un homme accompli (comme on dira au XVIIe siècle un « honnête homme », au XIXe siècle un « gentleman »).

Kantisme (Emmanuel Kant, 1724-1804).

1. La *philosophie critique** de Kant a ouvert une nouvelle période de l'histoire de la philosophie : *Critique de la raison pure*, 1781 ; *Critique de la raison pratique*, 1786 ; *Critique de la faculté de juger*, 1790. Son idéalisme transcendantal* a réalisé ce que lui-même a appelé une « révolution copernicienne » (v. Criticisme). Son rejet du dogmatisme* métaphysique est d'abord apparu (à tort) comme un scepticisme. Il donnait pourtant un fondement à la science newtonienne qui se développait aux XVIIIe-XIXe siècles. Sa philosophie morale fondée sur la « raison pratique » énonçait une loi morale* universelle indépendante d'une conception du bonheur* particulière ou d'une révélation* religieuse, mais par là même fut jugée longtemps dangereuse à enseigner (v. Laïcité). Il fut ainsi accusé d'agnosticisme*, d'irréligion, alors qu'il voulait, par la critique, donner toute sa place à une *foi* rationnelle* en accord avec le christianisme (*La Religion dans les limites de la simple raison*, 1790). Dans tous les domaines philosophiques (esthétique, philosophie de la vie, philosophie politique, anthropologie), son apport a été décisif et a renouvelé la discussion : les historiens ont associé sa révolution philosophique à la Révolution française dans le domaine social et constitutionnel.

2. *Post-kantisme.* On a appelé ainsi la période extraordinairement riche de la philosophie allemande dans la première moitié du XIXe. Certains penseurs ont prolongé l'idéalisme transcendantal* (ex. Schopenhauer qui identifie la chose en soi avec la *volonté*). D'autres penseurs ont développé une *dialectique* aboutissant à un idéalisme absolu* : ce sont en particulier les grands systèmes de Fichte, Schelling, Hegel.

3. *Néo-kantisme.* On appelle ainsi les « retours à Kant » qui, depuis les années 1860 jusqu'au milieu du XXe siècle, ont repris et développé les thèses kantiennes en les adaptant au progrès des sciences mathématiques (géométries non-euclidiennes), des sciences de la nature et surtout des sciences humaines et historiques. C'est ainsi que s'est développée, à partir de la notion kantienne de *devoir**, une morale rigoureuse, non utilitaire, mais sans fondement religieux (laïcité*). Mais le néo-kantisme est surtout connu comme une théorie de la connaissance, en particulier de la connaissance historique (École de Bade,

Rickert, Windelband ; école de Marbourg, H. Cohen, Natorp, Cassirer). Il joue un rôle important à la fin du XIXe et dans la première moitié du XXe. Caractérisée par le rejet de la métaphysique, l'influence du kantisme a été souvent associée avec celle du positivisme. V. Agnosticisme.

Kinesthésie, kinesthésique (comp. du gr. *kinein*, mouvoir, et *aisthêsis*, sensibilité, sensation ; on dit aussi kinésique).

Psy. Qui concerne les sensations articulaires, musculaires, tendineuses (sp. contact, pression, poids, résistance, effort), lesquelles renseignent à chaque instant le sujet sur la disponibilité de son corps, sur ses *postures* et sur les différents mouvements corporels ; cette modalité de la sensibilité proprioceptive*, appelée parfois *toucher interne*, est indispensable pour la motricité, l'équilibre du corps et la sécurité ; *dist.* cénesthésie ; v. Schéma* corporel.

Kitsch (mot all. utilisé comme adj. invariable).

Esth. Le mot désigne depuis la fin du XIXe siècle les objets d'art, les décors et même la musique considérés comme de « mauvais goût », mais qui ont un succès commercial à une certaine époque et dans un certain milieu. Souvent fabriqués en série, les objets kitsch cherchent à satisfaire une consommation de masse en imitant plus ou moins adroitement le « grand art » (ex. toutes sortes de *Joconde*, objets de boutiques touristiques, etc.). Les objets kitsch ont été à leur tour utilisés, détournés par des artistes contemporains d'avant-garde (Marcel Duchamp, Andy Warhol).

Kleptomanie (comp. du gr. *klepton*, vol. et *mania*, folie).

Psy. path. Impulsion pathologique à voler (not. dans les grands magasins), souvent des objets sans grande valeur ni utilité, fréquemment de même sorte.

Korsakoff (Syndrome de)

Psy. path. Amnésie antérograde plus ou moins grave selon l'étendue des lésions cérébrales et souvent due à l'alcoolisme.

L

Laïcité (néol., après 1870, de laïc, du lat. *laïcus*, du gr. *laïkos*, populaire, de *laos*, peuple).

1. *Pol.* Le principe de laïcité est le principe de séparation de l'Église catholique et de l'État, principe étendu à toute religion. Par lui-même, il n'implique ni anticléricalisme, ni athéisme. Lié à l'idée de république* même, il se donne comme l'aboutissement d'un processus historique de sécularisation, de « laïcisation » à partir de la distinction médiévale du temporel et du spirituel.

2. *Mor.* Une morale laïque évite toute référence à un fondement religieux et se constitue par l'exercice de la seule raison. En France, à la fin du XIXe siècle, lors de la mise en application des lois sur l'enseignement, elle s'est inspirée largement de la morale kantienne du *devoir**. Elle suppose « le respect de la raison, de la science, des sentiments et des valeurs démocratiques » (E. Durkheim). Elle n'est donc pas « neutre » (elle combat le racisme* par ex.).

Laid, laideur (d'une racine germanique par le francique).

1. *Gén.* Contraire du beau, de la beauté, dans tous les domaines : esthétique, moral, religieux, politique, etc. La laideur est désordre, disproportion, péché, violence, anarchie. Mais la laideur morale peut prendre l'apparence de la beauté esthétique, d'où le problème de la moralité dans l'art.

2. *Esth.* *a*) le laid en général comprend des variantes telles que le monstrueux, le grotesque, l'obscène, l'atroce, mais aussi le fade, le mièvre, le kitsch ; *b*) le laid est souvent un élément de l'art. De tout temps (et non seulement dans le romantisme comme on le dit trop souvent), des artistes ont créé de belles œuvres en représentant des difformités, des supplices, des massacres, le déluge, etc. Le terrifiant peut devenir sublime (la tempête dans l'*Énéide* de Virgile). « Il n'est point de serpent, ni de monstre odieux qui, par l'art imité, ne puisse plaire aux yeux », écrit le très classique Boileau. L'art contemporain met la laideur au service de la fonction critique de l'activité artistique.

Lallation (du lat. *lallare*, chanter *lala* pour endormir les enfants).

Psy. Sorte de pré-langage par lequel le tout jeune enfant commence à émettre des sons semi-articulés sans signification ; syn. babillage.

Lamarckisme (du nom de la théorie biologique énoncée par Lamarck en 1800 et exposée en 1808).

Biol. Il convient de distinguer : *a*) les principes propres à Lamarck, fondateur du *transformisme** : 1) « toutes les espèces, l'homme compris, descendent d'autres espèces » ; 2) « tout changement dans le monde organique, aussi bien que dans le monde inorganique, est le résultat d'une loi, et non d'une intervention miraculeuse » ; 3) les modifications subies par les espèces sont à chercher « dans l'action directe des conditions physiques d'existence, dans le croisement des formes déjà existantes, et surtout dans l'usage et le défaut d'usage, c.-à-d. dans les effets de l'habitude » ; ex. toutes les adaptations chez les animaux, telles que le long cou de la girafe qui lui permet de brouter les feuilles des arbres : 4) le développement progressif et le perfectionnement de toutes les formes de vie ; *b*) le lamarckisme (ou le néo-lamarckisme) comme mouvement scientifique ultérieur, qui retient avant tout deux conceptions essentielles mais très contestées : 1) la loi d'*adaptation fonctionnelle* selon laquelle l'emploi fréquent et soutenu d'un organe le fortifie et le développe (*la fonction crée l'organe*) et, inversement, le défaut d'exercice l'affaiblit et le fait finalement disparaître ; 2) la loi *de l'hérédité des caractères acquis* : « Tout ce que la nature a fait acquérir ou perdre aux individus par l'influence des circonstances, ou à leur race [...], elle le conserve par génération aux nouveaux individus qui en proviennent, pourvu que les changements acquis soient communs aux deux sexes ou à ceux qui ont produit ces individus ».

Langage (du lat. *lingua*, langue comme organe ; langue comme parole, langage).

1. *Gén.* Langue et langage sont très souvent syn. (ex. la langue ou le langage poétique). Cependant, langage apparaît plus général et désigne plutôt la faculté, la capacité d'utiliser un système de communication par *signes**, qu'il soit considéré comme naturel ou comme artificiel. La notion appartient donc tout autant à la physiologie (organe de la parole, localisation cérébrale du langage) qu'à la sociologie (comme institution, voir langue), à la psychologie qu'à la logique (langage artificiel), ou aux sciences cognitives. Le langage relève de la science des signes en général qui fait elle-même partie des théories de la communication*. « Le langage représente la forme la plus haute d'une faculté inhérente à la condition humaine, la faculté de symboliser. Il n'y a pas de relation naturelle, immédiate, directe, entre l'homme et le monde ; il y faut un intermédiaire, un appareil symbolique qui a rendu possible la pensée. Hors de la sphère biologique, la capacité symbolique est la capacité la plus spécifique de l'être humain » (É. Benveniste, *Problèmes de linguistique générale*, 1967). Il ne s'agit pas de refuser toute possibilité de système de communication chez les espèces animales, ni d'approfondir un fossé entre l'homme et l'animal, mais de mieux préciser le langage spécifiquement humain à l'égard des *codes de signaux* qui peuvent d'ailleurs être très complexes, comme ceux observés chez les abeilles.

2. *Philosophie du langage.* Toutes les grandes philosophies comportent une réflexion sur le langage, sur son caractère humain, sur l'origine des langues*, sur le rapport de la logique* et de la grammaire*, sur le rapport entre le mot, l'idée et la chose (question médiévale des universaux*). Mais cela permet-il de définir une philosophie du langage ? Il semble qu'elle ne puisse pas se réduire à une philosophie de la linguistique* comme science, mais qu'elle trouve sa signification propre dans une critique du langage de la philosophie depuis la notion héraclitéenne de *logos* jusqu'au « tournant linguistique » dans l'empirisme anglo-saxon contemporain. Les recherches se sont poursuivies au XXe, essentiellement dans trois directions : celle d'une *herméneutique**

philosophique (Heidegger, Gadamer), celle du *positivisme logique* (cercle de Vienne, débats autour de Wittgenstein), celle de la *philosophie du langage ordinaire* (Austin, Strawson).

3. *Jeux de langage*. L'expression, introduite par L. Wittgenstein, implique que la signification des mots dérive des pratiques linguistiques dans lesquelles ils sont insérés (comme les pièces d'échec dans les règles du jeu). Dans un sens plus large, l'expression renvoie à l'usage d'une langue dans un système linguistique déterminé (langage technique, scientifique, religieux, etc.).

4. *Actes de langage.* Expression introduite par J. L. Austin (*Quand dire c'est faire*, 1955) pour désigner tout énoncé effectif qu'il soit parlé ou écrit, en tant que le locuteur énonce, use d'une langue (acte locutoire) ou qu'il produit un effet sur l'allocuteur (acte perlocutoire). D'autres classements ont été proposés.

5. *Psy. path.* Les troubles du langage sont liés aux conditions de la formation et de l'exercice du langage et peuvent être, en conséquence : 1) sensori-moteurs, affectant les organes de phonation ou d'audition ; 2) intellectuels, intéressant les fonctions de mémorisation, de reconnaissance ou d'organisation des mots ; 3) affectifs ou volontaires, la communication requérant le désir ou la volonté de parler.

Langue (lat. *lingua*).

1. *Langue naturelle et artificielle.* On appelle langue naturelle un système de signes parlés, propres à un groupe humain d'extension très variable (de quelques individus à plus d'un milliard), acquise le plus souvent dans le milieu familial dès l'enfance (langue dite alors *maternelle*). Lorsqu'elle existe, la langue *écrite* peut être notablement différente de la langue *parlée*. Selon les milieux sociaux, on distingue différents niveaux dans une même langue (vulgaire, courant, littéraire, etc.). D'autre part, elle peut comporter des variantes locales (*dialectes*, ou pour un pays limité *patois*), à ne pas confondre avec les usages, les déformations de vocabulaire permettant aux membres d'un groupe restreint de se reconnaître (*argot*). Un argot de métier est déjà une *langue spécialisée.* Le développement des techniques et des sciences multiplie de nos jours les *langues spécialisées*, caractérisées surtout par des termes aussi précis* et univoques* que possible et une syntaxe qui recourt à des formules canoniques (ex. la langue juridique). À ces langues spéciales qui se rattachent encore à la langue naturelle, s'opposent les langues *artificielles*, langues écrites construites à partir de règles de formation et de transformation des expressions et des formules, langues *symboliques*, formalisées*, rendues nécessaires par les imperfections et les ambiguïtés de la langue commune. Le projet de telles langues apparaît dès le XVIIIe siècle en particulier chez Leibniz et est développé depuis la fin du XIXe siècle (Frege, Russel). V. Logique. Cependant une langue formalisée laisse échapper non seulement la richesse littéraire, poétique, rhétorique de la langue ordinaire, mais aussi la possibilité d'appréhender les problèmes philosophiques et de les traiter à nouveau par l'analyse de la langue commune : « Ni les règles d'Aristote, ni les règles de Russel ne fournissent la logique exacte de quelque expression que ce soit de la langue ordinaire » (Strawson).

2. *Langue universelle.* Une langue universelle serait un moyen de communication pour tous les hommes, pouvant être acquise par tous, dépourvue d'ambiguïté, et enfin capable de rendre compte rationnellement, scientifiquement de la totalité du réel. Une science est « une langue bien faite », disait Condillac, mais précisément, il s'agissait de la langue de la science. Une langue universelle, qui échapperait par principe aux aléas de l'histoire, semble bien chimérique. À la fin du XIXe siècle, ont été inventées des langues que l'on peut dire « auxiliaires » plutôt qu'universelles, constituées à partir des racines et des grammaires simplifiées de quelques grandes langues, faciles à apprendre et qui pouvaient devenir un moyen de communication entre tous les peuples (volapuk, espéranto). Encore sont-elles concurrentes et, même parlées universellement, n'échapperaient-elles pas à des évolutions historiques diverses.

3. *L'origine des langues.* Faut-il admettre dès l'origine de l'homme plusieurs langues (*polygénétisme*) ou une seule langue mère dont toutes les autres seraient lointainement dérivées (*monogénétisme*) ? Question que la linguistique historique ne peut déterminer. Mais elle est posée par les plus anciens mythes : quelle langue parlaient Adam et Ève ? Les linguistes recensent de nos jours cinq à six mille langues dont une grande partie sont en voie de disparition. Ils les classent en familles, chacune dérivée d'une langue originaire (« protolangue ») que les linguistes s'efforcent de reconstituer. Des groupements plus ou moins larges ne permettent pas de remonter, plus ou moins hypothétiquement, au delà de 6 000 ans avant notre ère. On a cru, au XIXe siècle, qu'à un groupe de langues (par ex. *indo-européen*) correspondait non seulement une communauté de modes de vie, de cultures, mais aussi des populations génétiquement déterminées (des « races »), ce qui a donné une caution faussement scientifique à différents mythes racistes* (ex. aryanisme).

Lapsus (lat. *lapsus*, action de glisser, de trébucher, *labi*).

Psychan. Faute d'inattention dans la parole (*lapsus linguae*) ou l'écriture (*lapsus calami*) consistant à dire, à écrire, à entendre ou à lire un mot pour autre, apparemment par hasard, mais exprimant selon Freud « des pulsions et des intentions que l'on veut cacher à sa propre conscience et qui ont leur source dans des désirs complexes et refoulés », la pulsion refoulée passant dans le message ; « le refoulement d'une intention de dire quelque chose constitue la condition indispensable d'un lapsus » ; ex. « si [...] le président déclare qu'il clôt la séance, alors qu'il voulait la déclarer ouverte », c'est qu'il « n'attend rien de bon de la séance ». (*Psychopathologie de la vie quotidienne*).

Latence (du lat. *latens*, p.pr. de *latere*, être caché).

1. *Psy. Temps de latence* : intervalle, variable selon les individus, entre l'action du *stimulus* et la réponse du sujet.

2. *Psychan. Période de latence* : elle s'étend du déclin du complexe d'Œdipe (vers 5 ou 6 ans) jusqu'au début de la puberté. Elle correspond à un arrêt dans l'évolution de la sexualité, à une amnésie concernant les premières années et à des sublimations morales et esthétiques.

Latent (lat. *latens*, p.p de *latere*, être caché).
*Psychan. Contenu latent du rêve** : ensemble des significations inconscientes exprimant les souhaits* du rêveur transformés par le travail du rêve et reconstitués par l'analyse à partir du *contenu manifeste du rêve* tel que le rêveur en fait le récit.

Latéralité (lat. *lateralis*, latéral, de *latus, lateris*, côté).
Psy. physio. Fait naturel d'être droitier ou gaucher provenant de la dominance fonctionnelle d'un côté du corps humain sur l'autre, ou d'un des membres (main, pied, parfois l'œil) ; question encore mal connue ; v. Dyslexie.

Laxisme (du lat. *laxus*, étendu, détendu, lâche ; relâche).
1. *Théo., Mor.* Doctrine répandue dans la casuistique des Jésuites considérant comme licite de suivre l'hypothèse suggérée par la conscience plutôt que la règle morale, même s'il n'apparaît pas probable qu'elle soit supérieure. Le laxisme, attaqué par Pascal dans les *Provinciales*, a été condamné par l'Église dès le XVIIe siècle.
2. *Soc.* Relâchement dans l'application des règles de la vie sociale, d'une société, d'un groupe ; absence de sanctions, compromettant son fonctionnement normal (par ex. en milieu scolaire). Syn. permissivité*.

Leader, leadership (mots ang., chef, commandement, du verbe *to lead*, mener, conduire).
Psy. soc. Membre d'un groupe exerçant naturellement une influence dominante et acceptée par l'ensemble de ce groupe qu'il entraîne et dirige en fait, cette autorité résultant moins d'éléments personnels que d'un rôle social (interactions, tâches à accomplir, structure du groupe et de ses réseaux de communication).

Lecture (lat. médiéval *lectura*, de *legere*, lire).
1. *Vulg.* Prise de connaissance d'un texte écrit, en silence ou en l'énonçant à voix haute.
2. *Phil.* Ext. dans la pensée contemporaine, *interprétation* particulière non seulement d'un texte mais d'une philosophie, de la réalité, de l'expérience, de l'histoire, etc.

Légalisme (formé sur légal, deuxième moitié du XIXe s.).
1. *Dr.* Péj. attitude consistant à s'en tenir à la pure légalité, c.-à-d. à la lettre de la loi, sans considération du droit naturel ou de l'équité.
2. *Épist.* Doctrine selon laquelle la science doit se borner à l'établissement des lois et abandonner la vaine recherche des causes (*positivisme*).
3. *Mor.* Péj. attitude tendant à mettre l'essentiel de la morale et de la religion dans la stricte observance de la loi, not. celle du judaïsme au temps de Jésus.

Légalité (du lat. *legalis*, relatif aux lois, de *lex, legis*, loi).

1. *Dr.* Sens usuel, caractère d'un acte conforme à la loi, c.-à-d. au droit positif ; ex. rester dans la légalité.

2. *Épist. Principe de légalité* : syn. *déterminisme*, principe selon lequel tous les phénomènes naturels sont liés les uns aux autres par des relations invariables ou lois* de la nature.

3. *Mor.* Caractère d'un acte matériellement conforme à la loi morale ; opp. moralité, caractère d'un acte accompli par devoir, c.-à-d. qui implique l'intention d'agir par pur respect pour la loi morale : « Si la volonté se détermine conformément à la loi morale, mais non par respect de la loi, l'action possédera bien de la légalité mais non de la moralité » (Kant, *R. pure.* III, début).

Légitime, légitimité (lat. *legitimus* de *lex*, loi).

Mor., Pol. Est légitime ce qui est conforme à la loi. Légitime est donc syn. de légal. Cependant la *légitimité* d'une décision ou même d'un pouvoir politique peut être opposée à la stricte légalité quand celle-ci apparaît comme injuste, au nom du droit divin, du droit naturel, de la volonté nationale. Ex. Louis-Philippe, roi des Français, n'était pas considéré comme légitime par ceux qui s'appelaient *légitimistes* parce qu'ils invoquaient les lois fondamentales du royaume de France.

Leibnizianisme (Gottfried Wilhlem Leibniz, 1646-1716).

1. Philosophie de Leibniz et de ses disciples du XVIIIe siècle, en particulier Christian Wolff.

2. Ensemble de thèmes et de thèses propres à la pensée de Leibniz, souvent repris par la réflexion philosophique ultérieure, notamment la critique de l'évidence cartésienne, la vérité des propositions dépendant de leur forme logique et de l'application du principe de raison suffisante*. Ce sont aussi la conception monadologique de l'univers (v. Monadologie) et l'optimisme* du meilleur des mondes possibles (v. Théodicée).

Lemme (gr. *lemma*, gain, assomption, ce que l'on prend pour accordé, de *lambanein*, prendre, atteindre par les sens ou l'intelligence).

1. *Math.* Proposition préliminaire utilisée pour la démonstration d'un théorème ou théorème directeur, c.-à-d. dont la démonstration est nécessaire à celle d'autres théorèmes.

2. *Hist. (Log.) a*) proposition qu'on prend ou que l'adversaire donne comme accordé ; *b*) se dit des prémisses du syllogisme (Aristote).

Léninisme (V. I. Oulianov, dit Lénine, 1870-1924).

Pol. Interprétation théorique et pratique du marxisme faite par Lénine dans ses nombreux écrits. Le « marxisme-léninisme » a été la doctrine officielle de l'Union Soviétique. « Le léninisme est le marxisme de l'époque impérialiste et de la révolution prolétarienne » (Staline).

Lesbianisme

Psy. Désigne l'homosexualité féminine (qui aurait été commune dans l'entourage de la poétesse Sapho (VIe s. av. J.-C.), à Lesbos) ; v. Homosexualité.

Léthargie (gr. *lêthargià, de lêthê*, oubli, et *argia*, paresse ; sommeil léthargique).

1. *Hist. (Psy. path.)* État pathologique caractérisé par une résolution musculaire et une insensibilité presque complètes.

2. *Méd.* Sommeil artificiel provoqué soit par un médicament (narcose), soit par la suggestion (hypnose).

Lexis (mot gr., action de parler, de *legein*, dire).

Log. Syn. *dictum*, proposition susceptible d'être vraie ou fausse mais qui n'est actuellement dans son énoncé ni affirmée ni niée ; ex. on dit que d'autres planètes que la terre pourraient être habitées.

Libéral, libéralisme (du lat. *liberalis*, bienfaisant, généreux, libéral).

Dist. libéral au sens moral de généreux, secourable (subst. *libéralité*).

1. *Professions libérales*, métiers non manuels (au sens latin de dignes d'un homme libre).

2. *Idées libérales* (depuis le début du XIXe siècle) : idées qui s'inspirent des principes de 1789 et des premières mesures révolutionnaires.

3. *Libéralisme politique*. Il ne constitue pas une doctrine politique très déterminée. Tout en reconnaissant le principe de la souveraineté populaire, il peut soutenir aussi bien une monarchie constitutionnelle qu'une république démocratique. Il est avant tout attaché à la garantie des droits de l'homme et des libertés individuelles ; aussi le libéralisme est-il souvent taxé d'*individualisme**. Par là, il s'oppose aussi bien au traditionalisme communautaire qu'au totalitarisme ou à une démocratie autoritaire. B. Constant oppose à J.-J. Rousseau que le problème central de la véritable liberté moderne n'est pas celui de la *fondation* du pouvoir politique (par le contrat* social) mais celui de sa *limitation*. À cet égard la séparation ou plutôt l'équilibre des pouvoirs exécutif, législatif et judiciaire est une condition du libéralisme. Mais bien des variantes sont possibles (par ex. Benjamin Constant ne reconnaît pas la propriété comme un droit naturel inaliénable).

4. *Éco. Libéralisme économique* (Quesnay, Say, Bastiat, en France ; Adam Smith, Malthus, Ricardo, J. S. Mill, en Angleterre) : conception selon laquelle il existe des lois économiques *naturelles* par lesquelles s'établit de lui-même l'équilibre entre production, distribution et consommation (loi de l'offre et de la demande, laissez-faire, laissez-passer), pourvu que subsistent la liberté du travail, la propriété privée des moyens de production, la concurrence et le libre-échange entre les nations, l'État s'interdisant d'intervenir dans l'économie du pays et se bornant à défendre l'initiative privée, opp. *étatisme**.

Libertaire (lat. *libertus* ou *liberatus*, affranchi).

Pol. Partisan d'une liberté absolue pour l'individu, à l'égard de tout gouvernement ou État, et également de toute Église, syn. anarchiste* au sens propre, celui qui n'admet aucune autorité.

Liberté, libre (lat. *liber*, libre, non esclave).

1. *Gén.* Le sens le plus général de liberté est absence de contrainte, d'obstacle, indépendance. Au sens physique, la liberté se dit aussi bien des êtres vivants (avoir une liberté de mouvement) que des choses (une pierre en chute libre). Au sens politique, juridique, la liberté implique possession de droits reconnus (qui peuvent alors être appelés *libertés* au pluriel). Au sens psychologique, moral, métaphysique, la liberté est communément conçue comme un *pouvoir de choix* entre des possibles. Ces différents sens peuvent se rejoindre mais aussi se distinguer ou même s'opposer (le prisonnier n'est libre ni physiquement, ni juridiquement, mais il le reste moralement). D'autre part, la liberté peut s'entendre non comme un état, mais comme le résultat d'un processus de *libération*, d'affranchissement.

2. *Pol.* *a*) une cité, un État est libre lorsqu'il est indépendant d'un autre État, ou du moins largement autonome* (ex. les *villes libres* de l'empire allemand) ; *b*) libre se dit de nos jours d'un pays, d'un peuple, d'une nation qui a adopté un régime de démocratie* libérale ; *c*) dans l'Antiquité, l'homme libre participe à la vie politique de la cité, par opp. à ce qui se passe dans les empires gouvernés par un souverain absolu ou les cités soumises à l'arbitraire d'un tyran* dans lesquelles tous les sujets sont en fait réduits à l'esclavage. Dans la cité antique, la liberté politique suppose l'*isonomie** des *citoyens** (v. ces mots) ; *d*) dans les temps modernes, la liberté politique est liée au principe démocratique de la souveraineté populaire considérée comme infaillible et sans limite (ex. dans le *Contrat social* de J.-J. Rousseau). Très différemment, le libéralisme* fonde la liberté politique sur la reconnaissance des « droits naturels, inaliénables et sacrés de l'homme [...]. Ces droits sont la liberté, la propriété, la sûreté et la résistance à l'oppression » (*Déclaration de 1789*). « La liberté est le droit de faire ce que les lois permettent » (Montesquieu) ; *e*) on appelle « libertés » (au pluriel) les droits reconnus dans la Constitution d'un État, et déterminés par la loi dans leur application (ex. liberté d'expression, de la presse). L'expression de *liberté de conscience* s'applique aux croyances et aux pratiques religieuses (v. Tolérance, Laïcité, Objection de conscience). Cependant toutes ces libertés ont été vivement critiquées par le marxisme en tant que *libertés formelles* qui ne garantiraient que les intérêts d'une classe bourgeoise dominante.

3. *Psy., Mor., Méta.* Sentiment qu'a un sujet d'être la cause première de ses actes et de ses opinions et donc d'en être, sauf mauvaise foi, moralement responsable. « Elle consiste seulement en ce que, pour affirmer, pour nier, poursuivre ou fuir, nous agissons de telle sorte que nous ne sentons point qu'aucune force extérieure nous y contraigne » (Descartes, *Méd.* IV). Cette liberté s'exprime dans la décision volontaire : « Il n'y a point de différence entre ce qui est volontaire et ce qui est libre » (Descartes, *3e réponse*). Tel est bien l'usage de la langue courante, lorsqu'elle oppose à la liberté l'impulsion* irrésistible, l'aveuglement de la passion*. Telle est la *liberté éclairée* de

Descartes : « D'une grande clarté dans mon entendement a suivi une grande inclination dans ma volonté et je me sens porté à croire avec d'autant plus de liberté que je suis déterminé avec moins d'indifférence » (Descartes, *Méd.* IV). Telle est encore la liberté considérée par Kant comme *autonomie** : « Une volonté libre et une volonté soumise à des lois morales est une seule et même chose » (*Fond.*).

4. *Théo.* Le rapport entre la liberté humaine, celle d'un être corrompu par le péché originel et la liberté infinie de Dieu, de sa toute-puissance, de sa providence, a donné lieu à de multiples controverses dans lesquelles apparaissent les notions de grâce*, de prédestination*, de *libre arbitre* comme pouvoir d'initiative et de choix, de *liberté d'indifférence*, capable de se déterminer alors que les raisons sont équivalentes d'un côté et d'un autre (v. âne de Buridan*). Dans une lettre à Mesland (février 1844), Descartes distingue une indifférence qui est « le plus bas degré de la liberté », la plus éloignée de la liberté éclairée, et une faculté positive (libre arbitre) qui peut se déterminer non seulement hors de l'évidence, mais même *contre* l'évidence : « Si nous suivons le parti contraire, nous usons davantage de cette puissance positive ». Cette liberté en l'homme est analogue à celle de Dieu qui crée en toute indépendance les vérités éternelles : « Une entière indifférence en Dieu est une preuve très grande de sa toute-puissance ». V. Prédestination, Grâce, Vérités éternelles.

5. *Méta. Liberté et nécessité.* La doctrine de Spinoza est l'exemple classique d'un rationalisme absolu rejetant tout libre arbitre chez l'individu humain. L'unique substance divine est cause de soi (*causa sui*). Simple mode de cette substance, l'homme ne peut qu'imaginer qu'il est libre comme le ferait la pierre qui tombe si elle prenait conscience de sa propre chute « libre ». « Telle est cette liberté humaine que tous les hommes se vantent d'avoir et qui consiste en cela seul que les hommes sont conscients de leurs désirs et ignorants des causes qui les déterminent » (Lettre à Schueller). Cependant renoncer à l'illusion du libre arbitre d'être « un empire dans un empire », accepter la « libre nécessité » du déploiement de la substance divine est surmonter les passions et ainsi accéder à la liberté véritable. Toutes les doctrines qui donnent au principe du déterminisme* scientifique une portée métaphysique (matérialisme*, scientisme*) ont rejeté le libre arbitre souvent en se réclamant du spinozisme*. Reste à interpréter ce déterminisme lui-même (v. Contingence, Indéterminisme). Cependant toutes les philosophies de l'existence, y compris l'existentialisme* de J.-P. Sartre, réaffirment la liberté radicale de la conscience humaine. « Nous sommes condamnés à être libres », lit-on dans *L'Être et le Néant* et encore, quand il s'agit de l'acte volontaire, la liberté est « ce rien entre les motifs et l'acte ». Quant aux philosophies de la vie, en particulier celle de Bergson, elles voient dans la liberté un pouvoir créateur d'imprévisible nouveauté échappant à tout calcul intellectuel.

6. *Libertés politiques.* Expression utilisée depuis 1820 environ pour désigner les libertés de la presse, de réunion, d'association, les libertés syndicales (droit de grève) dont les libéraux, les républicains, les socialistes ont demandé au XIXe siècle la reconnaissance et la garantie par la loi. Elles sont considérées comme des conséquences des droits de l'homme.

7. *Libre examen. a*) refus de se soumettre aux autorités ecclésiastiques en matière de foi au nom de la conscience individuelle ; *b*) exercice de la critique rationnelle dans tout domaine philosophique, politique, juridique, scientifique.

8. *Libre penseur* : celui qui se déclare indépendant de toute autorité religieuse. Souvent syn. d'agnostique*, mais non d'athée*. V. Libertin.

9. *Libre échange.* V. Libéralisme économique.

Libertin, libertinage (lat. *libertinus*, affranchi, esclave qui a reçu la liberté).

1. *Hist.* Aux XVIIe et XVIIIe siècles, celui qui s'est affranchi de toute croyance et pratique religieuse ; en ce sens, on dit auj. libre penseur.

2. *Vulg.* Auj. homme qui rejette en pratique la morale et de mœurs déréglées, syn. amoral.

Libido (mot lat. : désir ; désir amoureux, sensualité, de l'impersonnel *libet* : il plaît, il fait plaisir).

Psychan. « Nous appelons ainsi l'énergie, considérée comme une grandeur quantitative (quoiqu'elle ne soit pas actuellement mesurable) de ces pulsions qui ont à faire avec tout ce qu'on peut comprendre sous le nom d'amour » (Freud, *Psychologie des masses*). Freud distingue *libido du moi* (narcissique, investie sur le moi) et libido d'objet (objet extérieur). Mais cette distinction ne se confond pas avec celle des pulsions d'autoconservation et des pulsions sexuelles. Freud maintient toujours le caractère d'abord sexuel de la libido, au contraire de Jung qui désigne ainsi l'énergie psychique en général.

Lieu (lat. *locus*, lieu, endroit, place).

1. *Crit.* Situation d'un corps dans l'espace et portion de l'étendue occupée par ce corps et distincte de l'étendue environnante ; d'où système de rapports entre un corps donné et d'autres corps pris comme repères.

2. *Méta.* Anal. fig. tout ce à quoi un être ou une chose peut être rapporté ; ex. « Dieu est le lieu des esprits » (Malebranche, *R.V.* III, 2, 6).

Lieux communs ou lieux (lat. *loci communes*, traduisant le gr. *ta topika*, titre d'un ouvrage d'Aristote).

1. *Log. a*) lieux : « chefs généraux, auxquels on peut rapporter toutes les preuves dont on se sert dans les diverses matières que l'on traite » (Port-Royal) ; *b) lieux de logique* : genre, espèce, différence, propre, accident et les maximes qui s'y rapportent comme : ce qui s'affirme ou se nie du genre s'affirme ou se nie aussi de l'espèce.

2. *Méta. Lieux de métaphysique* : cause et effet, tout et partie, etc.

3. *Vulg.* Idées ou considérations banales et rebattues.

Limitatif

Hist. (Crit.) Chez Kant : *a) jugement limitatif* ou *indéfini* : jugement affirmatif dans la forme dont l'attribut est réellement négatif ; ex. l'âme est immortelle :

« L'âme fait partie du nombre indéfini des êtres qui restent, lorsqu'on a mis à part tout ce qui est mortel » (*R. pure*, Anal., 2e section, § 9) ; *b) concept limitatif (Grenzbegriff)* ou problématique : expression qui s'applique au concept de noumène*, c.-à-d. de la chose en soi en tant qu'elle ne peut être que *pensée* mais non connue par l'homme ; à l'égard de l'homme, « le concept de noumène n'est donc qu'un concept limitatif, destiné à restreindre les prétentions de la sensibilité, et, par suite, il n'a qu'un usage négatif » (*R. pure*, Anal., l. III, ch. III) ; v. Illusion* transcendantale*, Intuition.

Limite (du lat. *limes, limitis*, sentier, passage, frontière, limite).

1. *Crit. a*) ce qui sépare deux parties contiguës de l'espace (point, ligne, surface) ; *b*) anal. ce qui sépare deux durées ou périodes de temps (instant).

2. *Math.* Limite d'une variable : « grandeur constante, telle que la différence entre elle et la variable puisse devenir et rester moindre que toute grandeur désignée ».

3. *Épist. Passage à la limite* : opération intellectuelle par laquelle on passe d'une progression continue et indéfinie qui tend vers un terme à ce terme ; ex. 1 + 1/2 + 1/4 + 1/8... = 2 ; le nombre 0,99 a pour limite 1 quand le nombre des chiffres décimaux toujours égaux à 9 croît à l'infini ; cette opération empruntée aux mathématiques est utilisée aussi bien en sociologie, en économie, etc., que dans les sciences physiques ; *concept-limite* : celui qui résulte d'un passage à la limite ; ex. le cercle est le concept-limite d'un polygone régulier inscrit dont on double indéfiniment le nombre des côtés.

Linguistique (de l'all. *Linguistik*, dér. du lat. *lingua*, organe de la parole et langue parlée).

Adj. *a*) qui se rapporte à l'étude méthodique des langues ; *b*) qui se rapporte à la pratique d'une langue.

Subst. **1.** *Gén.* Étude méthodique d'une ou plusieurs langues, de leur usage parlé ou écrit. Au même sens, on a dit *philologie*, terme maintenant plutôt réservé à l'étude des auteurs anciens. **2.** *Hist. a*) au XIXe siècle, surtout en Allemagne, une *linguistique comparée* et une *linguistique historique*, le plus souvent associées, ont eu un développement scientifique considérable, alors que la *linguistique générale* comme science du langage restait surtout à l'état de projet (grammaire* universelle) ; *b*) au début du XXe siècle, avec l'œuvre de Ferdinand de Saussure, apparaît la linguistique structurale qui conçoit toute langue comme un système dont les éléments ne peuvent être définis que de façon différentielle par des rapports d'équivalence ou d'opposition. Ses thèses les plus connues portent sur la distinction de la parole* et de la langue*, de la synchronie* et de la diachronie*, sur l'arbitraire du signe (rapport du signifiant* au signifié*). Il en résulte une multiplicité de recherches selon des orientations très diverses et qui ont conduit à préciser, à compléter, voir à modifier ces thèses (Ex. école de Prague). V. Glossématique, Phonologie ; *c*) le linguiste américain N. Chomsky a proposé un programme de recherches à partir de la compétence* et non plus de la performance*, c'est-à-dire à partir de la faculté mentale innée qu'a un enfant d'apprendre une langue. Toutes les langues auraient donc des structures communes et l'objet de la linguistique serait la description d'une « grammaire universelle », dite « générative transformationnelle ». On a remarqué que Chomsky retrouvait ainsi certaines conceptions du rationalisme des XVIIe-XVIIIe siècles (*Grammaire générale et raisonnée*, dite de Port-Royal, 1660). Certains cognitivistes ont repris l'hypothèse d'une grammaire universelle innée codée dans le cerveau, à l'instar des circuits dans un ordinateur. **3.** *Épist. Tournant linguistique.* Titre d'un ouvrage de R. Rorty, *The linguistic turn* (1967). Les analyses du langage de la philosophie traditionnelle et de la métaphysique auraient ôté toute légitimité à leurs prétentions cognitives. Il faudrait donc désormais poser tous les problèmes de philosophie en termes de langage (philosophie analytique*).

Localisation (dér. du lat. *locare*, placer, *cf. localis*, local, du lieu, *locus*).

1. *Psy. a*) localisation des sensations corporelles ou *proprioceptives** à un point du corps, qui en est gén. l'organe : l'enfant apprend, en fermant et en ouvrant alternativement les yeux (puis chaque œil), en se bouchant ou non les oreilles, à se situer, etc., la localisation par les sensations étant d'autant plus précise que nous avons le pouvoir de les produire ou de les empêcher à notre gré ; *b*) localisation des sensations *extéroceptives** à un point de l'espace extérieur, le plus souvent par coordination du toucher, de la vue et de l'ouïe, c.-à-d. par la perception ; *c*) localisation des *souvenirs* (*chronologie*) : acte par lequel nos souvenirs sont ordonnés dans le temps soit dans l'histoire personnelle, soit conformément aux cadres temporels d'ordre social ; *dist.* reconnaissance.

2. *Psy. physio. Localisations cérébrales* (Broca, Charcot, Gall, Spürzheim) : 1) autr. *a*) *Phrénologie de Gall* : théorie générale selon laquelle il y aurait dans le cerveau un siège défini pour chacune des *facultés** mentales ; *b*) localisation des centres du langage fondée sur la neuropathologie et les *aphasies** (Broca) ; 2) auj. la théorie des centres ou des « sièges » est abandonnée, on considère plutôt qu'il existe des zones fonctionnelles par où passent les circuits neuroniques nécessaires à l'activité nerveuse, les régions de la base du cerveau concernant plutôt la vie végétative et émotionnelle, celles de l'écorce cérébrale contrôlant les fonctions sensorielles, motrices et intellectuelles ; les circuits détériorés par une lésion sont susceptibles d'être relayés progressivement par d'autres (*fonctions vicariantes*).

Locuteur (du lat. *locutor*, celui qui parle, de *loqui*, parler).

Psy. soc. Se dit dans la communication* orale de l'émetteur d'un message destiné à un récepteur, dit *allocuté*.

Logicisme

1. *Math.* Thèse qui pose la possibilité de réduire les mathématiques à la logique formelle. Même si elle n'est plus soutenue à strictement parler, elle a contribué à une formulation plus rigoureuse des fondements des mathématiques

(Frege, Russell, Whitehead). Déjà Leibniz faisait de la philosophie mathématique « une extension ou promotion particulière de la logique générale ».
2. *Phil.* Se dit d'un système philosophique dont le développement s'inspire des principes de la logique formelle. Par ex. la *Monadologie* de Leibniz.
3. *Phén.* Chez Husserl, conception philosophique cherchant à établir que la pensée, les opérations de l'esprit et d'une façon générale la connaissance ne peuvent être réduites à des phénomènes psychiques et qu'il faut distinguer « les jugements, déductions, démonstrations en tant que formations objectives », qui relèvent de la logique transcendantale et « les vécus psychiques, dans lesquels ces formations se sont formées » (S. Bachelard). V. Axiomatique, Logique, Intuitionnisme.

Logique, subst. et adj. (gr. *logikê*, s.e. *technê*, art ou science du raisonnement). Subst. **1.** *Hist.* *a*) au sens large, la *logique* est la partie des études philosophiques comprenant non seulement la *logique* formelle mais aussi la méthodologie* des principales sciences et généralement l'épistémologie*. Ce sens qui remonte à l'Antiquité, où elle comprenait alors souvent la dialectique et la rhétorique, était encore courant dans l'usage scolaire au milieu du XXe siècle ; *b*) au sens strict, la logique est la science formelle constituée et transmise au cours des siècles à partir des œuvres d'Aristote et de ses disciples (l'*Organon* c'est-à-dire l'instrument de la connaissance vraie) complétée par les stoïciens et par les auteurs médiévaux (scolastiques), exposée au XVIIe siècle dans la célèbre *Logique de Port-Royal.* Elle a été considérée comme définitive au XVIIIe siècle (Kant). La logique moderne connaît cependant dans la seconde moitié du XIXe siècle un renouveau considérable (Boole, Frege, Russel) avec la logique symbolique utilisant les signes du calcul algébrique. Au XXe siècle, une pluralité de logiques formelles cherche à rendre compte du fondement des mathématiques, des théories physiques ou de l'informatique. **2.** *Logique formelle*, *traditionnelle*, dite *classique* ou abusivement *aristotélicienne.* (V. Forme, Formel). Indépendante des objets sur lesquels on raisonne, elle est la discipline normative qui a pour objet de déterminer les conditions formelles de toute pensée valide, c.-à-d. une forme* qui s'impose à toute pensée, quelle qu'en soit la matière ou contenu et abstraction faite de toute expérience ; ex. de la proposition : tout A est B, je puis déduire correctement la proposition : quelque B est A, quoi que puissent représenter A et B ; en revanche, je ne puis en déduire correctement la proposition : tout B est A, même si elle peut se trouver parfois vérifiée dans l'expérience : la première inférence est vraie *formellement*, la seconde fausse *formellement* : la *logique formelle* est donc la science de la conséquence ou de l'accord de la pensée avec elle-même dans le discours. Or, dans le discours, la pensée opère de trois manières : 1) en ramenant à l'unité une pluralité d'intuitions de la conscience ou des sens pour former un *concept* qui s'exprime par un *terme** ; 2) en liant deux concepts l'un à l'autre par le moyen d'un *jugement** qui s'exprime par une *proposition* ; 3) en liant un jugement à un ou plusieurs autres jugements par le moyen d'une *inférence** ; qui s'exprime dans un *raisonnement** : d'où trois parties de la *logique formelle* : logique du concept, logique du jugement, logique du raisonnement. C'est la validité intrinsèque de ces opérations ou *nécessité logique*, qui est régie par les lois universelles de la pensée : principes* d'identité, de non-contradiction et du tiers exclu. **3.** *Logique symbolique ou mathématique*, ou *moderne* en elle-même, dite aussi *classique*. V. Logistique. **4.** *Logique multivalente* (plutôt que polyvalente). La logique traditionnelle, fondée sur le principe du tiers exclu, est une logique bivalente qui ne reconnaît que deux valeurs, le vrai et le faux : de deux propositions contradictoires, si l'une est vraie, l'autre est fausse (et réciproquement). Des logiques non classiques peuvent reconnaître plus de deux valeurs, par ex. ajouter au vrai et au faux l'indécidable (logique trivalente). **5.** *Logique modale*. Elle traite formellement des notions de possibilité, de contingence, de nécessité. **6.** *Logique du flou*. V. Flou. **7.** *Crit., Hist.* *a*) *logique transcendantale* chez Kant : « Science de l'entendement pur et de la pensée rationnelle par laquelle nous pensons des objets *a priori*. Une telle science, qui déterminerait l'origine, l'étendue et la valeur objective de ces connaissances, devrait porter le nom de logique transcendantale » (*R. pure*, Log., III). V. Transcendantal ; *b*) Cournot distingue un *ordre logique* et *un ordre rationnel*. L'ordre logique, si rigoureux qu'il soit, peut être conventionnel, arbitraire (ex. ordre alphabétique dans un dictionnaire). **8.** *Vulg.* On appelle couramment logique tout enchaînement de faits, d'idées, de sentiments, simplement habituel, attendu, même sans aucune rigueur scientifique. Ex. la logique des affaires, la logique des passions.

Adj. (gr. *logikos*, qui concerne le *logos*, discours, raison, raisonnement). *a*) qui concerne la logique et ses opérations (concepts, jugements, raisonnements) ; *b*) qui est conforme aux lois universelles de la pensée ou principes rationnels, c.-à-d. aux règles de la logique formelle, opp. illogique.

Logistique (gr. *logistikê*, s.e. *technê*, art du calcul, *cf. logistikos*, qui concerne le calcul, *logismos*).

1. *Hist. (Math.)* Chez les Grecs, art du calcul, *dist.* arithmétique, science théorique des nombres.

2. *Log.* Syn. *logique* symbolique* (Peano, Russell, Couturat) : recherche inaugurée par Leibniz (caractéristique* universelle) en vue de substituer à la logique formelle un calcul logique reposant sur un système de signes ou algorithme approprié, dans lequel on opère sur les concepts et les propositions comme on opère en algèbre sur des quantités quelconques et employant une idéographie logique qui fait correspondre à chaque symbole une idée ; le terme est de moins en moins employé, sans doute en raison de son usage de plus en plus répandu dans l'organisation militaire ou industrielle.

Logomachie (gr. *logomachia*, combat de paroles, dispute).

Log. Prop. mais souvent péj. discussion dans laquelle les interlocuteurs prennent les mêmes mots en des sens différents.

Logorrhée (néol. forgé à l'imitation de diarrhée, incontinence verbale).
Psy. path. Bavardage intarissable et incoercible observé dans certains cas d'excitation pathologique, not. dans la manie.

Logos (mot gr. du verbe *legein*, rassembler, puis dire).
Hist. Mot difficilement traduisible à cause de sa polysémie. Il signifie *parole*, parole divine, révélée. D'autre part, il signifie ce à quoi renvoie la parole (par opp. au fait), le discours, la définition, l'explication, le raisonnement, la pensée en tant que discours intérieur. *Logos* s'oppose alors à *muthos* (récit mythique). Enfin le *logos* est la raison comme faculté humaine ou divine, la raison comme principe du raisonnement, comme argument, comme proposition (mathématique). Aucun mot latin n'y correspond, la traduction par *ratio* (fr. *raison*) est réductrice. Héraclite (VIe siècle avant notre ère) introduit le mot en philosophie, à la fois comme principe de la pensée et loi unifiante du devenir. « À l'écoute non de moi, mais du *logos*, il est sage de convenir que tout est un ».

Loi (lat. *lex* de *legere*, lire. Proposition présentée au vote du peuple).
1. *Gén.* « Les lois, dans leur signification la plus étendue, sont les rapports nécessaires qui dérivent de la nature des choses ; et dans ce sens, tous les êtres ont leurs lois, la divinité a ses lois, le monde matériel a ses lois, les intelligences supérieures ont leurs lois, l'homme a ses lois » (Montesquieu, *Esprit des lois*).
2. *Théo.* *a*) commandements, lois divines, de la religion établie par Dieu ; *b*) volontés *générales* par lesquelles Dieu gouverne la création, par opp. aux volontés *particulières* ou miracles (Bossuet, Malebranche). Elles s'étendent même au surnaturel (lois de la grâce selon Malebranche).
3. *Méta.* *Lois naturelles.* Rapports nécessaires propres aux réalités matérielles, à la constitution des êtres vivants (y compris l'homme, considéré à l'état de nature). « L'homme comme être physique, ainsi que les autres corps, est gouverné par des lois invariables. Comme être intelligent, il viole sans cesse les lois que Dieu a établies et change celles qu'il établit lui-même » (Montesquieu, *Esprit des lois*, I, 1). *Dist. loi naturelle* (au singulier), fondée en raison, syn. de droit naturel*.
4. *Pol.* *Lois positives.* Prescriptions écrites ou non écrites, fondées sur la coutume ou établies par une autorité souveraine dans une société déterminée. *Lois fondamentales* : constitution d'un État ; elle n'est pas forcément écrite (ex. la monarchie anglaise, l'ancienne monarchie française). Dans une démocratie libérale, la loi est établie par le pouvoir législatif (parlement), appliquée par le pouvoir exécutif (par des décrets, des arrêtés) et sanctionnée par le pouvoir législatif (tribunaux). Dans certains États, la conformité de la loi à la constitution est soumise à l'appréciation d'une *Cour suprême* (USA), d'un *Conseil constitutionnel* (France).
5. *Mor.* *Loi morale* : l'obligation morale (devoir*) est distincte de l'obligation juridique, à la fois plus large (la prescription juridique peut être moralement

indifférente) et plus stricte (le droit autorise, au nom de la liberté individuelle ce que la morale condamne, ex. jeu d'argent). Chez Kant, la « loi morale » détermine immédiatement la volonté, comme impératif catégorique*, par sa simple forme, par l'exigence d'universalité de la raison pratique*.

6. *Épist. Lois scientifiques. Lois logiques* : principes généraux du calcul logique. *Lois physiques* : rapports constants et déterminés entre deux phénomènes dans les sciences astronomiques, physiques, chimiques. Le rapport peut être qualitatif ou le plus souvent quantitatif (exprimé mathématiquement). La loi peut être seulement probabiliste ou statistique*. Le positivisme distingue l'explication par les lois (des « rapports sans supports », dit Auguste Comte) et l'explication par les causes* (qui implique succession temporelle et passage d'une substance à une autre). Cette notion de loi scientifique s'est étendue à la biologie et, avec encore moins de rigueur, aux sciences humaines. Il est très contestable qu'il y ait des lois (scientifiques) de l'histoire, à moins d'entendre ainsi une philosophie particulière de l'histoire par ex. dialectique.

7. *Esth. Lois de l'art. a*) règles que l'artiste doit respecter pour produire une œuvre. Ex. lois de la composition musicale ; *b*) règles permettant d'apprécier la valeur d'une œuvre et de prononcer un jugement esthétique. L'existence de telles lois est très contestable et contestée.

Loisir (infinitif de l'anc. verbe *loisir*, du lat. *licere*, être permis).

1. *Hist.* Depuis l'Antiquité, activité d'un citoyen libre de s'occuper de la politique et de la culture de l'esprit (philosophie). Opp. activité *servile* (travaux manuels dévolus à l'esclave). Le mot lat. est *otium* dont la négation est *negotium* (occupation pénible, travail). Le mot gr. est *scholê* qui signifie aussi occupation studieuse, école. Le loisir ne se confond donc pas avec l'oisiveté, l'absence d'occupation, l'inactivité.

2. *Soc., Pol.* Dans les sociétés industrielles contemporaines, l'organisation et la limitation du temps de travail rendent possibles des loisirs (en gén. au pluriel), c'est-à-dire non pas négativement un temps de repos, d'oisiveté, mais un temps d'activités librement choisies, permettant de s'occuper de soi, de cultiver son corps et son esprit. La liberté personnelle est à la fois la condition et le but des loisirs. On appelle *civilisation des loisirs* le projet d'une société dans laquelle la part des contraintes professionnelles ou domestiques diminuerait sans cesse, et qui serait amenée à organiser, à réglementer les loisirs (ce qui est peut-être contradictoire).

Ludique (néol. du lat. *ludus*, jeu).

1. *Psy.* Qui a rapport au jeu. La pédagogie* utilise l'activité ludique spontanée des enfants. V. Jeu.

2. *Esth. a*) toute activité artistique peut être considérée comme ludique. V. Jeu ; *b*) plus particulièrement se dit d'un art où entre une grande part de fantaisie, de gratuité, d'inattendu (ex. portraits d'Arcimboldo qui sont en même temps des natures mortes).

Lumière (du lat. *luminare*, qui produit de la lumière, astre, de *lumen*, lumière).

1. *Hist. (Méta.)* 1) *lumière naturelle* : *a*) chez saint Thomas, la raison en tant qu'elle procède de Dieu et illumine l'esprit humain ; *b*) chez Descartes, syn. raison, connaissance dont la vérité est garantie par la véracité de Dieu : « La faculté de connaître que Dieu nous a donnée, que nous appelons lumière naturelle, n'aperçoit jamais aucun objet qui ne soit vrai en ce qu'elle l'aperçoit » (*Pr.* I, 30) ; 2) *lumière surnaturelle* : grâce par laquelle Dieu nous éclaire directement.

2. *Théo. Lumière de gloire* : principe perfectionnant et surélevant la puissance de l'esprit pour le rendre capable de voir Dieu face à face, tel qu'il est en lui-même.

3. *Philosophie des Lumières* (toujours au plur. en fr.), *enlightenment* en anglais, *Aufklärung* en all., *Illuminismo* en it. Mouvement littéraire, philosophique, politique d'abord apparu en Angleterre, développé en France, et répandu dans toute l'Europe par l'intermédiaire de la langue française. Les auteurs se disaient eux-mêmes « philosophes » (Locke, Hume en Angleterre ; Montesquieu, Voltaire, Rousseau, Diderot en France ; Lessing, Mendelssohn en Allemagne). La philosophie des Lumières est caractérisée par l'esprit de « libre et public examen » qui s'attaque aux croyances religieuses, aux institutions politiques et ecclésiastiques et généralement aux *préjugés** : « Aie le courage de te servir de ton propre entendement, voilà la devise des Lumières » (Kant). La conviction que *vérité**, *vertu** et *bonheur** sont convergents aboutit à l'idée de *progrès** : « La raison finit toujours par avoir raison » (Voltaire).

Lutte des classes, v. Classe.

Lycée (gr. *lukeion*, lat. *lyceum*, de *lukos*, loup, lieu autrefois consacré à Apollon Lycien, tueur de loups).

Hist. Désigne l'école philosophique d'Aristote du nom du gymnase situé au nord-est d'Athènes où il avait coutume de donner ses leçons ; v. Péripatétisme.

Lyrisme, lyrique (gr. *lurikos*, de *lura*, la lyre).

1. *Hist.* Prop. qui a rapport à la lyre ; chez les Grecs, la poésie lyrique désignait une poésie chantée et accompagnée à la lyre.

2. *Esth.* *a*) poésie lyrique : depuis la Renaissance et à l'époque classique jusqu'au début du XIXe s., poème écrit à l'imitation de l'Antiquité (surtout de Pindare), de ton soutenu, affectant l'inspiration devine tels que dithyrambes, odes ou chœurs de tragédie (*Athalie* de Racine) ; genre noble souvent très artificiel (même chez Ronsard) ; *b*) depuis le Romantisme* (en France Lamartine, *Les Méditations poétiques* de 1820), la poésie lyrique, de formes très diverses, est consacrée à l'expression de sentiments personnels du poète sur les thèmes de l'amour, de la nature, de la religion, de la mort, etc. Lyrisme et poésie* ont fini par s'identifier. Un texte en prose peut être qualifié de lyrique s'il exprime avec force des sentiments personnels ; *c*) *théâtre lyrique* : tragédies, drames, comédies lyriques ; théâtre chanté et accompagné de musique complètement (opéra) ou principalement (opéra comique).

M

Machiavélisme (du nom de Nicolas Machiavel, Florence, 1469-1527, auteur du *Prince*).

1. *Pol.* Théorie politique répondant à deux questions : comment instaurer un État solide ? Comment conserver un État ? La réponse est dans la *virtù* d'un individu ou d'un peuple. Cette *virtù* est une capacité, une force, une habileté sans scrupule, affranchie de tout préjugé moral et religieux. La religion devient elle-même instrument de pouvoir. C'est ainsi que peut être dominée la *fortune* (ensemble des événements fortuits dans le cours de l'histoire). Le machiavélisme a été une référence constante dans les débats classiques sur la raison d'État* (XVIIe-XVIIIe siècles).

2. *Vulg.* Recours délibéré au mensonge et à la ruse dans une action quelconque.

Machine (lat. *machina*, gr. *mechanê*, machine de guerre, machine de théâtre, de *méchos*, moyen).

1. *Hist.* La machine se distingue de l'outil* par l'augmentation importante ou la transformation de la force musculaire. C'est le cas de la machine de guerre (catapulte) ou celui de machines primitives comme le tour de potier (utilisation du mouvement circulaire). La machine de théâtre produit des effets artificiels, étonnants, illusoires, d'où un sens péj. qui apparaît nettement dans les dérivés français *machiner*, *machination*.

2. *Méc.* Du point de vue de la mécanique, qui ne considère pas la nature de la force motrice (force humaine, animale ou énergie matérielle), on distingue : 1) les *machines simples* formées d'un seul corps solide, lié plus ou moins intimement à des pièces fixes : levier, treuil, plan incliné ; 2) les *machines composées*, plus ou moins complexes, qui sont des combinaisons de machines simples ; durant le mouvement uniforme de telles machines, qui servent à transformer le travail, la somme des travaux des forces motrices reste toujours égale à la somme totale des travaux des forces résistantes, y compris les résistances passives.

3. *Techn.* *a*) du point de vue de l'énergie motrice, on appelle gén. machines les instruments actionnés par des énergies matérielles, parmi lesquelles on distingue : 1) les machines mues par des énergies en réserve : horloges à poids, montres à ressort, boîtes à musique, automates, etc. ; 2) les machines mues par des énergies naturelles non transformées : moulins à vent, à eau, machines à vapeur, etc. ; 3) les machines mues par des énergies de transformation : hydrocarbures, électricité, énergie nucléaire, etc. ; *b*) du point de vue de leur autonomie de fonctionnement, on distingue les *machines automatiques*, la tâche de l'opérateur se bornant à la direction et au contrôle des opérations effectuées par la machine (automatisation* et automation) ; *c*) l'automatisation rend possible la réalisation de machines générales construites sur les principes de la cybernétique et les applications de l'électronique, grâce auxquelles on peut procéder au traitement scientifique des informations (ordinateurs).

4. *Machines « intelligentes ».* Les progrès de l'intelligence artificielle*, de l'informatique*, de la robotique, peuvent-ils aboutir à la production de machines réellement intelligentes qui ne feraient pas que *simuler* certaines fonctions de l'intelligence humaine ? La différence est essentielle, car il est fort contestable que la pensée soit réductible à un calcul logique, ou que la machine puisse traiter un jour tout ce que recouvre la notion classique d'*intuition**. Jusqu'à présent, le caractère global de la perception, de la pensée humaine, semble inaccessible à la machine. Quoi qu'on en ait dit, les progrès techniques ne changent rien au problème *philosophique* du déterminisme et du libre arbitre, tout au plus proposent-ils d'autres métaphores ou d'autres exemples. V. Intelligence artificielle.

Machinisme

1. *Tech.* Substitution systématique et généralisée, dans la production industrielle, des machines utilisant des énergies matérielles aux outils et aux machines simples ou composées utilisant la force musculaire de l'homme ou de l'animal (deuxième moitié du XVIIIe siècle en Angleterre) ; on peut distinguer schématiquement : la première *révolution industrielle*, surtout technique, marquée par le perfectionnement de la machine à vapeur (James Watt) ; la deuxième, dite âge de l'électricité, application directe de la science ; la troisième, caractérisée par l'utilisation de l'énergie nucléaire (G. Friedmann).

2. *Soc.* Conséquences et problèmes posés par le développement du machinisme dans les sociétés industrielles avancées : augmentation de la *productivité* industrielle, de la production des biens et du niveau de vie, naissance de la grande industrie et institution du salariat, diminution de la pénibilité et de la durée du travail et extension des loisirs, mais mécanisation et parcellisation du travail, travail à la chaîne et automatisation, élimination de la main-d'œuvre et croissance du chômage, crise de l'énergie et des matières premières, etc.

Macrocosme-microcosme (du gr. *cosmos*, monde, *macros*, grand et *micros*, petit).

Hist. Entre l'univers (*macrocosme*) et l'homme (*microcosme*), des correspondances* au moins symboliques ont été admises depuis l'Antiquité (bien que les termes n'appartiennent pas au gr. classique) jusqu'au Moyen Âge et à la Renaissance en philosophie de la nature, en astrologie, en magie, en médecine (Paracelse au XVIe siècle) et même en théologie chrétienne (bien qu'elle ne puisse supposer une âme du monde).

Magie (gr. *mageia*, religion des mages ; magie, sorcellerie, de *magos*, prêtre interprète des songes chez les Mèdes et les Perses ; magicien, sorcier).

1. *Hist. a*) science et art des mages chez les Mèdes et chez les Perses ; *b*) chez les Grecs et les Romains, pouvoir de certains individus de produire des phénomènes extraordinaires par charmes, sortilèges, évocations et divination ; *c*) en

Occident, au Moyen Âge et jusqu'aux Temps modernes, art d'agir par des procédés occultes et de produire des effets extraordinaires.

2. *Ethn.* Dans les sociétés non européennes, croyance collective et irrationnelle en des rapports de « sympathie » existant dans la nature et en la causalité directe de la pensée sur les êtres et les choses par certains moyens symboliques (paroles, gestes, dessins, figurines, etc.), causalité fondée sur des principes de similarité et de contagion ; cette croyance ne se sépare pas des techniques d'action sur ces choses et ces êtres ; ex. piquer une figurine plus ou moins ressemblante à un individu, c'est le blesser lui-même. Les auteurs se divisent sur l'ordre de dépendance entre magie et religion. Précède-t-elle toujours et partout la religion (Frazer) ? Naît-elle d'une dégradation de la religion et s'oppose-t-elle aux rites religieux officiellement reconnus dans une société ? Elle suppose la croyance en des forces* occultes que certaines pratiques (sorcellerie) permettent de maîtriser. V. Mana. Freud l'a mise en rapport avec la croyance infantile en la toute-puissance de la pensée. Cependant dès l'origine, la pratique magique et l'acte technique rationnel sont liés, et de nos jours les techniques les plus modernes semblent donner une réalité aux aspirations les plus profondes de la magie.

Maïeutique (gr. *maieutikê*, s.e. *technê*, art de faire accoucher).

1. *Hist.* Méthode par laquelle Socrate, fils d'une sage-femme, cherchait, comme sa mère accouchait les corps, à « accoucher » les esprits pour faire découvrir à ses interlocuteurs la vérité qu'ils portent en eux sans le savoir ; elle repose sur l'idée que la science ne se communique pas, mais que chacun peut la trouver en soi-même par une réflexion bien conduite ; v. Ironie, Réminiscence.

2. *Péd.* Ext. méthode pédagogique selon laquelle le maître ne fait que diriger la recherche de l'élève qui doit retrouver la vérité par l'effort de sa propre réflexion.

Majeur, majeure (lat. *major*, plus grand).

Log. form. Le subst. masc. *majeur* désigne le *grand terme* du syllogisme catégorique, c.-à-d. celui dont toutes les propositions affirment ou nient. Le subst. fém. *majeure* désigne celle des deux prémisses qui, dans le syllogisme catégorique, contient le *majeur* ou *grand terme* et, dans le syllogisme hypothétique ou conditionnel, la prémisse qui contient la condition. V. Syllogisme.

Mal (lat. *malum*, malheur, maladie, méchanceté).

1. *Gén.* La notion de mal apparaît d'abord à la réflexion comme négative : une imperfection de la nature, de la société, de l'existence humaine. L'expérience du mal physique ou moral est celle d'un scandale pour la raison : l'existence de l'injustifiable, de ce qui ne devrait pas être. On a pu parler du « mal absolu » devant le déchaînement de haine et de violence dans l'Europe « éclairée » du XXe siècle, abolissant toute idée de progrès.

2. *Le mal comme non-être.* « Rien n'est mal de ce qui est conforme à la nature », disait le stoïcien Marc-Aurèle. L'effort philosophique le plus abouti pour résorber le mal physique et moral dans un mal métaphysique qui n'est plus alors que « limitation essentielle » à toute créature, a été celui de Leibniz dans la *Théodicée.* « Car Dieu ne pouvait pas lui donner tout sans en faire un Dieu » (*Théod.* I, 31). « Comment un principe unique, tout bon, tout sage et tout puissant a pu admettre le mal, et surtout comment il a pu admettre le péché, et comment il a pu se résoudre à rendre souvent les méchants heureux et les bons malheureux » (*Ibid. Discours de la conformité de la foi avec la raison*, § 43). « *Si Deus est, unde malum, si non est, unde bonum* ? (Si Dieu existe, d'où vient le mal ? s'il n'existe pas, d'où vient le bien ?) » (*Ibid.* I, 20) ; la réponse selon Leibniz est la justification de Dieu ou *théodicée*, qui implique « le labyrinthe de la prédestination* », c.-à-d. la conciliation de la liberté humaine avec l'omniscience et l'omnipotence de Dieu. V. principe du meilleur*, Optimisme. Les philosophies de l'histoire du XIXe siècle transposent la *théodicée* en faisant du mal dans les sociétés humaines le moment négatif d'une dialectique totalisante : « Le mal dans l'univers, y compris le mal moral doit être compris et l'esprit pensant doit se réconcilier avec le négatif. Cette conciliation ne peut être atteinte que par la connaissance de l'affirmatif dans lequel le négatif se réduit à quelque chose de subordonné, de dépassé et s'évanouit » (Hegel, *La Raison dans l'histoire*).

3. *La positivité du mal.* Le mot apparaît comme principe indépendant en lutte avec un principe du bien dans des *dualismes** religieux comme le gnosticisme* ou le manichéisme*, dans des *mythes* tels que la chute des anges, la tentation de Satan, le *péché originel.* La théologie chrétienne insiste sur la corruption de la nature humaine qui en résulte. Dans la *Religion dans les limites de la simple raison*, Kant transpose le dogme du péché originel dans une théorie du *mal radical*, c'est-à-dire d'une volonté humaine mauvaise en son fond, parce que d'abord soumise aux passions (v. Liberté). De même, la liberté de la conscience chez Sartre est constamment exposée à la « mauvaise foi » ou le *Dasein* heideggerien à l'inauthenticité. Schopenhauer avait inversé la doctrine du meilleur des mondes possibles en celle du pire des mondes possibles, livré au déchaînement du vouloir-vivre aveugle : « vivre est souffrir ». C'est la souffrance, l'injustice qui sont considérées comme premières. Quant à Nietzsche, il critique l'opposition même du bien et du mal issue du ressentiment* des esclaves contre les valeurs nobles des maîtres. Il se propose donc de retrouver le sens pleinement affirmatif de la volonté de puissance « au-delà du bien et du mal ».

Malthusianisme (de l'Anglais Thomas Malthus, 1766-1834).

1. *Hist., Éco., Soc.* Doctrine de Malthus selon laquelle la population s'accroissant en proportion géométrique par multiplication et les ressources alimentaires ne s'accroissant qu'en proportion arithmétique par addition, la pauvreté et la misère tendent à augmenter ; la solution pour arriver à un optimum de population réside dans la restriction des naissances (par l'abstinence et le mariage différé). À quoi s'ajoutent de nos jours les procédés contraceptifs. Dans la deuxième moitié du XXe siècle, un *néo-malthusianisme* (souvent lié au mouvement écologique*) s'inquiète de la disproportion entre l'accroissement rapide de la population mondiale et le développement des ressources planétaires.

2. *Vulg.* On appelle malthusienne toute politique de restriction économique, professionnelle, etc. visant à maintenir une stabilité des cours ou à limiter la concurrence (ex. arrachage des vignes, *numerus clausus* à l'entrée des universités, etc.).

Mana (mot polynésien et mélanésien).

Ethn. Terme générique désignant un pouvoir surnaturel inhérent à certains objets animés ou inanimés ou à certains hommes capables de les capter et de les utiliser (chefs, sorciers, magiciens) ou encore à des esprits, et qu'on retrouve sous des formes analogues dans de nombreuses sociétés non européennes (*manitou* des Algonquins, *wakan* des Sioux, etc.) ; v. Magie. Associée à la notion de *tabou** (négative), la notion de *mana* (positive) permettrait de décrire l'ensemble des croyances magiques et religieuses.

Management (néol. de l'américain, dér. de *manager*, qui gère une affaire ou une entreprise).

Psy. soc. Substitution, dans les entreprises industrielles, à une direction purement hiérarchique et autoritaire, d'une autorité fonctionnelle*, c.-à-d. d'une organisation et d'une gestion où les réalités humaines sont prises en considération autant que les réalités techniques et administratives, l'entreprise étant « formée d'un réseau de groupes et de valeurs humaines, le directeur ne peut plus fonder son action sur le seul rationalisme économique et doit dépasser la recherche brute du profit pour celle d'une coopération efficace entre tous les groupes » (A. Touraine) ; v. Techno-structure.

Maniaco-dépressive (Psychose)

Psychia., Psy. path. Affection mentale se manifestant par accès et caractérisée par une alternance de phases d'excitation et d'agitation maniaque et des phases d'inertie, parfois de stupeur mélancolique, syn. folie circulaire ou cyclique.

Manichéisme (de Manikhaios, nom gr. du Perse Mani).

1. *Hist.* Religion révélée, prêchée par le prophète perse *Mani* (216-277), caractérisée par l'opposition de deux principes éternels et antagonistes : le Bien et le Mal, les Lumières et les Ténèbres, Dieu et la matière. Le manichéisme s'est répandu dans l'empire romain, en milieu chrétien puis musulman. Très persécuté, il subsiste cependant jusqu'au XIIe siècle en Asie. Ses relations avec les Cathares de la France méridionale ne sont pas prouvées.

2. *Vulg.* Terme polémique employé péj. pour désigner toute conception morale ou politique qui réduit de façon simpliste les croyances et les actions humaines en bonnes et en mauvaises et les êtres humains en bons et en méchants.

Manière (d'un anc. adj. *manier*, dérivé lui-même de main, au sens d'habile. It. *maniera*).
Esth. Style personnel, façon propre à un artiste de réaliser son œuvre et qui permet de la reconnaître (ou même de reconnaître une période dans une production. Ex. période bleue de Picasso).

Maniérisme (de manière, début du XIXe siècle).
1. *Esth.* Péj., recherche excessive d'une « manière » qui fait qu'un artiste semble s'imiter lui-même. Excès d'élégance, de préciosité (style maniéré).
2. *Esth., Hist.* Style qui se situe entre le classicisme de la Renaissance et le baroque* dans les arts plastiques du XVIe siècle, en Italie d'abord (les peintres Parmesan, Rosso, Corrège, Tintoret, les sculpteurs Cellini, Vittoria, Jean de Bologne) puis dans l'ensemble de l'Europe (école de Fontainebleau, Greco en Espagne). Il semble prolonger certains traits des dernières œuvres de Michel-Ange, et est caractérisé par un primat du décoratif, un souci du détail élégant, précieux, l'allongement des formes, des effets de raccourcis, une structure spatiale quelque peu irréelle et souvent complexe.

Mantique (gr. *mantikê*, s.e. *teknê*, art divinatoire).
Art de prévoir l'avenir soit par interprétation des signes, soit par une inspiration divine. V. Magie, Prophète. Une certaine rationalité peut apparaître dans sa pratique quand il s'agit de prendre une décision.

Manqué (Acte) (all. *Fehlleistung*).
Psychan. Type d'acte ou de conduite tels que lapsus*, oubli*, perte d'objet, etc., dus apparemment à l'inattention ou à la négligence, mais, selon Freud, significatifs du souhait inconscient du sujet.

Manufacture (XVIe siècle ; fabrication à la main de *facere*, faire, et *manus*, main).
Éco. Forme de production transitoire entre l'artisanat et la grande industrie. Historiquement (France, XVIIe siècle), elle correspond à une évolution de la division du travail.

Marché (lat. *mercatus* de *merx*, marchandise).
Éco. Lieu des échanges économiques (offre et demande) qu'il soit local, régional, national, mondial. Notion centrale dans les théories du libéralisme* économique, les lois du marché étant les lois « naturelles » de l'économie. Un marché peut être organisé ouvertement, selon une réglementation officielle, ou rester clandestin (« marché noir »).

Marginal (de l'ang. *margin*, bord, lisière, frange).
1. *Psy.* S'applique au halo qui forme la « frange » des états conscients dans le champ psychologique et que borde le subconscient (W. James, F. Myers, etc.).

2. S'applique aux individus exclus d'un groupe social soit parce qu'ils en sont rejetés, soit parce qu'ils s'en retirent d'eux-mêmes et s'efforcent de vivre en marge (clochards). S'agissant d'immigrants, échec d'une intégration.
3. *Éco.* v. Marginalisme.

Marginalisme

Éco. Théorie économique d'après laquelle la valeur* d'échange se détermine par l'utilité marginale ou utilité-limite d'un objet, c.-à-d. celle qui représente entre divers emplois le moins urgent ou le moins important ; ex. un seau d'eau peut servir à la boisson, à la cuisson de certains aliments, à l'arrosage des fleurs, l'utilité finale désignant l'utilité marginale.

Martyr, martyre (gr. *martur*, *marturos*, témoin).

1. *Théo.* Témoin de la foi qui va jusqu'au don de sa propre vie. Diverses religions peuvent se réclamer de martyrs.
2. *Mor., Pol.* Le terme a été généralisé pour des causes non seulement religieuses, mais aussi patriotiques, politiques, humanitaires, etc. Moralement le martyre ne prouve rien, les causes les plus diverses, car les plus opposées, ont eu des martyrs.

Marxisme (Karl Marx, 1815-1887).

1. *Hist.* Doctrine qui se réclame des œuvres de K. Marx et de son collaborateur F. Engels. Elle s'est imposée dès la fin du XIXe siècle dans les milieux syndicaux (IIe, IIIe, IVe Internationales) et les mouvements socialistes* ont été amenés à se déterminer par rapport à elle. Son influence a été considérable dans les sciences humaines, la philosophie et même dans les sciences de la nature et elle devient officielle au XXe siècle dans de puissants pays (URSS, Chine, etc.). Historiquement, il faut prendre en considération une pluralité de marxismes, qui ont résulté d'abord de l'évolution de la pensée de Marx lui-même (des *Manuscrits de 1844* au *Capital*, 1873), des luttes que Marx a mené contre d'autres socialistes (proudhoniens, lassaliens, etc.) et surtout de l'adaptation ultérieure de la doctrine à différents pays et différentes situations économiques (léninisme*, maoïsme) ainsi qu'aux conflits internes (ex. trotskisme*) qui en résultent. Il y a eu un morcellement du marxisme, malgré l'orthodoxie affirmée des partis communistes dominants.
2. Les thèmes principaux dans lesquels tout marxisme se reconnaît semblent être : *a*) un *matérialisme** interprété dialectiquement et qui se veut le renversement de l'idéalisme* absolu de Hegel. Mais il retient aussi beaucoup du matérialisme classique (athéisme) et de l'*évolutionnisme** darwinien ; *b*) un socialisme qui se dit scientifique parce que fondé sur une critique originale de l'économie capitaliste (théorie de la plus-value*) et sur une interprétation générale de l'histoire par la *lutte des classes** ; *c*) une pratique politique révolutionnaire qui a pour fin l'instauration d'un communisme* mondial, en passant par une phase socialiste de dictature* du prolétariat.

Masculin, féminin (lat. *masculinus* de *masculus*, diminutif de *mas*, mâle ; lat. *femina*, femme).

1. *Gén.* La différence de genre (masculin-féminin) avec tout ce qu'elle implique psychologiquement, socialement, juridiquement et politiquement (avec accès aux fonctions de pouvoir) a été longtemps considérée comme « naturelle », fondée essentiellement sur la reproduction sexuée dans l'espèce humaine et donc jamais vraiment mise en question avant les revendications féministes, les apports de la recherche ethnologique ou psychanalytique.

2. *Psychan.* Freud a d'abord conçu le développement psycho-sexuel des enfants des deux sexes comme symétrique pendant le complexe* d'Œdipe* avant de reconnaître que l'opposition du masculin et du féminin dépend entièrement de la résolution du complexe de castration lié au complexe d'Œdipe : avoir un phallus ou être châtré. Ce primat phallique a été très discuté. On s'est indigné que Freud ait écrit que la libido* était de nature masculine aussi bien chez la femme que chez l'homme. En fait Freud avait noté : « On emploie les mots masculins tantôt au sens d'activité et de passivité, tantôt au sens biologique, tantôt au sens sociologique. La première signification essentielle est celle qui sert le plus la psychanalyse » (*Trois essais sur la sexualité*).

Masochisme (terme créé par le sexologue Krafft-Ebing, du nom du romancier autrichien Sacher-Masoch, 1835-1895).

1. *Psy. path.* Perversion* consistant pour un individu à ne connaître l'excitation sexuelle et à ne parvenir à la jouissance que si on lui fait subir des souffrances physiques (sévices, flagellation) ou morales (insultes, humiliations) ; v. Sadisme et Sado-masochisme.

2. *Psychan.* Freud a donné à la notion de masochisme une portée générale bien au-delà de la perversion sexuelle proprement dite (ex. névrose d'échec, sentiment inconscient de culpabilité). D'autre part, à la suite de l'introduction de la pulsion de mort*, Freud est amené à distinguer un *masochisme primaire*, lorsque la libido* est liée à la pulsion de mort qui reste dirigée sur le sujet lui-même, et un *masochisme secondaire* quand l'agressivité sadique, tournée vers l'objet extérieur, se retourne dans un deuxième temps sur le sujet lui-même.

Masse (lat. *massa*, masse, amas).

1. *Vulg.* Amas important de matière constituant un corps (rocher) ou formant un tout (mer) et demandant une force plus ou moins grande pour être soulevé ou déplacé.

2. *Méc.* Rapport constant qui existe pour un corps entre les forces qui s'y appliquent et les accélérations qu'elles déterminent dans un mouvement.

3. *Soc.* Multitude, *foule**. Opp. individu.

4. *Pol.* Classe la plus nombreuse, opp. élite*, classe dirigeante. C'est en ce sens que l'on parle des masses révolutionnaires (depuis la Révolution française), des masses prolétariennes (marxisme) et, en dehors même de toute notion de conflit politique, de *production de masse* (pour le plus grand nombre), de *culture de masse*, de media de masse (*mass-media*). Le terme de masse implique alors indifférenciation, uniformisation, avec une connotation plus ou moins péj.

Matériel (lat. *materialis*, de *materia*, matière).

1. *Méta.* Syn. physique, opp. spirituel ; ex. les forces matérielles ; *cause matérielle* : v. Cause.

2. *Crit. Vérité matérielle* : celle qui consiste dans l'accord de la pensée avec les données de l'expérience ; opp. *vérité* formelle*, syn. vérité logique. V. Forme.

Matérialisme

1. *Vulg.* Prise en considération des seuls intérêts matériels, des seuls plaisirs physiques. A été longtemps syn. d'irreligion.

2. *Méta.* Doctrine qui réduit toute réalité à la seule *matière*, quelle que soit la conception de la matière adoptée. Le matérialisme est un *monisme** qui n'a aucun autre principe que la matière ; c'est par là qu'il s'oppose à un spiritualisme* ou à un vitalisme* qui, sans nier la matière, posent un principe qui lui est irréductible (la vie, l'esprit). L'opposition du matérialisme et de l'idéalisme est propre au marxisme (v. infra).

3. *Épist.* « Disposition à expliquer toujours le supérieur par l'inférieur » (Alain, *Définitions*). « Le matérialisme constitue un danger inhérent à l'imagination scientifique, chaque science tendant à absorber la suivante au nom d'une positivité plus ancienne et mieux établie », écrivait le positiviste A. Comte dans le *Discours sur l'ensemble du positivisme*. Ce matérialisme est plus *méthodologique** que métaphysique. Il suppose en particulier que les phénomènes biologiques sont entièrement explicables à partir des phénomènes physico-chimiques, ou que la neurologie peut rendre compte intégralement des faits psychologiques (mentaux, de conscience). V. Épiphénomène, Behaviorisme. L'expression de *matérialisme scientifique* est à cet égard très ambiguë. Ainsi la phrase fameuse de Cabanis : « Pour se faire une juste idée des opérations de la pensée, il faut considérer le cerveau comme un organe particulier destiné spécialement à la produire, de même que l'estomac et les intestins à opérer la digestion ou le foie à produire la bile » (*Rapports du physique et du moral*, II) ne conduit pas à un matérialisme doctrinal mais plutôt à un vitalisme.

4. *Hist.* En tant que renversement de l'idéalisme* absolu de Hegel, le marxisme se veut l'aboutissement de tous les matérialismes antérieurs dans un *matérialisme dialectique* (Lénine) comprenant une *dialectique de la nature* (Engels), c'est-à-dire une philosophie de la nature et une philosophie de l'histoire (*matérialisme historique*), associées à une pratique révolutionnaire, donnant ainsi son développement à la célèbre formule de Marx : « La philosophie ne fait qu'*interpréter* le monde de diverses manières ; ce qui importe, c'est de le *transformer* » (11e thèse sur Feuerbach).

Matériau (sing. refait d'après le plur. *matériaux*, du lat. *materialis*).

1. *Gén.* Substances diverses qui entrent dans la construction d'une maison, d'un navire, etc. Le matériau est déjà élaboré, formé (poutre de bois ou de fer, bronze, ciment armé).

2. *Esth.* La signification esthétique d'une œuvre d'art ne peut pas se réduire à sa « forme », à son « idée » : elle est inséparable des matériaux dans lesquels elle est réalisée, ce peut être le marbre, le bronze, l'ivoire d'une statue, le son d'une œuvre musicale, le corps des danseurs dans une chorégraphie, le support d'un tableau peint sur bois, toile, cuivre, les pigments colorés utilisés (naturels ou artificiels). L'artiste prend en compte les propriétés des matériaux utilisés soit par nécessité technique (ex. dureté de la pierre), soit pour obtenir un effet particulier. L'art contemporain a développé toute une esthétique des matériaux (« bruts », naturels, artificiels).

Mathématiques (gr. *mathêmatika* de *mathêma*, choses apprises, de *manthanein*, apprendre). L'usage le plus fréquent est le pluriel.

1. *Épist.* Le champ des recherches mathématiques est devenu si vaste qu'on ne peut plus se contenter de les définir classiquement en leur assignant pour objet le nombre, l'espace, l'ordre. Elles se caractérisent comme sciences purement rationnelles, rigoureuses, construisant leurs objets à partir d'axiomes*, par opp. aux disciplines empiriques et aux sciences qui font appel à l'expérimentation*. La démonstration* mathématique se confond-elle alors avec la déduction purement logique ? C'est la thèse du logicisme*. Pourtant les recherches sur les fondements des mathématiques montrent que la rigueur propre aux mathématiques ne se laisse pas réduire à la seule non-contradiction logique.

2. *Hist.* C'est avec Pythagore au VIe siècle avant notre ère que les mathématiques naissent comme science rationnelle, rigoureuse, en se séparant des calculs empiriques*, approximatifs, pratiqués par les Mésopotamiens et les Égyptiens depuis des millénaires (d'où une fausse querelle des origines). Les pythagoriciens rassemblent trois *mathêma* : astronomie, arithmétique, géométrie. Le mot a le sens général de science chez Platon, et Aristote distingue une science des *qualités discrètes* (les nombres, l'arithmétique) et des *quantités continues* (lignes, surfaces, volumes : la géométrie). Le développement des mathématiques antiques (*mécanique* d'Archimède) restera largement ignoré du Moyen Âge. Dans les Temps modernes apparaissent l'algèbre au XVIe siècle (théorie des équations), la géométrie analytique au XVIIe siècle (Descartes), le calcul infinitésimal au XVIIIe siècle (Leibniz, Newton). Les XIXe et XXe siècles connaissent un foisonnement considérable des théories mathématiques (géométries non euclidiennes, théorie des probabilités, théorie des ensembles, topologie, etc.). Par une abstraction*, une formalisation* de plus en plus poussées, les mathématiques tendent à rejoindre la pure logique formelle*. Ajoutons que l'application des mathématiques à de nombreux domaines (économie, informatique, etc.) provoque en retour la création de nouvelles théories.

Mathématisation

1. *Épist.* La mathématisation dans les diverses sciences s'entend de deux façons : *a*) les mathématiques étant la science la plus parfaite, elles constituent l'*idéal* de toutes les sciences dont les théories doivent prendre une forme mathématique : « Il n'y a de science proprement dite qu'autant qu'il s'y trouve de mathématique » (Kant, *Premiers principes métaphysiques de la science de la nature*). C'est le cas de la physique mathématique ; *b*) les mathématiques sont considérées comme un « instrument » commun à toutes les sciences, y compris les sciences biologiques, les sciences humaines, permettant en particulier le passage du qualitatif au quantitatif. (Ex. instrument statistique*).

2. *Hist.* La physique moderne (ou « classique ») est devenue physique mathématique à partir de Descartes (réduction mathématique de la matière à l'étendue géométrique) et de Galilée : « Le livre de l'univers est écrit dans la langue mathématique, ses caractères sont les triangles, les cercles et autres figures géométriques, sans l'intermédiaire desquelles il est impossible de comprendre un seul mot » (Galilée). La physique n'a jamais cessé de se développer en ce sens, en même temps d'ailleurs que les mathématiques elles-mêmes. Mais faut-il réputer non scientifique toute théorie qui, dans les sciences de la vie ou dans les sciences humaines, résiste à la mathématisation (conception dialectique par ex.) ?

Matière (lat. *materies* ou *materia*, matière, bois de construction, de *mater*, mère).

1. *Vulg.* Dans l'expérience courante, est matière tout ce qui constitue les corps solides que nous percevons, avec une ambiguïté pour les corps vivants (d'où l'expression très confuse de *matière vivante*) et pour l'état gazeux de la matière (le souffle, l'air, « l'esprit* »).

2. *Matière et forme. a*) *Hist.* La notion de matière (gr. *hylê*) est introduite en philosophie par Aristote en relation avec celle de forme et de privation de forme. Elle est le support du changement dans la réalité sensible. Elle contient les formes en puissance* (comme une mère). Aristote étend la notion à celle d'une matière intelligible (extension d'une figure géométrique) et du genre porteur de la différence spécifique : « J'appelle matière le premier substrat de chaque chose, d'où une chose advient et qui lui appartient de façon immanente et non par accident » (*Métaphysique*, I, 9) ; *b*) l'opposition de la matière et de la forme est restée usuelle en rhétorique et en esthétique ; dans un discours, un exposé, on oppose ce qui est dit (le contenu, la matière) et la façon de le dire (la forme). La matière est généralement le sujet traité, la discipline enseignée (par opp. à la méthode, à la didactique). En esthétique, la matière est le sujet* de l'œuvre, son contenu, et tout ce à quoi l'artiste donne forme (on dira aussi matériau*) ; *c*) l'aristotélisme en arrive à l'hypothèse d'une *matière première* « dont on ne dit plus qu'elle est faite de quelque chose d'autre » (Aristote, *Métaphysique*, VII, 7), en elle-même indéterminée, inconnaissable, échappant à toute expérience sensible. L'expression s'est conservée de nos jours pour désigner les matériaux directement extraits de la nature que l'industrie utilisera en les transformant (en leur donnant » forme ») ; ex. minerais, bois, pierres ; *d*) selon une tradition qui remonte aux présocratiques, tous les *corps naturels* matériels (dans le monde terrestre dit sublunaire) peuvent s'expliquer à partir de quatre éléments* simples que l'aristotélisme interprète à partir de quatre qualités fondamentales : le chaud et le sec donnent le *feu*, le chaud et l'humide l'*air*, le froid et le sec la *terre*, le froid et l'humide l'*eau*. À partir de là, toutes les transformations, toutes les transmutations sont possibles ; à quoi s'ajoutent, pour les corps célestes, un cinquième élément (*quintessence*), *l'éther*. Cette théorie des éléments, avec des variantes plus ou moins importantes, a dominé la chimie ou l'alchimie* jusqu'à la fin du XVIIIe siècle, pendant plus de 2 000 ans.

3. *La matière comme substance étendue*. Le dualisme cartésien oppose radicalement deux substances : l'esprit dont l'essence est la pensée (Dieu, l'âme humaine), et la substance matérielle (tous les corps créés y compris les corps vivants), dont l'essence est l'étendue géométrique. « La nature du corps en général ne consiste point en ce qu'il est une chose dure, ou pesante, ou colorée, ou qui touche nos sens en quelque façon, mais en ce qu'il est une substance étendue en longueur, largeur et profondeur » (*Principes*, II, 4). Ainsi sont discréditées à la fois l'expérience commune et les conceptions antiques et médiévales d'un *cosmos** qualitativement ordonné. D'autre part, s'il y a distance, extension, il y a nécessairement matière, donc il n'y a pas de *vide**, mais une matière « subtile » que nous ne percevons pas, qui appartient à une unique substance sans degré de matérialité ; la théorie épicurienne des atomes* tombant dans le vide est rejetée, tout autant que la théorie aristotélicienne des éléments qualitativement distincts. Enfin l'étendue géométrique en toutes ses dimensions n'a pas de bornes : le monde physique est *indéfini** (la notion d'infini est réservée à Dieu), comme l'espace euclidien est illimité. Avec Descartes est abolie l'ancienne distinction d'un monde terrestre et d'un monde céleste : « L'espace et les cieux sont faits d'une seule matière [...] quand même il y aurait une infinité de mondes, ils ne seraient faits que de cette matière » (*Principes*, II, 22). Telle est la conception de la matière qui permettra au mécanisme* cartésien de prétendre tout expliquer par la figure géométrique et le mouvement, même les corps vivants, en excluant toute considération de force.

4. *Matière et force*. *a*) le spiritualisme éclectique de Leibniz entend réconcilier la physique mécaniste cartésienne avec les traditions antiques. Grâce à la théorie mathématique du calcul infinitésimal, il interprète la *monade** comme un « atome spirituel » ; par l'appréciation mathématique des forces vives, il approfondit le mécanisme par un *dynamisme**. Il retrouve ainsi la notion de *force** que le Moyen Âge et la Renaissance n'avaient pas cessé d'élaborer. Mais avec le calcul différentiel, le dynamisme n'est plus seulement métaphorique, il s'exprime mathématiquement. La matière ajoute à l'étendue l'impénétrabilité et l'inertie (force passive). Dans l'échelle des êtres, les monades inférieures sont des « âmes matérielles » ; *b*) quant à Newton, contemporain de Leibniz et proche de l'empirisme de Locke, il récuse sous le nom d'*hypothèse** toute construction métaphysique cartésienne ou leibnizienne. « Je ne forge pas d'hypothèse » (*Principia mathematica*, 1687). Or « tout ce qui ne dérive pas de l'expérience elle-même, soit par les sens externes, soit par la sensation des pensées internes doit être tenu pour hypothèse ». Dès lors Newton n'a besoin que de principes mathématiques pour introduire la fameuse notion d'*attraction universelle*, qui n'est pas un retour aux forces occultes* (comme l'ont objecté les cartésiens et Leibniz) mais se réclame seulement de l'ordre des faits. Ajoutons que si Newton n'a jamais fait de l'*attraction** une propriété essentielle de la matière, c'est qu'il la considère elle-même comme immatérielle, ayant sa cause ultime dans l'action divine ; *c*) mais plus tard, lorsque la plupart des esprits scientifiques se réclameront de Newton, avec D'Alembert, les positivistes et les matérialistes « scientifiques » du XIXe siècle, il sera admis que la force d'attraction est une propriété essentielle de la matière. Une formule de L. Buchner est restée célèbre : « La force et la matière sont fondamentalement la même chose, considérée de points de vue différents » (*Force et matière*, 1855). Depuis la fin du XIXe siècle, il semble que les développements de la théorie physique, en particulier de la microphysique, tendent à ôter de la matière tous les caractères d'une substance, à rapprocher les notions de matière et d'*énergie* (v. Énergétisme), à pluraliser la notion selon les différents domaines de recherche.

5. *Crit.* Chez Kant, donnée pure de l'expérience ou sensation* qui fournit le contenu de la connaissance, opp. forme* par laquelle ce donné empirique est connu : « Ce qui dans le phénomène correspond à la sensation, je l'appelle la *matière* de ce phénomène ; mais ce qui fait que le divers du phénomène est coordonné dans l'intuition selon certains rapports, je le nomme *forme* du phénomène », d'où il suit que « si la matière du phénomène ne nous est donnée qu'*a posteriori*, la forme en doit être *a priori* dans l'esprit » (*R. pure*, Esth. I).

6. *Mor.* *a*) la matière d'une action, c'est ce que l'agent exécute en fait ; *b*) chez Kant en particulier, la *matière* du devoir, c'est ce qu'il faut faire ou ne pas faire, la *forme*, le caractère de la loi morale qui le commande ou le défend, ce qui implique que l'agent moral n'agit pas seulement conformément au devoir mais *par devoir*, c.-à-d. par respect pour la loi.

7. *Log. form.* Termes du jugement ou propositions du raisonnement, s'opposant à la forme*, c.-à-d. aux rapports que l'esprit affirme ou nie entre ces termes ou propositions ; ex. la proposition : tous les hommes sont mortels a pour matière les termes *hommes* et *mortels* ; selon la forme, c'est une proposition universelle affirmative du type : tout A est B.

Matriarcat (lat. *mater*, mère. Néol. forgé par Salomon Reinach d'après patriarcat).

Ethn. Théorie évolutionniste selon laquelle le pouvoir, dans toutes les sociétés primitives aurait d'abord été exercé par les mères (Bachofen, *Le Droit maternel*, 1861). Adoptée par le marxiste F. Engels, elle est aujourd'hui généralement abandonnée. *Dist.* matrilinéarité*.

Matrilinéarité (lat. *mater*, mère et *linea*, lignée).
Ethn. Système de parenté qui prend en considération dans certaines populations la lignée maternelle pour la transmission du nom, de l'héritage et établit une parenté privilégiée entre l'enfant et le frère de sa mère. *Dist.* matriarcat*.

Maturation (lat. *maturatio*, de *maturus*, mûr).
Biol. Processus dynamique interne propre à chaque être vivant qui le conduit par étapes à sa maturité, c.-à-d. à son état d'achèvement. Par ext. on parle de maturité affective, sociale, intellectuelle d'un enfant ou d'un adolescent.

Maxime (lat. médiéval *maxima*, s.e. *sententia*, sentence générale, lat. class. *maxima*, très importante).
1. *Vulg. a*) proposition générale qui sert de règle dans la conduite : « Toutes les bonnes maximes sont dans le monde ; on ne manque qu'à les appliquer » (Pascal, *P.* 380) ; *b*) plur. (littérature), titres donnés à certains ouvrages de morale formulant avec une extrême concision des jugements de portée très générale ; ex. les *Maximes* de La Rochefoucauld ; leurs auteurs sont dits des *moralistes**.
2. *Mor.* Chez Kant, *principe subjectif* d'après lequel un individu dirige sa conduite, opp. *principe objectif de la loi pratique ou morale* qui vaut pour tout être raisonnable : « La maxime est le principe subjectif que le sujet même se donne pour règle (c'est le comment il veut agir). Le principe du devoir est, au contraire, ce que la raison lui prescrit absolument, par suite objectivement (c'est le comment il doit agir) » (*Doctrine du droit*, Introd. IV) : la maxime n'est donc morale que si, inspirée par le pur respect de la loi, elle prescrit de lui obéir « même au préjudice de toutes mes inclinations » (*Fond.* 1re section).

Mécanique, subst. et adj. (gr. *mêchanikê*, s.e. *technê*, art de construire une machine, *mêchanê*, lat. *machina*, dér. de *mêchos*, moyen).
Subst. **1.** *Vulg. a*) syn. mécanisme, ensemble des pièces qui composent une machine ou des combinaisons qui assurent son fonctionnement ; ex. la mécanique d'un moteur ; *b*) art de la construction ou de la réparation des machines ; ex. une usine ou un atelier de mécanique. **2.** *Math., Phys. Mécanique rationnelle* : branche des mathématiques* ou de la physique mathématique ayant pour objet le mouvement et les causes qui le déterminent ; on la divise gén. en *cinématique*, étude des propriétés géométriques des mouvements dans leur rapport avec le temps, abstraction faite des notions de masse et de force ; en *statique*, étude des forces en état d'équilibre ; et en *dynamique*, étude du mouvement dans son rapport avec les forces. *Mécanique ondulatoire* : théorie (formulée par L. de Broglie en 1924) étendant à la matière la dualité onde-corpuscule qui caractérise la lumière et le rayonnement et associant ainsi la physique du continu (onde) et celle du discontinu (corpuscule), le mouvement d'un corpuscule élémentaire de matière et de rayonnement se déduisant statistiquement de la propagation d'une onde. **3.** *Astronomie. Mécanique céleste* : branche de l'astronomie ayant pour objet la théorie mathématique du mouvement des astres.

Adj. (gr. *mêchanikos*, industrieux, habile à travailler ; construit par l'art du mécanicien ou de l'ingénieur). **1.** *Vulg.* Qui concerne les machines ; ex. les arts mécaniques. **2.** *Épist. a*) qui se ramène aux notions utilisées par la mécanique comme science et exclut toute finalité ; *b*) sp. chez Descartes, qui s'explique par les seules notions d'étendue et de mouvement ; ex. la théorie des animaux*-machines.

Mécanisme

1. *Vulg.* Syn. machine*, ensemble de pièces ou de parties matérielles agencées en vue de produire sous l'effet d'une force ou d'une énergie un certain mouvement, c.-à-d. associant structure et fonctionnement ; ex. le mécanisme d'une horloge.

2. *Biol.* Combinaison anatomique (structure) et physiologique (fonctionnement) d'organes adaptés et ajustés à un certain résultat ; ex. le mécanisme de la respiration, de la vision, de la marche.

3. *Psy.* Ext. et anal. processus psychologique de certaines fonctions mentales en tant qu'elles s'exercent indépendamment de la volonté ; ex. le mécanisme de l'association* dite des idées.

4. *Log., Math.* Processus, not. de la déduction, tel que les différentes propositions qui le composent s'articulent l'une à l'autre de façon nécessaire jusqu'à la conclusion ; ex. le mécanisme du syllogisme, de la démonstration.

5. *Épist. a*) *Phys.* théorie scientifique qui explique les phénomènes physiques par le mouvement ; ex. la théorie cinétique des gaz qui explique leurs propriétés par le mouvement des molécules dont ils sont composés ; *b*) *Biol.* opp. finalisme*, vitalisme*, dogme scientifique de caractère matérialiste selon lequel les phénomènes vitaux peuvent ou pourront s'expliquer sans recours à la finalité par le jeu des causes efficientes et sont, dans le même esprit que la théorie cartésienne des animaux-machines, réductibles aux propriétés physico-chimiques de la matière : « Le mécanisme [...] demande simplement des délais pour achever son œuvre, à savoir pour expliquer complètement la vie sans la vie » (J. Rostand).

6. *Hist. (Méta.)* Chez Descartes, doctrine philosophique dualiste qui ramène la matière, le corps et la vie à l'étendue, et par suite explique tout ce qui n'est pas âme ou pensée (spiritualisme) par les seules notions de l'étendue et du mouvement des figures dans cette étendue (mécanisme), opp. *dynamisme*, qui suppose une énergie immanente à la matière et la vie, identifie l'être et la force : « Les changements naturels des Monades viennent d'un principe interne, puisqu'aucune cause externe ne saurait influer dans son intérieur » (Leibniz, *Mon.* II).

Médiat

(du lat. *medius*, qui est situé au milieu, intermédiaire).

1. *Gén.* Ctr. immédiat*. Qui est en relation avec une autre chose par un ou plusieurs intermédiaires ; ex. une cause médiate, ou encore qui dépend d'une autre chose qui est pour elle un moyen.

2. *Log. form.* *Inférence médiate* : celle où l'on passe de la proposition initiale à la conclusion par au moins une proposition intermédiaire ; ex. dans le syllogisme le rapport entre le *grand terme* et le *petit terme* s'établit par l'intermédiaire du *moyen terme*.

Médiation (du lat. *mediare*, être au milieu, s'interposer).
1. *Vulg.* Action de servir d'intermédiaire ou de médiateur entre plusieurs termes, choses ou êtres.
2. *Méta.* Chez Hegel, prop. moment de la dialectique*, dit antithèse*, par lequel on passe de la thèse à la synthèse ; dans ce mouvement dialectique qui procède à une construction rationnelle et complète du monde, chaque terme, sauf le premier et le dernier, est une médiation ; v. Dialectique.
3. *Théo.* Fonction de l'Incarnation comme médiation du Christ entre Dieu et l'homme ou encore médiation des saints entre les pécheurs et Dieu.

Méditation (lat. *meditatio* de *meditari*, réfléchir à, se préparer à).
Rel., Méta. Qu'elle soit considérée comme un exercice religieux ou une démarche intellectuelle purement philosophique, la méditation ne se confond pas avec la simple contemplation* ni avec l'extase* mystique (même si elle y prépare). Elle implique une réflexion, un retour du sujet méditant sur lui-même, et ceci de façon méthodique. C'est par la méditation métaphysique que Descartes découvre le caractère fondateur du « je pense, je suis » (v. *Cogito*) comme première vérité.

Médium (mot lat. : intermédiaire).
1. *Spiritisme.* Sujet chez qui se manifestent des phénomènes paranormaux et qui aurait le privilège, en état de transe, d'entrer en relation avec les esprits et not. avec les âmes des morts ; v. Parapsychologie.
2. *Psy. soc.* Selon Mac Luhan, moyen spécifique d'une forme de communication (parole, écrit, etc.) : « Le message c'est le médium », c.-à-d. que le mode du message serait plus déterminant que son contenu intellectuel.
3. *Soc. Mass media* ou *média de masse* : moyens de diffusion et de communication susceptibles de toucher en même temps la masse, c.-à-d. un très grand nombre d'individus dispersés ou non (presse à grand tirage, cinéma, radiodiffusion, télévision, etc.).

Mégalomanie (comp. du gr. *mega*, grand, et *mania*, folie).
Psychia. Syn. folie des grandeurs, « surestimation pathologique que le sujet se forge de sa personnalité et de son importance dans la vie sociale.

Mégare (École de) (cité antique située entre Athènes et Corinthe).
École « socratique » fondée par Euclide de Mégare, ami et disciple de Socrate. Se situant dans la tradition de l'éléatisme*, les mégariques ont contribué au développement de la logique. V. paradoxe du menteur*.

Meilleur (Principe du)
Méta. Chez Leibniz, principe dérivé du principe de raison suffisante et distinct du principe de contradiction et d'identité. Il détermine un degré de perfection par un maximum d'essence parmi les possibles. « Ainsi en géométrie, l'angle

déterminé parmi tous les angles est l'angle droit. Ainsi un liquide placé dans un autre hétérogène prend la forme qui a le maximum de capacité, à savoir la forme sphérique » (*De l'origine des choses*). C'est ainsi que Dieu, par une sorte de « mathématique divine » a créé le meilleur des mondes possibles (v. Optimisme). C'est donc le meilleur qui détermine la réalité parmi l'infinité des possibles. Leibniz récuse ainsi la thèse cartésienne de la liberté absolue de la création divine.

Mélancolie (du gr. *melas*, noir, et *kholê*, bile : bile noire, atrabile).

1. *Psy.* Tristesse vague souvent accompagnée de rêverie et de nostalgie, pouvant aller jusqu'au désespoir.

2. *Psychan.* Forme parfois délirante de dépression pathologique : « Suppression de l'intérêt pour le monde extérieur, perte de la capacité d'amour, inhibition de toute action et rabaissement du sentiment de soi qui s'exprime par des reproches et des insultes adressées à soi-même. Syndrome d'indignité » (Freud, *Deuil et mélancolie*). Freud l'interprète en la rapprochant du sentiment normal de *deuil* (perte de l'objet aimé).

3. *Hist.* Dans la médecine hippocratique, l'*atrabile* est une des quatre humeurs déterminant un tempérament porté à la morosité, au repli sur soi (l'existence de cette humeur est imaginaire). La mélancolie était supposée favoriser l'activité intellectuelle, la contemplation philosophique, l'âme négligeant alors le corps. L'astrologie la mit en rapport avec la planète Saturne.

4. *Esth.* La mélancolie est un thème constant dans la tradition poétique et dans les arts plastiques (en particulier à la Renaissance et dans le Romantisme*). Elle s'exprime à travers un symbolisme complexe (ex. une célèbre gravure d'A. Dürer).

Même (du bas lat. *metipsimus*, moi-même, au superlatif).

Méta., Hist. Genre fondamental de l'être dans le *Sophiste* de Platon. Opp. l'Autre. V. Identité.

Mémoire (lat. *memoria* de *meminisse*, avoir à l'esprit, se souvenir).

Le mot masculin « mémoire » au sens d'écrit justificatif, ou au pluriel « mémoires » au sens de relation de faits vécus, a la même étymologie.

1. *Gén.* Rapport de l'homme à son passé et conscience qu'il en prend. La mémoire peut être individuelle (souvenirs, histoire personnelle) ou collective (histoire mais aussi légende et mythe). Dans les deux cas interviennent les « cadres sociaux de la mémoire » (expression de M. Halbwachs) tels que les calendriers, les rituels religieux ou civiques, etc. Dans la psychologie traditionnelle des facultés, la mémoire est décrite ou plutôt reconstituée selon quatre degrés : fixation*, conservation*, rappel ou évocation*, reconnaissance*, ce qui pourrait décrire la pratique d'un archiviste. Le terme de mémoire s'utilise aussi lorsqu'il y a absence de conscience du passé ou conscience très incertaine (v. Réminiscence) et seulement rappel. L'expérience courante (et la psychologie expérimentale) prennent en considération des capacités spécialisées de la mémoire (mémoire verbale, visuelle, musicale). On appelle *mémoire biologique* les processus d'adaptation, les modifications du comportement d'un organisme vivant en fonction de son expérience. De nos jours, le terme de mémoire est courant pour désigner le stockage des données dans une machine informatique (procédures de « mise en mémoire »).

2. *Mémoire souvenir et mémoire habitude.* La distinction est ancienne entre une mémoire portant sur des schémas d'action ou de connaissance qui se modifient avec la répétition (mémoire au sens large) et la mémoire portant sur des événements, des souvenirs singuliers, situés dans le passé, en particulier autobiographiques (mémoire au sens strict). On a opposé ainsi une mémoire *implicite* (savoir par cœur) et une mémoire *explicite* (la récitation faite hier). Bergson a interprété cette distinction comme celle d'une *mémoire habitude* qui relève d'un mécanisme corporel et s'apparente à l'action et d'une *mémoire souvenir* ou *mémoire pure* qui implique des représentations, des images-souvenirs et qui serait coextensive à la conscience et à la durée* : « Toute conscience est mémoire, conservation et accumulation du passé dans le présent », en tant que telle indépendante du cerveau (Bergson, *Énergie spirituelle*). Mais Bergson insiste sur l'intrication étroite des deux mémoires. Le dualisme* bergsonien inscrit dans le titre *Matière et mémoire* a été vivement contesté en tant que métaphysique spiritualiste*.

3. *Mémoire et oubli.* Les déformations de la mémoire, son caractère plus ou moins lacunaire sont d'expérience courante. Les philosophies de la vie ont insisté sur la fonction de *sélection* de la mémoire. Si l'on ne peut dire d'aucun souvenir qu'il est définitivement inaccessible (Schopenhauer, Nietzsche, Bergson, Freud), alors le problème de la mémoire est moins celui de la conservation que celui de l'oubli* des souvenirs. Il est notable que la neurobiologie de la mémoire s'instruit surtout des défaillances, des maladies de la mémoire ; que la psychologie expérimentale (Ebbinghaus) étudie d'abord la mémoire en mesurant l'oubli progressif des séries de mots ou de phrases. V. Amnésie. Bergson, très informé de la psychopathologie de son temps, assigne au cerveau, en tant qu'organe de « l'attention à la vie », la fonction de *sélection* : « Il ne sert pas à conserver le passé, mais à le masquer d'abord, puis à en laisser transparaître ce qui est pratiquement utile » (*Énergie spirituelle*). La théorie de la psychanalyse en tant que théorie de l'inconscient est en très grande partie une théorie de l'oubli par le refoulement* et les mécanismes de défense*. Freud avait observé très tôt que les névrosés souffrent de réminiscences (au sens de souvenirs non reconnus, non situés dans un contexte) et une cure psychanalytique est une reconstitution au moins partielle d'une histoire personnelle. V. Catharsis, Souvenirs écran.

4. *Mémoire affective.* Décrite par plusieurs écrivains (J.-J. Rousseau, Chateaubriand, M. Proust), reviviscence inopinée d'un état affectif passé à l'occasion d'une impression momentanée (ex. chez Proust, le goût d'une madeleine, l'inégalité des pavés). Mais revivre est-ce se souvenir ? « Rien qu'un moment du passé. Beaucoup plus peut-être ; quelque chose qui, commun à la fois au passé et au présent, est beaucoup plus essentiel qu'eux deux » (M. Proust, *Le Temps retrouvé*).

5. *Cyb.* Anal., correspondant aux fonctions cérébrales de fixation et de rappel, propriété de machines électroniques (calculatrices, ordinateurs, « cerveaux » artificiels, robots, etc.) de stocker et de restituer les données « mises en mémoire », not. les informations.

Mémorisation

Psy., Péd. Méthodes de mémorisation : procédés divers grâce auxquels peuvent s'opérer le plus efficacement la fixation et le rappel des connaissances, not. pour apprendre par cœur ; en ce sens, on a parlé de *mnémotechnique rationnelle* fondée sur des travaux positifs de psychologie (lois de Jost, schéma* dynamique de Bergson, organisation des connaissances en réseau, etc.).

Mensonge (du bas lat. *mentire*, mentir).

1. *Mor.* Comme le remarque Kant, le mensonge ne consiste pas à dire le faux, mais à avoir l'intention de tromper. La véracité* est donc un devoir absolu, seul compatible avec l'impératif catégorique. Dans un débat célèbre, Benjamin Constant lui opposait un droit de mentir par humanité : « Nul n'a droit à la vérité qui nuit à autrui ». Kant réplique que les conséquences d'un mensonge sont imprévisibles, mais surtout qu'il est contraire au *devoir envers soi-même* : « Il nuit à l'humanité en général en ce qu'il rend impossible la source du droit » (*D'un prétendu doit de mentir par humanité*).

2. *Pol.* Les théoriciens de la raison d'État* admettent, quand il s'agit du salut de l'État, la supériorité du principe politique (secret d'État, mensonge d'État) sur le principe moral (v. Machiavélisme).

3. *Esth.* Le conflit des valeurs esthétiques et des valeurs morales pose le problème de l'art comme « beau mensonge ».

Mental, mentalisme (néol. anglo-saxon du lat. *mentalis*, de *mens*, esprit).

1. *Psy. a*) l'adj. mental peut être syn. de psychique* (trouble mental) ; *b*) d'intellectuel (âge mental) ; *c*) d'inexprimé ni oralement, ni par écrit (calcul mental, restriction mentale).

2. *Sciences cognitives.* Doctrine psychologique qui estime possible scientifiquement d'utiliser des notions telles que conscience, intentionnalité, portant sur ce qui n'est pas directement, matériellement observable. Opp. behaviorisme*. Le terme peut avoir un sens polémique.

Mentalité (du lat. *mentalis* par l'ang. *mentality*, dér. de *mens*, esprit, pensée).

1. *Psy. soc., Soc.* Ensemble plus ou moins conscient des croyances, des opinions et des coutumes ou habitudes qui caractérisent soit une société donnée, soit un groupe et qui influent sur leurs manières de penser, de sentir et d'agir ; ex. la mentalité française, la mentalité paysanne.

2. *Ethn. Mentalité primitive* (Lévy-Bruhl) : ensemble des croyances des membres des sociétés non européennes* (dites primitives*) en tant qu'elles se distinguent radicalement de la conception rationnelle des sociétés dites civilisées ; à la fin de sa carrière, Lévy-Bruhl a admis qu'il n'y avait pas de distinction essentielle entre les deux mentalités, le caractère mystique et prélogique* étant seulement plus marqué dans les sociétés « primitives* ».

Menteur (Paradoxe du)

Log. « Si j'affirme que je mens, est-ce que je dis la vérité ou est-ce que je mens ? » Si je dis la vérité en disant que je mens, alors je mens, et inversement, si je mens en affirmant que je mens, alors je dis la vérité. Attribué au mégarique* Euclide, ce paradoxe montrait les limites d'une dialectique rationnelle. Longtemps considéré comme un simple jeu sophistique, il est pris en considération par la logique mathématique moderne (Russel) afin de surmonter le caractère circulaire de certains énoncés logiques.

Message (du lat. *missus*, p.p. de *mittere*, envoyer).

Psy. soc. Séquence cohérente de signes organisée dans l'intention de communiquer avec autrui. *Théorie des communications** : information codée par un émetteur et transmise par un canal de communication à un récepteur détenteur du même code.

Messianisme (du lat. chrétien *messias* (Vulgate) issu par le gr. de l'araméen *meschîkhâ* (oint du Seigneur), trad. en gr. par *christos*).

1. *Rel.* Dans la religion judaïque, croyance en un messie, c.-à-d. en un envoyé de Dieu qui doit venir délivrer le peuple juif de la domination étrangère et lui assurer, avec la possession de la Terre promise, le bonheur dans la paix et l'union avec Dieu.

2. *Soc.* Croyance au rôle providentiel d'un homme supérieur capable de libérer, de régénérer un peuple ou même l'humanité (par ex. Napoléon au XIXe siècle).

Mesure (lat. *mensura*, de *metiri*, évaluer en marchant).

Épist. Le même mot désigne l'opération de mesurer et son résultat. Mesurer est associer un nombre à un phénomène ou à la propriété d'un phénomène. La mesure suppose la mise en œuvre d'instruments de plus en plus complexes (ex. la mesure du temps avec une horloge n'est devenue précise qu'au milieu du XVIIIe siècle) et l'objectivité de l'opérateur en dépend. La mesure est la condition du passage du qualitatif au quantitatif (v. Mathématisation) dans les sciences de la nature comme dans les sciences humaines.

Méta (préposition gr. signifiant avec, au milieu, après).

Préf. servant à composer un assez grand nombre de mots avec indication d'une transcendance : au-delà de (*métaphysique*) ou encore d'une recherche des fondements, d'une réflexion sur la constitution d'une discipline (*métaéthique*).

Métagéométrie (comp. du gr. *meta*, par-delà, et *geometria* ; géométrie qui englobe toutes les géométries particulières).

Math. Géométrie générale à *n* dimensions englobant les géométries non euclidiennes et la géométrie euclidienne, qui n'en sont plus que des cas particuliers ; v. Espace, Euclidien.

Métalangage (néol. forgé vers 1930, mot formé d'un préf. gr. et d'un mot issu du lat.).

Ling., Log. Langage permettant de décrire un autre langage (dit alors langage objet) et de préciser les conditions de sa cohérence. Il peut s'agir de langues naturelles ou formelles.

Métalogique (néol. début XXe, du préf. gr. *méta* et logique).

Log. Logique générale ayant pour objet les formules de la logique axiomatisée et les règles de leur maniement : « La métalogique joue aussi, par rapport à la logique, le même rôle que la métamathématique par rapport à la mathématique [...]. Au calcul formel, langue objective, vient ainsi se superposer une métalangue qui comprend notamment les règles de syntaxe du calcul formel » (R. Blanché).

Métamathématique (néol. J. Herbrand, 1930).

Log. Théorie des propriétés générales des systèmes déductifs (nombre minimum et compatibilité des axiomes, équivalence entre systèmes divers, etc.).

Métaphilosophie (néol., milieu du XXe siècle).

Terme revendiqué par différentes entreprises de « dépassement » de la philosophie, en proposant une théorie de l'action sociopolitique, une critique linguistique, une méthodologie générale des philosophies, etc.

Métaphore (gr. *metaphora*, transport ; transport de sens).

Rhét. (Opp. métonymie) figure par laquelle on transporte directement en quelque sorte sur un objet ou un être la signification propre d'un nom qui lui convient par comparaison ; ex. ce lion (Achille) s'élance sur Hector ; *dist.* comparaison ; ex. Achille, tel un lion, s'élance sur Hector. « Dans la comparaison, le Héros ressemble au lion ; dans la métaphore, le Héros est un lion » (Bouhours, 1765).

Métaphysique (d'après l'expression gr. *meta ta physica*, c'est-à-dire « après la physique », nom donné par Andronicos de Rhodes (50 après J.-C.) aux livres d'Aristote qui venaient après ceux de la *Physique*).

Adj. **1.** Qualifie des réalités qui échappent à l'expérience commune, supérieures aux réalités sensibles. Syn. de suprasensible* ou de surnaturel* (ce dernier mot ayant une connotation religieuse). Ex. les réalités intelligibles dans le platonisme.

2. Qualifie les questions fondamentales que pose « l'existence » humaine, celle d'un être qui a conscience d'être mortel. C'est en ce sens que Schopenhauer définissait l'homme comme « animal métaphysique ».

3. Qualifie une connaissance qui s'élève au-delà de ce qu'atteignent les sciences positives et tend à constituer un savoir rationnel supérieur dénommé *la métaphysique*.
4. Difficile, trop abstrait, insolite : « Je ne sais si je dois vous entretenir des premières méditations que j'y ai faites [en Hollande] car elles sont si métaphysiques et si peu communes qu'elles ne seront peut-être pas du goût de tout le monde » (Descartes, *Discours de la méthode*, IV).
5. Péj. Non scientifique, illusoire, dénué de sens (depuis le positivisme).
Subst. **1.** *La métaphysique comme philosophie première.* « Il y a une science qui étudie l'être en tant qu'être et ses attributs essentiels », écrit Aristote dans un ouvrage qui ne s'appelle pas encore *Métaphysique*. Or cette science qui n'a pas de nom (le terme d'ontologie n'apparaît qu'au XVIIe siècle !) est-elle déjà constituée, ou n'est-elle encore qu'un programme de recherches ? Lorsque la *métaphysique* d'Aristote est retrouvée au XIIIe siècle, le terme englobe la *théologie* (Dieu premier moteur chez Aristote) et concerne les réalités *suprasensibles*. Le Dieu de la métaphysique n'est pas le Dieu révélé de la Bible, mais la cause première, le principe de l'être de toutes choses. La métaphysique se constitue donc à partir de la tradition aristotélicienne, mais aussi platonicienne et néo-platonicienne (théorie des Idées suprasensibles). Son aboutissement systématique comme « science » trouve sa forme la plus classique au XVIIIe siècle dans la distinction faite par le leibnizien Wolff d'une *métaphysique générale* (l'être en général, l'être « commun ») et d'une *métaphysique spéciale* comprenant une *théologie* rationnelle*, une *cosmologie rationnelle*, une *psychologie* rationnelle*.
2. Descartes publie en lat. les *Meditationes de prima philosophia* (1641) qualifiées de « métaphysiques » dans le titre français (1647). Il s'agit pour Descartes de fonder, de garantir la vérité des connaissances scientifiques, indépendamment de la foi révélée. Dans l'image de l'arbre des sciences, la métaphysique est représentée par les racines. Dans l'exposé des *Principes de la philosophie*, la première partie porte sur la métaphysique, les trois autres sur la « physique » (au sens large). Pour l'établir, Descartes récuse tout autant la dispute dialectique traditionnelle que la démonstration des géomètres, et il entreprend une *méditation**, c'est-à-dire un retour sur lui-même qui met en œuvre un doute* radical*, hyperbolique* (portant sur la vérité même des mathématiques), doute *métaphysique* donc, auquel ne résiste que l'affirmation du cogito* (je pense, je suis) et celle de l'être infini* dont la véracité garantit l'évidence* rationnelle.
3. *Métaphysique et critique.* Contrairement à ce qui est parfois dit, Kant ne détruit pas la métaphysique comme science. Comme Descartes, il entend au contraire la fonder dans une critique de la raison par elle-même. La *Critique de la raison pure* contient une « métaphysique de la nature en général » et Kant publie les *Premiers principes métaphysiques d'une science de la nature*. Quant à la *Critique de la raison pratique*, elle dégage les « postulats de la

raison pratique » que sont l'existence de Dieu et l'immortalité de l'âme, lesquels ne sont nullement des hypothèses, mais sont exigées par l'usage pratique* de la raison, par le « fait » même du *devoir** moral en nous. La métaphysique reste donc bien avec Kant cette science qui « subsisterait alors que les autres seraient englouties ensemble dans le gouffre d'une barbarie qui engloutirait tout » (*Critique de la raison pratique*, 1re préface).

4. *Métaphysique et positivité.* Le *positivisme* du XIXe siècle réduit la métaphysique à un simple stade du développement historique de l'esprit humain (« loi des trois états ») entre la pensée religieuse primitive (théologie) et la pensée proprement scientifique (esprit positif). Pour Comte, l'esprit métaphysique correspond à une crise intellectuelle caractérisée par l'abus de l'abstraction et un rationalisme critique et négateur. Pour le *matérialisme historique* (marxisme), il implique un refus du devenir (dialectique) et correspond à la plus illusoire des idéologies*, la plus éloignée du réel. Par ex. Marx interprète la théorie des Idées de Platon comme « l'idéalisation athénienne du système égyptien des castes » (*Capital*). Le *positivisme logique* anglo-saxon assigne comme tâche principale à la philosophie la dénonciation, comme dénués de sens, des énoncés suspects d'être métaphysiques (non scientifique). V. Démarcation.

5. *Métaphysique et historicité.* « Le dogmatisme figé de la métaphysique d'entendement a été mis de côté et renvoyé au mouvement dialectique de la pensée », écrit Hegel dans l'*Encyclopédie*, mais ce mouvement dialectique est à la fois mouvement de la pensée, du réel et de l'absolu. La « métaphysique ancienne » se retrouve dans la « pensée spéculative* », suspendue au « savoir absolu* » qui est la fin de la dialectique, et l'introduction de la *Science de la logique* dit expressément que cette dernière constitue « la métaphysique proprement dite ou la pure spéculation ». Encore ne faut-il pas confondre penser et calculer. C'est cette distinction capitale que l'on retrouve un siècle plus tard avec Heidegger. Il fait de la métaphysique l'axe même de l'histoire de la philosophie depuis Platon jusqu'à Nietzsche compris (qui se disait pourtant antimétaphysicien), une métaphysique qu'il définit comme *onto théologie** et qui, comme telle, a une histoire. Or le dernier stade de cette métaphysique accomplie est dans la « volonté de volonté » nietzschéenne, et il donne tout son sens à l'époque contemporaine comme domination de la pensée calculante, comme arraisonnement de l'univers par la technique. Par un paradoxe qui a beaucoup choqué, Heidegger fait de la métaphysique à son terme l'essence même de la *technoscience**. Mais peut-être faut-il rappeler que ce sont les textes d'Aristote qui sont fondateurs *à la fois* de la logique et de la métaphysique.

6. *Esth. a*) on appelle *poésie métaphysique* un groupe de poètes anglais du début du XVIIe (école de J. Donne) dont le lyrisme est volontiers abstrait, difficile, paradoxal ; *b*) *peinture métaphysique*. Mouvement d'avant-garde italien fondé dans les années 1910 par G. de Chirico qui ne renonce ni à la représentation ni à la perspective, mais cherche à exprimer, au-delà du visible, ce que la réalité peut avoir d'insolite, d'inquiétant, d'énigmatique, par l'évocation de paysages et d'architectures inhabités ou peuplés de mannequins. Évoquant le silence, le vide, l'immobilité par des formes qui tendent au cubisme et même à un certain néo-classicisme, l'art métaphysique est la contrepartie du *futurisme**. Cependant A. Breton l'a revendiqué comme *surréaliste**.

Métapsychique, adj. et subst.
Ancienne dénomination des phénomènes parapsychiques et de la parapsychologie* (Richet, 1905).

Métapsychologie (terme créé par Freud sur le modèle de « métaphysique », 1898).
Psychan., Épist. Explication des hypothèses sous-jacentes à la psychanalyse comme système théorique. « Je propose qu'on parle de présentation métapsychologique lorsqu'on parvient à décrire un processus psychique dans ses relations dynamiques*, topiques*, et économiques* » (*Psychopathologie de la vie quotidienne*, 1901).

Métempririque (comp. du gr. *meta*, au-delà, et *empeiria*, expérience).
Phil. Qui ne peut être objet d'expérience et donc ne relève pas de la science positive.

Métempsychose (ou métempsycose) (gr. *metempsuchôsis*, de *meta* et *empsuchein*, passage de l'âme d'un corps dans un autre).
Rel. Doctrine de la transmigration des âmes selon laquelle une même âme peut résider successivement dans plusieurs corps, soit humains, soit animaux, soit même végétaux, et les animer. Introduite en Occident par Pythagore (VIe s. av. J.-C.), elle fait partie intégrante du système religieux de l'Inde et de ses dérivés (bouddhisme). V. Nirvana.

Méthode (du gr. *methodos*, cheminement, recherche, d'*odos*, route).
1. *Gén.* Ensemble de procédés raisonnés pour parvenir à un but, qu'il soit la connaissance de la vérité, une démonstration mathématique, une observation, une expérimentation scientifique, ou encore l'enseignement d'une discipline. *Procéder avec méthode* est respecter l'ordre des difficultés croissantes. Méthodique est souvent syn. de rationnel. *Méthode expérimentale*, v. Expérimentation.
2. *Hist. a*) *méthode cartésienne*. Descartes oppose la méthode, inspirée de la démonstration mathématique, à la *logique formelle*, qui sert plutôt à « expliquer à autrui les choses que l'on sait ou même à parler sans jugement des choses qu'on ignore » (*Discours de la méthode*, II). Les quatre règles de la méthode sont la règle de l'évidence*, la règle de l'analyse*, la règle de l'ordre* et celle du dénombrement* complet ; *b*) *canons de la méthode inductive* (J. S. Mill) : règles ayant pour but de déterminer empiriquement l'antécédent invariable et inconditionnel d'un phénomène ou d'un groupe de phénomènes ; Mill distingue cinq canons : 1) *la méthode de concordance* : « Si deux cas ou plusieurs du phénomène étudié ont une circonstance seulement en commun, cette circonstance unique en laquelle ils concordent est la

cause ou l'effet du phénomène donné » ; ex. le son produit par une cloche, un timbre, une corde pincée, etc. suppose, en tous ces cas, la vibration du corps sonore propagée à travers un milieu (ici l'air) jusqu'à l'organe auditif ; 2) *la méthode de différence*, selon laquelle la circonstance qui est seule absente quand le phénomène ne se présente pas et qui est présente quand il se présente est la cause ou l'effet de ce phénomène ; 3) *la méthode de concordance et de différence réunies*, qui se vérifient l'une l'autre ; ex. une cloche, un timbre, etc., qui résonnent dans l'air, ne résonnent plus dans la machine pneumatique si j'y fais le vide et résonnent à nouveau si je fais rentrer l'air ; 4) *la méthode des résidus*, selon laquelle si l'on retranche d'un phénomène la partie qu'on sait être l'effet de certains antécédents, le résidu du phénomène est l'effet des antécédents restants ; ex. la différence entre le poids atomique de l'azote de l'air et de l'azote chimique a conduit à la découverte de l'argon ; 5) *la méthode des variations concomitantes*, selon laquelle un phénomène qui varie d'une certaine manière toutes les fois qu'un autre phénomène varie de la même manière est une cause ou un effet de ce phénomène ; ex. on vérifiera le principe d'Archimède en faisant varier soit la densité du liquide (eau, alcool, mercure), soit le volume du corps pour un même poids et un même liquide.

Méthodologie

Épist. Étude systématique et critique des différentes méthodes utilisées dans les sciences de la nature et les sciences humaines. Confondue parfois abusivement avec *logique*.

Métonymie (gr. *metônumia*, emploi d'un nom, *onuma* ou *onoma*, pour un autre).
Rhét. Figure consistant dans une transposition ou un changement de nom, de la cause à l'effet, du contenant au contenu, de la partie au tout, du signe à la chose signifiée, etc. ; ex. le terme bureau désignant la pièce où se trouve le meuble principal, le bureau, qui a lui-même le nom du tissu qui le recouvre (bure).

Microcosme, v. Macrocosme.

Microphysique

Épist. Étude des phénomènes physiques à l'échelle atomique et subatomique, syn. *physique quantique* ; cette appellation s'est imposée parce qu'à cette échelle, les phénomènes se comportent très différemment des phénomènes observables dans la *macrophysique* ou *physique molaire** ; « La physique quantique nous apprit [...] que tout processus de mesure perturbe entièrement l'état de choses existant avant la mesure » (L. de Broglie) ; v. Indéterminisme.

Milieu (comp. du préfixe *mi*, dér. du lat. *medius*, et de lieu).
1. *Épist.* *a*) prop. espace qui sépare deux ou plusieurs choses, not. ce qui est à égale distance de deux extrêmes ou au centre d'une figure ou d'un ensemble ; *b*) anal. point qui marque la moitié d'une durée ; ex. midi.
2. *Biol., Psy. sco., Soc.* Anal. ensemble des êtres et des phénomènes avec lesquels un être vivant se trouve en rapport ; ex. le milieu physique ou extérieur, le milieu organique ou intérieur, le milieu social. Syn. environnement*.

3. *Mor. Juste milieu* : caractère de la vertu d'être un milieu entre deux excès ; ex. le courage par rapport à la lâcheté et à la témérité, le courage étant défini par la conduite de l'honnête homme, le lâche trouvant le courageux téméraire et le téméraire trouvant lâche le courageux (Aristote).

Millénarisme (bas lat. *millenarius*, millénaire, dér. de *mille*).
Rel. Doctrine qui annonçait l'avènement du *millenium*, c.-à-d. d'une période de mille ans pendant laquelle, selon l'Apocalypse, le principe du Mal serait rendu impuissant.

Mimétisme (dér. de mime, du gr. *mimos*, imitateur).
1. *Biol.* Phénomène observable chez certains animaux qui revêtent d'une façon permanente ou momentanée l'apparence du milieu dans lequel ils se trouvent et avec lequel ils se confondent (forme et couleur des feuilles, des branches, du sol, etc.) ou même prennent l'apparence d'une autre espèce vivante, afin d'échapper aux prédateurs.
2. *Psy., Péd.* Imitation inconsciente chez l'enfant ou chez l'adulte qui adoptent le comportement et le langage de ceux avec lesquels ils vivent.

Mimique (gr. *mimikos*, qui concerne les mimes ou l'art des mimes).
Psy. *a*) expression volontaire de la pensée par des gestes ou des jeux de physionomie imitant ce que l'on veut communiquer ; *b*) anal. mouvements spontanés du visage et de l'ensemble du corps, significatifs par eux-mêmes des états de conscience, sp. des états affectifs, et ajoutant à la valeur communicative de la parole. V. Langage, Paralangage.

Mineur, mineure (comparatif lat. *minor*, plus petit).
Log. form *a*) *mineur* : petit terme d'un syllogisme* ; *b*) *mineure* : celle des deux prémisses qui contient le mineur ou petit terme ; ex. dans le syllogisme classique : tous les hommes sont mortels, or Socrate est un homme..., Socrate est le petit terme ou mineur et la seconde proposition est la mineure. V. Majeur, Syllogisme.

Minimum sensible, v. Seuil.

Miracle (lat. *miraculum*, prodige, merveille, de *mirus*, étonnant).
Rel., Méta. *a*) événement ou fait inexplicable par les lois de la nature : « effet qui ne dépend d'aucune loi ni connue ni inconnue » (Malebranche) ; *b*) par suite, événement qui prend une signification religieuse et est attribué à l'action directe de Dieu : « Les choses faites par Dieu en dehors des causes connues de nous sont appelées miracles » (saint Thomas).

Miroir (de mirer, du lat. *mirari*, admirer).
1. *Crit.* Les métaphores du miroir sont fréquentes depuis l'Antiquité sur le thème du rapport de l'image au réel, ou de la *réflexion* comme renvoi à soi-même. Au Moyen Âge, un « miroir » (*speculum*) est une encyclopédie. Tous les réalismes philosophiques se représentent la connaissance comme un *reflet**.

2. *Esth.* Le réalisme* littéraire, pictural, entend faire du roman, du tableau, un pur « reflet » de la réalité naturelle ou sociale.

3. *Psychan. Stade du miroir.* Le psychanalyste J. Lacan a donné ce nom à une étape essentielle dans le développement de l'enfant qui, entre 6 et 8 mois, sort du monde fusionnel de la relation première à la mère et se reconnaît, s'identifie à son image comme un moi, un sujet.

Misanthrope (gr. *misanthrôpos*, de *misos*, haine, et *anthrôpos*, l'homme ; qui hait les hommes, c.-à-d. le genre humain).

Psy., Mor. Qui éprouve de l'antipathie ou du mépris à l'égard du genre humain, hommes ou femmes.

Misologie (gr. *misein*, haïr, et *logos*, raison).

Chez Platon (*Phédon*), puis chez Kant, haine ou plutôt mépris de la raison, manque de confiance en son pouvoir.

Misonéisme (comp. du gr. *misos*, haine, et *neon*, nouveau).

Psy., Phil. Aversion pour tout ce qui est nouveau, pour tout changement.

Mnémonique, mnésique (dér. du gr. *mnêmê*, mémoire).

Physio., Psy. Qui concerne la mémoire ; ex. les fonctions mnémoniques.

Mnémotechnie (comp. du gr. *mnêmê*, mémoire, et *technê*, art. procédé).

Psy., Péd. Procédés artificiels destinés à faciliter le rappel des souvenirs ; ex. la suite de vers dont le nombre de lettres de chaque mot indique dans l'ordre le nombre π et ses premières décimales : Que j'aime à faire connaître un nombre utile au sage… V. Mémorisation.

Mobile (lat. *mobilis*, qui peut être mû).

1. *Hist. (Phil.)* Chez Aristote, tout ce qui change sous l'effet du moteur, cause du changement.

2. *Phys.* Qui est en mouvement, qui peut se déplacer ou être déplacé.

3. *Psy.* Str. éléments affectifs et actifs qui poussent à l'action (désirs, passions, sentiments, etc.) plus ou moins inconscients, *dist.* motif ; v. Motivation.

Mobilisme (dér. du lat. *mobilis*, changeant).

Méta. (Chide, 1908). Désigne la croyance ou doctrine selon laquelle le fond des choses est sans cesse mouvant et en voie de transformation continue ; on applique not. ce terme à la cosmogonie d'Héraclite et à la philosophie de Bergson.

Modal (de mode*, du lat. *modus*).

1. *Gén.* Qui se rapporte aux modes.

2. *Hist. (Méta.)* Chez Descartes, *distinction modale* : *a*) entre le mode* et la substance dont il dépend ; ex. la figure ou le mouvement et la substance corporelle dont ils dépendent ; *b*) entre les modes d'une même substance, ex. la figure et le mouvement que nous pouvons penser indépendamment l'un de l'autre, mais non sans penser à la substance corporelle dont ils dépendent (*Pr.* I. 61).

3. *Log. Propositions modales* : celles qui énoncent le mode selon lequel le prédicat ou attribut convient ou ne convient pas au sujet, c.-à-d. où le *dictum** est modifié par une addition qui ne concerne ni le sujet ni le prédicat mais la forme même de l'affirmation ou négation. La logique classique (des scolastiques à Port-Royal) distingue quatre sortes de propositions modales, répondant aux idées de possible*, contingent*, impossible, nécessaire* ; chaque mode peut être affirmé ou nié : il est possible, il n'est pas possible que… ; il est, il n'est pas contingent que…, etc. ; chaque proposition modifiée pouvant être affirmative ou négative, il y a donc huit sortes de propositions modales ; ex. il est possible que A soit, il est possible que A ne soit pas, etc.

4. *Crit. Propositions modales* : v. Modalité.

Modalité

Log., Crit. Caractère des propositions modales, c.-à-d. du mode selon lequel, dans chaque cas, le prédicat convient ou ne convient pas au sujet ; *a*) Aristote distingue deux modalités : la nécessité et la possibilité ; *b*) la logique classique en distingue quatre, qui s'opposent deux à deux : possibilité et impossibilité, contingence et nécessité ; *c*) Kant en distingue trois, qui n'entrent pour rien dans le contenu des jugements et qui ne concernent que la valeur de la copule* relativement à la pensée en général : les jugements *problématiques**, les jugements *assertoriques** et les jugements *apodictiques** selon que l'affirmation ou la négation sont considérées soit comme simplement possibles (arbitraires), soit comme assertoriques (vraies), soit comme nécessaires. Les catégories* de Kant se tirant de la table des jugements, la modalité est aussi une catégorie qui comme toutes les catégories comprend trois concepts *a priori* ou concepts purs de l'entendement et leur contradictoire : possibilité-impossibilité, existence-non existence, nécessité-contingence.

Mode, subst. masc. (lat. *modus*, mesure ; manière, façon, forme, genre).

1. *Hist. (Méta) a*) chez les scolastiques, toute détermination de la substance ; *mode substantiel* : celui qui détermine la substance en elle-même ; ex. l'existence et la substance ; *mode accidentel* : celui qui détermine l'accident ; ex. la position, la rondeur ; *modes transcendantaux* : déterminations les plus générales de l'être (unité, vérité, bonté) ; *b*) chez Descartes, syn. attribut ou qualité, mais en ce qui concerne Dieu et « dans les choses créées, ce qui se trouve en elles toujours de même sorte » est nommé *attribut* et non pas mode ou qualité (*Pr.* I, 56) ; *c*) chez Spinoza, le mode, affection de la substance, s'oppose à l'attribut, qui en constitue l'essence permanente : « J'entends par attribut ce que l'entendement perçoit d'une substance comme constituant son essence. J'entends par mode les affections* d'une substance, autrement dit ce qui est dans une autre chose, par le moyen de laquelle il est aussi conçu » (*Eth.* I, définition IV et V).

2. *Log. form. Mode d'un syllogisme* : forme qu'il présente selon la qualité (affirmative ou négative) et la quantité (universelle ou particulière) des propositions qui le constituent ; A, E, I, O sont quatre sortes de propositions ; en les groupant trois à trois en syllogisme, on obtient 64 combinaisons différentes sur lesquelles, une fois éliminés ceux qui sont contraires aux règles logiques, il ne reste, dans le syllogisme catégorique*, que 19 modes valables.

Mode, subst. fém. (même étymologie que mode, subst. masc.).

Soc. Ensemble collectif, dans un domaine donné, à un moment donné, d'usages (manières de se vêtir, de se coiffer, choix de lectures, fréquentation de certains lieux où l'on doit être vu), de comportements et d'opinions visant à se placer dans l'« élite* » d'un milieu culturel donné et à participer de son prestige. Mais une mode est par essence temporaire, son adoption générale par la masse signifiant son abandon par la classe « supérieure » qui en crée une nouvelle pour ne pas se laisser rejoindre, et ainsi indéfiniment ; ce cycle s'accélère auj. d'autant plus vite que les *média** de masse la diffusent et que l'élaboration et le lancement des modes sont dans plusieurs domaines l'objet de professions qui en déterminent le rythme en tenant compte du besoin de nouveauté, du changement des mœurs et de la conjoncture économique, sociale et politique. La mode exprime de la sorte un comportement quelque peu déviant mais compatible avec l'ordre social ; elle réalise un équilibre entre le désir de conformité, d'approbation de la part d'un groupe donné et le désir de distinction, de singularité par rapport au groupe jugé inférieur ; pour la masse, elle est imitation de certains contemporains comme la coutume est imitation des prédécesseurs (G. Tarde) : « Ce qu'on appelle mode est une tradition momentanée » (Goethe) ; pour un petit nombre, elle est une conduite ludique* de créativité et de changement.

Modèle (dér. du lat. *modulus*, diminutif de *modus*, mesure).

1. *Vulg. (Mor.)* Type d'homme exceptionnel (héros, saint, sage, etc.), exemplaire, considéré comme idéal et qu'un agent moral peut se proposer d'imiter ; ex. *L'Imitation de Jésus-Christ.*

2. *Techn.* Ensemble artificiel d'éléments reproduisant un ensemble réel (maquette d'un ensemble architectural) constituant un analogue de la réalité ou un système simulant la réalité (recherche opérationnelle*, jeux* de guerre) et équivalant pratiquement aux situations réelles.

3. *Phys. a*) synthèse d'un ensemble d'observations et d'expériences en une structure mathématique servant d'hypothèse dans la recherche ; ex. les modèles d'univers ; *b*) application à un ensemble donné de phénomènes d'une structure déjà déterminée pour un autre ensemble de phénomènes ; ex. le modèle planétaire de Niels Bohr prenant pour modèle du mouvement des électrons autour du noyau atomique la gravitation des planètes dans le système solaire ; en ce sens, modèle se rapproche de *théorie* ; *c*) *relation d'isomorphisme* : identité ou parenté de structure entre deux ensembles ; ex. la loi de la gravitation universelle de Newton, F = $m\gamma$, et la loi d'Ohm, U = RI sont isomorphiques, car elles ont la même structure : A = BC.

4. *Ethn.* Construction, à partir de relations sociales observées dans un milieu culturel donné, de modèles théoriques permettant de rendre compte de tous les faits observés et présentant des propriétés formelles comparables, « indépendamment des éléments qui les composent » (Lévi-Strauss) ; ex. on met ainsi en évidence les *isomorphismes*, c.-à-d. les analogies de structure* entre systèmes de parenté, de mythes, d'échange.

5. *Psy., Péd., Psychan.* v. Identification, Idéal du Moi.

6. *Éco.* Représentation schématique et simplifiée du fonctionnement réel et complexe d'un système économique en vue de le mieux comprendre et de se rendre capable de le maîtriser. *Modèles de décision* : ceux qui ont pour objet de mettre en évidence les effets d'une politique économique dans un pays ou une entreprise à un moment donné (jeux d'entreprise, théorie des jeux*, planification).

7. *Cyb. Science générale des modèles* ayant pour objet ce qui est commun à tous les organismes, indépendamment de la nature physique des organes qui les composent (modèles mécaniques, électroniques, biologiques, sociaux) et utilisant l'analogie* comme méthode de recherche et principe de raisonnement ; « elle consiste à construire un analogue ou un modèle de l'objet à comprendre, qui puisse offrir à l'échelle convenable les mêmes comportements. Elle postule que la connaissance de ce modèle et de la façon dont il a été construit apporte une connaissance du phénomène qu'il simule » (A. Moles et A. Noiray) ; le point de vue de la cybernétique et la valeur de la méthode de simulation sont d'ordre pragmatique : « Le cybernéticien s'estime satisfait quand il a construit un modèle analogique efficace ; la structuration du réel est une méthode préparatoire à la praxis » *(Id.)*.

Moderne (bas lat. *modernus* de *modo* au sens de récemment, lui-même de *modus*, mesure).

1. *Gén.* Syn. de « récent » et même « le plus récent » (ex. confort moderne). Le plus souvent, l'emploi de l'adj. ou du subst. a une connotation de *progrès* (scientifique, technique tout au moins). On notera en ce sens l'expression superlative *ultra moderne.*

2. *Hist.* Il est d'usage de faire commencer les *Temps modernes* (succédant au Moyen Âge) avec la chute de Constantinople (1453) ou encore avec la découverte de l'Amérique (1492). La période dite contemporaine qui lui succède commence avec la Révolution française. La philosophie moderne et la physique moderne ne commencent qu'au XVIIe siècle avec Descartes et Galilée. On fait souvent commencer l'*art moderne* à la fin du XIXe siècle avec l'impressionnisme*.

3. *Querelle des Anciens et des Modernes.* Débat littéraire qui a eu un grand retentissement dans l'histoire des idées, déclenché à la fin du XVIIe siècle par Charles Perrault qui soutenait que le siècle de Louis XIV était aussi éclairé que l'Antiquité, que Racine était en tragédie un modèle tout autant qu'Euripide. Le débat s'élargit à la philosophie en opposant le cartésianisme, philosophie nouvelle et la scolastique : « L'esprit géométrique vaut bien l'esprit commentateur » (Houdar de la Motte). En fait, des débats analogues ont eu lieu dès l'Antiquité, pendant la Renaissance, et se renouvellent avec le Romantisme (dans le *Racine et Shakespeare* de Stendhal, 1823, c'est Shakespeare qui est moderne et Racine ancien c'est-à-dire classique). Moderne n'a donc pas seulement un sens chronologique.

4. *Esth.* Le terme moderne est-il toujours frappé de relativité, ne renvoie-t-il qu'à une *mode* passagère ? Dans l'éloge qu'il fait de Constantin Guys, « le peintre de la vie moderne », Baudelaire identifie moderne avec transitif, fugitif, contingent, mais il s'agit pour l'artiste moderne « de dégager de la mode ce qu'elle peut avoir de poétique dans l'historique, de tirer l'éternel du transitoire ».

Modernisme (néol. fin XIXe siècle).

1. *Gén.* Préférence accordée en tout domaine à ce qui est le plus récent, (idées, goûts, réalisations techniques).

2. *Rel.* Mouvement de réforme cherchant à réconcilier le christianisme, en particulier le catholicisme, avec la pensée moderne scientifique et historique (exégèse biblique, histoire de l'Église, apologétique). Mouvement hétérogène, il aboutit avec certains (Loisy) à mettre en doute des dogmes fondamentaux (tels que la divinité du Christ). Il fut condamné par le pape en 1907.

3. *Esth.* Valorisation des œuvres d'art et des styles les plus récemment apparus. Par définition, le modernisme ne peut que se contredire au cours du temps (le *modern'style* de 1900 est discrédité par le modernisme de 1930). V. Modernité.

Modernité (néol. du XIXe siècle, chez Chateaubriand, Baudelaire).

Gén., Esth. La modernité ne se confond pas avec l'actualité d'un présent quel qu'il soit. Elle désigne un certain mode de vie, une façon de penser, un style artistique déterminé. Mais alors il faudra admettre plusieurs modernités successives et opposées, par exemple après les arabesques et la décoration fleurie du *modern'style* (art nouveau) le style géométrique et dépouillé des années 1930. La modernité depuis Baudelaire ne cesse pas de se vouloir toujours plus moderne. D'où la notion de « postmodernité* » introduite d'abord en architecture à la fin du XXe siècle.

Mœurs (lat. *mores* (plur.), genre de vie, mœurs, et *mos, moris*, usage, coutume).

1. *Soc.* Ensemble observable des usages, pratiques et coutumes communs dans un pays ou dans une classe d'individus, *dist.* les lois civiles : « Il y a cette différence entre les lois et les mœurs que les lois règlent plus les actions du citoyen et les mœurs les actions des hommes » (Montesquieu). *Science des mœurs* : étude sociologique et positive des mœurs, not. des croyances morales, dans une société donnée ; selon Lévy-Bruhl, cette « sociologie morale » devrait se substituer aux morales théoriques à la fois impossibles et inutiles.

2. *Zool.* Anal. comportements constants d'une espèce animale donnée ; ex. les mœurs des abeilles.

3. *Mor.* *a*) manière générale dans un milieu social donné de juger du point de vue moral (approbation ou désapprobation) les conduites selon des normes admises de façon plus ou moins explicite ; ex. de bonnes mœurs ; *b*) plus particulièrement, les comportements relatifs à la morale sexuelle ; ex. une affaire de mœurs.

Moi (forme tonique de *je*, du lat. *me*, accusatif du pronom personnel de première personne. Noter que l'all. *ich* correspond à la fois à *je* et à *moi*).

1. *Hist.* Le problème philosophique du moi ne commence qu'avec Descartes et son *ego cogito*. Le précepte socratique « connais-toi toi-même » ne conduit pas à une réflexion sur le moi mais sur l'Idée intelligible. La formule célèbre de Pascal sur le « moi haïssable » est celle d'un moraliste qui réfléchit sur l'égoïsme ; *a*) Descartes : « Mais qu'est-ce donc que je suis ? Une chose qui pense. Mais qu'est-ce qu'une chose qui pense ? Une chose qui doute, qui conçoit, qui affirme, qui veut, qui ne veut pas, qui imagine aussi et qui sent » (1ère *Méditation*). Une chose, c'est-à-dire une *substance**. C'est cette substance que contestera l'empirisme (Locke, Hume, Condillac) en la réduisant à une identité* de la conscience : « Une collection de sensations qu'il trouve et dont il se souvient » (Condillac, *Traité des sensations*) ; *b*) la critique kantienne distingue d'une part un *moi empirique*, objet de la psychologie, science de l'expérience interne ; d'autre part « l'unité synthétique de l'aperception* », le « je pense » qui accompagne nécessairement toutes nos représentations comme *sujet transcendantal*. Quant au *moi nouménal*, âme, chose en soi, au-delà des limites d'une expérience possible, il ne prend sens que par les postulats* de la raison pratique (liberté, immortalité). L'idéalisme absolu de Fichte, à la suite de Kant, fait du sujet* transcendantal un premier principe, inconditionné, qui pose dans un même acte le sujet et l'objet (non-Moi*). Plus tard, la phénoménologie de Husserl retrouve l'*ego transcendantal** au centre de la constitution du monde vécu ; *c*) aux XIXe-XXe siècles, la critique des *philosophies de la conscience* relativise la notion de Moi ou même l'abandonne et la dénonce comme illusion. Ce sera Schopenhauer qui subordonne le « moi pensant » au « moi voulant », Nietzsche qui dénonce l'identité du moi comme une « fiction grammaticale », la phénoménologie elle-même avec l'introduction de la conscience d'*autrui** ou l'analytique heideggerienne du *Dasein**. Le moi ne semble plus pouvoir être pensé qu'en relation avec les notions d'*être au monde* ou d'*existence**. Ajoutons les critiques issues de la découverte freudienne de l'inconscient, de la sociologie (conscience collective*) ou des philosophies de l'histoire. Pourtant, malgré toutes les « philosophies du soupçon » (Marx, Nietzsche, Freud), le Moi reste une référence qu'aucun discours philosophique ne peut éviter. V. *Identité* du Moi.

2. *Psychan.* Dans la seconde théorie de l'appareil psychique, Freud situe le Moi entre les instances du Surmoi* et du Ça* (dont il est issu par différenciation au contact du monde extérieur). L'instance du Moi correspond au système *conscient préconscient* de la première théorie, mais il est plus large et en partie inconscient (mécanisme de défense*). La précarité du Moi vient de ce qu'il doit répondre à la fois aux exigences du *Ça*, du *Surmoi* et du monde extérieur par des formations de compromis ou des opérations de défense.

Molaire, adj. (dér. du lat. *moles*, masse).

1. *Phys. Physique molaire* : syn. *macrophysique*, la physique qui étudie les phénomènes matériels à l'échelle de la perception, opp. *microphysique**.

2. *Biol.* Qui est le résultat d'une action d'ensemble, opp. moléculaire, qui concerne les actions des éléments de la cellule.

Molécule (diminutif du lat. *moles*, masse).

Chimie. Le plus petit élément matériel doué d'unité et de nature spécifique que l'on puisse obtenir en divisant un corps homogène, simple ou composé.

Molinisme (du jésuite espagnol Molina, 1535-1600).

Théo. Doctrine d'après laquelle les actes de l'homme ne sont pas soumis à une prédestination* stricte mais à une prédestination en prévision des mérites, lesquels sont connus de Dieu ; la grâce efficace* y est remplacée par une grâce dite suffisante à laquelle l'homme, pour faire le bien, doit consentir par son libre arbitre.

Molyneux (Problème de)

Phil. Problème posé par le physicien anglais Molyneux (1656-1698) et proposé à Locke : « Supposez un aveugle de naissance, qui soit présentement homme fait, auquel on ait appris à distinguer par l'attouchement un cube d'un globe de même métal et à peu près de la même grosseur [...]. Supposez [...] que cet aveugle vienne à jouir de la vue. On demande si, en les voyant sans les toucher, il pourrait les discerner et dire quel est le cube et quel est le globe » (Leibniz, *N. E.*, l. II, ch. IX, § 8).

Moment (lat. *momentum*, contraction de *movimentum*, mouvement, impulsion, durée d'une impulsion).

1. *Vulg. a)* courte période de temps ; *b)* syn. d'instant ; *c)* phase que l'on peut distinguer dans un développement matériel, organique, social, psychologique, etc.

2. *Phys.* Le moment d'une force ou moment mécanique par rapport à un point est le produit de cette force par sa distance à ce point.

3. *Hist. (Méta.)* Chez Hegel, moment dialectique : « Toutes les choses sont contradictoires en soi », et c'est cette contradiction qu'elles enferment qui les rend capables de mouvement ; ce mouvement, en quoi consiste la *dialectique**, est le moment dialectique ainsi appelé par anal. avec le moment mécanique : « On ne supprime une chose qu'en faisant en sorte que cette chose forme une unité avec son contraire ; dans cette détermination plus approchée, on peut lui donner le nom de moment. Dans le cas du levier, on appelle moment le poids et la distance à partir d'un certain point, et cela à cause de l'identité de leurs actions » (*Log.* I, 1).

Monade (gr. *monas, monados*, unité).

Hist. (Méta.) *a*) chez Platon, terme d'origine pythagoricienne qui désigne l'*idée** comme « éternellement identique à elle-même et soustraite à la naissance et à la mort » (*Philèbe,* 15 b) ; *b*) terme surtout attaché à la doctrine de Leibniz pour qui les *monades* constituent les éléments de toutes choses, simples ou composées ; quant à leur nature, considérées : 1) du point de vue externe, elles sont des substances simples, c.-à-d. sans parties, inétendues, sans figure et indivisibles, qui ne peuvent ni commencer ni finir naturellement mais seulement par création ou annihilation, ni non plus être modifiées dans leur intérieur par quelque autre créature : « Les Monades n'ont point de fenêtres, par lesquelles quelque chose puisse entrer ou sortir » ; 2) du point de vue interne, elles ont chacune le principe interne de leurs changements, mais quant à leurs degrés de perfection, on distingue les monades ou *entéléchies** simples possédant la *perception** et l'*appétition** qui fait passer d'une perception à une autre, mais non la mémoire (plantes) ; les monades douées de mémoire ou âmes dont les consécutions empiriques imitent la raison (animaux) ; les monades douées de raison ou âmes raisonnables ou esprits, douées par suite d'*aperception** ou conscience et capables de s'élever à la connaissance de soi et de Dieu, source des existences et des essences (hommes) (*Mon.* I-29 et *N.E.*, Avant-propos).

Monadisme

Méta. Se dit de tout système selon lequel l'univers est formé d'unités individuelles ou monades*, dont le principe intérieur est d'ordre spirituel ; la conséquence du monadisme est le *dynamisme** qui s'oppose à l'atomisme* (dont la conséquence est le mécanisme).

Monadologie (comp. du gr. *monas, monados*, et de *logos*, science ; sciences des monades).

Hist. Système des monades. Nom donné à un ouvrage de Leibniz composé en 1714 par son premier éditeur Erdmann, qui le publia en 1840 dans son texte français original.

Monarchie (gr. *monarchia* de *monos*, seul et *archê*, commandement).

Pol. Régime dans lequel la souveraineté appartient à un seul, qui a le plus souvent le titre de roi ou d'empereur. Quand elle est opposée à la *tyrannie* (usurpatrice), elle se réclame d'un principe de légitimité*, hérédité ou élection (royauté élective de Pologne). Montesquieu oppose la monarchie (« un seul gouverne, mais par des lois fixes et établies ») au *despotisme** (« un seul, sans loi et sans règle entraîne tout par sa volonté et ses caprices »). La monarchie traditionnelle suppose des corps intermédiaires (noblesse*). Les jugements sont donnés au nom du monarque. De par son sacre, celui-ci peut avoir un certain rôle religieux (le roi d'Angleterre est chef de l'Église anglicane). *Monarchie absolue* : celle dans laquelle le roi possède tous les pouvoirs, même s'il en délègue, prend et assume directement ou indirectement toutes les décisions ; *monarchie constitutionnelle* : celle où les pouvoirs du monarque sont définis et délimités par la Constitution ; dans les monarchies constitutionnelles modernes, le roi devient un simple symbole de l'unité nationale ; « il règne mais ne gouverne pas » et le caractère sacré de son investiture n'est plus guère qu'un acte symbolique.

Mondain (lat. ecclésiastique *mondanus*).

L'adj. mondain correspond au subst. *monde** au sens religieux (du siècle), au sens social (du grand monde), et plus récemment au sens phénoménologique (être au monde). V. Monde 2 et 4.

Mondanéité (all. *Weltlichkeit*).

Phén. Chez Heidegger, la constitution du *Dasein* comme être au monde.

Monde (lat. *mundus*, gr. *cosmos*).

Le terme indique une totalité cohérente.

1. *Phys. a*) la Terre et tout ce qui y vit (ex. exploration du monde) ; *b*) le système solaire dit *système du monde*. D'où le problème de la pluralité des mondes ; *c*) l'univers en son entier (*cosmos*). « La synthèse ne s'arrête qu'à un tout qui n'est plus une partie, c'est-à-dire à un monde » (Kant, *Dissertation de 1770*).

2. *Anthr. a*) l'ensemble plus ou moins organisé d'une population (v. l'expression : « tout le monde ») ; *b*) la vie sociale avec ses plaisirs et ses obligations (« se retirer du monde »), souvent opposée à vie religieuse ; *c*) ensemble de personnes ayant les mêmes intérêts, les mêmes métiers : le monde ouvrier, le monde artistique, etc. En ce sens, « le grand monde » ou seulement « le monde » : la classe supérieure d'une société ; *d*) une culture, historiquement ou géographiquement située (le monde chinois, le monde de la Renaissance).

3. *Théo., Méta.* Le monde est la totalité des êtres créés par Dieu dans la théologie judéo-chrétienne (par opp. à la thèse de l'éternité du monde généralement admise par les philosophies antérieures). *a*) selon Leibniz, Dieu a créé le monde par un calcul (*Dum Deus calculat, fit mundus*) et le monde créé est le meilleur possible (v. Optimisme : « Parmi les infinies combinaisons de possibles et de séries possibles, il en existe une par laquelle la plus grande quantité d'essence ou de possibilité est amenée à l'existence » (*De l'origine radicale des choses*). Mais un monde était possible dans lequel, par ex., César n'eût pas passé le Rubicon ; *b*) la notion leibnizienne de *monde possible* a été reprise dans la logique contemporaine (Kripke, Hintikka) pour interpréter des énoncés tels que « il se pourrait que », ou « il est permis de ». Une proposition *nécessaire* est celle qui est vraie dans tous les mondes possibles ; *c*) une interprétation simplifiée du platonisme oppose un *monde sensible* (les phénomènes) à un *monde intelligible* (les Idées). Cette dualité correspond à celle, traditionnelle, d'un monde terrestre et d'un monde céleste, à celle des corps et des esprits, et jusque dans les sciences, à la distinction classique de l'astronomie et de la physique.

La pensée mythique a ajouté un troisième monde : souterrain, inférieur, infernal.

4. *Phén., Exist.* Le rapport au monde, à un monde, est essentiel à l'existence humaine. Cette structure est antérieure à la visée d'un objet particulier présupposée dans toute perception, dans tout discours, si scientifique soit-il. La phénoménologie fait ainsi apparaître dans la pensée réfléchie une structure préréflexive* de l'expérience humaine. Ce « monde de la vie », selon l'expression de Husserl (*Lebenswelt*), à partir duquel se construit l'objectivité scientifique, n'est pas une totalité fermée de choses, mais un « horizon permanent » toujours ouvert. Heidegger insiste sur ce point : *l'être au monde* (*in-der-Weit-sein*) si caractéristique du *Dasein** ne désigne pas un rapport de contenu à contenant. Nous ne sommes pas dans le monde comme le poisson dans son bocal ; le monde se déploie pour nous comme un système de significations, dans un mouvement de transcendance* propre au *Dasein.*

5. *Phil. hist.* Conceptions du monde, ou mieux visions du monde. V. *Weltanschauung*.

Monème (néol. dér. du gr. *monos*, seul, unique).

Ling. Désigne les unités minimales signifiantes dans une langue donnée ; ex. *arbre, tree, Baum* ; *dist.* morphème*, phonème*.

Monisme (gr. *monos*, terme introduit par Wolff au milieu du XVIIIe siècle).

Méta. Toute doctrine remontant à un seul principe, une seule substance pour expliquer la totalité de ce qui est, que ce soit Dieu (panthéisme), la Matière (matérialisme), la Vie (monisme vitaliste), l'Esprit (monisme spiritualiste). Une philosophie est moniste quand elle entend surmonter la dualité de l'âme et du corps, du spirituel et du matériel. Historiquement, le monisme par excellence est le spinozisme* (Dieu, c'est-à-dire la Nature).

Monographie (comp. du gr. *monos*, unique, et *graphê*, écrit).

Étude concrète portant sur un sujet particulier ; ex. étude sur les cahiers généraux de la Provence en 1789 ; sur les lois de la nuptialité en France, etc.

Monoïdéisme (comp. du gr. *monos*, unique, et *idea*, idée).

1. *Psy.* (Th. Ribot). État auquel tend l'attention intellectuelle dans l'état de concentration et de l'organisation de l'esprit autour d'une seule idée.

2. *Psy. path.* (P. Janet). État durable de rétrécissement du champ de conscience tel qu'il n'y a de place que pour une seule sensation, image ou idée (états hystériques, hypnose) ou une seule obsession qui pousse à l'action.

Monomanie (comp. du gr. *monos*, unique, et *mania*, folie).

Psy. path. (Esquirol). Trouble mental chronique et systématique portant sur un seul ordre d'idées, les autres fonctions de l'esprit restant normales ; l'existence spécifique de ce trouble étant contestée, le terme ne s'emploie guère que métaphoriquement et péj. pour désigner une « manie » caractéristique.

Monosémie (comp. du gr. *monos*, unique, et de *sêma*, signe, caractère distinctif).

Ling. Propriété que possède un mot ou un symbole de n'avoir qu'un sens ; cette propriété n'appartient qu'aux termes ou symboles des langues artificielles comme la logique symbolique et la mathématique ; ex. *pair* en arithmétique signifie exclusivement multiple de deux ; opp. *polysémie**, qui est le caractère des mots des différentes langues naturelles ; ex. une maladie de *cœur*, un homme de *cœur*, etc.

Monothéisme (comp. du gr. *monos*, unique et de *theos*, dieu).

Rel. Doctrine religieuse et philosophique qui affirme l'unicité de Dieu, de l'Être suprême, infini, personnel et créateur. Le monothéisme s'oppose donc d'une part au polythéisme* et, d'autre part, à l'athéisme* et au panthéisme*. La religion naturelle des philosophes du XVIIIe siècle est un monothéisme. La loi des trois états d'A. Comte fait du monothéisme la phase ultime de l'esprit théologique. On ne réduira pas le monothéisme aux trois religions du Livre (judaïsme, christianisme, islam).

Moral, adj. et subst. (lat. *moralis* de *mores*, les mœurs).

1. Qui se rapporte à l'esprit (opp. physique). *Sur les rapports du physique et du moral* est un titre de Cabanis (1802). Ex. « Académie des sciences morales et politiques ». Le subst. *moral* signifie souvent force d'esprit, énergie.

2. Qui se rapporte à la morale. Syn. éthique. Ex. valeurs morales distinguées des valeurs esthétiques. *Sens moral* : selon Hutcheson (début du XVIIIe siècle), faculté immédiate, antérieure à l'éducation, capable de ressentir une action comme bonne ou mauvaise. Le sens moral s'oppose au simple calcul d'intérêt. Selon le spiritualisme éclectique français du XIXe siècle, le sentiment ou sens moral est l'intuition du juste et de l'injuste par la conscience morale commune. Cette conception a été reprise de nos jours par l'américain J. Rawls (*Théorie de la justice*, 1971).

Morale (lat. *moralis* de *mores*, les mœurs, correspondant au gr. *ethikê* de *ta ethê*, les mœurs).

1. *Gén.* Au sens de « science morale » depuis le début du XVIIe siècle : « Qu'est-ce qu'elle dit cette morale ? — Elle traite de la félicité, enseigne aux hommes à modérer leurs passions, etc. — Non, laissons cela ; je suis bilieux comme tous les diables et il n'y a pas de morale qui tienne » (Molière, *Bourgeois gentilhomme*). « La vraie éloquence se moque de l'éloquence, la vraie morale se moque de la morale » (Pascal, *Pensées*, éd. Brunschwig, n° 4). Syn *éthique**. La morale renvoie donc constamment de ce qui se fait à ce qui se dit et à ce qui devrait se faire. On distinguera : *a*) l'ensemble des règles de comportement et des valeurs reconnues par une société, par une classe sociale, à une époque donnée. Ex. la morale aristocratique du XIIIe siècle, la morale bourgeoise du XIXe ; *b*) les doctrines élaborées rationnellement par les philosophes et les théologiens ; *c*) la réflexion critique, rationnelle, sur les mœurs et les doctrines, à différents niveaux et dans différents domaines. D'où les expressions de *morale théorique* (néol. « métaéthique »), *morale appliquée*, morale sociale (par opp. à morale personnelle), morale professionnelle, morale médicale (bioéthique*), morale écologique (concernant le respect dû aux animaux, à l'ensemble de la nature), etc.

2. *Fondement de la morale.* Principe dont une réflexion rationnelle cherche à déduire une doctrine morale, l'ensemble des biens et des maux, des devoirs et des règles de vie ; *a*) les sagesses* philosophiques de l'Antiquité sont élaborées indépendamment des préceptes traditionnels et religieux et sont suspectes d'athéisme, même lorsqu'elles recommandent le respect des cultes traditionnels (condamnation de Socrate). Les grandes religions révélées fondent la morale sur des commandements divins qui s'imposent à la réflexion des philosophes. La revendication d'une morale « naturelle » indépendante de la religion n'apparaît clairement qu'au XVIIIe siècle (ex. Diderot dans le *Supplément au voyage de Bougainville*, 1772). D'où la question fort disputée à propos du spinozisme* de la possibilité pour un athée d'être vertueux. La critique kantienne inverse la problématique : c'est la philosophie pratique* qui fonde la religion (*La Religion dans les limites de la simple raison*). Au XIXe siècle, c'est aux sciences que les matérialismes, les positivismes demanderont de fonder une morale pour l'homme animal raisonnable, animal sociable (biologisme*, sociologisme*) ; *b*) il est usuel de classer les nombreuses philosophies morales en *morales du Bien*, quelle qu'en soit la définition : hédonisme*, eudémonisme* (y compris le stoïcisme dont l'influence fut très profonde), diverses formes d'utilitarisme* fort répandues ; *morales du sentiment*, de la conscience (« instinct divin » selon J.-J. Rousseau) ; *morales du devoir* essentiellement représentées par l'universalité de la morale selon Kant ; *philosophie des valeurs** (axiologie) admettant soit une création historique des valeurs morales (nietzschéisme, bergsonisme), soit une hiérarchie objective des valeurs (phénoménologie de Max Scheler). La réflexion morale contemporaine semble partagée entre une exigence d'universalité et une reconnaissance des « différences » culturelles, conflit que cherchent à surmonter, entre autres, les éthiques de la responsabilité* (Max Weber, Jonas) ou de la raison communicationnelle* (Habermas).

Moralisme (milieu du XIXe siècle).

1. Doctrine morale rigoureuse qui refuse toute casuistique*, toute exception à la loi morale. L'impératif catégorique kantien est un moralisme. « Le moralisme des kantiens, refusant toute valeur aux considérations de perfection et d'idéaux, ne laisse subsister qu'une forme impérative qui attend son contenu » (Alfred Fouillée). V. Formalisme.

2. Primat des valeurs morales, non seulement sur les intérêts, mais sur les valeurs politiques, esthétiques, religieuses et même sur les valeurs de la connaissance. La doctrine de la raison pratique de Kant implique aussi un moralisme en ce sens.

3. Péj. Conformisme, jugement moral routinier, incapable de se critiquer lui-même.

Moraliste

Lit. Appellation donnée not. à certains écrivains français qui, tout en décrivant les passions, les mœurs, les caractères humains, tels qu'on peut les observer, laissent transparaître les jugements de valeur d'ordre moral qu'impliquent leurs analyses : La Rochefoucauld (*Maximes*, 1665), La Fontaine (*Fables*, 1668-1694), La Bruyère (*Caractères*, 1688), Vauvenargues (*Maximes*, 1746), Chamfort (*Maximes et pensées*, 1794).

Morgan (Principe de)

Psy. Règle formulée par l'Anglais Lloyd Morgan (1894) pour la psychologie animale et comparée, en vertu de laquelle on ne doit jamais interpréter une action, not. les réactions d'un animal, par une faculté psychique supérieure, lorsqu'elle peut être interprétée comme résultant de l'exercice d'une faculté située à un niveau moins élevé ; ex. expliquer par un raisonnement un comportement animal qui peut être expliqué par le recours aux lois de l'association, aux réflexes conditionnés, au processus des essais et des erreurs, etc. C'est une règle analogue que suivent ceux des biologistes qui s'efforcent de réduire au mécanisme ce qui semble ressortir d'abord à la finalité. Syn. principe d'économie ou de parcimonie ; v. rasoir d'Occam*.

Morphème (néol. dér. du gr. *morphê*, forme).

Ling. Éléments adjoints aux racines ou aux radicaux des mots (affixes, préfixes, suffixes, désinences) qui leur confèrent leur valeur ou fonction grammaticale et par la suite les insèrent dans la chaîne parlée signifiante ; ex. travaill/ons, rouge/âtre, im/moral, etc. ; v. Monème, Phonème.

Morphologie (comp. du gr. *morphê*, forme, et *logos*, étude ou science).

1. *Épist.* Terme utilisé par plusieurs disciplines où la connaissance des formes est essentielle pour leur constitution de base.

2. *Biol.* Description et classification des espèces végétales et animales (botanique et zoologie), not. de la structure interne et externe de la forme et de la situation des organes, et étude de leurs transformations (morphologie dynamique).

3. *Soc.* (Durkheim) *Morphologie sociale* : partie de la sociologie qui étudie le « substrat » de groupes sociaux, c.-à-d. leur volume et leur densité soit matérielle (densité démographique, développement des villes, moyens de communication), soit dynamique et morale (relations commerciales et morales).

4. *Ling.* Partie de la grammaire qui étudie les différents éléments du langage (adjectifs, noms, pronoms, verbes, prépositions, conjonctions, etc.) et leurs différentes formes (déclinaisons, conjugaisons) ; *dist.* syntaxe.

Morphopsychologie (néol. créé par le Dr Corman).

Psy. physio., Car. Méthode qui consiste à déterminer le caractère des individus en se fondant sur cette hypothèse que leurs structures morphologiques sont en étroite corrélation avec leurs qualités psychiques ; on admet gén. que ce genre de recherches remonte à l'Allemand Lavater (1741-1801) et à sa « physiognomonie* » ; v. Tempérament.

Mort (lat. *mors*).

1. *Biol.* Cessation définitive de la vie chez tout organisme vivant. Pour l'homme, les critères déterminants sont l'arrêt de la respiration, l'arrêt cardiaque, l'arrêt de l'activité cérébrale.

2. *Soc.* Dans toutes les sociétés connues, la mort est l'objet de croyances, de coutumes, de rites religieux, de cérémonies très diverses, en relation avec la culture considérée. L'évolution des attitudes envers la mort dans les sociétés antiques, modernes, et non européennes a donné lieu à des études sociologiques en relation avec l'histoire des institutions, des arts, de la littérature, des religions.

3. *Bioéthique.* V. Euthanasie.

4. *Psychan. Pulsions de mort.* Dans la dernière théorie des pulsions, Freud oppose les *pulsions de vie* (pulsions sexuelles et pulsions du moi) et les *pulsions de mort.* Celles-ci tendent à la réduction complète des tensions, c'est-à-dire au retour à un état antérieur de non-vie, inorganique. « Tout être vivant meurt nécessairement par des causes internes » (Freud, *Au delà du principe de plaisir*). Ces pulsions de mort sont donc essentiellement des pulsions destructrices, tournées vers l'intérieur, mais les pulsions de vie primaires parviennent à les dériver en grande partie vers l'extérieur : elles deviennent alors pulsions destructrices, d'agression, de domination. V. Sado-masochisme. Il ne faut donc pas les confondre avec un supposé instinct primitif d'agressivité*, de lutte pour la vie. Ce dualisme entre un principe de *liaison*, d'organisation et un principe de *dissolution*, de destruction, prolonge et complète le système psychanalytique des pulsions, mais Freud reconnaissait son caractère spéculatif. Il a d'ailleurs été refusé par de nombreux psychanalystes. Notons que si Freud désigne l'ensemble des pulsions de vie par le terme *Eros*, il n'emploie pas le terme *Thanatos* pour les pulsions de mort.

5. *Phén., Exist.* L'expérience de la mort comme expérience de *ma propre* mort est une expérience impossible, « absurde », dira J.-P. Sartre, liée à la conscience de ma finitude* essentielle, révélée par le sentiment d'angoisse* (toute angoisse n'est-elle pas angoisse de la mort ?). « Le soleil ni la mort ne se peuvent regarder fixement » disait La Rochefoucauld (*Maxime* 26). Les philosophies de l'existence décrivent le « mourir » comme la « possibilité de l'impossible » liée à la finitude* et à l'individualité de toute conscience de soi. L'analytique du *Dasein* par Heidegger a rendu célèbre la formule « être pour la mort » ou plutôt « être vers la mort » (*sein zum Tode*, *Être et Temps*, § 46) comme structure fondamentale, antérieure à toute interprétation psychologique ou religieuse : « La mort comme fin du *Dasein* est sa possibilité la plus propre, absolue, certaine et comme indéterminée, indépassable ».

6. *Méta.* La mort est, selon Schopenhauer, « le principe inspirateur de la philosophie ». L'homme « animal métaphysique », parce qu'il se sait mortel, parce que doué de raison et capable de se détacher de l'expérience immédiate, développe parallèlement une pensée philosophique (rationnelle) et une pensée religieuse (mythique). Le thème socratique du « philosopher c'est apprendre à mourir » se retrouve dans toute l'histoire de la philosophie. À l'angoisse de la mort répondent les croyances d'abord religieuses à la survie des ombres, à la transmigration des âmes (métempsychose*), à l'immortalité* de l'âme et à la résurrection (thèmes chrétiens). Mais ces croyances sont récusées par les matérialismes*, les positivismes* ou l'existentialisme* athée de J.-P. Sartre : ils s'en tiennent à une pensée objective de la mort, réduite à un événement indifférent à la conscience. « Si la mort est là, je ne suis plus ; si je suis, elle n'est pas là » (Épicure). Quant aux philosophies de l'histoire, elles proposent une sorte de substitut de l'immortalité de l'âme dans la mémoire des hommes. Rappelons enfin deux formulations célèbres du rationalisme spinoziste qui ne vont pas l'une sans l'autre : « L'homme libre ne pense à rien moins qu'à la mort et sa sagesse est une méditation non de la mort mais de la vie » (*Éthique*, IV, 67), mais aussi : « Nous savons et nous expérimentons que nous sommes éternels » (*Éthique*, V, 23).

Moteur, adj. et subst. (du lat. *movere*, mouvoir, p.p. *motus*, mû).

1. *Gén.* Ce qui meut, met en mouvement. L'origine du mouvement peut être naturelle ou artificielle. Depuis le XVIIIe siècle, le mot désigne couramment une machine produisant un mouvement en utilisant une énergie elle-même naturelle ou artificielle (moulin à vent, moulin à eau, machine à vapeur).

2. *Psy.* Sensations motrices ou *psychomotrices*, syn. kinesthésiques*. *Idéomoteur*, v. Idée force.

3. *Hist. (Méta.) Premier moteur* : chez Aristote, le moteur immobile, Dieu en tant qu'acte pur, cause de tout changement dans le monde sans être lui-même sujet au changement ; *moteur mobile* ou *mû* : ce qui n'a pas en soi la cause de son changement, mais qui est, à son tour, cause du changement en un autre être.

Motif (dér. du lat. *motivus*, relatif au mouvement, de *movere*, mouvoir).

1. *Psy.* Dans l'acte volontaire, le motif, qui est d'ordre intellectuel, justifie le choix, la décision, le jugement. Il se distingue du *mobile* qui est d'ordre affectif et plus ou moins inconscient. Il y a souvent confusion dans l'usage courant.

2. *Esth.* *a*) dans les arts plastiques, élément surtout décoratif qui peut être répété ; *b*) en musique, thème mélodique ; *c*) peindre sur le motif est peindre hors de l'atelier (par ex. devant le paysage).

Motivation (néol. début XXe siècle).

Psy., Soc. On rassemble sous ce terme tout ce qui détermine le comportement individuel et surtout collectif, par ex. le travail des élèves à l'école, le choix d'un métier dans un *curriculum vitae*, les achats des consommateurs, les préférences politiques des électeurs. Les motivations collectives donnent lieu à enquêtes statistiques. La motivation aussi bien consciente (motifs déclarés) qu'inconsciente est utilisée par la pédagogie, la publicité commerciale, la propagande politique.

Motricité ou **motilité** (du lat. *movere*, mouvoir).
Biol., Psy. physio. Fonction par laquelle un animal ou un individu humain se meut lui-même, opp. fonction réceptive ou sensorielle.

Mouvement (anc. fr. *movement*, de mouvoir, lat. *movere*).
1. *Méc., Phys.* Changement continu de position d'un objet dans l'espace en fonction du temps et selon une vitesse définie par rapport à un point fixe ou considéré comme tel.
2. *Hist. (Méta.)* Chez Aristote, passage de la puissance à l'acte en tant qu'acte, comprenant : 1) le mouvement spatial ; 2) le changement qualitatif ou *altération* ; 3) le changement quantitatif (*croissance* ou *décroissance*) ; 4) la *génération* et la *corruption*. V. Changement.
3. *Soc.* Traduit de l'all. *Bewegung*, groupe d'action concerté, mais non organisé ou peu organisé, à la différence d'un parti politique, d'une école artistique, d'une Église, etc. D'une ampleur et d'une durée très variable, difficiles à délimiter, les mouvements en tous domaines contribuent au changement* social. Ex. mouvement féministe.

Moyen, adj. et subst. (dér. du lat. impérial *medianus*).
Adj. **1.** *Vulg.* Opp. extrême. Qui tient le milieu entre deux extrêmes ; ex. être d'une taille moyenne. **2.** *Log. form.* Moyen terme ou moyen : terme qui dans un syllogisme est commun aux deux prémisses et assure le rapport entre le mineur et le majeur ; il est moyen à la fois parce qu'il a une extension intermédiaire entre le grand et le petit terme et parce que c'est son rapport aux deux autres termes qui détermine la conclusion.
Subst. *Mor., Pol.* Dans l'action humaine, on appelle moyens les médiations qui permettent de réaliser la fin visée. Ils peuvent être d'ordre matériel ou intellectuel et constituent les conditions de possibilité de l'action ou des actions entreprises. Une action est dite *rationnelle* lorsque les moyens sont exactement adaptés à la fin recherchée. Mais cette rationalité de l'action relève de l'*efficacité* pratique, non de la justification morale telle que la formulait Kant : « Agis de manière à traiter la personne d'autrui jamais seulement comme un *moyen*, mais toujours en même temps comme une *fin* ». Le machiavélisme*, la doctrine de la raison d'État*, subordonnant la fin morale à la fin politique, acceptent cependant comme inévitable l'immoralité des moyens. Il en est de même des idéologies révolutionnaires invoquant le sens de l'histoire.

Multivalent (néol. préférable à *polyvalent*).
Log. Se dit des logiques qui, par opposition à la logique traditionnelle bivalente (le vrai et le faux), prennent en considération trois valeurs (trivalente) ou un nombre supérieur (fini ou infini) de valeurs.

Mutation (lat. *mutatio*, de *mutare*, action de changer, altération).

1. *Biol.* (De Vries, 1901). Transformation brusque d'un type morphologique apparaissant chez un individu à la naissance et représentant par rapport à ses ascendants un écart, qui se transmet héréditairement à ses descendants, c.-à-d. une modification affectant le *germen** (opp. variation lente n'affectant que le *soma**). On distingue les mutations chromosomiques et les mutations géniques (portant sur les gènes). Elles assurent la diversité génétique aléatoire (dans le néo-darwinisme) sur laquelle porte la sélection* naturelle.

2. *Soc.* Changement social remarquable par son ampleur et sa rapidité.

3. *Hist. (Méta.)* Chez les scolastiques, *mutation substantielle*, changement de substance et apparition d'une forme substantielle nouvelle ; ex. le passage à la mort du corps animé en cadavre ; *mutation accidentelle* : changements accidentels, la substance restant identique ; ex. la croissance d'un animal, qui reste le même animal.

Mutationnisme

Biol. Théorie, fondée sur les travaux de Mendel et de De Vries, selon laquelle l'évolution des espèces se serait faite par mutations génétiques, ce qui expliquerait la discontinuité des grandes formes de l'organisation ; v. Darwinisme, Lamarckisme.

Mystère (gr. *musterion*, chose secrète, dér. de *muein*, être clos).

1. *Hist. Religions à mystères* : dans l'Antiquité grecque, religions païennes comprenant, à côté du culte public, des doctrines secrètes et des rites ésotériques* d'initiation et de purification ; ex. les mystères orphiques, ceux de Cybèle, d'Éleusis.

2. *Théo.* Dans le christianisme, dogme d'ordre surnaturel relatif à Dieu ou aux opérations divines, inaccessibles à la raison humaine, qui ne peut ni le découvrir, ni le comprendre, ni le prouver après sa révélation ; ex. le péché originel, la Trinité, l'Eucharistie.

3. *Exist.*, Not. chez G. Marcel, ce que la raison humaine ne peut comprendre, tout d'abord l'existence même : « Je suis un être non transparent pour lui-même, c.-à-d. à qui son être même apparaît comme un mystère » (G. Marcel) ; *dist.* le *problème* qui est un obstacle extérieur à surmonter et dont l'énoncé est clair, même s'il n'a pas trouvé sa solution, alors que l'homme est personnellement engagé dans le *mystère*.

Mysticisme (dér. du gr. *mustikos*, qui concerne les mystères).

1. *Rel.* Croyance à un ordre de réalités surnaturelles et à la possibilité d'une union intime et directe avec Dieu sur un mode d'existence et de connaissance radicalement distinct de l'existence sensible et de la connaissance rationnelle : v. Intuition* mystique.

2. *Psy.* État psychique où le sujet a le sentiment d'entrer en rapport direct avec Dieu, mouvement spirituel caractérisé par l'aspiration à l'absolu, l'effort de purification et d'ascèse qui conduit à une nouvelle vie ; par ext. tendance à

s'élever au-dessus du réel pour atteindre un ordre supérieur dans l'art, la poésie, la philosophie.
3. *Épist.* Péj. recours à une explication d'ordre métaphysique ou religieux, substituée à l'objectivité scientifique. Terme polémique.

Mystique, adj. et subst.
Adj. **1.** *Vulg.* Qui relève du mysticisme (aux différents usages du mot). A souvent le sens d'irrationnel, de non scientifique. **2.** *Rel.* Qui concerne le caractère secret ou ésotérique d'une doctrine religieuse : « Il y a deux sens parfaits (de l'Écriture), le littéral et le mystique » (Pascal). **3.** *Soc.* Chez Lévy-Bruhl, s'applique à un type de pensée, dit *pensée mystique*, répandu surtout dans les sociétés primitives* et fondé sur la croyance à des forces, à des influences, à des actions imperceptibles aux sens et cependant réelles ; ex. le cœur, le foie, la moelle, etc. sont censés procurer telle ou telle qualité à ceux qui s'en repaissent.
Subst. *A.* masc. *Rel., Psy.* Qui atteint des réalités surnaturelles par une intuition supra-rationnelle : « Le mystique est celui qui croit appréhender immédiatement le divin, éprouver intérieurement la présence divine. Le mysticisme, ainsi entendu, est à l'origine de toute religion » (H. Delacroix). *B.* fém. **1.** *Théo., Psy. a*) partie de la théologie relative aux états mystiques ; *b*) ensemble du mouvement spirituel par lequel l'âme accède à la présence de Dieu. **2.** *Vulg.* Ensemble des thèses auxquelles on adhère par la force d'un sentiment analogue au sentiment religieux ; ex. la mystique révolutionnaire. « La mystique appelle la mécanique. Ajoutons que le corps agrandi attend un supplément d'âme, et que la mécanique exigerait une mystique » (Bergson, *Deux Sources*).

Mythe (gr. *muthos*, d'origine incertaine au sens premier de parole).
Le terme de mythe, dont le sens est élargi jusqu'à devenir syn. d'illusion, n'a guère de sens déterminé qu'en référence aux mythes de l'Antiquité grecque.
1. *Hist.* Le mot de mythe n'a d'abord (chez Homère) que le sens de parole, expression de la pensée. C'est avec Platon qu'il s'oppose nettement à *logos* au sens de discours non argumenté, d'expression imagée, de récit fabuleux transmis sans être vérifié. Platon lui-même a utilisé des mythes recueillis ou bien créés par lui (le mythe de l'Atlantide dans le *Critias* a-t-il été recueilli ou inventé ?), quand l'argumentation dialectique était impossible ou insuffisante (mythe du *Timée*). Le plus célèbre est le mythe (dit aussi allégorie) de la caverne*. Le néo-platonisme développe considérablement l'interprétation symbolique des récits mythiques concernant les dieux et les héros, en utilisant toutes sortes d'analogies, de syncrétismes*. Les mythes antiques ne sont pas seulement d'origine populaire : les poètes y contribuent, introduisant des variantes, inventant des épisodes.
2. *Soc., Ethn.* Du domaine classique, gréco-latin, la notion de mythe s'est étendue aux récits légendaires transmis par les traditions écrites ou orales de tous les peuples (à l'exclusion d'abord des textes et croyances chrétiennes). Jusqu'au XVIIIe siècle, c'est le terme de « fable » qui était le plus souvent

utilisé. Les historiens des sociétés archaïques, les ethnologues, ont entrepris de classer, décrire, analyser les mythes non seulement comme expressions de croyances et de rituels religieux, mais comme représentations qu'une société a d'elle-même, de sa culture, de sa structure. Bien que le récit mythique se rapporte volontiers à un passé lointain, indéterminé (« il était une fois »), voire à la création du monde, un mythe révèle des préoccupations, des usages aussi bien présents et à venir que passés. Une place particulière doit être faite à l'interprétation des *mythes indo-européens* par le comparatisme linguistique de G. Dumézil. Dans les différentes langues indo-européennes (épopées, œuvres littéraires et historiques), est mis en évidence un tronc commun de mythes qui relèvent d'une même conception du monde et de la société : la *tripartition* des fonctions : souveraineté juridique et religieuse, force guerrière, prospérité matérielle, ce qui permettrait d'élucider par exemple l'histoire légendaire des premiers rois de Rome.

3. *L'origine des mythes.* La question de l'origine des mythes s'est posée dès les premiers penseurs présocratiques (Xénophane) avec la critique des poèmes homériques et celle de la représentation anthropomorphique* des divinités. Selon l'épicurien Lucrèce, c'est la peur qui est à l'origine des dieux. La signification politique des mythes héroïques a été dénoncée (evhémérisme*). Les auteurs chrétiens ont voulu expliquer l'origine des « faux dieux » du paganisme avant que la critique ne se retourne contre leurs propres récits et croyances, ce qui apparaît très clairement avec le rationalisme du XVIIIe siècle (« religion naturelle »). Le mythe a d'abord été réduit à une science primitive par la personnification des phénomènes naturels et en particulier des phénomènes célestes : Dupuis (1794) voit dans toute religion, même chrétienne, une forme d'un culte du soleil. Un système concurrent recherche dans les mythes une histoire populaire idéalisée dont les principaux personnages sont devenus des héros et des dieux (evhémérisme*). Faut-il retrouver dans les mythes avec les psychanalystes (Freud, Abraham, Jung) des fantasmes universels, des archétypes* ? La linguistique historique intervient en recherchant l'étymologie oubliée des noms divins. Par ex. Jocaste mère d'Œdipe n'est-elle en définitive que le nom d'un fantasme* maternel, une ancienne reine de Thèbes devenue légendaire, une personnification de l'aurore (d'après le naturalisme* de Max Müller, très répandu à la fin du XIXe siècle) ? À l'opposé de cette réduction rationaliste, le romantisme all. a cherché dans les mythes des vérités d'ordre métaphysique qui ont été perdues par l'époque moderne (la *Symbolique* de Creuzer, 1810, utilisée par Schelling, Bachofen, Nietzsche).

4. Par ext. est mythe toute idée nouvelle, tout projet irrationnel, capable d'entraîner un peuple, une classe sociale, introduisant une nouvelle morale, une nouvelle religion. L'univers, disait Bergson, est « une machine à fabriquer des dieux » (dernières lignes des *Deux sources*). C'est ainsi que le socialiste bergsonien G. Sorel proposa le « mythe de la grève générale » comme moteur de la révolution. Mais en ce sens général, l'emploi du mot est souvent péj.

Mythologie (gr. *muthologia*, histoire de choses fabuleuses).
1. *Ethn. a*) ensemble des mythes* d'un groupe ethnique, not. dans l'Antiquité gréco-romaine ; *b*) étude des mythes, des conditions de leur formation et de leur évolution.
2. *Vulg.* Péj. conception imaginaire par laquelle on prétend expliquer des faits réels.

Mythomanie (comp. du gr. *muthos*, récit, fable, et *mania*, folie), v. Fabulation.

N

Naïf (lat. *naturis* de *natus*, né).

1. *Vulg.* Ingénu, péj. crédule et même niais.

2. *Hist.* Au sens classique (XVIIe-XVIIIe siècles), proche de la nature, des temps primitifs. Ex. naïveté de la poésie homérique. Schiller a opposé la spontanéité, l'harmonie avec la nature de la poésie *naïve* des Anciens, à la poésie *sentimentale*, nostalgique, des Modernes.

3. *Esth. Le peintre naïf* est un autodidacte, qui néglige d'acquérir le « métier » des peintres de son temps et s'inspire librement de l'imagerie populaire, de la photographie, etc. L'exemple type est Henri Rousseau dit le Douanier (souvent imité).

4. *Crit., Épist. Le réalisme naïf* est la croyance spontanée à la réalité des choses telles qu'elles sont perçues. Il correspond à l'*opinion* dans le platonisme, au *préscientifique* selon Bachelard, au *préréflexif* de la phénoménologie.

Narcissisme (néol. fin XIXe siècle, d'après le mythe de Narcisse contemplant sa propre image reflétée dans l'eau).

Psychan. Investissement du moi* par la libido*, distingué de l'investissement objectal* (amour d'un objet extérieur au moi). Le narcissisme caractérise un stade dans l'évolution de la sexualité infantile entre l'auto-érotisme* et l'amour d'objet (par ex. le stade du miroir* décrit par Lacan). Freud a distingué un *narcissisme primaire*, antérieur à tout choix d'objet et qui reste hypothétique, et un *narcissisme secondaire* par retrait de la libido vers le moi. En ce sens, l'idéal du moi* est une formation narcissique. On évitera d'employer narcissisme au sens moral d'égoïsme*.

Narco-analyse (gr. *narkê*, engourdissement, torpeur).

Psy. physio. Procédé d'investigation du psychisme inconscient par injection d'un narcotique sous l'effet duquel le sujet reste capable de répondre aux questions qu'on lui pose et de révéler ainsi ses tendances, ses conflits, d'évoquer son passé, le contrôle personnel étant aboli ; utilisé d'abord à des fins psychiatriques et psychothérapiques, ce mode d'exploration a également été employé à des fins policières ; syn. sérum de vérité. V. réflexe psychogalvanique*.

Natalisme (du lat. *natalis*, natal).

Pol. Doctrine qui préconise l'augmentation de la population d'un État par des mesures favorisant la natalité, les familles nombreuses, etc.

Nation (lat. *natio*, naissance ; peuplade, nation, de *nasci*, naître, *natus*, né).

1. *Soc.* Groupe social déterminé par certaines conditions plus ou moins impératives : 1) naturelles et objectives : possession d'un territoire, unité de langue, unité de gouvernement, indépendance économique, etc. ; 2) spirituelles et subjectives : communauté historique de souvenirs, de traditions, d'histoire et de culture, « volonté de continuer à faire valoir l'héritage qu'on a reçu indivis » (Renan) ; *dist.* l'État : une nation implique une organisation étatique, mais tout État n'est pas une nation, comme le montre l'exemple de l'ancienne monarchie austro-hongroise composée de nations hétérogènes. Inversement, une même nation peut être divisée en deux États (ex. les deux Corées).

2. *Pol.* Identifiée au peuple (depuis la Révolution française) et détentrice comme telle de l'autorité politique : « Le principe de toute souveraineté réside essentiellement dans la nation. Nul corps, nul individu ne peut exercer d'autorité qui n'en émane expressément » (*Déclaration des droits de l'Homme et du Citoyen* de 1789, art. 3).

Nationalisme

Pol. Le terme désigne aussi bien un sentiment qu'une doctrine politique. *a*) aspiration d'une population qui se considère comme une nation à acquérir le statut d'un État indépendant ou du moins autonome ; *b*) politique d'un État qui se considère comme menacé dans son existence même par d'autres États ; en ce sens, syn. patriotisme ; *c*) conviction qu'a un peuple d'être supérieur par la race (racisme*), par la civilisation (colonialisme*), par la tradition culturelle et religieuse. Il en résulte une politique agressive. En ce dernier sens, nationalisme se distingue nettement de patriotisme.

Nationalité

1. *Dr.* Appartenance juridique d'un individu à une nation en tant que citoyen.

2. *Principe des nationalités.* Principe de la diplomatie européenne, issu de la Révolution française, invoqué surtout dans la seconde moitié du XIXe siècle (du second Empire au traité de Versailles de 1919). Chaque nation a le droit de constituer un État unique et indépendant dont les frontières sont définies par la « race » (en fait par la langue), et surtout par la volonté nationale exprimée par referendum, en tenant compte plus ou moins des intérêts économiques.

Nativisme (dér. du lat. *nativus*, natif).

Méta. *a*) str. conception d'après laquelle la vue, le tact, et même les autres sens, perçoivent d'emblée les propriétés spatiales du monde extérieur, formes et distances ; opp. *génétisme* ; *b*) sens général, doctrine qui admet l'innéité des idées d'espace et de temps, des notions et principes fondamentaux de la pensée : en ce sens, on ne dit plus guère qu'*innéisme**. Le terme est repris dans les sciences cognitives (par l'anglais).

Naturalisme

1. *Phil.* Se dit de toute doctrine, de toute attitude de pensée qui refuse de recourir à une transcendance* et s'en tient aux explications par les causes naturelles. Le naturalisme correspond selon les auteurs à un panthéisme, à un matérialisme, à un positivisme, et plus spécialement à une explication de la vie sociale par un modèle biologique (ex. Darwinisme social).

2. *Mor.* *a*) se dit des sagesses antiques dans la mesure où elles ont pour formule « suivre la nature » (stoïcisme, épicurisme, cynisme) ; *b*) fondement de la morale sur une théorie biologique (ex. Darwinisme social).

3. *Esth.* En peinture, en sculpture, en littérature, gén. syn. de réalisme*. Naturalisme désigne plus particulièrement les romanciers réunis autour d'É. Zola à la fin du XIXe, décrivant la réalité sociale dans ce qu'elle a de plus cru, en se réclamant des sciences positives et de la méthode expérimentale de Claude Bernard (roman dit expérimental).

4. *Soc.* Explication de l'origine de tous les cultes par l'admiration et l'adoration des forces naturelles terrestres ou célestes (v. Mythe).

Nature (lat. *natura* de *nascere*, naître. En gr. *phusis* de *phuein*, croître).

1. *Gén.* Principe d'existence et de croissance de toutes choses, indépendamment de l'action humaine. D'emblée, la nature s'oppose à la *surnature* (à la grâce dans un contexte chrétien), à l'*art* (dans tous les sens du mot : artifice, métier, technique), à l'*esprit* (dans la mesure où dans l'homme, la nature est représentée par le corps, les pulsions, les passions), à l'*histoire* ou à la *culture* en tant qu'elles manifestent l'action des hommes.

2. *Crit.* Nature se dit de ce qui constitue un être, un genre, une espèce : nature est alors syn. d'*essence* : « L'essence ou nature de l'âme est de penser » (Descartes). Nature se dit aussi de ce qui caractérise un individu (v. Naturel). De nos jours il est devenu fréquent d'opposer *la nature* et *la culture* par reprise de l'opposition classique de l'*inné* et de l'*acquis*. Les sophistes opposaient déjà ce qui se fait par nature (*phusei*) et par convention humaine ou par la loi (*nomô*). Le développement des sciences humaines a contribué au succès de cette expression (qui ne constitue pas forcément une contradiction dialectique).

3. *Méta.* Une autre acception courante du mot nature renvoie à l'ensemble des choses données dans l'expérience externe, là encore avant toute intervention humaine. Cette dernière condition est souvent oubliée et l'on appelle couramment « nature » un paysage modifié, cultivé par les hommes depuis des millénaires. La nature en elle-même est considérée comme régie par des *lois* (découvertes par la science) et surtout par des *fins**, établies par un Dieu créateur ou par la Nature elle-même personnifiée. Le « spectacle de la nature », de ses harmonies, de ses beautés, élève l'âme jusqu'à l'idée d'un être suprême, créateur, très bon et très puissant (J.-J. Rousseau, Bernardin de Saint-Pierre, Chateaubriand). Cette dernière conception, assortie de considérations scientifiques, se retrouve dans l'écologie* contemporaine.

4. *Mor.* « Suivre la nature » est la maxime de la sagesse antique, en particulier, de l'épicurisme et du stoïcisme. L'homme s'oppose par *hubris** à l'ordre des choses, que cet ordre soit conçu comme conforme à la volonté des dieux, à une combinaison d'atomes (épicurisme) ou une raison universelle (stoïcisme).

5. *Esth.* *L'imitation de la nature* a été longtemps un principe esthétique incontesté. Mais pour le classicisme* ou le néo-classicisme, il ne peut s'agir que de la *belle nature*. Le romantisme* élargit considérablement la notion de beauté naturelle (beauté des montagnes par ex.). Le réalisme*, le naturalisme* y ajouteront la réalité sociale, historique, avec une propension pour ce qu'elle a de plus médiocre. Les relations entre art et nature sont extrêmement complexes : d'une part la notion d'art ne se définit que par opp. à celle de nature que l'homme de l'art, l'artisan, l'artiste transforme, domine (v. *Art*). L'*artificiel* a pour contraire le naturel. Mais d'autre part, l'esthétique, depuis l'Antiquité jusqu'au début du XXe, s'est réclamée non seulement en Europe mais aussi en Asie de l'imitation de la nature. Or il est clair que la « nature » imitée dans une fresque romaine, dans un paysage de Nicolas Poussin, de Claude Lorrain, de Rembrandt ou de Rubens, d'une miniature persane, d'un rouleau chinois, d'un panneau japonais, plus tard d'un tableau romantique, réaliste, symboliste, cubiste est aussi diverse que possible et que cette diversité est celle même de l'art. La formule d'Oscar Wilde : « La nature imite l'art » est moins paradoxale qu'il n'y paraît. C'est la peinture romantique qui nous a appris à voir le paysage de montagne, c'est l'impressionnisme* qui « donne à voir » un bord de Seine, une rue enneigée. Ajoutons qu'historiquement tous les nouveaux mouvements artistiques se sont réclamés de la nature par opp. aux « conventions » des styles antérieurs (v. Académisme*). Le fameux sentiment de la nature tel qu'il s'est exprimé dans le préromantisme* (en France J.-J. Rousseau) ou le romantisme européen est donc loin, comme tel, d'être radicalement nouveau. Du point de vue du créateur, l'activité artistique apparaît profondément enracinée dans la nature et le talent, le don, est généralement conçu comme « naturel ». « Le génie* est la disposition de l'esprit par laquelle la nature donne à l'art ses règles » (Kant, *Critique du jugement*, § 47). Nietzsche concevra l'apollinisme et le dionysisme comme des « forces naturelles artistes ».

6. *Nature et monde*. L'*idée de nature* suppose un ordre régi par des lois dont la connaissance relève d'une science appelée *physique*, et dans l'idéalisme transcendantal de Kant, de l'activité unifiante du sujet connaissant. L'*idée de monde* comme *totalité* des phénomènes est *métaphysique*, rationnelle mais selon Kant, transcendante*, hors de l'expérience possible, donc de la science physique. Pour d'autres acceptions du mot *monde*, v. ce mot.

7. *Philosophie de la nature*. Il est commode de distinguer une philosophie de la nature proprement dite et une « philosophie naturelle » au sens de connaissance générale de la nature (physique générale). Celle-ci, pour l'empirisme, n'exige, outre l'expérience, que des principes logiques ou mathématiques, alors que Descartes ou Kant par ex. lui donnent des fondements métaphysiques. Aux *Principes mathématiques d'une philosophie naturelle* (1687), Kant répond par les *Premiers principes métaphysiques d'une science de la nature* (1786). Mais quoi qu'il en soit de cette distinction, il s'agit bien de la même physique d'origine galiléenne et cartésienne. Toute autre est la philosophie de la nature du XIXe siècle (all. *Naturphilosophie*) : elle récuse la mathématisation de la nature, elle propose une approche intuitive, qualitative en usant abondamment de l'analogie et du principe de la continuité des êtres tel que Leibniz l'avait dégagé. Il s'agissait avec Novalis, Schelling, Schlegel d'intégrer des données scientifiques dans un savoir romantique en quête d'une unité de la nature et de l'esprit. Dans le *Système des sciences philosophiques* de Hegel, la philosophie de la nature se situe entre la *Logique* (c'est-à-dire l'ontologie) et la *philosophie de l'esprit* proprement dite. Elle rend compte dans un discours dialectiquement rationnel et incluant les sciences de l'entendement (physique mathématique), d'une nature considérée comme « esprit devenu extérieur à lui-même ». Parmi les nombreuses tentatives de philosophie de la nature du XIXe siècle, citons celle de Schopenhauer (la nature comme objectivation de la volonté en soi) ou de Bergson (la nature matérielle représentée comme une retombée de l'*élan vital*). Les divers positivistes ou matérialistes ont vivement attaqué les philosophies de la nature comme irrationalismes, constructions imaginaires.

Naturel, adj. et subst. (lat. *naturalis*, de naissance, naturel ; qui appartient à la nature des choses ; qui est conforme aux lois de la nature).

Adj. **1.** *Gén.* Qui se rapporte ou qui est conforme à la nature dans tous les sens du mot, opp. à *acquis**, ex. un talent naturel ; à *réfléchi*, ex. un geste naturel ; à *artificiel*, ex. un produit alimentaire naturel ; à *surnaturel*, ex. la raison naturelle, la lumière naturelle ; à *légitime*, ex. un enfant naturel. **2.** *Dr. Droit* naturel* : qui résulte de la nature de l'homme ; opp. *droit positif*, qui résulte de la volonté du législateur. **3.** *Rel. Religion* naturelle* : la religion comme relevant uniquement de la raison et comme indépendante de la révélation. **4.** *Math. Nombre naturel* : le nombre entier, opp. nombre fractionnel, irrationnel, etc. **5.** *Épist. Sciences naturelles* : on a désigné longtemps de ce nom, surtout dans la pratique scolaire, l'ensemble des sciences de la vie et de la terre, expression aisée à confondre avec celle des sciences de la nature, qu'on emploie encore pour désigner les sciences physiques et biologiques. **6.** *Hist. Histoire naturelle* : expression tombée en désuétude, qui désignait une étude descriptive et classificatoire des minéraux, des végétaux et des animaux (histoire au sens d'enquête).

Subst. **1.** *Car.* Ensemble congénital et immuable des dispositions psychologiques et morales d'un individu, syn. caractère en tant qu'inné : « Chassez le naturel, il revient au galop » (Destouches) ; v. Caractérologie ; **2.** *Vulg.* Simplicité, aisance dépourvue d'affectation.

Naturisme

1. *Rel.* Culte religieux de la nature.

2. *Soc., Ethn.* Théorie (Max Müller) selon laquelle la religion aurait pour origine la personnification et l'adoration des grandes forces de la nature ou de ses phénomènes redoutables (soleil, astres, ciel, feu, tempête, nuit, etc.).

3. *Vulg. a*) système d'hygiène visant à une vie proche de la nature ; ex. la médecine naturiste ; *b*) doctrine prônant le « retour à la nature » (vie en plein air, nudisme, etc).

Néant (lat. pop. *ne gentem* de *ne*, particule négative et de *gens*, *gentis*, peuple).

1. *Gén.* Le subst. néant (ou *non-être**, ou *rien*, ce dernier venant du latin *res*, la chose) est d'emblée d'usage paradoxal. Penser le néant, est-ce penser quelque chose ou bien le mot ne renvoie-t-il qu'à une opération linguistique, logique, de négation* ?

2. *Hist., Théo., Méta.* *a*) pour la théologie négative (Denys l'Aréopagite), l'être infini, transcendant, « suressentiel » ne peut être atteint que « par voie négative », en dépassant toute détermination. Au sens où les créatures *sont*, dieu n'est pas, est néant en quelque sorte par excès ; *b*) d'une toute autre façon, avec l'idée d'être infini, Descartes pose « pour ainsi parler une certaine idée négative du néant, c'est-à-dire ce qui est infiniment éloigné de toute sorte de perfection ; je suis comme un milieu entre dieu et le néant » (*Méditation* IV) ; *c*) l'ontologie dialectique de Hegel pose dès l'origine l'identité de l'être pur et du néant pur : « L'être pur et le néant pur sont la même chose » (*La Science de la logique*, 1813) ; *d*) dans *Qu'est-ce que la métaphysique ?* de Heidegger, c'est la tonalité affective de l'angoisse qui révèle le néant au *Dasein**. Or « c'est le néant qui est à l'origine de la négation et non l'inverse [...] Le néant ne forme pas simplement le concept antithétique de l'étant, mais l'essence de l'Être comporte dès l'origine le « néant » en tant que l'*être* ne se confond avec aucun *étant* en particulier. Le *Dasein* ne peut pas être ouvert sans l'être au néant » ; *e*) J.-P. Sartre s'inspirant de Heidegger (« le néant hante l'être ») revient cependant à Descartes dans son ontologie dualiste (*L'Être et le Néant*) : « Cette possibilité pour la réalité humaine de secréter un néant qui l'isole, Descartes lui a donné un nom : la liberté ». V. Néantiser, néantisation.

3. *Méta.* Critique de l'idée de néant. *a*) Bergson voit dans l'idée de néant « le ressort caché, l'invisible moteur de la pensée métaphysique » (*L'Évolution créatrice*). Et pourtant la question vertigineuse de Leibniz : « Pourquoi y a-t-il quelque chose plutôt que rien ? » est le type même de la fausse question. Le néant n'est qu'un mot et la solution est d'ordre psychologique : un esprit ne parvient à la négation que par la déception d'une attente, la correction d'une insatisfaction, le sentiment éprouvé ou imaginé d'un désir ou d'un regret ; *b*) le positivisme logique entreprend « l'élimination de la métaphysique par l'analyse logique du langage » (R. Carnap). S'en prenant à Heidegger, il dénonce le néant comme l'exemple même d'un mot dépourvu de sens. Une syntaxe grammaticale a été substituée à une syntaxe logique et un énoncé d'existence négatif est devenu le nom d'un faux objet.

Néantiser, néantisation (néol. créés par Sartre pour traduire les termes all. *nichten, Nichtung*, employés par Heidegger).

Exist. Acte par lequel la conscience élimine ou rend marginal tout ce qui n'est pas l'objet de son intention ; ex. l'auteur, qui cherche Pierre dans un café, réduit « tous les objets du café en fond sur quoi Pierre est donné comme devant paraître » (Sartre) ; de même, si l'on applique la notion de néantisation à l'image, « l'image doit enfermer dans sa structure même une thèse néantisante.

Elle se constitue comme image en posant son objet comme existant *ailleurs* ou n'existant *pas*. Elle porte en elle une double négation : elle est néantisation du monde d'abord (en tant qu'il n'est pas le monde qui offrirait présentement à titre d'objet actuel de perception l'objet visé en image), néantisation de l'objet de l'image ensuite (en tant qu'il est posé comme non actuel) et du même coup néantisation d'elle-même (en tant qu'elle n'est pas un processus psychique concret et plein) » *(Id.)*. À ne pas confondre avec *anéantir*, anéantissement (supprimer ce qui est déjà).

Nécessaire (lat. *necessarius*, inévitable, indispensable, de *necesse est*, il est nécessaire).

1. *Gén.* Qui ne peut pas ne pas être ou être autrement qu'il est ; par suite, qui ne peut être conçu comme n'étant pas, opp. contingent*, corr. possible. En métaphysique classique, se dit de Dieu comme *cause de soi* (Descartes, Spinoza).

2. *Crit.* Ce que nous ne pouvons pas concevoir autrement : *a*) soit que le prédicat ou attribut soit impliqué dans le sujet ; *b*) soit que la conséquence se déduise du principe ; syn. *apodictique, dist.* le jugement *problématique*, lorsqu'on admet l'affirmation ou la négation comme simplement possibles, et le jugement *assertorique*, lorsqu'elles sont posées comme réelles (vraies) (Kant). *Vérités* dites *nécessaires* : propositions dont les contradictoires impliquent contradiction ou sont connues comme fausses *a priori* ; ex. le tout est plus grand que la partie, deux et trois font cinq.

3. *Log.* S'applique aux conséquences des prémisses (syllogisme) ou des hypothèses (système *hypothético-déductif**) en tant qu'elles se déduisent rigoureusement de celles-ci.

4. *Mor.* Qui s'impose en vertu de la loi morale, du devoir ; en ce cas syn. obligatoire.

Nécessité (lat. *necessitas*).

1. *Gén.* Caractère de ce qui est nécessaire aux divers sens de ce mot, ctr. contingence, hasard.

2. *Crit.* On distingue : *a*) la *nécessité catégorique* ou *absolue* ou *inconditionnelle* ou *métaphysique* ou *de droit*, qui concerne les principes rationnels logiques (identité, non-contradiction, tiers exclu) ou mathématiques ; ex. le tout est plus grand que la partie, et tout ce qui se déduit d'eux ; *b*) la *nécessité hypothétique* ou *conditionnelle*, qui régit toutes les sciences hypothético-déductives, mathématiques et sciences expérimentales. Pour Euclide, les axiomes relevaient de la nécessité absolue, les postulats conféraient à ce qu'on en peut déduire le caractère de la nécessité hypothétique ; pour les mathématiciens modernes, l'ensemble de l'axiomatique*, qui commande tout l'édifice de la mathématique, est d'ordre hypothétique ; dans les sciences expérimentales, la nécessité hypothétique est une nécessité de fait : si un système de conditions ou antécédents est donné, un certain système s'ensuivra ; syn. déterminisme* ou nécessité physique.

3. *Hist. (Crit.)* Chez Kant, la nécessité, opp. contingence, est une des trois catégories* de la *modalité*, la nécessité résultant de l'union de la possibilité avec l'existence (*R. pure*, Anal., 3e section, 10).

4. *Log. form.* Caractérise la déduction logique, not. le syllogisme ; ex. si tout A est B, et que C soit A, alors la conclusion C est B s'impose, on ne peut conclure autrement sans violer le principe de non-contradiction.

5. *Mor. Nécessité morale* : *a*) celle qu'impose la loi morale et qui s'exprime par l'*impératif* catégorique* : tu dois, opp. *impératifs hypothétiques* (Kant) ; *b*) chez Leibniz par opp. à nécessité métaphysique ou absolue. V. principe du meilleur* : « Il faut avouer que Dieu, que le sage, est porté au meilleur par nécessité morale » (*Théod.* 132). « Dieu a choisi entre différents partis tous possibles : ainsi, métaphysiquement parlant, il pouvait choisir ou faire ce qui ne fût point le meilleur, mais il ne le pouvait point moralement parlant » (*Ibid.* 234), opp. liberté d'indifférence chez l'homme : « C'est une heureuse nécessité qui oblige le sage à bien faire, au lieu que l'indifférence par rapport au bien et au mal serait la marque d'un défaut de bonté ou de sagesse » (*Ibid.* 175).

Nécrophilie (comp. du gr. *necros*, mort, et *philia*, amour).

Psy. path. Perversion sexuelle caractérisée par l'attirance morbide qu'exercent les cadavres et gén. tout ce qui concerne la mort*.

Négatif (lat. *negativus*, de *negare*, nier).

1. *Log. form.* Ce qui a la qualité* ou la forme d'une négation, ctr. affirmatif ; parmi les propositions dont la copule* est affectée d'une négation, on distingue les universelles négatives : nul A n'est B, et les particulières négatives : quelque A n'est pas B.

2. *Crit.* Ce qui résulte d'une négation, ctr. positif.

3. *Math.* S'applique aux grandeurs affectées du signe *moins*.

4. *Vulg.* Se dit d'une conception purement critique qui n'affirme rien pour remplacer ce qu'elle nie ou d'une action destructrice qui ne produit rien de réel en remplacement.

5. *Hist.* Chez Hegel, *travail du négatif* : scission dialectique de l'être qui se pose hors de soi ; v. Négativité.

Négation (lat. *negatio*, de *negare*, nier).

1. *Log.* La logique traditionnelle oppose les jugements *affirmatifs* qui disent ce qu'une chose est et les jugements *négatifs* qui disent ce qu'elle n'est pas. Un énoncé forme avec sa négation une contradiction. En tant qu'elle définit, qu'elle délimite, « toute détermination* est négation » (Spinoza).

2. *Exist.* V. Néant, Néantiser.

Négativisme

Psy. Comportement de refus, d'opposition systématique, non raisonné, dont les manifestations sont fréquentes chez le jeune enfant (3 à 5 ans) par affirmation de sa personnalité ; chez l'adolescent (v. Adolescence, Anticonformisme).

En psychopathologie, attitude inverse de celle qui est attendue, symptôme de certaines démences.

Négativité

Hist. (Méta.) Chez Hegel, activité de la négation comme moment dialectique : c'est le contraire de l'identité ou thèse, c.-à-d. la contradiction ou antithèse comme principe du mouvement de différenciation par lequel l'esprit manifeste sa vérité.

Néologisme (comp. du gr. *neos*, nouveau, et *logismos*, calcul).

Ling. Mot récemment créé ou mot ancien auquel on attribue une acception nouvelle.

Népotisme (lat. *nepos, nepotis*, petit-fils, descendant).

1. *Pol., Soc.* Pratique consistant à favoriser les proches parents ou amis et à leur faciliter l'ascension politique ou sociale, indépendamment de leurs aptitudes, le plus souvent au détriment de personnes mieux qualifiées.

2. *Hist.* A désigné d'abord le comportement des papes qui favorisaient leurs neveux et, plus généralement, les membres de leur famille.

Neurasthénie (comp. du gr. *neuron*, nerf, et *asthenia*, faiblesse).

Psy. path. Affection mentale, souvent névrotique, caractérisée par un état habituel d'asthénie physique et mentale, l'incapacité de l'effort physique ou intellectuel, un sentiment d'intense fatigue, une irritabilité marquée, accompagnée de divers symptômes physiques.

Neuropsychologie (néol. de l'ang.).

Épist. Étude des relations entre les fonctions mentales supérieures et les structures du cerveau. V. Localisations cérébrales. Elle reprend en termes scientifiques modernes les questions posées classiquement par l'union de l'âme et du corps. V. sciences cognitives*. Jusqu'où les recherches en neurologie permettent-elles d'aller dans une explication matérialiste de l'esprit ? Qu'en est-il du « fossé explicatif » entre l'activité cérébrale et une expérience subjective ? Le terme ambigu de « neurophilosophie » a été introduit en 1986.

Neutralité (du lat. *neutralis*, neutre, de *neuter*, aucun des deux, ni l'un ni l'autre).

Elle caractérise un individu, une institution, un État qui s'abstient de prendre parti dans une compétition, un conflit, une guerre, un débat quelconque. Ex. neutralité d'un arbitre, *neutralité axiologique* du savant dans ses recherches.

Névrose, névrotique (du gr. *neuron*, nerf, avec concurrence de formes en neu- (neurologie) et en nev- (on a dit névrologie au XIXe). Terme introduit à la fin du XVIIIe).

1. *Vulg.* Trouble organique ou trouble du comportement dont l'origine est attribuée au système nerveux central (sens général avant Freud).

2. *Psychan.* Depuis les recherches sur l'hystérie*, la névrose manifeste le pouvoir du psychisme sur le corps par opp. aux maladies neurologiques correspondant à une lésion reconnue du système nerveux (ex. maladie de Parkinson). Elle est conçue comme essentiellement distincte d'une part des perversions*, d'autre part des psychoses* (paranoïa, schizophrénie) quels que soient les cas limites (*borderline**). D'autre part, Freud a séparé les *névroses actuelles* (névroses d'angoisse) qui relèvent de facteurs présents par manque de satisfaction de la libido, et les *psychonévroses* qui renvoient à une élucidation de conflits psychiques infantiles donc à la cure analytique fondée sur le *transfert**. C'est par l'étude de différentes formes de névroses que Freud a mis en évidence le rôle du refoulement* et des mécanismes de défense*. De nombreux types de névroses ont été décrits (tout d'abord par Freud) selon les symptômes principaux (*phobie*), selon les circonstances de leur apparition (*névrose traumatique*), selon les mécanismes psychiques qui l'expliquent et les modalités du traitement (*névrose de transfert*). Les études de cas se réfèrent principalement à trois groupes de névroses : hystériques*, phobiques*, obsessionnelles*.

3. *Anthr.* Le caractère asocial de la névrose est plus ou moins accentué selon le rapport établi entre le refoulement et la répression sociale (v. Freudo-marxisme). Dans *Totem et tabou*, Freud a mis en rapport la névrose et les productions intellectuelles. « Les névroses présentent des analogies frappantes et profondes avec les grandes productions sociales de l'art, de la religion et de la philosophie ». Mais il en maintient le caractère pathologique, en dehors de tout relativisme en ajoutant : « On pourrait presque dire qu'une hystérie est une caricature d'une œuvre d'art, la névrose obsessionnelle la caricature d'une religion, et un délire paranoïaque la caricature d'un système philosophique ».

Nietzschéisme (Fr. Nietzsche, 1844-1900).

1. Philosophie de Nietzsche dont les thèmes majeurs – volonté* de puissance, surhomme*, éternel* retour – n'ont de sens que pensés dans leur connexion. Mais le caractère non systématique de l'œuvre, son style souvent métaphorique, poétique, son ton volontiers provoquant, ont rendu l'interprétation difficile.

2. Différents courants de la pensée morale et politique se sont réclamés de tel ou tel aspect de son œuvre en des sens les plus divers (de l'anarchisme au nazisme). La littérature y voit souvent une apologie de l'instinct et de l'individualisme (A. Gide, *Les Nourritures terrestres*). Des auteurs récents (G. Deleuze) ont repris la critique généalogique des valeurs chrétiennes et le thème du nihilisme* européen.

Nihilisme (lat. *nihil*, rien, néol. introduit par Jacobi en 1799).

Hist. a) incapacité à accéder au réel, considérée comme conséquence de la critique kantienne par ses adversaires (Jacobi) ; *b*) mouvement révolutionnaire russe qui s'est fait connaître par la révolte violente et les attentats meurtriers à la fin du XIXe siècle. Le mot apparaît dès 1829 ; il est répandu par un roman de Tourgueniev de 1862, *Pères et enfants*. Le nihilisme est d'inspiration anarchiste (Bakounine) ; *c*) Paul Bourget, dans les *Essais de psychologie contemporaine*, généralise le sens du mot à « esprit de négation » au-delà du mal du siècle romantique, au-delà du pessimisme qui finit par « tarir les sources de la vie morale que ni la Science ni la Démocratie n'ont pu alimenter à nouveau » ; *d*) Nietzsche découvre le terme chez Paul Bourget : « Les valeurs séparées, idéalisées, au lieu de conduire à l'action, au lieu de dominer l'action, se tournent contre l'action et la condamnent » (fragment 1887). Le nihilisme est toujours lui-même *évaluation*, toujours une forme de volonté de puissance. Il ne doit donc pas être interprété dialectiquement. Il est dépréciation et non négation, la dialectique étant elle-même un aspect du nihilisme. Le *nihilisme européen* est le sens même de l'histoire dominée par la grande révolte des esclaves et le christianisme. Nietzsche décrit le nihilisme sous de multiples aspects, complet ou incomplet, actif (pessimisme de la force) ou passif (bouddhisme), volonté de néant ou néant de volonté (les « petits bonheurs » des « derniers hommes » dans le prologue de *Zarathoustra*).

Nirvana (du sanscrit, extinction, à rapprocher du lat. *vanus*, vide).

1. *Rel.* Dans les pensées de l'Inde (hindouisme*, bouddhisme*, jaïnisme), le nirvana est le salut, la délivrance, consistant dans la cessation de la douleur, du désir, des passions, l'achèvement du cycle des transmigrations. Il n'est possible d'en parler que négativement ; pourtant il n'est pas un néant, mais un absolu au-delà de l'impermanence de toutes choses.

2. *Mor.* Schopenhauer a fait connaître le mot en l'utilisant pour désigner ce qui est pour lui le sommet de la vie morale : la négation de la volonté par elle-même. Il précise qu'il n'est un néant que relativement à l'existence que nous connaissons.

Niveau mental

Psy., Psy. métr. Degré et forme du développement quantitatif et qualitatif de l'intelligence mesurés ou déterminés par des tests appropriés ; normalement, le développement des aptitudes mentales et intellectuelles (attention, mémoire, raisonnement, etc.) suit à peu près parallèlement la croissance physique et, comme celle-ci, dépend à la fois des facteurs constitutionnels (hérédité) et du milieu socio-économique et culturel. Le niveau mental est établi par des tests adaptés au type d'intelligence que l'on se propose d'apprécier : abstraite ou concrète, inventive ou analytique, etc. ; v. Quotient intellectuel.

Noblesse (lat. *nobilis*, connu, célèbre, d'où bien né).

1. *Soc., Pol.* Classe sociale possédant des privilèges transmis par le seul fait de la naissance. Pascal la définit comme « une grandeur d'établissement », donc dépendant de la volonté des hommes. Montesquieu voit en elle un pouvoir intermédiaire qui garantit la stabilité de la monarchie et la distingue du despotisme.

2. *Mor.* La noblesse est fondée sur l'*honneur**, sentiment de sa propre dignité dans la hiérarchie sociale. Dans un sens plus général, respect de la dignité morale en soi-même comme en autrui.

Noème, noématique, noèse, noétique (du gr. *noêma*, pensée, et *noêsis*, faculté de penser, de *noein*, penser).

Phén. (Husserl) Dans l'analyse intentionnelle*, on distingue la *noèse*, acte même de la connaissance visant l'objet et sa représentation corrélative ou *corrélat*, le *noème*, objet intentionnel visé par la conscience avec son sens, son caractère de réalité, ses modes d'apparaître, etc. *Noétique* : qui concerne la noèse ; *noématique* : qui concerne le *noème* : « À ces descriptions [des *cogitationes* = pensées] appartiennent d'un côté celles de l'objet intentionnel [...]. Cette direction de la description s'appelle *noématique*. À elle s'oppose la direction *noétique*. Elle concerne les modalités du *Cogito* lui-même, par exemple les modalités de la conscience telles que : perception, souvenir, mémoire immédiate, avec les différences modales qui leur sont inhérentes, telles la clarté et la distinction. »

Nolonté (néol. formé du lat. *nolo = non volo*, je ne veux pas).

Psy. Acte de la volonté : *a*) qui refuse assentiment ou soumission ; *b*) qui résiste à une impulsion.

Nom (lat. *nomen*).

1. *Vulg.* Mot ou groupe de mots désignant des personnes ou des choses.

2. *Log.* Syn. de *terme** : « Un nom est un mot pris arbitrairement pour servir de marque qui puisse susciter dans notre esprit une idée semblable à une idée que nous avons eue auparavant, et qui, quand nous la prononçons, puisse être, pour ceux qui l'entendent, le signe de l'idée que nous avons dans l'esprit » (Hobbes). *Nom propre* : celui qui ne s'applique qu'à un seul individu, par opp. au nom commun. Cette distinction grammaticale est importante dans la philosophie du langage et la logique, car le nom propre est le lien le plus simple qui soit possible entre un mot et quelque chose (relation de référence).

3. *Méta.* Problème de la nature des noms et de leur rôle dans la pensée ; v. Nominalisme, Conceptualisme, Réalisme, Universaux.

Nomadisme (du gr. *nomas*, qui paît, qui change de pâturage, de *nemein*, paître).

Soc. Déplacements intermittents ou cycliques de groupes d'un type de civilisation déterminé pour se procurer des moyens de subsistance (cueillette, chasse, pêche, élevage, etc.) selon les conditions du milieu physique et culturel.

Nombre (lat. *numerus*).

1. *Crit. a*) notion fondamentale de l'entendement exprimant le rapport d'une grandeur à une grandeur prise comme unité dont on ne retient que le caractère quantitatif : « L'idée de nombre implique l'intuition simple d'une multiplicité de parties ou d'unités, absolument semblables les unes aux autres » (Bergson) ; Kant en fait le *schéma de la quantité* : le nombre « est l'unité résultant de la synthèse du multiple d'une intuition quelconque composée d'éléments homogènes, en tant que je fais apparaître le temps lui-même dans l'appréhension de cette intuition » (*R. pure*, Anal., l. II, ch. I) ; *b*) le nombre est une *quantité discontinue* ou *discrète* (opp. *quantité continue* géométrique), c.-à-d. composée d'unités telles qu'on passe nécessairement sans transition de l'une à l'autre ; les fractions permettent bien de passer d'une unité à la suivante par des intermédiaires aussi nombreux qu'on voudra, mais elles consistent à prendre pour unités de mesure des grandeurs plus petites (*dénominateur*) et à les compter (*numérateur*), de sorte que c'est encore sans transition que l'on passe de l'une à l'autre ; on ne rétablit la continuité que par l'hypothèse d'unités infiniment petites (*calcul infinitésimal*).

2. *Math. Nombre ordinal* : celui qui marque le rang d'un élément dans un ensemble ordonné ; ex. premier, deuxième, dizième, etc. ; *nombre cardinal* : celui qui caractérise dans un ensemble le total de ses éléments, sans considération de leur ordre. *Loi des grands nombres* (Jacques Bernoulli, 1654-1705, Laplace, 1749-1827) : « Si l'on observe des nombres très considérables d'événements de même nature, dépendant de causes constantes et qui varient régulièrement, tantôt dans un sens, tantôt dans un autre, c.-à-d. sans que leur variation soit progressive dans aucun sens déterminé, on trouvera entre ces nombres des rapports à peu près constants » (D. Poisson) ; cette loi est le fondement du *calcul des probabilités*.

Nominal (lat. *nominalis*, qui concerne le nom).

1. *Gén.* Qui est relatif aux noms *(nomina)* et non aux choses mêmes.

2. *Log. Définition nominale* ou *de mot* (scol. *quid nominis*) : *a*) « Énoncé de ce que signifie le mot [...], par exemple de ce que signifie *triangle* » (Aristote) ; *b*) équivalent d'un mot dont on ignore le sens ou encore explication par son étymologie, dist. *définition réelle* ou *de chose* (scol. *quid rei*), qui indique la nature ou essence de l'objet défini.

3. *Hist. Nominaux* (lat. *nominales*) : terme par lequel les scolastiques désignaient les partisans du *nominalisme*, dist. réaux (realia)*, partisans du *réalisme**.

Nominalisme (lat. scol. *nominalismus*, de *nomen*, nom ; on a dit aussi *terminismus*, de *terminus*, terme).

1. *Crit. Sens général*, doctrine d'après laquelle les *idées générales* ou *concepts* n'ont aucune réalité ni dans l'esprit (*conceptualisme*) ni dans les choses (*réalisme*), mais sont seulement des signes généraux, des noms. Soutenue dans l'Antiquité grecque par les Cyniques qui opposaient à Platon : « Je vois bien le cheval, mais non la caballéité », avec des variantes au Moyen Âge chez Roscelin, D'Occam (v. Universaux, rasoir d'Occam*), au XVIIe s. chez Hobbes (« Rien n'est universel dans le monde que les noms »), au XVIIIe chez Berkeley, Hume, Condillac, etc. : « Qu'est-ce au fond qu'une idée générale et abstraite dans notre esprit ? Ce n'est qu'un nom : ou, si elle est autre chose, elle cesse nécessairement d'être abstraite et générale » (Condillac).

2. *Épist. Nominalisme scientifique* : conception de la science déjà exprimée par Condillac (« la science n'est qu'une langue bien faite »), d'après laquelle les faits, lois et théories scientifiques sont essentiellement des constructions de l'esprit et non une représentation directe des choses ; on y rattache : 1) les conceptions contemporaines qui substituent aux idées de vérité et de connaissance du réel celles de convention*, de commodité, de réussite pragmatique (H. Poincaré, P. Duhem, etc.) ; 2) les thèses du *néo-positivisme* ou *empirisme* logique* issu du Cercle de Vienne qui tendent à réduire la philosophie scientifique « à la syntaxe logique du langage scientifique, c.-à-d. aux règles de formation et de transformation des propositions scientifiques », en n'envisageant « que la cohérence logique des propositions entre elles, non leur correspondance avec un donné qui en constituerait le donné matériel, l'étude de ce donné étant laissée aux sciences spéciales » (L. Rougier).

Nomographie (comp. du gr. *nomos*, loi, et *graphein*, écrire).

Épist. Ensemble des méthodes et procédés servant à représenter les lois scientifiques par des graphiques ou des abaques.

Nomothétique (gr. *nomos*, loi et *thétikos*, qui établit. Néol. introduit par Windelbrand, 1894).

Épist. Dans une classification des sciences, se dit d'une science qui établit des lois (rapports constants), par opposition aux sciences *idiographiques* qui portent sur le fait unique, l'événement, l'histoire.

Non-directivisme, non-directivité (Carl Rogers, vers 1960).

Psychia., Péd., Psy. soc. Attitude thérapeutique, éducative ou formatrice d'*empathie** qui, dans un entretien médical, un enseignement, une réunion-discussion, laisse à autrui (patient, élève, participant) l'initiative du discours et de la démarche, évite d'exprimer ses opinions propres et de juger celles des autres ; cette attitude *non directive* quant au fond, fondée sur le respect et la liberté de la personne, de son développement original, est toutefois active et directive dans la forme, c.-à-d. dans la procédure, par une régulation vigilante de la conduite du discours, sa claire reformulation en accord avec les intéressés qui y reconnaissent leur pensée.

Non-Être

« L'Être est, le Non-être n'est pas » : cette formule célèbre de Parménide (VIe siècle av. J.-C.) a été commentée diversement : exprime-t-elle l'opposition radicale de deux voies de connaissance : celle de la vérité et celle de l'erreur, ou bien est-elle le point de départ d'une recherche d'ordre ontologique ? Un discours sensé sur le Non-être (une méontologie) est-il possible ? Platon l'interprète dans le *Sophiste* en réduisant le non-être à « l'être autre », à l'*altérité*, qui renvoie à une différenciation et non à un néant*.

Non euclidien, v. Espace, Géométrie.

Non-Moi

Méta. Dans l'idéalisme absolu de Fichte, le Non-Moi est la chose extérieure au Moi, l'objet opposé au sujet, tel qu'il est posé par le Moi lui-même. L'expression est parfois utilisée en psychologie pour désigner l'expérience externe.

Non-violence (expression répandue depuis la lutte de Gandhi pour l'indépendance de l'Inde).

Mor., Pol. Attitude, moyen d'action qui repose sur des principes divers : le refus d'ordre moral ou religieux de recourir à aucune violence, même pour répondre à une autre violence ; l'appréciation que les fins les plus justifiables peuvent être corrompues par la violence des moyens utilisés ; l'efficacité plus grande dans certaines situations – des actions collectives telles que la désobéissance civile, le boycott, les grèves, la résistance non armée, etc. – pour combattre l'injustice ou l'oppression. La non-violence ne renonce pas à la force, mais en cherche des formes plus efficaces et moins contraires au respect d'autrui.

Noologiques (Sciences) (comp. du gr. *nous*, esprit, et *logos*, science).

Épist. Nom donné par Ampère aux sciences de l'esprit et de tout ce qui se rapporte à l'esprit (y compris les sciences philosophiques, ethnologiques, politiques), opp. sciences de la matière dites *cosmologiques*.

Normal, normalité (lat. *norma*, équerre : règle, modèle).

1. *Gén.* Se dit d'un phénomène naturel ou du fonctionnement d'une machine, d'une action, d'une pensée, d'une décision morale ou juridique, conformes à une loi, à une règle, à la fin visée.

2. *Math.* Se dit d'une droite perpendiculaire à une ligne tangente, à un plan tangent.

3. *Biol.* Se dit d'un organisme vivant dont les organes sont conformes au type de l'espèce. Se dit aussi des différentes fonctions de l'organisme (opp. anormal, pathologique, déviant). S'emploie également dans la médecine humaine ou vétérinaire. Syn. sain (opp. anormal, pathologique, malade). *Dist.* moyen (une vue moyenne n'est pas une vue normale).

4. *Psy.* Qui ne manifeste pas de troubles de la personnalité ni généralement de handicap mental. Qui atteint le niveau intellectuel tel qu'il est établi par les tests.

5. *Soc.* Par un glissement de sens qui rejoint l'acception commune, ce qu'on observe régulièrement dans une société donnée : « Un fait social est normal pour un type social déterminé, considéré à une phase déterminée de son développement quand il se produit dans la moyenne des sociétés de cette espèce, considérées à la phase correspondante de leur évolution » (Durkheim), le crime, en bonne logique, étant pour Durkheim un phénomène normal, ctr. exceptionnel, extraordinaire ; il ressort de là que, sociologiquement, la normalité est une notion relative, variable avec les milieux socioculturels et l'époque ; un terme équivoque désignant tantôt un jugement de valeur, tantôt la constatation d'un fait fréquent ou régulier.

Normatif (du lat. *norma*).

Épist. Qui énonce ou constitue une norme* ou des normes ; ex. un jugement porté sur la validité d'un raisonnement, sur la beauté d'un tableau, sur la moralité d'une conduite, est dit normatif. *Sciences normatives* (Wundt, 1886) :

expression qui s'applique à la logique, à l'esthétique et à l'éthique en tant qu'elles ont pour objet la critique rationnelle des jugements de valeur*.

Normativité (néol. G. Canguilhem, 1966).

Épist., Biol. Activité de renouvellement des normes chez un être vivant (par opp. à la normalité qui n'est que la conformité aux normes). Elle caractérise un individu en bonne santé. Se dit par anal. dans un groupe social.

Norme (lat. *norma*, équerre).

Toute règle, toute réglementation à laquelle se réfère un jugement d'appréciation, un jugement de valeur, en tout domaine éthique, juridique, technologique, esthétique (ex. une maison construite selon les normes).

Notion (lat. *notio*, connaissance de *noscere*, connaître).

Gén. Connaissance qui reste encore générale, abstraite, non développée en une argumentation. Avoir des notions d'une discipline est en avoir des connaissances élémentaires. La notion est souvent associée à un nom, à une expression simple. Notion est, selon les auteurs, syn. d'idée* (Descartes) ou de concept* : « Le concept pris en tant qu'il a seulement son origine dans l'entendement et non dans une image pure de la sensibilité, s'appelle notion » (Kant, *Critique de la raison pure*).

Noumène, nouménal (du gr. *noumena*, choses pensées, terme emprunté par Kant à Platon dans le *Timée* (51 b), qui désigne ainsi les *Idées*).

Crit., Méta., Mor. Chez Kant, *noumène* désigne les choses en soi en tant qu'elles sont pensées. Aux réalités sensibles ou phénomènes (*phainomena*) donnés à l'homme dans l'intuition sensible s'opposent d'autres choses possibles qui ne sont pas objets des sens : « Nous les considérons comme des objets simplement conçus par l'entendement et nous les appelons êtres intelligibles (*noumena*) » (*Ibid.*, Anal., l. II, ch. III). On peut dès lors distinguer deux sens du *noumène*, l'un *négatif* en ce qui concerne l'homme, l'autre *positif* si l'on pose un être doué d'intuition intellectuelle* : « Si par noumène nous entendons une chose *en tant qu'elle n'est pas objet de notre intuition sensible*, [...] cette chose est un noumène au sens *négatif*. Mais si nous entendons par là un *objet d'une intuition non sensible*, à savoir l'intuition intellectuelle, mais qui n'est point la nôtre et dont nous ne pouvons même pas envisager la possibilité, ce serait alors le noumène dans le sens *positif* ». Pour l'homme, « le concept d'un noumène n'est donc qu'un concept *limitatif*, destiné à restreindre les prétentions de la sensibilité et, par suite, il n'a qu'un sens négatif » *(Ibid.)*. Mais cette restriction de l'usage de notre raison spéculative ou théorique a une compensation fondamentale et positive pour l'homme dans l'ordre *pratique** ou moral, car si, sur le plan phénoménal, il est strictement soumis au mécanisme naturel, sa volonté peut être conçue « en tant qu'appartenant à la chose en soi comme échappant à cette loi et par conséquent comme libre » (*R. pure*, 2e préface). En supprimant « le savoir pour lui substituer la croyance ou foi rationnelle, on peut donc *admettre Dieu*, la *liberté* et l'*immortalité* selon le besoin qu'en a ma raison dans son usage pratique nécessaire » (*Ibid.*). En particulier, en ce qui concerne la liberté, si l'homme, comme être phénoménal, est soumis à la nécessité naturelle, en revanche comme être *nouménal*, « le même sujet, ayant d'un autre côté, conscience de lui-même comme d'une chose en soi, considère aussi son existence *en tant qu'elle n'est pas soumise aux conditions du temps* et se regarde lui-même comme pouvant être déterminé seulement par des lois qu'il se donne par sa raison elle-même [...]. Toute la succession de son existence, comme être sensible, ne doit être considérée dans la conscience de son existence intelligible que comme conséquence et jamais comme principe déterminé de sa causalité comme *noumène* » (*R. pr.*, l. I, ch. III, Examen critique de l'Analytique). V. caractère intelligible*.

Nouveau (Art)

Esth. Mouvement artistique très diversifié apparu en Europe dans les dernières années du XIXe et qui s'est prolongé jusqu'en 1914 (en ang. *modern'style*, en all. *Jugendstyl*, en it. *stile nuovo*). Il se veut en rupture avec l'académisme* néo-classique, mais aussi avec le réalisme*. Il se développe surtout en architecture et dans les arts décoratifs (Horta, Guimard, école de Nancy). Il privilégie les formes sinueuses inspirées de la nature (feuillage, fleurs, insectes), use d'un symbolisme raffiné, parfois mystique ou orientalisant. V. Symbolisme.

Nouveauté (anc. fr. *novelté*, du lat. *novellus*, jeune, diminutif de *novus*).

1. *Soc.* Dans les sociétés modernes, la nouveauté est valorisée parce qu'elle est mise en relation avec l'idée de progrès social, scientifique, technique. Mais toute nouveauté n'est pas progrès et peut relever seulement d'un effet de mode.

2. *Esth.* V. Moderne.

Nouvelle Académie, v. Platonisme.

Numen (mot lat., adj. numineux).

Rel. Force divine, mystérieuse, avec l'ambiguïté du sacré*, à la fois fascinante et redoutable qui serait à la base de toutes les religions (notion introduite par l'historien des religions R. Otto, *Le Sacré*, 1917).

Nymphomanie (comp. du gr. *numphê*, jeune femme, et *mania*, folie).

Psy. path. Forme féminine de l'érotomanie se manifestant par une exacerbation des désirs sexuels et par une recherche obsessionnelle et provocante de séduction s'accompagnant souvent d'exhibitionnisme*.

O

Objectal (néol. XXe).

Psychan. Adj. Relatif à l'objet d'un désir, d'une pulsion. *Dist.* objectif.

Objectif, adj. et subst. (lat. médiéval *objectivus* d'*objectum*, ce qui est posé devant).

Adj. **1.** *Hist.* *a*) dans la langue scolastique, ce qui est posé par l'esprit, ce qui constitue une représentation de l'esprit et non une réalité qui lui serait extérieure. Il en est de même chez les cartésiens : « Une chose est objectivement ou par représentation dans l'entendement par son idée » (Descartes, *Méditation* III). L'opposé d'objectif est alors *formel* : « L'idée du soleil est le soleil même existant dans l'entendement, non pas à la vérité formellement comme il est au ciel, mais objectivement, c'est-à-dire à la manière que les objets ont coutume d'exister dans l'entendement » (1re réponse). On prendra garde que la *réalité objective* est chez Descartes celle de la représentation *dans l'esprit*, en complète opposition avec l'usage moderne du mot depuis Kant ; *b*) au sens moderne, objectif désigne une réalité considérée comme indépendante du sujet connaissant. L'opposé est *subjectif* (et non plus formel). **2.** *Vulg.* *a*) syn. d'*impartial*, qui ne tient pas compte des préférences personnelles (subjectives au sens d'individuelles) ; *b*) syn. de *réel*, de *vrai* (d'une vérité scientifique). Il y a là confusion, car on peut se tromper en étant « objectif » et dire le vrai en étant subjectif.

Subst. *a*) en langue militaire, le but visé par un tir de canon, par une opération plus ou moins complexe ; *b*) par ext., tout résultat recherché. Ex. une *pédagogie par objectifs* détermine à l'avance les résultats scolaires recherchés et y adapte ses moyens.

Objection (lat. *objectio*, action de mettre devant, d'*objicere*, opposer ; objection).

1. *Log., Phil.* Argument tendant à réfuter partiellement ou totalement une thèse, une théorie.

2. *Mor.* *Objection de conscience* : refus de prendre les armes, de servir comme soldat même en temps de paix, l'objecteur de conscience considérant que l'impératif absolu de la conscience est de ne pas tuer son semblable et, par suite, de ne prendre part ni directement ni indirectement à une œuvre quelconque de guerre.

Objectité (néol. forgé par Schopenhauer, 1818).

Méta. Chez Schopenhauer, l'objectité est celle de l'Idée (quasi platonicienne) considérée comme une objectivation* de la volonté métaphysique. Propriété de la chose en soi, elle se distingue donc de l'objectivité dans le monde des phénomènes.

Objectivation

1. *Méta., Crit.* Tout acte consistant à « objectiver », à constituer une objectivité, à poser un objet pour la connaissance ou l'action. Elle peut s'entendre aussi bien à partir de la chose en soi que de la donnée sensible. L'empirisme réduit l'objectivation à un processus purement mental d'*extériorisation* de sensations d'abord subjectives. Il n'y a plus alors de différence de nature entre la perception normale et l'hallucination pathologique. « La perception est une hallucination vraie », écrivait l'empiriste H. Taine. L'idéalisme transcendantal de Kant, l'idéalisme absolu décrivent d'autres procédés d'objectivation. Il en est de même de la phénoménologie husserlienne.

2. *Épist.* Toutes les formations culturelles quelles qu'elles soient (y compris les langues) peuvent être considérées comme des objectivations historiques de l'esprit humain, ce qui rend possible la constitution des « sciences de l'esprit » (Dilthey), dites aussi « sciences humaines ».

Objectivisme

Crit. Peut se dire de toute attitude intellectuelle qui privilégie le point de vue objectif en particulier dans le positivisme d'Auguste Comte. Husserl appelle ainsi la tendance à oublier la subjectivité, apparue dans l'histoire des sciences au XVIIe et caractérisant l'actuelle *crise* des sciences européennes.

Objectivité

La notion d'objectivité n'a de sens que corrélative à celle de subjectivité.

1. *Vulg.* Conçue souvent comme conformité à l'objet, représentation exacte de la réalité, l'objectivité devient un simple syn. de vérité*.

2. *Psy., Mor.* Trait de caractère, qualité morale, l'objectivité est l'impartialité, la mise à l'écart des préférences personnelles, des point de vue individuels, autant que faire se peut, dans un jugement de fait, un jugement de valeur, une décision judiciaire. C'est cette objectivité que Fénelon réclamait de l'historien qui « doit n'être d'aucun temps, d'aucun pays » (*Lettre à l'Académie*). Moralement, elle relève de la vertu de justice, intellectuellement de la formation de l'esprit critique, d'une « psychanalyse de la connaissance objective », comme disait Bachelard.

3. *Crit., Épist.* Contre un réalisme naïf qui imagine les lois de la nature déjà existantes avant d'être découvertes par l'activité scientifique, l'idéalisme transcendantal de Kant fait dépendre toute connaissance objective des phénomènes des conditions transcendantales de la sensibilité (espace, temps) et de l'entendement (catégories). Les lois de la nature ne peuvent être conçues comme universelles, objectives, qu'en raison de l'activité de l'esprit connaissant. « Notre théorie du phénomène a remplacé la réalité de la chose par l'objectivité du phénomène » (J.-P. Sartre, *L'Être et le Néant*). Quelles que soient les discussions soulevées par le criticisme kantien, les objections faites à la fixité des formes pures et des concepts *a priori*, il reste que l'objectivité dans les sciences de la nature (et aussi dans les sciences humaines) est relative à l'activité de la connaissance scientifique, à la construction de réseaux de concepts et à leur mise à l'épreuve dans l'expérience.

Objet (lat. *objectum*, p.p. d'*objicere*, placer devant).

Très généralement, la notion est corrélative de celle de sujet.

1. *Psy.* Dans la langue classique des XVIIe-XVIIIe siècles, objet désigne la personne aimée, la femme aimée, sans rien de péj. (au contraire de l'expression actuelle de « femme-objet »).

2. *Psychan.* Comme dans la langue classique, l'*objet d'amour* (ou de haine) est la personne aimée (ou haïe). Plus généralement, l'histoire affective du sujet, la formation de sa personnalité, ses relations avec son entourage peuvent être décrits par la psychanalyse en termes de *relation d'objet*. Plus précisément, Freud distingue l'*objet* de la pulsion sexuelle et le *but* de la pulsion : « L'objet de la pulsion est ce en quoi et par quoi la pulsion peut atteindre son but » (*Trois Essais*) et donc cherche à se satisfaire. L'objet est d'ailleurs l'élément le plus variable dans la description de la pulsion. Cette contingence de l'objet de la pulsion s'explique par l'histoire infantile de chaque sujet. Dans l'histoire infantile, l'objet est le plus souvent un *objet partiel* (ex. le sein maternel) par opp. à la personne totale.

3. *Mor.* Dans un sens actuel, péj., objet désigne un être humain réduit à l'état de moyen, de chose dépourvue de droits propres à la personne. Ce sens récemment répandu vient de la maxime de Kant : « Agis de telle sorte que tu traites l'humanité, en ta personne comme en celle d'autrui, toujours comme une fin, jamais simplement comme un moyen » (*Fond.*).

4. *Vulg.* Le mot a plusieurs sens peu déterminés : *a*) but ou fin (ex. l'objet d'une demande) ; *b*) le contenu, ce sur quoi porte une activité (ex. l'objet d'un discours). Le mot en ce sens peut être syn. de sujet ; *c*) toute chose matérielle.

Oblatif (lat. *obligatio*, qui s'offre de soi-même, dér. d'*offere*, supin *oblatum*, offrir).

Psy. soc., Psy. Caractérise les personnes ou sentiments généreux, altruistes et désintéressés ; ex. l'amour oblatif d'une mère pour son enfant ; ctr. captatif.

Obligation (lat. *obligatio*, terme de droit, dér. d'*obligare*, attacher ensemble par un lien, engager, obliger).

1. *Dr.* Prop. lien de droit par lequel une personne est liée envers une autre par un rapport juridique qui la rend débitrice à son égard, not. en matière de créance et de dette.

2. *Soc. a*) syn. obligation légale, ce qu'imposent le droit objectif et les lois civiles ; ex. tout citoyen est tenu de payer ses impôts ; *b*) ext. au sens faible, ce qu'imposent les usages, les convenances, etc., syn. *obligation sociale* ; le respect du premier type d'obligation peut seul être exigé par la force.

3. *Mor. a*) *obligation morale* : caractère impératif qui constitue la forme de la loi morale, mais qui oblige sans contraindre physiquement, le devoir étant la règle que l'agent moral s'impose à lui-même (autonomie*) ; *b*) au plur., les actes particuliers ou commandements moraux qu'impose à l'agent moral l'*impératif catégorique**.

Obreption (lat. *obreptio*, action d'obtenir par surprise).
Log. Syn. de pétition de principe.

Obscur (lat. *obscurus*, sombre, difficile à comprendre).
1. *Gén.* Sombre, sans lumière, sans éclat. Opp. clair*. Difficile à comprendre, mystérieux, caché (manœuvres obscures).
2. *Hist.* *a*) chez Descartes, se dit d'une idée qui n'est pas présente à l'esprit attentif. Opp. clair ; *b*) idée éloignée de l'impression première dont elle dérive ; *c*) perceptions obscures ou *petites perceptions* chez Leibniz : une perception consciente (ex. bruit de la mer) est faite d'un nombre très grand de petites perceptions inconscientes (celles des gouttes d'eau).
3. *Psy.* Syn. inconscient.

Obscurantisme (début du XIXe s., d'« obscurant » qui est chez Turgot).
Hist., Soc. Terme polémique dénonçant les doctrines politiques hostiles *a*) sous la Restauration, aux idées issues de la Révolution française ; *b*) gén. au progrès, à la raison, à l'instruction populaire, comme nuisant à la foi et à la pratique religieuse.

Observateur (lat. *observator*).
Adj. *Psy.* Se dit d'un esprit capable de regarder, d'écouter, de s'informer avec perspicacité.
Subst. **1.** *Pol.* Personne officiellement chargée de faire un rapport aux autorités de ce qu'il a constaté dans un domaine déterminé (ex. lors d'élections). Le sens est d'abord militaire. **2.** *Épist.* Celui qui constate, rassemble, enregistre des données sensibles, directement ou par l'intermédiaire d'instruments. L'observateur peut être fictif dans des expériences imaginaires impossibles à réaliser et n'être qu'un point de référence pour des mesures dans une théorie déterminée (théorie de la relativité). **3.** *Mor.* *Observateur idéal* : celui qui, par hypothèse, serait complètement impartial.

Observation (lat. *observatio*).
1. *Gén.* Action d'observer, de mesurer et résultat de cette action (v. Observateur). Le mot a aussi le sens de remarques verbales ou écrites et celui de réprimandes.
2. *Épist.* Dans la description classique de la méthode expérimentale, l'observation est le premier moment (établissement des faits). Le terme s'oppose classiquement à l'*expérimentation** proprement dite. Cependant Claude Bernard remarquait déjà : « L'expérience n'est au fond qu'une observation provoquée ». L'observation « pure », « objective », sans préjugé ni aucun présupposé est un mythe de l'empirisme. Il n'y a pas d'observation, même un simple constat, qui ne présuppose déjà la référence à un certain nombre de concepts. L'observation qui use d'instruments, parfois très complexes (ex. télescope), présuppose toutes les théories qui ont permis la construction et l'usage de cet instrument. On ne peut plus guère opposer langage d'observation et langage de théorie, sciences d'observation et

sciences d'expérimentation. H. Poincaré disait qu'on ne peut pas laisser parler les faits, car les faits en eux-mêmes ne parlent pas et qu'il faut les faire parler.

Obsession, obsessionnel (lat. *obsessio* d'*obsidere*, assiéger, investir).

1. *Psy.* Préoccupation, image mentale, dont il est difficile de se débarrasser. Syn. idée fixe, compulsion*.

2. *Psy. path. Névrose obsessionnelle.* Freud a décrit sous ce nom une classe de névroses dont les symptômes typiques sont la rumination mentale, le doute, les scrupules abusifs, les inhibitions* tendant à rejeter des actes jugés indésirables, les rites conjuratoires.

Obstacle (lat. *obstaculum* d'*obstare*, se tenir devant, empêcher).

Épist. Obstacle épistémologique : expression introduite par G. Bachelard pour désigner un ensemble de représentations, d'habitudes intellectuelles, qui doivent être surmontées pour qu'une science progresse et renouvelle ses concepts. Contrairement aux préjugés d'origine religieuse ou sociale, l'obstacle épistémologique traduit la résistance d'une conception préscientifique ou scientifique antérieure.

Obvie (lat. *obvius*, qui se trouve sur le passage ; qui s'offre de lui-même).

Ce qui va de soi ou semble aller de soi.

Occam (Rasoir d') (de Guillaume d'Occam, 1295-1349, théologien ang.).

Crit., Épist. Principe attribué à Guillaume d'Occam selon lequel il ne faut pas multiplier les entités sans nécessité. Dit aussi *principe de parcimonie*, il est à la fois *méthodologique* (ne pas créer d'abstractions inutiles) et *métaphysique* (ne reconnaître que des réalités concrètes). Il a été souvent invoqué par les divers empirismes jusqu'à nos jours.

Occamisme

Courant de pensée théologique, philosophique, politique, appartenant au nominalisme* qui se réclame de la pensée de Guillaume d'Occam et de ses principaux disciples (entre autres Buridan et Nicolas d'Oresme) en métaphysique ou philosophie de la nature (il n'y a de réalité qu'individuelle), en théologie (distinction du domaine de la foi et du domaine de la raison), en politique (distinction du pouvoir civil et ecclésiastique). Il est considéré comme la source de l'empirisme moderne.

Occasionalisme, causes occasionnelles (lat. *occasio*, ce qui arrive).

Hist. Chez Malebranche en particulier, doctrine selon laquelle toute causalité réelle n'appartient qu'à Dieu, tout changement ayant pour cause* directe et efficace* la volonté divine ; d'où cette triple conséquence : 1) « Les corps ne peuvent se mouvoir les uns les autres, et leur rencontre est seulement une cause occasionnelle de la distribution de leur mouvement » (*Entr.* VII, II) ; 2) « Il [Dieu] a voulu que mon bras soit remué dans l'instant que je le voudrais moi-même », ma volonté n'étant que cause occasionnelle du mouvement de mon corps ; 3) « Il a voulu que j'eusse certains sentiments, certaines émotions, quand il y aurait dans mon cerveau certaines traces, certains ébranlements des esprits*. Il a voulu, en un mot, que les modalités de l'esprit et du corps fussent réciproques » (*Ibid.* VII, 13) ; les causes occasionnelles ne sont donc pas de vraies causes, des causes efficientes, elles ne sont que l'occasion de l'exercice de la volonté divine. V. Parallélisme 2.

Occident, occidental (lat. *occidens* d'*occidere*, tomber, se coucher en parlant du soleil).

1. *Vulg.* Direction du soleil couchant, c'est-à-dire de l'ouest, par opp. à l'orient, direction du soleil levant, l'est.

2. *Pol.* Désigne récemment l'ensemble des pays de civilisation « moderne », européens et nord-américains. Mais la définition des pays « occidentaux » peut varier notablement selon qu'ils sont opposés à des pays dits « orientaux » (Proche-Orient, Moyen-Orient, Extrême-Orient) ou à des pays dits en cours de développement (Afrique).

Occulte (lat. *occultus*, caché, d'*occulere* et *occultare*, cacher).

1. *Vulg.* Caché, secret, souvent péj. ; ex. une influence occulte. *Puissances occultes* ou *forces occultes* : êtres hypothétiques par lesquels on a voulu expliquer certains phénomènes observables. *Sciences occultes* : études qui se donnent pour objet l'action des *puissances occultes* (magie, divination, astrologie, spiritisme, métapsychisme).

2. *Hist.* *Qualités occultes* : on désigne ainsi depuis Descartes et surtout depuis A. Comte les entités abstraites, rapportées à la substance et non manifestes à la vue, par lesquelles certains scolastiques expliquaient les phénomènes ; ex. l'horreur du vide, la gravité des corps, opp. aux qualités visibles qui se manifestent à la vue ; ex. la couleur. V. État métaphysique.

Occultisme

Hist. Nom global donné à diverses écoles ou courants de pensée du XIXe s. qui admettent l'existence des réalités supra-sensibles et supra-rationnelles, de leur intervention dans les affaires humaines et qui prétendent posséder des procédés et méthodes spécifiques pour entrer en contact ou communiquer avec elles ; v. Occulte.

Océanique (du nom du fleuve mythique *Okeanos* qui entoure la terre).

Psy. Le sentiment océanique est un sentiment sublime de fusion dans le Tout. L'expression qui est de Romain Rolland a été reprise par Freud (*Malaise de la civilisation*).

Ochlocratie (*oklokratia* du gr. *ockhlos*, la masse, la foule et *kratein*, dominer. Terme créé par Polybe, historien grec du IIe s. av. J.-C.).

Pol. Régime livré à la domination des mouvements de foule, forme dégénérée de la démocratie (le « pouvoir dans la rue »).

Œcuménisme, œcuménique (lat. ecclés. *œcumenicus* du gr. *oikoumenikos*, de *oikoumenê*, s.e. *gê*, la Terre habitée ; l'univers).
Rel. Mouvement religieux ayant pour but de réaliser l'unité des différentes Églises chrétiennes (catholicisme, protestantisme, orthodoxie) et de viser à une religion universelle et unique.

Œdipe (Complexe d')
Psychan. Pour décrire et dénommer le complexe d'Œdipe, Freud ne s'est pas référé au mythe d'un roi de Thèbes, Œdipe, dont il nous a été transmis de multiples versions, elles-mêmes interprétées très diversement par les anthropologues, mais seulement à la tragédie d'*Œdipe roi*, chef-d'œuvre de Sophocle, qui associait puissamment les thèmes de l'inceste et du parricide avec celui de la recherche de la vérité. Le *complexe* d'Œdipe* n'est donc pas la généralisation d'un fait toujours discutable, mais la découverte d'une structure *a priori* de la vie affective.

Oligarchie (gr. *oligarchia*, d'*archê*, commandement, et *oligoi*, quelques-uns).
Pol. Système politique dans lequel la souveraineté est détenue par un petit nombre d'individus ou de familles, *dist.* aristocratie ; gén. l'oligarchie gouverne, non dans l'intérêt commun, mais dans son propre intérêt, et tend à la perpétuation d'un statut privilégié pour ses membres.

Oligophrénie (dér. du gr. *oligos*, petit, et *phrên*, esprit).
Psy. path. Arriération mentale* grave caractérisée par l'insuffisance du développement intellectuel (opp. démence*, détérioration pathologique de l'intelligence normalement développée), dont l'origine peut être héréditaire, infectieuse, traumatique ou provenir du milieu.

Omnipotence (lat. *omnis*, tout, et *potentia*, puissance).
Théo. Toute-puissance comme attribut de Dieu. La théologie a discuté de ses limites : Dieu peut-il faire le mal, l'absurde, faire que le passé n'ait pas été ?

Omniprésence (lat. *omnis*, tout et *praesentia*, présence).
Théo. Attribut de Dieu qui n'implique pas forcément un panthéisme mais la présence du Dieu personnel tout entier en tous points : « Dieu est une sphère dont le centre est partout et la circonférence nulle part » (Nicolas de Cues, Pascal).

Omniscience (lat. *omnis*, tout et *scientia*, savoir).
Théo. Connaissance de toutes choses, attribut divin. V. Providence, Prédestination.

On (lat. *homo*. En anc. fr., on est le cas sujet de *home*).
1. *Vulg.* Pronom indéfini, représentant « les gens », tout le monde et personne en particulier. C'est une faute de langue, mais fréquente et significative, que de remplacer « nous » par « on ». « On a toujours raison quoi qu'il fasse [...] On est la cervelle, la conscience, le jugement, le goût et la raison de tous, chacun trouve tout, décide sans qu'on s'en mêle » (Amiel).

2. *Phén.* Chez Heidegger, « on » (all. *Man*) désigne l'être au monde quotidien du *Dasein**, qui se laisse aller à agir comme « on » a l'habitude d'agir. Le « on » est donc la modalité inauthentique de l'existence. Heidegger décrit le « on » comme la dictature du quotidien, de la médiocrité, de la banalité, du nivellement. Pourtant le « on » n'est pas le conformisme (une attitude conformiste peut être choisie par une décision authentique) et c'est un contresens fréquent de chercher une morale dans cette analyse du « on ».

Onirique, onirisme (gr. *oneiros*, rêve).
Adj. *Psy., Esth.* Qui a les caractéristiques du rêve dans le sommeil, ou du rêve éveillé. Onirisme (néol. XIXe) s'applique soit à un état pathologique, hallucinatoire, soit à une imitation consciente du rêve, par ex. dans un récit littéraire, une peinture, un film.

Ontico-ontologique (néol. Heidegger, 1927).
Adj. Expression qui caractérise selon Heidegger le statut du *Dasein** (v. Ontologie 2).

Ontique (néol. XXe, répandu par Heidegger, du gr. *on*, *ontos*, étant).
Adj. *Phén.* Qui se rapporte à l'*étant* (par opp. à l'être). Opp. ontologique*. Les diverses sciences portent sur les régions ontiques qu'elles découpent en domaines particuliers. Le *Dasein* est un étant, donc appartient à l'ontique, mais c'est en lui et par lui que se pose la question *ontologique* de l'être de l'étant.

Ontogenèse ou **ontogénie** (dér. du gr. *on, ontos*, l'être, et de *genesis*, devenir, génération).
Biol. Développement de l'organisme individuel à partir de l'œuf jusqu'à l'état adulte, *dist. phylogenèse**, évolution du *phylum*, espèce. Haeckel admettait que l'ontogenèse reproduit la phylogenèse, c.-à-d. que l'individu au cours de son développement embryonnaire passe par différents stades d'évolution qui ont été ceux de son espèce ; cette théorie n'est plus admise auj.

Ontologie, ontologique (lat. *ontologia*, forgé au début du XVIIe (R. Göckel, 1613, d'après le gr. *on*, *ontos*, étant et *logos*, étude).
1. *Hist.* On prendra garde à l'apparition tardive du mot quand il est appliqué à une œuvre philosophique antérieure au XVIIe. *a*) le mot désigne la doctrine de l'être dans l'Antiquité, chez les présocratiques (Parménide), Platon (les genres de l'être dans le *Sophiste*), Aristote (« l'être en tant qu'être ») ; *b*) avec l'apparition de la métaphysique, l'ontologie désigne plus précisément la *métaphysique générale*, science première, universelle, distinguée d'une science particulière comme la théologie, distinction devenue classique avec Wolff (1724) et reprise par Kant. V. Ontothéologie.
2. *Phén.* *a*) *différence ontologique.* Selon Heidegger, « l'être est toujours l'être d'un étant. Le questionnement ontologique est « plus originaire » que le questionnement des diverses sciences » (*Être et Temps*, § 3). Il convient de clarifier suffisamment ce qui est visé proprement par le mot être. Or cette

question est tombée dans l'*oubli** dans la tradition métaphysique. V. Étant, Être ; *b*) *ontologie fondamentale*. Heidegger appelle ainsi l'*analytique** existentiale* du *Dasein* (v. ces mots). Le *Dasein* a en effet cette particularité d'appartenir à la fois à la région ontique et à la région ontologique. Il a une primauté sur tout autre étant : il est ontologique et doit donc « fondamentalement et préalablement être interrogé dans son être » (§ 4).

3. *Preuve ontologique.* Preuve de l'existence de l'être infini (Dieu), tirée de la seule considération de son essence. L'expression même vient de Kant. *a*) saint Anselme développe un énoncé des Psaumes : « L'insensé en son cœur dit que Dieu n'existe pas ». Celui qui a dans son entendement l'idée de « quelque chose dont rien de plus grand ne peut être pensé » serait insensé de nier son existence dans la réalité, car exister dans la réalité est plus grand qu'exister seulement dans la pensée ; *b*) Descartes a repris l'argument sous la forme : « L'existence ne peut non plus être séparée de l'essence de Dieu que l'essence d'un triangle rectiligne de la grandeur de ses angles égaux à deux droits » ; *c*) pour Leibniz, dans l'être absolument parfait, toute possibilité est pleinement réalisée, donc aussi l'existence. Dans une critique restée célèbre, Kant affirme que « l'existence n'est évidemment pas un prédicat réel, c'est-à-dire un concept de quelque chose ». Elle ne peut donc pas se démontrer, être prouvée spéculativement.

4. *Positivisme logique.* Par ext., et sans considération d'une différence entre être et étant, ontologie et ontologique désignent la détermination de ce dont on parle, des réalités dont il est question, des entités auxquelles se réfèrent les énoncés. Ainsi conçue, l'ontologie est sous la dépendance des théories logiques ou linguistiques dont elle est le prolongement.

Ontothéologie (terme créé par Kant (*Critique de la raison pratique*) à partir du gr. *on*, *ontos*, étant, *théos*, dieu et *logos*, science).

Méta., Hist. *a*) Kant appelle ainsi le projet de connaître l'existence de l'Être infini (Dieu) par les simples concepts sans recourir à aucune expérience. *Dist.* cosmothéologie ; *b*) Heidegger reprend le terme pour caractériser la tradition métaphysique qui articule un discours sur l'être en tant que tel et un discours sur Dieu comme fondement du tout de l'être. Il en résulte une double insuffisance, d'une part le Dieu de la religion n'est plus qu'un simple concept rationnel ; d'autre part, l'être, le tout de l'être se confond avec l'Être suprême.

Onus probandi (expression juridique latine : la charge de la preuve).

1. *Dr.* Dans un procès opposant deux plaideurs, on admet que « la preuve incombe à celui qui affirme, non à celui qui nie » (Digeste).

2. *Phil.* Ext. dans les discussions philosophiques ou scientifiques, c'est à celui qui oppose une objection ou qui formule une hypothèse d'en faire la preuve.

Opérationnel (dér. du lat. *operatio*, travail, ouvrage, d'*opus*, même sens).

1. *Log.* Qui sert à effectuer des opérations logiques ou rationnelles.

2. *Math. appliquée. Recherche opérationnelle* : construction mathématique d'un *modèle** visant à tenir compte de tous les éléments ou facteurs à prévoir

et des éventualités ou variables qu'ils impliquent pour assurer l'efficacité d'une décision ; ex. la recherche opérationnelle en vue d'établir un plan de campagne militaire ou un programme d'investissement dans une entreprise.
3. *Tech.* S'applique à des machines ou engins dont le fonctionnement a été mis au point et dont le réglage permet l'emploi régulier ; ex. un sous-marin nucléaire opérationnel. Le terme est souvent employé pour *opératoire.*

Opérationalisme

Épist. Doctrine pragmatiste* selon laquelle la signification d'un concept n'est autre que l'ensemble des opérations qu'il recouvre (ex. opérations de mesure pour la longueur).

Opératoire

Log. pratique., Tech. Qui concerne la méthode de réalisation. *Définition opératoire* : celle qui précise la procédure ou la méthode régulière à employer pour délimiter, mesurer l'objet ou saisir ses rapports ; en ce sens, on dit aussi définition opérationnelle ; *concept opératoire* : possibilité offerte par un concept d'effectuer des opérations intellectuelles : en ce sens, on dit aussi *opérationnel.*

Ophélimité (it. *ofelimita*, créé par V. Pareto d'après le gr. *ophelos*, utile).

Éco. L'utilité telle qu'elle est appréciée par un individu (valeur d'usage).

Opinion (lat. *opinio*).

1. *Psy.* Croyance ou prise de position allant de la simple impression à la ferme affirmation, mais non soumise à l'examen critique : « L'opinion est le fait de tenir quelque chose pour vrai avec la conscience d'une insuffisance subjective aussi bien qu'objective de ce jugement » (Kant). V. Science.
2. *Psy., Soc.* Dans une société, la formation de l'opinion, ou plutôt de la diversité des opinions, correspond à la diversité des classes d'âge, des classes sociales, des origines professionnelles, géographiques, etc. Elle résulte des réactions collectives au changement* social, mais elle n'exprime pas seulement des conformismes. Des techniques de *sondage d'opinions* tentent d'apprécier leur répétition, leur évolution, leur poids relatif.
3. *Pol.* La notion d'*opinion publique* apparaît au XVIIIe (J.-J. Rousseau). Formée par le progrès des Lumières, la discussion rationnelle, confortée au XIXe par la liberté de la presse, par la généralisation de l'enseignement primaire, elle est considérée comme l'expression de la *volonté générale* dans les sociétés modernes démocratiques, ou en voie de le devenir. Cependant la puissance des *mass média*, leur manipulation par les intérêts économiques font que l'opinion publique n'est plus la source d'inspiration des gouvernements, mais surtout un moyen de gouvernement.
4. *Hist. a*) dans l'Antiquité grecque et not. chez Platon, l'opinion, qui comprend la croyance à la valeur des sens (*pistis*) et aux illusions de l'imagination (*eikasia*), est une forme de connaissance pratique et empirique inférieure, qui s'oppose à la connaissance intelligible de la pensée discursive

(*dianoia*) et de la pensée dialectique (*noêsis* ou *épistêmê*) (*Répu.* VI, 511 ; VII, 534) ; toutefois, Platon admet une *opinion droite*, connaissance vraie mais non justifiée ni fondée pour celui qui l'émet ; chez Aristote, « la science et son objet diffèrent de l'opinion et de son objet, en ce que la science est universelle et procède par propositions nécessaires et que le nécessaire ne peut être autrement qu'il n'est [...]. L'opinion s'applique à ce qui étant vrai ou faux peut être autrement qu'il n'est (*Seconds Analytiques*, I, 33, 88b).

Opportunisme (d'opportun, lat. *opportunus*, favorable).
Mor., Pol. Attitude consistant à changer de principes moraux ou politiques selon les circonstances, autrement dit à n'en avoir aucun, ou plus exactement à réduire les principes à de simples moyens en vue d'un résultat. V. Machiavélisme.

Opposition (lat. *oppositio*, d'*opponere*, placer devant, *ponere ob*, opposer).
1. *Log. form. a*) deux termes sont dits opposés quand ils sont ou corrélatifs (contenant et contenu), ou contraires (nain et géant), ou contradictoires (un rond carré) ; *b*) deux propositions ayant même sujet et même prédicat sont dites opposées quand elles diffèrent soit en quantité* : *A* et *I*, universelle et particulière affirmative, tout S est P, quelque S est P : *E* et *O*, universelle et particulière négative, nul S n'est P, quelque S n'est pas P (*propositions subalternes*) ; soit en qualité*, A et E, universelle affirmative et universelle négative, tout S est P, nul S n'est P (propositions *contraires*) ; *I* et *O*, particulière affirmative et particulière négative, quelque S est P, quelque S n'est pas P (propositions *subcontraires*) ; soit à la fois en quantité et en qualité : *A* et *O*, universelle affirmative et particulière négative, tout S est P, quelque S n'est pas P ; *I* et *E*, particulière affirmative et universelle négative, quelque S est P, nul S n'est P (propositions *contradictoires*). Il importe de bien distinguer les *contradictoires* (*contradiction*) et les *contraires* (*contrariété*) : 1) dans les *contradictoires*, si la première proposition est vraie, la seconde est fausse ; si la première est fausse, la seconde est vraie ; si la seconde est vraie, la première est fausse ; si la seconde est fausse, la première est vraie : *on conclut* donc *nécessairement du vrai au faux et du faux au vrai* ; c'est le nerf logique de la *démonstration mathématique par l'absurde** ; 2) dans les *contraires*, si la première est vraie, la seconde est fausse ; mais si la première est fausse, la seconde peut logiquement être vraie ou fausse ; si la seconde est vraie, la première est fausse ; si la seconde est fausse, la première peut être vraie ou fausse ; *on conclut* donc *nécessairement du vrai au faux mais non du faux au vrai*.

Tableau des Oppositions

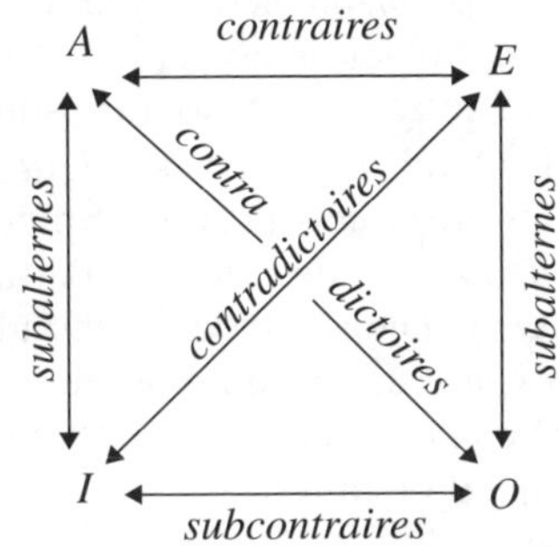

2. *Psy., Péd.* V. Négativisme.

3. *Pol.* Il n'a pas été question de reconnaître un droit d'opposition avant la Déclaration française des droits de 1789. Dans la démocratie du *Contrat social* de Rousseau, la *volonté générale* étant considérée comme infaillible (livre II, ch. 3), toute opposition est une « faction » qui doit être réprimée. Les démocraties libérales modernes garantissent à l'opposition politique des libertés (de presse, d'association, de manifestation), mais celles-ci ne peuvent s'exercer que conformément à la loi qui en définit les conditions.

Optimisme (du lat. *optimum*, le meilleur).

1. *Psy. a*) tendance spontanéeà ne voir que le « bon côté » de toutes choses ; *b*) attitude volontaire de confiance dans l'avenir : « Le pessimisme est d'humeur, l'optimisme est de volonté » (Alain).

2. *Optimisme historique.* Croyance au progrès* général de l'esprit humain, de la civilisation, en dépit d'épisodes d'apparente régression. Les philosophes de l'histoire du XIXe sont presque tous des optimistes.

3. *Optimisme métaphysique*. Identification de l'Être et du Bien, en particulier dans le stoïcisme, chez Spinoza. V. Mal. Son expression la plus élaborée est la *théodicée** de Leibniz. Parmi les possibles compatibles entre eux (*compossibles*), Dieu a créé le monde qui correspond à la plus grande perfection : « Entre une infinité de mondes possibles, il y a le meilleur de tous, autrement Dieu ne se serait pas déterminé à en créer aucun » (*Théodicée*, § 416). V. principe du meilleur*.

Optimum (mot lat.)

1. *Gén.* État le meilleur ou le plus élevé en quantité. L'adj. correspondant est *optimal.*

2. *Éco. L'optimum de Pareto* est atteint lorsque tout accroissement du bien-être d'une personne supposerait la diminution du bien-être d'une autre personne. Il correspond à une situation d'équilibre dans une situation de concurrence parfaite, mais il ne tient compte d'aucune considération d'ordre politique ou moral.

Ordre (lat. *ordo*, *ordinis*, rang, rangée de fils d'une trame, alignement d'arbres, rangée de soldats, même racine qu'*ars*, *artis*, métier et que *ritus*, rite exigé par la religion).

1. *Gén.* Notion à strictement parler indéfinissable, puisque toute définition la suppose déjà. L'ordre implique en tout domaine une certaine cohérence, une certaine stabilité dans une multiplicité qui devient alors intelligible. À l'origine même de la métaphysique, Anaxagore (VIe siècle avant notre ère) écrit : « Tout était mélangé, alors l'esprit vint et mit tout en ordre » (*diakosmêsê*, établit un cosmos). Selon le théologien cartésien Bossuet (XVIIe) : « Le rapport de l'ordre et de la raison est extrême. L'ordre ne peut être remis dans les choses que par la raison, ni être étendu que par elle. Il est l'ami de la raison et son propre objet » (*Connaissance de Dieu*). L'ordre s'entend selon deux grandes acceptions, l'une descriptive, explicative (« l'ordre des choses »), l'autre prescriptive au sens de commandement (« à vos ordres ») : ordonner veut dire tantôt mettre en ordre, tantôt donner un ordre. Ces deux acceptions se retrouvent dans la notion de *loi** : loi de la nature, loi juridique ou morale, dans l'idée de Dieu législateur. Une troisième acception non moins ancienne est celle de *rang* dans une succession, une hiérarchie (« de premier ordre »). La notion d'ordre est alors liée à celle de *nombre* (nombre dit « ordinal ») et à celle de *méthode**. Le passage d'une acception à une autre est fréquent.

2. *Log. Ordre logique* : *a*) enchaînement des propositions dans une déduction conforme aux règles du discours ; *b*) enchaînement rationnel des idées dans une argumentation.

3. *Math.* Structure caractéristique de la science mathématique dans toutes ses parties ; ex. la série des nombres entiers, la suite des théorèmes en géométrie : « Cet ordre, le plus parfait entre les hommes [celui de la démonstration géométrique] » (Pascal).

4. *Crit., Épist. Ordre* ou *méthode* : disposition des notions et des choses fondée non plus selon une classification conceptuelle comme les catégories* d'Aristote, mais sur leur dépendance dans la déduction : « L'ordre consiste en cela seulement que les choses qui nous sont proposées les premières doivent être connues sans l'aide des suivantes » (Descartes, 2e *Rép.*). « Toute la méthode consiste dans l'ordre et la disposition des choses vers lesquelles il faut tourner le regard de l'esprit, pour découvrir quelque vérité » (*Id. Reg.* V). *Ordre rationnel* : « L'ordre suivant lequel les faits, les lois et les rapports, objets de notre connaissance, s'enchaînent et procèdent les uns des autres » (Cournot). *Ordre spatial* : Ordre des coexistants (Leibniz) : « L'espace marque en termes de possibilité un ordre des choses qui existent en même temps en tant qu'elles existent ensemble, sans entrer dans leurs manières d'exister particulières ». *Ordre temporel* ou *chronologique* : ordre irréversible des successifs « mais qui ont entre eux de la connexion » (Leibniz) ; ex. l'ordre historique.

5. *Pol. Ordre social* : ensemble des institutions, des lois, des règlements, des croyances qui assurent la permanence des hiérarchies à l'intérieur d'une société. Au XIXe, le *parti de l'ordre* est le parti conservateur (par opp. au parti du mouvement). Le révolutionnaire, l'anarchiste, ne voit dans l'ordre social qu'un « désordre établi ». Dans la monarchie française d'Ancien Régime, les *rangs* sociaux sont répartis en trois *ordres* (*états*) : noblesse, clergé, « tiers état » dont la hiérarchie et les privilèges sont juridiquement définis. V. Stratification sociale.

6. *Hist. a*) *Mor. Morale de l'ordre* (Malebranche) : il faut distinguer les *rapports de grandeur*, qui ont trait à la vérité, à la science, et les *rapports de perfection*, qui ont trait à l'ordre, à la morale. Comme il y a inégalité entre les grandeurs, il y a inégalité de perfection de la pierre à la bête, de la bête à l'homme et de l'homme à Dieu ; les rapports de perfection constituent l'ordre immuable que Dieu consulte quand il agit et qui doit aussi régir toutes les intelligences, mais la vertu n'est pas l'action simplement conforme à l'ordre, elle est celle qui implique l'amour de l'ordre, qui est amour de Dieu et de toutes choses en Dieu selon leur degré de perfection ; *b*) chez Leibniz, *harmonie de l'univers* : « Dieu ne fait rien hors de l'ordre [...]. Les miracles sont dans l'ordre » (*Disc.* VI, VII) ; *c*) chez Pascal, *les trois ordres* : distinction hiérarchique des domaines de « grandeur » sans commune mesure entre eux, *l'ordre des corps, l'ordre des esprits* et *l'ordre de la charité* : « La distance infinie des corps aux esprits figure la distance infiniment plus infinie des esprits à la charité, car elle est surnaturelle » (*P.* 793) ; Pascal identifie l'ordre de la charité à l'*ordre du cœur* qui a sa logique propre : « Le cœur a son ordre ; l'esprit a le sien qui est par principe et démonstration, le cœur en a un autre » (460). V. Cœur.

Organe (gr. *organon*, lat. *organum*, instrument).

Gén. Dans un tout, partie ayant une fonction propre : ce tout peut être une machine (les organes d'une locomotive), une institution (les organes de l'État), mais le plus souvent organe se dit des parties d'un corps vivant (le poumon, le rein).

Organicisme

1. *Biol.* Se dit de diverses doctrines du XIXe qui expliquent la vie à partir de la notion d'organisme mais récusent à la fois le *mécanisme* de tradition cartésienne et le vitalisme invoquant un mystérieux *principe vital.*

2. *Soc.* Parallèle établi entre l'animal, le corps humain et la société humaine, l'organisation de l'un éclairant celle de l'autre. Apparu dès l'Antiquité (en particulier chez Aristote), il a été souvent repris jusqu'à nos jours, avec souvent des intentions moralistes. Au XIXe, avec les progrès de la biologie, des comparaisons plus précises ont été établies entre les structures de l'organisme vivant et celles d'une société humaine (A. Comte, Spencer, Espinas, Durkheim), mais à partir de théories très différentes : *a*) soit on assimile la société à un être vivant fonctionnant selon des lois semblables aux lois biologiques (Spencer, Espinas, Malinowski), et réciproquement on considère les êtres vivants, « groupement de cellules ou d'autres éléments organiques », comme constituant déjà une société (Espinas) ; *b*) soit on développe l'analogie entre corps humain et corps social pour rendre plus claire l'explication de ce dernier (Durkheim).

3. *Phén.* Chez Merleau-Ponty (sous l'influence du neurophysiologiste all. Goldstein), conception selon laquelle l'organisme est une totalité antérieure à ses éléments qui en sont les différenciations ; le comportement humain est alors un phénomène global qui intègre le psychisme à l'organisme et qui se développe par l'interaction de l'organisme et de son environnement. V. corps* propre.

Organigramme (néol. comp. du gr. *organon*, instrument, et *gramma*, caractère gravé).

Psy. soc. Représentation graphique de l'organisation d'un ensemble (service, entreprise, administration), et qui fait apparaître les relations hiérarchiques (ang. *line*) et fonctionnelles (ang. *staff*) entre les postes de travail.

Organique (gr. *organikos*, qui concerne les instruments).

1. *Biol.* Propre à un organe, qui a une origine dans un organe. Ex. trouble organique. Syn. physiologique (par opp. à psychique, mental).

2. *Dr. Lois organiques* : lois fondamentales ayant valeur constitutionnelle.

3. *Épist. Chimie organique* : partie de la chimie qui étudie les composés du carbone, lesquels jouent un grand rôle chez les êtres vivants (opp. chimie inorganique). Elle commence en 1828 avec la synthèse de l'urée, à partir de produits purement minéraux. Elle semblait alors indiquer la possibilité d'une continuité du physico-chimique au vivant.

Organisation

1. *Biol.* Prop. caractère des êtres vivants qui forment un tout dont les éléments remplissent à la fois des fonctions différentes mais coordonnées. « Un produit organisé de la nature est celui dans lequel tout est à la fois et en même temps moyen et fin. » (Kant, *Jug.* 68).

2. *Tech., Soc. Organisation scientifique du travail* (trad. de l'ang. *scientific management* de F. W. Taylor) : ensemble des méthodes visant à l'aménagement rationnel des postes et des conditions de travail afin d'augmenter le rendement en simplifiant le travail et en évitant les pertes d'énergie ; le *taylorisme** concerne surtout le travail matériel. Cette recherche a été poursuivie dans le domaine des services et de l'administration par le Français Fayol.

Organisme

1. *Biol.* Système existant par soi et dont tous les éléments ou organes sont interdépendants (*finalité* interne*), c.-à-d. doué d'une autonomie relative, car si la vie cellulaire implique des échanges avec le milieu extérieur et une certaine perméabilité (absorption de substances et élimination des déchets), l'organisme n'en constitue pas moins un milieu intérieur (Cl. Bernard) que le milieu extérieur ne détermine que partiellement ; ex. la constance de la température interne du corps malgré les variations de la température extérieure. V. Vie, Vivant.

2. *Soc.* Anal. le tout social en tant que composé d'éléments multiples coordonnés entre eux en vue d'une fin commune.

3. *Vulg.* Anal. avec la biologie et la sociologie, toute forme d'organisation dont les éléments sont moyens et fins les uns pour les autres.

Organon ou **organum** (mot gr. signifiant instrument).

Hist. a) dénomination donnée à l'ensemble des ouvrages d'Aristote traitant de logique (*Catégories, De l'interprétation, Analytiques, Topiques, Des sophismes*) ; l'Organon constitue l'instrument de la pensée, not. la théorie de la déduction et du syllogisme* ; *b*) *Novum Organum* (Bacon) : opp. Aristote, méthode de l'induction* comme propre à l'étude des sciences de la nature.

Orient (lat. *oriens* en parlant du soleil levant, d'*orire*, surgir).

1. *Vulg.* La direction de l'est. Les pays situés géographiquement à l'est. Opp. occident*. On distingue le *Proche-Orient* (pays européens de l'ancien empire ottoman) et le *Moyen-Orient* (pays asiatiques de l'ancien empire ottoman) appelé souvent Proche-Orient par influence anglo-saxonne. *Extrême-Orient* désigne communément la Chine, le Japon et le Sud-Est asiatique. Jusqu'à 1914, la « question d'Orient » était celle des populations chrétiennes dans l'ancien empire ottoman.

2. *Despotisme oriental.* Les Grecs opposaient la liberté des citoyens dans les cités grecques et l'esclavage généralisé dans les empires orientaux (empire perse pendant les guerres médiques). Pour Montesquieu, le despotisme caractérisait les immenses empires orientaux (Perse, Russie, Chine). La notion apparaît encore chez Marx (absence de développement du capitalisme).

Orientation (d'Orient, au sens de point de repère).

1. *Psy. Sens de l'orientation* : capacité à trouver des repères dans l'espace ou le temps. Il est remarquable et mal expliqué chez les oiseaux migrateurs.

2. *Soc. Orientation professionnelle* : répartition des individus selon leurs *capacités** précises, rendue nécessaire par la division accrue du travail. Elle comporte souvent un aspect de *sélection* qui peut être ressentie comme une exclusion ; d'où le problème social et politique d'assurer l'égalité des chances et la justice dans cette orientation. Elle use de tests divers, d'entretiens, de stages…

3. *Péd. Orientation scolaire.* Elle a pour but de préparer dès l'école une orientation professionnelle à la fois efficace et juste en décelant les *aptitudes** des élèves, en les développant, compte tenu de ce que souhaitent les élèves et les familles. Elle ne peut éviter de tenir compte de la conjoncture socio-économique.

Originaire (lat. *originarius*, indigène).

1. *Hist. (Crit.) Unité originairement synthétique de l'aperception** ou *Je Pense* (Kant) : toute liaison d'une diversité conceptuelle ou sensible, condition de toute connaissance, suppose une opération d'une fonction active de l'esprit qui en fait la synthèse et que Kant appelle *aperception originaire* ou pure, c'est le *Je Pense*, sans lequel mes représentations ne seraient rien pour moi et qui constitue le point de vue le plus élevé de la philosophie transcendantale (*R. pure*, Anal., l. II, chap. II, 2e section, § 16). V. Moi transcendantal.

2. *Vulg.* Qui tire son origine de, ex. être originaire d'Asie ; ou qui est à l'origine de, ex. l'être est originaire par rapport au non-être.

Original (lat. *originalis*, qui existe dès l'origine, primitif, dér. d'*oriri*, naître).

1. Sens étymologique, relatif à l'origine ; en ce sens, dans la langue philosophique, on dit plutôt *originel**.

2. *Vulg. a*) (opp. copie, reproduction), s'applique soit à l'auteur, soit au type premier qui sert de modèle aux copies ; ex. des documents originaux ; *b*) laudativement, nouveau, qui n'imite rien d'antérieur et représente une création ; *c*) péj. s'applique à ce qui se singularise par sa bizarrerie, son excentricité.

Origine (lat. *origo*, *originis,* d'*oriri*, naître).

1. *Gén. a*) terme souvent ambigu, indéterminé. Il faudrait distinguer le *commencement* (premier terme d'une série) et l'*origine* (le principe qui engendre cette série), mais il y a souvent confusion même dans l'usage mathématique (le point d'origine est le commencement d'une ligne) ; *b*) d'autre part, origine a souvent le sens de *cause*, de condition d'apparition d'un phénomène quelconque (ex. l'origine d'une maladie), ou encore d'explication historique (l'origine d'un mot est son étymologie).

2. Dans certains exposés tels qu'origine du langage, origine de la vie, origine des idées, origine du mal, la question de l'origine est celle de la *nature*, de l'essence d'un phénomène avec la suggestion implicite que ce phénomène devrait être *réductible* à des phénomènes d'une autre nature (ex. la vie à la physico-chimie, les idées aux sensations, etc.). Écrire comme J.-J. Rousseau un *Discours sur l'origine de l'inégalité* est postuler d'emblée que l'inégalité n'est pas première, qu'elle a été précédée par l'égalité dans l'*état de nature*. V. Idée, Langage, Mal, Vie.

Originel, qui remonte à l'origine ; ex. le péché originel ; v. Original.

Orphisme (d'*Orphée*, poète et musicien mythique. Orphisme est introduit par Renan en 1863).

Hist. Croyance religieuse, apparue entre le VIIIe et le VIe siècle avant notre ère et qui s'est manifestée jusqu'à la fin de l'Antiquité, impliquant la vie de l'âme après la mort, la réincarnation et des aspects mystiques assez mal connus. On trouve des références à l'orphisme chez les philosophes présocratiques (Pythagore, Héraclite, Empédocle) et chez Platon.

Orthodoxie (gr. *orthodoxia*, caractère de l'opinion droite, *orthê doxa*, d'*orthodoxein*, penser juste, avoir une pensée saine).

1. *Rel. a*) sens général, conformité d'un enseignement ou d'une pratique avec la doctrine religieuse définie par une Église officielle ; *b*) historiquement, désigne en part. l'Église orthodoxe ou d'Orient, qui s'est séparée de l'Église romaine (schisme de Photius, 867) et qui s'est donné ce nom, opp. catholicisme et protestantisme.

2. *Vulg.* Conformité ou obédience d'une conception ou d'une pratique avec celles d'une école, d'un parti, etc. ; ex. l'orthodoxie marxiste-léniniste.

Ostensif (lat. os*tensivus* d'*ostendere*, montrer).

Log. Se dit des démonstrations, des preuves directes (ex. opp. à des démonstrations par l'absurde). V. Apagogique.

Ostracisme (gr. *ostrakismos*, forme de bannissement, dér. d'*ostrakon*, coquille ; tesson semblable à une coquille sur lequel on inscrivait dans la Grèce antique le nom de l'homme condamné à l'exil).

1. *Hist.* Dans l'Antiquité grecque, surtout à Athènes, bannissement par vote pour dix ans d'un citoyen jugé dangereux pour les institutions.

2. *Soc., Pol.* Ext. dans un groupe social, mise à l'écart de certains individus regardés comme réfractaires aux types de comportement établis.

Oubli (lat. *oblivio* d'*oblivisci*, oublier).

1. *Vulg.* Défaillance involontaire plus ou moins étendue de la mémoire. Quand l'oubli est volontaire, le terme est plutôt *omission* qui engage clairement la responsabilité du sujet.

2. *Psy.* Effacement progressif d'un souvenir avec le temps, accompagné en général d'une déformation. C'est cet oubli qui altère la valeur d'un témoignage surtout tardif. La psychologie expérimentale, dès la fin du XIXe (Ebbinghaus), s'est efforcée d'établir des « lois » de la mémoire qui sont en fait des lois de l'oubli. Mais les situations expérimentales et les tests ne tiennent guère compte des facteurs affectifs.

3. *Psy. path.* Oubli pathologique, v. *Amnésie*.

4. *Psychan.* « L'étude des rêves et des phénomènes pathologiques nous ont appris que même les choses que nous croyons avoir oubliées depuis longtemps peuvent réapparaître dans notre conscience » (Freud, *Psychopathologie de la vie quotidienne*). On ne peut dire qu'un souvenir est devenu à jamais inconscient, inaccessible à la conscience. L'oubli dépend donc de la censure consciente ou inconsciente et donc des mécanismes complexes du refoulement. L'oubli d'une personne, d'une chose, d'un mot ne sont donc pas de simples manques (comme le sait d'ailleurs le sens commun) mais révèlent ce que le sujet désire oublier. Il y a des défaillances de l'oubli comme il y a des défaillances du souvenir.

5. *Mor., Méta.* Les psychologues, les philosophes n'ont guère vu dans l'oubli que l'aspect négatif, déficient, de la mémoire. Mais les moralistes savaient que le *pardon*, comme oubli librement assumé de l'offense subie, est un moment positif de la vie morale. Nietzsche décrit l'homme supérieur comme l'homme de la longue mémoire, mais aussi celui qui sait oublier par une hygiène de l'esprit, tandis que l'homme du ressentiment est étouffé par des souvenirs et des vengeances inabouties : « Maintenant seulement je te crois guéri, car il est guéri celui qui a oublié » (*Gai savoir*). Mais le philosophe qui est allé plus loin en inversant le problème de la mémoire en problème de l'oubli est sans doute Bergson ; si l'esprit est par lui-même mémoire dans la continuité de la durée, alors c'est le corps, le cerveau qui font écran et opèrent une sélection au service de l'action.

Outil (du plur. lat. *ustensilia*, objets usuels d'*uti*, se servir de).

1. *Gén.* Moyen matériel d'action sur la nature dû à l'intelligence humaine. Il se distingue de la machine qui transforme ou produit de l'énergie. En préhistoire, la présence d'outils fabriqués (couteaux, grattoirs en silex) est le critère même de l'humanité (*homo faber*). V. Homme. L'usage intelligent de pierres, de bâtons, etc. comme outils a été observé chez les animaux supérieurs. V. Intelligence.

2. *Hist. a*) en gr., le même mot *organon* correspond à outil, instrument et à *organe* d'un être vivant. Aristote a décrit la main comme l'outil premier : « C'est donc à l'être capable d'acquérir le plus grand nombre de techniques que la nature a donné l'outil de loin le plus efficace, la main [...] Car la main devient griffe, serre, corne ou épée, toute autre arme ou tous autres outils ; elle peut être tout cela parce qu'elle est capable de tout saisir ou de tout tenir » (*Parties des animaux*, IV, 687) ; *b*) au contraire, Bergson fait correspondre à l'opposition fondamentale de l'intelligence et de l'instinct, celle de l'outil et de l'organe vivant : l'intelligence est « la faculté de fabriquer des outils artificiels, en particulier des outils à faire des outils et d'en varier indéfiniment la fabrication » (*Évolution créatrice*).

3. *Phén.* Le monde quotidien dans lequel le *Dasein* existe est un monde d'*utilité* et de renvoi entre des étants disponibles (à portée de la main, *Zuhanden*) : « L'outil, conformément à son *ustensilité* (*Zeughaftigkeit*) est toujours par son appartenance à un autre outil : l'écriture, la plume, l'encre, le papier, le sous-main, la table, la lampe, les meubles, la chambre [...] Avant tel ou tel outil, une totalité d'outils est déjà découverte » (*Être et Temps*).

Ouvert (dér. du lat. pop. *operire*, altération du lat. class. *aperire*, ouvrir).

1. *Mor.* Chez Bergson, s'applique *a*) à l'*âme* ouverte (opp. âme close*) ; *b*) à la *morale ouverte* et dynamique, celle de l'aspiration (opp. morale close et statique, celle de l'obligation) ; *c*) à la *société ouverte* (opp. société close) : « La société close est celle dont les membres se tiennent entre eux, toujours à attaquer ou à se défendre [...], la société ouverte est celle qui embrasserait en principe l'humanité entière » (*Deux Sources*).

2. *Épist. Rationalisme ouvert* (G. Bachelard) : doctrine selon laquelle le travail de la raison peut amener à changer et à élargir notre conception de la raison, opp. rationalisme figé dans les cadres de la *raison* constituée*. Ce mouvement est dit dialectique (dans un sens non hégélien).

P

Pacifisme (de pacifique, fin du XIXe).

Pol. Mouvements politiques très divers par leur motivation (religieuse, morale, politique), leur but (la forme de paix qu'ils veulent instaurer), les moyens préconisés (manifestations, grève générale, objection* de conscience, propagande pour le désarmement). Ils ont en commun un antimilitarisme plus ou moins accentué et le refus de la célèbre formule : « Si tu veux la paix, prépare la guerre », encore que certains mouvements pacifistes font exception plus ou moins ouvertement pour les guerres dites de « libération ».

Pacte (lat. *pactum*, p.p. de *pacisci*, obtenir par accord, de *pangere*, établir).

1. *Gén.* Accord, convention, engagement. Ex. un pacte avec le diable. Souvent syn. de contrat.

2. *Pol.* Chez Rousseau, pacte social est syn. de contrat social. Le juriste Pufendorf distinguait un *pacte d'association* et un *pacte de soumission,* par lequel le corps social reconnaît un souverain, distinction qui disparaît chez Rousseau (pour qui le souverain n'est autre que le peuple tout entier).

Paganisme (lat. *pagani*, paysans chez qui le polythéisme antique a survécu plus longtemps).

Rel., Hist. Le mot s'applique aux croyances non chrétiennes, ou non monothéistes, ou encore relevant de la superstition, même dans les populations christianisées.

Paix (lat. *pax*, *pacis*, même racine que *pangere*, fixer).

Pol. Fin d'une guerre, état d'absence de guerre. Bien que la paix apparaisse comme un idéal, une valeur moralement positive, associée à une entente entre les États et les peuples, tout état de paix résulte d'un rapport de forces. Tacite, avant Montesquieu, avait écrit que la paix pouvait être obtenue et maintenue par la plus terrible oppression. La paix doit-elle être recherchée quel qu'en soit le résultat (v. Pacifisme) ? Une alternance de paix et de guerre est considérée comme inséparable de la condition humaine (v. Guerre). Faut-il se représenter l'état de nature comme un état de paix (J.-J. Rousseau) ou de guerre de tous contre tous (Hobbes) ? « Les hommes font la guerre et aiment la paix » (Alain).

Paléontologie (comp. du gr. *palaios*, ancien, *onta*, êtres, et *logos*, science).

Épist. Science des espèces biologiques disparues ou des formes anciennes des espèces vivantes d'après les fossiles découverts dans les couches géologiques).

Palingénésie (gr. *paliggenesia*, renaissance, de *palin*, de nouveau, et *genesis*, génération).

1. *Gén.* Renaissance, régénération, résurrection.

2. *Hist. a*) terme appliqué de façon assez impropre à la doctrine stoïcienne (Marc Aurèle), selon laquelle l'univers est gouverné par une sorte d'éternité cyclique, qui amène le retour périodique des mêmes événements ; *b*) désigne diverses doctrines comme celle d'une régénération cyclique des animaux après leur mort apparente (Charles Bonnet, 1769), celle d'un rythme de révolutions, qui serait la structure de l'histoire pour tous les peuples et qui les conduirait à une fin générale et providentielle de l'humanité (Ballanche), ou encore celle de l'évolution cyclique des civilisations (Spengler).

Panel (mot ang. signifiant littéralement liste d'experts).

Psy. soc. a) dans les enquêtes psychosociales, ensemble des individus possédant les caractéristiques requises et représentant un échantillon fixe de population qui répond aux questionnaires d'enquêtes ou de sondages d'opinions. Le *sondage* est une photographie, le *panel* est un film des opinions et comportements sociaux : observé à des intervalles de temps précis, il permet « l'analyse des changements d'état d'un système social » (J. Cazeneuve) ; *b*) dans les réunions, discussion d'experts sur un thème donné en présence d'un public qui peut intervenir ou non pour lui poser des questions. En français, souvent syn. de *table ronde*.

Panenthéisme (forgé par Krause en 1828 du gr. *pan*, tout, *en*, dans et *theos*, Dieu).

Selon la doctrine de Krause, Dieu contient le monde, mais il ne se confond pas avec lui (ce qui évite le panthéisme*). Cette conception était peut-être celle des premiers chrétiens : « En Dieu, nous vivons, nous nous mouvons et avons l'existence » (Actes des apôtres), formule citée par plusieurs philosophes classiques (Berkeley, Malebranche, Spinoza).

Pangéométrie, v. Métagéométrie.

Panlogisme (comp. du gr. *pan*, tout, et *logos*, raison : terme créé par Erdmann pour désigner la doctrine de Hegel).

Gén. a) toute doctrine d'après laquelle tout ce qui est réel est intégralement intelligible ; *b*) doctrine attribuée à Hegel qui pose que tout ce qui est rationnel est réel et que tout ce qui est réel est rationnel, la dialectique* étant le mouvement de pensée par lequel se manifeste la rationalité absolue ; *c*) appellation parfois donnée à la philosophie de Leibniz considérée comme « l'expression la plus complète et la plus systématique du rationalisme intellectualiste : il y a accord parfait entre la pensée et les choses, entre la nature et l'esprit ; la réalité est entièrement pénétrable à la raison. Pour caractériser cette métaphysique d'un seul mot, c'est un *panlogisme* » (L. Couturat).

Panpsychisme ou **pampsychisme** (comp. du gr. *pan*, tout, et *psuchê*, âme).

Méta. Doctrine d'après laquelle toute matière est non seulement vivante (hylozoïsme*), mais possède une nature psychique analogue à celle de l'esprit humain.

Pansexualisme (gr. *pan*, tout et lat. *sexus*, sexe).
Psychan. Terme polémique attribuant à Freud le principe arbitraire d'expliquer tous les phénomènes psychologiques par la seule pulsion sexuelle. En fait, les théories freudiennes ont toujours été dualistes (pulsions sexuelles, pulsions du moi ; pulsions de vie, pulsions de mort).

Panthéisme (du gr. *pan*, tout et *theos*, Dieu ; terme introduit par John Toland en 1705).
1. *Méta., Hist.* Les mots panthéiste et panthéisme sont régulièrement associés à la pensée de Spinoza qui pourtant ne les a pas utilisés, ni pu les connaître. « Panthéisme veut dire à la fois que tout est Dieu et que Dieu est le tout » (Alain, *Définitions*). Soulignons dans cette formule les mots « tout » et « à la fois » : c'est un panthéisme philosophique qui est ainsi caractérisé. Il s'oppose au monothéisme en refusant l'idée d'un dieu créateur (le monde est éternel), transcendant, personnel. Mais d'autre part, la réduction du panthéisme à un athéisme ou à un matérialisme caché est un contresens polémique commis plus ou moins volontairement au XVIIIe s. sur la pensée de Spinoza à la fois par les défenseurs du monothéisme traditionnel et par ses adversaires. Les expressions comme « panthéisme matérialiste » ou « naturaliste » attribuées par ex. à Diderot ou d'Holbach ne font qu'introduire des confusions.
2. *Hist. a*) un panthéisme plus ou moins conceptualisé a été décelé dans les religions de la nature, dans la religion védique de l'Inde, dans le stoïcisme (Dieu âme du monde), dans le néo-platonisme (procession de l'Un) et même chez des théologiens chrétiens influencés par le néo-platonisme ; *b*) après la célèbre querelle du panthéisme qui opposa Jacobi et Mendelssohn sur l'interprétation de Spinoza vers 1785, un certain panthéisme (distinct de l'athéisme) réapparaît dans la littérature romantique et la philosophie postkantienne (philosophie de la nature). Le développement dialectique de l'Esprit absolu dans le système hégélien a été très souvent interprété comme un panthéisme.

Parabole (gr. *parabolê*, comparaison, rapprochement, parabole, de *paraballein*, jeter auprès de, comparer).
1. *Rel.* Court récit imaginaire et symbolique d'où se dégage une leçon morale ou religieuse de portée générale : ex. la parabole du bon semeur, de l'ouvrier de la onzième heure (Évangiles).
2. *Math.* Courbe ouverte formée par tous les points qui, dans un plan, sont à égale distance d'un point (le foyer) et d'une droite (la directrice).

Paradigme (gr. *paradeigma* de *deiknumi*, montrer).
1. Chez Platon, idée, modèle intelligible sur lequel le démiurge a organisé le monde. Toujours chez Platon, le mot a aussi le sens de copie sensible par rapport à l'intelligible, ou simplement le sens général d'exemple.
2. Chez Aristote, argument tiré d'un exemple, donc allant du particulier au particulier.

3. *Soc., Épist.* Norme de pensée ou d'action dans une culture. En histoire des sciences, on appelle ainsi l'ensemble des conceptions générales acceptées par une communauté scientifique, les modèles qui orientent la recherche pendant une période plus ou moins longue jusqu'à ce qu'un autre paradigme apparaisse (T. S. Kuhn, *La Structure des révolutions scientifiques*, 1962).

Paradoxe (gr. *paradoxos*, contraire à l'attente ou à l'opinion commune, du gr. *para,* contre, et *doxa*, opinion).

1. *Rhét.* Forme d'assertion qui heurte volontairement la pensée commune et la vraisemblance ou se présente même apparemment comme une contradiction pour mettre une idée en relief ; ex. « On ne commande à la nature qu'en lui obéissant » (Bacon).

2. *Log.* Il y a paradoxe lorsqu'un raisonnement logiquement correct aboutit à une conclusion inacceptable d'apparence absurde. Tels étaient les arguments de Zénon contre la réalité du mouvement (Achille* et la tortue) ou le paradoxe du menteur*. Mais la rigueur logique est telle qu'ils ne peuvent être rejetés comme de simples sophismes*. La logique contemporaine s'est développée en affrontant un certain nombre de paradoxes que les logiciens s'étaient proposés à eux-mêmes, en particulier les paradoxes apparus dans la formulation de la théorie des ensembles.

3. *Esth. Paradoxe sur le comédien* (titre d'un écrit de Diderot). Un comédien peut jouer parfaitement l'apparence d'une émotion que lui-même ne ressent pas.

Paralangage (comp. du gr. *para*, à côté de, et langage).

Ling. Moyens auxiliaires de la parole qui ajoutent à la valeur communicative du message parlé et parfois y suppléent : gestes, regard, mimique*, expression de la physionomie, etc. V. Langage.

Parallèle (gr. *parallêlos*, placé en regard, parallèle).

1. *Math.* Se dit de deux droites, de deux plans, qui n'ont aucun point commun.

2. Ext. se dit de phénomènes qui évoluent de façon semblable, qui ont le même but tout en restant distincts.

3. *Postulat des parallèles* (ou postulat d'Euclide). Cinquième postulat des *Éléments* d'Euclide, qui pose qu'une parallèle et une seule peut être tracée par un point extérieur à une droite dans un même plan. Il caractérise ce qui a été appelé espace euclidien, géométrie euclidienne. Il a longtemps été considéré comme évident*, mais sa négation n'entraîne aucune contradiction dans la suite des théorèmes et a permis de construire au XIXe s. des géométries *non euclidiennes.*

Parallélisme (du gr. *parallêlos*, placé en regard, parallèle).

1. *Psy. Parallélisme psychophysiologique* ou *psychophysique* : théorie selon laquelle les phénomènes physiologiques, d'une part, et les phénomènes psychiques, de l'autre, constituent deux séries indépendantes qui se correspondent sans exercer d'action directe l'une sur l'autre.

2. *Hist. (Méta.) a*) chez Spinoza, parallélisme pour l'homme de l'âme et du corps manifestant les deux aspects de la réalité fondamentale : « Substance pensante et substance étendue, c'est une seule et même substance comprise tantôt sous un attribut, tantôt sous l'autre. De même aussi un mode de l'étendue et l'idée de ce mode, c'est une seule et même chose, mais exprimée en deux manières » (*Eth.* II, 7, scolie) ; *b*) chez Malebranche, toute causalité réelle appartenant à Dieu, c'est à l'occasion d'un acte de ma volonté qu'il meut une partie de mon corps et qu'à l'occasion d'un changement dans mon corps, il produit en moi une pensée ou une perception ; v. Occasionalisme ; *c*) chez Leibniz, système de l'*harmonie* préétablie* entre l'âme et le corps que Dieu a réglée une fois pour toutes de telle façon qu'à toute perception de l'âme corresponde un mouvement du corps et réciproquement ; v. Monade.

Paralogisme (gr. *paralogismos*, de *para*, à côté d'où faux, et *logismos*, calcul raisonnement).

1. *Log.* Erreur* formelle de raisonnement, quand un terme est pris en deux sens différents.

2. *Hist. Paralogismes de la raison pure* (Kant) : ceux qui sont à la base de la *psychologie rationnelle* et qui prétendent conclure dogmatiquement du *Je pense* au moi-substance, c.-à-d. à la substantialité, à la simplicité, à la personnalité de l'âme et à l'idéalité de son rapport avec les phénomènes extérieurs (*R. pure*, Dial. I. II, ch. I).

Paramètre (comp du gr. *para*, le long de, et *metron*, mesure ; *cf. parametrein*, mesurer).

1. *Math.* Terme d'une équation considérée comme variable, et dont les différentes valeurs déterminent des solutions différentes.

2. *Vulg.* Anal. tout élément variable dont dépend la solution d'un problème, la détermination d'un événement, les modifications d'une situation.

Paramnésie (comp. du gr. *para*, à côté, et *mnêsis*, mémoire, formé sur *amnêsis*).

Psy. path. Trouble momentané de la perception caractérisé par le sentiment qu'un état de conscience donné pour la première fois a déjà été vécu tel quel, avec tous ses détails, dans le même état affectif et intellectuel ; syn. illusion du déjà-vu, fausse reconnaissance. Freud l'interprète comme la résurgence d'un fantasme refoulé mais lié à une perception présente (*Psychopathologie de la vie quotidienne*).

Paranoïa (gr. *paranoïa*, de *paranoein*, penser contre la raison).

Psy. path., Psychia. Psychose caractérisée par un état de délire et marquée par l'idée de persécution ; la psychiatrie retient quatre traits fondamentaux : l'inflation du moi (égocentrisme, orgueil et vanité), l'esprit de méfiance, l'erreur rigide de jugement (délire d'interprétation), l'agressivité revendicatrice. V. Mégalomanie, Délire de persécution.

Parapsychique, parapsychologie (comp. du préf. gr. *para* au sens d'à côté, parallèle, et de psychologie).
Psy. Étude des phénomènes d'ordre psychique remarquables mais inexplicables par les connaissances actuelles en psychologie. Certains phénomènes (ex. télépathie*) ont donné lieu à des recherches expérimentales mais peu décisives.

Parcimonie (Principe de), v. principe de Morgan*, rasoir d'Occam*.

Parénétique (gr. *parainetikos*, qui exhorte, de *parainein*, exhorter).
Mor. a) subst. fém. : chez les stoïciens, morale pratique qui donne des règles et conseils de vie, des préceptes particuliers ; *b*) ext. adj. : qui concerne l'*exhortation* ; ex. le genre oratoire qui consiste en exhortations est dit parénétique.

Parenté (du lat. *parens, parentis*, père, mère, ext. aïeul, puis en bas lat. membre de la famille, p.pr. de *parere*, engendrer).
Ethn. Objet central de l'ethnologie, la compréhension des structures de parenté dans les sociétés archaïques, c.-à-d. les formes de lien familial et d'échanges matrimoniaux autorisés ou interdits, permettant de comprendre les échanges sociaux, les fonctions sociales et les institutions de ces sociétés. L'étude de la parenté éclaire les rapports de la nature et de la culture en distinguant la parenté biologique et la parenté socialement reconnue : dans certaines sociétés, les liens de consanguinité ne sont pas reconnus et ne mènent à aucun rapport social ; inversement, la parenté sociale ne repose pas toujours sur la base d'une consanguinité (parenté totémique, alliance). V. Structuralisme 3.

Paresseux (Raisonnement ou **argument)** (gr. *logos argos*).
Méta. Sophisme des fatalistes qui en concluent à l'inutilité de l'effort et à l'abandon au sort, car « si l'avenir est nécessaire, ce qui doit arriver arrivera, quoi que je puisse faire. Or l'avenir [...] est nécessaire, soit parce que la divinité prévoit tout [...], soit que tout arrive par l'enchaînement des causes, soit enfin par la nature même de la vérité, qui est déterminée dans les énonciations qu'on peut former sur les événements futurs comme elle l'est dans toutes les autres énonciations [...]. L'idée mal entendue de la nécessité, étant employée dans la pratique, a fait naître ce que j'appelle *Fatum* Mahometanum*, le destin à la turque » (Leibniz, *Théod.* préface). V. Fatum, Futur contingent.

Parfait, perfection (lat. *perfectio* de *perfectus*, p.p. de *perficiere*, faire complètement).
1. *Vulg.* La notion de perfection implique celle d'une adéquation complète (ex. égalité parfaite), d'une réalisation sans défaut d'un travail quel qu'il soit, d'une œuvre d'art (une statue parfaite), d'une action morale ou politique accomplie. La perfection suppose donc une fin, un achèvement. Un travail

infini ne pourrait être mené à sa perfection. Tel est le sens premier aristotélicien (v. Entéléchie) et encore d'usage courant.

2. *Méta., Hist.* Dans les religions révélées monothéistes, Dieu est conçu à la fois comme parfait et infini. L'être suprême est alors « l'être sans restriction » (Malebranche). Chez Descartes, Spinoza, Leibniz, la perfection est la réalité même d'une chose et cette chose peut être plus ou moins parfaite selon son degré de réalité, d'activité (par ex. l'âme selon qu'elle est plus ou moins soumise aux passions*). La perfection est absolue en Dieu, et la notion de perfection est au centre de la preuve ontologique*. Descartes a énoncé une preuve de l'existence de Dieu par la présence en l'homme de l'idée de parfait : « Je n'aurais pas l'idée d'une substance infinie, moi qui suis un être fini, si elle n'avait pas été mise en moi par quelque substance qui fût véritablement infinie » (*Méd.* III).

Pari (de Pascal)

Hist. (Rel.) Argument par lequel Pascal veut convaincre l'incroyant ou *esprit* fort* à parier pour l'existence de Dieu avec toutes les conséquences qu'implique ce pari : « Votre raison n'est pas plus blessée en choisissant l'un que l'autre [que Dieu est, ou qu'il n'est pas], puisqu'il faut nécessairement choisir. Voilà un point vidé, mais votre béatitude ? Pesons le gain et la perte, en prenant choix que Dieu est. Estimons ces deux cas : si vous gagnez, vous gagnez tout ; si vous perdez, vous ne perdez rien. Gagez donc qu'il est sans hésiter » (*P.*, 233). Cet argument, qui a donné lieu à de nombreux commentaires, n'est pas une preuve de l'existence de Dieu ; il n'a pas de portée métaphysique : il ne fait qu'inquiéter les esprits qui se targuent de rationalité et les préparer à une apologétique de la religion chrétienne.

Parlementarisme (de l'ang. *Parliament*, assemblée législative, lui-même du fr. Parlement, cour de justice, de *parler*).

1. *Pol.* On appelle régime parlementaire un régime dans lequel un Parlement dont la plupart des membres sont élus, composé d'une ou deux « chambres », détient le pouvoir législatif et d'autre part, exerce un certain contrôle sur le gouvernement conjointement avec le chef d'État (monarque héréditaire ou président de la République). Dans les démocraties libérales contemporaines, le régime parlementaire se distingue du régime *présidentiel*, caractérisé par une séparation tranchée des pouvoirs législatif et exécutif et par l'autorité d'un président élu détenant la totalité du pouvoir exécutif (ex. régimes d'Amérique du Nord et du Sud). La Ve République française a adopté un régime de forme parlementaire mais avec l'autorité accrue d'un président élu directement par le peuple.

2. *Hist.* L'histoire du parlementarisme est d'abord celle du Parlement anglais et de sa lutte contre l'absolutisme* royal. Dans l'*Esprit des lois* (1748), Montesquieu le décrit comme un modèle de gouvernement « modéré » (non despotique). Le parlementarisme anglais a évolué vers un abaissement constant du pouvoir royal, de la chambre haute héréditaire, par l'extension et la réforme du système électoral (suffrage universel), l'influence décisive des deux principaux partis, et surtout la puissance accrue d'un Premier ministre, en pratique jamais renversé par le Parlement, disposant d'un droit de dissolution, qui n'est plus désigné ni par le roi, ni par le Parlement, mais qui tient en fait directement son pouvoir des élections générales.

Parodie (gr. *parodia* de *para*, à côté et *ôdê*, chant).
Esth. Imitation et déformation, dans une intention comique, satirique, d'une œuvre littéraire ou musicale. L'œuvre parodiée doit être suffisamment connue et reconnaissable. Un procédé fréquent est la transposition d'un style noble dans un style vulgaire (ex. *Virgile travesti* en vers burlesques, de Scarron). La parodie peut être une sorte d'hommage (pastiche). Le discours des philosophes a été parodié dans l'Antiquité (Aristophane, Lucien).

Parole (lat. eccl. *parabola*, devenu *parabla*, puis *paraula* en lat. pop. ; en lat. impérial, comparaison, puis parabole du Christ, d'où parole du Christ et simplement parole).
Ling., Psy. a) émission vocale du langage articulé. F. de Saussure a opposé parole et langue, la parole étant l'utilisation, la mise en œuvre par les sujets parlants du code qu'est la langue ; *b*) parole *intérieure* : ensemble d'images motrices d'articulation et de prononciation au moins ébauchées, qui accompagnent la réflexion, passant parfois sans transition, dans le soliloque, à la parole proférée ; Platon définissait déjà la pensée comme un « dialogue intérieur et silencieux de l'âme avec elle-même » (*Sophiste*, 263). V. Langage, Langue.

Parousie (gr. *parousia*, présence).
Théo. Dans le christianisme primitif, retour du Christ attendu comme prochain.

Par soi
Méta., Théo. Traduit le lat. *a se* (*aséité**) et *per se* (*perséité*) ; se dit : *a*) de ce qui existe en raison de sa propre essence, *a se* (ctr. *ab alio*, par un autre) ; *b*) de ce qui est en vertu de sa nature, *per se*, opp. *per accidens*, par accident. V. En soi.

Parti (de l'anc. fr. *partir*, partager, du lat. *partiri*).
1. *Vulg.* Prendre parti est choisir, décider.
2. *Math. Règle des partis* : ancien nom du calcul des probabilités. V. Pari de Pascal : « Par les partis, vous devez rechercher la vérité » (Pascal, *P.*, 236).
3. *Pol.* On appelle parti tout groupement qui, dans une simple réunion, une assemblée, un État, agit de concert pour influer sur des décisions politiques, économiques, etc., donner le pouvoir à ses représentants (en particulier lors d'élections), défendre ses intérêts financiers et économiques, faire connaître et prédominer ses conceptions politiques. Il peut être institué ou non, organisé ou non (une simple foule). Officiellement reconnus, les partis politiques jouent un grand rôle dans les démocraties* représentatives et dans les systèmes parlementaires (Whigs et Tories dans le parlementarisme* anglais du XIXe). Ils concourent à l'expression de la volonté générale.

La toute-puissance d'un *parti unique* caractérise au XXe les régimes totalitaires. Péj. on appelle « régime des partis » (ou partitocratie) une entente de fait entre les partis pour se partager les avantages du pouvoir et faire prédominer leurs intérêts propres sur l'intérêt général. Sous le nom de « factions », J.-J. Rousseau critique violemment les partis politiques (*Contrat social*, II, 3).

Participation (lat. *participare*, participer, de *pars*, *partis*, part, et *capere*, prendre).

1. *Gén.* En des sens divers, désigne le fait de prendre part à un événement (c'est-à-dire y assister ou en être acteur), à une cérémonie, à une décision (par le vote, l'argumentation). Plus particulièrement, on appelle participation l'engagement personnel dans l'activité d'un groupe (dynamique de groupe*). Dans la vie économique et sociale, différentes mesures permettent aux salariés de prendre une certaine part dans la gestion de l'entreprise, ou dans la répartition des bénéfices.

2. *Ethn.* Selon Lévy-Bruhl, la participation est la caractéristique de la « mentalité primitive* » ou prélogique* quand elle reste insensible à la contradiction et qu'elle admet une union irrationnelle (« mystique ») entre des réalités d'ordre différent (ex. un individu et son totem).

3. *Hist.* Chez Platon, c'est par la participation que l'*Idée* est *cause* véritable des choses sensibles, cause de la réalité et de l'intelligibilité, bien différente donc d'une causalité mécanique. Non pas que l'Idée soit *dans* la multiplicité du sensible, mais elle est modèle, paradigme*. La participation est une relation de ressemblance sans laquelle le sensible resterait séparé de l'intelligible, sans aucune dialectique possible (*Parménide*).

Particulier (lat. *particularis*, de *particula*, petite partie, dimin. de *pars, partis*, partie).

1. *Log. form.* Se dit des jugements ou propositions dans lesquels le prédicat ou attribut est affirmé ou nié d'une partie indéterminée de l'extension* du sujet, c.-à-d. pris particulièrement ; on distingue les particulières affirmatives, du type quelque A est B ; ex. quelques cygnes sont noirs, et les particulières négatives, du type quelque A n'est pas B ; ex. quelques cygnes ne sont pas blancs (ou : tous les cygnes ne sont pas blancs). *Dist.* singulier* ; ex. l'individu Socrate ; spécial (opp. général). V. Opposition.

2. *Vulg.* Qui n'appartient qu'à certains individus d'une espèce considérée, voire à un seul ; ex. les intérêts particuliers.

Partie (lat. *pars, partis*, part, partie).

Crit. Prop. qui est plus petit (dans l'espace, le temps ou l'extension logique), mais sans être plus simple que le tout ; l'idée de partie est corrélative de celle de division* comme celle d'*élément** de celle d'analyse*, mais on dit souvent partie pour élément ; ex. les parties du corps.

Passé (du lat. pop. *passare*).

Gén. *a*) dimension du temps désignant abstraitement ce qui n'est plus par rapport à ce qui est (présent) et à ce qui sera (futur) ; *b*) les choses qui appartiennent au passé. Ex. le mot de Fontenelle : « Le temps passe... Non, c'est nous qui passons ».

Passion (lat. *passio*, de *pati*, souffrir, subir ; gr. *pathos* de *pathein*).

1. *Vulg.* Dans l'usage courant, passion a *a*) le sens large de vif intérêt pour une activité (sport, lecture, musique, etc.) ou un objet particulier (un roman). Les adj. correspondants sont passionné, passionnant ; *b*) un sens fort d'attachement exclusif, sens ancien renforcé par la littérature réaliste, naturaliste aussi bien que romantique, et dont les *mass media* contemporains usent abondamment. La passion est alors le degré supérieur de l'amour sexuel : Stendhal distinguait l'amour goût, l'amour vanité, l'amour passion. L'adj. est passionnel.

2. *Hist.* La notion désigne d'abord la passivité, tout ce qui est subi, la souffrance, la maladie, le châtiment, le deuil (*cf.* dans la tradition chrétienne la Passion du Christ). Ce n'est pas seulement par métaphore que les passions ont été considérées comme des « maladies de l'âme ». La passion est obstacle au libre déploiement de la vie du corps et de l'esprit. Pris de passion, un homme n'est plus lui-même : la passion est aliénation, folie, chute dans le péché. C'est le thème classique du conflit de la passion et de la liberté*, sans cesse repris des stoïciens jusqu'à Kant et au-delà, dans un contexte aussi bien rationaliste que chrétien (problème de la grâce*). Lorsque l'héroïne classique et janséniste de Racine, *Phèdre*, dit de son amour : « C'est Vénus tout entière à sa proie attachée », lorsque le héros romantique de Victor Hugo, *Hernani*, dit : « Je suis une force qui va », la passion apparaît comme une dépossession de soi, mais aussi comme un dynamisme irréversible. Il n'y a pas une distinction aussi tranchée que cela est souvent dit entre une passion classique qui serait toute passivité et une passion romantique toute activité. C'est avant tout l'appréciation morale qui change dans la seconde moitié du XVIIIe avec l'influence de l'empirisme anglais, la place faite à la sensibilité : la passion est la force qui élève l'âme aux « grandes choses », aux nobles actions, aux œuvres sublimes, déjà selon Vauvenargues ou Diderot. Pas de grands hommes sans passion. Mais la phrase fameuse de Hegel « Rien de grand au monde ne se fait sans passion » n'est pas incompatible avec la rationalité dialectique du réel, de tout le réel. « La passion est toute l'humanité », écrit Balzac, mais aussi avec ses déchéances. Le roman du XIXe ne disjoint pas la passion du *pathos* antique ou du péché chrétien. Quant aux romanciers naturalistes, ils ne trouvent d'autre rationalité à la passion que le déterminisme physiologique de tares héréditaires. Jusqu'au développement de la psychopathologie et de la psychanalyse, la psychologie dite scientifique s'est contentée de gloser superficiellement les descriptions littéraires des dramaturges et des romanciers. Si la notion traditionnelle de passion semble avoir disparu du vocabulaire de la théorie psychologique, si elle n'y apparaît que pour mémoire, c'est qu'elle semble incapable de rendre compte des structures de la vie affective découvertes par Freud à partir d'une seule œuvre : la tragédie de Sophocle *Œdipe* roi.*

3. Catégorie chez Aristote, v. *Pathos.*

4. *Classification des passions.* De nombreux classements des passions jugées fondamentales et dont toutes les autres naîtraient par composition ont été proposés. Ils correspondent à des conceptions d'ensemble de la vie morale selon chaque auteur plus qu'à des observations de faits psychologiques. Citons parmi les plus classiques celle de Descartes : admiration, amour, haine, désir, joie, tristesse, passions primitives culminant avec la passion-vertu de la *générosité**. Dans le *Traité des passions*, le dernier livre publié par Descartes, les passions disposent « l'âme à vouloir les choses que la nature dicte nous être utiles et à persister dans cette volonté » (§ 5), c'est pourquoi « elles sont toutes bonnes, de leur nature » (§ 211) même s'il faut se prémunir contre leurs excès et leur mauvais usage. Il y a même une passion, la générosité*, qui « sert de remède contre tous les dérèglements des passions » (§ 156). Kant distingue principalement la recherche des honneurs (*Ehrsucht*), la recherche du pouvoir (*Herrsucht*) et la recherche de la possession (*Habsucht*). Mais elles sont toutes considérées comme des « gangrènes » pour la raison pratique.

Paternalisme (néol. depuis 1910, du lat. *paternus,* paternel).

Pol. Le modèle traditionnel des relations entre le père (ou les parents) et les enfants suppose la bienveillance, la protection du côté du père et l'obéissance sans contestation du côté des enfants. C'est ce modèle que le paternalisme transpose dans la vie économique (entre patrons et salariés) et dans la vie politique (despotisme du grand patron au nom du bien-être, eudémonisme*). Kant l'a sévèrement condamné au nom de la *liberté* : « un gouvernement paternel dans lequel les sujets sont contraints comme des enfants mineurs qui ne peuvent pas distinguer ce qui est pour eux vraiment utile ou pernicieux [...] pour attendre uniquement des jugements du chef de l'État la façon dont ils *doivent* être heureux [...] un tel gouvernement constitue le plus grand despotisme concevable » (*Théorie et pratique*).

Pathétique (gr. *pathêtikos*, de *pathos*, souffrance).

Esth. Dans tous les arts, est pathétique ce qui exprime la souffrance, le malheur, les passions douloureuses, soit avec véhémence, soit avec accablement. En tant que catégorie esthétique, le *pathétique* se distingue nettement du *dramatique* (action mouvementée à l'issue incertaine) et du tragique* (qui implique une transcendance, un destin). Il apparaît souvent comme une forme dégradée, vulgarisée, du tragique. Ex. à la fin du XVIIIe, pendant le préromantisme, le drame bourgeois de Diderot, les grands tableaux moralisateurs.

Pathologie, pathologique (gr. *pathologikê*, s.e. *technê*, art de traiter les maladies).

1. *Méd.* La pathologie décrit les maladies, les définit, les dénomme. Pathologique s'oppose à sain, à normal*. Le mot s'emploie en composition dans *psychopathologie*. La pathologie comme science s'est développée au XIXe en même temps que la physiologie*, ce qui a posé la question des limites du normal* et du pathologique. La pathologie est étroitement liée à la physiologie en ce que la maladie peut être l'expression d'une sorte d'expérimentation naturelle : « Un simple prolongement plus ou moins étendu des limites de variations soit supérieures, soit inférieures, propres à chaque phénomène de l'organisme normal » (A. Comte, *Cours de philosophie positive*).

2. *Hist.* Chez Kant, est pathologique (par opp. à *pratique*) ce qui repose sur une affection subie, déterminée par la sensibilité. Kant distingue l'amour pathologique, inclination qui ne se commande pas et l'amour *pratique* qui réside dans la volonté, et non dans le penchant de la sensibilité, dans les principes de l'action et non dans une compassion* amollissante (*Fondements de la métaphysique des mœurs*).

Pathos (mot gr. qui correspond au lat. *passio*, passion).

1. *Hist.* Une des catégories d'Aristote (dans la tradition scolastique *passio*, passion). Ce qui est subi dans le changement, ce qui vient du dehors. D'où le sens d'*accident**, de malheur, de maladie du corps et de l'âme. « Tout ce qui se fait ou qui arrive de nouveau est généralement appelé par les philosophes [scolastiques] une passion au regard de celui qui fait qu'il arrive » (Descartes, *Traité des passions*, § 1).

2. *Esth.* En rhétorique, emploi de figures qui frappent la sensibilité. En littérature, au théâtre, pathos et pathétique sont souvent péjoratifs (excès, emphase creuse, émotions faciles).

Patient, subst. (lat. *patiens*, p.pr. de *pati*, subir, supporter, souffrir).

1. *Hist.* Dans la langue scol., celui qui subit l'action, ctr. *agent*.

2. *Vulg.* syn. malade.

Patriarcat (du gr. *patriarchês*, auteur ou chef d'une famille, patriarche, de *patêr*, père, et *archê*, gouvernement).

1. *Hist.* Désignait le régime domestique de différents peuples de l'Antiquité (sp. juif et romain) où le père de famille exerçait un pouvoir absolu sur tous les membres de la famille.

2. *Ethn.* Organisation sociale politico-juridique caractérisée par l'autorité domestique du père, par la descendance en ligne exclusivement paternelle (*patrilinéarité*) et, sous la forme la plus accusée, par le statut de supériorité politique des hommes et l'exclusion des femmes de la vie publique ; opp. matriarcat*.

Patrie (lat. *patria*, s.e. *terra*, terre paternelle, dér. de *pater, patris*, père).

Pol., Mor. Le pays des ancêtres, le sol qu'il faut défendre en cas de guerre. « La terre et les morts » (M. Barrès). V. Nationalisme.

Patron (lat. *patronus*, patron (opp. *client*), protecteur).

Méta. Modèle, type idéal : comme les choses, les idées ont une cause et, si une idée peut engendrer une autre idée, « il faut à la fin parvenir à une première idée, dont la cause soit comme un patron ou un original dans lequel toute la réalité ou perfection soit contenue formellement et en effet » (Descartes, *Méd.* III) ; l'idée qui est le « patron » de Dieu, c'est la présence en moi de l'idée de parfait* ou d'infini dont je ne peux être la cause et que Dieu seul peut avoir mise en moi.

Pattern (mot ang. signifiant à la fois modèle, patron, configuration, structure).

1. *Soc.* Forme caractéristique des divers éléments d'une culture ou d'une société et mode spécifique de vie de ses membres (usages, coutumes, mœurs, etc.).

2. *Psy.* Modèles et structures des comportements individuels passés en habitudes et adaptés aux circonstances de l'expérience.

Paupérisme (ang. *pauperism*, du lat. *pauper*, pauvre).

État de pauvreté d'une partie de la population relativement au niveau de vie moyen dans une société. Il en résulte un sentiment d'humiliation, d'exclusion, d'inadaptation à l'ensemble des institutions politiques, sociales, économiques. La notion, apparue au XIXe s., s'appliquait à ceux que l'on appelait alors les « classes dangereuses ». Le futur empereur Napoléon III avait pour programme l'*Extinction du paupérisme*.

Pauvre (Art) (néol. depuis 1967).

Esth. Cette expression désigne des artistes contemporains qui veulent renoncer à créer des chefs-d'œuvre durables, utilisent des matériaux sans valeur (débris, déchets, etc.) et sont surtout attentifs à la recherche d'effets nouveaux et provocants.

Péché (lat. *peccatum*, faute, erreur, action coupable, de *peccare*, commettre une faute, faillir).

1. *Théo.* Dans la religion chrétienne, désobéissance volontaire au commandement de Dieu.

2. *Mor.* Anal. faute morale qui dégrade le sujet : « La faute devient péché du moment où elle n'est plus éprouvée comme transgression d'une règle, mais comme diminution de l'être du moi » (J. Nabert) ; ex. un péché contre l'esprit.

Pédagogue, pédagogie (gr. *paidagôgia*, éducation ; le pédagogue était le serviteur qui conduisait l'enfant à l'école, de *pais, paidos*, jeune garçon et *agein* conduire).

1. *Vulg.* La pédagogie désigne l'aptitude innée ou acquise à éduquer les enfants, à les instruire. Pédagogique se dit aussi de tout matériel, dispositifs, jeux, etc. aidant à l'éducation et à l'enseignement.

2. *Épist.* Pédagogie est syn. de sciences de l'éducation, mais aussi de didactique d'une discipline ou, par ext. de philosophie de l'éducation (ex. la pédagogie de Montaigne). V. Éducation. Il est difficile de décider si le mot de pédagogie, hors d'un contexte donné, correspond à une pratique, une compétence, une science plus ou moins positive, ou à un projet de transformer la société à partir d'une transformation de l'école.

Pédérastie, pédéraste (gr. *paiderastês*, comp. de *pais, paidos*, garçon, et *erastês*, qui éprouve de l'amour (*eros*), v. Homosexualité.

Peine (lat. *poena*, rançon destinée à racheter un meurtre d'où compensation, punition, châtiment, gr. *poinê*, expiation d'un meurtre, prix du sang).

1. *Dr.* Ce qu'inflige la justice sociale à un individu pour punir une infraction. L'infraction que les lois punissent d'une peine de police est une *contravention* (amende, confiscation, emprisonnement) ; de peines correctives est un *délit* (amende, interdiction de certains droit, emprisonnement) ; de peine afflictive ou infamante est un *crime** (réclusion, dégradation civique, bannissement) (Code pénal). *Individualisation de la peine* : application modulée d'une loi pénale selon les circonstances atténuantes ou aggravantes de l'infraction entre les limites prévues par cette loi (sursis, durée).

2. *Vulg. (Psy.)* *a*) effort physique fatigant ; ex. la peine des hommes ; *b*) chagrin, tristesse, opp. plaisir*.

Pélagianisme (du moine Pélage, ve s.).

Théo. Doctrine de Pélage (déclarée hérétique au concile d'Éphèse en 431), qui nie le péché originel et la corruption première de la nature humaine et qui estime la liberté humaine capable d'observer pleinement par elle-même la loi divine sans l'intervention de la grâce.

Penchant (du lat. pop. *pendicare*, du lat. class. *pendere*, être pendant, peser).

Vulg. (Psy.) Syn. inclination, tendance, le plus souvent péj. sans doute parce qu'il indique une menace de chute ; ex. un penchant à boire.

Pensée, penser (lat. *pensare*, fréquentatif de *pendere*, peser, apprécier).

On utilise l'infinitif substantivé « le penser » comme syn. de pensée ou pour insister sur l'acte même de penser.

1. *Gén.* Notion dont l'extension est très variable ; elle peut comprendre la totalité de la vie psychique (syn. psychisme*) consciente ou inconsciente, désigner la seule conscience ou plus particulièrement l'activité intellectuelle. L'expression « penser à » une personne, une chose (présente ou absente) marque l'intentionnalité*. Un emploi transitif récent indique une réflexion attentive, un effort de conceptualisation. Ex. penser l'avenir du théâtre.

2. *Méta.* *a*) Descartes identifie expressément à *penser* des actes comme « entendre, vouloir, imaginer, sentir, etc. qui conviennent tous avec la notion (*cogitatio*) ou bien de perception, ou bien de conscience » (*Méd.* II). La pensée ainsi conçue est l'attribut essentiel de l'âme comme l'étendue est l'attribut essentiel de la matière c'est-à-dire du corps. Le dualisme radical du cartésianisme sera mis en question par l'empirisme : la matière peut-elle penser ? (Locke). Et le matérialisme apportera à cette question une réponse positive avec la fameuse comparaison du cerveau qui produit la pensée comme le foie produit la bile. Le matérialisme du XVIIIe (Diderot, d'Holbach) accorde généralement à la matière la sensibilité, ce qui met ainsi la pensée en continuité avec le corps vivant (d'où la question très débattue de l'âme des bêtes) ; *b*) d'autre part, chez Descartes, la pensée désigne l'entendement, la raison en tant qu'elle caractérise l'homme depuis Aristote (*mens sive ratio*, l'esprit c'est-à-dire la raison). C'est en ce sens que Pascal écrit : « Toute notre dignité consiste en la pensée. C'est de là qu'il nous faut relever et non de l'espace et de la durée » (*P.*, 22) ; *c*) *les machines pensent-elles* ? Telle est la question qui renverse en quelque sorte la position cartésienne en ôtant toute limite à son propre mécanisme. Si l'intelligence* artificielle est autre chose qu'une métaphore approximative, alors l'animal-machine devient l'homme-machine (ou plutôt la machine-homme) et le vieux projet matérialiste est fondé. Les récentes sciences cognitives* tentent de surmonter ou du moins d'élucider le dualisme cartésien en associant les résultats les plus récents de diverses sciences, en réintroduisant même la notion du *mental* (de pensé, de conscient) qu'avait exclue le behaviorisme*. Reste à se demander si la pensée humaine en son fond se laisse réduire à un calcul logique. Heidegger a opposé une pensée méditante à une pensée calculante, une pensée dont le projet n'est plus la domination technoscientifique du monde, et qui retrouve une pensée plus originaire, celle de l'être* et de la différence de l'être et de l'étant. C'est en ce sens qu'il évoque une « expérience de la pensée ». Sa formule provocante : « La science ne pense pas » ne refuse évidemment pas la pensée aux savants, mais veut dire que la science ne peut que méconnaître ses propres présupposés (par ex. il n'y a pas de réponse mathématique à la question : que sont les mathématiques ?).

Percentilage (du lat. *per centum*, par cent, pour cent).

Psy. métr. Méthode d'étalonnage précis des tests consistant, pour une population de 100 enfants par exemple, à attribuer la note 100 au résultat le meilleur, la note 1 au plus mauvais, à diviser l'intervalle en cent degrés (*centiles*), auxquels on superpose une division en dix degrés (*déciles*) et une autre en quatre degrés (*quartiles*) : on obtient ainsi, en portant côte à côte par ordre de grandeur croissante les résultats individuels, une *ogive de Galton**, grâce à laquelle on peut situer immédiatement, par rapport à l'ensemble, le sujet examiné.

Percept (néol. formé anal. avec concept).

Psy. (opp. concept*). Ce qui est perçu comme tel, sans référence au concept, comme résultat de l'acte de perception.

Perception (lat. *perceptio*, action de recueillir, récolte, de *percipere*, se saisir de, recueillir ; percevoir, éprouver).

1. *Gén.* Percevoir est, pour une conscience, recueillir les données de l'expérience sensible externe mais aussi interne (percevoir une douleur), et en faire une connaissance. Psychologiquement la perception désigne des opérations très complexes par lesquelles un sujet appréhende un monde de sensations, d'images, d'objets, de personnes. C'est la perception qui relie l'objectivité à la

subjectivité. Sa théorie ne se réduit donc pas à un chapitre dans un traité de psychologie comme science particulière, elle implique une théorie de la connaissance, de l'existence, de l'être.
2. *Hist. a*) chez Descartes (qui ne distingue pas perception et aperception), le terme s'applique à tous les actes de l'entendement : « Toutes les façons de penser que nous remarquons en nous peuvent être rapportées à deux générales, dont l'une consiste à apercevoir par l'entendement (*perceptio, sive operatio intellectus*), l'autre à se déterminer par la volonté » ; *b*) chez Leibniz, la perception, commune à l'animal et à l'homme, coordonne les données des différents sens et rend possibles des consécutions empiriques qui imitent le raisonnement (la vue du bâton, par le souvenir de la douleur, détermine la fuite), mais seul l'homme est capable d'aperception*, c.-à-d. de la conscience de la perception qui requiert le raisonnement (*Mon.* 25-30). *Petites perceptions* (Leibniz) : théorie selon laquelle une infinité de changements s'opèrent dans l'âme qui sont inaperçus comme trop faibles ou uniformes, l'aperception ou conscience n'étant que la sommation de toutes les petites perceptions inconscientes ; ex. des vagues de la mer, dont chaque vague produit une petite perception, mais qui ne déterminent l'aperception que par leur ensemble (*N.E.,* Avant-propos).
3. *Hist. Perception et sensation.* Au XVIIIe, la perception est au centre du grand débat sur l'innéisme*. Tout un courant empiriste entend réduire la perception à une *association*, une combinaison due à un apprentissage de données sensibles, d'impressions*, de sensations*, d'idées*, d'images* qui ne sont que le redoublement, la transformation des sensations premières (« Il n'est rien dans l'esprit qui n'ait d'abord été dans les sens ») : ce sont en Angleterre Locke et Hume ; en France, Condillac et l'idéologie* qui se prolonge jusqu'à Taine avec la fameuse comparaison de l'esprit à un « polypier d'images » ; et d'autre part le behaviorisme* américain. À quoi s'opposent les innéistes* (nativistes*) qui présupposent les structures de l'esprit et l'activité de l'entendement, du jugement. Chez Kant, l'inné fait place à l'a priori*, mais il n'y a perception et donc expérience que par l'activité synthétique d'une conscience qui lie entre elles les représentations. Cette conception « intellectualiste* » est résumée par la formule d'Alain disant que la perception est « fonction d'entendement ». Remarquons que la fameuse expérience de Molyneux* n'a pas été décisive et que les illusions* des sens se laissent aussi bien expliquer par l'empirisme que par l'intellectualisme.
4. *Le perçu et le réel.* Le sens commun (c'est-à-dire nous-mêmes couramment) identifie le réel avec ce qui est perçu dans la vie quotidienne : telle est la position du *réalisme naïf*, ébranlé seulement par les illusions des sens, par la réalité surprenante que décrit la science (ce manche de pioche n'est que molécules et atomes) et philosophiquement par le doute méthodique de type cartésien. Percevoir, est-ce accéder au réel même, ou seulement à une *représentation**, une *idée* du réel ? La réponse la plus radicale est celle de

l'idéalisme subjectif de Berkeley (v. Immatérialisme) : *esse est percipi aut percipere* (être est être perçu ou percevoir), formule, comme le remarquait Diderot, qui est irréfutable (à condition de ne pas l'amputer des deux derniers mots). D'autre part, on a rassemblé parfois sous le nom de *perceptionnisme* (ou pire : perceptionnalisme) les doctrines *réalistes** pour lesquelles l'existence du monde extérieur est donnée d'emblée au sujet percevant sans que s'interpose une représentation, une idée : ce fut en particulier le cas de la philosophie du sens commun (école écossaise* : Th. Reid ; en France Royer Collard qui taxe ses adversaires d'*idéisme**), divers spiritualistes (dont Bergson) et surtout de nos jours la *phénoménologie de la perception* pour qui la conscience percevante saisit la chose même, pour ainsi dire « en chair et en os », et se différencie essentiellement d'une conscience d'image, de signe ou de souvenir. V. Esquisse, Intentionnalité, Phénoménologie. On remarquera que Kant se réclamait à la fois d'un idéalisme transcendantal (et donc maintenait la chose en soi au-delà du phénomène perçu) et d'un réalisme empirique, et qu'il avait écrit : « Toute perception externe prouve quelque chose d'effectivement réel dans l'espace, ou plutôt elle est l'effectivement réel » (*R. pure*).

Perennis philosophia (expression latine : la philosophie pérenne, éternelle, Stenco de Gubbio, 1540).

Phil. Expression désignant le caractère de vérité commune à toutes les philosophies malgré l'opposition apparente des doctrines.

Perfectibilité (terme créé par Turgot en 1750 et repris par Rousseau dans le *Discours sur l'inégalité*).

1. *Hist.* Possibilité propre à l'homme de développer l'ensemble de ses facultés, de les « perfectionner », ce qui pour Rousseau ne veut pas dire forcément les améliorer : elle manifeste la liberté humaine (par opp. à l'animal) et produit aussi bien les vices que les vertus, les erreurs que la lumière.

2. *Vulg.* Très tôt chez Condorcet, perfectibilité est devenu syn. de progrès* indéfini de l'humanité.

Performance (mot ang. de *to perform*, réaliser).

1. *Gén.* Capacité maximale d'une machine. Résultat lors d'une compétition.

2. *Ling.* Chomsky distingue la compétence* (savoir implicite d'une langue) et la *performance*, l'emploi effectif qu'en fait un individu. La distinction correspond à celle de la langue et de la *parole* (Saussure).

Performatif (néol. de l'ang. *performative*).

Ling. Se dit d'un acte de langage* qui effectue une action par le fait même qu'il est énoncé. Ex. une promesse, un ordre. Opp. *constatif**, il n'est ni vrai ni faux puisqu'il constitue le fait même dont on parle (*cf.* J. L. Austin, *Quand dire c'est faire*).

Péripatétisme (du gr. *peripatein*, se promener, parce qu'Aristote avait coutume d'enseigner en se promenant dans les allées du Lycée).

Hist. Nom donné au système d'Aristote et à son école. v. Aristotélisme.

Permanence (du lat. *permanens*, p. pr. et adj. de *permanere*, demeurer jusqu'au bout, rester de façon persistante).

Crit. Caractère de ce qui demeure le même à travers le temps. *Principe de la permanence de la substance* (Kant) : « La substance persiste au milieu du changement de tous les phénomènes, et sa quantité n'augmente ni ne diminue dans la nature » ; « Le changement est un mode d'existence qui succède à un mode d'existence du même objet. Tout ce qui change est donc permanent : et il n'y a que son état qui varie » (*R. Pure*, Anal., I. II, ch. II, 3e section), sinon la chose périrait et une autre naîtrait.

Permissif, permissivité (du lat. *permissus*, de *permittere*, permettre, par l'ang. *permissive*).

Syn. laxisme*.

Persévération (lat. *perseveratio*, de *perseverare*, persévérer, persister ; continuer)

1. *Physio.* Forme d'inertie caractérisée par la persistance de l'action d'un excitant après l'excitation ; ex. le fou-rire.

2. *Car.* Syn. retentissement*, tendance psychologique de l'émotion chez certains individus à se prolonger très longtemps au-delà du choc qui l'a produite ou de l'action à se poursuivre spontanément, *dist.* persévérance, qui est de l'ordre de la volonté ; v. Secondarité.

3. *Psy, path., Psychia.* Sorte d'inertie ou d'« enlisement mental » du sujet qui persiste à dire ou à faire quelque chose devenu sans objet qu'on observe dans *l'hébéphrénie** et dans la *démence sénile*.

Persona (mot lat., v. Personne).

Psychan. Concept introduit par C. J. Jung : ensemble des traits de la personnalité sociale choisis par le Moi pour constituer son personnage, le privilégier et le valoriser au détriment d'autres traits non retenus. La persona s'organise en une « Ombre » ou Moi intime inavoué, primitif et asocial, d'où des conflits avec le Moi social qui le tient à l'écart : « La persona est l'ensemble très complexe des relations de la conscience individuelle avec la société ; elle est une sorte de masque que l'individu revêt, d'une part, pour produire un effet déterminé, d'autre part pour cacher sa vraie nature ».

Personnage (lat. *persona*, rôle).

Psy. soc. Ensemble des rôles sociaux d'une personne ou rôle social privilégié dans lequel elle s'investit ; le personnage correspond à la fois à l'idée que nous voulons donner aux autres et à celle qu'ils attendent de nous.

Personnalisme

1. *Hist. (Phil., Mor.)* Chez Renouvier, créateur du terme, « religion philosophique », inspirée de Kant, qui se donne pour objet « de résoudre le problème du mal, de prêcher le relèvement possible de la personne humaine par le culte de la justice ».

2. *Phil., Mor.* Doctrine morale et sociale (Max Scheler, Martin Buber, E. Mounier, E. Borne, P. Ricœur) ; elle se caractérise : 1) par son opposition à l'individualisme* et par une volonté de communication : « Le premier souci de l'individualisme est de centrer l'individu sur soi, le premier souci du personnalisme est de le décentrer pour l'établir dans les perspectives ouvertes de la personne » (E. Mounier) ; 2) par son opposition au matérialisme* et à l'étatisme* : « Nous appelons personnaliste toute doctrine, toute civilisation affirmant le primat de la personne humaine sur les nécessités matérielles et sur les appareils collectifs qui soutiennent son développement » (*id.*). Mais cette primauté essentielle ne contredit pas la nécessité de résoudre d'abord les problèmes économiques élémentaires et de lutter contre un système politique et économique (le capitalisme) qui sécrète l'aliénation*.

Personnalité (lat. *personnalitas*).

1. *Psy.* Ensemble, unifié dans un Moi, des dispositions d'un individu. *Dist.* caractère* (considéré comme inné). Des *tests* de personnalité (Rorschach, *Thematic Aperception Test* de Murray, etc.) visent à déceler les aspects affectifs et actifs de la personnalité. V. Test projectif.

2. *Soc.* Individu ayant un prestige, une autorité morale ou politique particulière.

3. *Anthr. Personnalité de base* (Abram Kardiner, Linton) : structure commune et « moyenne » de la personnalité (attitudes, tendances, valeurs, sentiments) dans une société donnée et modèle de comportement qui les influence et les façonne ; cette notion ne s'applique bien qu'aux petites sociétés dites « primitives », pour lesquelles elle a été construite et où semble exister un accord entre la culture et les comportements individuels.

Personne (du lat. *persona*, désignant à l'origine le masque des acteurs (*personare*, résonner au travers) et, par suite, l'acteur lui-même : rôle, caractère, personnage, individualité, personnalité).

1. *Hist.* La notion de personne a une triple source historique : juridique, religieuse et morale : *a*) en droit romain, s'applique à quelqu'un qui a une existence civile et qui a des droits (opp. esclave* qui est sans droits) ; *b*) chez les stoïciens (Épictète, Marc Aurèle), *persona* prend le sens de rôle, c.-à-d. de fonction assignée par la Providence à chaque homme dans sa vie ; *c*) dans la tradition judéo-chrétienne, d'un côté, dans l'Ancien Testament, est prescrit l'amour de tous les hommes ; dans les Évangiles, de l'autre, l'amour du prochain (et même de l'ennemi) est identifié à l'amour de Dieu et l'égalité des âmes est affirmée : « Gardez-vous de toute acception de personne dans votre foi à votre glorieux seigneur Jésus-Christ » (saint Jean).

2. *Phil. a*) *Méta.* chez Boèce et chez les scolastiques, « personne se dit proprement d'une substance individuelle de nature raisonnable (*persona proprie dicitur naturae rationalis individua substantia*) » ; la personne existe en soi (*substantia*) comme un tout indivis (*individue*) et doué de raison ; *b*) *Mor.* Kant oppose la personne, être raisonnable comme *fin en soi* et valeur absolue, à la chose*, qui n'est que *moyen* et n'a qu'une valeur relative ; la personne*, qui a une *dignité** (parce qu'elle est autonome et qu'elle n'obéit à d'autre loi que celle qu'elle institue elle-même) et qui est irremplaçable, à la chose*, qui n'a qu'un prix et qui peut toujours être remplacée par un équivalent (*Fond.* 2e section). V. Respect.

3. *Dr. Personne physique et personne morale* : *personne physique* se dit d'un individu humain en tant que sujet juridique des droits ou des devoirs déterminés par la loi ; *personne morale* se dit d'un groupe d'individus reconnu par la loi, ou d'une institution officielle auxquels sont attribués des droits et des devoirs définis (ex. le droit d'être représenté en justice).

4. *Ling.* Catégorie linguistique utilisée dans le dialogue. V. Je.

Perspective (lat. *perspectum*, de perspicere, voir clairement, correspondant au gr. *optikê*).

1. *Vulg.* Point de vue en ligne droite sur le lointain (les perspectives des jardins de Versailles). Ext. fin, but (« dans la perspective de », « afin de »).

2. *Esth.* Système de géométrie descriptive permettant de représenter des objets tridimensionnels sur une surface bidimensionnelle de façon à ce que l'image perspective coïncide avec celle de la vision directe. Bien qu'elle prétende reproduire une vision « naturelle », la perspective classique utilisée depuis la Renaissance italienne (XIVe siècle : Alberti, Brunelleschi, Léonard de Vinci), suppose un certain nombre de conventions : vision d'un œil unique, immobile, et à une distance fixe du plan de représentation. Le peintre « classique » ajoute à cette perspective *linéaire* une perspective *atmosphérique* (couleurs, intensité lumineuse). Il a été longtemps admis que, en dehors de ce système de représentation de la profondeur, il n'y avait qu'ignorance, maladresse, ou primitivisme. Mais les historiens de l'art ont montré que la perspective n'était pas ignorée de l'Antiquité, et aussi que d'autres conventions permettaient d'exprimer les dimensions de l'espace dans la peinture indienne, chinoise, japonaise. Et surtout, après l'impressionnisme qui respectait la perspective classique, la peinture moderne depuis Cézanne multiplie les points de vue, les lignes de fuite dans un espace ouvert. Les conventions classiques sont supprimées, ou plutôt c'est à l'artiste d'inventer ses propres conventions, au risque de faire perdre tout repère au spectateur dont le regard a été accoutumé aux grandes œuvres des musées.

Perspectivisme

1. *Gén.* On peut appeler perspectivisme toute doctrine qui subordonne la connaissance du réel à une multiplicité changeante de points de vue. Il est une forme extrême de relativisme*.

2. *Hist., Crit.* Le perspectivisme tient lieu de théorie de la connaissance dans la pensée de Nietzsche. Toute référence à un point de vue unique, déterminé, privilégié, est abolie, ce qui écarte à la fois le dogmatisme classique et le scepticisme lui-même, rendant ainsi toutes les perspectives indifférentes, équivalentes : « Jusqu'où va le caractère perspectif de l'existence ? Une existence sans interprétation, sans sens ne devient-elle pas précisément insensée ? Toute existence n'est-elle pas d'ailleurs une existence interprétante ? » (*Gai savoir*,

§ 374). La mise en perspective apparaît ainsi comme la condition fondamentale de toute vie.

Persuader, persuasion (lat. *persuadere,* de *suadere*, conseiller).
Rhét., Psy. On distingue classiquement la persuasion, qui entraîne l'adhésion de l'esprit en faisant appel aux sentiments, aux habitudes, aux traditions, et la conviction qui s'adresse d'abord à la raison. Moins assurée, la persuasion peut laisser une certaine place au doute.

Perversion, perversité (lat. *perversio*, falsification, *perversitas*, dépravation de *pervertere*, renverser).
1. *Mor.* On distingue classiquement la *perversité*, méchanceté au plus haut degré, choix du mal pour le mal, et la *perversion*, plaisir pris à détourner les instincts considérés comme naturels en particulier dans le domaine sexuel. Noter qu'il y a un seul adj. : *pervers*.
2. *Psy. path.* La perversion sexuelle désigne toutes sortes de comportements sexuels « contre-nature », c'est-à-dire qui se détournent des modes de satisfaction considérés comme normaux de l'instinct de reproduction (exhibitionnisme, voyeurisme, sadomasochisme, zoophilie, etc.). Elle relève donc de la médecine légale, dans la mesure où elle devient un comportement criminel (meurtre sadique), qu'elle ait été explicitement sanctionnée par la loi ou qu'elle soit contraire aux « bonnes mœurs » reconnues dans une société donnée. Tout le problème est celui de la possibilité de définir des *normes** sociales, morales, psychologiques de la sexualité.
3. *Psychan.* Avec Freud, la perversion est mise en rapport avec la sexualité* infantile et la satisfaction des pulsions* sexuelles partielles, puis avec leur évolution et leur organisation jusqu'au stade génital*, et au-delà lors de la résolution du complexe d'Œdipe*. La perversion apparaît alors comme régression, persistance d'une composante partielle de la sexualité, devenue dominante, exclusive, chez l'adulte. C'est le sens de la fameuse définition si choquante, de l'enfant comme « pervers polymorphe ». Dépendant de toute histoire individuelle, la notion de sexualité* normale n'est pas récusée par Freud, mais elle n'est plus une donnée « naturelle ».

Pessimisme (du lat. *pessimum*, le pire, terme introduit au XVIIIe s. dans la discussion de l'optimisme de Leibniz).
1. *Vulg., Psy.* Tendance à prévoir le pire, soit habituellement comme trait de caractère, soit dans une circonstance particulière (ex. issue d'une affaire financière).
2. *Phil. de l'hist.* : le pessimisme est une critique des « illusions du progrès* » : « Ce que l'histoire raconte n'est en fait que le cauchemar long, embrouillé et obscur de l'humanité » (Schopenhauer, *Sur l'histoire*).
3. *Méta.* Le pessimisme métaphysique de Schopenhauer est un renversement de l'optimisme* de Leibniz : le monde est le pire des mondes possibles ; un monde pire ne pourrait même pas subsister. Le principe métaphysique n'est

pas celui d'une intelligence créatrice, mais d'une volonté en soi aveugle et c'est la souffrance qui est première (idéalisme athée). V. *Nirvana.*

Pétition de principe

Log. form. Paralogisme* ou sophisme* qui consiste à prendre pour principe, c.-à-d. pour point de départ du raisonnement, ce qu'il s'agit de démontrer ; ex. les sceptiques accusent les dogmatistes de défendre la valeur de la raison comme instrument de connaissance en utilisant les principes de la raison ; *dist.* cercle* vicieux.

Petit terme, v. Syllogisme.

Peuple (lat. *populus*).

1. *Soc.* Population suffisamment nombreuse consciente de constituer une unité de langue, de culture, d'origine, d'histoire ; syn. nation, mais sans forcément la revendication politique de devenir un État.

2. *Pol. a*) dans un État, la masse de la population par opp. à l'élite, l'ensemble des gouvernés par opp. aux gouvernants, les classes inférieures d'une société, souvent considérées comme inconscientes, irréfléchies, soumises aux passions* collectives violentes (*cf.* Machiavel aussi bien que Montesquieu) ; *b*) depuis Rousseau et la Révolution française, le peuple est le corps social tout entier détenteur de la *souveraineté** et qui s'exprime par la *volonté* générale* (démocratie*) ; *c*) ces deux acceptions peuvent être associées dans l'idéologie politique (ex. la formule officielle à Rome : *senatus populusque romanus*, le sénat et le peuple romain). Marat se disait « ami du peuple » en ce double sens.

Phallique (Stade), v. Sexualité.

Phantaisie, phantasme, v. Fantaisie, Fantasme.

Pharisaïsme, pharisaïque (gr. *pharisaios* ; araméen *harisch*, séparé ; hébreu *herushim*).

1. *Hist.* Attitude ritualiste des pharisiens caractérisée selon les Évangiles par un attachement étroit à la lettre de la loi judaïque au détriment de son esprit et par une ostentation hypocrite de la vertu et de la piété, qui cachait une vie secrète dissolue.

2. *Mor.* Ext. vertu rigide d'une hypocrisie plus ou moins consciente caractérisée par la stricte observance des préceptes religieux ou moraux, mais dépourvue d'un véritable sens moral. *Dist.* pharisianisme.

Pharisianisme, pharisien

Hist. Doctrine du judaïsme ancien (Hyrean, Millel, Shammaï) : après la destruction de Jérusalem en 70, l'enseignement des pharisiens se poursuivit dans les synagogues et le résumé de leurs leçons compose le *Talmud* : les pharisiens étaient appelés « séparés » parce qu'ils se distinguaient des saducéens par l'exactitude de leurs observances et leur zèle religieux. *Dist.* pharisaïsme*.

Phénoménal

Crit. Qui est relatif aux phénomènes ou qui en est composé ; ex. le donné phénoménal : « Quand je parle d'objets dans l'espace et dans le temps, je ne parle pas de choses en soi, car j'ignore tout de celles-ci, mais seulement de choses phénoménales, c.-à-d. de l'expérience, comme d'un mode de connaissance accordé à l'homme seulement » (Kant, *Prol.* 52 c) ; v. Phénomène.

Phénomène (gr. *phainomena*, les choses qui apparaissent).

1. *Épist.* Données sensibles, données d'observation dans l'expérience courante ou dans une démarche scientifique. Le phénomène se distingue du *fait* qui est déjà élaboré scientifiquement et qui est répétable, alors que le phénomène peut être un simple *événement* remarquable mais d'apparence fortuite.

2. *Hist., Crit. a*) dans le platonisme, les phénomènes désignent les réalités sensibles par opp. aux réalités intelligibles (Idées) ; *b*) dans l'idéalisme transcendantal kantien, le phénomène est l'objet *connu*, la chose *réelle* telle qu'elle apparaît au sujet connaissant dans les conditions de l'expérience possible. Le phénomène (all. *Erscheinung*) se distingue à la fois de l'apparence (*Schein*) et de la chose en soi (*Ding an sich*). « Dans les phénomènes, les objets et même les qualités que nous leur attribuons sont toujours considérés comme quelque chose de réellement donné » (*R. pure*, Introd., § 8) ; *c*) Husserl, v. Phénoménologie.

Phénoménisme (de phénomène, on dit aussi phénoménalisme).

1. *Méta.* Toute doctrine qui ne reconnaît d'autre réalité que celle des phénomènes saisis par la conscience dans l'espace et dans le temps (ex. idéalisme subjectif de Berkeley). Dans un sens plus large, phénoménisme se dit aussi d'un empirisme (Hume) ou d'un idéalisme transcendantal qui pose la chose en soi comme inconnaissable.

2. *Crit.* Doctrine positiviste* par laquelle il n'y a rien à connaître au-delà de ce que déterminent les concepts scientifiques (E. Mach, empirisme logique).

Phénoménologie (comp. du gr. *phainomenon*, phénomène, ce qui apparaît, et de *logos*, science ; terme créé au XVIIIe s. par le philosophe allemand Lambert).

1. *Gén.* Étude descriptive d'un phénomène ou d'un ensemble de phénomènes tels qu'ils sont donnés dans l'expérience.

2. *Hist. (Méta.) Phénoménologie de l'Esprit* (Hegel, 1807) : « science » des manifestations de l'être comme un processus dialectique, sans caractère historique et décrivant le déploiement de la conscience qui, partant du niveau le plus élémentaire du savoir qu'est l'immédiateté sensible, s'élève jusqu'aux formes les plus élaborées de la conscience de soi pour s'achever par la saisie totalisante de l'être dans l'absolu.

3. *Phén.* Mouvement philosophique inauguré par Husserl en vue de fonder la *philosophie comme science rigoureuse* sur le modèle de la mathématique, comme science primordiale qui remonte en deçà de la science pour la fonder elle-même. À cette fin, le projet phénoménologique se donne pour règle de « revenir aux choses mêmes », aux *phénomènes*, et de laisser se dévoiler l'expérience pour qu'elle révèle ses structures universelles propres. Se révèle ainsi la première évidence que toute conscience est *intentionnelle**, c-à-d. est une activité sans contenu propre qui vise son objet et se dépasse vers le monde (*transcendance**) : je vois la maison comme elle est là où elle est. Le phénomène, ce qui apparaît à la conscience, est objet d'intuition ou connaissance immédiate (*intuition originellement donatrice*), chaque contenu visé ou *noème** correspondant à un acte spécifique de conscience ou *noèse** (perception, mémoire, imagination, etc.) ; ex. le sens de la conscience « imageante » est de poser le noème imaginé comme un néant, comme n'étant pas là ou n'existant plus. Le phénomène est ainsi la manifestation d'une essence ; comment peut-on la déterminer ? L'étendue n'est pas perceptible sans la couleur, mais je puis faire varier par l'imagination les prédicats attribués à la couleur, et par cette technique de la *variation imaginaire* découvrir les possibilités concrètes de l'invariant dont la présence permanente définit l'essence de l'objet : spatialité, temporalité, rapports de causalité, etc. Cette *vision des essences (Wesenschau)* est un acte de connaissance qui livre son objet directement ; elle relève de la *subjectivité transcendantale* par laquelle se dégagent les structures *a priori* de la conscience intentionnelle. Ce qui n'est possible que par une *triple réduction* : 1) la *réduction éidétique* qui élimine les éléments psychiques ou empiriques du donné concret pour ne retenir du « phénomène » que la pure essence universelle ; 2) la *réduction phénoménologique* ou *épochè* (gr. suspension du jugement) par laquelle « le sujet méditant » se saisit comme *moi pur* ou *transcendantal*, non par une mise en doute du monde en soi à l'instar de Descartes, mais par la simple « mise entre parenthèses » du monde objectif, par la *suspension* de toute adhésion naïve, de toute croyance existentielle à l'égard de ce monde, en faisant également abstraction de la science : « Quand je procède ainsi, je ne nie donc pas ce « monde » comme si j'étais sophiste ; je ne mets pas en doute son existence comme si j'étais sceptique ; mais j'opère l'épochè « phénoménologique » qui m'interdit absolument tout jugement sur l'existence spatio-temporelle » ; 3) la *réduction transcendantale* qui met entre parenthèses en outre, non seulement la conscience d'autrui qui se manifeste à moi par la médiation de mon corps propre, mais mon individualité physique et psychique ou moi empirique, objet de la biologie et de la psychologie. Le sujet se donne ainsi en même temps « la vie de conscience pure […], vie dans et par laquelle le monde objectif existe tout entier pour moi », c.-à-d. comme états vécus purs, et devient capable d'expliciter les actes intentionnels du *moi* ou *ego transcendantal* comme tel. La *réduction transcendantale*, accomplissement radical de la réduction phénoménologique, cherche à rejoindre les conditions transcendantales de toute signification et l'activité intentionnelle de l'*ego pur*. Le « sujet méditant » ou moi transcendantal « placé et persistant dans l'épochè […] est la source exclusive de toutes les affirmations et de toutes les justifications objectives ». C'est par l'*épochè*, par la mise hors jeu de notre engagement de fait dans le monde objectif qu'apparaîtrait notre rapport primordial au monde, non par le *cogito* tout seul, mais un *ego-cogito-cogitatum* (un moi-qui pense-un objet pensé), c.-à-d. la conscience-de-ce-monde, la conscience constituant le monde ; v. Cogito.

Phénotype, v. Génotype.

Philologie (comp. du gr. *philos*, ami et *logos*, langage).

Épist., Ling. Étude scientifique d'une langue particulière du point de vue phonétique, grammatical et littéraire, sp. des langues anciennes ; ex. la philologie grecque.

Philosophie, philosophe (lat. *philosophia*, du gr. *philosophia*, de *philein* aimer, rechercher et *sophia*, sagesse, habileté).

1. *Vulg. a*) prendre les choses avec philosophie est mener une vie simple et tranquille malgré les échecs et les malheurs, conserver en toute circonstance une attitude sereine. Il s'agit d'une vulgarisation des conceptions stoïciennes ou épicuriennes, mais sans fondement théorique explicite ; *b*) au XVIIIe s., on appelait philosophes les écrivains et même toute personne qui adoptait une attitude critique à l'égard des institutions politiques traditionnelles et des croyances religieuses ; ce sens, qui correspond à celui de libertin* au XVIIe s., n'est plus guère qu'une référence historique à l'esprit des Lumières* ; *c*) vue générale sur une doctrine, un projet quelconque, une proposition de loi, etc. (ex. la philosophie d'un plan d'urbanisme) ; *d*) une conception d'ensemble du monde propre à une culture, à une société (ou même à un individu : ex. la philosophie des Incas, la philosophie d'un roman).

2. *La philosophie comme sagesse*. *a*) le terme de *philosophie*, dont la création est attribuée sans preuve à Pythagore, est attesté pour la première fois dans les dialogues de Platon. L'étymologie, toujours rappelée, n'instruit guère, le sens du mot *sophia*, traduit par sagesse, n'étant guère déterminé (habileté, discernement) et les personnages dénommés sages par la tradition étant parfois bien peu recommandables ! Celui qui se dit philosophe, amant de la sagesse, avoue qu'il n'est pas lui-même en possession de la sagesse. Est-ce humilité ou attitude critique envers les sagesses jusqu'ici prétendues ? La philosophie serait-elle dès l'origine la recherche d'un art de vivre, d'une pratique beaucoup plus que d'un savoir spéculatif ? Ce serait oublier que chez Platon, la philosophie se définit comme une recherche de la vérité à l'encontre des sophistes* qui se donnent comme des maîtres d'une sagesse fallacieuse, supposée procurer pouvoir et richesse. On peut considérer l'opposition de la philosophie et de la sophistique comme fondatrice ; *b*) tout change quand s'imposent les certitudes d'une religion révélée (judaïsme, christianisme, islam). La philosophie apparaît alors, dans le prolongement des doctrines antiques, comme la manifestation de la *raison* confrontée à la foi*, conciliée avec la foi, mise au service de la foi (*ancilla theologiae*, servante de la théologie) ; *c*) lorsque la pensée des

Lumières au XVIIIe s. récuse toute subordination à la révélation religieuse, c'est bien une sagesse que recherchent les « philosophes ». *Vitam impedere vero* (consacrer sa vie au vrai) est la devise du vertueux J.-J. Rousseau, mais la conviction commune de ces penseurs critiques, rationalistes ou empiristes, est la possibilité d'une alliance retrouvée de la vérité*, de la vertu* et du bonheur*. C'est pourtant Kant, en un sens le dernier et le plus grand philosophe des Lumières, qui va disjoindre raison théorique et raison pratique, qui limite le savoir pour faire place à la foi. Et peut-il y avoir sagesse quand est récusé tout eudémonisme ? De nos jours, c'est encore une sorte de sagesse qui se retrouve dans la définition courante de la philosophie par une « réflexion sur les problèmes humains de la connaissance et de l'action », ou dans un usage étendu de la notion d'*humanisme** qui en fait le simple syn. de la sagesse, sans en être pour cela mieux défini.

3. *La philosophie comme science. a)* une tradition non moins ancienne et constante fait de la philosophie un savoir rationnel plus ou moins systématisé. Même quand il ne sait pas, du moins le philosophe sait-il qu'il ne sait pas. L'ignorance philosophique est un savoir : telle est la leçon de Socrate. Si la science, à commencer par les mathématiques, accède à la vérité, cette vérité doit être garantie philosophiquement. Descartes la décrit ainsi dans un texte célèbre : « Toute la philosophie est comme un arbre dont les racines sont la métaphysique, le tronc est la physique et les branches qui sortent de ce tronc sont toutes les autres sciences qui se réduisent à trois principales à savoir la médecine, la mécanique et la morale » (Lettre préface aux *Principes*). Jusqu'au XVIIIe s., l'expression *philosophie naturelle* désigne la physique (*dist. philosophie de la nature* ; v. Nature). L'académie de Berlin fondée par Frédéric II comprenait une classe de *philosophie expérimentale* ; *b)* au XVIIIe s., avec la diversification et le progrès des sciences expérimentales, le terme de philosophie tend à désigner plutôt les *principes* de chaque science, et généralement d'une étude quelconque : « La philosophie n'est autre chose que l'application de la raison aux différents objets sur lesquels elle peut s'exercer. Des éléments de philosophie doivent donc contenir les principes généraux de toutes les connaissances humaines » (d'Alembert). Même un récit de voyage devient « philosophique » s'il comporte des considérations générales. D'où les expressions toujours utilisées de *philosophie de l'histoire*, ou de *philosophie des sciences*. Philosophie tend alors à prendre le sens d'épistémologie*.

4. *Philosophie et métaphysique*. Classiquement, la métaphysique est la *philosophie première*, elle est au fondement des disciplines considérées comme philosophiques (*cf.* l'arbre cartésien des sciences). De nos jours, l'histoire de la philosophie ne semble prendre tout son sens que dans une succession de grands systèmes d'ordre métaphysique. Un Heidegger identifie expressément philosophie et métaphysique. Cependant depuis le développement des technosciences*, des penseurs positivistes ou matérialistes assignent pour tâche à la philosophie la dénonciation des questions de métaphysique comme de faux problèmes dépassés historiquement ou dénués logiquement de sens. Le mot de métaphysique a même été souvent remplacé par l'expression fort peu claire de *philosophie générale* (qu'est-ce qu'une philosophie qui ne le serait pas ?). V. Positivisme, philosophie analytique*. La raison philosophique n'aurait-elle d'autre destin que de s'effacer devant une raison scientifique qu'elle renoncerait à fonder ?

Philosophisme

Hist. Terme polémique appliqué au début du XIXe s. (par Chateaubriand entre autres) à la pensée des philosophes des Lumières, jugés responsables de la ruine des traditions morales et religieuses et des troubles révolutionnaires. L'idéologie* condillacienne était plus directement visée.

Phobie (gr. *phobos*, action de faire fuir ; fuite, crainte, peur).

Psy. path. Crainte ou répulsion anxieuse et obsédante à l'égard de certains objets ou de leurs représentations, actes ou situations s'accompagnant d'inhibition ou de fuite, v. Agoraphobie, Claustrophobie ; les phobies sont souvent des symptômes de névrose* obsessionnelle.

Phonème (gr. *phônêma*, son de voix, parole, discours).

Ling. Élément phonique minimal d'une langue s'écrivant en une ou plusieurs lettres (eau, ô ; ait, è, etc.) mais constituant un son spécifique : « Un phonème distinct est l'articulation qui peut servir à distinguer un sens » ; ex. la chuintante ch. Désigne « les unités distinctes et successives [...] en nombre déterminé dans chaque langue (34 au maximum en français), dont la nature et les rapports mutuels diffèrent eux aussi d'une langue à l'autre » (A. Martinet) et qui composent les *monèmes**, c.-à-d. les unités sémantiques constituant une expression phonique ; ex. *arbre, Baum, tree* ; v. Linguistique.

Phonétique (gr. *phônêtikos*, qui concerne le son ou la parole).

Ling. Étude de la *phonation*, c.-à-d. des éléments phoniques du langage articulé considérés sous leurs aspects articulatoires, physiologiques et acoustiques.

Phonologie (comp. du gr. *phônê*, voix, son et *logos*, science).

Ling. Étude des phonèmes* considérés dans leur fonction structurale, c.-à-d. en tant que le phonème se détermine par rapport aux autres éléments phoniques de la phrase.

Phratrie (gr. *phratria*, association religieuse et politique de concitoyens).

1. *Hist.* Communauté religieuse de citoyens formant une division politique à Athènes ; depuis Solon il y eut trois phratries dans une tribu et trente familles dans une phratrie.

2. *Ethn.* Groupe formé de plusieurs clans* dont les membres se considèrent comme liés aux autres par une règle de filiation unilinéaire.

Phrénologie (du gr. *phrên*, diaphragme, cœur, âme, et *logos*, science).
Hist., Biol. (Gall, Spürzheim, 1808). Théorie (comme telle abandonnée) selon laquelle la localisation des facultés mentales en des points précis du cerveau se traduirait par la forme des circonvolutions cérébrales correspondantes, de sorte que l'examen extérieur des saillies ou *bosses* du crâne permettrait, selon leur importance, de déterminer les aptitudes intellectuelles et morales des individus ; d'où l'expression populaire : avoir la bosse de… ; v. Localisations* cérébrales.

Phylogenèse ou **phylogénie** (comp. du gr. *phulon*, race, et *genesis*, génération).
Biol. Étude de l'évolution d'une espèce ou de la série des espèces et de leur différenciation à partir du phylum* primitif, *dist.* ontogenèse*.

Phylum (mot lat. du gr. *phulon*, race).
Biol. Dans la théorie transformiste : *a*) suite des espèces dérivant les unes des autres ; *b*) suite des formes qui ont caractérisé successivement les ascendants d'une espèce actuelle.

Physicalisme (terme créé par Carnap, 1931, et caractérisant le cercle de Vienne).
Phil., Épist. Conception de l'*empirisme* logique* ou *néo-positivisme* qui considère : 1) que la langue de la physique doit être la langue universelle et unitaire de toutes les sciences, y compris les sciences humaines et not. la psychologie (*Gestaltpsychologie*) ; 2) que ce langage se réduit à des *protocoles** ou comptes rendus d'expérience et à des énoncés* logiques qui n'ont de sens que par rapport à des objets possibles et grâce auxquels on peut construire les mathématiques, le seul critère étant la vérification* empirique et le formalisme logique n'étant que la syntaxe logique de la science, d'où il ressort que la physique se suffit à elle-même et exclut la philosophie.

Physico-théologique (Preuve), dite aussi *preuve téléologique**.
Crit. Ainsi nommée par Kant, elle prétend établir l'existence de Dieu à partir des caractères d'ordre, de finalité, de beauté et d'unité du monde, dont il serait impossible d'admettre qu'ils sont les effets du hasard ; mais selon Kant, qui réfute cet argument tout en le considérant avec respect, la « théologie* physique », c.-à-d. qui est tirée de l'expérience, ne saurait être adéquate à l'idée de Dieu : « L'idée transcendantale d'un être premier, nécessaire et absolument suffisant est si immensément grande, si élevée au-dessus de tout ce qui est empirique, chose toujours conditionnée, que […] on ne saurait jamais trouver assez de matière dans l'expérience pour remplir un tel concept » (*R. pure*, Dial., I, II, ch. III, 6e section).

Physiognomonie (gr. *phusiognômonia*, art de juger quelqu'un d'après son air, sa physionomie, comp. de *gnômôn*, qui connaît, et *phusis*, nature).
Car. Science (fondée par l'Allemand Lavater, 1772) ayant pour objet de déterminer le caractère des individus d'après leur aspect physique, not. d'après les

traits du visage : « J'appelle physiognomonie le talent de connaître l'intérieur de l'homme d'après son extérieur » ; on a dit autr. en ce sens physionomie.

Physiologie (gr. *phusiologia*, recherche, *logos*, sur les choses de la nature, *phusis*). *Épist.* Science des fonctions des organismes vivants, végétaux et animaux, *dist.* de morphologie, étude des formes vivantes, et d'anatomie, étude de leur structure, c.-à-d. des organes ; opp. à psychologie, physiologie se dit souvent de tout ce qui dans l'homme appartient au corps et non à l'esprit.

Physique (du gr. *phusikos*, de *phusis*, nature).

1. Adj. *a*) qui concerne la nature, les formations naturelles : ex. la géographie physique ; *b*) qui concerne le corps, par opp. à la conscience, au psychisme, syn. organique, corporel ; *c*) qui a une origine corporelle, physiologique : ex. une douleur physique ; *d*) qui se rapporte spécifiquement a la science appelée physique.

2. Subst. masc. *Anthr.* Le *physique* est l'ensemble des aspects corporels, physiologiques, objectifs, par opp. au moral (ensemble des phénomènes psychiques). L'ouvrage de Cabanis intitulé *Rapports du physique et du moral* (1802) entend contribuer à une science de l'homme unitaire (contre le dualisme cartésien).

3. Subst. fém. *Épist.* La physique est la science qui a pour objet les propriétés générales de la matière. Elle se spécialise selon des domaines particuliers (ex. astrophysique), selon l'échelle des phénomènes étudiés (microphysique, macrophysique) ou la théorie générale qui sous-tend la recherche (physique atomique, physique quantique). La distinction entre la physique et la *chimie* est restée classique (la chimie portant sur les éléments constituants de la matière). L'expression courante de sciences physico-chimiques les rassemble dans un même déterminisme. Cette distinction disparaît au niveau de la théorie atomique (introduite d'abord au XIXe s. par la chimie).

4. *Hist. a*) plusieurs penseurs présocratiques* sont appelés « physiciens » parce qu'ils ont rédigé des ouvrages sur la nature (*peri phuseos*) dont il ne reste que des fragments (Thalès, Anaximandre, Anaximède, Anaxagore, Empédocle, Démocrite) ; *b*) c'est sous la forme de mythe, dans le *Timée*, que Platon expose ses conceptions physiques en y introduisant des considérations d'ordre mathématique à la suite des pythagoriciens* ; *c*) la physique, théorie générale de la nature, cosmologie, est une des trois parties principales de la philosophie dans les systèmes stoïciens ou épicuriens (pour ces derniers, *cf. De natura rerum*, grand poème latin de Lucrèce) ; *d*) c'est la physique d'Aristote, physique qualitative, très hostile à l'atomisme épicurien, reposant sur la distinction des mondes céleste et terrestre (sublunaire), sur la distinction des mouvements dits naturels et des mouvements violents, qui reste à la base de toutes les théories médiévales sur la nature comme création divine ; *e*) la physique « moderne », *mathématique*, ne commence vraiment qu'avec les expériences de Galilée, Torricelli, Pascal, et la métaphysique cartésienne de la matière comme substance étendue, au début du XVIIe s. Les étapes les plus importantes de son développement sont marquées par les noms de Newton (théorie de la gravitation universelle), et d'Einstein (théorie de la relativité*). Jusqu'au milieu du XVIIIe s., la physique générale a été couramment appelée *philosophie naturelle* (expression de Newton lui-même) ou encore *philosophie expérimentale*. *Dist. philosophie de la nature**, élaborée au début du XIXᵉ s. en réaction contre la physique mathématique newtonienne.

Physiocratie (terme créé en 1761 par Dupont de Nemours d'après le gr. *phusis*, la nature, et *kratein*, gouverner).
Éco. Théorie économique et philosophie politique introduite par Quesnay (*Tableau économique*, 1758). Contrairement au *mercantilisme*, il ne voit de production de richesses que de l'agriculture (et non du commerce et de l'artisanat), de la fécondité de la terre, et de la fécondité des hommes (*populationnisme*). Suivant Locke, le droit de propriété est un droit naturel « inviolable et sacré » (Déclaration de 1789) : « Point de propriété sans liberté, point de liberté sans sûreté ». Le physiocrate Turgot, devenu ministre, tente d'instaurer la liberté du commerce des grains (1774) et de supprimer les corporations (« laisser faire, laisser passer »).

Pictographisme, pictogramme, v. Écriture.

Piétisme (du lat. *pietas*, de *pius*, qui reconnaît ses devoirs envers les dieux, les parents, la patrie).
Hist. (Rel.) Secte protestante rigoriste fondée par l'Allemand. Spener vers 1670 prônant l'ascétisme et la conversion du cœur, qui se propagea dans le centre et le Nord de l'Allemagne. La mère de Kant était piétiste.

Pithiatique, pithiatisme (comp. du gr. *iatikos*, qui guérit, et *peithô*, persuasion).
Psy. path. Terme créé par le psychiatre Babinski (1912) pour marquer que certains troubles pathologiques sans base organique (hystérie, mythomanie) peuvent être guéris par persuasion ; v. Hystérie.

Pitié (lat. *pietas*, piété, puis aussi pitié).
Mor. Sentiment qui naît du spectacle de la souffrance d'autrui, ou de la connaissance indirecte que nous en avons comme d'une souffrance qui nous concerne nous-mêmes, qui est aussi notre propre souffrance et qui nous pousse à aller à son secours. Syn. compassion*. V. Charité, Humanitaire. Sentiment qui peut être très intense, spontané, mais aussi réfléchi et calculé et qui a souvent été jugé sévèrement par la tradition morale. J.-J. Rousseau et Schopenhauer en ont fait le fondement de la vie morale : « La pitié illimitée pour tous les êtres vivants est la garantie la plus solide pour la conduite moralement bonne et n'a besoin d'aucune casuistique » (Schopenhauer, *Fondement de la morale*). Mais les rationalistes stoïciens, Spinoza, Kant, y voient surtout une passion, une contagion de la tristesse. Cependant Descartes pense qu'elle peut faire partie de la générosité (*Passions*, III, § 187) et le Zarathoustra de Nietzsche n'est pas inaccessible à la pitié quand elle n'est pas issue d'un ressentiment nihiliste.

Pittoresque (it. *pittoresco* de *pittore*, peintre).
Esth. Catégorie esthétique opposée au beau* ou au sublime* classiques. Le pittoresque plaît et retient l'intérêt par la vivacité et l'originalité des impressions,

une certaine fantaisie, une irrégularité, qui n'exclut pas la vérité des détails descriptifs. Elle s'applique à tous les arts et pas seulement à la peinture et est parfois dépréciative (abus de la couleur locale, du joli détail, de la sentimentalité).

Placebo (mot. lat., 1re personne du futur de *placere*, plaire ; je plairai ; pseudo-médication prescrite pour plaire au malade).

Méd., Psy. Matière chimiquement neutre et physiologiquement inerte (mie de pain, sucre en poudre, etc. présentés en cachets) administrée à un malade comme substitut de médicament ; on appelle *effet placebo* l'effet psychologique et thérapeutique de suggestion que le placebo exerce sur certains malades, qui en éprouvent un soulagement réel. L'expérience a prouvé que nombre de médicaments usuels agissent de cette façon.

Plaisir (ancien infinitif, du lat. *placere*, plaire, être agréable).

1. *Mor., Psy.* La notion de plaisir est une des plus indéfinissables qui soit. Bien que la référence au plaisir physique (et d'abord sexuel) soit inévitable, la psychophysiologie semble n'apporter que peu de précisions (recherche expérimentale de points de plaisir). Retenons seulement ce que Platon dit dans le *Timée* : « Une impression contraire à notre nature et qui lui fait violence, si elle survient en nous, est douloureuse ; celle qui brusquement fait retour à l'état naturel est agréable ». Mais cette opposition traditionnelle de deux tonalités affectives fondamentales du plaisir et de la douleur est elle-même contestable : pour Schopenhauer, la véritable opposition était celle de l'ennui et de la douleur et le plaisir, essentiellement négatif, n'était qu'une suspension momentanée de la douleur, considérée comme seule positive. La distinction, la hiérarchie des plaisirs relève beaucoup plus de considérations morales, esthétiques, métaphysiques que proprement psychologiques : ainsi l'opposition des plaisirs du corps et des plaisirs de l'esprit. V. Hédonisme, Ascétisme. Dans leur variété indéfinie, les plaisirs et les peines sont incommensurables, ce qui rend vaine ou arbitraire la tentative utilitariste* de Bentham de fonder toute une morale sur une « arithmétique des plaisirs ». La question du plaisir quand il est confronté à la raison et à la liberté est celle des limites du plaisir, toujours suspect d'entraîner déraison et esclavage. On distinguera donc plaisirs raisonnables et déraisonnables, naturels et artificiels (Épicure). Même les plus déterminés hédonistes* entendent rester libres et maîtres de leurs plaisirs (cyrénaïsme*).

2. *Psychan. Le principe de plaisir* est, avec le principe de réalité*, un des principes qui régissent l'appareil psychique aussi bien conscient qu'inconscient. Le plaisir n'est pas seulement défini qualitativement par rapport à la libido mais aussi quantitativement : le principe de plaisir est un principe économique* qui est aussi bien un principe de « déplaisir » ; le déplaisir est lié à l'augmentation des quantités d'excitation, le plaisir à leur réduction, à l'évacuation des tensions. Quels que soient les détours que le principe de réalité* impose à la satisfaction de la libido (dans le moi conscient), le principe de plaisir continue à dominer l'inconscient. Y a-t-il un « au-delà du principe de plaisir » ? Dans l'ouvrage qui porte ce nom, Freud introduit la pulsion de mort*, le principe de plaisir ne cesse pas de « représenter l'exigence de la libido », mais il semble être « entièrement au service des pulsions de mort » (réduction des tensions à zéro).

3. Esth. *Plaisir esthétique.* Toutes les théories esthétiques ont associé le plaisir à l'expérience du beau naturel comme du beau artistique. La qualité de ce plaisir, son appréciation, dépendent de la définition qui est donnée du beau, mais sa spécificité semble indéniable. On ne peut se contenter de le caractériser par son éloignement des plaisirs sensuels dits grossiers, par son caractère intellectualisé, par un raffinement qui d'ailleurs ne serait pas forcément en rapport avec la beauté. La référence inévitable est encore celle de l'analyse kantienne du goût* et sa notion de plaisir *pur, désintéressé*, plaisir d'une libre contemplation et que – Kant insiste sur ce point – seul l'homme peut ressentir.

Plastique (gr. *plastikos*, propre au modelage, de *plattein*, façonner, modeler).
Esth. *a*) subst. fém. art de modeler des figures en terre, en cire, etc. : *b*) ext. arts plastiques, syn. arts visuels : sculpture, peinture, architecture.

Platonisme (Platon, né et mort à Athènes, 428-347 av. J.-C.).

1. *L'Académie* (fondée en 388). Nous ne savons rien des cours de Platon à l'Académie, mais l'ensemble des Dialogues (dont plusieurs apocryphes) sont conservés et leur commentaire n'a pas cessé tout au long de l'histoire de la philosophie. On y trouve tous les thèmes essentiels de la tradition, à commencer par le mot philosophie lui-même ; et Aristote, l'autre grand maître de la tradition grecque puis latine et arabe, a été d'abord et longtemps un disciple de Platon. Le platonisme est caractérisé par la distinction du sensible et de l'intelligible, de l'opinion et de la science, par le modèle mathématique du savoir, ou encore par des notions aussi riches de développements ultérieurs que celle d'*Idée* ou de *dialectique*. Pour la vie de l'âme, les dialogues seront des références inévitables sur le thème de l'immortalité (*Phédon*), de l'amour (*Banquet, Phèdre*) et de tout ce qui a été appelé plus tard la psychologie philosophique. Il en est de même en philosophie politique (*République, Le Politique, Les Lois*), en philosophie de la nature (*Timée*) et même en pédagogie (méthode dite socratique).

2. *Les Académies. a*) on appelle *Ancienne Académie* l'enseignement mal connu des premiers scolarques Speusippe et Xénocrate, qui semblent avoir cherché une genèse idéale des êtres dans une hiérarchie de principes et avoir identifié les idées aux nombres ; *b*) la *Moyenne Académie* (Arcésilas) privilégie la dialectique critique contre le dogmatisme stoïcien ; *c*) la *Nouvelle Académie* (Carnéade), à la recherche du probable, a souvent été associée au scepticisme.

3. *Le médio-platonisme.* On appelle ainsi les philosophies syncrétiques et mal connues qui se développent dans les grandes villes de l'empire romain et qui associent le platonisme au pythagorisme*, à l'aristotélisme*, aux religions orientales.

4. *Le néo-platonisme* proprement dit est fondé au IIIe siècle de notre ère par l'enseignement de Plotin à Rome à partir de 247. Il en reste 54 traités assez courts (les *Ennéades*) qui s'appuient souvent sur l'exégèse d'un texte de Platon. L'enseignement néo-platonicien se prolonge jusqu'en 529 (donc bien après saint Augustin, mort en 430) avec Porphyre, Proclus, Damascios. Le néo-platonisme est caractérisé par la théorie des hypostases*, l'émanation*, la procession*, la transcendance de l'Un ineffable*.
5. L'histoire du platonisme ne s'achève pas avec les derniers platoniciens persécutés par les empereurs chrétiens (Justinien ferme l'Académie à Athènes en 529). Le néo-platonisme joue un rôle considérable dans la théologie chrétienne orthodoxe (ex. théologie de la Trinité), dans les diverses hérésies (gnosticisme*), dans le développement au Moyen-Âge de la *théologie négative* (Denys l'Aréopagite) et de la mystique. Le platonisme, mal distingué du néoplatonisme, connaît un remarquable renouveau lors de la Renaissance italienne : platonisme des humanistes (Marsile Ficin et l'Académie florentine), platonisme des savants (Galilée) contre la tradition aristotélicienne.

Plébiscite (lat. *plebis scitum*, décret du peuple, de *plebs, plebis*, peuple et *sciscere*, décréter).
1. *Hist., Pol.* À Rome, décret promulgué par le peuple réuni en tribus.
2. *Pol.* Consultation du peuple sur une question de souveraineté à laquelle il faut répondre par oui ou par non ; *dist. referendum.*

Ploutocratie (gr. *ploutocratia*, gouvernement ou domination des riches, de *ploutos*, richesse, et *kratein*, exercer le pouvoir).
Pol. Régime dans lequel le pouvoir est en fait exercé ou dominé par les riches et auj. par les grandes sociétés financières, commerciales ou industrielles.

Pluralisme (du lat. *pluralis*, pluriel).
Méta. Doctrine de l'empirisme anglo-saxon, selon laquelle les êtres qui se trouvent dans l'univers sont multiples, individuels, indépendants ou irréductibles à une substance unique ou même à deux principes opposés : « Le pluralisme permet aux choses d'exister individuellement ou d'avoir chacune sa forme particulière » (W. James).

Plurivoque (lat. *plures voces*, qui a plusieurs sens).
Log., Ling. S'applique aux termes qui ont plusieurs acceptions, syn. polysémique, *dist.* équivoque, ctr. univoque.

Plus-value
Éco., Soc. « Pierre angulaire » (Lénine) de la doctrine de Marx : la *force de travail** d'un ouvrier est la seule *valeur* d'usage* capable de multiplier la valeur. En la vendant à l'employeur contre un salaire, elle devient une *valeur* d'échange* comme toute autre marchandise et donc, comme celle-ci, « la valeur de la force de travail est déterminée par la quantité de travail nécessaire à sa production », c.-à-d. à l'entretien de la vie de l'ouvrier et de sa progéniture destinée à le remplacer. Mais l'employeur prolonge au-delà la durée de travail

de l'ouvrier et ce *surtravail* crée un *surproduit*, une *plus-value*, qui n'est pas payée, le maximum du profit n'étant « limité que par le minimum physiologique du salaire et le maximum physiologique de la durée du travail ».

Pneumatique ou **pneumatologie** (gr. *pneumatikos*, qui concerne le souffle ; spirituel, incorporel, de *pneuma*, souffle, esprit).
Hist. Chez les scolastiques et jusqu'à Leibniz, science des choses spirituelles (psychologie et métaphysique).

Pneumatisme
Hist. Jusqu'à Kant, nom du *monisme spiritualiste*, opp. dualisme et matérialisme.

Poésie, poétique (gr. *poiêsis* de *poiein*, faire, produire, créer, par opp. à *praxis* de *prattein*, faire, agir).
1. *Esth. a*) la poésie a été trop souvent réduite à un art d'écrire en vers c'est-à-dire, en français, de mettre une rime au bout d'un certain nombre de syllabes. Mais l'opposition du vers et de la prose ne donne qu'une caractéristique très superficielle de la poésie. Comme genre littéraire, elle comprend classiquement le poème épique, lyrique, dramatique, sans compter les « petits genres » : chanson, épigramme, etc., dont le plus connu est le sonnet. Réduite au seul lyrisme, la poésie a perdu de nos jours son importance comme genre littéraire au profit du récit romanesque. Mais on n'oubliera pas que la poésie est historiquement le prototype même de tout art du langage ; *b*) poésie est souvent syn. de poème, surtout de poème court, mais on dira les « poésies complètes » (même comprenant des poèmes longs) ; *c*) par anal., on parlera de la poésie d'un tableau, d'une œuvre musicale, d'une gravure, etc. lorsque l'œuvre évoque avec intensité des sentiments qui inspirent les poèmes épiques et lyriques. Se dit aussi des paysages peints (Poussin, Claude Lorrain, Corot, les impressionnistes) ; *d*) on appelle *poétique* (substantif féminin) les conceptions esthétiques d'un poète (qu'il les ait lui-même exprimées ou non). Ex. la poétique de Baudelaire. D'autre part, depuis la *Poétique* d'Aristote, on appelle ainsi une théorie générale de la littérature (et non du seul genre poétique).
2. *Méta.* La poésie n'est-elle qu'un *ornement* ajouté à ce qui pourrait se dire aussi bien ou mieux en prose ? Suffit-il d'écrire *coursier* au lieu de cheval pour être poète ? La métrique n'est-elle qu'un procédé mnémotechnique archaïque devenu inutile, ou une façon de mettre la parole en musique ? Pourtant la plupart des livrets d'opéra sont détestables. Aristote affirmait : « Le poète doit être plus poète (créateur) de mythes que poète de mètres » (*Poétique*, 145b). La poésie ne peut se ramener à une fonction ludique. Le poète est sans doute un « menteur » (Cocteau) mais il est inspiré (v. Inspiration), en ce sens qu'il échappe à la quotidienneté utilitaire plus ou moins rationalisée. « Le poète est celui qui refuse d'*utiliser* le langage » (J.-P. Sartre) ; il est celui auquel Mallarmé assignait pour tâche de « donner un sens plus pur aux mots de la tribu ». Le « jeu de langage* » du poète, irréductible à toute

formalisation logique, ne peut que rencontrer la quête d'authenticité des philosophies phénoménologiques ou existentielles. Mais d'autre part, le discours philosophique, métaphysique, quand il échappe au seul contrôle de la rationalité logique, doit-il pour autant se confondre avec la poésie ? Heidegger paraissait aller dans ce sens lorsqu'il cherchait dans le langage du poète (ex. Hölderlin) quelques vérités plus originaires. Cependant philosophie et poésie restent deux sommets distincts quelle que soit leur proximité retrouvée.

Polémologie (comp. du gr. *polemos*, guerre, et *logos*, étude, science ; néol. créé par G. Bouthoul).
Soc. Partie de la sociologie ayant pour objet tout ce qui touche à la guerre (formes, causes, effets, etc.)

Politesse (qualité de ce qui est *poli*, rendu lisse, non rugueux).
Soc. Règles qui déterminent, dans leurs formes, les rapports entre personnes dans une société « civilisée » d'organisation complexe. Opp. barbare*, sauvage*. Il y a dans la politesse une sorte de bienveillance qui va au-delà de la simple civilité : « une certaine attention à faire que, par nos paroles et nos manières, les autres soient contents de nous et d'eux-mêmes » (La Bruyère, *Caractères* VI).

Politique (gr. *politikê*, *ta politika*, affaires politiques, de *polis*, *politis*, cité).
1. *Gén.* Adj. Qui concerne l'État en tant que tel, sa naissance, ses institutions, les relations de pouvoir, de domination dans l'État ou entre États (ex. parti* politique). L'adjectif a d'abord désigné au sens large tout ce qui relevait des relations entre citoyens dans une société, par opp. à *domestique* (dans la famille), d'où l'expression d'*économie politique* ou de *sciences politiques* (c'est-à-dire de sciences sociales). Un homme politique ou un « politique » détient le pouvoir de l'État (homme d'État) ou une partie du pouvoir de l'État et il montre des qualités qui lui permettent de l'exercer (opp. « politicien », qui est péj.).
2. *Soc.* Subst. La politique (*politikê*, s.e. *technê*) est l'art de conquérir le pouvoir dans l'État, de le conserver, d'en exercer les fonctions. Au sens strict, il n'y a de politique que dans une société organisée en État. Le pouvoir politique se distingue du pouvoir économique, social, administratif, etc. Une expression comme « politique économique » (d'un gouvernement) suppose que le pouvoir économique est subordonné au moins en droit à l'État.
3. *Épist.* L'histoire a d'abord été une histoire politique, centrée sur les relations entre États (alliances, guerres, traités de paix) et, dans les États, sur la succession des monarques (ou des magistrats républicains), leur gouvernement et les principaux événements de leurs règnes. C'est à partir d'eux que s'établit la chronologie. À quoi Voltaire oppose : « Une écluse de canal qui rejoint deux mers, un tableau de Poussin, une belle tragédie, une vérité découverte, une invention utile sont des choses mille fois plus précieuses que toutes les annales de cour ou les relations de campagnes militaires » (*Philosophie de*

l'histoire, 1765). Ce qui a été appelé par dérision « l'histoire batailles » a été de plus en plus discrédité aux XIXe et XXe siècles par l'histoire de la civilisation (Guizot) et, sous l'influence des divers socialismes (marxisme*), par l'histoire sociale et économique.

4. *Philosophie politique*. Dans la tradition aristotélicienne, l'homme défini comme animal politique, n'est pleinement lui-même que vivant dans une société, c'est-à-dire dans une cité (*polis*), un État. La philosophie politique porte sur l'étude critique des différents types de constitutions* ou de gouvernements (*politeia*), des changements qui conduisent à leur corruption (« un accroissement de quelque partie de l'État »), c'est-à-dire la tyrannie, l'oligarchie, la démagogie. Le réalisme politique du machiavélisme* s'en prend moins à cette tradition qu'à la subordination du pouvoir temporel* au pouvoir spirituel de l'Église. Une autre tradition de la philosophie politique commence avec les philosophies du « contrat* social » (Hobbes, Locke, Rousseau). Si l'ordre politique dépend fondamentalement d'une convention, alors il doit être possible de le transformer radicalement, de façon révolutionnaire, par une nouvelle constitution*. La philosophie politique du XIXe s. tout entière ne peut éviter une réflexion critique sur la Révolution française, avec la pensée contre-révolutionnaire*, le libéralisme* politique qui s'impose en Amérique et en Europe (*La Démocratie en Amérique*, de Tocqueville), les diverses philosophies sociales (saint-simonisme*, socialisme*) qui vont jusqu'à proposer la fin de l'État (anarchisme*, nihilisme*). Aucune de ces directions n'ont disparu de la philosophie politique contemporaine qui est de plus en plus dispersée et qui doit tenir compte de phénomènes nouveaux tels que l'usurpation du pouvoir politique par la bureaucratie* ou la technocratie*, ou encore les régimes totalitaires* qui sont bien autre chose que des tyrannies au sens classique.

Polygamie (comp. du gr. *polus*, nombreux, et *gamos*, union, mariage).
Ethn. Forme d'union matrimoniale dans laquelle la femme a plusieurs époux (*polyandrie*) ou l'homme plusieurs épouses (*polygynie*), opp. monogamie, seul régime légal en France.

Polygénisme (comp. du gr. *polus*, nombreux, et *genesis*, génération).
Anthr. Théorie selon laquelle l'espèce humaine proviendrait de plusieurs souches différentes (opp. monogénisme), conception qui tend auj. à prévaloir.

Polysémie, polysémique (comp. du gr. *polus*, nombreux, et *semeion*, signe).
Ling. *a*) propriété qu'ont la plupart des mots du langage courant de posséder plusieurs significations ; ex. cœur : viscère, courage, affection, etc. ; *b*) en un sens restreint, sens différents d'un signifiant unique ; ex. aire, air, ère, haire, hère, erre.

Polysyllogisme (comp. du gr. *polus*, nombreux, et *syllogismos*, syllogisme).
Log. form. Raisonnement consistant en une série de syllogismes enchaînés de telle manière que la conclusion de l'un serve de prémisse (majeure ou mineure) au suivant.

Polythéisme (comp. du gr. *polus*, nombreux, et *theos*, dieu).
Rel., Soc. Doctrine ou religion qui admet l'existence de plusieurs dieux ; ex. le paganisme grec ou romain mais aussi l'hindouisme.

Polyvalentes (Logiques) (comp. du gr. *polus*, nombreux, et du lat. *valere*, avoir de la valeur).
Log. Logique polyvalente : conception selon laquelle on devrait admettre, contrairement à la logique classique bivalente, d'autres valeurs* que le vrai et le faux, comme l'indécidable ou l'indéterminé et, en conséquence, rejeter le principe du milieu exclu ; ex. l'ensemble des ensembles dénombrables est-il ou n'est-il pas lui-même dénombrable ? La légitimité de cette logique est contestée par certains auteurs pour qui l'indécidable ne concerne que des problèmes dont les données sont insuffisamment déterminées : « La logique bivalente reste la condition de toutes les autres et de leur légitimité » (A. Lalande) ; v. Logique.

Populaire (Philosophie)
Hist., Méta. Par opp. à la philosophie « savante » prise au piège de son propre langage trop élaboré, et d'accès difficile, une philosophie du sens commun invoque les certitudes immédiates fondées sur un consensus* et portant sur l'existence du monde extérieur, sur l'existence de Dieu, le sentiment du bien et du mal (école écossaise*, éclectisme*). Au début du XIXe s., la philosophie populaire est invoquée par un rousseauisme sentimental qui s'appuie sur la « profession de foi du vicaire savoyard » (dans *L'Émile*). Il est remarquable qu'à cette conception nettement spiritualiste, si ce n'est traditionaliste, de la philosophie populaire, a été opposée une philosophie populaire qui ne pourrait être que matérialiste par opp. à une pensée bourgeoise supposée essentiellement idéaliste. Kant répondra à ceux qui se déclarent indifférents aux questions métaphysiques de la tradition, trop éloignées de la pensée commune : « quelque souci qu'ils aient pris de se rendre méconnaissables en changeant la langue de l'École en un ton populaire, ils retombent inévitablement dans les affirmations métaphysiques pour lesquelles ils affichaient du mépris » (*R. pure*, 1ère édition). L'opposition devient alors celle du dogmatisme naïf et de la pensée véritablement critique.

Populisme (du lat. *populus*, peuple).
Pol. Le terme a désigné à la fin du XIXe s. les révolutionnaires russes qui entendaient créer une sorte de communisme agraire, le peuple russe étant identifié à la paysannerie. Ils furent vivement combattus par Marx qui les accusait de méconnaître la réalité de la lutte des classes. Péj., le mot populisme s'applique généralement à des positions politiques démagogiques qui ignorent ou veulent ignorer la réalité sociale et économique.

Portique (Philosophie du)
Hist. Nom parfois donné à la philosophie stoïcienne, parce que Zénon de Citium (vers 300 av. J.-C.) enseignait à Athènes dans le Poecile (en gr. *stoa*),

portique ou galerie ornée de peintures de Polygnote représentant Miltiade à Marathon.

Positif (bas lat. *positivus*, qui repose sur quelque chose, de *positus*, p.p. de *ponere*, poser, établir).

1. *Épist.* Réel, palpable, ctr. chimérique, imaginaire : « On doit entendre par science positive, ou par la partie positive des sciences, la collection des faits que chacun peut vérifier [...] les faits positifs sont les matériaux de la science » (A. Cournot).

2. *Hist. (Phil., Épist.)* Chez A. Comte, opp. à *théologique* et à *métaphysique*, qualification essentielle de sa doctrine ; v. Positivisme : « Toutes nos langues occidentales s'accordent [...] à indiquer, par le mot positif et ses dérivés, les deux attributs de réalité et d'utilité, dont la combinaison suffirait seule pour définir désormais le véritable esprit philosophique, qui ne peut être au fond que le bon sens généralisé et systématisé. Ce même terme rappelle ainsi, dans tout l'Occident, les qualités de certitude et de précision par lesquelles la raison moderne se distingue profondément de l'ancienne. Une dernière acception universelle caractérise surtout la tendance strictement organique de l'esprit positif, de manière à le séparer, malgré l'alliance préliminaire, du simple esprit métaphysique qui jamais ne put être que critique », à quoi il faut ajouter le caractère relatif de l'esprit positif qui renonce à l'absolu (*Discours sur l'ensemble du positivisme*, 1re partie), relativité qui définit la *philosophie positive*, laquelle « se distingue surtout de l'ancienne philosophie, théologique* ou métaphysique*, par sa tendance constante à écarter comme nécessairement vaine toute recherche quelconque des *causes* proprement dites, soit premières, soit finales, pour se borner à étudier les relations invariables, qui constituent les *lois* effectives de tous les éléments observables, ainsi susceptibles d'être rationnellement prévus les uns par les autres » (*Cours*, 58e leçon). *État positif* : v. loi des trois états*.

Positivisme

1. Doctrine d'Auguste Comte (1798-1857) qui est à la fois une philosophie des sciences, une sociologie*, une philosophie de l'histoire structurée par la loi des trois états*, enfin une religion de l'Humanité dont Auguste Comte lui-même était le grand pontife (*Cours de philosophie positive*, 1830-1847 ; *Système de politique positive,* 1854).

2. Après la mort d'Auguste Comte, l'église positiviste ne subsiste plus qu'au Brésil dont le drapeau porte encore sa devise : « Ordre et Progrès ».

3. En particulier sous l'influence d'Émile Littré (1801-1881), les positivistes de la fin du XIXe s. renoncent aux conceptions sociales, politiques et surtout religieuses de Comte, confondent positivité et objectivité scientifique et remplacent la religion de l'Humanité par une sorte de religion de la science.

4. Le néo-positivisme du XXe s. (Carnap et le cercle de Vienne, 1922-1938) ne retient plus guère du positivisme que sa condamnation de la métaphysique comme le montre son autre nom d'empirisme* logique, car Comte rejetait tout autant l'empirisme que le logicisme.

Possession (lat. *possessio*, de *possidere*, posséder).

1. *Dr.* Str. « la détention ou la jouissance d'une chose ou d'un droit que nous tenons ou que nous exerçons par nous-mêmes [...] » (Code Civil). *Dist.* propriété*.

2. *Psy. path. Délire de possession* : état de ceux qui se croient ou que l'on croit dominés par une puissance surnaturelle (animaux, personnes, esprit, etc.) qui supplante la volonté ; ex. possession démoniaque.

Possible, possibilité (lat. impérial *possibilis, possibilitas* de *posse*, pouvoir. *Fieri potest ut* : il peut se faire que ; gr. *dunatos*).

1. *Vulg. a*) au sens physique, est possible ce qu'un être vivant a la force de faire, ce qui est réalisable par tout moyen technique ; *b*) au sens juridique, ce qu'il est permis, autorisé de faire ; *c*) couramment, la notion de possible est proche du probable*, du vraisemblable*. La notion de possible est en relation avec celle d'aptitude, de capacité, de faculté, de liberté, de pouvoir.

2. *Log.* Se dit de ce qui n'implique pas contradiction.

3. *Crit.* La possibilité est une catégorie de la modalité* avec l'impossibilité, la contingence*, la nécessité*.

4. *Méta., Hist. a*) pour les mégariques, le possible qui n'est pas encore ou qui n'est plus n'est que non-être. Aristote leur opposera le possible comme être en puissance distingué de l'être en acte ; *b*) Descartes : « Pour les vérités éternelles, je dis qu'elles sont vraies ou possibles parce que Dieu les connaît comme vraies ou possibles ». Elles ne sont donc pas possibles indépendamment de la création divine ; *c*) au contraire pour Leibniz, Dieu a conduit à l'existence le meilleur des mondes possibles : tout possible est tendance à l'existence même si en vertu du principe du meilleur, tout possible n'est pas également appelé à l'existence. La critique la plus radicale de la réalité du possible selon Leibniz est peut-être celle de Bergson : c'est par une illusion rétrospective que le possible est posé comme antérieur au réel. « Les choses seraient ainsi représentables par avance, elles pourraient être pensées avant d'être réalisées. Mais c'est l'inverse qui est la vérité » (Bergson, *La Pensée et le Mouvant*, 1934) ; *d*) Kant oppose à Leibniz la distinction d'une possibilité *logique* et d'une possibilité *réelle*. La chose dont le concept est possible n'est pas nécessairement une chose possible dans la réalité, car l'existence n'est pas un prédicat (v. preuve ontologique*).

Post hoc, ergo propter hoc (lat. après cela, donc à cause de cela).

Log. Sophisme d'induction* ou paralogisme* (selon l'intention de celui qui présente un raisonnement de ce type) consistant à affirmer qu'il existe un rapport de causalité entre un fait ou un événement et celui qui le suit par le seul fait qu'il le suit.

Postmoderne (du lat. *post*, après et moderne*).
1. *Esth.* Notion apparue après 1970, désignant, d'abord en architecture, les conceptions artistiques qui succèdent aux conceptions dites modernes dominantes dans la première moitié du XXe s. (retour à un certain éclectisme contre les formes épurées, fonctionnelles, issues du *Bauhaus*).
2. En histoire des idées (J.-F. Lyotard, *La Condition postmoderne*, 1979), la pensée prend acte de l'épuisement d'une modernité commençant avec l'esprit des Lumières et ses projets anticipateurs. La discussion devient assez confuse autour de notions comme la « fin de l'histoire » (posthégélienne), l'épuisement de la métaphysique (Heidegger), etc.

Postulat (lat. *postulatum*, p.p. de *postulare*, demander).
1. *Math.* *a*) dans la géométrie euclidienne, proposition ni évidente ni démontrable que le géomètre demande d'admettre pour qu'il puisse construire son système hypothético-déductif* ; ex. le postulat de la droite : on demande de pouvoir prolonger toute droite finie dans sa direction et d'une façon continue. *Postulat des parallèles* (dit improp. postulat d'Euclide), v. Parallèle ; *b*) dans la mathématique moderne, le postulat n'est pas distingué des autres axiomes et appartient au même titre à l'axiomatique* qui commande le système hypothético-déductif.
2. *Vulg.* Ext. toute position prise implicitement ou explicitement comme principe de déduction.
3. *Hist. (Crit.)* Chez Kant, *a*) *postulats de la pensée empirique* : conditions sous lesquelles l'esprit peut penser les objets de l'expérience : 1) ce qui s'accorde avec les conditions formelles de l'expérience est possible ; 2) ce qui s'accorde avec les conditions matérielles de l'expérience est réel ; 3) ce dont l'accord avec le réel est déterminé suivant les conditions générales de l'expérience est nécessaire (*R. pure*, Anal., I, II, 3e section) ; *b*) *postulats de la raison pratique* : la liberté et, d'autre part, l'immortalité de l'âme et l'existence de Dieu exigées pour l'exercice de la loi morale mais non rationnellement démontrables (*R. pr.*, Dial, ch. IV). V. Raison.

Posturale (Sensibilité)
Psy. physio. Partie de la sensibilité* proprioceptive* dite tonus de posture, qui a pour fonction de fixer les différentes parties de notre corps dans leurs différentes attitudes, que celles-ci soient volontaires ou non.

Potentialité (du lat. *potens*, p.pr. de *posse*, pouvoir).
Phil. Caractère de ce qui est en puissance, opp. actualité*.

Potentiel
Phil. Opp. en acte, ce qui est en puissance.

Potlatch (mot de la langue indienne *nootka*, signifiant « donner »).
Ethn. Terme générique désignant le comportement de chefs ou de membres de la classe aristocratique qui consiste à offrir solennellement des richesses à un rival afin de le défier, de l'humilier ou de l'obliger, le donataire devant, sous

peine de perdre tout prestige, pratiquer un contre-don ; cette institution compétitive (caractéristique not. des Tlingit et des Haïda, tribus du Nord-Ouest américain) s'est transformée sous l'effet de l'économie marchande des Blancs et ne subsiste plus guère que comme fête de destruction de richesses traditionnelles.

Pouvoir (dér. du lat. pop. *potere* pour le lat. class. *posse*).

1. *Psy, Mor.* *a*) syn. faculté, force constitutionnelle qui confère une capacité effective ; ex. le pouvoir de l'imagination, de l'attention, etc. ; *b*) sp. principe intérieur et puissance d'agir ; syn. volonté.

2. *Dr.* Qui possède officiellement un droit ou qui le confère à une tierce personne ; ex. bon pour pouvoir, un fondé de pouvoir.

3. *Soc., Pol.* S'applique à l'exercice de la puissance dans le domaine politique ; *a*) soit de la puissance de fait s'exerçant par la force ; ex. pouvoir dictatorial ; *b*) soit d'une autorité qui le détient légalement (magistrature, gouvernement, etc.) ; ex. le pouvoir discrétionnaire du président des Assises ; *c*) soit de chacune des grandes fonctions de l'État (pouvoir législatif, exécutif et judiciaire). *Principe de la séparation et de l'équilibre des pouvoirs* : principe en vertu duquel, pour assurer la liberté des citoyens, les pouvoirs législatif, exécutif et judiciaire doivent avoir des organes et des titulaires distincts et indépendants. Ce principe est souvent attribué à Montesquieu qui parlait seulement d'équilibre, de « balance » des pouvoirs. *Pouvoir personnel* : puissance de droit d'un homme à qui est confié traditionnellement ou légalement le droit permanent ou temporaire d'exercer à lui seul le pouvoir législatif et exécutif, ex. le dictateur romain ; auj. puissance de fait que s'arroge un homme d'État en exerçant la souveraineté sans en avoir formellement reçu mandat du peuple ou d'une assemblée.

4. *Phil. Pouvoir spirituel** et *pouvoir temporel** : le pouvoir spirituel est celui qu'une personnalité marquante exerce ou vise à exercer au nom de principes religieux ou moraux ; le pouvoir temporel détient la force matérielle légalement ou non ; historiquement, ces deux expressions évoquent les conflits qui ont opposé en Europe l'Église et les États.

Pragmatique (gr. *pragmatikos* de *pragma*, action, affaires).

Adj. **1.** *Vulg.* Qui se rapporte à l'action et aux circonstances de l'action. Se dit d'un esprit plus attentif aux résultats de l'action qu'à la rigueur du principe théorique. Ex. les Anglo-Saxons sont souvent réputés être pragmatiques. On évitera de confondre avec pratique*. **2.** *Mor.* Chez Kant, sont dits pragmatiques les impératifs hypothétiques qui se rapportent à la *prudence** dans l'action ; ils se distinguent des impératifs *techniques* et surtout de l'impératif *catégorique* relevant de la pure raison pratique (loi morale). De même, il faut distinguer la *métaphysique des mœurs* qui analyse l'action sous l'angle purement moral et l'*anthropologie pragmatique* qui introduit des principes empiriques « car je ne puis savoir que par le moyen de l'expérience quelles sont les inclinations qui veulent être satisfaites et quelles sont les causes naturelles qui peuvent opérer cette satisfaction » (*R. pure*). De cette distinction kantienne dérivent plus ou moins directement les sens philosophiques de pragmatique et de pragmatisme.

Subst. *Ling.* En philosophie du langage, la pragmatique est l'étude de l'usage des signes distinguée de la sémantique* qui porte sur leur signification. Il s'agit alors de ce que « veulent » dire les énoncés (dans une conversation par ex.), au-delà de leurs significations propres, de ce qu'ils disent littéralement. V. acte de langage*, Communication, Illocutoire.

Pragmatisme (terme créé en 1872 par l'américain Peirce qui proposa aussi, pour s'opposer à W. James, le terme de *pragmaticisme*).

Hist., Épist., Méta. Le terme de pragmatisme peut s'appliquer à un ensemble de doctrines qui, par opp. au positivisme ou à l'intellectualisme, subordonnent la connaissance à l'action et à ses résultats. Créé par Peirce pour qui, la fonction de la pensée étant de donner des règles à l'action, le concept d'un objet s'identifie avec ses effets pratiques concevables. Le pragmatisme a connu un retentissement mondial avec W. James (*Le Pragmatisme*, 1907) qui reconnaît comme *vrai* tout ce qui a des conséquences pratiques satisfaisantes pour les exigences vitales des individus, même dans l'ordre métaphysique et religieux : les « raisons du cœur », la « volonté de croire » ont valeur de vérité. Peirce lui-même condamna ce qui paraissait une dérive irrationaliste*. On peut rapporter au pragmatisme « l'instrumentalisme » de l'américain J. Dewey ou « l'humanisme » de l'anglais F. C. S. Schiller. En France, Bergson s'est lui-même dit proche de W. James à certains égards. Même quand il ne se réduit pas à un utilitarisme* vulgaire (« ça marche »), le pragmatisme a donné lieu à de multiples débats et a été repris de nos jours sous diverses formes souvent plus proches de Peirce que de W. James.

Pratico-inerte (néol. créé par Sartre).

Exist. S'applique à la résultante du mouvement dialectique par lequel nos projets s'objectivent en se cristallisant dans l'extériorité et l'inertie matérielle ; ex. le langage est une réalité toute faite, un ensemble de structures existantes au sein du milieu social, que le linguiste peut prendre comme objet de science, de la même manière que l'économiste, la monnaie, mais il ne faut pas oublier la *praxis** par laquelle elles se sont formées et transformées et qui renvoie à l'action individuelle.

Pratique, adj. et subst. (lat. *practice*, gr. *praktikê* s.e. *epistêmê*, la science pratique, dér. de *prattein*, agir).

Adj. **1.** *Gén.* (opp. théorique, spéculatif) : *a*) qui concerne l'action, orienté vers l'action ; ex. travaux pratiques ; *b*) qualifie l'action en tant que conséquence d'une vue théorique ou que mise en œuvre d'un projet ; ex. réalisation pratique. **2.** *Hist.* Chez Kant, ce qui est pratique : *a*) soit *techniquement pratique* du point de vue de la nature : action exercée par l'homme sur les choses grâce à la connaissance qu'il en a ; *b*) soit *moralement pratique*, du point de vue du concept de liberté, c.-à-d. qui concerne la moralité ; ex. les *postulats de la raison* pratique*.

Subst. **1.** *Gén.* (opp. théorie, spéculation) : exercice de l'activité volontaire visant à mettre en œuvre les principes ou les lois d'une science, les procédés d'une technique, les règles d'une morale ou d'une religion : ex. la pratique de la vertu. **2.** *Vulg.* Savoir-faire empirique résultant de l'exercice prolongé et renouvelé d'une profession : ex. la pratique médicale, la pratique pédagogique. **3.** *Phil., Soc.* « Processus de transformation d'une matière première donnée déterminée en un produit déterminé, transformation effectuée par un travail humain déterminé, utilisant des moyens (de production) déterminés » (L. Althusser), cette définition s'appliquant à toutes les activités, d'abord économiques, mais aussi sociales, politiques et même intellectuelles.

Praxéologie (comp. du gr. *praxis*, action, et de *logos*, science).
Épist. a) science ou théorie de l'action ; *b*) connaissance des lois de l'action humaine conduisant à des conclusions opératoires (recherche opérationnelle, cybernétique, etc.).

Praxis (mot. gr., action, de *prattein*, agir).
Hist. a) chez Aristote, la *praxis* est une action qui a sa fin en elle-même par opp. à la *poiêsis* qui a sa fin dans une œuvre (production), d'où le sens kantien de pratique* ; *b*) chez Marx et les marxistes : relation dialectique entre l'homme et la nature par laquelle l'homme en transformant la nature par son travail se transforme lui-même : « Toute vie sociale est essentiellement pratique. Tous les mystères qui entraînent la théorie vers le mysticisme trouvent leur solution dans la praxis humaine et dans la compréhension de cette praxis » (*8e Thèse sur Feuerbach*).

Précision (lat. *praecisio*, de *praecedere*, couper, découper en tranches).
1. *Hist. (Phil.)* Sens ancien, chez les scolastiques et jusqu'au XVIIe s., syn. abstraction, distinction : « La précision est l'action que fait notre esprit en séparant des choses en effet inséparables » (Bossuet) ; ex. la distinction de ce qui appartient au corps et de ce qui appartient à l'esprit.
2. *Epist.* Qualité de ce qui est déterminé, gén. par une mesure, dont on connaît le degré d'approximation ; ex. on détermine le début d'une éclipse avec une bonne précision, *dist.* exactitude, qui exclut toute approximation.

Préconscient (de conscient, avec préfixe pré (lat. *prae*), avant).
Psychan. Qui n'est pas actuellement conscient mais qui est susceptible de le devenir dans le système conscient-préconscient. V. Inconscient. Ne pas confondre avec subconscient* ni avec préréflexif*.

Prédestination (lat. *praedestinatio*, comp. du préfixe *prae*, d'avance, et *destinatio*, fixation, détermination).
Théo. Doctrine d'après laquelle chaque individu est destiné, de toute éternité, à être sauvé ou damné.

Prédicable (lat. scol. *praedicabilis*, de *praedicare*, attribuer).
Log. Syn. *universaux**, désigne les cinq concepts ou notions générales de Porphyre (genre, espèce, différence spécifique, propre et accident), selon lesquels un prédicat peut être attribué à un sujet.

Prédicat (lat. scol. *praedicatum*, dér. de *praedicare*, attribuer).
Log. form. Ce qui est affirmé ou nié du sujet, syn. attribut* ; ex. dans la proposition : Socrate est mortel, mortel est prédicat de Socrate.

Prédicatif ou **de prédication (Jugement)**
Log. Jugement qui affirme ou nie un prédicat d'un sujet ; ex. l'âme est immortelle, *dist.* jugement de relation*.

Prédiction, v. Prévision.

Préformation (lat. *praeformatio*, comp. de *prae*, à l'avance, et *formatio*, formation).
Hist., Biol. Syn. emboîtement des germes, théorie (auj. abandonnée pour celle de l'épigenèse*), selon laquelle tous les organes de l'être vivant sont préformés dans l'embryon et tous les êtres d'une lignée dans les œufs des premiers géniteurs.

Prégnant, prégnance (néol. dér. du lat. *praegnans*, qui est près de produire, employé par confusion avec l'adj. archaïque *preignant*, pressant, violent, de « *preindre* », presser, lat. *premere*, *cf.* empreindre).
Psy. Loi de prégnance ou *de la bonne forme** (Wertheimer, 1925) : dans la psychologie de la forme*, loi d'après laquelle lorsque divers objets qui se présentent à la vue peuvent « donner lieu à des perceptions de formes différentes, l'une d'elle est ordinairement privilégiée et s'établit de préférence à toute autre. C'est celle qui est la plus simple, la mieux équilibrée, la plus symétrique, la mieux centrée, celle dans laquelle la continuité des lignes est la mieux préservée, d'où les *gestaltistes** concluent que les « structures sont des caractères immédiats du donné au même titre que leur contenu » (Köhler) et ne sont donc pas constituées par synthèse d'éléments d'abord donnés séparément.

Préhistoire
Hist., Soc. Période du passé humain sur laquelle il n'existe pas de document écrit mais seulement des vestiges archéologiques : os, pierres taillées, outils, poteries, dessins, gravures, sculptures, sépultures, etc. et qu'on ne peut reconstituer qu'à partir de ces traces matérielles subsistantes.

Préjugé (lat. *praejudicium*, jugement préalable, action de présumer ; *cf. praejudicata opinio*, opinion toute faite).
Mor., Pol. « Opinion sans jugement » dit Voltaire, au sens où elle précède le jugement, n'en est pas issue et même refuse un jugement critique. Descartes attribue les préjugés au fait que « [...] nous avons été enfants avant d'être hommes et qu'il nous a fallu longtemps être gouvernés par nos appétits. » Le préjugé est donc un héritage moral et intellectuel : « car nous croyons les autres avant de raisonner par nous-mêmes » (Thomasius, *Essai sur les préjugés*, 1691). La critique des préjugés est au centre de la pensée des philosophes des Lumières. D'une part : « Il y a des préjugés universels, nécessaires, et qui sont la vertu même » (Voltaire) au-delà desquels on ne peut pas remonter. Mais d'autre part :

« Toutes les opinions religieuses et politiques des hommes sont des préjugés, vu qu'ils ne peuvent examiner les premières sans crime et les dernières sans danger » (Dumarsais, *Essai sur les préjugés*, 1770). Pourtant la pensée contre-révolutionnaire s'est attachée à réhabiliter les préjugés, du moins les plus anciens, les plus généraux, devenus instinctifs. « Par le moyen des préjugés, le devoir fait partie de notre nature » (Burke, *Réflexion sur la Révolution française*, 1790). De nos jours, le terme est toujours péj.

Prélogique (néol. créé par Lévy-Bruhl, antérieur à la logique, qui n'a pas atteint la *mentalité logique*).

Soc., Ethn. Caractère de la pensée qui dans la « mentalité primitive* » serait de nature essentiellement mystique, émotionnelle et étrangère au principe de non-contradiction qui régit les croyances et les raisonnements des civilisés. Mais, dans ses *Carnets posthumes*, Lévy-Bruhl a admis que les « primitifs » ne diffèrent pas des civilisés par leur logique, mais par l'image qu'ils se font de la nature et du mode d'action des êtres les uns sur les autres ; v. Participation.

Premier (lat. *primus*).

1. *Gén.* Qui n'est précédé par rien, qui ne suppose ou n'admet aucun antécédent. Ce qui est le premier ou le plus ancien dans l'ordre du temps pour une succession donnée ; ex. les premiers hommes, poser la première pierre.

2. *Log., Math.* Qui commence et qui commande une relation de principe à conséquence ; ex. les principes premiers d'un système mathématique sont les axiomes. *Principes premiers* ou *rationnels, notions* ou *vérités premières* : principes et notions qui constituent les fondements de toutes nos connaissances ; ex. le principe de non-contradiction.

3. *Méta.* Dans l'ordre ontologique, ce qui constitue la raison ou la cause au-delà de laquelle on ne peut remonter (dernière dans l'ordre de la connaissance, première dans l'ordre de l'être) ; ex. la *cause première, philosophie première* (v. Philosophie).

4. *Esth.* On appelle *arts premiers* les arts dits primitifs* pour éviter ce que l'adjectif aurait de dépréciatif.

Prémisses (lat. *praemissus*, p.p. de *praemittere*, envoyer, annoncer d'avance ; *propositio praemissa*, proposition envoyée au-devant de la conclusion).

1. *Log. form.* Dans un syllogisme, les deux premières propositions, majeure et mineure, qui fondent la conclusion.

2. *Vulg.* Ext. ensemble des propositions qui servent de principe à une étude.

Prémonition (lat. *praemonitio*, de *monitio*, action d'avertir, *prae* à l'avance).

Psy. En *parapsychologie**, avertissement par rêve, télépathie, qui semble annoncer l'avenir. V. Rêve.

Prémotion physique (comp. du lat. *motio*, action de mouvoir, et *prae*, à l'avance).

Théo. Thèse de la philosophie thomiste visant à concilier la liberté humaine et, d'autre part, l'omniscience et l'omnipotence divines, selon laquelle, antérieurement à l'acte de volonté de l'homme, Dieu « ordonne par le même décret ce qu'il veut que nous souffrions par nécessité et ce qu'il veut que nous fassions librement » (Bossuet).

Prénotion (lat. *praenotio* correspondant au gr. *prolepsis*, anticipation).

1. *Hist.* Chez les épicuriens et les stoïciens, connaissances générales issues de l'expérience, mais qui se sont formées spontanément avant la réflexion.

2. *Soc.* Durkheim reprend le terme pour désigner des conceptions préscientifiques qui s'imposent d'abord mais doivent être soumises à une critique méthodique.

Préréflexif (néol. créé par Sartre, 1943).

Exist. Adj. qui, appliqué à la conscience, indique qu'elle est déjà conscience d'objet, bien avant de faire retour sur elle-même et de se connaître réflexivement.

Préromantisme (néol., vers 1910).

Esth. Le terme désigne dans la littérature, dans les arts, et même en philosophie (J.-J. Rousseau), un détachement progressif du classicisme et du rationalisme des Lumières, une exaltation de la sensibilité, un goût de la nature sauvage, de la rêverie, du mystère qui annoncent le romantisme proprement dit. Mais cette idée de transition est en elle-même très contestable : les auteurs et les artistes dits préromantiques (Diderot, Rousseau, le peintre Greuze, l'architecte Boullée) ne sont pas irrationalistes, mais contemporains d'un néoclassicisme qu'ils ne renient pas. Ils appartiennent pleinement à l'époque des Lumières dont ils expriment la sensibilité.

Prescience (lat. *praescientia*).

1. *Théo.* Attribut par lequel Dieu connaît de toute éternité tout l'avenir ; ce terme est la manière humaine de concevoir temporellement l'omniscience de Dieu qui est intemporelle.

2. *Vulg.* Connaissance irrationnelle de l'avenir, syn. divination.

Préscientifique (néol. d'après science).

Adj. *Épist.* A. Comte avait montré qu'une théorie scientifique positive ne s'appliquait pas directement aux données brutes de l'expérience comme se la représentait souvent un empirisme sommaire, mais qu'elle succédait et s'opposait à une interprétation antérieure des phénomènes naturels d'ordre théologique* ou métaphysique*, conformément à la loi des trois états. Bachelard écrit que le passage des concepts préscientifiques aux concepts scientifiques suppose toujours une crise, une *rupture épistémologique*, et que soit surmonté l'*obstacle* que constitue la pensée préscientifique : « C'est en termes d'obstacles qu'il faut poser le problème de la connaissance scientifique » (*La Formation de l'esprit scientifique*, 1938).

Présence (lat. *praesentia*, présence, de *praesse*, être en avant, être à la tête).

1. *Sens propre*, le fait de se trouver physiquement en un endroit donné, opp. absence.

2. *Rel.* Rapport établi entre l'homme et le sacré, le divin, manifesté dans un lieu, un temps, un rite, un sacrement. Dans le christianisme, la présence du Christ, Dieu incarné dans le sacrement de l'eucharistie, a suscité d'âpres discussions théologiques (« là où deux ou trois sont réunis en mon nom, je serai au milieu d'eux », Mathieu).
3. *Exist.* Chez Sartre, « la loi d'être du pour-soi, comme fondement ontologique de la conscience, c'est d'être lui-même sous la forme de la présence à soi [...]. La présence de l'être à soi implique un décollement de l'être par rapport à soi » ; v. Pour-soi.
4. *Hist.* Chez Plotin, s'applique à l'Un en tant que l'être s'unit à lui dans l'extase : « Tant que dure cette présence, aucune distinction n'est possible [...]. La présence est meilleure que la science » (*Ennéades*, VI).

Présent (du lat. *praesens*, de *prae*, en avant et d'un radical du verbe *esse*, être).
Adj. **1.** *Sens propre*, opp. absent, s'applique à tout ce qui est actuellement donné à nos sens ou à la conscience (sensations, états affectifs ou intellectuels). **2.** *Crit.* *a*) se dit de ce qui est immédiatement saisi par l'esprit : « J'appelle claire la connaissance qui est présente et manifeste à un esprit attentif » (Descartes, *Pr.* 1, 45) ; *b*) opp. passé et futur, syn. actuel, se dit de ce qui existe ou se passe dans le moment même ; ex. le temps présent.
Adj. et subst. *Vulg.* Dimension temporelle de ce qui est vécu immédiatement, distingué de ce qui n'est plus (le passé) et de ce qui n'est pas encore (l'avenir). Psychologiquement, le présent a une certaine durée*. V. *Instant*. « Le présent c'est l'action, le présent consiste à agir, si l'on n'agit pas il n'y a pas de présent » (J.-M. Guyau). C'est pourquoi une expression comme « présent éternel » n'a sans doute guère de sens.

Présocratiques
Hist. On appelle ainsi les philosophes antérieurs à Socrate, longtemps considéré comme le « père » de la philosophie. On a dit aussi *préplatoniciens*. Car Socrate, qui n'a rien écrit, n'est guère connu que par Platon. Ils ne forment pas un groupe et leurs pensées sont très diverses, connues seulement par des fragments, des citations ou allusions très postérieures. Ce sont les « physiciens » (Thalès, Anaximandre, Anaximène), Pythagore (pythagorisme*), Héraclite, les Éléates (Parménide, Zénon), les nouveaux « physiciens » (Anaxagore, Empédocle, Démocrite), sans oublier les « sophistes* » (Protagoras). Longtemps ils furent considérés seulement comme des « primitifs » de la philosophie, de simples précurseurs de Platon et d'Aristote ; c'est seulement à la fin du XIXe s. qu'ils sont étudiés pour eux-mêmes, en particulier Parménide et surtout Héraclite (v. Héraclitéisme) par des auteurs qui cherchent en eux une pensée plus fondamentale que celle du platonisme (Nietzsche, puis Heidegger).

Présupposé, présupposition (comp. du lat. *prae*, à l'avance, et *suppositio*).
Crit. Ce qui est pris pour accordé, explicitement ou implicitement, au début d'une recherche, d'un raisonnement, d'une discussion.

Preuve (de prouver, du lat. *probare*).
1. *Épist.* La preuve lève un doute sur la valeur de vérité d'un énoncé qui n'était que vraisemblable. La preuve logique est une déduction. La démonstration mathématique est souvent appelée preuve (preuve par l'absurde). La preuve dans les sciences expérimentales est la confirmation* d'une hypothèse. V. Expérimentation, Confirmation, Vérification, Falsifiabilité. Dans les sciences humaines, la difficulté ou l'impossibilité de l'expérimentation, de la répétition d'une observation précise, rendent beaucoup moins rigoureux l'établissement de la preuve, qui se rapproche alors de l'enquête policière ou judiciaire.
2. *Dr.* La preuve conforte, avec plus ou moins de certitude, la thèse de l'accusation : ce peut être un fait matériel, un témoignage, l'aveu, dont aucun par lui-même n'est décisif (même l'aveu). *Testus unus, testus nullus* (témoignage unique vaut absence de témoignage) est un adage du droit romain. Les preuves peuvent être reconnues fausses, impossibles (alibi), mais il n'y a pas de preuve négative (on ne peut pas prouver une innocence).
3. *Méta., Hist.* Le rationalisme classique (cartésien) a cru pouvoir établir en métaphysique des preuves non seulement dialectiquement, par argumentation, mais aussi scientifiquement, à la façon des géomètres (*more geometrico*, Spinoza). Ainsi les preuves de l'existence de Dieu*.

Prévention (dér. du lat. *praevenire*, prendre les devants, devancer).
Psy., Crit. a) syn. préjugé*, caractère d'une opinion toute faite qui s'oppose à la reconnaissance de la vérité ; *b*) chez Descartes, plus particulièrement, dont le deuxième précepte de la méthode recommande « d'éviter soigneusement la précipitation et la prévention », principale source de nos erreurs, qui consiste surtout dans la persistance en nous des jugements erronés que nous avons portés sur les choses au cours de notre enfance et dont nous ne pouvons que très difficilement nous délivrer (*Pr.* I, 71-72).

Prévision (lat. *praevisio*, de *praevidere*, apercevoir d'avance, prévoir).
Épist. Caractère fondamental des lois et théories scientifiques, qui est de déterminer à l'avance les faits, les événements ; un système de conditions étant donné, un autre fait et un seul en résulte ; ex. la prévision d'une éclipse, *dist. l'application*, qui est d'ordre pratique : « Savoir afin de prévoir pour pouvoir » (A. Comte) ; *dist.* la *prédiction*, qui comme telle n'est fondée sur aucune loi vérifiée ni sur aucun lien nécessaire entre la cause et l'effet.

Primaire, primarité (lat. *primarius*, de *primus*, premier).
1. *Psy. physio.* Primaire désigne chacune des trois couleurs qui servent de base à un système trichromatique de signification des couleurs (rouge-vert-bleu).
2. *Car.* Dans la caractérologie* de Heymans et Wiersma, une des deux modalités du retentissement* (avec la *secondarité*) se traduisant par l'immédiateté et la brièveté des réactions dans l'ordre soit de l'émotion, soit de l'action.
3. *Crit. Qualités primaires* (ou *premières*) ; v. Qualité.

Primauté, primat (du lat. *primas, primatis*, qui est au premier rang).

1. *Mor.* Caractère de ce qui est premier en fait ou en droit ; ex. la primauté du spirituel sur le temporel.

2. *Hist. Primat de la raison pratique* (Kant) : prévalence de l'intérêt de la raison pratique sur la raison théorique ; v. Raison.

Primitif (lat. *primitivus*, nouveau-né, de *primus*, premier).

1. *Gén.* En tout domaine, la notion de primitif (adj. ou subst.) renvoie au commencement, à la première phase d'un développement, d'une histoire, à la première réalisation d'un projet (la version primitive d'un roman). La connotation péjorative s'est introduite avec les conceptions évolutionnistes*.

2. *Esth. a*) en histoire de l'art, l'appellation de « primitifs » (primitifs italiens, français, flamands, etc.) désigne les artistes, surtout les peintres, qui précèdent la Renaissance et qui ne connaissent « pas encore » les règles de la perspective et de l'art classique. Cette dénomination n'est pas plus péj. que celle de gothique* en architecture ; *b*) à l'époque préromantique et romantique, la poésie dite primitive (celle d'Homère, d'Ossian, des épopées scandinaves, allemandes, celle des chants populaires) a été célébrée pour sa naïveté (v. Naïf), sa proximité de la spontanéité naturelle des sentiments à l'encontre de la corruption apportée par la civilisation ; *c*) depuis le début du XXe siècle, les artistes modernes* (cubistes, expressionnistes) ont découvert la valeur esthétique des œuvres d'art produites par les populations mélanésiennes et polynésiennes (Océanie), les peuples noirs d'Afrique, les Indiens d'Amérique, les Eskimaus. D'où l'expression (non péj.) d'*arts primitifs*, et récemment d'*arts premiers*.

3. *Ethn. Peuples primitifs*. Cette expression s'applique depuis la fin du XIXe s. aux peuples dits « sans écriture », en général colonisés, de très faible développement économique, étudiés par l'ethnologie européenne et américaine. Ils sont supposés restés proches de la nature (all. *Naturvölker*). À la fin du XIXe s., le comparatisme* a voulu trouver des traits communs aux primitifs, à l'enfant, aux hommes de la préhistoire européenne. Le sociologue français L. Lévy-Bruhl a cru pouvoir décrire une « mentalité primitive », mystique, prélogique*, radicalement distincte du raisonnement pratiqué chez les peuples dits civilisés. V. Participation, Prélogique. Un darwinisme* sommaire, mal vulgarisé, une idéologie coloniale trop heureuse de trouver là une justification de sa mission civilisatrice, des préjugés raciaux, ont vite traduit primitifs par inférieurs. Pour éviter la connotation péjorative, on a proposé de substituer à primitif les termes d'*archaïque* ou de *premier*, tout aussi ambigus. La question semble résolue par la disparition quasi totale des cultures dites primitives.

Principe (lat. *principium*, commencement, dér. de *princeps*, le premier, de *primus* ; qui commande).

1. *Vulg.* Principe a le sens courant de commencement (« au principe »), d'intention, d'idée directrice. En morale, le principe est une règle d'action. Un « homme à principes » s'en tient rigoureusement aux règles. En esthétique, norme ou règle admise dans une activité artistique.

2. *Épist.* Toute proposition admise par hypothèse et dont découlent par déduction les théorèmes. Syn. axiome*, élément*. Loi fondamentale qui commande toute une discipline, toute une section de la science (ex. principe de la gravitation universelle). Se dit d'une « grande théorie » qui oriente la recherche scientifique (principe de la relativité générale). En sciences humaines, direction donnée à la recherche à partir d'un choix théorique.

3. *Méta.* Premières causes ou fondements de la connaissance, ces principes devant « avoir deux conditions, l'une qu'ils soient si clairs et si évidents que l'esprit humain ne puisse douter de leur vérité lorsqu'il s'applique avec attention à les considérer [ex. le principe de non-contradiction] ; l'autre, que ce soit d'eux que dépende la connaissance des autres choses, en sorte qu'ils puissent être connus sans elle mais non pas réciproquement elle sans eux » (Descartes, *Pr.*, Lettre-préface) ; ex. du deuxième sens : « Le premier principe est que *notre Âme existe*, à cause qu'il n'y a rien dont l'existence soit plus notoire » (*À Clerselier*). *Principe de la raison suffisante* : v. Raison.

Probabilisme (XVIIe s., au sens théologique).

1. *Crit.* Sorte de scepticisme atténué qui renonce à la certitude du savoir et recherche une opinion plus ou moins vraisemblable par la discussion du pour et du contre. Doctrine attribuée à la Nouvelle Académie (Carnéade, 214-129 av. J.-C.) dans son opposition au dogmatisme stoïcien. C'est par confusion que l'on a appelé probabilisme le recours à un calcul des probabilités, alors que ce calcul est lui-même une certitude scientifique.

2. *Théo., Mor.* En casuistique, le probabilisme permet de suivre une opinion simplement probable (et non pas seulement la plus probable).

Probabilité, probable (lat. *probabilitas* de *probare*, approuver).

1. *Vulg.* Vraisemblance plus ou moins grande d'une opinion, d'une prévision. Ce qui caractérise le probable est qu'il est susceptible de plus et de moins, même sans mesure exacte.

2. *Hist.* Dans la tradition aristotélicienne, les opinions les « mieux reçues », ce qui est digne d'être approuvé, en particulier comme prémisses d'un raisonnement dialectique. C'est encore le sens chez Descartes : « C'est une vérité très certaine que lorsqu'il n'est pas en notre pouvoir de discerner les plus vraies opinions, nous devons suivre les plus probables » (*Discours de la méthode*, III).

3. *Épist.* *a*) en mathématiques, « la probabilité est le rapport du nombre des cas favorables au nombre total des événements » (É. Borel). Ex. dans le jeu de dés, la probabilité que le dé s'arrête sur une face donnée est de 1/6. Depuis le milieu du XVIIe s., le calcul des probabilités a connu des développements considérables. Précisons que la probabilité passée n'influe en rien sur la probabilité future ; si un numéro donné est déjà sorti 100 fois de suite aux dés, la probabilité qu'il sorte une 101e fois est toujours de 1/6. D'autre part, un événement que l'on sait avoir eu lieu n'est plus probable : il est certain ; *b*) en physique, lois de probabilité ou probabilistes : lois qui n'ont qu'une signification *statistique** et ne permettent pas de prévoir un événement singulier. C'est en particulier le cas en microphysique ; *c*) dans les sciences humaines (sociologie, économie), à partir de données statistiques, des prévisions plus ou moins probables sont établies par projection ou extrapolation* ; *d*) par opp. à la probabilité mathématique objective, A. Cournot appelle *probabilité subjective* ou *philosophique* celle d'hypothèses « réputées plus probables que d'autres, parce qu'elles nous semblent mieux satisfaire à l'enchaînement des faits observés, parce qu'elles sont plus simples ou qu'elles font ressentir des analogies plus remarquables ». « Il y a en physique, en histoire, des choses hors de doute quoique logiquement non démontrées » (*Essai sur les fondements de la connaissance*).

Problématique, adj. et subst. (gr. *problêmatikos*).

Adj. **1.** *Log.* Caractère d'un jugement ou d'une proposition qui exprime une simple possibilité, c.-à-d. qui peut être vraie, sans que l'affirmation ou la négation soit établie avec certitude. **2.** *Hist. (Crit.)* Chez Kant, une des trois modalités du jugement, s'applique à un jugement dont on admet l'affirmation ou la négation comme simplement possibles, au gré de celui qui l'émet ; ex. s'il y a une justice parfaite, le méchant sera puni (*R. pure*, Anal., 2e section, § 9), *dist.* le jugement *assertorique** (ou réel) et le jugement *apodictique** (ou nécessaire).

Subst. **1.** *Épist.* Ensemble des problèmes élaborés par une science donnée qui délimitent son domaine spécifique. **2.** *Phil.* *a*) ensemble des problèmes qui ouvrent chaque philosophie ; *b*) façon de poser, d'énoncer une question, un problème.

Problème (gr. *problêma*, prop. saillie, promontoire ; obstacle ; sujet de controverse, de *proballein*, jeter devant).

1. *Math., Épist.* *a*) sens strict, question posée portant sur des rapports entre des éléments mathématiques (nombres, symboles, figures, etc.), physiques ou chimiques susceptibles de recevoir une solution rationnelle à partir des éléments donnés dans l'énoncé ; ex. faire passer un cercle par trois points non en ligne droite ; *b*) question fondamentale qui n'a pas encore de réponse assurée portant sur l'ensemble d'une théorie.

2. *Phil.* *Problème et question*. La question philosophique, métaphysique, peut admettre une pluralité de réponses et n'est pas forcément traitée par un raisonnement de type scientifique (mathématique ou expérimental). L'usage en philosophie du mot problème suppose qu'est envisagée une solution de type scientifique (cartésianisme, positivisme, bergsonisme, scientismes). À plus forte raison, problème s'oppose à *mystère* (qui n'a pas de solution rationnelle).

3. *Vulg.* Toute difficulté, tout obstacle qui n'est pourtant pas insurmontable.

Procédure (dér. du lat. *procedere*, aller en avant, s'avancer, progresser ; lat. juridique : procéder à une action judiciaire).

Phil., Épist. Anal. avec le mode selon lequel les affaires sont traitées devant les tribunaux, caractère de la démarche philosophique ou scientifique ; ex. la procédure régressive de la critique de la connaissance qui remonte aux fondements ; la procédure expérimentale qui va de l'observation à l'hypothèse, puis à la vérification.

Procès (du lat. *processus*, action de s'avancer, progression).

1. *Dr.* Débat judiciaire porté devant un tribunal. **2.** *Épist.* Démarche réflexive ayant pour objet la connaissance progressive d'une chose : « Il faudrait un procès infini pour inventorier le contenu total d'une chose » (Sartre) ; ex. chez Marx, le procès du travail ; on dit aussi processus*.

Procession (lat. *processio*, action de procéder, correspondant au gr. *proodos*).

Méta., Hist. Dans le néo-platonisme antique, la procession est le rapport entre les trois hypostases*, rapport de continuité, de dérivation, de diffusion, d'émanation* et en quelque sorte de surabondance : l'Un, sans jamais s'épuiser, produit l'Intellect qui produit à son tour l'Âme. Ainsi s'établit un ordre hiérarchique de l'Un à la multiplicité des êtres individuels, sans succession temporelle, sans création proprement dite (le monde est éternel) mais par un rapport d'altérité, de différenciation. La procession ne se comprend d'ailleurs qu'associée à chaque niveau à un mouvement de *conversion*, de retour vers l'hypostase supérieure donc vers l'Un. Le vocabulaire de la procession a été utilisé très tôt par le christianisme orthodoxe ou hérétique. Dans la formulation du dogme de la Trinité divine, l'Esprit saint procède du Fils et le Fils du Père (v. Hypostase). Le terme de procession a même désigné la création du monde au sens de la Genèse biblique. Le néo-platonisme de la Renaissance florentine (Marsile Ficin) a interprété la procession comme l'expression de l'amour de Dieu pour ses créatures, auquel devait répondre l'amour des hommes pour Dieu dans la conversion.

Processus (lat. *processus*, v. Procès).

1. *Épist.* Série de phénomènes successifs formant un tout et aboutissant à un résultat déterminé ; ex. le processus de la génération, d'une crise.

2. *Log., Phil. Processus ad infinitum* : progrès à l'infini, suite ou succession sans terme assignable, opp. *regressus ad infinitum*, régression à l'infini.

Prochain, adj. et subst. (lat. pop. *propeanus*, traduisant le lat. class. *proximus*, superlatif de *proprior*, comparatif de *prope*, près).

Adj. **1.** *Log. form. Genre prochain* : le genre immédiatement supérieur en extension à une ou plusieurs espèces considérées ; ex. animal par rapport à vertébré ou invertébré. **2.** *Crit. Cause prochaine* : celle qui précède immédiatement l'effet.

Subst. *Hist., Rel. a*) dans la religion juive, ensemble de ceux qui sont proches par le sang ou l'appartenance à un même groupe ; *b*) extension progressive de l'Ancienne à la Nouvelle loi des Évangiles : est dit prochain tout homme sans discernement de race, d'appartenance sociale, de religion ; « Vous avez appris qu'il a été dit : « Tu aimeras ton prochain et tu haïras ton ennemi. Et moi je vous dis : aimez vos ennemis » (Matthieu V, 43-44).

Production (lat. *productio*, allongement, de *producere*, mener en avant ; faire pousser).

1. *Éco.* Dans l'économie class., l'une des grandes fonctions de l'économie avec la distribution et la consommation.

2. *Hist., Éco., Soc.* Dans le marxisme, la production est la fonction fondamentale d'où dérivent non seulement la vie économique humaine mais toute la vie : 1) « Pour vivre, il faut avant tout boire, manger, s'habiller et quelques autres choses encore. Le premier fait historique est donc la production des moyens de satisfaire ces besoins, la production de la vie matérielle elle-même » (Marx et Engels, *Idéologie allemande*) ; 2) ces moyens de production (outils, techniques) caractérisent le *mode de production* d'une certaine société à une certaine époque et à un degré déterminé des *forces de production* matérielles ; ex. le mode de production capitaliste est un mode spécifique lié à l'apparition du capital, du salariat (c.-à-d. à la séparation entre le travail productif et les moyens de production) et, conséquemment, du prolétariat ; 3) l'état des *forces de production* engendre des *rapports de production* définis : « L'ensemble de ces rapports de production constitue la structure économique de la société : la base concrète sur laquelle s'élève une superstructure juridique et politique à laquelle correspondent des formes de conscience déterminées. Le *mode de production* de la vie matérielle conditionne la processus de la vie sociale, politique et intellectuelle en général » (Marx, *Critique de l'économie politique*, préface). V. Infrastructure, Matérialisme.

Productivisme

Éco. Péj. conception et pratique qui, au lieu d'adapter la production aux besoins de la consommation, posent le primat de la production et, visant uniquement le profit, not. par la publicité, cherchent à développer la vente des produits plus ou moins superflus, voire inutiles ou nuisibles (mode, luxe, gadgets, alcool, tabac, etc.).

Productivité

Éco. Rendement (concernant aussi bien le travail intellectuel que le travail manuel) d'un travailleur par heure, par journée, par mois, par an. « La productivité du travail est le quotient de la production par la durée du travail » (J. Fourastié). L'accroissement de la productivité dans les sociétés industrielles est lié à la mécanisation (machinisme, automatisation, informatique) et à l'organisation ou rationalisation du travail (taylorisme*, etc.). V. Organisation 2.

Profane (lat. *profanus*, comp. de *pro*, qui est en avant de l'enceinte consacrée, *fanum*).

Soc. *a*) prop. qui est étranger au domaine de la religion et du culte ; ex. la littérature profane ; *b*) ext. personne étrangère à certaines connaissances ou pratiques réservées à des initiés.

Profil psychologique
Psy. métr. (A. Binet, Rossolimo, psychologue russe, 1909). Graphique figurant les diverses aptitudes du sujet d'après les résultats des tests disposés de manière à représenter sa « physionomie mentale », les différents points de la courbe étant déterminés par la valeur de chacune de ces aptitudes ; cette représentation permet, mieux que le quotient* intellectuel, qui donne seulement une impression globale, de voir d'un seul coup d'œil les forces et les faiblesses du sujet.

Profond, profondeur (lat. *profundus*, profond, sans fond, de *fundus*, fond).
1. *Vulg.* Avec la largeur et la longueur, une des trois dimensions de l'espace et des objets dans l'espace tels que nous les percevons. La représentation de la profondeur sur une surface plane pose le problème de la perspective*.
2. *Psy. Psychologie des profondeurs* (all. *Tiefenpsychologie*). Expression peu précise, désignant la psychanalyse* et généralement toute psychologie portant sur les processus inconscients.
3. *Moi profond.* Dans sa critique de la psychologie associationniste, Bergson distingue un aspect superficiel du moi, agrégat de faits de conscience distincts, adaptés à la vie sociale, et un moi profond « fondamental », personnel, atteint dans l'intuition de la durée et d'où jaillit l'acte libre. Ne pas confondre cet aspect profond du moi (tout au plus préconscient*) avec l'inconscient* freudien.

Progrès (lat. *progressus*, marche en avant, développement, accroissement ; progrès au sens fig.).
1. *Soc.* Développement, accroissement, quantitatif ou intensif, sans jugement de valeur ; ex. les progrès de l'alcoolisme, de la criminalité, de la maladie.
2. *Épist., Mor., Pol.* Transformation graduelle dans le sens d'un mieux, soit dans l'ordre de la connaissance (Bacon, Descartes, Pascal, Fontenelle, Turgot, Condorcet), soit dans l'ordre de la morale, de la politique, des arts, etc. (Lucrèce, Leibniz, Herder, Kant, A. Comte, etc.) : « Non seulement chacun des hommes s'avance de jour en jour dans les sciences, mais [...] tous les hommes ensemble y font un continuel progrès à mesure que l'univers vieillit, parce que la même chose arrive dans la succession des hommes que dans les âges différents d'un particulier. De sorte que toute la suite des hommes, pendant le cours de tant de siècles, doit être considéré comme un homme qui subsiste toujours et qui apprend continuellement » (Pascal, *Fragment d'un traité du vide*). « Allant vers un comble de beauté et de perfection des œuvres de Dieu, il faut reconnaître qu'il y a un progrès perpétuel et très libre de l'univers entier, en sorte qu'il avance sans cesse vers un état plus haut de culture » (Leibniz, *De l'origine radicale des choses*). C'est à partir de la Révolution française que le progrès est devenu le principe essentiel de la plupart des philosophies de l'histoire (Condorcet, Comte, Hegel, Marx). *Mythe du progrès* : croyance générale au XIXe s. en un progrès à la fois matériel et moral de l'humanité, fondé sur l'accroissement de la puissance technoscientifique

des nations européennes et nord-américaines. S'appuyant souvent sur une certaine religiosité (idée de Providence*), le mythe du progrès annonçait une paix universelle et perpétuelle. Victor Hugo en a été le chantre le plus célèbre (*La Légende des siècles*). « Le progrès est la religion de ceux qui n'en ont pas » (Cournot). Cette croyance a été fortement ébranlée par les deux guerres mondiales du XXe siècle.

Projectifs (Tests) (dér. du lat. *projectio*, action d'avancer, de *projicere*, jeter en avant, projeter, sens propre ; jeter au-dehors).

Psy. Techniques psychologiques d'étude de la personnalité fondée sur ce postulat que le sujet, sans en avoir conscience, perçoit le monde extérieur selon son monde intérieur (états affectifs, besoins, conflits, craintes) ou bien traduit dans ses comportements ou ses œuvres sa personnalité réelle et profonde. D'où deux types de tests* ayant pour but de révéler la structure de la personnalité que le sujet y « projette » : 1) l'interprétation d'un matériel d'images ou de scènes peu structurées où l'imagination du sujet reste assez libre, test des taches d'encre de *Rorschach*, test dit *Thematic Aperception Test* de Murray (*T.A.T.*), etc. ; 2) l'exécution de certains exercices, écriture (graphologie), dessin de l'arbre (*test de Koch*), construction d'un village imaginaire avec des objets en miniature, etc. ; on peut ajouter le psychodrame* de Moreno qui utilise un jeu dramatique improvisé. V. Test.

Projection (lat. *projectio*).

1. *Psy.* Anal. avec l'acception optique de la reproduction d'une image sur un écran, acte par lequel le sujet perçoit inconsciemment les objets extérieurs à travers ses intérêts (craintes, désirs, attentes), d'une manière générale à travers les structures de la personnalité ; v. tests projectifs*.

2. *Crit.* Conception d'après laquelle les sensations, éprouvées d'abord comme de simples modifications mentales, sont ensuite « projetées » hors du Moi et localisées dans l'espace, opp. *perceptionnisme**.

3. *Psy. path.* Mécanisme inconscient de défense du Moi par lequel un sujet se décharge de ses propres sentiments, attitudes, traits de personnalité, intentions, conflits, pulsions, fautes morales, etc. en les attribuant à autrui et en se libérant aussi des affects générateurs de tension ou d'angoisse. En psychopathologie, la projection est caractéristique des délires hallucinatoires et paranoïaques (ex. « je hais » devient : « il me hait, il me persécute »).

Projet

1. *Gén.* Le projet est l'organisation de moyens en vue de réaliser une fin. Syn. plan. La théologie de l'histoire propose une explication du fait historique (par ex. l'expansion de l'empire romain) par le projet de la Providence (incarnation du Christ). La notion de projet est au centre de toute philosophie de l'action.

2. *Phén.* Heidegger n'appelle pas projet un plan auquel le *Dasein** aurait à conformer son être, mais une structure existentiale qui fait que le « Dasein s'est déjà à chaque fois projeté et, aussi longtemps qu'il est, il est projetant », c'est-à-dire qu'il se comprend toujours déjà, toujours encore, à partir de possibilités. « Il peut se dire à lui-même compréhensivement : « Deviens ce que tu es » (*Être et Temps*, § 31).

3. *Exist.* J.-P. Sartre reprend la notion heideggerienne dans les termes d'une psychologie de l'acte libre : l'homme n'*a pas* de projets, mais *il est* un projet qui ne dépend d'aucune raison ou cause efficiente. Le *projet originel* est la manière qu'a chaque homme de répondre à la situation dans laquelle il est *jeté* (v. Déréliction) et de lui donner une signification, d'où procèdent les choix partiels par lesquels il se constitue librement.

Prolégomènes (gr. *prolegomena*, de *prolegein*, dire auparavant).

Crit. Exposé préliminaire servant d'introduction à une théorie, à une science ; ex. Kant, *Prolégomènes à toute métaphysique future qui pourra se présenter comme science*.

Prolétaire, prolétariat (lat. *proletarius*, qui ne compte dans l'État que par ses enfants ; citoyen pauvre des dernières classes, de *proles*, lignée, enfants, dér. de *pro* et *olescere*, croître).

Soc., Pol. Qui appartient, dans les sociétés industrielles caractérisées par le mode de production* capitaliste, à la classe sociale qui ne détient pas les moyens de production (outils, machines, entreprises) et qui doit pour vivre vendre sa force de travail* contre salaire à la classe propriétaire des moyens de production (Marx). L'analogie avec la signification latine est que, selon la loi d'airain*, le salaire est établi sur la base de ce qui est nécessaire au travailleur pour sa subsistance et pour celle de sa progéniture destinée à le remplacer.

Prométhéen (du héros* grec Prométhée, qui aurait enseigné aux hommes les bases de la civilisation, l'architecture, le travail des métaux, la guérison des maladies, etc. *Cf. Prométhée enchaîné*, tragédie d'Eschyle).

Soc., Phil. S'applique anal. à tout effort par lequel l'homme se surpasse dans le domaine de la technique pour exercer sa domination sur la nature.

Propagande (du lat. *de propaganda fide* (pour l'extension de la foi), nom d'une congrégation de l'Église catholique).

Rel., Mor. La propagande du prosélytisme religieux par tous les moyens de séduction et de contrainte morale ou physique remonte à l'Antiquité, ainsi que le culte du chef politique. À l'époque moderne, Napoléon Bonaparte passe pour le premier à avoir utilisé systématiquement toutes les possibilités de pression « idéologique » de son temps. Ce qui caractérise la propagande au XXe s. (depuis la première guerre mondiale) est d'une part la puissance incomparable des moyens mis en œuvre (*mass media*) et d'autre part l'usage qui en a été fait par les régimes de type totalitaire* (avec un parti unique). Il en résulte l'élaboration de techniques de manipulation des esprits, d'*action psychologique*, qui s'appuient sur les résultats de la psychologie sociale. L'histoire récente a montré leur efficacité et l'on a pu parler de « viol des foules ». La propagande renouvelle en termes dramatiques et même tragiques le problème de la fin et des moyens. Il a été affirmé non sans arguments que toute propagande était par elle-même, et quel que soit son but, d'essence totalitaire. Cependant même les États les plus libéraux politiquement usent largement de la propagande, soit pour des raisons de défense nationale, soit, de plus en plus, pour substituer à l'obligation sanctionnée par la loi une contrainte idéologique « douce », mieux acceptée par la majorité. Pourtant dès qu'est mise en avant la seule efficacité des résultats, c'est de propagande dont il s'agit beaucoup plus que d'éducation*.

Propédeutique (du gr. *propaideia*, instruction préliminaire, de *pro*, auparavant, et de *paideutikê*, s.e. *technê*, l'art d'instruire).

1. *Crit.* Étude préparatoire à une science : « la logique comme propédeutique ne constitue qu'une sorte de vestibule des sciences » (Kant, *R. pure*, 2e préface).

2. *Vulg.* Enseignement élémentaire d'une discipline préparatoire à une étude plus approfondie.

Prophète (gr. *prophêtês*, de *pro*, en avant et *phêmi*, parler).

Rel. Un prophète est celui qui transmet la parole divine, qui annonce le dessein d'une divinité, de Dieu dans le monothéisme. Dans l'islam, le Prophète désigne Mahomet, prophète suprême, dernier des prophètes. Par anal., toute personne qui prévoit des événements à venir.

Proportion (lat. *proportio*, rapport, trad. du gr. *analogia*).

Esth. Agencement des parties ou éléments d'un tout qui plaît à la sensibilité par son équilibre et son harmonie : « le beau ne consiste que dans l'ordre, c.-à-d. dans l'arrangement et la proportion » (Bossuet).

Proposition (lat. *propositio*, présentation, exposé du sujet, phrase ou proposition, de *proponere*, placer devant les yeux, exposer).

Log. Énoncé d'un jugement susceptible d'être vrai ou faux. *Calcul des propositions* : partie de la logique qui traite des propositions et des moyens de les composer de façon à ce que la vérité du composé soit immédiatement connue à partir de celle des composants, des inférences ou démonstrations entre propositions, de leurs conditions formelles de vérité, etc. ; *dist. calcul des prédicats**. V. Logique, Opposition des propositions.

Propositionnel

Log. Qui concerne les propositions, not. en tant qu'opposées aux concepts. *Fonction propositionnelle* (Russell) : « fonction » logique qui devient une proposition toutes les fois qu'on y substitue à toutes les variables des valeurs déterminées » (L. Couturat) ; ex. « *x* est capitale de la France » est une fonction propositionnelle, car c'est une proposition pour toutes les valeurs attribuées à *x* (vraie pour Paris, fausse pour toutes les autres valeurs) ; en ce sens, un concept est une fonction propositionnelle à une variable et son extension est l'ensemble des individus qui vérifient cette fonction ; ex. le concept « homme » équivaut soit à la fonction propositionnelle : « *x* est un homme » (*extension*), soit à « l'homme est un *y* » (*compréhension*) ; v. Opposition des propositions, Compréhension, Extension.

Propre, adj. et subst. (lat. *proprius*, qui appartient en propre d'où spécial, caractéristique).
Adj. *Log.* Caractère qui appartient à une espèce ou un individu ; ex. l'intelligence conceptuelle est propre à l'homme.
Subst. masc. *Hist. (Log.)* Un des *universaux**, qualité qui appartient à l'essence et se réciproque avec elle ; ex. c'est un propre de l'homme que d'être géomètre ; réciproquement, un géomètre ne peut être qu'un homme, mais tout homme n'est pas géomètre.

Propriété (lat. *proprietas*, de *proprius*, caractère propre, spécifique ; droit de possession).
1. *Log., Math.* Sens primitif, caractère distinctif, c.-à-d. qui n'appartient qu'à un être : « les qualités qui sont tellement propres à une chose qu'elles ne sauraient convenir à d'autres se nomment propriétés : être terminé par trois côtés est une propriété du triangle » (Condillac).
2. *Épist.* Au plur., caractères qui appartiennent à tous les êtres d'une espèce (mais qui se retrouvent dans d'autres) ; ex. les propriétés physiques d'un corps.
3. *Dr.* La propriété comme droit de posséder ou de revendiquer la possession d'une chose en vertu de la loi, opp. *possession* qui n'est qu'un état de fait : « la propriété est le droit de jouir et de disposer des choses de la manière la plus absolue, pourvu qu'on n'en fasse pas un usage prohibé par les lois ou les règlements » (C.C. 544).

Proprioceptive (Sensibilité) (mot formé anal. avec perceptif, réceptif).
Psy. physio. (Sherrington, 1906). Celle qui, centrée sur les muscles, les tendons, les articulations et les canaux semi-circulaires, permet et assure la marche, l'équilibre, le contrôle des aptitudes, la formation du schéma* corporel et qui nous renseigne sur l'activité du corps* propre (sensations kinesthésiques et posturales) ; v. Sensibilité.

Prospective, subst. (néol. créé par Gaston Berger du lat. *prospectio*, de *prospicere*, regarder au loin, en avant).
Soc., Éco. Science humaine appliquée qui consiste « à juger de ce qu'aujourd'hui nous sommes à partir de l'avenir au lieu de faire la démarche inverse », c.-à-d., à la différence de la prévision qui prolonge les lignes de forces extraites de l'analyse du passé, de construire le futur en refusant d'y projeter le passé ; elle part de « l'étude des causes techniques, scientifiques, économiques et sociales », en vue d'une anticipation à long terme « des situations qui pourraient découler de leurs influences conjuguées ».

Protention, protensif (lat. *protensio*, action d'étendre la main, de *protendere*, allonger).

Psy., Phén., Exist. *a*) syn. *proversion*, attitude de l'esprit tourné vers l'avenir ; *b*) caractère de la conscience qui, dans ses actes, dépasse le présent aussi bien dans l'avenir qu'il anticipe que vers le passé (*rétention, rétrospection*) ; v. Temporalité.

Protocole (gr. *prôtokollon*, comp. de *prôtos*, premier, et d'un dérivé de *kolla*, gomme ; primitivement feuille collée au début d'un document pour en indiquer l'origine ou le contenu), v. Énoncé, Empirisme* logique, Physicalisme.

Protopathique (Sensibilité) (comp. du gr. *prôtos*, premier, et *pathos*, impression).

Psy. physio, (opp. *épicritique*), se dit de la sensibilité tactile profonde, qui n'apporte que des indications vagues mais suscite de fortes réactions affectives.

Providence (lat. *providentia*, prévoyance, de *providere*, voir en avant).

Méta., Théo. Attribut par lequel Dieu, dans sa sagesse, conçoit le plan des choses et par sa puissance dirige le cours des événements en déterminant pour chaque créature et pour tout l'univers la fin à atteindre, ainsi que les moyens nécessaires à sa réalisation. *La Providence* : cet attribut de Dieu personnifié.

Providentialisme

Méta. Doctrine qui consiste à tout expliquer dans l'univers par l'intervention de la Providence : ex. le providentialisme de Bossuet dans son *Discours sur l'Histoire universelle* n'exclut pas un certain rationalisme.

Provision (lat. *provisio*, action de pourvoir, sens d'abord juridique : somme versée d'avance).

Mor. Dans la troisième partie du *Discours de la méthode*, Descartes propose les trois maximes d'une morale « par provision », c'est-à-dire « en attendant » l'établissement d'une morale bien fondée : « afin que je ne demeurasse point irrésolu en mes actions ». *Dist.* transitoire.

Provocation (lat. *provocatio* de *provocare*, appeler dehors, exciter).

Esth. L'œuvre d'art contemporaine est souvent volontairement provocante afin d'attirer l'attention, de souligner la nouveauté, de susciter des réactions du public, même si elles sont négatives. On a pu dire que toute grande œuvre, même classique, était provocante par l'apport de nouvelles valeurs. Mais en résulte-t-il qu'une œuvre provocante est une grande œuvre ?

Prudence (lat. *prudentia*, prévoyance, traduit du gr. *phronêsis*).

1. *Mor. a*) notion centrale dans la pensée grecque qui semble avoir d'abord désigné le bonheur. Classiquement, elle désigne l'aspect pratique de la sagesse, un idéal de vie tourné vers la pensée. Dans les *Lois*, Platon la désigne comme la « reine des vertus ». Dans les morales grecques de la sagesse, elle est au principe même d'une vie heureuse ; elle est une des vertus cardinales, mais les autres vertus cardinales relèvent d'elle en tant qu'elle est le savoir éthique par excellence. Dans le christianisme, elle conserve une relative prééminence, mais est subordonnée à l'amour de Dieu ; *b*) dans l'analyse kantienne de la moralité, la prudence n'est plus une expression de la raison pratique proprement dite, mais de l'impératif hypothétique. Elle est : « l'habileté dans le choix des moyens qui nous conduisent à notre plus grand bien-être » (*Fond.*).

2. *Vulg.* De nos jours, la prudence n'est plus qu'une capacité à calculer les risques et à éviter les dangers. Opposée à la hardiesse, elle peut parfois être jugée excessive.

Psittacisme (du gr. *psittacos*, perroquet).

Psy. Mode de pensée purement verbale où l'on juge et l'on raisonne sans considérer les idées que les mots représentent : « On raisonne souvent en paroles sans avoir les objets mêmes dans l'esprit [...]. Quand nous ne les envisageons point, nos pensées et nos raisonnements, contraires au sentiment, sont une espèce de *psittacisme* qui ne fournit rien pour le présent à l'esprit » (Leibniz, *N.E.*, II, 21, 31).

Psychagogie (gr. *psuchagôgia*, de *psuchagôgein*, conduire les âmes).

Péd. « Ensemble des méthodes tendant à la direction de l'esprit (éducation de la volonté, suggestion, psychanalyse, etc.) » (Ch. Baudouin), employé not. dans la réadaptation des enfants perturbés de type caractériel*.

Psychanalyse (terme introduit par Freud en 1896 : d'abord *psycho-analysis*).

1. *Épist.* D'après les indications de Freud lui-même, la psychanalyse est « la science des processus psychiques inconscients » (*Freud présenté par lui-même*, 1925). Mais inséparablement, la psychanalyse est une *thérapeutique* qui guérit ou soulage les souffrances névrotiques par des procédés psychologiques, sans recourir à l'hypnose ni aux narcotiques. Freud découvre ainsi les mécanismes de *résistance**, de *refoulement**, de *transfert** qui distinguent essentiellement la psychanalyse de toute autre psychothérapie*. La recherche s'appuie donc à la fois sur une expérience acquise dans la « cure psychanalytique » (étude de cas) et sur la formation de concepts qui en rendent compte (élaboration d'une *métapsychologie**). Avec Freud et après Freud, la recherche, la pratique et la théorie de la psychanalyse n'ont pas cessé d'évoluer, avec des variations plus ou moins profondes.

2. Ext. on rassemble sous le nom de psychanalyse des théories et des pratiques qui se sont expressément séparées de Freud. Ce sont en particulier celle de Jung (« psychologie analytique », v. Inconscient collectif, Individuation, Persona) et celle d'Adler (« psychologie individuelle », v. Infériorité). Plus largement encore, on appelle abusivement psychanalyse une explication d'un phénomène individuel ou social qui fait appel à des facteurs inconscients.

3. *Psychanalyse existentielle.* J.-P. Sartre a proposé cette expression paradoxale (dans *L'Être et le Néant*) pour désigner non plus l'analyse de processus inconscients, mais au contraire celle d'un *projet** fondamental de la conscience, projet singulier totalement libre, mais qui à travers la diversité des situations donne son sens à une vie, à une œuvre (par ex. celle de Flaubert).

Psychasthénie (comp. du gr. *psuchê*, âme, et *astheneia*, faiblesse).
Psy. path. Nom donné par Pierre Janet à certaines névroses, épisodiques ou permanentes, caractérisées par des doutes, des phobies, des obsessions, des sentiments d'étrangeté du monde extérieur et de sa propre personne.

Psychè (mot gr. *psuchê*, âme).
1. *Hist.* Dans la mythologie grecque, personnification du principe de la vie, de l'âme, opp. corps matériel ou *sôma*.
2. *Psychan.* « Ensemble de tous les processus conscients et inconscients » (Jung) d'ordre psychique, opp. ce qui est purement organique.

Psychédélique (comp. du gr. *psuchê*, âme, et *delos*, visible, manifeste).
Psychia. S'applique aux drogues hallucinatoires telles que la mescaline, le L.S.D. 25 (diéthylamide de l'acide lysargique), puis ext. aux visions colorées qu'on éprouve par l'action des drogues et enfin aux modes dont l'ambiance rappelle ces états hallucinatoires (habillements, bars, films, etc.)

Psychiatrie (comp. du gr. *psuchê*, âme, et *iatreia*, médecine).
Méd. Médecine spécialisée dans les maladies mentales. *Dist.* psychopathologie.

Psychique, psychisme (fin XIXe, du gr. *psuchikos* de *psuchê*, l'âme).
Psy., Psychan. Psychique est syn. de mental, opp. organique, corporel. Le psychisme désigne la vie de l'âme, la pensée au sens large, aussi bien consciente qu'inconsciente, et sans les connotations métaphysiques ou religieuses du mot âme.

Psychodiagnostic
Psy. Méthode d'exploration de la personnalité fondée sur l'interprétation du test de Rorschach. V. Test.

Psychodrame (néol. créé par l'Américain J. L. Moreno).
Psy., Psychan. Le psychiatre Moreno a utilisé à des fins thérapeutiques l'effet cathartique* de l'improvisation dramatique dont Aristote avait déjà indiqué le principe dans sa *Poétique*, le mode ludique facilitant l'expression de conflits intrapersonnels ou interpersonnels. Il est utilisé en psychothérapie à l'intérieur de petits groupes. V. Sociodrame.

Psychogalvanique (Réflexe)
Psy. physio. Réaction du système nerveux consécutive à un choc émotif qui se manifeste par une diminution de la résistance électrique de la peau provoquée par l'activité des glandes sudoripares : en plaçant deux électrodes sur deux points voisins de la peau, on peut enregistrer la résistance électrique du

sujet. Ce procédé peut être utilisé comme « détecteur de mensonge » dans un examen policier ; le suspect doit « associer librement » sur des mots inducteurs* choisis par l'investigateur, tantôt neutres, tantôt en rapport avec la scène et les circonstances connues du délit ; on note les signes émotionnels (retard dans le temps de réaction aux mots inducteurs, modifications caractéristiques de l'électrocardiogramme continu, de la résistance électrique de la peau, etc.). Mais un tel procédé constitue indéniablement une grave menace pour la liberté individuelle.

Psycholinguistique (2e moitié du XXe s.)
Épist. Études très diversifiées des comportements verbaux, de leur acquisition chez l'enfant, de leur perturbation par suite de déficits divers (surdité, maladies cérébrales), étude des conditions du bilinguisme, etc. V. sciences cognitives*.

Psychologie (du gr. *psuchê*, âme et *logos*, étude, science. L'acception actuelle date du XVIIIe s.).
1. *Gén.* On pourrait dire que la psychologie au singulier n'existe pas, ou plutôt que sous ce nom se rassemble une grande diversité d'observations, d'analyses, de théories et de doctrines portant sur ce qu'on appelle l'âme, l'esprit, la conscience, la vie intérieure, le moral, le mental, mais aussi le réflexe, l'instinct, le comportement, la conduite (v. ces mots). Nous faisons tous preuve de *psychologie* (de « sens psychologique ») chaque fois que nous comprenons les réactions, les expressions d'autrui. La poésie, le théâtre, le roman, le cinéma ont apporté des descriptions et analyses psychologiques d'une richesse très supérieure à celle d'aucune « science » psychologique. Enfin on prendra garde que les adjectifs qui précisent le terme de psychologie ne désignent pas forcément un domaine d'application, mais souvent un point de vue méthodologique ou doctrinal : psychologie de l'enfant, psychologie génétique, psychologie du développement ont le même objet mais utilisent des réseaux de concepts différents. Une psychologie sociale rend compte du fait social concurremment à telle ou telle théorie dite sociologique. Ajoutons enfin que l'existence même d'une discipline scientifique qui puisse s'appeler *psychologie* a été contestée : à la fin du XVIIIe s., les condillaciens (Destutt de Tracy) lui ont substitué une analyse des sensations et des idées qu'ils ont appelée *idéologie**. Le positivisme d'Auguste Comte la supprime de la liste des sciences qui peuvent accéder à une phase positive et il la résorbe dans la biologie et la sociologie.
2. *Hist., Méta.* La notion est introduite au XVIIIe s. par Christian Wolff comme étude de l'âme. Cette étude peut être *empirique* comme partie d'une anthropologie, ou bien *rationnelle* comme partie de la métaphysique dite spéciale (v. Métaphysique). La critique kantienne voit dans cette psychologie rationnelle un paralogisme* et refuse de faire de l'âme un objet de connaissance. Quant à la psychologie empirique (partie d'une anthropologie), Kant lui refuse également de devenir une science puisqu'elle n'est pas susceptible de mathématisation.

3. *Épist.* La psychologie peut-elle se constituer comme science positive et à quelles conditions ? La question est reprise pendant tout le XIXe s. Le débat est méthodologique, mais il est clair que les thèses du spiritualisme et du matérialisme sont sous-jacentes. *a*) l'observation du sujet par lui-même (introspection*) peut constituer une *science des faits de conscience* tout aussi scientifique que les sciences constituées par l'observation des faits extérieurs, physiques. Telle est la thèse de Th. Jouffroy, de V. Cousin et généralement celle de l'éclectisme dominant en France au XIXe s. Cette science s'articule avec une métaphysique spiritualiste et l'introspection est prolongée, renouvelée par la méthode dite *réflexive* (Lachelier) et l'intuition* bergsonienne de la durée intérieure, la métaphysique elle-même se définissant alors comme science de l'esprit ; *b*) en s'opposant au recours à la subjectivité, matérialisme et positivisme proposent une *psychologie objective* en s'appuyant sur la physiologie et en particulier sur la neurologie du cerveau, ainsi que sur les comparaisons avec les observations de la psychopathologie*. V. *Psychophysiologie.* Il se développe d'autre part une *psychologie expérimentale* (étude de la mémoire, de l'émotion, de la perception, etc.) et une psychologie des *tests* (début XXe) dans un but d'ailleurs plus pratique que théorique (orientation* scolaire, professionnelle). Ces psychologies, qui se veulent *objectives*, récusent plus ou moins radicalement tout appel aux notions relevant de la vie intérieure, de la conscience, du « mental » (v. Épiphénomène, Comportement, Behaviorisme). En réaction contre le behaviorisme, les sciences cognitives* posent à nouveau le problème de la psychologie objective ; *c*) au XXe s., différentes recherches de philosophie ou de sciences humaines entendent échapper à la confrontation du point de vue subjectif et du point de vue objectif. Les philosophes de l'existence, les phénoménologues, développent le thème de la connaissance d'autrui* comme tel (et non comme objet), de « l'être autre » (*Mitsein*), du « nous ». La psychanalyse propose une notion d'*inconscient* qui est psychique (non objective) mais non subjective (au sens d'introspection consciente), elle met l'accent sur les relations objectales* et les structures de la vie affective interindividuelles (complexe d'Œdipe*). Vont dans le même sens les recherches sur la psychologie (et la psychopathologie) de la vie quotidienne, l'étude des interactions* dans les petits groupes*. Dans un syncrétisme peu respectueux de la rigueur théorique, il semble que le « *dialogue* » soit devenu le maître mot de la psychologie appliquée et de la psychothérapie.

Psychologie du Moi

Psychan. Tendance de la psychanalyse américaine qui, sans remettre en cause la métapsychologie freudienne, insiste sur l'instance du Moi, son renforcement, le rétablissement de son autonomie et sur l'adaptation de l'individu à son milieu social. Cette tendance a été très critiquée par des psychanalystes européens (Mélanie Klein, Jacques Lacan) comme une méconnaissance de la découverte proprement freudienne de l'inconscient.

Psychologisme

1. *Méta.* Sorte de scientisme* qui fait de la psychologie la science humaine fondamentale et qui attend d'une théorie psychologique la réponse à toutes les questions morales ou philosophiques.

2. *Épist.* Terme polémique utilisé *a*) par les sociologues de l'école de Durkheim contre la *psychologie sociale* de Tarde ; *b*) par Husserl contre la réduction de la logique à une psychologie du raisonnement.

Psychométrie (comp. du gr. *psuchê*, âme, et *metron*, mesure).

Ensemble des procédés de laboratoire, sp. des tests étalonnés et standardisés, visant à mesurer les faits psychiques du point de vue de leur intensité, de leur durée, de leur fréquence individuelle ou collective, etc. ; ex. la détermination du quotient* intellectuel par l'échelle métrique de l'intelligence.

Psychopathe, psychopathie (du grec *psuchê*, âme, et *pathos*, maladie).

Psy. path. Trouble du comportement caractérisé par une inadaptation sociale, l'insincérité, l'absence de conscience morale, pouvant prédisposer à la délinquance ou même au crime sans être forcément lié à une maladie mentale définie ni à un déficit intellectuel. C'est pourquoi on dit aussi *sociopathie*. Elle pose des cas difficiles d'appréciation de la responsabilité pénale à la médecine légale.

Psychopathologie (néol. fin XIXe s.).

Étude méthodique des troubles mentaux quelle que soit leur gravité, leur description, leur classification et la recherche des causes. Son apport à la psychologie « normale* » est important. Freud a écrit une *Psychopathologie de la vie quotidienne* portant sur les actes manqués*, c'est-à-dire sur des troubles relativement mineurs.

Psychopédagogie (néol. XXe s.).

Pédagogie théorique et appliquée qui s'appuie essentiellement sur les données de la psychologie de l'enfant et de l'adolescent.

Psychopharmacologie

Psychia. Étude des effets produits sur le psychisme par l'absorption de substances chimiques *psychotropes*, soit toniques (*psychoanaleptiques*), soit calmantes (*neuroleptiques* et tranquillisants), soit hypnotiques (*barbituriques*), soit hallucinogènes (*psychodysleptiques*) : ex. l'injection intraveineuse de barbituriques, dans la narcoanalyse*, peut permettre, par la levée des inhibitions, la réapparition de souvenirs traumatisants qui provoque une décharge émotionnelle libératrice.

Psychophysiologie (terme créé par Th. Ribot, 1881).

Épist. Étude méthodique des corrélations entre la vie psychique et les données de la physiologie, en particulier de la neurologie.

Psychophysique (fondée par Fechner en 1860).

Épist. Étude expérimentale des rapports du physique et du psychique. Il s'agit surtout de la mesure des sensations en rapport avec celle des excitations lumineuses, auditives, etc.

Psychose (terme introduit en 1845, de *psuchê*, l'âme, l'esprit).

1. *Psy. path.* Maladie mentale grave affectant le sens de la réalité. Le terme s'applique à la psychose maniaco-dépressive*, à la schizophrénie*, à la paranoïa* et à divers délires chroniques. On distingue des psychoses *organiques* (quand la lésion du système nerveux est reconnue) et des psychoses *fonctionnelles* (dont l'origine est discutée). La psychose se différencie essentiellement de la névrose par son caractère de gravité et l'altération profonde des facultés de communiquer (« folie » au sens fort) ; d'autre part, le malade ne se reconnaît pas comme tel et il est inaccessible au traitement purement psychanalytique, par impossibilité d'une relation de transfert*.

2. *Psy. soc. Psychose collective* : anal. état mental d'un groupe social conditionné par une action de propagande ou de suggestion intense et continue déterminant son adhésion à un système de croyances et le rendant incapable d'une réflexion critique à leur égard.

Psychosociologie, psychologie sociale, psychologie collective

Soc. Discipline qui se veut autonome et qui prend pour objet un champ de connaissances et de phénomènes mitoyen entre la psychologie et la sociologie : selon les auteurs, les trois expressions sont synonymes ou doivent être distinguées. Selon les premiers, cette discipline étudie l'interaction sociale (entre les individus, entre l'individu et les groupes, entre les groupes eux-mêmes), les discussions de groupe, les phénomènes d'opinion, les processus de communication ; selon les seconds, il convient de distinguer la *psychologie collective*, étude des formes de la vie sociale spontanée (foule, masses, public) et des phénomènes qui la caractérisent (panique, émeutes, révolution, contagion sociale, psychose collective, etc.) ; la *psychologie sociale*, étude des réactions de l'individu aux *stimuli* qu'il reçoit de la vie en société (influence des contacts sociaux, intégration, organisation ou désintégration de la personnalité) ; la *psychosociologie*, étude limitée aux *petits groupes* ou *groupes restreints* (dynamique* des groupes, sociométrie*, etc.)

Psychosomatique (néol. créé par Halliday (1943), comp. du gr. *psuchê*, âme, et *sômatikos*, corporel, de *sôma*, corps).

Méd. Médecine totale qui considère le malade dans son unité et tient compte de l'action de l'esprit sur le corps, du moral sur le physique. Elle a pour objet les maladies physiques liées à des causes psychiques et curables par des psychothérapies (ulcères d'estomac ou d'intestin, parfois hypertension artérielle, asthme, etc.) et dont on tend à admettre qu'elles ont pour origine des difficultés morales, plus ou moins conscientes, inhérentes à la vie personnelle du patient ou au milieu familial ou professionnel. Cette forme de médecine très ancienne (on la fait remonter à Hippocrate) s'est développée récemment à la suite des travaux très divers de Pavlov, d'Uexhüll et de Freud ; *dist.* médecine somato-psychique ayant pour objet des maladies psychiques liées à des causes physiques et curables surtout par des physiothérapies (J. Delay).

Psychotechnique, v. Psychométrie.

Psychothérapie (comp. du gr. *psuchê*, âme, et *therapia*, soin).

Traitement et prévention des souffrances psychiques par des procédés purement psychologiques. Elle use largement de l'entretien et de l'expression verbale des émotions en se référant à diverses conceptions psychologiques (psychanalyse*, comportementalisme*). Elle se distingue généralement de la cure psychanalytique proprement dite, beaucoup plus longue et comportant un traitement méthodique du *transfert**.

Psychotropes

Pharm. Substances chimiques agissant sur le psychisme ; v. Psychopharmacologie.

Public, adj. et subst. (lat. *publicus*, qui concerne le peuple, qui appartient à l'État, dér. de *populus*, peuple, opp. *privatus*, privé, particulier).

Adj. **1.** *Soc.* Qui s'applique à l'ensemble d'un peuple ou d'une société donnée ; ex. l'opinion* publique. **2.** *Pol. a*) qui concerne l'État et ses rapports avec les citoyens ; ex. le *droit* public*, opp. *droit privé* ; *b*) qui est contrôlé ou régi par l'État ; ex. l'enseignement public, les finances publiques.

Subst. *Soc. Le public* : groupe social diffus ayant pour base l'opinion*.

Puissance (dér. du lat. pop. *potiens, potientis*).

1. *Crit.* Faculté : « La puissance de bien juger et distinguer le vrai d'avec le faux [...] est naturellement égale en tous les hommes » (Descartes, *Méth.* I).

2. *Méta. a*) chez Aristote, les scolastiques et les cartésiens, l'être à l'état virtuel, dit « en puissance », cette virtualité pouvant être : 1) une *puissance active* d'accéder à une certaine forme d'être par développement ; ex. la chenille qui deviendra chrysalide et papillon ; 2) une *puissance passive*, simple possibilité entre celles que peut devenir un être, ainsi celle du bloc de bois de devenir statue : « L'acte est le fait pour une chose d'exister en réalité et non de la façon dont nous disons qu'elle existe en puissance, quand nous disons, par exemple, qu'Hermès est en puissance dans le bois » (*Méta.* VI, 1048) ; le passage de la puissance à l'acte correspond à l'*information* de la matière par la forme ; *b*) pouvoir d'agir, causalité réelle : « Que si l'on vient à considérer l'idée qu'on a de cause et de puissance, on ne peut douter que cette idée ne représente quelque chose de divin. (Malebranche, *R.V.*, VI, 2.3).

3. *Soc., Pol.* Pouvoir étatique, souveraineté ; ex. les grandes puissances : « la puissance devrait donc revenir au plus grand nombre, et l'aristocratie se changer peu à peu en un État populaire » (Montesquieu).

4. *Vulg.* Diverses acceptions : *a*) domination ; ex. la puissance de la volonté sur les passions ; *b*) force matérielle, biologique ou psychique ; ex. la puissance d'une explosion, de l'instinct, de l'exemple.

Pulsion (lat. *pulsio*, action de pousser, de *pellere, pulsum*).

Psychan. Cette traduction de l'all. *Trieb* s'est imposée à la place d'« instinct » ; en effet, la pulsion n'a pas d'objet déterminé (v. Objet) et sa satisfaction n'est pas liée à un comportement spécifique. La notion freudienne de pulsion est à la frontière du somatique et du psychique. Elle représente dans l'appareil psychique les excitations internes au corps. On ne peut comprendre la notion freudienne de pulsions sexuelles que déconnectée d'un « instinct de reproduction ». Pulsions partielles d'abord appuyées (« étayées ») sur les grandes fonctions biologiques (alimentation, excrétion), elles s'associent à des représentations, s'unifient ou entrent en conflit selon des processus très complexes (destin* des pulsions) qui sont l'objet même de la recherche psychanalytique. La théorie des pulsions selon Freud n'a jamais été un pansexualisme* : il a toujours maintenu une dualité fondamentale des pulsions (pulsions sexuelles-pulsions du moi, pulsions de vie-pulsions de mort).

Pur (lat. *purus*, sans tache ; clair ; sans éléments étrangers ; pur au sens moral).

1. *Crit.* *a*) ce qui est sans mélange d'éléments empiriques ou sensibles : « l'entendement ou l'esprit pur » (Malebranche, *R.V.*, III), c.-à-d. « l'esprit considéré en lui-même et sans rapport au corps » ; *b*) chez Kant, s'applique à « toutes les représentations dans lesquelles il ne se trouve rien qui appartienne à l'expérience sensible » (*R. pure*, Esth. § 1), d'où : *raison pure, intuitions pures* de l'espace et du temps, *concepts purs* de l'entendement ou catégories ; *dist. a priori* : « Parmi les connaissances *a priori*, celles-là sont appelées pures auxquelles rien n'est absolument mêlé, rien d'empirique. Par exemple, cette proposition : tout changement a une cause, est bien *a priori*, mais n'est point *pure* cependant, puisque le changement est un concept qui ne peut venir que de l'expérience » (*Ibid.*, Introd. I).

2. *Math.* *Quantité pure* : le nombre, abstraction faite de toute grandeur concrète ; *mathématiques pures* : celles qui ont pour objet la quantité seule (arithmologie).

3. *Épist.* S'applique à la science comme connaissance, c.-à-d. en tant que recherche désintéressée de la vérité, opp. applications pratiques.

4. *Mor.* Opp. impur, qui ne contient rien en soi qui le corrompe ou le souille ; ex. un pur sacrifice, un acte de pure justice.

5. *Esth.* *Poésie pure* (Brémond, P. Valéry) : poésie qui se réduirait à la valeur musicale et incantatoire des mots indépendamment de leur signification intellectuelle.

6. *Vulg.* Qui ne contient en soi rien d'étranger ; ex. de l'or pur, un plaisir pur.

Pyrrhonisme (de Pyrrhon, vers 365 à 275 av. J.-C.).

1. *Hist.* Doctrine de Pyrrhon consistant en un scepticisme radical, tel qu'on doit non seulement se refuser à énoncer une affirmation catégorique mais même renoncer à toute opinion : on ne peut en effet rien connaître avec certitude puisque sur un seul et même sujet on peut toujours soutenir deux opinions contradictoires ; la seule attitude acceptable est donc en toute chose la *suspension du jugement (epochè*)*.

2. *Phil.* Ext. syn. de scepticisme s'opposant au dogmatisme : « Nous avons une impuissance de prouver, invincible à tout le dogmatisme ; nous avons une idée de la vérité invincible à tout le pyrrhonisme » (Pascal, *P.* 395).

Pythagorisme (Pythagore, environ 570-480 av. J.-C.).

Hist. Mouvement à la fois scientifique, politique et religieux, mal connu, fondé par Pythagore et ses disciples (dont Philolaos de Thèbes et Archytas de Tarente). Pythagore lui-même est devenu un personnage légendaire et vénéré comme un dieu. Le dogme était celui de la transmigration des âmes (métempsychose*). Une mystique en rapport avec l'orphisme* imposait des pratiques ascétiques, des interdits alimentaires, des rites de purification. La science elle-même (*mathêma*) est purificatrice : les nombres sont au principe de tout dans le *cosmos*, comme de l'harmonie des astres, de l'harmonie musicale, de l'harmonie de l'âme. La politique est aristocratique (gouvernement des sages). Platon a connu le pythagorisme dont l'influence s'est étendue, bien au-delà de la secte, jusqu'au christianisme.

Q

Quadrivium, v. Arts libéraux.

Qualia (du lat. : neutre pluriel de *qualis*, quel, substantivé).

Psy., Crit. Le terme désigne les qualités sensibles telles qu'elles apparaissent dans la vie mentale consciente, les aspects purement qualitatifs de l'expérience dans leur relation avec les aspects physiques et conceptuels.

Qualité (lat. *qualitas*, dér. de *qualis ?*, quel ?, de quelle nature ?).

1. *Gén.* Manière d'être propre à un individu et qui le caractérise socialement par son rang (ex. un homme de qualité), par sa fonction ou son métier (ex. en qualité de magistrat), psychologiquement par ses capacités intellectuelles ou sa conduite morale.

2. *Hist. a) Méta.* chez Aristote, une des dix *catégories** désignant ce qui répond à la question quel ? (gr. *poios*) et qui indique la manière d'être qui peut être affirmée ou niée d'un être (chaud, froid ; bien portant, malade ; doux, amer, âcre ; blanc, noir ; figure, forme, etc.) : « J'appelle qualité ce en vertu de quoi on est dit être tel. » (*Cat.* 8) ; elle s'oppose à la quantité en ce qu'elle n'est pas mesurable et ne comporte que des degrés d'intensité ; à la relation en tant qu'elle est un accident qui modifie intrinsèquement la substance : « Une chose blanche est dite, en effet, plus ou moins blanche qu'une autre, et une chose juste, plus ou moins juste qu'une autre » (*Ibid.*) ; *b) qualités premières* (ou primaires) et *qualités secondes* (ou secondaires). À la suite du cartésianisme (mécanisme, géométrie analytique), la figure est réductible à la quantité et ne tombe plus, comme dans la tradition aristotélicienne, sous la seule catégorie de la qualité. Il s'établit alors avec Boyle et Locke une distinction entre les qualités premières, qui appartiennent « réellement » aux objets, et les qualités secondes (ou qualités sensibles) qui en résultent dans la perception. La distinction revient à celle de « l'objectif » et du « subjectif ». Elle a été refusée par l'immatérialisme* de Berkeley. L'idéalisme transcendantal de Kant lui a ôté toute sa signification : toutes les propriétés des phénomènes quelles qu'elles soient dépendent des formes a priori de la sensibilité et de l'entendement ; *c) Crit.* chez Kant, la qualité est une des fonctions du jugement (jugements affirmatifs, négatifs ou indéfinis) et une des *catégories** ou concepts purs de l'entendement (dont les trois moments sont réalité, négation et limitation (*R. pure*, Anal., I. I, ch. 1).

3. *Log. form. Qualité des propositions* : propriété qu'elles ont d'être affirmatives ou négatives.

4. *Psy. physio.* Deux sensations de même modalité, c.-à-d. d'un certain ordre sensoriel (vue, toucher, goût, etc.), sont dites différentes si l'on peut passer de l'une à l'autre par transition continue et si elles sont opposées comme les contraires d'un même genre : ex. chaud et froid. Les sensations ne comportent pas de quantité mais seulement des *degrés de qualité (intensité)*, elles ne sont donc pas mesurables comme telles (on ne mesure que les causes, l'excitant, ou les effets, les réactions du sujet).

Quantification

1. *Gén.* Attribution à quelque chose d'une certaine quantité (*quantum*) grâce à laquelle elle peut être mesurée directement (ex. espace) ou indirectement (ex. la mesure du temps par le mouvement d'une aiguille se déplaçant à vitesse uniforme sur un cadran) : l'espace est la seule grandeur directement mesurable et donc toute mesure se fait par son intermédiaire.

2. *Log. Quantification du prédicat* (Hamilton) : dans la log. form., le prédicat d'une proposition affirmative est particulier (ex. l'aigle est un oiseau équivaut à : l'aigle appartient à un groupe déterminé d'oiseaux) ; le prédicat d'une négative est universel (ex. la pierre n'est pas un oiseau équivaut à : aucun oiseau n'est une pierre). Par la quantification du prédicat on peut attribuer à celui de certaines propositions affirmatives une extension universelle (ex. quelques oiseaux sont (tous) les aigles) ou une extension particulière à certaines négatives (ex. la pierre n'est pas (quelque) aigle). V. Extension, Prédicat.

Quantique (Mécanique)

Phys. Théorie des systèmes mécaniques à l'échelle de la molécule, de l'atome, des particules. Depuis les travaux d'Einstein (1905), le double aspect à la fois ondulatoire et corpusculaire de la lumière est étendu à l'ensemble des objets de la microphysique. La théorie quantique est précisée et formalisée dans la première moitié du XXe s., d'où l'élaboration d'une « logique quantique » rendant compte de ses particularités.

Quantité (lat. *quantitas*, dér. de *quantus ?,* combien grand ?).

1. *Gén.* La quantité est la deuxième des catégories d'Aristote. Est quantitatif tout ce qui est démontrable (quantités discontinues ou « discrètes ») ou mesurable (quantité continue). Cette distinction est déjà indiquée dans la *Métaphysique* d'Aristote. La détermination quantitative des phénomènes (v. Mathématisation, Mesure) n'a pas cessé de prendre de l'importance dans les sciences expérimentales jusqu'à caractériser leur objectivité. Les quantités physiques de base sont la longueur, le temps, l'intensité électrique, la quantité de matière, l'intensité lumineuse, l'angle (système international d'unités). Mais l'évolution des théories amène à prendre en considération la mesure d'autres grandeurs rattachées à celles-ci.

2. *Hist. (Crit.) a*) chez Aristote, l'une des dix *catégories** et l'un des principaux accidents, opp. qualité en ce que la quantité est mesurable ; *b*) chez Kant, la quantité est une des fonctions du jugement (jugements universels, particuliers, singuliers) et l'une des *catégories** ou concepts purs de l'entendement (dont les trois moments sont l'unité, la pluralité et la totalité).

3. *Log. form. a) quantité des propositions* : propositions dont le sujet est pris soit dans toute son *extension* (*universelles*), soit dans une partie de son extension (*particulières*) ; *b*) ext. *quantité des termes* en tant qu'ils sont pris soit dans la totalité (universels, singuliers), soit dans une partie de leur extension* (particuliers).

Quantum (mot lat. : combien ?).

1. *Phil.* Désigne une certaine quantité finie et déterminée.
2. *Épist. Quantum d'énergie* (Max Planck) : unité minimum de variation de l'énergie, qui implique la discontinuité de l'énergie et donc de la matière ; elle est dite *constante* de Planck.

Quasi-contrat

1. *Dr.* Engagement où n'intervient aucune convention, ni de la part de celui qui s'oblige, ni de la part de celui envers lequel il est obligé (C.C. 1370), mais qui résulte d'un acte volontaire (ex. gérer bénévolement l'affaire d'autrui en son absence) devant être poursuivi jusqu'à ce que le propriétaire puisse y pourvoir, celui-ci étant tenu de rembourser les frais de cette gestion.
2. *Soc.* Assimilation du contrat, en tant que lien social, à ce concept juridique (Léon Bourgeois).

Quérulence (dér. du lat. *querulus*, qui se plaint, de *queri*, se plaindre).

Pys. path. Tendance pathologique à la revendication, soit simplement agressive, soit « processive », c.-à-d. cherchant à intenter des procès.

Question (lat. *quaestio* de *quaerere*, demander).

1. *Vulg.* Point soumis à l'examen, à la discussion, d'où le sens fréquent de difficulté, de thèse controversée. La question n'a pas forcément une forme grammaticale interrogative. Avant toute réponse, la formulation d'une question peut exiger un travail d'élaboration considérable, en particulier de recherche des présupposés (v. Problématique, Problème).
2. *Phil.* La « mise en question » des préjugés*, du dogmatisme* naïf, des fausses évidences, est l'exercice même de l'esprit critique. Les dialogues socratiques, le doute méthodique cartésien en sont d'illustres exemples. On a pu dire (Jaspers) qu'une grande pensée philosophique était plus importante par les questions qu'elle posait que par les réponses qu'elle apportait.

Questionnaire

Psy., Psy. soc., Soc. Méthode d'investigation ayant pour but de faciliter un diagnostic psychologique ou psychopathologique, une orientation ou une sélection professionnelle, un sondage d'opinion, une étude de marché (motivations, clientèle potentielle), etc. Elle consiste en une série de questions standardisées et posées soit oralement, soit par écrit, de telle manière que les réponses puissent être classées selon un code. Du point de vue de la méthode, les questions peuvent être soit fermées (réponses par oui, par non ou par : je ne sais pas), faciles à classer et à interpréter ; soit ouvertes, ne prévoyant pas de réponses toutes faites (ex. quelle profession souhaiteriez-vous pour votre enfant ? pour quelles raisons ?, etc.), plus riches mais plus difficiles à dépouiller et à interpréter. Pour assurer l'objectivité des réponses, des précautions sont à prendre concernant l'ordre des questions (on dispersera celles qui portent sur un même sujet de façon à éviter la contagion des questions et des réponses ; les questions les plus délicates seront repoussées vers la fin pour ne pas risquer le blocage), et leur rédaction (l'attirance pour la réponse oui est générale, les charges affectives pèsent sur les réponses, etc.).

Quiddité (lat. scol. *quidditas*, dér. de *quid*, ce que, c.-à-d. ce qu'est une chose, répondant à la question : qu'est-ce que ?).
Hist. Terme médiéval, syn. d'essence*, tiré du terme *quod quid erat esse*, qui décalquait l'expression d'Aristote *to ti en einai*, désignant ce qui détermine proprement une chose comme cette chose. Produite par abstraction de la réalité sensible, elle est exprimée par la définition logique et elle répond à la question *quid est* (ce qu'est) distinguée de la question *an sit* (si elle est), portant sur l'existence*.

Quiétisme (dér. du lat. *quies, quietis*, repos).
Théo., Hist. Mouvement mystique qui se développe au XVIIe s. dans plusieurs pays européens, en Espagne avec Molinos, en France avec Mme Guyon et Fénelon. La doctrine du *pur amour* préconise l'abandon total à la volonté de Dieu, le non-vouloir, le « repos en Dieu », une sorte d'état d'annihilation qui dédaigne les œuvres et les rites. Vivement attaqué par Bossuet, Fénelon se rétracte et Rome condamne le quiétisme en 1699. Schopenhauer se réfère au quiétisme et cite Mme Guyon pour appuyer sa propre doctrine de la négation de la volonté par elle-même.

Quintessence (lat. scol. *quinta essentia*, cinquième essence).
Hist. a) matière dont sont faits les astres, plus subtile que les quatre éléments* du monde sublunaire, c'est-à-dire terrestre. Cet élément appelé aussi *éther* est animé d'un mouvement circulaire éternel ; *b*) les alchimistes ont appelé quintessence la matière la plus subtile obtenue par distillation d'un corps. Par moquerie, Rabelais se dit lui-même abstracteur de quintessence. Le mot désigne encore le résumé très concis d'un exposé, d'une pensée.

Quota (lat. plur. neutre de l'adjectif interrogatif *quotus*, quel nombre ?).
Psy. soc. Méthode des quota : méthode de sondage consistant en la répartition d'une « population » en diverses catégories (ex. actifs, inactifs, jeunes, vieux, professions diverses, etc.), la détermination de son effectif total et du pourcentage de chaque catégorie par rapport à la population totale afin de fixer un échantillon ayant les mêmes caractéristiques socio-démographiques que l'ensemble de la population. Opp. méthode aléatoire.

Quotidien (lat. *quotidianus* de *quotidie*, chaque jour).
Phén. Dans *Être et Temps* de Heidegger, l'analytique existentiale* du *Dasein* se développe à partir de l'être au monde quotidien constitué par l'existence commune des hommes au jour le jour. La quotidienneté consiste à exister

comme *on** existe, d'une existence inauthentique* qui n'a pas été choisie, qui n'est pas véritablement mienne. Dans l'affairement, dans le bavardage de la quotidienneté (*Alltägligkeit*), le *Dasein* s'oublie lui-même, se perd lui-même sans reconnaître son mode d'être propre (déchéance).

Quotient intellectuel (lat. *quotiens*, dér. de *quot*, combien, en quel nombre ?). *Psy. métr.* (par abréviation *Q.I.*). Mesure de l'intelligence fondée sur le quotient de l'*âge mental** (donnés par les tests de niveau intellectuel ou échelle métrique de l'intelligence) par l'*âge réel* (A. Binet et Simon). Pour un sujet normal, ce quotient est égal à 1 (mais il est courant de prendre 100 comme moyenne) :

$$\text{Q.I.} = \frac{\text{AM} \times 100}{\text{AR}}\ ;$$

il correspond à la moyenne d'âge mental de la majorité des enfants qui ont obtenu la même note que lui. Au-dessus de 120, l'enfant est considéré comme très doué et comme débile en dessous de 70.

R

Race (de l'it. *razza*, peut-être du lat. *ratio* au sens d'espèce : d'animaux, de fruits, etc.).

1. *Vulg.* Le mot désigne les membres d'une même famille, d'un même lignage, se réclamant des mêmes ancêtres : ex. la race royale capétienne. Au sens large, syn. d'espèce* ; ex. la race humaine. Mais on appelle aussi race un groupe humain plus ou moins important dont les membres sont reconnaissables par l'aspect physique, l'habitat, le genre de vie, la langue, la religion, etc. et supposés avoir la même origine. Différentes classifications ont été proposées, fondées sur la couleur de la peau (blancs, jaunes, noirs et « peaux rouges »), l'origine réelle ou supposée (africain pour noir, caucasien pour blanc). Les critères sont plus qu'incertains. Une expression comme « race arabe » assimile arbitrairement une nation, une langue, une religion (l'islam) sans qu'aucun de ces critères ne soient transmis héréditairement.

2. *Bio.* À l'intérieur d'une même espèce, animaux ou végétaux caractérisés par les mêmes traits héréditaires. Depuis la préhistoire, agriculteurs et éleveurs les obtiennent par croisement et sélection dans une même espèce ou dans des espèces très voisines, pour des raisons utilitaires ou esthétiques (chiens de chasse, chiens d'agrément).

Racisme (terme introduit par E. Drumont en 1897).

Soc. Doctrine qui cherche à justifier les préjugés raciaux en établissant une hiérarchie politique, culturelle, morale, entre des groupes humains définis *biologiquement.* Les conditions générales du racisme sont sans doute dans l'hostilité fréquente entre groupes de traditions nationales, culturelles, religieuses très différentes, les facteurs sociaux et économiques jouant alors un grand rôle. Ex. une très longue tradition chrétienne a considéré le peuple juif comme *déicide* (meurtrier de Dieu). Mais le racisme proprement dit, comme discours pseudo-scientifique, trouve ses racines dans l'explication de l'évolution des institutions par la « lutte des races » (Gallo-Romains et Germains) avancée par certains historiens, dans un matérialisme biologique qui subordonne directement le psychologique et le social au biologique et qui répand à la fin du XIXe s. l'explication des « tares sociales » par la dégénérescence*. La linguistique historique du XIXe s. a cru découvrir une langue primitive (indo-européenne ou indo-germanique) associée à une culture et à des mouvements de population protohistoriques. Le racisme s'est développé sur cette confusion de la race biologique et de la langue, admise par Renan et Taine, et qui est au principe du trop fameux *Essai sur l'inégalité des races humaines* de Gobineau (1855). Enfin l'évolutionnisme darwinien suggère l'inégalité des capacités d'adaptation des races dans la « lutte pour la vie » (v. Darwinisme social). Il résulte de tout cela des idéologies diverses mises au service des haines nationales ou religieuses et préconisant l'eugénisme*, la discrimination (*numerus* *clausus* dans les universités), la ségrégation* (ghetto*), les pogroms, les génocides. Depuis 1945 le mot même de race semble proscrit quand il s'agit des êtres humains. Mais on peut se demander si son remplacement par un autre mot comme ethnie* suffit à abolir les idées et sentiments racistes.

Radical (bas lat. *radicalis*, de *radix, radicis*, racine).

1. *Gén.* Qui remonte jusqu'à la racine, jusqu'au premier principe, qui ne fait aucune exception. Ex. Le doute hyperbolique* de Descartes est radical.

2. Nom d'un parti politique français particulièrement influent sous la IIIe République, caractérisé par son attachement aux principes de la république et de la laïcité*, du libéralisme* politique et économique, mais se ralliant à certaines mesures sociales. Le philosophe Alain s'en est fait le théoricien.

Radicalisme

Phil. Radicalisme philosophique (Bentham, J. Mill, J. S. Mill) : doctrine prônant le *libéralisme** politique et économique, l'individualisme, le gouvernement représentatif, l'utilitarisme moral, l'associationnisme en psychologie.

Raison, rationnel (lat. *ratio*, p.p. de *reor*, compter, calculer, évaluer).

1. *Gén. Logique, rationnel, raisonnable. Ratio*, qui a d'abord le sens de compte, d'évaluation, d'intérêt commercial, sert en philosophie depuis Cicéron à traduire le gr. *logos** auquel il ne correspond que partiellement (au sens de discours, parole, ce sera plutôt en latin *oratio* ou *verbum*). M. Heidegger a insisté sur les distorsions de sens qui peuvent résulter du passage du grec au latin. Le français dispose de deux séries de dérivés du latin : *raison, raisonnable*, qui a retenu différents usages non philosophiques (raison sociale, livre de raison, mettre à la raison, etc.) et du grec : *logique* qui, comme adjectif et comme nom a pris un sens spécialisé renvoyant à une cohérence formelle. Cournot a différencié un *ordre logique* qui tient avant tout au langage (ex. l'ordre alphabétique d'un dictionnaire) d'un *ordre rationnel* qui tient de la nature des choses et de leurs rapports (ex. ordre des matières dans une encyclopédie). V. Ordre. D'autre part, à côté de l'adj. « raisonnable », s'est introduit un adjectif « rationnel », tiré directement du latin *rationalis*. Logique, rationnel, raisonnable ont pris des acceptions différentes : raisonnable ne correspond plus à raison que dans un sens très affaibli : un enfant « raisonnable » est un enfant qui n'est pas « raisonneur » ! De même le « bon sens » que Descartes invoque comme syn. de raison dans le *Discours de la méthode*, n'est plus de nos jours que l'opinion commune dépourvue de rationalité critique. Ajoutons qu'aujourd'hui, l'usage courant du terme rationnel se confond avec ceux d'utile ou d'efficace (ex. une campagne politique rationnelle). On prendra donc garde au contexte dans lequel ces termes sont employés, même par des auteurs classiques ou par leurs traducteurs.

2. *Psy., Méta.* Définir l'homme comme animal doué de raison selon la tradition aristotélicienne prolongée jusqu'à nos jours (*homo sapiens*) revient à articuler une psychologie et une métaphysique. Sans doute Descartes, dans la

Méditation I, récuse-t-il cette définition scolastique, mais c'est pour retrouver dans le *cogito* l'équivalence de l'esprit et de la raison (*mens sive ratio*). À la fin de la IIIe *Méditation*, le *cogito* reconnaîtra que, dans sa finitude, il n'est pas autre chose que l'idée même de Dieu, être infini*. Mais l'athéisme de Schopenhauer n'a nul besoin de l'idée d'un Dieu créateur pour caractériser l'homme comme « animal métaphysique », celui qui doué de la parole et de la raison (*logos*) est capable de se détacher de l'expérience immédiate, de se penser comme *mortel* et d'accéder ainsi à la question métaphysique. En France, le spiritualisme* éclectique* de Victor Cousin fait de la psychologie, entendue comme science introspective de l'individu, l'introduction nécessaire, le « vestibule », de la réflexion philosophique fondamentale, le seul accès possible à la « raison impersonnelle » (métaphysique). Cependant, en sens inverse des psychologies de la conscience, matérialismes et positivismes cherchent à prolonger le mécanisme cartésien par des recherches de *psychologie animale* (sur le langage, sur le comportement intelligent) afin de rétablir la continuité qui a été rompue par le dualisme de l'âme et du corps. Poussant plus loin encore le modèle de l'animal-machine, les *sciences cognitives** contemporaines tentent de réaliser dans et par des machines les fonctions intellectuelles et linguistiques considérées comme le propre d'un être doué de raison (v. Intelligence artificielle). On notera la substitution du terme d'*intelligence*, d'apparence plus positive, plus psychologique, au terme de raison, plus philosophique, métaphysique.

3. *Raison, intellect, entendement.* La raison peut avoir une signification très large, englobante, désignant moins une faculté déterminée que le bon usage des facultés intellectuelles : elle s'oppose alors à *déraison* ou à *démence* (du lat. *mens*, esprit). Le plus souvent, la raison est donnée comme faculté de raisonnement*, discursive, par opp. à une faculté intuitive : lat. *intellectus* traduit par intellect (gr. *nous*). « Intellect et raison diffèrent quant au mode de connaissance, car l'intellect connaît un acte de simple intuition tandis que la raison passe discursivement d'une chose à une autre » (saint Thomas). Que Descartes identifie esprit, intellect, entendement, raison marque une rupture avec la tradition scolastique (v. Intuition). Il y a continuité chez Spinoza entre le deuxième genre de connaissance (discursivité de type mathématique) et le troisième (évidence intuitive). Toute la pensée métaphysique des XVIIe-XVIIIe siècles repose sur la distinction du rationnel et de l'empirique (v. Rationalisme, Empirisme). La critique kantienne, afin de rendre compte à la fois de l'impossibilité de la connaissance métaphysique et de la possibilité d'une connaissance scientifique rationnelle, est amenée à une double distinction : d'une part entre un intellect divin créateur qui atteint directement la chose en soi (*intellectus archetypus*) et la connaissance rationnelle qui est celle de l'homme ; d'autre part, à l'intérieur de cette connaissance rationnelle, entre un *entendement* qui connaît par concepts des objets donnés dans l'expérience sensible, et une *raison* au sens strict qui « amène sous la plus haute unité de la pensée » un contenu déjà élaboré par l'entendement. Elle ne peut pas juger objectivement et en tant que *raison pure*, elle ne contient aucun principe constitutif, mais seulement des principes dits *régulateurs*. Dans son usage théorique, la raison pure vise spontanément l'inconditionné* et produit des idées métaphysiques (*transcendantes**) hors de toute connaissance possible. Elle entre ainsi dans une « logique de l'apparence » et une contradiction avec elle-même que Kant nomme *dialectique* (v. ce mot). L'*idéalisme absolu* de Hegel donne à cette dialectique négative un sens pleinement positif. La raison n'est plus alors une faculté relevant d'une psychologie ou d'une théorie de la connaissance ; elle s'identifie avec le réel dans le mouvement dialectique de l'Esprit absolu. Si, selon la célèbre formule « tout le réel est rationnel et tout le rationnel est réel », alors la connaissance d'entendement, scientifique, abstraite, qui maintenait la séparation du sujet et de l'objet, se trouve non pas détruite mais dépassée, intégrée dans le savoir absolu.

4. *Cause et raison. a*) Leibniz distingue la raison comme faculté et la raison comme « vérité connue dont la liaison avec une autre moins connue fait donner notre assentiment à la dernière. Mais particulièrement et par excellence, on l'appelle raison si c'est la cause non seulement de notre jugement, mais encore de la vérité même, ce qu'on appelle aussi *raison a priori* ; et la cause dans les choses répond à la raison dans les vérités. C'est pourquoi la cause même est souvent appelée raison, et particulièrement la cause finale » (*N.E.* IV, ch. 17) ; *b*) *le principe de raison suffisante*. Leibniz distingue deux grand principes, celui de contradiction (« de deux contradictoires, l'une est vraie, l'autre fausse ») et le principe de raison suffisante « en vertu duquel nous considérons qu'aucun fait ne saurait se trouver vrai ou existant, aucune énonciation véritable sans qu'il y ait une raison suffisante pourquoi il en serait ainsi et non autrement » (*Mon.*, § 2). Ce vocabulaire est emprunté aux mathématiques : le principe de contradiction énonce une condition *nécessaire* et le principe de raison une condition *suffisante*. « Les vérités de *raisonnement* sont nécessaires et leur opposé est impossible, celles de *fait* sont *contingentes* et leur opposé possible ». Alors que le principe de contradiction suffit à la démonstration mathématique, il faut pour la physique le principe de raison suffisante dont le principe du meilleur* est une forme (v. *Théodicée*). Ce qui dans le monde physique s'appelle cause, dans le monde moral s'appelle raison ; *c*) Cournot a proposé une distinction entre la cause singulière et accidentelle et la raison qui consiste dans des « résultats généraux, dégagés de l'influence de ces causes accidentelles et de leur mode de production chronologique, ou des conditions d'un état final et stable, pareillement indépendant du temps ». La raison correspond donc à la permanence d'une structure*, d'une cause finale, et en histoire, à ce que Montesquieu appelait les « causes générales », par opposition à la multiplicité des événements produits par *hasard**.

5. *Raison pratique*. La sagesse pratique ou *prudence** selon Aristote se distingue déjà de la raison proprement dite (*logos*), mais c'est Kant qui sépare nettement un usage théorique de la raison et un usage *pratique** qui ne se confond lui-même ni avec un usage *technique**, ni avec un usage *pragmatique** (dont relève finalement la prudence). Seule la raison *pratique* peut fonder la loi morale* dans son exigence d'universalité, au-delà de la contingence sociale, historique des valeurs invoquées. Kant affirme ainsi la supériorité de l'usage pratique de la raison sur son usage théorique qui reste limité aux conditions de possibilité de l'expérience. La dignité de la personne tient au statut métaphysique de l'être doué de raison en général et non à une quelconque *anthropologie**. La raison pratique n'est donc en rien l'application d'un savoir acquis dans une « science humaine » (psychologie, sociologie) ou biologie (bioéthique*) : depuis plus d'un siècle, de nombreuses morales scientistes sont apparues et se sont périmées au rythme du progrès scientifique sur laquelle elles prétendent s'appuyer. En utilisant les recherches récentes en sociologie et en linguistique, la *raison communicationnelle** de J. Habermas peut être considérée comme une approximation de l'usage pratique de la raison et de son exigence d'universalité par l'intermédiaire d'une « éthique de la discussion ».

Raisonnement (du lat. *ratiocinatio*, de *ratiocinari*, calculer, raisonner, de *ratio*, raison et *canere*, chanter, donner l'ordre, annoncer).
Psy., Log. a) opération discursive de la pensée par laquelle on enchaîne logiquement des jugements en vue d'aboutir à une conclusion qui établit la vérité ou la fausseté ou la probabilité des propositions initiales ; ex. si A est B et que B est C, alors A est C ; on dit que tous les métaux sont solides à température ordinaire, or le mercure, qui est un métal, est liquide à la température ordinaire, donc… ; on a opéré des croisements entre l'espèce lion et l'espèce tigre, il est probable que des croisements puissent être opérés entre d'autres espèces félines ; *b*) résultat de cette opération : ex. un raisonnement correct ; v. Déduction, Induction, Syllogisme, Hypothético-déductif, Absurde.

Rappel (dér. du lat., préfixe *re*, impliquant un mouvement en arrière, et *appellare*, appeler).
Psy. Syn. *évocation**, une des fonctions de la mémoire, volontaire ou spontanée (ressouvenir), retour à la conscience d'un élément de notre passé ; v. Fixation, Reconnaissance, Localisation, Rédintégration.

Rapport (dér. du lat. *reportare*, reporter, ramener, prop. et fig.), v. Relation.

Raptus (mot lat., p.p. de *rapere*, emporter violemment, brusquement).
Psy. path. Impulsion brusque et irrésistible qui pousse le sujet à des actes graves (fuite, violence, suicide, meurtre) survenant en particulier dans le raptus anxieux ou épileptique.

Ratio (mot latin).
Mot lat. utilisé au sens de rapport dans les études statistiques, ex. en démographie, ratio des naissances masculines et féminines.

Rationalisation (de rationnel, distinct de raisonnable, apparu après 1840).

1. *Gén.* La rationalisation consiste à soumettre les décisions, les comportements à des motifs, à des règles considérées comme rationnelles. Elle peut être de mauvaise foi et masquer des intérêts matériels ou idéologiques inavoués. En économie, la rationalisation a pour but une plus grande productivité* (rendement, profit, efficacité des services administratifs).

2. *Psychan.* Terme introduit par E. Jones (1903). Façon qu'a le Moi de présenter comme rationnels ou raisonnables des comportements dépendant d'inhibitions, de compulsions, de phobies, etc. Cette rationalisation des mécanismes de défense du Moi peut être consciente ou inconsciente.

Rationalisme (néol., début XIXe s., mais l'adj. rationaliste date du XVIIe s.).

Crit. Terme général qui n'a guère de sens en dehors d'un contexte polémique. Il en est de même de son opposé irrationalisme*. Il peut s'appliquer à toute doctrine qui fait confiance à la raison comme principe de connaissance et d'action. En un sens, toute philosophie est un rationalisme pour peu qu'elle comporte une réflexion critique : *a*) on applique le terme de rationalisme aux philosophies antiques pour lesquelles la réalité est gouvernée par un principe intelligible (l'*Idée* platonicienne, le *logos* stoïcien), par opp. au scepticisme et à l'empirisme ; *b*) dans la pensée médiévale, on a pu parler de rationalisme chaque fois que la pensée philosophique s'est opposée à la tradition théologique ; *c*) l'expression de « grand rationalisme » ou de « *rationalisme classique* » désigne les systèmes métaphysiques de Descartes, de Malebranche, Spinoza, Leibniz qui se réclament d'une méthode de type mathématique. Spinoza écrit une éthique à la manière des géomètres (*more geometrico*). Prêtre de l'Oratoire, Malebranche a écrit : « La foi passera, l'Intelligence [Raison] subsistera éternellement ». Ce rationalisme classique s'oppose d'emblée à l'empirisme sur la question de l'*innéisme** ; *d*) au XVIIIe s., les philosophes des Lumières, même largement ralliés à l'empirisme et adversaires de l'innéisme, sont dits rationalistes en tant qu'ils dénoncent les préjugés* et soumettent à la critique les traditions politiques et religieuses ; *e*) ajoutons que l'idéalisme transcendantal de Kant s'affirme explicitement comme un rationalisme en ce qui concerne la connaissance *a priori* dont l'empirisme ne peut rendre compte, et même en matière de foi (*La Religion dans les limites de la simple Raison*) ; *f*) au XIXe s., le positivisme et le matérialisme se réclament d'un « *rationalisme scientifique* » aussi opposé à la philosophie métaphysique qu'aux croyances religieuses. Dans l'usage courant, rationaliste a pris souvent le sens de libre penseur*.

Rationalité (apparu après 1830).

1. *Gén.* La rationalité caractérise tout énoncé, décision, comportement conformes à la raison au sens strict (rationnel, logique) ou au sens large (raisonnable). Dans la vie sociale et économique, la rationalité s'étend à tout ce qui est conforme aux intérêts, au profit bien calculé.

2. *Méta.* La thèse de la rationalité du réel affirme l'intelligibilité totale de tout ce qui est, y compris ce qui apparaît d'abord comme irrationnel. Elle a donné lieu à bien des systèmes métaphysiques différents selon que son développement est de type mathématique (Spinoza), logique (Leibniz) ou dialectique (Hegel). « Tout le réel est rationnel et tout le rationnel est réel » (Hegel).

3. *Soc.* En économie ou sociologie, la notion de rationalité peut devenir incertaine quand elle s'applique à une décision, à une action, à une croyance, quand elle ne se réduit pas à l'ajustement des moyens en vue d'une fin (ex. choix *technique* de l'ingénieur dans des conditions données). La rationalité incontestable du calcul des probabilités ou de la théorie mathématique des jeux s'étend-elle à la décision elle-même ? Les discussions auxquelles a donné lieu l'argument du pari* de Pascal montre les difficultés. Si agir, choisir rationnellement est avoir de « bonnes raisons » d'agir, de choisir, ces « bonnes raisons » incluent-elles les opinions communes, les « recettes » admises, qui pourraient être considérées plutôt comme des formes d'irrationalité, mais qui cependant sont utiles, efficaces, dans une société donnée ?

Ravissement (dér. du lat. *rapere*, emporter violemment, ravir).

1. *Psy, Rel.* (saint Paul, sainte Thérèse). État mystique extrême supérieur à l'extase*.

2. *Esth.* Caractère du sentiment esthétique qui nous « ravit », nous arrache au monde de la perception pour nous plonger dans un univers artistique spécifique (musical, pictural, poétique) où les sensations perdent leur valeur représentative en faveur de leur valeur propre et intrinsèque (les sons, accords, couleurs, formes, etc. sont perçus pour eux-mêmes et ne renvoient plus à des objets).

Réaction (comp. du préfixe re, qui retourne en arrière, et d'action).

1. *Méc.* Action qu'un corps exerce sur un autre en réponse à une action de celui-ci ; la réaction est toujours égale et opposée à l'action (principe de Newton).

2. *Psy. physio.* Anal. réponse de l'organisme à une action ou modification provoquée par un *stimulus. Temps de réaction* : intervalle qui sépare la réponse du sujet de l'excitation. *Psychologie de réaction* : forme de psychologie* du comportement consistant en une conception mécaniste de l'organisme selon le schéma *stimulus-réponse (S-R)*, l'organisme étant considéré comme un ensemble de montages passifs régis par des influences extérieures.

3. *Pol.* Péj. action dirigée contre un état de choses existant pour restaurer l'ancien état de choses et ext. toute action s'opposant à un mouvement novateur ou progressiste.

Réalisme (lat. scol. *realismus*, dér. de *res*).

1. *Vulg.* Le réalisme consiste à savoir apprécier objectivement les circonstances, et adapter son action en écartant les illusions et les faux-semblants. Au sens péjoratif, le réalisme ne s'embarrasse pas de considérations morales ou religieuses (syn. cynique*). Le *réalisme politique* a souvent le sens d'un machiavélisme*.

2. *Méta.* *a*) le réalisme est d'abord la croyance spontanée en l'existence des objets du monde extérieur tels qu'ils sont perçus. Ce *réalisme naïf* ne résiste ni à la critique philosophique, ni aux résultats de la recherche scientifique. La thèse du réalisme en philosophie est donc nécessairement celle d'un *réalisme critique* qui met en question cette croyance ; *b*) peut-on définir le réalisme par opp. à l'idéalisme ? Beaucoup de confusions s'introduisent, en particulier lorsque le réel est réduit au matériel et que le réalisme est interprété d'emblée comme un matérialisme. Or la théorie des Idées dans le platonisme* est bel et bien un *réalisme des idées*, dont l'existence (non matérielle) est indépendante de l'âme. D'autre part, la critique des Idées par Aristote transforme-t-elle ce dernier en hérault du réalisme ? Une fresque célèbre de Raphaël (*L'École d'Athènes*) représente côte à côte Platon le doigt levé vers le ciel et Aristote la main dirigée vers la terre. Est-ce bien, comme on l'a souvent dit, la représentation de l'opposition de l'idéalisme et du réalisme au sens qu'ont ces termes depuis la fin du XVIIIe s. ? ; *c*) c'est pourtant dans la pensée médiévale, si pénétrée d'aristotélisme, que se développe la querelle des *universaux** opposant un réalisme des idées à un *nominalisme** réducteur. Quelle réalité faut-il reconnaître aux mots généraux (genres, espèces) ? Ne sont-ils pas réels au même titre que les choses sensibles ? C'est aussi au réalisme des essences que s'oppose le conceptualisme* ; *d*) le dualisme cartésien est doublement réaliste, quant aux idées (« vraies et immuables natures ») et quant à la substance matérielle dont l'essence est l'étendue, mais dans la philosophie de la conscience (postcartésienne), le réalisme devient une thèse essentiellement négative, le refus d'assimiler l'être à l'être connu, l'être à la pensée. Le réalisme sauve ainsi quelque chose des convictions du sens commun, et il trouve son adversaire privilégié dans l'idéalisme* de Berkeley, réduit le plus souvent à la formule *esse est percipi* (être est être perçu), bien souvent réfutée et d'autant plus facilement qu'elle est amputée de *aut percipere* (ou percevoir). Le matérialisme de Marx est aussi un réalisme quand il « renverse » l'idéalisme absolu de Hegel ; *e*) la philosophie critique kantienne associe expressément un « idéalisme transcendantal », qui pose la chose en soi comme inaccessible à la connaissance, et un « réalisme empirique ». Le phénomène*, dépendant entièrement du pouvoir synthétique du sujet transcendantal, n'en est pas moins pleinement *réel* dans les limites de l'expérience possible.

3. *Le réalisme scientifique.* Le kantisme et ses prolongements néo-kantiens divers suffisent-ils à rendre compte de la réalité telle qu'elle est atteinte par les sciences en progrès rapide au XIXe s. ? Le *positivisme**, sous diverses formes depuis A. Comte jusqu'à Carnap, récuse l'affrontement d'un réalisme et d'un idéalisme dont les énoncés métaphysiques lui paraissent dénués de sens. Pourtant, pour des épistémologues tels que Popper, la thèse du réalisme garde un sens du moins méthodologique puisqu'elle permet de comprendre la possibilité de la réfutation (v. Falsifiabilité) et même l'existence d'un progrès scientifique. « Les réalistes ne prétendent pas seulement qu'il y ait un monde réel, mais aussi qu'en général ce monde ressemble plus à la façon dont les théories modernes le décrivent qu'à celles des théories dépassées ». C'est alors non à un idéalisme, mais à un conventionnalisme*, un pragmatisme*, un instrumentalisme* que semble s'opposer un tel réalisme scientifique.

4. *Esth.* *a*) de façon générale, le réalisme qualifie le soin qu'a un artiste (écrivain, peintre, sculpteur) de décrire la réalité des choses et des êtres jusque dans le détail de leur apparence (ex. les verrues d'un visage dans un portrait de Van Eyck) ; *b*) par opp. aux doctrines du *beau idéal*, l'artiste représente les scènes de la vie courante, les mœurs et les goûts des classes bourgeoises plutôt que princières ou aristocratiques (ex. peinture hollandaise du XVIIe s., *Roman bourgeois* de Furetière, *Roman comique* de Scarron). Dans la seconde moitié du XIXe s., s'est appelé réalisme, d'un mot qui était alors péj., un courant pictural surtout représenté en France par Courbet (Manifeste de 1855) et qui cherche avant tout à représenter la réalité de son époque, réalité non seulement naturelle, mais aussi sociale jusque dans ses aspects vulgaires ou choquants. Pour Courbet, le réalisme doit être un « art démocratique ». Mais le réalisme de Flaubert n'a pas cette préoccupation. Par son modernisme, le réalisme s'oppose à la fois au néo-classicisme académique volontiers antiquisant, et au romantisme (sujets historiques). *Dist.* naturalisme* ; *c*) au XXe s., différents artistes qui se voulaient témoins de leur temps se sont réclamés d'un nouveau réalisme. En Russie soviétique, la doctrine officielle du *réalisme socialiste* transforme l'ensemble des arts en instruments de propagande* du stalinisme.

Réalité (lat. *realitas* de *res*, chose).

1. *Vulg.* *a*) qualité de ce qui est réel : en ce sens, syn. d'existence, ex. constater la réalité d'un phénomène ; *b*) toute chose, tout objet considéré comme réel : réalités sensibles, réalités intelligibles ; *c*) la réalité au singulier est syn de *le réel* (subst.).

2. *Psychan.* *a*) *principe de réalité*. Dans le système conscient-préconscient, la perception des contraintes provenant du monde extérieur impose des obstacles, des détours, des retards à la satisfaction des pulsions. Dans les processus dits « secondaires », l'analyse psychique se trouve « liée », contrôlée dans l'attention, le raisonnement, le jugement critique, l'action délibérée. Les expressions opposées : principe de plaisir et principe de réalité qualifient le fonctionnement de l'appareil psychique sans rien y ajouter d'extérieur ; *b*) *réalité psychique* : Freud appelle ainsi les processus inconscients qui ont une consistance, une force d'opposition comparable à la réalité matérielle, sociale. Des scènes traumatisantes qui ne sont que des fantasmes et n'ont pas eu lieu peuvent avoir les mêmes effets psychologiques que s'il s'agissait de faits avérés.

Récepteur (lat. *receptor*).

1. *Psy. soc.* Celui qui dans une communication* reçoit le message de l'*émetteur* et qui doit disposer pour le déchiffrer du même code que lui.

2. *Psy. physio.* Élement organique (organisme, organe, tissu, cellule) susceptible de répondre à la stimulation d'un agent externe ou interne (rétine, membrane cochléaire, peau, bourgeons gustatifs de la langue, cellules de la muqueuse nasale, etc.), v. Sensibilité* proprioceptive*, intéroceptive*, extéroceptive*.

Réceptivité (dér. du lat. *receptio*, action de recevoir, *recipere*).

Psy., Crit. Faculté de recevoir des impressions sensibles : « Nous désignons sous le nom de *sensibilité* la capacité qu'a notre esprit de recevoir des représentations, en tant qu'il est affecté de quelque manière ; par opposition à cette *réceptivité*, la faculté que nous avons de produire nous-mêmes des représentations, ou la *spontanéité* de notre connaissance, s'appelle *entendement* » (Kant, *R. pure*, Log. I).

Réciprocité (du lat. *reciprocus*, qui revient au point de départ).

1. *Gén.* On parle très généralement de réciprocité quand l'action de A vers B est jugée équivalente de l'action de B vers A. Syn. mutuel. Dans les relations interpersonnelles, la réciprocité implique une forme de dépendance, mais exclut la domination. La notion de réciprocité est essentielle dans une théorie du dialogue, en linguistique (interlocution), en théorie de la communication.

2. *Log.* Deux propositions sont réciproques quand l'une est la condition à la fois nécessaire et suffisante de l'autre.

3. *Hist., Crit.* Dans la table des catégories, sous le nom de *communauté**, Kant a introduit une « action réciproque de l'agent et du patient ». Schopenhauer a vivement contesté que les causalités réciproques puissent être simultanées.

Recognition (lat. *recognitio*, revue, examen ; reconnaissance).

1. *Psy.* Jugement qui reconnaît dans un objet perçu la nature de cet objet ; ex. la couleur rouge dans une perception visuelle ; l'intervalle d'un ton dans chaque groupe de deux sons, etc.

2. *Hist. (Crit.) Synthèse de la recognition dans le concept* (Kant) : fonction synthétique fondamentale de la conscience qui en assure la continuité ; ex. en comptant, c'est la synthèse ou addition successive de l'unité à l'unité qui permet la construction du nombre (*R. pure*, Anal., 1re édition, 1. I. ch. II, 2e section, 3).

Reconnaissance

1. *Gén.* Dans des domaines ou des circonstances très diverses, la reconnaissance résulte de l'identification d'un fait présent et d'un fait passé. Dans la description classique de la mémoire, la reconnaissance est le moment où le souvenir est rattaché au passé et identifié comme tel. La signification est analogue dans des expressions juridiques comme reconnaître une dette, reconnaître un délit, reconnaître un enfant naturel, reconnaître un État (ne pas contester son existence). Moralement, à la reconnaissance s'attache la *gratitude* quand le sujet se souvient d'un bienfait.

2. *Hist.* Dans la *Phénoménologie de l'esprit* de Hegel, toute conscience de soi est exigence de « reconnaissance » (*Anerkennen*) par une autre conscience de soi. « La conscience de soi est en soi et pour soi si et parce qu'elle est en soi et pour soi pour une autre conscience de soi, c'est-à-dire qu'elle n'est qu'en tant qu'être reconnu ». Or, selon la dialectique hégélienne, cette reconnaissance ne relève pas de la simple réciprocité*, elle n'est possible que conquise dans une lutte à mort des consciences, ce qui est développé dans la fameuse dialectique du maître et de l'esclave*.

Récurrence (dér. du lat. *recurrens*, de *recurrere*, courir en arrière ; revenir en courant).

1. *Gén.* Caractère de ce qui se répète, not. de ce qui se reproduit périodiquement.

2. *Phil.* Caractère de ce qui revient sur soi ; ex. l'action récurrente d'une cause.

3. *Math.* « Démonstration par récurrence. On établit d'abord un théorème pour n=1 ; on montre ensuite que s'il est vrai de *n*-1, il est vrai de *n* et on conclut qu'il est vrai pour tous les nombres entiers » (H. Poincaré). Le *raisonnement par récurrence* est un procédé de généralisation qui s'applique non seulement à l'arithmétique et à toutes les mathématiques, mais qui étend à tous les termes d'une série homogène toute propriété possédée par les deux premiers. Cette homogénéité est supposée dans les sciences expérimentales comme condition nécessaire pour que le passage des faits aux lois soit valide, mais elle ne peut être garantie que dans les sciences formelles axiomatisées. Ce raisonnement est dit aussi *induction** mathématique.

Rédintégration (lat. *redintegratio*, renouvellement, rétablissement, comp. du préfixe *re (red)*, marquant l'idée de revenir, et d'*integratio*, dér. d'*integer*, intact).

Psy. Loi de rédintégration (formulée d'abord par Hamilton) : « Quand deux ou plusieurs idées ont fait partie d'un même acte intégral de connaissance, chacune d'elle suggère naturellement les autres ». Cette loi a été retrouvée et approfondie par la *psychologie de la forme** (Köhler, Koffka, Guillaume) : les chaînes associatives ne sont pas unilinéaires mais multipolaires et elles dépendent des tendances et de l'orientation de l'esprit (intérêt, affectivité, pulsion) : « La véritable loi de l'association, qui serait en même temps celle de la pensée, s'énoncerait ainsi : tout membre d'un tout "organique" lorsqu'il paraît dans la conscience avec cette fonction tend à restaurer le tout » (P. Guillaume) ; le rappel est la restauration d'une structure fonctionnelle : si une image en appelle une autre, c'est parce qu'elle tend à restaurer une totalité organique, c.-à-d. une totalité où tous les éléments ont la même fonction. V. Association.

Redondance (du lat. *redundantia*, trop-plein, excès, de *redundare*, déborder, comp. du préfixe *re* et d'*unda*).

Psy. soc. Dans la *théorie de l'information*, caractère d'une communication dans laquelle une surabondance de mots répète la même information : c'est la condition, qui correspond à une nécessité psychologique, de la compréhensibilité des langues ; la cybernétique* a montré qu'un langage privé de redondance, non surchargé d'un excédent de signes et constitué uniquement de symboles, paraît hermétique ; v. Communication.

Réduction (lat. *reductio*, action de ramener, *reducere*).

1. *Psy.* Phénomène mental par lequel une image hallucinatoire est reconnue comme dénuée d'objectivité et ramenée à une pure image, c.-à-d. réduite à une représentation imaginaire et irréelle.

2. *Phén.* (Husserl). V. Phénoménologie.

Réductionnisme

Phil. Désigne toute théorie qui prétend expliquer un phénomène complexe par la combinaison de ses éléments les plus simples ; ex. réduction du mental à des processus physico-chimiques, de l'intelligence à un système d'associations ou de réflexes, de la conscience à des processus neurophysiologiques, du comportement individuel à des lois sociologiques, etc. V. Matérialisme, Physicalisme. Opp. holisme*.

Réel (lat. *realis* de *res*, la chose).

Adj. **1.** Qui concerne les choses par opp. aux personnes, acception conservée en droit. **2.** Par opp. à la définition nominale, la définition *réelle* ou définition de choses énonce l'*essence* de ce qu'elle définit, ou du moins « une propriété qui exprime un de ses modes de génération » (A. Comte, *Cours*, XII). La distinction réelle est celle des substances (*res*) différentes (l'âme et le corps chez Descartes). **3.** *Crit. a*) qui existe en fait, objectivement, par opp. à ce qui est imaginé, fictif, construit par l'esprit. Réel ne veut pas dire matériel : Descartes parle d'une « réelle et positive idée de Dieu ». Dans la tradition platonicienne ou cartésienne, l'idée mathématique a une solidité, une consistance propre supérieure à celle de l'objet matériel ; *b*) dans une tradition aristotélicienne passée dans l'usage courant, réel s'oppose à virtuel, à possible, à formel, sans contenu (ex. liberté réelle). Réel a le sens d'actuel (en acte par opp. à en puissance).

Subst. *Épist.* Le réel est l'ensemble des objets donnés à la connaissance, en particulier à la connaissance scientifique, sans que celle-ci puisse jamais être exhaustive : « La marque du réel est qu'il est obstacle, qu'il échappe toujours à la subjectivité, à notre bon plaisir » (Leibniz).

Référendum (lat. adj. verbal du verbe *referre*, rapporter, de l'expression *referendum ad populum*, ce qu'il faut soumettre au peuple, ce sur quoi il faut s'en remettre au jugement du peuple).

Pol. Consultation des citoyens sur une question d'intérêt général, à laquelle gén. on doit répondre par oui ou par non.

Réfléchi (du lat. *reflectere*, tourner en arrière).

Psy., Phil. a) qui appartient à la réflexion* ; ex. la *conscience réfléchie* ou conscience de soi ; *b*) qui résulte de la réflexion ; ex. une décision réfléchie.

Réfléchissant (Jugement)

Hist. (*Crit.*) (Kant). Le jugement est dit *réfléchissant* quand l'individuel étant donné, on y découvre l'universel : ex. si, partant du sujet Socrate, je découvre en lui la qualité d'homme ; opp. le jugement est *déterminant* si, l'universel étant donné, j'y découvre l'individuel ou le spécial ; ex. si, partant de l'idée de l'homme, je la juge applicable à Socrate (*Jug.* Introd. IV). Le jugement réfléchissant désigne not. les jugements *esthétique* et *téléologique*, qui, à la différence des jugements scientifiques, ne déterminent pas un objet de connaissance mais peuvent, par la réflexion, unifier subjectivement le divers empirique par la médiation d'une harmonie interne ou d'une certaine finalité.

Reflet (lat. *reflectere*, faire revenir en arrière).

1. *Épist.* *a*) chez Platon, l'image du reflet exprime le rapport du monde sensible au monde intelligible et, à l'intérieur du monde sensible, des différents niveaux d'imitation. Le reflet implique à la fois moindre être et approximation accrue de la connaissance ; *b*) dans la théorie matérialiste de la connaissance chez Lénine, c'est la connaissance objective elle-même qui est considérée comme le reflet de la réalité perçue et les concepts en sont la reproduction plus ou moins approximative dans une histoire de la pensée scientifique interprétée dialectiquement.

2. *Soc.* Le matérialisme marxiste analyse l'idéologie* (religieuse, politique, philosophique) propre à une classe sociale comme le reflet de sa situation historique et de ses intérêts matériels. La ressemblance, l'analogie, qui justifie le « reflet » s'explique à travers des transpositions, des projections, des idéalisations dialectiques plus ou moins complexes (par ex. chez Marx, du régime égyptien des castes à la théorie platonicienne des Idées, chez Engels du capitalisme au dogme calviniste).

Réflexe (lat. *reflexus*, p.p. de *reflectere*, tourner en arrière).

Physio., Psy. physio. Réaction immédiate, involontaire et déterminée de l'organisme (inhibition, contraction musculaire ou sécrétion) succédant automatiquement, en vertu de connexions préétablies dans le système nerveux, à l'excitation d'un nerf sensitif. *Arc réflexe* : trajet parcouru par l'influx nerveux depuis le moment de l'excitation jusqu'à celui de la réaction. *Réflexe inné* ou *absolu* ou *inconditionné* : celui qui, pour une espèce donnée, se déclenche de façon automatique dès la première expérience ; ex. le réflexe pupillaire, réaction de l'iris aux variations d'éclairement ; *réflexe conditionné* ou *conditionnel* : réflexe qui, provoqué d'abord par une excitation A (ex. salivation du chien à l'introduction d'un aliment dans sa gueule, puis à la présentation de celui-ci), et associé de façon répétitive à une excitation B (ex. un son qui accompagne chaque présentation d'aliment), se produit même sous l'effet de cette dernière seule (expérience de Pavlov, 1903) ; d'où la possibilité du dressage et de certaines formes d'apprentissage par réflexes conditionnés.

Réflexif
Crit. Qui implique une prise de conscience des opérations de la pensée en tant que telle : « La conscience réflexive pose la conscience réfléchie comme son objet » (Sartre). *Analyse réflexive* : méthode philosophique qui remonte des conditions de la pensée à l'unité de la pensée et a pour objet « la recherche de la nature intérieure des pensées et la raison de cette nature [...]. Cette méthode est à la fois expérimentale par son point de départ qui est l'observation, et rationnelle par sa nature propre » (J. Lagneau).

Réflexion (lat. *reflexio*, action de tourner en arrière, *reflectere*).
1. *Gén.* Retour de la pensée sur elle-même, sur ses états et ses actes.
2. *Psy.* Syn. introspection, observation intérieure des données ou opérations de la conscience, images, idées, jugements.
3. *Crit., Méta.* Retour de l'esprit sur son activité propre pour remonter aux principes qui la fondent.

Réforme (de *réformer*, du lat. *reformare*, refaire, redonner forme).
1. *Rel.* Retour dans un ordre religieux à la règle primitive qui avait été affaiblie, corrompue. La réforme est donc une *restauration* : tel est le sens de la Réforme protestante du XVIe siècle.
2. *Vulg.* Tout changement conçu comme une amélioration devenue nécessaire, un *progrès* (donc au sens inverse de l'usage premier du mot).

Réformisme (néol. fin XIXe s.).
Pol. Attitude, doctrine, en particulier dans les mouvements socialistes, qui juge inutile et même dommageable une rupture violente, révolutionnaire, et passe pour pouvoir obtenir des améliorations importantes par des moyens légaux.

Refoulement (de refouler, repousser, de *fullare*, lat. pop., fouler une étoffe).
Psychan. (All. *Verdrängung*). Notion fondamentale en psychanalyse puisque c'est elle qui permet de caractériser la conception freudienne de l'inconscient, refoulé étant le plus souvent syn. d'inconscient. « Son essence ne consiste que dans le fait d'écarter et de maintenir à distance du conscient » (*Métapsychologie*). Mais surtout le mécanisme du refoulement n'est en rien pathologique par lui-même. L'évolution psychologique, si « normale » qu'elle soit considérée, implique une multiplicité de « refoulements », faute de quoi le Moi resterait infantile et cahotique. Un autre contresens fréquent assimile le refoulement à une répression* d'origine externe ; d'où l'idée pédagogique absurde mais pourtant souvent énoncée, qu'il faudrait éviter le refoulement chez l'enfant, en supprimant les interdits moraux et sociaux. Freud a fait l'hypothèse d'un « refoulement originaire archaïque » indépendant du monde extérieur, mais capable d'altérer et de maintenir inconscients des contenus refoulés. Ne pas confondre avec la notion encore plus générale de défense*.

Règle (du lat. *regula*, règle, étalon, de *regere*, diriger).
Gén. Tout ce qui est proposé, adopté, imposé comme principe de conduite morale et sociale, comme méthode ou procédé en vue d'obtenir un résultat

technique déterminé, en vue de réaliser une œuvre d'art, d'obtenir une garantie juridique, etc. On parlera des règles générales de l'architecture, des règles du permis de conduire, des règles du bâtiment, etc. Le plus souvent la règle, même bien fondée, comporte une part de convention et est considérée comme modifiable. C'est en ce sens que la règle se différencie généralement de la loi*, considérée comme supérieure à la règle. C'est en particulier le cas dans les jeux (sportifs ou autres). On remarquera que dans une langue dite « naturelle », les règles de grammaire qui permettent de former « correctement » les mots et les phrases, de leur donner sens (v. jeu de langage*) sont appuyées sur l'*usage* convenu dans un certain milieu social.

Règne (lat. *regnum*, de *rex*, roi, dont l'office est de diriger, *regere*).

1. *Pol.* *a*) exercice du pouvoir royal ; *b*) période de l'exercice de ce pouvoir.

2. *Vulg.* Anal. domination exercée par des personnes ou des choses ; ex. le règne de la bureaucratie, de l'argent, etc.

3. *Cosm.* S'applique aux trois grandes divisions de la nature : règne minéral, végétal et animal.

4. *Hist. (Mor.)* *Règne des fins** (Kant) : « liaison systématique de divers êtres raisonnables par des lois communes selon lesquelles chacun d'eux ne doit jamais se traiter soi-même et traiter tous les autres *simplement comme des moyens*, mais toujours *en même temps comme des fins en soi* » (*Fond.*, 2e section), tout être raisonnable étant une personne, c.-à-d. un être ayant une *dignité* supérieure à tout prix ; v. Dignité, Personne, Respect.

Régression (lat. *regressio*, de *regredi*, rétrograder, opp. *progressio* et *progredi*).

1. *Log.* Démarche analytique de l'esprit qui va du composé au simple, des conséquences au principe, des effets à la cause (*analyse*), opp. démarche progressive ou *synthèse*.

2. *Biol.* Transformation, chez les êtres vivants, de sens opposé à l'évolution, retour à un type archaïque moins évolué ou parfois dégénérescence.

3. *Psy.* *Loi de la régression des souvenirs* (Th. Ribot) : disparition des souvenirs, par l'effet d'un affaiblissement de la mémoire (not. chez le vieillard) dans l'ordre inverse de leur acquisition ; loi confirmée par la marche de l'amnésie qui suit le plus souvent la ligne de moindre organisation (du plus nouveau au plus ancien, du complexe au simple, du volontaire à l'automatique).

4. *Psychan.* La psychanalyse pose en principe que le passé infantile est impérissable en chacun de nous. Un « état primitif » peut donc toujours être réinstauré sous un aspect ou un autre. Freud a décrit des régressions « topiques » (ex. de la perception consciente au rêve) mais aussi temporelles : à des choix d'objets anciens, à des stades primitifs de la sexualité infantile.

5. *Vulg.* Tout changement politique ou social, moral, jugé contraire au sens du progrès souhaité (ex. mesure dite réactionnaire).

Relatif (bas lat. *relativus* de *relatus*, p.p. de *referre*, rapporter).

1. *Gén.* Une chose est relative à une autre lorsque les variations de grandeur, d'intensité, et même de signification de cette première chose dépendent des variations correspondantes de cette autre chose. « Le mouvement et le temps sont relatifs l'un à l'autre » (Pascal). Relatif s'oppose à absolu* dans différents sens.

2. *Gramm.* Le pronom relatif est celui qui renvoie à un nom ou un autre pronom de la phrase et qui est appelé antécédent. Le pronom relatif introduit une proposition subordonnée qui détermine ou explique cet antécédent.

3. *Vulg.* Couramment, relatif a le sens d'approximatif, de peu déterminé.

Relation (lat. *relatio*, dér. de *relatus*, p.p. de *referre*, reporter une chose sur une autre).

1. *Crit. a*) une des *catégories* fondamentales de la pensée : « Qu'est-ce que penser, sinon poser des relations ? » (Renouvier) ; syn. rapport, qui désigne tout lien par lequel on peut lier une chose à une autre ou à d'autres ; ex. relation de causalité, de contiguïté, de succession, de ressemblance, de différence, etc. ; *b*) démarche ternaire de la pensée qui, ayant posé un premier terme (*thèse*), exclut le terme opposé (*antithèse*), qui lui-même exclut le premier, les deux termes ne pouvant donc qu'être pensés ensemble, ce qui amène ainsi un troisième terme (*synthèse*), lequel les enveloppe et les concilie ; cette démarche définit chez Hegel la *dialectique** fondée sur la *contradiction* et chez Hamelin la relation fondée sur la *corrélation** entre les termes, en ce sens que l'un ne peut être pensé sans l'autre.

2. *Log. Jugements* ou *propositions de relation* : ceux qui énoncent un type de relation différente des jugements de prédication ; dans ceux-ci le prédicat est attribué au sujet : ex. quelque A est B, Socrate est mortel ; dans ceux de relation, tels que A est plus grand que B, A est fils de B, etc., seule est envisagée la relation qui unit les termes, abstraction faite des termes eux-mêmes ; on dira aussi correctement : B est plus petit que A, B est père de A, etc. Ce type de relation est not. caractéristique des propositions mathématiques ; ex. dans le jugement $a=b$, a et b ne sont pas les termes du jugement, mais les termes de la relation d'égalité.

3. *Hist. (Crit.) a*) chez Aristote, l'une des dix *catégories* (pros ti)* ; ex. les relations d'identité, de coexistence, de succession, de causalité, etc. ; *b*) chez Kant, la *relation* est une des fonctions de la pensée : 1) qui confère l'unité aux diverses représentations dans un jugement ; 2) qui donne lieu aux jugements *catégoriques, hypothétiques* et *disjonctifs (R. pure*, Anal., 2e section) ; à ceux-ci correspond la *catégorie** de *relation*, qui confère l'unité à la synthèse des diverses représentations dans une intuition et qui s'explicite dans les catégories de substance et d'accident, de cause et d'effet et d'action réciproque entre agent et patient (*Ibid.*, 3e section).

4. *Psy. soc. Relations humaines* (ang. *public relations*) : interactions et rapports interpersonnels au sein d'un groupement humain fondés sur la communication et ayant pour objet de diminuer la distance sociale (créée not.

entre ses membres par l'ordre hiérarchique). On distingue les relations *intragroupales* entre les individus d'un même groupe et les relations *intergroupales* qu'établissent entre eux les membres des différents groupes, non comme individus, mais comme représentatifs de leurs groupes respectifs. L'extension des grandes entreprises a montré la nécessité d'une organisation de la communication sous toutes ses formes pour l'efficacité de l'ensemble.

Relativisme

1. *Crit.* Peut être dite relativiste toute doctrine qui considère comme inaccessible la réalité en soi, et juge impossible de se référer à un absolu qu'il soit divin, idéal, ou matériel. Opp. dogmatisme. Syn. *empirisme*, entraînant un certain scepticisme. Le terme s'applique mal à un rationalisme de type kantien.
2. *Épist.* Dans les sciences humaines, refus d'admettre l'universalité des valeurs morales et même parfois celle des théories scientifiques, toute évaluation étant considérée comme relative à une époque historique, à une culture, à une communauté. Le *relativisme culturel* dénonce le « rationalisme européen » ou « l'universalisme occidental » considérés comme des préjugés, mais le plus souvent en méconnaissant l'origine de sa propre exigence critique. Il se réfute ainsi lui-même en affirmant : « Tout se vaut ».
3. *Hist.* *a*) dans l'Antiquité, la thèse relativiste a été énoncée dans des formules attribuées au sophiste Protagoras telle : « L'homme est la mesure de toute chose », dont il résultait que personne ne pouvait dire le faux en disant ce qu'il pensait et ressentait. Protagoras admettait cependant qu'il y eût du meilleur et du plus utile (par ex. pour rétablir la santé en cas de maladie) ; *b*) *relativisme positiviste** (A. Comte et son école) : doctrine philosophique et scientifique qui écarte « comme nécessairement vaine toute recherche quelconque des causes proprement dites, soit premières, soit finales, pour se borner à étudier les relations invariables qui constituent les lois effectives de tous les phénomènes observables » (*Cours*, 58e leçon). « Toute étude de la nature intime des êtres, de leurs causes premières et finales, etc. doit, évidemment, être toujours absolue, tandis que toute recherche des seules lois des phénomènes est éminemment relative, puisqu'elle suppose immédiatement un progrès continu de la spéculation, sans que l'exacte réalité puisse être jamais, en aucun genre, parfaitement dévoilée » (48e leçon) ; *c*) Nietzsche. V. Perspectivisme.

Relativité

1. *Gén.* Caractère de ce qui est relatif à quelque chose d'autre. La notion de relativité suppose plusieurs termes. Des expressions comme relativité de la connaissance, de la morale, etc. n'ont guère de sens tant que n'est pas précisé à quoi elles sont relatives. D'autre part, relativité et relativisme sont souvent pris l'un pour l'autre, ce qui est confondre le fait établi et la systématisation théorique.
2. *Épist. Théorie de la Relativité* (Einstein) : théorie ainsi nommée parce qu'elle établit qu'il n'existe pas de système fixe et universel par rapport auquel on puisse mesurer un mouvement : « Le nom de "théorie de la relativité" est lié au fait que le mouvement, du point de vue de l'expérience possible, apparaît

toujours comme le mouvement *relatif* d'un objet par rapport à un autre (par exemple d'une voiture par rapport au sol, ou de la Terre par rapport au soleil). Jamais on n'observe un "mouvement par rapport à l'espace" ou, comme on dit, "un mouvement absolu" ». Le « principe de relativité » dans le sens le plus large est contenu dans cet énoncé : « La totalité des phénomènes physiques est d'un caractère tel qu'elle ne fournit pas de base pour introduire le concept de "mouvement absolu" » (Einstein). La *théorie de la Relativité* proprement dite s'est constituée en deux temps. 1) L'expérience de Michelson et Morley (1881) a montré que, contrairement aux principes de la mécanique newtonienne (d'après lesquels l'espace et le temps étaient les mêmes quelle que soit la position de l'observateur), la lumière se propage avec une vitesse constante pour tous les observateurs en repos ou en mouvement rectiligne uniforme (systèmes galiléens). Partant de là, Einstein a posé (*théorie de la Relativité restreinte*, 1905) que le temps est relatif aux observateurs ; que les vitesses ne s'additionnent que jusqu'à une limite, qui est la vitesse de la lumière ; que la masse d'un corps en mouvement s'accroît avec la vitesse, avec l'accélération du mouvement ; que le mouvement étant une forme d'énergie, l'accroissement de la masse provient de l'énergie accrue, que donc l'énergie est une masse (ce qui se vérifie pour les atomes des substances radioactives qui, lançant des projectiles avec une très grande vitesse, acquièrent une puissance énorme). 2) Mais la théorie de la Relativité restreinte ne vaut que pour des observateurs « galiléens » et ne s'applique pas à un mouvement accéléré comme la gravitation. La *théorie de la Relativité généralisée* (1916) s'étend à tous les observateurs possibles. Galilée avait établi que tous les corps tombent dans le vide avec la même vitesse, Einstein en déduit que la masse pesante et la masse inerte sont équivalentes et que la gravitation est une force d'inertie, les lois de la gravitation traduisant l'énergie de la matière. Il s'ensuit que la gravitation agit sur l'énergie, par exemple sur la lumière, sa trajectoire subissant une déviation au voisinage d'un champ important de gravitation (prévision vérifiée en 1919 lors d'une observation d'une éclipse totale du soleil). Ce qui ressort essentiellement de l'ensemble de la physique relativiste, c'est la suppression des absolus de l'espace et du temps, qui ne peuvent être pris pour bases fixes de référence, la notion de la lumière comme vitesse-limite, la notion de champ (qui nie l'action directe à distance et qui définit l'existence matérielle par sa zone d'action ; ex. le champ magnétique d'un aimant, le champ gravitationnel d'un astre, etc.), l'intérêt qu'il y a pour le physicien à se servir en ce domaine comme référence d'une géométrie non euclidienne (celle de Riemann) pour l'étude de l'univers physique.

Religion (lat. *religio*, qui semble d'abord signifier respect scrupuleux des rites. L'étymologie est discutée dès l'Antiquité : soit de *relegare*, rassembler, relire pour comprendre, soit de *religare*, rattacher aux dieux).

1. *Gén.* L'usage du terme latin a été repris par le christianisme pour désigner la foi chrétienne, puis étendu par anal. aux croyances et aux pratiques s'adressant aux « faux dieux ». On remarquera que le terme *religio* est déjà distingué de celui de *superstitio* (superstition) par Cicéron : « Il n'est pas vrai qu'on supprime la religion si l'on supprime la superstition » (*De divinatione*). Le christianisme a été généralement interprété comme la religion la plus accomplie dans les philosophies de l'histoire même athées (Auguste Comte, Hegel, Feuerbach, Marx), son renversement suffisant alors à renverser toute autre forme de vie religieuse historiquement décrite. Cependant il est important de noter que « la » religion ne se limite pas aux trois monothéismes (judaïsme, christianisme, islam) et qu'elle n'implique même pas la croyance en un ou des dieux (bouddhisme ancien).

2. *Religion et sciences humaines*. Il est très difficile de définir les religions, la religion en général, comme « fait » qui se retrouve dans toutes les sociétés humaines connues même celles qui se disent officiellement athées (ex. la Russie soviétique et le culte du tombeau de Lénine). Soit la définition souvent citée de Durkheim : « La religion est un système solidaire de croyances et de pratiques relatives à des choses sacrées, c'est-à-dire séparées, interdites, croyances qui unissent en une même communauté morale, appelée Église, tous ceux qui y adhèrent » (*Les Formes élémentaires de la vie religieuse*). Il est clair que cette définition est relative à un point de vue sociologique et qu'un chrétien croyant y reconnaîtrait difficilement sa propre expérience intérieure. Faudrait-il alors adopter une définition psychologique, psychanalytique par exemple, référant la relation du croyant à Dieu à l'image du père de la famille primitive ? Une science « humaine » quelle qu'elle soit peut-elle rendre compte de ce qui a pour sens l'appréhension d'un au-delà de l'humain, d'une aspiration à l'absolu ? Les aspects historiques, politiques, sociaux, psychologiques des religions, en eux-mêmes incontestables, autorisent-ils à les réduire à des phénomènes *seulement* historiques, sociaux, psychologiques auxquels toute vérité propre serait d'emblée refusée ? Au XXe s., les conceptions religieuses du monde ont fait l'objet d'études descriptives relevant de la sociologie « compréhensive » s'inspirant de Dilthey (Otto, *Le Sacré*, 1907), ou bien d'études de type phénoménologiques qui peuvent déboucher sur une théologie. Avec un auteur comme M. Eliade, c'est l'expérience religieuse dans l'histoire des religions qui peut à l'inverse rendre compte de ce qui est humain.

3. *Hist.* Tout au long de l'histoire de la philosophie, les rapports entre pensée religieuse et pensée philosophique ont été extrêmement complexes. Ils peuvent être seulement schématisés : *a*) dès l'Antiquité, l'épicurien Lucrèce analyse la religion, confondue avec la superstition, comme le produit de la peur des dieux, d'une dépendance complète de l'homme à l'égard des phénomènes naturels dont ils sont supposés les auteurs. La tâche des philosophes est alors de délivrer les hommes de la crainte irraisonnée des dieux par l'interprétation matérialiste de l'univers (atomisme* épicurien). Cette réduction de la conception religieuse du monde à une physique ou plutôt à une astronomie fantasmatique a été bien souvent proposée, en particulier au XVIIIe s. Le positivisme du XIXe s. attend du développement des sciences positives l'effacement d'un état d'esprit « théologique » apparu spontanément à l'origine de l'histoire humaine. Le posthégélien Feuerbach fait de la religion le résultat d'une scission de l'homme et de sa propre essence qu'il s'oppose à lui-même : « La religion, du moins la chrétienne, est la relation de l'homme à lui-même ou plutôt à son essence, mais à son essence comme un être autre » (*L'Essence du christianisme*, 1841). À sa suite, le matérialisme marxiste dénonce la religion comme l'aliénation* idéologique* qui soulage et fait oublier aux hommes leurs misères réelles (« opium du peuple ») ; *b*) les vérités de foi sont distinctes des vérités rationnelles et compatibles avec elles. Chez Descartes, la métaphysique pose un être infini transcendant, qu'il identifie avec le Dieu personnel de la révélation chrétienne « retenant la religion en laquelle Dieu m'a fait la grâce d'être instruit dès mon enfance » (*Discours de la méthode*, III). Peut-on en rester à ce parallélisme ? Est-ce la raison qui doit s'humilier devant la foi (Pascal) ou bien est-ce la foi qui est en quête d'une plus haute rationalité (Malebranche, *Traité de morale*) ? ; *c*) la religion est la représentation d'une vérité que la philosophie est capable d'élucider rationnellement et cela jusque dans ses dogmes et les formes du culte. Le système hégélien entreprend de réaliser ce qu'avait déjà entrepris le platonisme (l'interprétation du mythe comme expression de l'Idée) ; c'est ainsi que le mystère de la Trinité divine, si souvent cité comme contraire à la raison, exprime les trois moments de la raison dialectique ; *d*) la « religion naturelle » des philosophes du XVIIIe s. (v. Déisme, Théisme) ne veut retenir du christianisme et des autres grandes religions que quelques dogmes capables de rencontrer un consensus* universel et de satisfaire les aspirations de la « nature » humaine, mais sans retenir une révélation particulière. *La Religion dans les limites de la simple raison* de Kant s'appuie sur la foi rationnelle dans les postulats de la raison pratique (existence de dieu et immortalité de l'âme) et consiste dans « l'intention que nourrit le cœur de l'homme de remplir ses devoirs comme s'il s'agissait de commandements divins ». C'est cette religion « naturelle » détachée de toute racine historique qui apparut trop abstraite à la pensée de l'âge romantique (Hegel).

Remémoration (du lat. *rememorari*, se ressouvenir, se remémorer).
Psy. Syn. *anamnèse*, évocation* volontaire des souvenirs.

Réminiscence (lat. *reminescentia*, trad. du gr. *anamnêsis*, réminiscence, ressouvenir, de *reminisci*, rappeler à son souvenir).
1. *Vulg.* *a*) souvenir incomplet qui n'est pas reconnu comme passé et souvent pris pour création originale ; *b*) retour à la conscience d'un souvenir confus.
2. *Hist. (Méta.) Mythe de la réminiscence* (Platon) : mythe d'après lequel nos découvertes ne sont que des ressouvenirs de connaissances acquises dans des existences antérieures : « Apprendre, c'est se ressouvenir ; ignorer, c'est avoir oublié. Si nous pouvons ainsi tirer de notre fonds des vérités que personne ne nous a apprises, c'est que, pendant l'éternité du temps qui a précédé notre vie

présente, l'âme les a apprises, ce qui donne à penser qu'elle est immortelle » (L. Robin). C'est ce que vérifie le jeune esclave du *Ménon*, ignorant de la géométrie, qui, seulement guidé par les questions de Socrate, résout par lui-même le problème de la duplication du carré (81-86). *Cf.* aussi *Phèdre* (246), *Phédon* (72-76), *Théétète* (149-151).

Remords (du lat. *remordere*, mordre à son tour, ronger en retour, sens fig.).
Mor. Sentiment de douleur morale, analogue à une morsure, éprouvée par celui qui a conscience d'avoir commis une faute grave et souvent irréparable ; *dist.* repentir : « Le remords est le châtiment du crime ; le repentir en est l'expiation. L'un appartient à une conscience tourmentée, l'autre à une âme changée en mieux » (Joubert).

Renaissance
1. *Esth.* Une renaissance (avec une minuscule) est le retour à une forme d'art (ex. tapisserie au XXe siècle), à des pratiques artistiques (la taille directe de la pierre en sculpture) ou encore à des styles (renaissance souvent annoncée d'un réalisme), qui avaient été au moins en partie abandonnés.
2. *Hist.* On appelle Renaissance (avec une majuscule) la période de l'histoire de l'art qui succède au Moyen Âge, qui coïncide avec le développement de l'Humanisme* et le début de la période dite des Temps modernes*. Elle est caractérisée par la découverte ou la redécouverte des œuvres littéraires et artistiques (sculptures issues des fouilles dans la campagne romaine), des monuments antiques plus ou moins ruinés dont le Moyen Âge s'était détourné : ils sont à nouveau étudiés, restitués ou restaurés autant que possible, pris comme modèles ou comme exemples d'œuvres d'art qui rompent radicalement avec la tradition du gothique* international. Dès le XVe siècle (*quattrocento*), la Renaissance italienne s'est manifestée par un nombre extraordinaire de chefs-d'œuvre dus à Léonard de Vinci, Michel Ange, Raphaël, Brunelleschi, Donatello, pour ne citer que les plus célèbres. La Renaissance se développe diversement en France, en Allemagne, en Angleterre, sur la péninsule ibérique et dans l'ensemble de l'Europe au cours du XVIe siècle. Une thèse classique a longtemps admis que la Renaissance avait vraiment été un nouveau commencement des arts et de leurs principes essentiels (perspective*) après une longue période médiévale d'obscurité. Cette thèse a été combattue par les historiens de l'art aussi bien que par les artistes, dans leur lutte contre l'académisme qui en résultait, ce qui mettrait d'ailleurs plutôt en relief l'originalité des styles de la Renaissance dans leur réinterprétation des œuvres antiques.

Repentir (dér. du lat. *paenitere*, être mécontent, regretter, se repentir).
Mor. Sentiment de culpabilité engendré par une faute et résolution de ne plus la commettre à l'avenir, *dist.* remords*.

Réponse (lat. *responsum* ou *responsio*, réponse).
Psy. Dans le langage de la psychologie du comportement (*behaviorisme**), réaction d'un être vivant à une excitation ou *stimulus**.

Représentatif (du lat. *repraesentare*, rendre présent, mettre devant les yeux, reproduire, être l'image de).

1. *Psy.* Syn. *cognitif*, s'applique aux perceptions de la vue, du toucher et de l'ouïe en tant que les sensations qui en sont la matière nous font connaître, en même temps qu'elles affectent leurs organes propres, les objets extérieurs, opp. sensations surtout *affectives* comme le goût et l'odorat.

2. *Hist. (Méta.) Théorie des idées représentatives* (déjà soutenue par saint Augustin et les scolastiques, reprise par Descartes et surtout par Malebranche ou encore par Locke) : conception selon laquelle l'esprit ne connaît pas directement les objets réels mais d'abord les idées qui en sont les signes et qui les rendent présents à la pensée, sans qu'ils leur soient nécessairement semblables (Descartes, *Méd.* III) : « Ce que nous connaissons et que nous voyons n'est proprement que notre idée. Car si nos idées sont représentatives, ce n'est que parce qu'il a plu à Dieu de créer des êtres qui leur répondissent. (*Id. Réponse à Régis*, II. 14).

3. *Pol. Régime représentatif* : celui où le peuple a délégué à des représentants le pouvoir législatif, syn. *démocratie indirecte*. Le *parlementarisme** en est une des formes.

Représentation (lat. *representatio*, de *representare*).

1. *Crit.* Acte de mettre sous les yeux, de rendre présent à l'esprit un objet quel qu'il soit, réel ou irréel, passé, présent ou futur, proche ou éloigné. Résultat de cet acte : ce peut donc être une image, un souvenir, une sensation, une perception, un projet, un concept, une idée au sens le plus général. Le préfixe « re » n'a pas ici de sens itératif (« à nouveau »). V. l'all. *Vorstellung* (acte de placer devant). Chez Descartes, l'idée dans l'esprit est *représentative* en tant qu'elle est le signe d'un objet : « Et encore que je demeurasse d'accord qu'elles sont causées par un objet, ce n'est pas une conséquence nécessaire qu'elles doivent lui être semblables » (*Méd.* III). Il en est de même dans l'idéalisme transcendantal de Kant ou de Schopenhauer, par rapport à la chose en soi. Pourtant chez ces deux auteurs, la représentation n'en est pas moins le *réel* même en tant que *phénomène*, connu du sujet connaissant par intuition* ou par concept*. Chez Leibniz, chaque monade est dite *représentative* en tant qu'elle « exprime naturellement tout l'univers » (*Mon.*, § 60). V. Expression. Mais cette représentation n'est consciente que pour l'âme douée de raison (v. Perception). Le mot a conservé un sens très général de correspondance, d'expression, consciente ou non.

2. *Soc.* Chez Durkheim et ses disciples, les *représentations collectives* sont les éléments de la conscience collective* qui s'imposent à une société : façons de penser, valeurs.

3. *Dr., Pol.* Le sens de représenter est alors remplacer, détenir légitimement les pouvoirs d'une autre personne. Dans une démocratie *représentative*, la souveraineté populaire est exercée par une *représentation nationale* composée par les députés élus conformément à une loi électorale. Opp. démocratie *directe* (exercée par le peuple en corps. Ex. dans quelques petits cantons suisses). J.-J. Rousseau a fait dans le *Contrat social* une vive critique du système représentatif : « Le peuple anglais pense être libre, il se trompe fort ; il ne l'est que durant les élections des membres du Parlement ; sitôt qu'ils sont élus, il est esclave, il n'est rien ».

4. *Esth.* Qu'est-ce que cela représente ? demandait le public réprobateur devant un tableau de Picasso. Cette exigence de réalisme* ou du moins de ressemblance est curieusement l'inverse de la remarque de Pascal : « Quelle vanité que la peinture qui attire l'admiration par la ressemblance des choses dont on n'admire pas les originaux ! » (*P.* 134). Il y a sans doute autant de conceptions de la représentation artistique qu'il y a de théories du beau et des arts. Schématiquement : *a*) représenter est rendre présente dans l'expérience sensible une idée, une valeur. La représentation est alors allégorie*, symbole* : la grande pyramide représente un tombeau royal, un buste féminin représente la république, etc. ; *b*) représenter est copier par les moyens de l'art une réalité naturelle ou produite par l'homme. C'est la théorie de l'art comme imitation*, comme re-production, qui est dominante du classicisme au réalisme et à l'impressionnisme. Mais la représentation n'est jamais simple ressemblance : elle suppose le choix d'un *système de représentation* (ex. la perspective*). De plus, la réalité représentée a été choisie, complétée, modifiée, conformément à une idée du beau ; *c*) l'œuvre d'art réalise, rend matérielle, sensible, une *représentation intérieure* à l'esprit de l'artiste. Dans une tradition néo-platonicienne reprise dans le christianisme, la beauté visible n'est qu'un reflet d'une beauté invisible, d'origine divine. La beauté sensible de l'œuvre *représente* c'est-à-dire ici tient lieu de la beauté intelligible, et l'œuvre est en définitive représentation d'une représentation. La haute Renaissance italienne sera pénétrée de ce néo-platonisme (ex. Michel-Ange).

Répression. (lat. médiéval *repressio* de *repressus*, p.p. de *reprimere*, réprimer).

1. *Pol.* Usage de la violence légitime de l'État pour rétablir un ordre perturbé. Le terme, très général, s'applique tout aussi bien au paiement d'une légère amende qu'à l'écrasement sanglant d'une révolte.

2. *Soc.* Toute contrainte exercée sur l'individu dans un groupe social (famille, école, classe sociale, etc.) afin de le faire renoncer à ses désirs propres et accepter les valeurs reconnues dans ce groupe. Dans les divers freudo-marxismes, cette répression sociale est à l'origine du refoulement*.

3. *Psychan.* Censure* consciente, volontaire, exercée par le sujet sur ses pulsions et leur expression, rejetée dans le préconscient. *Dist.* refoulement.

République (lat. *res publica*, la chose publique).

1. Sens général ancien (jusqu'au XVIIIe s.) : tout État, quel que soit son régime gouvernemental (gr. *politeia*, titre d'un dialogue de Platon). Par anal., république des Savants, république des Lettres. « J'ai toujours considéré l'Europe chrétienne comme une grande république dont toutes les parties se correspondent lors même qu'elles cherchent mutuellement à se détruire » (Voltaire). Victor Hugo appelait « république universelle » l'idéal d'une fédération de tous les peuples.

2. République a désigné un État qui n'est pas une monarchie (la république de Venise, la république de Hollande). Au XVIIIe s., Montesquieu rassemble sous ce nom la démocratie et l'aristocratie : « Le gouvernement républicain est celui où le peuple en corps, ou seulement une partie du peuple, a la souveraine puissance » (*Esprit des lois*, I, 7).

3. De nos jours, toute démocratie en rupture avec une tradition monarchique. L'idée de république semble souvent liée à celle de l'autorité de la loi, de l'égalité* devant la loi, expression de la souveraineté nationale.

Réquisit (lat. *requisitum*, chose requise, p.p. de *requirere*, rechercher, réclamer, exiger).

Phil. Le plus souvent au plur., ce qui est nécessairement exigé pour atteindre une fin donnée : ex. les données d'un problème sans lesquelles il ne peut y avoir de solution ; les éléments nécessaires à une définition pour qu'elle convienne à tout le défini et au seul défini, etc. ; ex. les axiomes* sont les réquisits de toute démonstration.

Résidus (Méthode des), v. Méthode.

Résistance (lat. *resistentia*, de *resistere*, ne pas avancer davantage, résister).

1. *Phys.* Notion expérimentale qualifiant la matière en tant qu'elle est perceptible au toucher et qu'elle s'oppose à l'effort musculaire, *dist.* l'impénétrabilité, qui est l'impossibilité absolue pour deux corps d'occuper simultanément le même espace.

2. *Pol.* Refus individuel ou collectif d'obéir aux ordres d'une autorité considérée comme non légitime (ex. lors de l'occupation d'une armée étrangère). Cette résistance, d'abord essentiellement passive et conservatrice (refus de voir s'installer un ordre nouveau), peut devenir active, de nature insurrectionnelle, et se prolonger en révolution*. La théologie chrétienne l'a justifiée et en a même fait un devoir lorsque l'ordre est contraire au bien commun et au droit naturel (« Il faut obéir à Dieu plutôt qu'aux hommes », Actes des apôtres). Rappelons que la Déclaration française des droits de 1789 reconnaît un « droit à l'insurrection ». Mais il est exclu par les théories classiques de la souveraineté (Hobbes, Kant).

3. *Psychan.* À l'origine même de la psychanalyse, lorsque Freud renonce à l'hypnose qui instaurait une relation de dépendance, il découvre la résistance comme un fait, comme l'obstacle qui compromet l'efficacité de la méthode cathartique* : le patient semble s'opposer aux efforts thérapeutiques, refuse l'élucidation des symptômes. Au lieu de chercher à supprimer cette résistance (par l'hypnose, le magnétisme, les narcotiques), Freud entreprend de l'analyser telle qu'elle apparaît dans les actes manqués* de la vie quotidienne, etc. Par des déformations, des lacunes, des silences, des dénégations, la résistance se manifeste comme une force capable de repousser les souvenirs, de les déformer, d'en masquer la valeur émotive. C'est le *fait* de la résistance qui conduit Freud à l'*hypothèse* du refoulement* et à la *théorie* nouvelle de l'inconscient*.

Résolution (lat. *resolutio*, de *resolvere*, dénouer, délier ; dissoudre, démêler, résoudre).

1. *Log., Math.* (gr. *analusis*). Opération analytique par laquelle on décompose un problème en ses éléments en allant du tout aux parties (opp. méthode de *déduction synthétique*) : « C'est cette méthode inverse dont les géomètres grecs regardaient Platon comme l'inventeur et à laquelle ils donnaient le nom d'analyse, c.-à-d. de résolution ou de solution à rebours » (A. Cournot).

2. *Épist. (Chim.)* Décomposition d'un corps en ses éléments.

3. *Psy.* Syn. *décision*, moment sur lequel, dans l'analyse classique de l'acte volontaire, débouche la délibération ; la résolution n'exprime pas seulement le jugement intellectuel du choix mais la volonté* même de le rendre effectif par l'*exécution**.

Respect (lat. *respectus*, action de regarder en arrière, *respicere* ; considération, égards).

1. *Mor., Soc.* La notion de respect est centrale dans les relations entre personnes à tous les niveaux de la vie en société (famille, profession, fonctions juridiques et politiques), souvent liée à des notions comme celle de devoir*, d'honneur*, de dignité*. Ces termes peuvent entrer dans des simples formules de politesse figées (« mes respects, mon général ! ») et signifier tout au plus la reconnaissance d'une hiérarchie acceptée ou imposée, ou bien exprimer l'adhésion profonde à un système de valeurs placé hors de toute contestation. Les analyses de Kant ont joué un rôle capital en associant le respect (respect de soi et respect de l'autre) à l'*autonomie** du sujet moral quel que soit son rang social. Cependant deux difficultés subsistent dans le débat moral contemporain : jusqu'à quel point le respect dû à une fonction sociale, politique, peut-il être dissocié du respect inspiré par la personne qui exerce cette fonction ? D'autre part, le respect dû à la personne d'autrui s'étend-il à ses opinions et croyances, à sa « culture » comme on le dit parfois ?

2. *Hist. (Mor.)* Chez Kant, sentiment moral spécifique, distinct de la crainte, de l'inclination et des autres sentiments, qui ne provient pas comme eux de la sensibilité mais qui est un produit de la *raison pratique*. « La détermination immédiate de la volonté par la loi et la conscience que j'en ai, c'est ce qui s'appelle le respect, de telle sorte que le respect doit être considéré non comme la cause de la loi, mais comme l'effet de la loi sur le sujet » (*Fond.*, 1re section). Et si « le respect s'applique toujours aux personnes, jamais aux choses » (*R. pr.*, 1. I, ch. III), c'est que « tout respect pour une personne n'est proprement que respect pour la loi » (*Fond., ibid.*). Ainsi « c'est parce que chaque homme peut être l'auteur d'une législation universelle dans le domaine moral qu'il doit considérer son être et l'être d'autrui comme les lois qui en découlent avec le plus grand respect » (*R. pr., Ibid.*). V. Dignité, Personne.

Responsabilité (de responsable, lui-même du lat. *respondere*, promettre, s'engager. Le mot responsabilité, comme l'anglais *responsibility,* apparaît dans les années 1780).

1. *Gén.* La notion de responsabilité intervient dans de nombreux domaines, métaphysique (liberté*), théologique (prédestination*, grâce*), éthique, juridique, sociologique, politique, psychologique. Être responsable est se reconnaître ou être reconnu comme l'auteur, la cause (lat. *causa*, gr. *aitios*) d'une action et de ses conséquences bonnes ou mauvaises (dommages). Le problème le plus difficile dans l'appréciation de la responsabilité est celui de ses limites en tenant compte des cas, de la contrainte extérieure ou intérieure (troubles mentaux pouvant aller jusqu'à l'irresponsabilité de la démence). Jusqu'à quel point le sujet responsable a-t-il eu et pouvait-il avoir connaissance des circonstances et des conséquences possibles de sa décision ? La fameuse formule « chacun est responsable de tout devant tous » n'est pas, comme on pourrait le croire, le comble de la moralité. Outre que, prise à la lettre, elle pourrait être paralysante, elle conduit à l'arbitraire d'une idéologie totalitaire* qui peut interpréter le simple absentéisme d'un ouvrier comme un acte de sabotage ou même de trahison.

2. *Mor., Dr. Responsabilité morale et juridique.* Il est remarquable que la description de la responsabilité morale intériorise le modèle d'une action portée devant un tribunal (*for intérieur*). Le juge est la *conscience** dans les analyses classiques de l'introspection (l'instance du *Surmoi* dans la théorie freudienne) ; les sanctions sont le repentir* ou le remords*, jusqu'au sentiment pathologique de culpabilité*. Notons que la responsabilité porte toujours sur des faits passés (une responsabilité future s'exprime au futur antérieur : « je serai responsable de ce que j'aurai fait ») et qu'elle suppose des lois, des règles, des valeurs, préexistant à l'action, ainsi qu'une autorité, un juge, une instance *devant qui* le sujet est responsable. La responsabilité juridique au sens moderne est caractérisée par la distinction capitale de la responsabilité *pénale* et de la responsabilité *civile.* Alors que la responsabilité pénale doit être strictement délimitée en excluant toute idée de vengeance privée (v. Peine), la responsabilité civile s'étend à l'ensemble des torts ou dommages faits à autrui, non seulement par la personne jugée responsable, mais aussi par ses enfants, domestiques, employés ou encore par les animaux ou objets dont il est propriétaire (ex. un mur qui s'écroule). Elle suppose une réparation juste, appréciée objectivement, sans qu'il y ait nécessairement culpabilité personnelle. C'est cette *civilisation** qui a permis à la responsabilité juridique d'évoluer en échappant à la barbarie des lois archaïques (talion*).

3. *Soc.* L'histoire de la responsabilité est celle de ses limites. Avant d'être limitée aux sujets humains, la responsabilité pénale a d'abord été attribuée à tous les êtres vivants et même à des objets matériels. En France, des procès criminels ont été intentés à des animaux ou à des cadavres jusqu'au début du XVIIe s. La responsabilité civile se distingue progressivement de la responsabilité pénale, l'indemnisation de l'amende (v. *Wergeld*). La responsabilité pénale s'apprécie selon le caractère intentionnel de l'acte et non, du moins en principe, selon l'importance objective des dommages qui en ont résulté. Cette *intériorisation* progressive accompagne une *individualisation* de la responsabilité et donc une individualisation des sanctions. Cependant la responsabilité collective qui était la règle dans les sociétés archaïques et qui fait qu'une famille, un clan, un peuple, une nation, est tenu pour responsable de la faute d'un de ses membres, n'a jamais été complètement abolie et réapparaît dans les situations de régression du droit (guerre, génocide).

4. *Éthique de la responsabilité.* Paradoxalement, alors que les déterminations génétiques, sociologiques, semblent enserrer de plus en plus étroitement la liberté de l'individu, l'idée de responsabilité prend de plus en plus d'importance dans l'éthique contemporaine. Succédant à l'éthique de la *conviction* (amour chrétien, respect kantien), fondée sur la rigueur du principe, Max Weber propose une *éthique de la responsabilité* qui tient compte rationnellement des moyens disponibles, de la multiplicité des conséquences dans une situation donnée, éthique mieux adaptée à une pensée contemporaine marquée par le désenchantement* et le pluralisme irréductible des valeurs. Dans les dernières pages de l'*Être et le Néant*, J.-P. annonçait une morale fondée sur la « responsabilité absolue » corrélative de la liberté radicale de la conscience : « Dès l'instant de mon surgissement à l'être, je porte le poids du monde à moi tout seul sans que rien ni personne ne puisse l'alléger ». La position est quelque peu paradoxale : devant qui et au nom de quoi puis-je être responsable si je suis seul créateur des valeurs (v. Engagement, Pratico-inerte) ? Un philosophe qui, comme É. Levinas, pose le primat de l'éthique sur l'ontologie, interprète le *cogito* cartésien à partir de la responsabilité : « être moi signifie ne pas pouvoir se dérober à la responsabilité ».

Ressemblance (du lat. *similis*, semblable, traduit *similitudo*).

Psy. Association par ressemblance : un des modes de l'association* des idées, suivant lequel des représentations présentes tendent à évoquer des représentations possédant avec elles des caractères communs ; c'est la source des métaphores et des comparaisons.

Ressentiment (de ressentir, forme intensive de sentir, du lat. *sentire*).

1. *Sens premier* (maintenant inusité) : prise de conscience d'un sentiment quel qu'il soit.

2. *Vulg.* Sentiment de rancune, d'aspiration à une vengeance non encore accomplie.

3. *Hist.* Dans la généologie de la morale selon Nietzsche, le *ressentiment* (toujours en français) correspond à la rancune des médiocres, des faibles, des ratés, qui se satisfait sous le couvert de la morale. Incapable de le maîtriser, ils calomnient le monde sensible en instaurant les valeurs de la morale des esclaves.

Retentissement (terme créé par R. Le Senne, du lat. *retinnire*, tinter en retour).
Car. Dans la caractérologie* de Heymans et Wiersma, propriété constitutive du caractère qui distingue les sujets chez lesquels les impressions produisent un effet immédiat, superficiel et peu durable (*primarité**) et ceux qui, sans le manifester de prime abord, en subissent longtemps l'effet sur leur manière de sentir, d'agir et de penser, et de façon beaucoup plus profonde (*secondarité**).

Rétrograde (lat. *retrogradis*, de *gradi*, marcher, et *retro*, en arrière).
1. *Phil., Soc.* Péj. qui va en sens contraire du progrès et risque de ramener la société à un état antérieur. Syn. réactionnaire.
2. *Psy. path. Amnésie rétrograde* : v. Amnésie.

Rétrospection, rétrospectif (du lat. *retrospicere*, regarder en arrière).
Psy. Retour de la conscience sur le passé vécu pour en lier les différents moments les uns aux autres et en dégager la portée ; ex. la conscience est toujours rétrospective ; opp. prospection, prospectif.

Rêve (de *rêver*, qui signifie d'abord vagabonder, délirer, dérivé du lat. classique *vagus* qui signifie d'abord vagabond ; sens actuel depuis le XVIIe s.).
1. *Vulg.* Pendant certaines phases du sommeil, spectacle que le dormeur se donne à lui-même, qui échappe au contrôle des facultés intellectuelles et dont au réveil il reste un souvenir souvent lacunaire et qui se déforme avec le temps. Le terme s'étend à la rêverie* éveillée (*rêve diurne*). Péj. il désigne des affirmations, des projets, des théories jugées absurdes, sans rapport avec la réalité (sens ancien de vagabondage de l'esprit).
2. *Méta., Hist. a*) très généralement, le monde du rêve s'oppose au monde de la réalité (en gr. *onar* vs *upar*). Le rêve ouvre au dormeur les portes d'un autre monde, celui des dieux, des esprits favorables ou mauvais. Le rêve a le sens d'un message de l'au-delà ; il est divinatoire et dans toutes les cultures (y compris judéo-chrétienne) il est interprété par le *chaman**, le prêtre, le prophète. Par une sorte de renversement critique, c'est le monde du rêve qui met en cause la réalité du monde sensible (par ex. dans la première *Méditation* de Descartes) ; *b*) la réduction du rêve à une production *subjective* ne rend pas plus aisé de le distinguer de la réalité du monde extérieur. Si « le monde est ma représentation », selon la formule de l'idéalisme de Schopenhauer, comment distinguer la représentation de l'objet rêvé et celle de l'objet perçu ? En tant que *représentation**, la réalité empirique est bien de même nature que le rêve : aucun des critères avancés pour les distinguer n'est décisif et ils n'ont qu'une valeur relative (effet de rupture au réveil, cohérence, etc.). La vie et le rêve ne sont qu'un même livre diversement feuilleté, conclut Schopenhauer. Mais toute la tradition psychologique du XIXe s. s'efforce de réduire le rêve à une représentation erronée, issue du désordre de l'imagination, et donc à lui dénier toute signification. Si la perception du réel est une « hallucination vraie », selon la formule célèbre de l'empiriste Taine (*De l'intelligence*), alors il faut que la force hallucinatoire propre aux sensations et aux images soit réduite par une

activité mentale inconsciente (le « réducteur » étant une image antagoniste, un souvenir, un raisonnement, etc.). Avec Bergson encore, dans une conférence de 1901 (« Le rêve » dans *La Pensée et le Mouvant*), le rêve n'a pas de signification propre et dépend des sensations parvenues au dormeur pendant son sommeil.

3. *Psychan.* C'est dans son *Interprétation des rêves (Traumdeutung)* que Freud introduit les notions fondamentales d'inconscient* et de refoulement*, et la référence au rêve reste essentielle dans la pratique de la cure comme dans la théorie (« Le rêve est la voie royale vers l'inconscient », et donc vers la réalité psychique*). Le contenu *manifeste* est le récit qu'en fait le rêveur avant toute interprétation psychanalytique. Cette interprétation, cette « traduction », découvre un contenu *latent**, expression de souhaits* refoulés, et elle n'est d'ailleurs jamais complète ni définitive. Elle est l'inverse du « travail du rêve » par lequel le souhait se satisfait sur le mode hallucinatoire en contournant la censure par condensation*, déplacement*, figuration symbolique*. Un rêve ne peut être élucidé, même partiellement, qu'en rapport avec une histoire individuelle. Bien que Freud ait donné l'exemple de contenus latents revenant fréquemment, la psychanalyse n'aboutit pas à une sorte de « clé des songes » centrée sur la sexualité. Ajoutons que Freud a refusé au rêve, au travail du rêve, tout pouvoir de création, puisqu'il ne trouve sa signification que dans l'interprétation.

4. *Esth.* Le rêve joue un rôle considérable dans la tradition littéraire, même la plus classique (ex. le songe d'*Athalie* dans la tragédie de Racine). Il intervient également dans la représentation picturale (ex. *Le Rêve d'Ossian* d'Ingres) et même sculptée (*Le Rêve de Napoléon* de Rude). Cependant avec le romantisme (surtout allemand), le rêve n'est plus seulement un élément plus ou moins important. Si le rêve en lui-même est considéré comme « poésie involontaire », c'est qu'au-delà des profondeurs du Moi, il révèle celles de la nature et même au-delà : « Il nous donne à la fois le ciel, l'enfer et la terre » (Jean-Paul Richter). En France, Gérard de Nerval affirme : « Le rêve est une seconde vie » et une « communication avec le monde des esprits » (*Aurelia*). Victor Hugo, dans ses derniers poèmes (*La Fin de Satan, Dieu*), poursuit ce qu'il appelle « l'éternelle aventure du songeur ». Mais c'est sans doute avec le surréalisme qu'est reconnu pleinement en France le pouvoir créateur du rêve : « Je crois en la raison future de ces deux états, en apparence si contradictoires que sont le rêve et la réalité en une sorte de réalité absolue, la surréalité » (André Breton, *Manifeste du surréalisme*).

5. *Psy. physio.* Dans l'état actuel des recherches, on admet, en se fondant sur l'observation des mouvements oculaires et des ondes enregistrées par l'encéphalographe, qu'il faut distinguer le *sommeil onirique* ou *paradoxal* (dont la durée serait de 20 à 30 % du sommeil) et le *sommeil ordinaire* ou *profond* ; que le rêve est indispensable à la vie comme la nutrition et la respiration, plus même que le sommeil profond, et qu'il acquitte une fonction de compensation de la vie éveillée et d'autorégulation de l'organisme.

Révélation (du lat. *revelare*, dévoiler, de *velum*, voile).

1. *Rel.* Dans de nombreuses religions, la révélation est l'acte par lequel la divinité se manifeste aux hommes, et ce qu'il leur fait connaître par cette manifestation. Pour le christianisme, Jésus est la révélation de Dieu.

2. *Théo.* Les textes sacrés comme source de la foi (Ancien et Nouveau Testament, Coran). La *définition** des dogmes par l'Église explicite la révélation.

Rêverie (de rêver).

Psy. État fondamental de détente (« le dimanche de la pensée », Amiel) où la pensée s'abandonne à elle-même sans souci de cohérence : « S'il y a un état où l'âme trouve une assiette assez solide pour s'y reposer tout entière, et rassembler là tout son être, sans avoir besoin de rappeler le passé, ni d'enjamber sur l'avenir, où le temps ne soit rien pour elle, où le présent dure toujours, sans néanmoins marquer sa durée et sans aucune trace de succession, sans aucun sentiment de privation ni de jouissance, de plaisir ni de peine, de désir ou de crainte, que celui seul de notre existence, et que ce sentiment seul puisse la remplir tout entière ; tant que cet état dure, celui qui s'y trouve peut s'appeler heureux » (Rousseau, *Rêveries*, 5e promenade).

Reviviscence (du lat. *reviviscere*, revenir à la vie).

Psy. *a*) tendance d'un état de conscience à renaître, d'autant plus forte qu'il a été plus intense ou plus fréquent ; *b*) réapparition à la conscience d'états psychiques oubliés ou inconscients.

Révolte (it. *rivolta*, du lat. *revolvere*, rouler en arrière, refouler).

1. *Mor., Pol.* Soulèvement de la conscience, au nom du droit naturel contre le droit positif, contre l'injustice de l'ordre établi et gén. insurrection contre les institutions : « La révolte naît du spectacle de la déraison, devant une condition injuste et incompréhensible » (Camus, *L'Homme révolté*), mais, dans la révolte, l'individu ne se dresse pas seulement contre sa condition, il revendique pour tous les hommes victimes de la même injustice : « Dans l'épreuve quotidienne qui est la nôtre, la révolte joue donc le même rôle que le "cogito" dans l'ordre de la pensée : elle est la première évidence. Mais cette évidence tire l'individu de la solitude. Elle est un lieu commun qui fonde sur tous les hommes la première valeur. Je me révolte, donc nous sommes » (*Ibid.*).

2. *Pol. Révolte et révolution.* La révolte (syn. rébellion) se distingue de la révolution par son caractère limité : dans ses causes d'abord (ce peut être simplement l'ambition d'un chef militaire, un conflit économique très localisé, etc.), dans son ampleur (elle ne touche qu'une partie de la population ou une partie d'un pays), dans son succès (elle est assez vite réprimée). La révolte est une révolution qui n'a pas historiquement réussi.

Révolution (lat. *revolutio* de *revolutus*, p.p de *revoltere*, retourner).

1. *Épist.* Tout mouvement circulaire, en particulier des astres (révolution de la lune autour de la terre).

2. *Hist.* Changement important dans l'histoire d'un pays (ex. changement de dynastie royale).
3. *Pol.* À la suite de la Révolution américaine (guerre d'indépendance des États-Unis) et surtout de la Révolution française dans ses différentes phases (1789-1799), le mot désigne un changement politique radical, qui implique une rupture brutale avec le passé comme condition inévitable d'un progrès collectif. L'idée de révolution suppose d'une part celle d'un progrès considéré comme historiquement inévitable, et d'autre part celle d'une suspension du droit permettant d'user de tous les moyens pour réaliser ce progrès. Toute révolution pose donc à ses acteurs le problème moral de la justification des *moyens** par la fin visée (qui n'est pas toujours obtenue). Certains mouvements révolutionnaires, conformément à l'étymologie du mot, se donnent comme un retour aux valeurs premières d'une nation (révolution conservatrice). Opp. réformisme*. « Il conviendrait sans doute que l'État se réforme de temps en temps et s'essayant à l'évolution plutôt qu'à la révolution, ne cesse de progresser vers le mieux » (Kant, *Conflit des facultés*).
4. *Éco. Révolution industrielle* : passage, en Angleterre à partir de 1750 et sur le continent au cours de la première moitié du XIXe s., de l'économie artisanale, essentiellement manuelle, à l'économie industrielle, caractérisée par le développement du machinisme* et l'avènement du capitalisme*, qui ont transformé, voire bouleversé, d'une façon rapide et radicale, non seulement les modes de production mais aussi le mode de vie ; v. Machinisme.

Rigorisme (dér. du lat. *rigor*, raideur, sévérité, inflexibilité, de *rigere*, être raide). *Mor. a*) rigueur absolue de la pensée dans l'établissement de la loi morale et dans l'accomplissement du devoir : « Alors même qu'il n'y aurait jamais eu un seul homme pour pratiquer à l'égard de la loi morale une obéissance sans condition, la nécessité objective d'être un tel homme n'en reste pas moins entière et n'est pas moins évidente par elle-même » (Kant, *La Religion dans les limites de la simple raison*, 2e partie, 1re section) ; *b*) péj. sévérité excessive dans l'appréciation de la conduite morale, ctr. laxisme*, permissivité*.

Rite (du lat. *ritus*, même racine qu'*ars*, *artis*, l'art).
1. *Rel.* Ensemble des règles codifiées observées pendant une cérémonie religieuse. Ex. rite catholique, oriental, chaldéen, etc.
2. *Soc.* Élément du rituel, parole, geste, vêtement, toute pratique dont la représentation a une valeur symbolique ou mystique. Il peut consister en des obligations ou des interdits. Les ethnologues ont cherché une correspondance entre le *mythe** comme représentation et le *rite* comme action. Le rite a d'autre part une fonction d'intégration sociale.
3. *Psy. path.* Par anal., attitude, gestes répétés mécaniquement dans la vie quotidienne et qui peuvent être des symptômes de névrose obsessionnelle ou phobique et sont interprétés comme une façon d'écarter magiquement une angoisse.

Rôle (dér. du lat. *rotula*, petite roue *(rota)*, en bas lat. *rotulus*, rouleau, sp. manuscrit roulé, d'où texte appris par un acteur).
Soc., Psy. soc. Le rôle social, aspect dynamique du statut, désigne les conduites d'un individu dans les différents groupes auxquels il appartient (âge, sexe, famille, religion, profession, région, etc.) ; ces comportements sont normaux et attendus selon les modèles culturels associés à un statut donné : ex. les rôles du médecin, du magistrat, du conducteur d'autobus, du père de famille. « Ce concept indique la fonction totale ou les fonctions de quelqu'un dans la société et ce que la société est accoutumée à attendre de lui. J. L. Moreno y voit même le concept-clé devant remplacer celui de « moi » et de « soi », l'enfant assumant dès sa naissance une série de rôles à partir desquels son moi se forme, mais si les rôles constituent le tissu de la vie sociale et en assument la sécurité et la cohésion, ce peut être au détriment de la personnalité propre.

Roman (récit en langue courante, issu du lat. pop. *romanice*, à la façon des Romains, par opp. aux Francs. L'adj. est *romanesque*).
1. *Esth.* Œuvre littéraire comportant de nombreuses variétés (roman historique, d'aventure, d'analyse, etc.) devenu dominant aux XIXe et XXe siècles, au point de représenter à lui seul la littérature. Il n'y a pas de définition stricte : il n'est pas forcément en prose mais existe aussi en vers (*Jocelyn* de Lamartine, romans médiévaux de chevalerie) ; les personnages ne sont pas nécessairement contemporains (romans historiques) ; l'intrigue peut être très complexe ou au contraire presque inexistante (« Nouveau Roman »). Il reste que le récit comporte toujours une certaine part de *fiction*, même dans un roman dit autobiographique. L'analyse (surtout du sentiment amoureux) peut l'emporter de beaucoup sur la narration. Chaque grand romancier a créé à son propre usage un nouveau genre romanesque (en France, roman balzacien, roman stendhalien, flaubertien). Historiquement le roman s'est développé en s'adressant à un public de lecteurs toujours plus large (féminin, populaire) et en s'opposant aux genres littéraires « nobles ». C'est ainsi qu'il faut comprendre la définition du roman par Hegel dans les années 1820 : « la moderne épopée bourgeoise ».
2. *Psychan. Roman familial.* Fantasmes par lesquels un enfant (ou un adulte) s'invente une parenté partiellement ou totalement imaginaire (Nietzsche se disait issu de la noblesse polonaise).

Roman (de *romanus*, romain ; terme utilisé en histoire de l'art depuis le début du XIXe s. L'adj. est *roman*, *romane* et non romanesque).
Esth. Style architectural, sculptural, décoratif, répandu dans l'Europe occidentale entre le Xe et le XIIe siècle. L'architecture romane est caractérisée par les voûtes en pierre des nefs et les coupoles sur trompes ou pendentifs. Si le carré du transept représente la terre, la voûte symbolise le ciel comme séjour céleste. Les tympans sculptés, les chapiteaux (dérivés du chapiteau antique corinthien) mêlent la représentation pittoresque, réaliste, du visible, à la représentation symbolique de l'invisible religieux, avec souvent un bestiaire fantasmagorique.

Romantique, romantisme (ang. *romantic* vers 1650, all. *romantisch* depuis 1700, en fr. depuis 1745. *Romantisme* succède après 1820 à *romanticisme*, employé par Stendhal ; de *roman*, récit en langue vulgaire).

1. *Esth.* Catégorie esthétique assez floue, caractérisée par l'expression des sentiments et des passions (passion du pouvoir, passion religieuse, mais surtout passion amoureuse) mais aussi par l'abandon à la rêverie, à la nostalgie des pays lointains, exotiques, des autres mondes et de l'au-delà. Romantique peut se dire d'une fresque romaine de Pompéi, d'un récit médiéval, d'un drame romantique, d'un film cinématographique. Habituellement le romantisme est opposé au *classicisme**, mais il peut être opposé tout autant au *baroque** et au *réalisme**.

2. *Hist., Esth.* Le mot semble d'abord avoir une signification proche de romanesque, de pittoresque, dans le goût du paysage et des jardins* dits « à l'anglaise » ; en Allemagne, s'y ajoutent le sens de l'histoire, le goût de la couleur locale, celui des arts médiévaux et de la Renaissance. Les romantiques opposent l'élan de la voûte gothique* à la stabilité de la colonnade néo-classique. Ils attaquèrent le classicisme français (l'architecture et les jardins de Versailles, la tragédie racinienne) dont les règles inspirées de l'Antiquité se figent dans un académisme* dépourvu de vie. Dans son irrégularité même, le théâtre de Shakespeare représente le génie moderne, romantique par excellence. À partir de Mme de Staël et de Schlegel, le débat a été abusivement simplifié. Goethe, l'auteur du très romantique *Werther*, à la fin de sa vie, a opposé le romantisme au classicisme comme la maladie à la santé. Il y a des décalages chronologiques d'un pays à l'autre : en France, le romantisme apparaît comme une réaction contre le classicisme* (ou néo-classicisme) ; le classicisme allemand se donne au contraire comme une réaction au romantisme. Le romantisme français, loin de s'achever en 1844 avec l'échec du drame de Hugo *Les Burgraves*, ne trouve vraiment son accomplissement qu'avec le surréalisme après 1920. La musique allemande peut être dite romantique pendant tout le XIXe s. jusqu'à Richard Wagner. L'expression de *philosophie romantique* a été appliquée aux grands dialecticiens successeurs de Kant : Fichte, Schelling, Hegel, pour des raisons qui ne sont pas seulement chronologiques : l'idéalisme *absolu* succédant au rationalisme du XVIIIe s. est en quête d'une synthèse de l'esprit, de la vie et de la nature qui avaient été dissociés par la science newtonienne (v. philosophie de la nature*).

Rorschach (Test de), v. Test, tests projectifs*.

Rumeur (lat. *rumor*, bruit qui court, nouvelle sans garantie, rumeur).

Soc., Psy. soc. Nouvelle ou récit anonyme et incontrôlable sur un événement qui se propage oralement dans un groupe selon un circuit qui coïncide avec la structure des relations affectives dans ce groupe et qui est susceptible de cristalliser l'opinion publique. La rumeur se déforme dans les relais et son contenu s'appauvrit, mais certains éléments sont sélectionnés et accentués, la distorsion s'opérant dans le sens des intérêts, des sentiments et des opinions de ceux qui les transmettent. Certains milieux (groupes* restreints, petites villes), certaines conjonctures (périodes troublées) se prêtent particulièrement à la naissance et à la diffusion des rumeurs.

Rythme (gr. *ruthmos*, mouvement réglé et mesure).
Esth. a) prop. alternance périodique introduisant un ordre dans le temps réglant les mouvements de la musique, de la danse, de la poésie récitée ou chantée ; *dist. tempo* (vitesse plus ou moins grande) ; *b)* anal. dans les arts plastiques, rapports de formes ou de contenus où l'on retrouve au sein de l'espace une alternance comparable à un rythme musical. Ex. en architecture, rythme d'une colonnade, de la façade d'un palais classique.

S

Sacré (lat. *sacer*, ce qui ne peut être touché sans souiller ou être souillé).

Gén. L'opposition du profane* et du sacré est celle des relations des hommes entre eux et de leurs relations au surnaturel*, aux dieux, à Dieu. Se dit d'un objet, d'un rituel, d'une cérémonie, d'une personne (dans un contexte chrétien, syn. de saint* : le sacré collège des cardinaux). Est sacré ce qui dans le visible révèle l'invisible, comporte une part irréductible de mystère, de transcendance. Le sentiment du sacré implique la vénération et l'adoration, la peur et l'admiration. Il est le plus souvent ambivalent. La sociologie de Durkheim y a vu une projection de la transcendance de la société par rapport aux individus qui la composent. La critique rationaliste de la pensée religieuse (Spinoza, Kant), l'expansion de la pensée technoscientifique, de la démocratie, de la laïcité, aboutissent à une restriction considérable du champ du sacré, réduit souvent à la personne humaine et à ses droits. « À la longue, la démocratie détourne l'imagination de tout ce qui est extérieur à l'homme pour ne la fixer que sur l'homme » (Tocqueville). V. Numen, Désacralisation, Désenchantement, Tabou.

Sacrifice (lat. *sacrificium* de *sacrum*, sacré et *facere*, faire).

Rel. Acte religieux par lequel une victime est offerte à une divinité par un don, une destruction, une immolation réelle ou symbolique. Par le sacrifice, une faute, un mal, est aboli (*expiatoire*) ou un bien est attendu (*propitiatoire*). Dans les religions antiques, hindoues, monothéistes, ou dites « primitives », le sacrifice prend les formes les plus diverses et il est difficile d'en proposer une interprétation générale : il implique une communication, un échange entre les hommes et la divinité, mais aussi le partage entre les hommes : par ex. de la chair de l'animal immolé. Le sacrifice peut être aussi un *don de soi*, en particulier dans les pratiques ascétiques. Dans le christianisme, le sacrifice de soi est imitation du sacrifice de Jésus-Christ (mystère de la rédemption) renouvelé rituellement dans la messe par la communion.

Sadisme (du nom du marquis de Sade, 1740-1814, romancier qui a décrit complaisamment ce comportement).

1. *Psy. path.* Perversion qui associe à la jouissance sexuelle la douleur physique (ou l'humiliation) d'autrui.

2. *Mor., Dr.* Ext., se dit de tout comportement qui inflige à un être vivant (animal de laboratoire, ennemi, prisonnier, etc.) une souffrance qui aurait pu et dû être évitée. Se dit aussi de la sévérité excessive d'un châtiment. *Dist.* agressivité*.

Sadomasochisme

Psychan. Freud a insisté sur l'interdépendance des deux processus sadique et masochiste : « L'activité et la passivité qui en forment les caractères fondamentaux et opposés sont constitutifs de la vie sexuelle en général » (Freud, *Trois essais*). Ce couple d'opposés joue un rôle essentiel dans les relations intersubjectives ou intrasubjectives (entre le Moi et le Surmoi).

Sage, sagesse (lat. pop. *sapius* de *sapere*, savoir, rapproché de *sapiens* qui traduit le gr. *sophos*).

1. *Vulg.* Au sens fort, le sage est celui qui atteint un état de sérénité et porte sur toutes choses des jugements équilibrés et bienveillants. Au sens faible, sage signifie seulement modéré (ex. une décision sage) ou tranquille (ex. un enfant sage).

2. *Hist.* Le sens premier de *sophos* semble être habile, avisé aussi bien dans la connaissance que dans l'action, v. Philosophie. Le mot a évolué dans un sens moral, v. Prudence. La sagesse antique implique nécessairement le bonheur*, un certain type de bonheur, v. Eudémonisme. Le stoïcisme a porté à son plus haut degré l'idéal du sage totalement maître de lui-même et de ses passions : le sage reste impassible, même quand il est jeté dans une fournaise. La sagesse rejoint alors et inclut l'*héroïsme* (v. Héros). La morale chrétienne y a vu une manifestation d'orgueil et a contribué à en dégrader la notion relativement à l'amour* de Dieu et des hommes et à l'idéal de *sainteté**.

Saint, sainteté (lat. *sanctus*, vénéré).

1. *Rel.* État de perfection religieuse reconnue chez un homme. Dieu lui-même est saint, et donc le Christ. « La sainteté est en Dieu une incompatibilité essentielle avec tout péché, avec tout défaut, avec toute imperfection d'entendement et de volonté » (Bossuet, 11e *Élévation*).

2. *Mor.* Chez Kant, la sainteté désigne l'entière conformité de la volonté à la loi morale. Dans cette vie, dans le monde sensible, aucun être humain ne peut atteindre la sainteté. Mais elle est « une idée pratique qui doit nécessairement servir de prototype et la seule chose qui convienne à tous les êtres finis doués de raison consiste à s'en rapprocher à l'infini », ce qui rend possible le postulat de l'immortalité de l'âme (*R. pure*).

Saint-simonisme (de Henri, comte de Saint-Simon (1760-1823), petit cousin du mémorialiste).

Hist. Philosophie sociale considérée comme le premier des « socialismes » (bien avant le mot !) développée par les disciples de Saint-Simon après sa mort et très influente jusqu'après le Second Empire. Saint-Simon écrit en 1821 : « Les forces temporelles et spirituelles de la société ont changé de mains. La force temporelle véritable réside aujourd'hui dans les industriels et la force spirituelle chez les savants ». Il faut donc substituer aux principes abstraits issus de la Révolution française une nouvelle science inspirée de Newton : la « physique sociale ». Il oppose la « nation travaillante » à la « nation fainéante » et veut « améliorer le plus possible le sort de la classe qui n'a pas d'autre moyen d'existence que le travail de ses bras ». Mais les saints-simoniens ne sont ni démocrates, ni révolutionnaires et soutiendront Napoléon III. Ils encourageront l'industrie, la banque et les grands travaux (chemins de fer, canal de Suez, de Panama). Certains saint-simoniens associeront préoccupations économiques et espoirs mystiques et créeront une église saint-simonienne (Père Enfantin) assez étrange. L'influence du saint-simonisme a été très grande sur le *positivisme* d'Auguste Comte (qui avait été secrétaire de Saint-Simon).

Salaire, salarial (lat. *salarium*, ration de sel (*sal*) du soldat ; solde pour l'acheter ; solde, salaire).

Éco. Le *salariat* est le régime économique dans lequel le travailleur loue sa force ou puissance de travail* à un employeur, moyennant une rémunération appelée salaire déterminée par contrat, les moyens de ce travail (outils, machines, locaux, bureaux, etc.) étant fournis par l'employeur qui en est le propriétaire. Auj. en France, le salaire est l'objet d'un contrat collectif fixé pour chaque catégorie professionnelle entre les syndicats et le patronat, éventuellement avec l'arbitrage du gouvernement.

Salut (lat. *salus, salutis*, santé).

1. *Gén.* Sens dérivé de santé : délivrance, sauvegarde. Ex. il a dû son salut à la fuite. Formule de politesse (salutation), signe de respect (salut militaire).

2. *Rel.* Délivrance du péché, de la damnation, grâce à la médiation du Christ. Syn. béatitude*, qui résulte de cette délivrance. Une notion analogue à celle de salut se retrouve dans plusieurs religions (judaïsme, islam, bouddhisme).

Sanction (lat. *sanctio*, de *sancire*, consacrer ; prescrire, interdire ; ratifier).

1. *Dr. a*) acte juridique par lequel une décision publique ou une loi positive deviennent exécutoires ; *b*) toute peine prévue et appliquée pour la non-observation d'une loi ; on appelle aussi sanction la récompense qui peut suivre de son observation.

2. *Mor.* Conséquence, bonne ou mauvaise pour l'agent (récompense ou châtiment), résultant d'un acte et appelée par l'observation ou la violation du devoir moral. Une morale peut-elle se passer de sanction ?

Saphisme, saphique, v. Lesbianisme.

Saturé, saturation (bas lat. *saturatio*).

1. *Phys.* Un espace, un corps, un composé chimique est saturé quand il est devenu impossible d'y introduire un nouvel élément.

2. *Log.* Un système d'axiomes est saturé quand il est impossible d'adjoindre sans contradiction un nouvel axiome.

Sauvage (bas lat. *salvaticus*, qui vit dans les forêts, de *silva*, forêt).

1. *Gén.* L'homme des forêts est opposé à l'homme de la cité, c'est-à-dire au civilisé. La notion de sauvage est souvent confondue avec celle de barbare*, de primitif* ; elle n'est pas utilisée par l'ethnologie moderne. Moralement ambiguë, la notion de sauvage est associée aussi bien à la cruauté qu'à la bonté spontanée.

2. *Hist. Le bon sauvage.* Les voyageurs européens du XVIIIe s. ont cru découvrir en Amérique du Nord et du Sud (Indiens) et dans le Pacifique (Polynésiens) des populations qui, tout en ayant une vie sociale, restaient cependant proches de la nature (un « second état de nature », dira Rousseau). Les missionnaires jésuites ont opposé les vertus naturelles du « bon sauvage » à la corruption des mœurs européennes. Les philosophes des Lumières ont étendu cette critique aux préceptes du christianisme lui-même et ont cherché dans la vie sauvage le témoignage d'une morale simple et naturelle (Diderot, J.-J. Rousseau). Contrairement à ce qui a été souvent dit, le dessein n'est pas ethnologique au sens actuel, bien au contraire puisqu'il s'agissait de retrouver chez le bon sauvage une humanité universelle. « L'Américain, farouche en sa simplicité, nous égale en courage et nous surpasse en bonté » (Voltaire, *Alzire*, 1736). Dès 1804, Volney critique vivement cette conception et décrit l'Indien d'Amérique du Nord comme prisonnier des superstitions et des mythes dont le progrès des Lumières doit le délivrer.

3. *Psy., Péd. Enfants sauvages* : enfants abandonnés et élevés par des animaux (ex. le « sauvage » de l'Aveyron, les « enfants-loups » de Midrapore en Inde) ; ils ne parlent pas, se déplacent à quatre pattes et se nourrissent comme des animaux. Ils se montrent ensuite plus ou moins incapables d'acquérir le langage et ne réussissent pas à s'adapter à la vie sociale des hommes.

Savoir, subst. (du lat. *sapere*, avoir de la saveur ; avoir de la pénétration ; comprendre).

1. *Gén.* Connaissance bien fondée par opp. à simple opinion*, à croyance*, à foi*. Michel Foucault a distingué savoir et science : « Un savoir, c'est le domaine constitué par les différents objets qui acquerront un statut scientifique ou non » (*Archéologie du savoir*). M. Foucault lie le savoir à une pratique discursive qui n'est pas forcément scientifique. Pourtant une expression comme « savoir-faire » n'implique pas une mise en discours.

2. *Savoir absolu.* Dans la *Phénoménologie de l'esprit* de Hegel, aboutissement de la dialectique de la conscience de soi, réconciliation entre être et pensée, objectivité et subjectivité, certitude et vérité, particularité et universalité. Il ne faut pas y voir une prétention caricaturale à la totalité des connaissances, mais le moment où la *Phénoménologie de l'esprit* s'articule avec l'*Encyclopédie des sciences philosophiques*.

Scène (lat. *scena*, du gr. *skênê*, tente, baraque).

1. *Esth. Mise en scène.* Art de présenter à un public un texte préalablement écrit par un auteur. Effectuée pendant longtemps par l'auteur du texte ou par un des acteurs (ex. Molière au XVIIe s. était à la fois auteur, acteur, chef de troupe), la mise en scène devient un art autonome à la fin du XIXe s. Art d'interprétation* et non de création, la vision personnelle qu'a de l'œuvre le metteur en scène peut entrer en concurrence avec la vision qu'en avait l'auteur du texte ou le lecteur.

2. *Psychan. Scène primitive*. Freud appelle ainsi la représentation consciente ou inconsciente, réelle ou fantasmatique, qu'un enfant se fait des relations sexuelles entre ses parents. Quelle que soit la part d'indices réels, la scène primitive appartient aux fantasmes* originaires fortement traumatiques et angoissants.

Scepticisme (XVIIIe s., de sceptique, du gr. *skeptikos*, observateur, de *skepsesthai*, examiner, comparer, inspecter).

1. *Vulg.* Attitude intellectuelle ou morale qui conclut au doute, à l'impossibilité de porter un jugement ou d'aller au-delà des opinions utiles à la vie courante. Le scepticisme est plus ou moins étendu et peut être limité à un domaine (religieux, politique, etc.). Il peut admettre des degrés de probabilité, être modéré, « raisonnable* ». Le doute du scepticisme ne doit pas être confondu avec le doute méthodique (v. Doute). De même l'*esprit critique** quand il est en quête de preuve et met en question les préjugés ne peut être taxé de scepticisme (qui tendrait plutôt à se contenter des préjugés les plus communs). Opp. dogmatisme*. V. Relativisme.

2. *Hist. a*) dans l'Antiquité, le scepticisme proprement dit est représenté par Pyrrhon et ses disciples (v. Pyrrhonisme). Mais le terme a été étendu au probabilisme* de la Nouvelle Académie (Carnéade). À l'époque hellénistique, toute une argumentation sceptique, fondée sur la pluralité et la contradiction des opinions impossibles à départager, s'est développée avec Aenésidème, Agrippa (Ier s. av. J.-C.) et Sextus (IIIe s. après J.-C.) ; *b*) un scepticisme moral réapparaît à partir de la Renaissance (Montaigne), mais le scepticisme moderne en ce qui concerne la connaissance est lié à l'*empirisme* du XVIIIe s. Hume se réclame d'un « scepticisme mitigé » et Kant dira de lui qu'il l'a réveillé de son « sommeil dogmatique ».

Schéma (mot gr., manière d'être, forme, figure, on dit aussi *schème*).

1. *Vulg.* Image, visuelle ou autre, idéalisée et simplifiée, singulière et concrète, représentant les traits essentiels d'un objet, d'un mouvement, d'un processus et en facilitant la compréhension (ex. le schéma du fonctionnement d'un moteur), ou figurant pour l'imagination des concepts universels et abstraits.

2. *Psy. Schéma dynamique* (Bergson), forme de schéma psychologique qui remplit une fonction centrale dans l'activité mentale du rappel, de l'intellection et de l'invention, en ramassant une totalité dans une unité synthétique qui contient potentiellement tous les éléments qui l'ont formé et qu'il peut retrouver, à point nommé, en vertu de son dynamisme propre : ex. les joueurs d'échec « capables de mener de front plusieurs parties sans regarder les échiquiers » en refaisant mentalement l'histoire de chaque partie, selon le schéma qui lui est propre, du coup initial au coup à jouer (« L'effort intellectuel », *in E.S.*).

3. *Psy. physio. Schéma corporel* : représentation, acquise dans l'enfance, de la posture et du rapport des différents segments de notre corps, de son équilibre, de sa situation dans l'espace et dans le temps, qui est le résultat de multiples informations sensorielles, not. *proprioceptives** (musculaires, articulaires) et *extéroceptives** (visuelles, auditives). Ce schéma, inséparable de la conscience de soi et qui sous-tend tous les gestes accomplis par notre corps sur lui-même et sur les objets extérieurs, est déformé dans certains troubles de la personnalité (psychasthénie*, délire chronique, schizophrénie*).

Schématisme (gr. *schêmatismos*, action de façonner ; configuration, de *schêmatizein*, donner une figure, une forme).

Hist. (Crit.) Schématisme des concepts purs de l'entendement (Kant) : la connaissance a pour condition l'application aux phénomènes des concepts purs de l'entendement ou *catégories** qui, n'exprimant que les formes pures des jugements, sont hétérogènes aux intuitions empiriques. Elle suppose donc « un troisième terme qui soit homogène, d'un côté, à la catégorie, et de l'autre, au phénomène [...]. Cette représentation doit être pure (sans aucun élément empirique) et pourtant il faut qu'elle soit d'un côté *intellectuelle*, et de l'autre *sensible*. Tel est le *schème transcendantal* ». On appellera « la méthode que suit l'entendement à l'égard de ses schèmes le schématisme de l'entendement pur ». Le schème, produit de l'imagination comme l'image, s'en distingue en ce qu'il est la « représentation d'un procédé général de l'imagination, servant à procurer à un concept son image » (ex. image de cinq : cinq points juxtaposés). En particulier, les concepts géométriques « n'ont pas pour fondement des images des objets, mais des schèmes. Il n'y a pas d'image d'un triangle qui puisse jamais être adéquate au concept d'un triangle en général [...]. Le schème du triangle ne peut exister que dans la pensée ». De même pour les catégories de qualité, de quantité et de relation. Ainsi les schèmes des concepts purs de l'entendement sont les « vraies et seules conditions qui permettent de mettre les concepts en rapport avec des objets et de leur donner ainsi une signification » (*R. pure*, Anal., 1, II, ch. 1).

Schizoïdie, schizoïde (dér. du gr. *schizein*, fendre, séparer, partager en deux, diviser).

Car., Psychia. Structure mentale normale ou subnormale dominée par l'introversion, la rêverie, le repli sur soi ; le schizoïde, apparemment froid, est hypersensible et capable de décharges imprévisibles et brutales de tensions accumulées ; il présente certaines dispositions à la schizophrénie*.

Schizophrénie, schizophrène (terme créé par Bleuder en 1911, du gr. *schizein*, fendre, diviser, et *phrên*, esprit, dissociation du fonctionnement de l'esprit).

Psy. path., Psychia. Groupe de psychoses graves et évolutives (démence précoce, hébéphrénie*, paranoïa*, catatonie) caractérisées par la perturbation du sens du réel, de la perception spatio-temporelle et de la cénesthésie, la dissolution des relations sociales, la désagrégation du moi et l'autisme ; retranché dans son univers morbide, le schizophrène s'est coupé du monde qui l'entoure.

Schopenhauerisme (Arthur Schopenhauer, 1788-1860).
Hist. Philosophie postkantienne qui s'appuie sur la distinction du phénomène et de la chose en soi, mais affirme la possibilité d'atteindre l'en soi* par la voie subjective, par l'expérience intérieure de la *volonté** et du corps* propre. Il en résulte une métaphysique de la volonté en soi qui s'affirme sans but, sans plan, absurdement (athéisme*). Ce pessimisme* métaphysique est en opposition radicale avec la dialectique hégélienne et généralement avec les philosophies de l'histoire. Longtemps tout à fait méconnu, le schopenhauerisme aura une influence considérable à la fin du XIXe s., en particulier dans les milieux littéraires et artistiques (Wagner, Nietzsche).

Science (lat. *scientia*, savoir, science, de *sciens, scientis*, p.pr. de *scire*, savoir).
1. *Gén.* Depuis le XIXe s. et sous l'influence du positivisme, on appelle science un ensemble de connaissances rationnellement fondées, plus ou moins systématisées dans un domaine donné, et dont les résultats ont une valeur universellement reconnue. Comme telle, la science se distingue d'une part de la *philosophie** (dont l'argumentation aboutit à une multiplicité de doctrines) et d'autre part de la *technique* comme application des résultats de la science. La recherche scientifique est souvent présentée comme animée d'un « esprit scientifique » totalement désintéressé et soucieux seulement de vérité. Cependant au cours du XXe s., les activités techniques et purement scientifiques sont devenues inséparables, imbriquées les unes dans les autres (par ex. biologie et médecine). V. Technoscience. D'autre part, la science est devenue un secteur important de la vie sociale, elle est productrice de richesses, de prestige et de puissance pour les États ; les « travailleurs scientifiques », devenus nombreux, ont des soucis de carrière, etc. Il n'est donc plus possible de parler de science *désintéressée*, même s'il s'agit de science dite « fondamentale ».
2. *Classification des sciences.* La science n'est unifiée que par l'épistémologie. Historiquement les sciences deviennent de plus en plus nombreuses et de plus en plus spécialisées : de nouvelles sciences apparaissent souvent à l'intersection de deux domaines scientifiques déjà reconnus (par ex. psychophysiologie, sciences cognitives*, etc.). Pour éviter une dispersion due à une spécialisation excessive et confuse, diverses tentatives d'unification ont été proposées au XVIIIe s. autour de la loi newtonienne de la gravitation universelle, de nos jours avec le physicalisme* et divers réductionnismes*. Auguste Comte a établi une classification des six *sciences fondamentales* considérées chacune comme irréductible à la précédente (mathématique, astronomie, physique, chimie, biologie, sociologie) selon un ordre de complexité croissante. Les progrès proliférants de la connaissance scientifique ont rendu toutes ces classifications transitoires et rapidement caduques. On divise couramment les sciences en sciences logico-mathématiques (reposant sur la démonstration) et en sciences expérimentales, l'ensemble constituant les « sciences dures » ou « sciences exactes ». Les sciences dites « humaines » se sont développées diversement en prenant pour modèle les sciences expérimentales, mais en

usant aussi de méthodes qui leur sont propres (compréhension*). On a dit aussi *sciences morales et politiques, sciences de l'esprit* (all. *Geisteswissenschaften*). Ajoutons que l'expression « sciences occultes » s'est conservée pour désigner des traditions symboliques transmises à des initiés et qui n'ont rien de scientifique au sens actuel du terme.

3. *Hist.* On prendra garde à ne pas confondre la *science* au sens actuel avec le gr. *epistêmê* et le lat. *scientia* dans l'Antiquité et au Moyen Âge. *a*) l'affirmation que philosophie et science étaient à l'origine confondues doit être nuancée. Par ex. la cosmologie et la physique de Platon sont exposées dans le *Timée* sous forme d'un mythe*. La connaissance dialectique proprement philosophique des idées est distinguée de l'opinion vraie et même de l'opinion droite accompagnée de raison (par ex. dans le *Théétète*). Mais elle est également distinguée, dans l'allégorie de la ligne (*République* VI), de la démarche hypothético-déductive* propre aux mathématiques. De toute façon, la dialectique de Platon est sans rapport avec la méthode expérimentale de la science moderne. Cependant le thème de l'opposition de l'opinion* et de la science n'a pas cessé d'être repris jusqu'à nos jours : « L'opinion pense mal, elle ne pense pas » (Bachelard, *Formation de l'esprit scientifique*) ; *b*) avec Aristote, la science est connaissance des *causes** et des *principes**, elle n'est atteinte que par la démonstration rationnelle appuyée sur des notions universelles. Il en résulte après Aristote qu'il n'y a pas de science de l'événement, de l'individuel (il n'y a de science que du général), mais qu'en revanche la science s'étend de la physique à la *métaphysique** qui est la plus haute science. Une démarcation* nette entre « science » et métaphysique n'apparaîtra pas avant la critique kantienne ; *c*) cependant Hegel publiera encore en 1830 son système dialectique sous le titre d'*Encyclopédie des sciences philosophiques* : « ce que je me propose comme but de mes travaux philosophiques est la connaissance scientifique de la vérité » (Préface de la 2e édition) ; *d*) parler de « science médiévale » est rassembler les éléments de connaissance sur les phénomènes célestes ou terrestres à une époque donnée, en tant qu'ils annoncent et préfigurent les résultats des sciences modernes dans les mêmes domaines.

Scientificité

Épist. Ensemble des critères permettant de reconnaître une théorie comme purement scientifique. Syn. positivité*. V. Préscientifique, Démarcation.

Scientifique, adj.

Épist. Qui se rapporte à la science, qui relève de la science. Scientifique est-il syn. de vrai, ce qui est souvent sous-entendu ? Or une opinion vraie, même accompagnée de preuve ne relève pas pour cela de la science. À l'inverse, une théorie scientifique peut être considérée comme fausse et l'histoire des sciences en donne de nombreux exemples : le géocentrisme ou la théorie cartésienne des esprits animaux. Il est arbitraire de les déclarer par là même « métaphysiques » comme certains historiens le font. De même, on ne confondra pas ce qui est scientifiquement faux avec ce qui est faussement scientifique, c'est-à-dire ce qui relève d'une *fausse science* (astrologie par ex.), c.-à-d. celle qui refuse les critères de démonstration ou de vérification expérimentale reconnus dans un domaine donné.

2. *Esprit scientifique* : caractérisé intellectuellement par l'absence de dogmatisme et de préjugé dans la recherche de la vérité, et moralement par le désintéressement (neutralité axiologique). V. Science.

Scientisme

1. *Méta.* Idéologie par laquelle il n'y a de vérité que dans les résultats de la science ou dans l'extrapolation* d'une vérité scientifique. Cette position qui a été explicitement repoussée par le fondateur du positivisme, Auguste Comte, a été cependant reprise au XIXe et au XXe s. par certains positivistes ou matérialistes (non dialectiques).

2. *Mor.* Doctrine qui prétend déduire les valeurs morales d'une théorie scientifique (par ex. de l'évolutionnisme), ce qui est confondre le fait et la valeur, l'indicatif (ce qui est) avec l'impératif (ce qui doit être), la science avec une idéologie de la science. Les principales formes de morales scientistes sont des *biologismes** (darwinisme social, eugénisme, racisme) ou des *sociologismes** très variés.

Scolastique, adj. et subst. (lat. *scholasticus*, gr. *scholastikos*, relatif à l'école).

1. *Hist.* Doctrine de l'*École*, c.-à-d. celle qui était enseignée dans les écoles ecclésiastiques et les universités d'Europe du IXe au XVIIe s. et qui englobait la philosophie, la science et la théologie. Elle a pour caractère essentiel de chercher à accorder la révélation ou foi avec la lumière naturelle ou raison en s'appuyant sur la philosophie grecque, not. sur celle d'Aristote et sur ses méthodes d'argumentation (*syllogistique**). On distingue : 1) la *scolastique primitive* (du IXe au XIIe s.), dominée par l'influence de saint Augustin et du néo-platonisme ; 2) la *grande scolastique* (XIIIe s.), qui recueille de la philosophie arabe l'aristotélisme et le prend pour philosophie de base (avec Albert le Grand et surtout saint Thomas, Duns Scot étant leur principal adversaire) ; 3) la *scolastique tardive* (du XIVe au XVIIe s.), préoccupée par le problème des *universaux** et que l'abus du formalisme traditionnel fait tomber dans le discrédit.

2. *Vulg.* Péj. à l'instar de la période décadente de la scolastique historique, caractère d'une doctrine qui devient pour les successeurs d'un penseur et de sa philosophie une orthodoxie formaliste, immuable et figée dans des cadres traditionnels.

Scotisme (Duns Scot, 1266-1308).

Doctrine théologique et philosophique de Duns Scot, théologien de l'ordre franciscain d'origine écossaise, surnommé le « docteur subtil », qui enseigna à Oxford et à Paris. Il a affirmé l'individuation* par la forme et non seulement par la matière, insisté sur la liberté de la volonté humaine (*haeccéité**). En métaphysique, Duns Scot élabore le concept de l'univocité de l'*être*, qui se dit au même sens de Dieu et de la créature. La métaphysique est la science des transcendantaux* (antérieurs aux catégories d'Aristote : l'être, l'un, le vrai, le bien). L'école des disciples de Duns Scot, dite franciscaine, s'est longtemps opposée au thomisme de Dominicains.

Secondaire, secondarité

Car. V. Retentissement.

Sectarisme, sectaire (du lat. *sectarius*, coupé, de *secare*, couper, séparer).

Mor., Rel. Péj. se dit d'une doctrine, religieuse ou anti-religieuse, et de ses tenants ou pratiquants, accusés d'incompréhension, d'intolérance, voire de fanatisme à l'égard de toute autre doctrine ; ex. les chrétiens et les libres penseurs s'accusent réciproquement de sectarisme.

Secte (lat. *secta* de *sequi*, suivre).

1. Class. groupe religieux minoritaire, qui s'est détaché d'une Église reconnue afin d'en constituer une nouvelle. Ex. sectes protestantes nord-américaines. Le terme, non péj., implique une certaine intensité d'un engagement spirituel.

2. Péj. communauté fanatiquement soumise à un chef charismatique et en rupture avec les valeurs reconnues et les modes de vie communs d'une société.

Secteurs économiques (lat. *sectio*, action de couper, *secare*).

Éco. (Allen B. Fischer, 1935, Colin Clark, 1940). Répartition des grandes catégories de la population active selon leur genre d'activité : on distingue le *secteur primaire* (agriculture, pêche, chasse, exploitation des forêts) ; le *secteur secondaire* (industries extractives ou manufacturières ; bâtiment, travaux publics ; eau, gaz, électricité, etc.) ; le *secteur tertiaire* (services : administration, commerce, distribution, transports, finances, informatique, tourisme, etc.). Le nombre des emplois diminue régulièrement et rapidement dans le secteur primaire du fait de l'accroissement de la productivité, également mais de façon moins importante dans le secondaire, tandis que l'expansion du tertiaire est continue et en accélération.

Ségrégation (du bas lat. *segregatio,* de *segregare,* écarter du troupeau).

Soc. Séparation, distance sociale (en part. dans l'habitat) qui s'établit entre différentes parties d'une population, pour des motifs de race, d'origine, de religion, de classe, etc. (v. Ghetto). Considérée comme inique et contraire à l'égalité démocratique, cette discrimination est en principe combattue par diverses mesures légales. Mais dans certains pays, elle a été instituée par la loi (*apartheid* en Afrique du Sud).

Sélection (lat. *selectio*, choix, triage, de *seligere*, choisir et mettre à part, trier).

1. *Biol. Sélection naturelle* (Darwin, 1859) : anal. avec la *sélection artificielle* pratiquée par les agriculteurs ou les éleveurs pour l'amélioration des plantes (céréales, légumes, fruits, fleurs) ou de certaines espèces animales (not. domestiques), la *concurrence vitale* (*struggle for life*), en raison des moyens limités de subsistance (selon le *principe de Malthus*, « il naît, dit Darwin, un nombre d'individus supérieur à celui qui peut vivre »), exerce une sélection de fait, qui sans conscience ni but permet aux plus aptes de survivre et condamne les autres à disparaître. Les plus aptes sont ceux qui, par rapport aux autres individus de leur espèce, ainsi que par rapport à d'autres espèces distinctes, se trouvent posséder, par l'accumulation au cours des générations de *variations accidentelles*, à la naissance, de meilleures chances de survie et de reproduction et par hasard rencontrent un milieu physique plus favorable ; v. Malthusianisme.

2. *Psy. soc. Sélection professionnelle* : str. détermination, not. par les procédés psychotechniques*, de la capacité d'un sujet à exercer un métier ou une profession donnés ; *dist.* l'*orientation* professionnelle* : la sélection est faite dans l'intérêt des employeurs, l'orientation dans celle de chaque individu.

3. *Épist.* Par anal. avec l'évolutionnisme darwinien, l'histoire des sciences a été représentée comme un processus de *sélection* des hypothèses théoriques susceptibles de s'adapter aux faits d'expérience et d'en rendre compte. V. Falsifiabilité, Confirmation.

Sémantique (terme créé par Bréal (1883), du gr. *semantikê*, s.e. *technê*, science des significations, de *sêmainein*, signifier, de *sêma*, marque, signe).

1. *Ling.* Partie de la linguistique qui s'occupe du vocabulaire, de la signification actuelle des mots (rapport du signifiant* et du signifié, *sémantique synchronique*) et de l'évolution de leur sens (*sémantique diachronique*) ; opp. *phonétique* (étude des sons). Selon la diversité des théories linguistiques, la sémantique est déterminée comme sémantique formelle, sémantique structurale, etc.

2. *Phil.* Étude de la corrélation entre le langage et le monde, des conditions de vérité d'un énoncé. La philosophie analytique anglo-saxonne contemporaine distingue dans la théorie des signes la *sémantique* de la *syntaxe** et de la *pragmatique** (Morris, 1938). V. Sémiotique.

Sémiologie ou **sémiotique** (du gr. *sêmeion*, signe).

Le terme sémiologie est plutôt d'usage francophone (F. de Saussure, R. Barthes), le terme sémiotique, maintenant dominant, plutôt d'usage anglophone (Peirce, Morris). On dit aussi sémeiologie.

1. *Méd.* « Partie de la médecine traitant des signes des maladies » (Littré).

2. *Ling.* Théorie générale des signes qui engloberait la logique selon Locke. Au XXe s., F. de Saussure présente la sémiologie comme une théorie générale des signes qui engloberait la linguistique. Au contraire, selon R. Barthes : « La linguistique n'est pas une partie, même privilégiée, de la science générale des signes, c'est la sémiologie qui est une partie de la linguistique ; très précisément cette partie qui prendrait en charge les grandes unités signifiantes du discours ». Selon les auteurs, les conceptions de cette théorie générale des signes sont disparates et l'on ne peut guère parler d'*une* science. Il s'est développé d'autre part de nombreuses sémiologies ou sémiotiques particulières portant sur un domaine précis (sémiotique du vêtement, du cinéma, du geste, etc.).

Sens (lat. *sensus* de *sentire*, éprouver un sentiment, l'exprimer, décider, voter).
Le mot fr. a une polysémie très étendue. On peut distinguer : *a*) une acception d'ordre spatial, matériel : sens unique, sens interdit, le bon sens, qui est alors la bonne direction ; *b*) une acception d'ordre intellectuel : le bon sens, le sens commun ; *c*) des acceptions se rapportant à la perception, à la sensibilité : les cinq sens ; *d*) une acception d'ordre linguistique, sémiotique : le sens d'un mot.
1. *Exist.* Donner un sens, une direction est, par métaphore, donner une finalité à une action, à un processus, mais aussi lui fixer un terme, un achèvement. Il ne peut y avoir un *sens de l'histoire* que si la fin de l'histoire est au moins pensable. Le *sens de la vie* suppose qu'une fin lui soit assignée (par ex. l'immortalité). Le *sens de l'existence* chez Sartre ou Merleau-Ponty est le projet fondamental de la conscience.
2. *Crit.* Le *bons sens* est la raison (chez Descartes) ou plus couramment le jugement raisonnable, prudent. Mais chez Descartes, l'expression implique une méfiance envers le savoir érudit ou la logique formelle. Il y a sans doute contamination avec le choix d'une bonne direction. On notera que l'expression de *sens commun* renvoie elle aussi soit à des principes métaphysiques considérés comme indubitables, comme l'existence du monde extérieur (v. notions communes*), soit aux certitudes les plus répandues (*cf. infra*, l'emploi aristotélicien). L'expression de *sens moral* suppose une connaissance intuitive du bien et du mal dans des expressions courantes telles que « manquer de sens moral ». Syn. conscience morale. Mais il ne semble pas qu'on puisse parler de la même façon d'un *sens esthétique* (v. Goût). Quant à l'expression un peu désuète de *sens intime*, elle désigne la conscience de soi, la connaissance des états psychiques.
3. *Physio., Psy.* On appelle classiquement *sens* les organes récepteurs qui recueillent les sensations et permettent la perception du monde extérieur : la vue, l'ouïe, l'odorat, le toucher, le goût. Au pluriel, les sens désignent la *sensibilité* en général*. D'où la formule empiriste : il n'est rien dans l'esprit qui n'ait pas d'abord été dans les sens. Dans la tradition aristotélicienne, le *sens commun* est l'organe central où d'une part, viendraient se combiner les impressions reçues des différents sens et par lequel se constituerait l'unité de l'objet et qui, d'autre part, à partir d'une donnée d'un sens, imaginerait d'après l'expérience passée les données que les sens fourniraient de ce même objet. L'Antiquité le situait dans le cœur plutôt que dans le cerveau.
4. *Ling., Log.* Le sens entendu comme la signification d'un mot, d'une phrase, d'un énoncé. V. Signe, Signal, Sémiologie, Linguistique, Logique, Signifiant, signifié. Les grammairiens distinguent le sens *propre* d'un mot et le sens *figuré* (par métonymie, le sens de bureau comme meuble, comme local,

puis comme service administratif). Mais la tradition des dictionnaires ne considère le sens des mots qu'isolément. Longtemps l'accent a été mis sur l'histoire de chaque mot (sens étymologique). Cependant F. de Saussure (linguistique structurale*) montre que la langue forme un système dans lequel le sens de chaque terme dépend de la présence ou de l'absence des autres. Par anal., les différents structuralismes* ont cherché à déterminer le sens des pratiques sociales à partir de différences structurales. De leur côté, les logiciens précisent les règles (syntaxe logique) qui font qu'un énoncé peut être doué ou dénué de sens (positivisme logique). L'étude du sens et de ce qui « fait sens » (anglicisme de plus en plus répandu), des mots et des choses, se développe bien au-delà d'une sémantique, dans une pragmatique* attentive aux actes de langage*, et même dans une théorie de la *praxis* (praxéologie*) attentive aux interactions sociales. Le sens est alors ce qui donne sa direction à l'action.

Sensation (lat. *sensus*, sens ou sensation).

1. *Psy.* Modification d'un sens, externe ou interne, sous l'effet d'un excitant. Comme telle, « la sensation n'est pas une donnée de la conscience » (J. Lagneau), nous n'avons que des perceptions ; en fait, « la sensation n'est pas sentie et la conscience est toujours conscience d'un objet » (Merleau-Ponty), mais elle est posée comme condition nécessaire de la perception. La reconstitution du processus de la perception le décompose dans la succession suivante d'éléments et d'opérations : 1) l'*excitant*, qui est *physique* ; 2) l'*excitation* ou stimulation de l'organe récepteur, qui est *physiologique* ; 3) la *sensation*, consécutive à l'excitation cérébrale, qui est *psychologique*, et 4) la *perception* qui en est inséparable, prise de conscience par laquelle s'élabore la *connaissance perceptive* ; mais pour la conscience toute sensation est à la fois *affective* et *représentative* : « elle se partage en quelque sorte entre le sujet et l'objet ; elle fait, par la qualité sensible, toute la réalité de l'objet, mais c'est par ce qu'il y a en elle d'affectif qu'elle appartient au sujet » (J. Lachelier). On distingue couramment les *sensations représentatives* à prédominance cognitive (couleurs, formes ; sons ; impressions tactiles de contact, de palpation et de manipulation) et les *sensations affectives* à prédominance subjective (odeurs, saveurs ; sensibilité thermique, algique, cénesthésie, sensibilité kinesthésique, etc.)

2. *Hist. a*) c'est à Aristote que remonte la première grande théorie de la sensation comme « acte commun du sentant et du senti » et point de départ de tout le processus de la connaissance. Il réagissait ainsi à la dépréciation platonicienne de la sensation relativement à la « vision » directe de l'idée (*noêsis*). La tradition aristotélicienne aboutira à la formule revendiquée par l'empirisme de Locke : « Il n'est rien dans l'esprit qui n'ait d'abord été dans les sens » et à la réplique de Leibniz « si ce n'est l'esprit lui-même ». V. Associationnisme, Intellectualisme ; *b*) dans la position cartésienne du sujet (*cogito**), la sensation n'offre plus à l'esprit qu'une image* et contribue à une représentation* dont la philosophie de la connaissance doit établir le rapport à la réalité objective extérieure. V. Idéalisme, Réalisme, Reflet ; *c*) les philosophes contemporains de la perception contestent le caractère élémentaire de la sensation comme fait premier : elle ne serait que le résultat d'une analyse théorique abstraite. V. théorie de la forme* (*Gestaltheorie*), Phénoménologie, Prégnance.

Sensibilité (lat. *sensibilitas*, de *sensibilis*, qui tombe sous le sens).

1. *Physio. a*) syn. *excitabilité*, propriété des tissus vivants de réagir de manière spécifique aux excitants extérieurs ; ex. la sensibilité d'un muscle au courant électrique ; *b*) acuité d'un sens ; ex. la sensibilité de l'ouïe.

2. *Psy., Psy physio. a*) fonction psychophysiologique par laquelle le sujet éprouve soit des sensations ou représentatives ou affectives, soit des impressions de plaisir ou de douleur. On distingue la *sensibilité intéroceptive** (faim, soif, etc.) liée aux viscères, d'abord prépondérante ; la *sensibilité proprioceptive** centrée sur les muscles, sur des articulations (position des membres, contrôle des attitudes, équilibration, marche, formation du schéma corporel) ; la sensibilité *extéroceptive* tournée vers le monde extérieur, qui recueille les sensations du dehors et qui prend finalement le pas sur les deux autres ; *b*) faculté d'éprouver des émotions ou des sentiments, des états agréables ou désagréables, de prendre conscience de tendances, d'inclinations, de passions ; en ce sens on dit plutôt aujourd'hui affectivité*.

3. *Hist. (Crit.)* Chez Kant, sous le terme de sensibilité (*Sinnlichkeit*) il faut distinguer « la capacité de recevoir (la réceptivité) des représentations des objets grâce à la manière dont ils nous affectent » et qui fournit les *intuitions empiriques* ou *sensibles* constituant la *sensation* ou *matière* du phénomène et, d'autre part, la *forme* ou *intuitions pures* de la sensibilité qui ordonnent cette matière, c.-à-d. les formes *a priori* de la connaissance par les sens, à savoir l'espace et le temps (*R. pure*, Esth. I). V. Forme, Intuition, Matière, Phénomène. La sensibilité a été longtemps considérée comme le critère qui distinguait le corps organisé, la vie, de la matière dite inanimée. Or la théorie cartésienne des animaux-machines aboutissait à refuser la sensibilité aux animaux : la question de l'âme des bêtes sera constamment reprise au XVIIe et au XVIIIe siècles. Le fondateur de la physiologie, Haller, introduit la notion d'irritabilité* musculaire comme première manifestation de la sensibilité, donc de la vie. Afin de rétablir la continuité de l'échelle des êtres, tout un courant matérialiste depuis La Mettrie fait de la sensibilité une propriété générale de la matière (ex. Diderot dans le *Rêve de d'Alembert* : « Depuis l'éléphant jusqu'au puceron, depuis le puceron jusqu'à la molécule sensible et vivante, pas un point de la nature entière qui ne souffre ou qui ne jouisse »).

4. *Esth.* Dans la littérature et dans les arts, on appelle ainsi la place et la forme que prend l'expression des sentiments et des émotions selon les époques, les styles ou les artistes. Ex. la sensibilité du XVIIIe s. avec le drame bourgeois de Diderot et les tableaux de Greuze ; la sensibilité romantique de Chateaubriand. La sensibilité d'une époque, d'un artiste, implique une certaine appréhension poétique du monde : « Objets inanimés, avez-vous donc une âme qui s'attache à notre âme et nous force d'aimer » (Lamartine). Dans le jugement esthétique, la sensibilité se dégrade en « sensiblerie » et en « sentimentalisme ».

Sensible (lat. *sensibilis*, qui tombe sous le sens, de *sentire*, percevoir par les sens, sentir).

1. *Psy.* 1) au sens passif (opp. intelligible) : *a*) qui peut être perçu par les sens, ex. les qualités sensibles ; ext. qui appartient aux sens ; *b*) assez intense pour être ressenti, ex. le *minimum sensible* ; 2) au sens actif : *a*) capable d'éprouver des sensations, du plaisir et de la douleur, ex. les animaux sont des êtres sensibles ; *b*) qui a de la facilité à éprouver des émotions, des sentiments forts, ex. un enfant sensible.

2. *Hist. a*) chez Aristote et les scolastiques, on distingue les *sensibles propres*, ceux qui sont particuliers à chaque sens (couleur, sons, etc.) et les *sensibles communs* à plusieurs sens, ex. toutes les déterminations de l'étendue, figure et mouvement ; *b*) chez Pascal, ce qui est saisissable par intuition* (qu'il appelle souvent cœur) : « Le cœur sent qu'il y a trois dimensions dans l'espace [...]. Les principes se sentent, les propositions se concluent » (*P.* 282). « Dieu sensible au cœur, non à la raison » (*Ibid.* 278).

Sensitif

Physio. Qui peut éprouver des sensations ou qui sert à les éprouver, ex. l'appareil sensitif, les nerfs sensitifs.

Sensoriel

Physio. Qui concerne les sens externes, ex. les organes sensoriels.

Sensorium (mot lat.).

1. *Sensorium commun.* Organe supposé être le centre de toutes les sensations dans la tradition aristotélicienne, v. Sens commun.

2. *Sensorium Dei.* L'expression désigne, chez Newton, l'espace et le temps absolus.

Sensualisme

Crit. Doctrine qui prétend expliquer tout le processus de la connaissance, y compris l'apparition successive des facultés de connaissances, à partir des sensations et de leur transformation. Le terme a d'abord été appliqué à la fin du XVIIIe s. au *Traité des sensations* de Condillac. Ce terme polémique par le rapprochement avec « sensualité » suggérait un matérialisme contraire à la pensée de Condillac qui était spiritualiste. Il est parfois utilisé, à tort, comme syn. d'empirisme.

Sentiment (de sentir, du lat. *sentire*, percevoir).

Terme dont l'emploi est très variable :

1. Façon de comprendre, opinion, avis qui peut être plus ou moins argumenté. Ex. donner son sentiment sur un projet d'urbanisme.

2. Capacité à être ému. Syn. sensibilité.

3. Tout état affectif ; ex. un sentiment d'horreur, de pitié, etc. Plus particulièrement, état affectif stable (opp. émotion) et relativement modéré (opp. passion).

4. Morales du sentiment : on appelle ainsi des doctrines morales diverses fondées sur la sympathie*, sur une connaissance intuitive du bien et du mal (sens moral*).

Série (lat. *series*, file, suite, rangée, enchaînement).
Épist. Suite de termes ordonnés suivant une loi, sp. en mathématiques, ex. les séries convergentes.

Sérieux (lat. *serius*, sérieux, en parlant des choses).
1. *Mor.* Syn. grave, ctr. léger, s'applique aux personnes pour désigner celui qui sait donner de l'importance aux choses qui le méritent, ou bien aux choses pour désigner cette importance : « Le sérieux, c'est la volonté d'engagement total, sans duperie comme sans avarice » (E. Mounier). « Le sérieux est dans l'individu sa partie sensible et vulnérable, la chose à quoi il tient » (Amiel).
2. *Exist. Esprit de sérieux* (Sartre, Merleau-Ponty, Simone de Beauvoir) : péj. attitude inauthentique d'esprit faite de conformisme et de conservatisme « qui réside dans la substantification rassurante et chosiste des valeurs » (Sartre) et écarte l'*angoisse* qu'engendre la conscience de la liberté, v. Absurde.

Serf, servage (lat. *servus,* esclave).
Soc. État de totale dépendance économique dans lequel un homme (serf), tout en conservant ses droits essentiels d'être humain, a aliéné à perpétuité ses services et son travail au profit de son maître et de sa famille (*servus glebae*), en restant attaché à la terre de celui-ci ; *dist.* esclavage*.

Seuil (dér. du lat. *solum*, la partie la plus basse d'un objet, sol).
Psy. Seuil de perception : valeur minimale de l'excitation à partir de laquelle la sensation apparaît, change ou disparaît. Pour chaque catégorie de sensation (audition, vision, etc.), on distingue le *seuil absolu*, qui est la grandeur de l'excitation minimale susceptible de la provoquer et le *seuil différentiel*, qui est la grandeur minimale de l'excitation à ajouter pour que le sujet, par rapport à une sensation donnée, discerne un changement ; ces deux types de seuils varient autour d'une moyenne selon les individus et selon l'état psychophysiologique de chacun d'eux. V. loi de Fechner* et loi de Weber*.

Sexualité (néol. fin XIXe s. du lat. *sexualis*, de *sexus*, sexe, peut-être de *secare*, séparer).
1. *Bio.* Tout ce qui concerne la reproduction sexuée des espèces animales et végétales, c'est-à-dire impliquant dans l'espèce la distinction d'individus mâles et d'individus femelles.
2. *Psy., Soc.* Tout comportement individuel ou social en rapport avec la fonction de reproduction ou avec le plaisir sexuel relève de la sexualité humaine. La littérature mondiale témoigne de son importance. Schopenhauer disait qu'elle était « le grand secret » auquel tout le monde pense. La sexualité apparaît inséparablement psychique, biologique et sociale.
3. *Psychan. Sexualité infantile.* Freud découvre la sexualité infantile comme une pluralité de pulsions* très antérieures à la fonction biologique de reproduction.

L'activité sexuelle dite « normale » de l'adulte, loin de manifester une exigence « naturelle » plus ou moins admise socialement, est comprise comme l'aboutissement d'une organisation des pulsions* dites *partielles* tout au long d'une évolution psychique complexe depuis la toute première enfance. La sexualité de chaque individu a donc toute une histoire ou, si l'on veut, une préhistoire. Là encore, Freud s'oppose à la conception habituelle qui attribue à la sexualité une orientation instinctive prédéterminée vers un objet. À partir de leur source, de leur origine corporelle (*zone* érogène* buccale, anale, génitale), les pulsions sexuelles sont caractérisées par leur grande variété quant au *but* (mode de satisfaction) et par la *contingence* de leur objet. Elle se satisfait d'abord en empruntant l'objet (le sein maternel) à une pulsion d'autoconservation (la faim). Mais quand cet « étayage » disparaît, qu'elle a perdu son objet « naturel », elle cherche à se satisfaire au niveau de la zone érogène (par ex. le suçotement). Les *Trois essais sur la théorie de la sexualité* (1905) proposent une organisation progressive des pulsions sexuelles, passant par trois stades, chacun caractérisé par la prédominance puis le déclin des zones érogènes : stade *oral*, étayé sur la fonction de nutrition d'où resteront des fantasmes d'incorporation (manger, être mangé) ; stade *anal* (étayé sur la fonction d'excrétion : expulsion, rétention) dans lequel s'opposent nettement activité et passivité, fantasmes sadiques et masochistes ; dernier stade *phallique*, dans lequel l'organisation sexuelle tombe sous le primat des organes génitaux ou plus exactement de l'organe mâle. Il correspond au développement du complexe* d'Œdipe* et du complexe de castration (avoir un phallus ou être châtré, opposition du masculin et du féminin). Ainsi conçus dans une histoire individuelle extrêmement complexe, la sexualité humaine, l'amour humain, ont, avec Freud, une richesse de significations dont ne pourrait rendre compte le recours traditionnel à un instinct. V. Pansexualisme, Pulsion, Psychanalyse, Inconscient, Latence.

Sexuel (lat. *sexualis* de *sexus*, sexe).

1. Qui a rapport au sexe biologiquement, mais aussi psychologiquement, socialement ou politiquement. *Identité sexuelle* : conscience qu'un individu prend dans une société donnée de sa féminité ou de sa masculinité. *Pulsion sexuelle*, v. Pulsion, Sexualité.

2. *Psy., Soc., Mor., Pol. Différence sexuelle*. Pour reprendre un titre célèbre de Simone de Beauvoir, le « deuxième sexe » est-il un sexe second, c'est-à-dire naturellement « subordonné », selon un destin biologiquement déterminé ? Le développement des connaissances historiques, sociologiques et même ethnologiques, mais aussi les conceptions psychanalytiques de la sexualité*, ont montré la très grande variété de la perception de la différence sexuelle, la diversité du statut de la femme. Dans une société moderne qui se veut démocratique, comment l'exigence d'égalité peut-elle interpréter la différence sexuelle en termes juridiques, politiques, professionnels ? V. Féminisme. Faut-il aller plus loin et faire de la différence sexuelle une instance critique qui remettrait en question l'expression d'une pensée qui se croit universelle parce que masculine ?

Signal (lat. *signalis*, qui sert de signe, *signum*).
Psy. a) forme de signe avertisseur, geste ou symbole, qui déclenche ou doit déclencher, gén. automatiquement, une certaine conduite ; ex. le signal du départ ; les signaux de la circulation ; *b*) dans la *psychologie du comportement*, syn. de *stimulus* ou d'excitant dont le corrélatif est la réponse ; *c*) dans le montage de *réflexes* conditionnés*, perception associée artificiellement à la perception naturelle qui déclenche la réponse et la provoque comme elle ; ex. le son de la cloche qui devient par lui-même signal de la nourriture pour un chien conditionné à ce son quand il a accompagné régulièrement la vue de l'aliment.

Signe (lat. *signum*, marque, signe, empreinte).
Psy. a) *signes naturels* : perception actuelle d'un phénomène sensible qui nous fait affirmer la présence d'un phénomène ou d'un objet non actuellement perçu ; ex. il n'y a pas de fumée sans feu ; le cri entendu lié à l'existence d'un être humain ou d'un animal. Il en est de même pour toutes les expressions affectives spontanées (pâleur, rougeur, agitation, sourire, rire, etc.) ; *b*) *signes intentionnels* : tout moyen conscient et volontaire de communiquer (gestes, mimique*, langage*, etc.), le contenu de la communication pouvant être la transmission d'une information, d'un ordre, etc. (message) ; parmi ces signes, on peut distinguer des signes de signification évidente ; ex. pointer l'index dans une direction déterminée, et des signes d'institution ou conventionnels, qui ne sont compris que par les membres d'une sphère linguistique donnée, ex. les *langues réelles*, ou par les détenteurs d'un certain code : ex. les *langages artificiels* (morse, écriture Braille, langage des sourds-muets, etc.), auxquels on peut rattacher les signes matériels de ce code : chiffres et symboles de l'arithmétique et de l'algèbre. V. Signifiant, signifié.

Signifiant, signifié (du lat. *significare*, indiquer par signe, faire comprendre).
Ling. Participe présent et passé de « signifier » substantivés par Saussure (1881). Celui-ci, contrairement à la conception classique qui définit le langage comme la désignation des choses par des mots, définit le *signe linguistique* comme l'union d'un concept et d'une image acoustique, c.-à-d. qu'il lie indissolublement entre elles deux réalités psychiques : le son est la face signifiante, le concept la face signifiée, l'ensemble formant le signe et la pensée étant le recto d'une feuille dont le son est le verso ; ex. *arbor, tree, Baum* : « On oublie que si *arbor* est appelé signe, ce n'est qu'en tant qu'il porte le concept « arbre », de telle sorte que l'idée de la partie sensorielle implique celle du total [...]. Nous proposons de conserver le mot signe pour désigner le total et de remplacer *concept* et *image acoustique* par *signifié* et *signifiant* ». V. Langue, Linguistique.

Signification (lat. *significatio*, action d'indiquer, de signifier, *significare*).

1. *Psy.* Interprétation : *a*) soit des signes naturels, que l'expérience et l'habitude rendent immédiate : « Tout se passe [...] comme si les significations étaient données avec les choses qui les supportent : ceci est un obstacle, cela est un outil, ceci est de la nourriture, cela est un abri. Dans l'attitude quotidienne et naïve, nous apercevons beaucoup moins des choses que des significations » (J. Gérard) ; *b*) soit des messages écrits par autrui.

2. *Phén.* Toute perception ou comportement implique une relation de signification du sujet avec le milieu : structure spatio-temporelle de l'environnement, position du corps* propre, disposition affective, etc. : « Percevoir, c'est toujours voir une signification et non des éléments d'une réalité physique. La relation entre les perceptions et les mouvements ne consiste pas en un processus de connexions causales, mais en une coordination de fonctions significatives » (G. Thines et A. Lempereur).

Similitude (lat. *similitudo*, de *similis*, semblable).

1. *Gén.* Terme plus fort que ressemblance, indiquant qu'il y a entre deux ou plusieurs choses des éléments qui les rapprochent de façon évidente et universelle.

2. *Math.* Propriété de deux ou plusieurs figures géométriques dont la configuration est str. semblable, c.-à-d. dont les éléments ont le même rapport de grandeur et de forme les uns par rapport aux autres et ne diffèrent que par l'échelle (plus grande ou plus petite que la figure de référence) : « L'idée de la similitude, c.-à-d. de la ressemblance de deux figures qui ne diffèrent que par l'échelle sur laquelle elles sont construites, doit certainement être mise au nombre des données de l'intuition immédiate » (A. Cournot).

Simple (lat. *simplex*, opp. *concretum*, composé).

1. *Méta.* Ce qui est indivisible ; partie ou élément au-delà duquel l'analyse ne peut remonter ; *cf.* le troisième précepte de la méthode de Descartes : « Conduire par ordre mes pensées, en commençant par les objets les plus simples et les plus aisés à connaître, pour monter peu à peu comme par degrés jusqu'à la connaissance des plus composés » (*Méth.* II).

2. *Hist. (Méta.)* *a*) chez Descartes, *natures simples* : « Nous n'appelons simples que celles dont la connaissance est si claire et si distincte que l'esprit ne les puisse diviser en un plus grand nombre dont la connaissance soit plus distincte : tels sont la figure, l'étendue et le mouvement » (*Reg.* XII) ; *b*) chez Leibniz, *simplicité des monades* : « La monade [...] n'est autre chose qu'une substance *simple*, qui entre dans les composés ; simple, c.-à-d., sans parties » (*Mon.* I).

3. *Épist.* Qui, à un niveau déterminé, est indécomposable ; ex. les corps simples de la chimie.

4. *Vulg.* On prendra garde que l'emploi de « simple » au sens, devenu courant, de facile à comprendre, facile à faire, introduit beaucoup de confusion.

Simulation (lat. *simulatio*, simulation, faux-semblant, de *simulare*, rendre semblable, reproduire).
Soc., Psy. soc., Éco., Tech. Construction d'un *modèle** analogue à un objet réel ou à une situation réelle en vue d'étudier les variables en jeu : ex. la simulation d'une bataille militaire sur une boîte à sable ; les jeux* d'entreprise ; la conduite automobile en cabine statique devant un projecteur cinématographique, etc.

Singularité (lat. *singularitas*, le fait d'être unique ; unicité).
Mor. La personnalité propre d'un individu* : « Au fond de toute conscience, il y a une singularité que je dois respecter » (R. Le Senne).

Singulier (lat. *singularis*, unique, seul).
1. *Gén.* Qui désigne ou représente un individu.
2. *Log.* Qui s'applique à un sujet unique, ex. Socrate. *Dist.* particulier, c.-à-d. « quelques ».

Situation (du lat. médiéval *situare*, de *situs*, position, situation).
1. *Hist. (Méta.)* Une des dix *catégories** d'Aristote (gr. *keisthai*, lat. *situm esse*), accident qui désigne la disposition des parties d'un corps dans un lieu ; ex. être couché, être assis.
2. *Soc.* Syn. *milieu social*, qui engendre des relations de divers types entre les individus et les groupes.
3. *Exist.* *L'être-en-situation* : caractérise le *pour-soi* en tant qu'il est responsable de sa manière d'être, ce qui résulte du fait qu'il est un existant au milieu d'autres existants, ce milieu représentant des dangers, des obstacles, des aides, c.-à-d. une *condition* humaine*. Cette situation doit être assumée, quelle qu'elle soit, et dans ses limites, il n'y a pas de déterminisme, « l'homme est libre, l'homme est liberté » (Sartre).

Snobisme (de l'ang. *snob*, peut-être abréviation du lat. *sine nobilitate*, sans noblesse, qui désignait les « roturiers » inscrits à l'université de Cambridge).
Psy. soc. Attitude affectée d'admiration et d'imitation générale de « ce qui se fait dans la haute société » de neuf et de hors du commun, afin de se distinguer et de se valoriser pour soi et pour les autres.

Sociable, sociabilité (lat. *sociabilis*).
1. *Psy., Soc.* Un individu, un groupe est dit sociable quand il se plaît à vivre en société, à entretenir des échanges nombreux et de toutes sortes. Une des manifestations remarquables de la sociabilité est la *conversation* (ex. historique des salons parisiens du XVIIIe s.). V. Politesse.
2. *Anthr., Hist.* Aptitude naturelle attribuée à l'homme de vivre en société. Aristote définit l'homme comme animal apte à vivre dans une cité (*zôon politikon*, animal politique). Le stoïcisme a insisté sur la sociabilité universelle naturelle à l'être humain (cosmopolitisme*). Pour les théoriciens du droit naturel, l'homme est sociable en tant qu'être doué de raison et cette sociabilité est mise en œuvre par le contrat social. Cependant Hobbes avait supposé à

l'état de nature une *insociabilité* primitive (la guerre de tous contre tous). Chez Rousseau, la bonté naturelle n'implique pas la sociabilité qui est acquise (v. Perfectibilité). Kant admet une ambivalence, une « insociable sociabilité » qui préfigure la lutte des consciences de soi pour la reconnaissance* dans la dialectique hégélienne. Les phénoménologues contemporains décrivent diversement le « nous », « l'être avec », le « pour autrui » comme une dimension essentielle de la conscience* de soi, du *Dasein**.

Social (lat. *socialis* de *socius*, allié, terme répandu depuis le milieu du XVIIIe s.).

1. *Gén.* Qui se rapporte à la vie des êtres vivants en société. Ex. le comportement des abeilles. V. Éthologie. Quand il s'agit de l'homme, le sens se confond avec celui de politique. Ex. le contrat social selon J.-J. Rousseau, qui fonde la souveraineté populaire. Selon A. Comte, la spécificité du *phénomène social* « tient à l'action des individus les uns sur les autres, singulièrement compliquée dans l'espèce humaine par l'action de chaque génération sur celle qui la suit » (*Cours*, 2e leçon).

2. *Soc.* L'usage de différencier social et politique s'établit au cours du XIXe s. La *question sociale* naît des conflits souvent violents entre les classes* sociales lors du développement du capitalisme* (par ex. en France les journées de juin 1848). Or les choix seulement politiques des partis républicain, légitimiste, orléaniste n'apportaient aucune réponse à cette question. V. Paupérisme.

Socialisation (néol. vers 1840, Pecqueur).

Psy., Soc. La socialisation décrit un processus qui consiste à inculquer à un individu, et d'abord à un enfant, des comportements adaptés à une société, à un groupe social donné. Le but est d'intérioriser un ensemble de valeurs et de règles en usant d'un minimum de sanctions externes dans le domaine politique (civisme*), intellectuel (apprentissage de la langue), professionnel (le chômage compromet la socialisation). V. Acculturation, Éducation.

Socialisme (de l'ang. *socialism*, Owen, 1822).

1. *Hist.* D'origine anglaise, le terme est introduit en fr. par les saint-simoniens et par Lamennais en 1831, pour s'opposer à « l'individualisme » résultant des droits et libertés introduits par la Révolution. Le terme est propagé par Pierre Leroux (1779-1871). Par une critique très vive de la *ploutocratie**, du capitalisme* et du libéralisme*, il retourne dans le sens du progrès de l'humanité la thèse contre-révolutionnaire de la subordination de l'individu au tout de la société. Le terme s'applique au milieu du XIXe s. au fouriérisme, au saint-simonisme*, au proudhonisme, à toute remise en cause du droit de propriété et du rôle de l'État dans l'économie.

2. *Pol.* Depuis la fin du XIXe s., le socialisme est associé à une critique marxiste du libéralisme économique, et aux conséquences qui peuvent en être tirées dans l'action politique. Une distinction s'établit entre une conception révolutionnaire et un *réformisme** qui accepte pour l'essentiel les règles de la démocratie libérale (social-démocratie). Après 1920 (congrès de Tours), la distinction devient tranchée entre le socialisme et le communisme, qui préconise l'action révolutionnaire et la dictature du prolétariat.

Société (lat. *societas*, association, de *socius*, associé, allié, compagnon).

1. *Gén.* Au sens large, désigne tout ensemble d'individus unis en fait par des rapports déterminés et des services mutuels ; en ce sens, le terme s'applique aux collectivités animales régies par l'instinct et l'hérédité ; ex. les sociétés d'abeilles, de termites.

2. *Société et communauté**. L'expression de *société conviviale* dans laquelle les relations affectives se substituent aux relations juridiques, d'abord opposée à la *société industrielle*, est souvent syn. de communauté.

3. *Société civile*. Dans les *Principes de la philosophie du droit* (1821), Hegel appelle ainsi, par opp. à la société politique (l'État) représentant l'intérêt général, la société économique représentant l'ensemble des intérêts privés.

4. *Éco. Sociétés industrielles* : types de société et de civilisation dans lesquels prédomine, même dans l'agriculture, le travail de caractère industriel exécuté presque exclusivement par des machines, l'usage de l'outil et de la force musculaire devenant marginal par rapport à la production machiniste. Raymond Aron la caractérise par quatre traits : activité productrice extérieure au cadre familial *(salariat*)* : concentration de la main-d'œuvre ; accumulation du capital et visée de la croissance ; rationalisation* économique ; v. Secteurs* économiques. *Sociétés post-industrielles* : sociétés contemporaines qui privilégient l'économie de services (secteur tertiaire), l'information, le développement des connaissances théoriques et techniques.

Socinien, socinianisme (du nom du théologien Fausto Sozzini ou Socinius).

Rel. Hérésie établie d'abord en Pologne au début du XVIIe s. Elle refuse le dogme de la Trinité divine au nom de la raison, et en ce qui concerne la grâce, adopte un pélagianisme*. Répandu dans toute l'Europe, le socinianisme a été souvent pris au sens de critique rationaliste des dogmes de l'Église et même des institutions sociales traditionnelles.

Sociobiologie (néol. d'origine anglo-saxonne, 1948).

Épist. Recherche systématique, d'inspiration néo-darwinienne, des bases biologiques des comportements animaux ou humains. V. Biologisme, Darwinisme social.

Sociodrame (terme créé par l'Américain J. L. Moreno).

Psy. soc., Soc. Méthode exploratoire et thérapeutique qui utilise une représentation théâtrale improvisée sur un thème donné pour étudier les relations qui se forment entre les groupes et les idéologies collectives ; le but est de réduire les tensions entre groupes et d'accroître, en conséquence, la productivité d'un groupe de travail ; *dist.* le psychodrame*, qui vise une catharsis* individuelle.

Sociogramme, sociométrie (termes créés par l'Américain J. L. Moreno).

Psy. soc. La *sociométrie* ou mesure des liens sociaux est une méthode qui a pour objet de révéler les affinités et les répulsions entre les personnes appartenant à un groupe* restreint (ex. les ouvriers d'un même atelier ou les employés d'un même service). Ce *questionnaire* ou *test* sociométrique fait apparaître un réseau d'attractions et de répulsions, de choix et de rejets qu'on traite statistiquement et qu'on peut représenter *graphiquement*, pour constituer, d'une part, le *sociogramme du groupe* (structure, *leader*, noyaux, chaînes d'interactions, etc.), d'autre part, le *sociogramme individuel*, qui représente sa « personnalité sociale » (comment il *se perçoit*, comment il croit être perçu par les autres, comment il l'est effectivement, comment il perçoit les autres).

Sociolinguistique (néol. du milieu du XXe s.).

Épist. Étude de la langue considérée comme un fait social, des corrélations entre les phénomènes linguistiques et les groupes sociaux, en particulier dans leur évolution historique. Cette conception conduit à faire de la linguistique une branche de la sociologie.

Sociologie (terme formé en 1824 par A. Comte, à partir du lat. *socius*, compagnon, allié et du gr. *logos*, science).

1. *Épist.* Une des principales sciences humaines qui a pour objet l'étude des phénomènes sociaux. Toute définition plus précise engagerait des choix doctrinaux. La sociologie présente une grande diversité de théories générales, de méthodes, d'objectifs, et s'applique à des domaines très variés et à différents niveaux de réalité sociale, de l'évolution entière de l'humanité à un milieu social très limité dans le temps et l'espace. D'autre part la sociologie, dès son origine, prend à son compte les résultats et les méthodes de la plupart des sciences humaines, en particulier de l'histoire et de l'ethnologie, mais aussi de l'économie et de la démographie qui ont par ailleurs leur propre développement. Cette diversité, irréductible semble-t-il, de points de vue et de recoupements favorise l'emploi de l'expression plurielle de *sciences sociales* (mal distinguées d'ailleurs des sciences politiques).

2. *Hist. a*) sans remonter jusqu'à la très remarquable *Politique* d'Aristote, la sociologie semble être issue à la fin du XVIIIe s. du grand mouvement de critique des institutions politiques, juridiques et religieuses traditionnelles (en France Montesquieu, Rousseau, Mably, Condorcet) mais aussi (on l'oublie trop souvent) de la critique des principes et des résultats de la Révolution française (pensée contre-révolutionnaire de Burke, Bonald, Maistre) ainsi que des philosophies sociales plus ou moins utopiques du début du XIXe s. (en particulier le saint-simonisme* et sa physique sociale). Il y a donc d'emblée une grande diversité de sources ; *b*) lorsque Auguste Comte impose le terme qu'il a créé dans son *Cours de philosophie positive* (1839), il en fait la dernière des sciences fondamentales classées par complexité progressive des phénomènes étudiés (v. Classification), la dernière donc à accéder à une pleine positivité. Il écarte par là toute mathématisation des faits sociaux (par ex. la mathématique sociale de Condorcet, la « physique sociale » du statisticien belge Quetelet). Surtout il exclut la psychologie des sciences positives et avec lui la sociologie prétend être l'unique science de l'homme ; *c*) en France, à la fin du XIXe s., É. Durkheim et ses disciples reprennent et développent le projet d'Auguste Comte avec tous les acquis des études historiques et ethnographiques. Ils insistent sur la positivité, le déterminisme, l'objectivité de la sociologie (les faits sociaux doivent être traités « comme des choses ») en défendant la spécificité du fait social à l'encontre du point de vue psychologique sur les évolutions sociales, défendu alors par Tarde (v. Imitation) ou par Le Bon (v. Foule). Les durkheimiens, longtemps dominants en France, ont été accusés de sociologisme* ; *d*) les conceptions évolutionnistes du philosophe Spencer et du biologiste Darwin ont fourni des idées directrices, des modèles de *dynamique* sociale* (expression de Comte au sens de philosophie de l'histoire) dans de multiples recherches en sciences sociales. V. Biologisme, Organicisme, Sociobiologie. Il en est de même dans de très nombreuses études qui s'appuient sur une interprétation dialectique et matérialiste de type marxiste (en France, de nos jours, P. Bourdieu ; en Allemagne, école de Francfort). L'apport de conceptions sociologiques de portée plus limitée n'en est pas moins considérable. Citons Alexis de Tocqueville : *La Démocratie en Amérique* (1840) et Max Weber : *Éthique protestante et capitalisme* (1904).

Sociologisme (néol., 1933).

Épist. Réduction de toutes les sciences humaines, de la morale, de la religion, à la seule sociologie, qui échapperait donc elle-même à tout réductionnisme*. Le sociologisme a été reproché à Durkheim et à ses disciples (« une théorie dogmatique de la conscience collective », L. Brunschvicg). Plus généralement, toute théorie sociologique qui ne tient pas compte de l'importance des décisions des individus et de leur capacité d'innovation dans les interactions sociales peut être taxée de sociologisme.

Socratiques

Hist. On désigne par ce nom tous les philosophes qui ont entendu poursuivre l'enseignement de Socrate : Platon, Xénophon, Aristote, mais aussi les *mégariques** (Euclide), les *cyniques** (Antisthène, Diogène), les *cyrénaïques** (Aristippe).

Solidarisme (mot créé en 1907 par L. Bourgeois).

Mor. Doctrine morale et sociale qui insiste sur la réciprocité des devoirs entre les individus (et aussi les nations). Elle préconise coopération et mutualité.

Solidarité (dér. du lat. *solidus*, massif, consistant).

1. *Dr.* Le fait pour les débiteurs d'être « obligés à une même chose, de manière que chacun puisse être contraint pour la totalité, et que le paiement fait par un seul libère les autres envers le créancier » (C.C., 1200).

2. *Biol.* Dépendance réciproque des éléments dans un organisme.

3. *Soc.* Syn. *cohésion sociale*, consistance interne d'un groupe social. Durkheim a distingué la *solidarité mécanique*, caractéristique des sociétés peu différenciées, qui repose sur les ressemblances entre les composants et le consensus des consciences, et la *solidarité organique*, créée par la division du travail, qui repose sur les différences des fonctions et leur interdépendance ; dans la première, le droit est surtout répressif, dans la seconde, il devient coopératif et rend l'individu plus indépendant.
4. *Mor.* Devoir résultant soit de la dépendance d'une génération à l'égard des précédentes, envers qui elle se reconnaît une dette, soit de l'interdépendance actuelle des individus, qui prennent conscience de leurs obligations réciproques en tant que membres d'un même corps ; ex. un acte de solidarité.

Solipsisme (du mot lat. *solus*, seul et d'*ipse*, lui-même).
Méta. Terme de polémique : conséquence extrême attribuée à l'idéalisme philosophique ; le philosophe ne reconnaîtrait plus d'autre existence que celle de sa propre pensée individuelle et n'accéderait à aucune autre réalité, à aucun autre moi. Ce pourrait être aussi la conséquence ultime du doute sceptique.

Soma (mot gr. : *sôma*, corps).
Biol. (Weissmann). Ensemble des tissus constitutifs d'un organisme qui n'interviennent pas dans la transmission héréditaire (os, muscles, nerfs, peau, etc.), et qui ne sont susceptibles que d'une adaptation limitée (autoréparation, pigmentation de la peau) ; opp. *germen**.

Somatique (gr. *sômatikos*, corporel).
Biol. a) qui concerne le corps, opp. psychique ; *b*) qui concerne le *soma* par opposition au *germen* ; v. Weissmannisme.

Somnambulisme (comp. du lat. *sommus*, sommeil, et *ambulare*, se promener : marcher pendant le sommeil).
Psy. path. État second caractérisé par un comportement moteur automatique et inconscient d'un sujet pendant le sommeil : le sujet se lève, marche, parle ou écrit mais à son réveil ne se souvient de rien. On distingue le *somnambulisme naturel* ou *spontané*, qui se rencontre chez des enfants, des préadolescents, et le *somnambulisme artificiel* ou *provoqué*, forme de l'hypnose au cours de laquelle il est possible de converser avec le sujet.

Sondage d'opinion (dér. de sonde, anglo-saxon *sund*, mer, élément de *sundgyrd*, perche pour sonder).
Psy. soc., Soc. Anal. avec les procédés de sondages médicaux, géophysiques, atmosphériques, etc., méthode d'investigation ayant pour objet de déterminer, pour un moment donné, l'état de l'opinion publique. V. Échantillonnage, Questionnaire.

Sophisme (gr. *sophisma*, habileté, invention ingénieuse ; sophisme ; de *sophos*, habile, sage).
Log. Raisonnement spécieux et captieux se présentant avec les apparences de la vérité et fait avec l'intention de tromper ou de créer un embarras, une antinomie ; ex. le sophisme du *menteur**, le sorite* du tas. V. Paradoxe.

Sophiste (gr. *sophistês*, homme habile, sage, plus tard professeur).

1. *Hist.* Professionnel de l'éducation qui, dans la Grèce du ve s. avant notre ère, se targuait d'apprendre aux jeunes gens à bien gérer leur vie privée et publique. Socrate a d'abord passé pour un sophiste. Ils sont considérés comme des imposteurs dans la tradition proprement philosophique : « Le sophiste est un homme qui tire un profit pécuniaire d'une sagesse apparente et non réelle » (Aristote). De nos jours, des historiens ont réhabilité les Sophistes en montrant leur rôle dans la diffusion du rationalisme dans la vie intellectuelle, sociale, politique des cités grecques.

2. *Vulg.* S'applique à tout homme qui, par un raisonnement séduisant mais spécieux, cherche à convaincre son interlocuteur ou son auditoire.

Sophistique, subst. et adj. (gr. *sophistikê*, s.e. *technê*, l'art des sophistes, la sophistique).

Subst. **1.** *Hist.* Ensemble des doctrines professées par des penseurs grecs de l'époque socratique, dont les principaux furent Protagoras et Gorgias, interlocuteurs de Socrate dans les dialogues de Platon. **2.** *Log.* Partie de la logique qui traite de l'élucidation des sophismes.

Adj. Qui a le caractère d'un sophisme : ex. un raisonnement sophistique.

Sorite (gr. *sôritês* ou *sôreitês*, de *sôros*, tas).

Log. (gr. *sôreitês sullogismos* ou *o sôreitês*). Litt. genre de raisonnement fondé sur une accumulation de prémisses, dit aussi *polysyllogisme**, dans lequel l'attribut de la première proposition devient sujet de la seconde, l'attribut de la seconde sujet de la troisième, etc., et qui unit le sujet de la première et l'attribut de la dernière ; il est de la forme : tout A est B, or tout B est C, or tout C est D…, donc tout A est D ; ex. le sorite du renard (raisonnement que lui prête Montaigne) : de ce que la rivière fait du bruit, le renard tire qu'elle remue, donc qu'elle n'est pas gelée, donc qu'elle est liquide, donc qu'elle ne peut le porter. *Sorite ou sophisme du tas* : combien faut-il de grains de blé pour faire un tas ? Quel que soit le nombre proposé comme réponse, il en résulte qu'il ne faut qu'un grain de blé pour faire un tas ; ex. si je dis qu'il en faut dix, dix forment un tas, mais neuf grains ne sont pas un tas, donc il ne faut qu'un grain pour faire un tas, etc.

Souci (du verbe soucier, du lat. *sollicitare*, remuer fortement).

1. *Vulg.* Inquiétude, anxiété. Se soucier de quelque chose est y porter intérêt, en prendre soin. M. Foucault a opposé la sagesse antique, qui est souci de soi, à la morale chrétienne, qui est oubli de soi.

2. *Phén.* Dans l'analytique existentiale de Heidegger, le souci (all. *Sorge*, terme emprunté au *Faust* de Goethe) est l'être même du *Dasein**, sa structure profonde, originaire, révélée dans son authenticité par la tonalité affective de l'angoisse*. Le souci est la manifestation de la temporalité et de la finitude d'un *Dasein* (par opp. à la position classique du Moi comme substance).

Souhait (d'un mot gallo-romain, d'après le francique *hait*, vœu).
Psychan. Traduction plus exacte que « désir » pour l'all. *Wunsch* dans les textes de Freud : ex. le rêve comme réalisation d'un souhait. V. Désir.

Souvenir (verbe employé subst., du lat. *subvenire* : *sub mentem venire*, revenir à l'esprit).
Psy. *a*) tout ce qui du passé revient à l'esprit, par évocation spontanée ou rappel volontaire, est reconnu comme passé par la conscience et le plus souvent rapporté par le sujet à un moment déterminé de ce passé (reconnaissance* et localisation*) ; *b*) chez Bergson, opposition de la *mémoire-souvenir* à la *mémoire-habitude* ; v. Mémoire ; *c*) *Psychan.* *Souvenir-écran* : souvenir d'enfance d'apparence insignifiante qui s'interpose entre la conscience actuelle et un traumatisme ancien. Comme le symptôme, il est une formation de compromis qui masque et révèle à la fois des situations réelles ou fantasmatiques refoulées.

Souverain, souveraineté, subst. et adj. (lat. médiéval *superanus*, dér. de *super*, au-dessus).
Subst. *Pol.* Se dit de la personne individuelle ou collective à laquelle appartient en droit le pouvoir, de laquelle tous dépendent et qui ne dépend de qui que ce soit : « Cette personne publique, qui se forme ainsi par l'union de toutes les autres, prenait autrefois le nom de *cité*, et prend maintenant celui de *république* ou de *corps politique*, lequel est appelé par ses membres *État* quand il est passif, *souverain* quand il est actif, *puissance* en le comparant à ses semblables » (Rousseau, *Du contrat social*, I, VI). Se dit aussi d'un monarque constitutionnel qui, même s'il ne possède pas la pleine souveraineté, la représente.
Adj. **1.** *Pol.* *a*) qui détient en droit l'autorité suprême ; ex. le pouvoir souverain de Louis XIV ; *b*) ce qui, dans un domaine donné, a une indépendance absolue ; ex. le jury est souverain dans les examens et les concours. **2.** *Mor.* *Le souverain bien*, v. Bien.

Spatial, spatialité (du lat. *spatium*, parcours, étendue, espace).
1. *Gén.* Qui appartient ou qui est relatif à l'espace.
2. *Phén.* (Husserl, Merleau-Ponty). La *spatialité* désigne l'*espace vécu* par un homme ou un animal, opp. l'espace géométrique ou physique, objet de mesure scientifique : elle est le fondement de toute relation du *corps* propre* avec lui-même et avec son environnement et la condition de toute perception et de tout mouvement (proche et lointain, haut et bas, droite et gauche, etc.) ; v. Schéma* corporel, Sensibilité* proprioceptive* et extéroceptive*.
3. *Psy. path.* On observe divers troubles de la spatialité dans de nombreuses psychopathies (cécité psychique, agnosies, manie, mélancolie, schizophrénie, états hallucinatoires, agoraphobie et claustrophobie).

Spécial (lat. *spécialis*, de *species*, espèce).
Log. Qui concerne l'*espèce logique* par opp. au *genre*. Se dit de quelque chose dont l'*extension* est comprise dans celle du genre : *dist.* la relation *général-spécial*

(genre-espèce) de la relation *universel-particulier* : ex. le losange est spécial par rapport au parallélogramme. V. Espèce, Extension, Genre.

Spécieux (lat. *speciosus*, de *species*, aspect, apparence, beauté).

1. *Log.* Qui a belle apparence mais qui est trompeur ou mensonger ; ex. un raisonnement spécieux.

2. *Hist., Math., Phil.* Aux XVIIe et XVIIIe siècles, s'applique à l'arithmétique en tant qu'elle utilise comme signes des lettres et non des chiffres, c.-à-d. à l'algèbre (Viète) ; on a dit aussi « la spécieuse », *cf. Spécieuse* ou *caractéristique universelle* (Leibniz). V. Caractéristique.

Spécificité, spécifique (lat. scol. *specificus*, c.-à-d. *faciens speciem*, qui détermine l'espèce).

1. *Psy. physio. Spécificité des sens* (Müller) : les nerfs conducteurs, de quelque manière qu'ils soient excités (excitant extérieur, choc, électricité, etc.), donnent toujours lieu à la même sensation.

2. *Épist., Phil.* Caractère de ce qui est spécifique, c.-à-d. qui appartient en propre à une espèce et qui la distingue des autres espèces du même genre (opp. *générique*, qui appartient au genre) ; ex. la spécificité de la biologie par rapport aux sciences physico-chimiques.

3. *Log. Différence spécifique* : v. Définition.

Spectacle (lat. *spectaculum*, de *spectare*, regarder).

1. *Gén.* Tout ce qui se présente au regard, attire l'attention, que ce soit volontairement ou non. Le spectacle peut être naturel ou artificiel, fortuit ou provoqué.

2. *Esth. Arts du spectacle.* Arts qui impliquent une représentation devant une assemblée de spectateurs (« public ») : le théâtre, le cinéma, la danse, le cirque, etc. L'époque contemporaine a multiplié les occasions de spectacle (présentations de modes, expositions d'œuvres d'art dans les musées, etc.). L'importance du rôle des organisateurs de spectacles (metteurs en scène, conservateurs de musée) s'accroît considérablement, au détriment peut-être du jugement esthétique porté directement sur l'œuvre d'art.

3. *Soc. Société du spectacle.* Platon avait remarqué le caractère attractif de tout spectacle pour les hommes. Sous l'Empire romain, les masses populaires n'avaient d'autres besoins que du pain et les spectacles du cirque (*panem et circenses*). Selon certains auteurs (Guy Debord), les sociétés contemporaines industrielles ou postindustrielles (v. Industrialisation) deviennent, au plus grand profit des pouvoirs politiques et économiques, des sociétés du spectacle dans lesquelles l'image se substitue à l'idée, l'émotion à la pensée, l'expectative à l'action.

Spéculation (lat. *speculatio*, action d'observer, *speculari*, trad. du gr. *theôria*).

1. *Gén.* Activité intellectuelle désintéressée, c.-à-d. visant à la seule connaissance sans préoccupation d'ordre pratique. Parfois syn. métaphysique.

2. *Hist. (Crit.) a*) chez Kant, recherche ayant pour objet ce qui est inaccessible à l'expérience humaine : « Le but final auquel se rapporte la spéculation dans l'usage transcendantal concerne trois objets : la liberté de la volonté, l'immortalité de l'âme et l'existence de Dieu » (*R. pure*, Méth., II, I). V. Métaphysique ; *b*) chez Hegel, le terme de spéculatif signifie « positivement rationnel » ; loin d'être abstrait, il s'enrichit de toutes les médiations dialectiques, et la spéculation signifie la connaissance dialectique quand elle unifie vérité objective et certitude subjective. Elle est concrète en ce qu'elle contient dans une totalité les oppositions auxquelles en restait l'entendement kantien. Ainsi entendue, la spéculation philosophique est capable de rendre compte des spéculations mystiques et de l'expérience religieuse.

3. *Vulg. a*) péj. réflexion non vérifiable, dont la valeur ne peut par conséquent être établie et qui apparaît comme une pure vue de l'esprit ; *b*) attitude de celui qui effectue une opération financière seulement en vue d'une hausse ou d'une baisse des cours de la bourse.

Spiritisme (du lat. *spiritus*, souffle, vent ; vie, esprit).
Parapsy. Théorie et pratique d'après laquelle les esprits des morts survivraient sous une forme matérielle ténue et pourraient entrer en communication avec les vivants dans des circonstances particulières et not. grâce à l'action de médiums*.

Spiritualisme

1. « Toute doctrine qui reconnaît l'indépendance et la primauté de l'esprit, c'est-à-dire de la pensée consciente » (Lalande). Opp. matérialisme. Ne pas confondre avec idéalisme*, car le spiritualisme peut reconnaître l'existence en soi d'une substance matérielle.

2. *Hist. Spiritualisme français*. Tradition philosophique du XIXe s. qui va de Maine de Biran à Victor Cousin et son école, à Ravaisson, Lachelier et Bergson. Il se distingue à la fois de l'idéologie* condillacienne et de l'idéalisme allemand. Il affirme la libre initiative de l'esprit indépendamment du déterminisme physique et reconnaît l'âme comme cause sinon comme substance : il admet l'existence de Dieu et l'immortalité de l'âme, même s'il n'adhère pas aux dogmes d'une Église et voit dans l'analyse psychologique la possibilité d'accéder à la métaphysique.

Spirituel (lat. *spiritualis* de *spiritus,* esprit).

1. *Psy.* Qui se rapporte à l'esprit par opp. au corps. Syn. intellectuel. Opp. matériel, corporel.

2. *Rel.* Qui se rapporte à la vie de l'âme, dans un sens religieux (ex. aspirations spirituelles). Syn. religieux. (ex. musique spirituelle). *Pouvoir spirituel* : pouvoir de l'Église et de son chef le Pape par opp. au pouvoir temporel (celui de l'État). Substantivé : le spirituel.

3. *Esth.* Forme de comique qui provoque le sourire plutôt que le rire, qui joue sur le rapprochement inattendu de mots et d'idées. Le spirituel est satirique, ironique, mais avec légèreté, avec concision, rapidité et peut rester allusif, réservé parfois à un milieu cultivé. Ex. « Mirabeau était capable de tout pour de l'argent, même d'une bonne action » (Rivarol). Les *mots d'esprit*, les *hommes d'esprit* ont été particulièrement nombreux dans les salons parisiens de la fin du XVIIIe s.

Spleen (mot ang., en fr. depuis Voltaire et Diderot, du gr. *splên*, rate, humeur noire).

Esth. Sentiment d'ennui profond, d'allongement démesuré du temps. Baudelaire en a fait une caractéristique de la modernité (*cf.* « Spleen et idéal » dans *Les Fleurs du mal* : « J'ai plus de souvenir que si j'avais mille ans »).

Spinozisme (Spinoza, 1632-1677).

1. L'œuvre principale de Spinoza, posthume, est l'*Éthique* qui promet une « joie continue et suprême pour l'éternité » (« Nous savons et nous faisons l'épreuve que nous sommes éternels », *Éthique* V, prop. 23). Or cette *Éthique* se présente comme « démontrée à la manière des géomètres » (*more geometrico*), comme un système d'un rationalisme intégral d'inspiration cartésienne. À cet égard, elle est restée comme une des œuvres les plus fascinantes de l'histoire de la philosophie et sans cesse commentée à nouveau. Ce système récuse toute transcendance, toute création divine, tout libre arbitre, tout finalisme et identifie physique et théologie rationnelle (*Deus sive natura*).

2. Vite étiqueté comme panthéisme*, c'est-à-dire pour les Églises comme un athéisme*, le spinozisme a retenu l'intérêt des « philosophes » du XVIIIe s., bien qu'il ait été encore mal connu. C'est à son propos qu'a été posée la fameuse question : un athée peut-il être vertueux ? Diderot se réclame du spinozisme pour développer un matérialisme qui accorde la sensibilité à la matière (article « spinoziste » de l'*Encyclopédie*).

3. Un certain spinozisme, détaché de toute méthode mathématique, est repris en Allemagne par Herder, Goethe, autour du thème d'une substance unique, dans une philosophie romantique paradoxalement vitaliste et idéaliste de la nature (Schelling).

Spontané, spontanéité (lat. *spontaneus*, spontané, de l'adv. *sponte*, de son propre mouvement, de sa propre nature, naturellement).

1. *Gén.* (opp. provoqué). Ce que l'agent fait de sa propre initiative sans l'intervention d'une impulsion externe, soit physique, soit morale, *dist.* libre : les actes de l'instinct sont spontanés mais soumis au déterminisme.

2. *Psy.* (opp. réfléchi). Ce qui n'implique aucun recours de la conscience sur elle-même ; ex. l'attention spontanée, la conscience spontanée.

3. *Hist. (Crit.)* Chez Kant, désigne l'activité de l'esprit dans la connaissance : « Nous désignons sous le nom de sensibilité la capacité qu'a notre esprit de recevoir des représentations, en tant qu'il est affecté de quelque manière ; par opp. à cette réceptivité*, la faculté que nous avons de produire nous-mêmes des représentations, ou la spontanéité de notre connaissance, s'appelle entendement » (*R. pure*, Log. I.). V. Sensibilité, Entendement.

Sport (mot ang. signifiant jeu, amusement, emprunté au vieux fr. *desport*, de l'ancien verbe *se déporter* signifiant s'amuser).

Péd. Exercice physique pratiqué soit librement, soit sous forme de jeu aux règles strictes ; soit individuellement, soit le plus souvent collectivement (compétition), considéré comme essentiel à l'éducation physique et également important pour la formation morale, l'athlète étant dans « la triple obligation de se connaître, de se gouverner et de se vaincre » (B. Guillemain).

Stade, v. Sexualité.

Statique, adj. et subst. (gr. *statikos*, propre à arrêter ; à peser ; qui concerne l'équilibre des corps, d'*istanai*, placer, faire tenir).

Adj. **1.** *Gén.* (opp. *dynamique*) : qui concerne le repos ou l'équilibre. **2.** *Psy. Sens statique* : celui qui a son organe dans l'oreille interne et donne au sujet la sensation de verticalité, de rotation, d'équilibre, etc.

Subst. **1.** *Méc.* Partie de la mécanique qui a pour objet l'équilibre des forces agissant sur un corps en repos. **2.** *Soc. Statique sociale* : théorie des institutions (famille, religion, etc.). « L'ordre humain sous tous les aspects fondamentaux qui lui sont propres » (A. Comte). Par opp. à dynamique* sociale (évolution, progrès).

Statistique, subst. et adj. (dér. du lat. *status*, position, état ; forme de gouvernement, État).

Subst. *a*) autr. étude qualitative puis quantitative de ce qui concerne l'État (étendue, population, agriculture, industrie, commerce) ; *b*) auj. toute étude « qui a pour objet de recueillir et de coordonner des faits nombreux dans chaque espèce, de manière à obtenir des rapports numériques, sensiblement indépendants des anomalies du hasard et qui dénotent l'existence de causes régulières, dont l'action s'est combinée avec celle des causes fortuites » (A. Cournot). Les principales techniques de la statistique, qui fait appel au calcul des probabilités et à la loi des grands nombres, sont l'échantillonnage*, qui permet de constituer une distribution et un étalonnage* ; le calcul des corrélations*, qui sert à comparer deux échantillons ; l'analyse* factorielle*, qui recherche les facteurs communs à un groupe d'échantillons.

Adj. *Épist.* Qui utilise les procédés de la statistique ou qui s'applique à ses résultats ; ex. les *lois statistiques*. *Déterminisme* ou *loi statistique* : celui qui s'applique à un ensemble global de phénomènes ou qui en résulte ; ex. les mouvements des molécules d'un gaz. La connaissance et la prévision du détail sont, dans ce cas, impossibles, soit dans l'état de nos connaissances, soit, comme en microphysique, en raison des modifications qu'y introduisent nos moyens mêmes de connaissance ; v. Hasard, Indéterminisme, relations d'incertitude*.

Statut (lat. *status*, action de se tenir, *stare* : position, situation, état juridique).
Psy. soc., Soc. a) sens étroit, position qu'occupe un individu dans un groupe donné. Au sein des divers types de groupe auxquels appartient un individu (âge, sexe, famille, profession, Église, parti, situation ou classe sociale, etc.), il a un statut différent ayant ses règles et son rôle propre (d'où des possibilités de conflits), chacun d'eux se diversifiant à son tour (ex. le statut familial peut comprendre les statuts d'époux, de père de famille, d'éducateur, de pourvoyeur économique, etc.), un même homme passant sans cesse, d'un moment à l'autre, d'un statut à un autre ; v. Rôle ; *b*) sens large et gén., position de l'individu dans la société globale représentant la totalité de ses statuts et déterminant ses comportements à l'égard d'autrui et ceux d'autrui à son égard : « Le statut donne à l'individu la définition sociale de lui-même » (J. Stoetzel) ; en ce sens, il existe dans tout système social une hiérarchie de statuts, c.-à-d. une *stratification* sociale* (d'après la naissance, la richesse, la culture, la profession, etc.).

Statutaire (dér. de statut).
Dr. Droit statutaire : celui qui repose sur le *status*, c.-à-d. sur la situation des individus ou des groupes dans la hiérarchie sociale ou politique, opp. *droit contractuel*, fondé sur la volonté des intéressés.

Stéréotype (terme créé par W. Lippmann (1922) du gr. *stereos*, solide, et *tupos*, empreinte ; tire son sens des techniques de l'imprimerie dans lesquelles une plaque métallique semblable à celle du type original sert à l'impression en série).
Psy. soc., Soc. Clichés, images préconçues et figées, sommaires et tranchées, des choses et des êtres que se fait l'individu sous l'influence de son milieu social (famille, entourage, études, professions, fréquentations, *média de masse*, etc.), et qui déterminent à un plus ou moins grand degré ses manières de penser, de sentir et d'agir ; ex. le paysan pour le citadin, l'automobiliste pour le piéton, l'Allemand pour le Français (et réciproquement) ; tout groupe clos, si petit soit-il, a sur les autres des stéréotypes.

Stimulus (mot. lat. : aiguillon, pour exciter les bêtes).
Psy. physio, Psy. Syn. *excitant.* Dans la *psychologie du comportement*, événement extérieur ou intérieur à l'organisme produisant une excitation qui déclenche une réponse spécifique. Dans le montage du réflexe conditionné, on substitue au *stimulus naturel* un autre signal, le *stimulus conditionnel.*

Stochastique (gr. *stochastikos*, qui vise bien ; habile à conjecturer ; *ê stochastikê*, s.e. *technê*, l'art de conjecturer).
Épist. Syn. aléatoire*, se dit des phénomènes dont le détail relève du hasard, ex. la rencontre de deux molécules dans un gaz, et sur lesquels on ne peut énoncer que des probabilités fondées sur des *lois statistiques**.

Stoïcisme (du gr. *stoa*, portique sous lequel enseignait Zénon).
1. *Hist.* Une des principales écoles philosophiques de l'Antiquité, fondée par Zénon de Citium vers 300 av. J.-C. On distingue habituellement un Ancien

stoïcisme (Zénon, Cléanthe, Chrysippe) puis un Moyen stoïcisme, plus éclectique (éléments néo-platoniciens, aristotéliciens, orientaux) qui s'étend de la Syrie jusqu'à Rome (premier et deuxième siècles de notre ère), enfin un Nouveau stoïcisme propre à l'Empire romain (Sénèque, Épictète, Marc Aurèle). La cosmologie stoïcienne (v. Éternel retour), son dogmatisme, son rationalisme*, son providentialisme* (qui admettait présages et pratiques magiques), ont été combattus par les scepticismes*. Mais le stoïcisme a imposé l'idéal moral du sage qui sait distinguer ce qui dépend de lui de ce qui n'en dépend pas, son sens du devoir, la rectitude et la force de sa volonté, mais aussi sa maîtrise de soi, son impassibilité dans les pires tourments (ou son choix du suicide).

2. Cet idéal du sage était inacceptable pour le christianisme qui ne pouvait y voir qu'un orgueil insoutenable. Pourtant à l'âge classique, malgré les vives critiques des jansénistes et des moralistes comme La Rochefoucauld, les vertus stoïciennes ont été enseignées comme un complément ou un substitut profane, civique, de la morale chrétienne, particulièrement sous la Révolution et sous l'Empire (« souffre et meurs sans parler », A. de Vigny). De nos jours encore, la maîtrise de soi *stoïque*, souvent confondue avec la résignation, apparaît comme un modèle moral.

Stratégie (gr. *strategia* de *stratos*, armée et *agein*, mener, diriger).

Éco., Soc. Par anal. avec l'art de la guerre, choix des décisions les plus efficaces possibles et les plus rationnelles dans la compétition politique ou économique en tenant compte de l'ensemble des données et en vertu d'hypothèses sur le comportement des autres agents intéressés (théorie mathématique des jeux).

Stratification (lat. des alchimistes, *stratificatio*, de *stratum*, chose étendue).

Soc. Stratification sociale : hiérarchies des statuts* et des classes dans une société : « La stratification sociale, c'est l'étagement des conditions faites aux individus dans une société donnée, c.-à-d. la série des strates résultant des inégalités sociales, les individus d'une même strate se trouvant, approximativement, au même niveau » (J. Cazeneuve). Ces hiérarchies, d'une part, proviennent de la diversité des activités engendrées par la division du travail et de l'échelle des valeurs qui leur sont attachées (*statique sociale*, coopérations, consensus) ; elles impliquent, d'autre part, des inégalités génératrices de conflits (insatisfactions, insuffisance de *mobilité sociale*). La stratification sociale doit donc toujours être étudiée à la fois par rapport au système fonctionnel qui la définit à un moment donné et par rapport à l'évolution et aux modifications de ce système dont l'équilibre reste toujours provisoire.

Structuralisme

1. *Gén.* Dénomination générique des méthodes et conceptions théoriques dans de nombreuses disciplines (physique, biologie ; logique ; psychologie, linguistique, ethnologie) ayant pour caractère commun la recherche et la détermination des structures.

2. *Ling.* Syn. *méthode structurale* : méthode d'investigation inaugurée (avant la lettre) par le linguiste suisse F. de Saussure, qui pose, dans la langue, « la prédominance du système sur les éléments, vise à dégager la structure du système à travers les relations des éléments » (É. Benveniste). Définir la langue comme système, c'est poser que les éléments linguistiques ne lui préexistent pas et ne sont pas immédiatement donnés ; que ce qui les détermine, ce sont leurs différences et leurs oppositions ; que leur découverte ne fait qu'un avec celle de leurs relations mutuelles ; que la linguistique doit avoir pour objet non la description empirique des mots et du sens, mais cette abstraction qu'est le système et que c'est donc de ce dernier seulement que la science linguistique tire sa valeur explicative.
3. *Ethn.* Cette méthode, appliquée à l'ethnologie, not. à l'étude explicative des parentés et des mythes dans les sociétés dites archaïques, par Lévi-Strauss, part de l'hypothèse de travail selon laquelle la *structure sociale* est un *modèle** construit à partir de la réalité empirique observée et décrite par l'ethnographie (règles de parenté, mythologie, rituel, art, idéologies politiques, pratiques culinaires, classifications botaniques, etc.). Elle n'existe pas en soi mais par rapport aux éléments qu'elle réunit et dont elle explique les règles d'organisation et de transformation : ex. les *structures élémentaires* de la parenté ont pour fonction de déterminer quels conjoints sont interdits et de prescrire la catégorie d'individus à épouser selon les trois types de relations de parenté toujours donnés dans la société humaine : consanguinité, alliance et filiation. Elles font apparaître la signification profonde de la prohibition de l'inceste comme condition primordiale de l'échange qui peut être considéré comme une sorte de langage ou de communication. Ainsi l'hypothèse structuraliste est que, dans chaque société, les types d'arrangements matrimoniaux fixent les limites entre lesquelles jouent les choix individuels, les mobiles effectifs et les considérations économiques inconscientes. Toutes les structures sociales sont inconscientes et radicalement distinctes des explications conscientes que donnent d'elles les individus à qui elles s'imposent, et il semble qu'il n'y ait pas de place dans le structuralisme pour une philosophie du sujet. D'autre part, à l'instar de la linguistique saussurienne, l'ethnologie structuraliste, not. celle de Lévi-Strauss, sans nier l'intérêt du point de vue historique et évolutionniste (*diachronie*), prend pour point de départ l'*étude synchronique* des institutions pour en dégager le sens. Enfin le structuralisme implique une mathématisation du réel, toutefois tout à fait différente de celle qui est mise en œuvre en physique depuis Galilée, car elle n'est pas une quantification mais, utilisant les développements de la mathématique moderne (théorie des ensembles, théorie des groupes, topologie), elle soumet ses objets à des traitements non moins rigoureux que les procédés métriques ; v. Structure, Culture.

Structure (lat. *structura*, arrangement, disposition ; construction, maçonnerie ; de *struere*, disposer par couches, assembler, arranger, construire).

1. *Gén. a) la structure comme organisation et système* : tout ensemble d'éléments tel qu'on ne puisse définir la fonction ou la variation de l'un d'entre eux indépendamment de celle des autres ; ex. la structure de l'atome, d'un organisme, d'une société, le système que forme un vivant avec son milieu ; *b) la structure comme modèle* : les constructions de type mathématique destinées à rendre compte des variations d'un système en établissant des corrélations entre ces variables et par conséquent des hypothèses sur la nature du système ; ex., en économie, les modèles de marché à concurrence parfaite où l'on établit les variables caractéristiques, les corrélations générales et particulières.

2. *Psy. Cf. acception 1 a.* Dans la *théorie de la forme** (*Gestalttheorie*), la structure est la forme naissant de l'organisation et de la solidité des éléments qui la composent et qui ne prennent une signification que par leur participation à l'ensemble ; ex. si trois points sont disposés en ligne droite, ils sont perçus comme ligne droite ; si l'on en décale un vers le haut, le triangle s'impose à l'esprit ; de même étant donné une mélodie, l'altération d'une seule note la transforme, alors que tous les éléments pris chacun à chacun peuvent être transposés sans qu'elle paraisse modifiée.

3. *Ling., Ethn. Cf. acception 1 b.* Dans la conception *structuraliste*, la structure suppose une pluralité d'ensembles qui sont comme des variantes dont elle est la règle de variabilité, comme le produit d'une combinatoire. Ces ensembles ne sont pas de l'ordre de la réalité empirique, ils sont construits comme modèles intermédiaires entre les relations observables et la structure proprement dite qui leur donne sens ; le sens n'est pas lisible dans le vécu et n'apparaît que dans le jeu des structures. La structure, qui n'est saisissable que dans ses produits, ses effets, n'est pas une *forme*, laquelle « se définit par son opposition à une *matière* qui lui est étrangère ; mais la structure n'a pas de contenu distinct ; elle est le contenu même, appréhendé dans une organisation logique conçue comme propriété du réel » (Lévi-Strauss). Elle se présente avec les caractères suivants : « En premier lieu, une structure offre un caractère de système. Elle consiste en éléments tels qu'une modification quelconque de l'un entraîne une modification de tous les autres. En second lieu, tout modèle appartient à un groupe de transformations dont chacun correspond à un modèle de même famille [...]. Troisièmement, les propriétés indiquées cidessus permettent de prévoir de quelle façon régulière réagira le modèle en cas de modification d'un de ses éléments. Enfin, le modèle doit être construit de telle façon que son fonctionnement puisse rendre compte de tous les faits observés » (*Id.*). Ex. *les structures élémentaires de la parenté*, constituées en systèmes par l'ethnologue à partir des données de l'ethnographie, font apparaître en des régions du monde très éloignées et des sociétés très différentes des régularités qui s'en déduisent rigoureusement ; v. Structuralisme.

4. *Éco.* Dans la *théorie marxiste, la structure économique*, base d'une société, est faite des *rapports de production** ou rapports sociaux engendrés dans cette société par le mode de production et le développement déterminé, à un moment de l'histoire, des *forces productives* matérielles : « L'ensemble de ces rapports de production constitue la structure économique de la société, la base réelle sur quoi s'élève une superstructure* juridique et politique à laquelle correspondent des formes de conscience sociale déterminées » (Marx) ; v. Infrastructure.

Style (lat. *stilus*, poinçon pour écrire sur des tablettes enduites de cire, avec influence du gr. *stulos*, colonne).

1. *Gén.* Manière de s'exprimer, d'agir, de penser, de parler, d'écrire, caractéristique d'une personne, d'un groupe, d'une époque. Le plus souvent, le style ne concerne que la forme, et non le contenu, mais un style de pensée ou d'action implique une démarche intellectuelle, une fin déterminée.

2. *Rhét.* En rhétorique, Cicéron distinguait le style simple, le style tempéré, le style soutenu ou sublime selon le sujet traité et les personnes à qui on s'adresse. Une discordance entre le sujet et le style donne un effet burlesque*.

3. *Esth.* Un mouvement artistique à une époque donnée est caractérisé dans tous les arts, y compris les arts décoratifs (ameublement), par un « ensemble cohérent de formes unies par une convenance réciproque » (H. Focillon, *La Vie des formes*). Chaque style (style gothique*, classique*, baroque*, etc.) évolue selon une « logique » qui lui est propre et avec de nombreuses variantes dues à la personnalité des artistes.

Subalternes (Propositions) (lat. *subalternus*, qui est dans un certain rapport logique de subordination).

Log. form. Se dit des propositions ayant même sujet et même attribut mais opposées par la quantité, soit *universelle affirmative* à *particulière affirmative*, soit *universelle négative à particulière négative*, du type : tout A est B, quelque A est B, ou : nul A n'est B, quelque A n'est pas B. dans les *propositions subalternes*, de la vérité de l'universelle on déduit logiquement la vérité de la particulière, mais non réciproquement ; v. tableau des oppositions*. Ces deux formes d'*inférences* immédiates* sont les types les plus simples et le principe de tous les raisonnements *a fortiori**, le premier de la preuve *a fortiori*, le second de la réfutation *a fortiori*.

Subconscient (lat. *sub* au sens de sous).

Le mot a été répandu en France par Pierre Janet pour s'opposer aux conceptions freudiennes de l'inconscient. Son emploi est maintenant surtout littéraire.

Subcontraires (Propositions) (lat. scol. *subcontrarius*, en raison de sa position dans le tableau des oppositions*).

Log. form. Se dit de deux propositions particulières ayant même sujet et même attribut dont l'une est affirmative : quelque A est B, l'autre négative :

quelque A n'est pas B. Deux *propositions subcontraires* peuvent être toutes deux vraies mais non pas toutes deux fausses : de la fausseté de l'une on conclut à la vérité de l'autre, mais de la vérité de l'une on ne peut rien conclure pour l'autre.

Subjectif (lat. *subjectivus*, qui se rapporte au sujet, *subjectum*).

1. *Psy.* *a*) qui appartient au sujet en tant qu'être conscient ; ex. l'émotion est un phénomène subjectif ; *b*) qui concerne le sujet pensant et relève de l'expérience interne, syn. mental, opp. objectif ; ex. la *psychologie* subjective* qui procède par introspection*, c.-à-d. qui porte sur les données de la conscience comme telle.

2. *Vulg.* Syn. individuel, personnel, souvent péj., qui voit les choses d'un point de vue purement personnel, inspiré par son affectivité, ses goûts, ses habitudes propres, ses préférences : « Ce qui est subjectif, c'est ce qui est isolé dans le sujet pensant, dans le moi, et à quoi les semblables ne font pas écho » (Alain).

3. *Hist.* Chez Kant *a*) *Crit.* qui se rapporte au *sujet transcendantal*, c.-à-d. à l'entendement humain, opp. choses en soi : « L'espace et le temps, comme conditions nécessaires de toute expérience, sont des conditions purement subjectives de notre intuition » (*R. pure*, Esth. § 8) ; *b*) *Mor.* (opp. objectif) ce qui est valable pour le seul sujet : « Des principes pratiques sont subjectifs, ou constituent des maximes, quand ce qu'ils stipulent n'est considéré par le sujet comme valable que pour sa propre volonté ; objectifs [...], quand cette stipulation est reconnue pour valable par la volonté de tout être raisonnable » (*R. pr.*, I, I).

Subjectivisme (de subjectif au sens d'individuel).

Crit. Terme péj. : *a*) manque d'objectivité dans une recherche d'ordre scientifique, dans un jugement moral ou esthétique ; *b*) se dit d'une doctrine morale ou esthétique qui fait reposer l'appréciation des valeurs sur des choix individuels. Ne pas confondre avec idéalisme*.

Subjectivité

1. *Gén.* Caractère de ce qui appartient au sujet ou s'y rapporte, et ceci en un double sens : *a*) au sens d'un moi singulier : ensemble des phénomènes psychiques, expérience interne ou *subjectivité empirique* propre à un individu et qui relève d'une psychologie dite subjective ; *b*) au sens où sujet est corrélatif d'objet*. Toute objectivité* implique une subjectivité qui la pense comme telle. Dans la philosophie critique kantienne, la *subjectivité transcendantale* est l'ensemble des conditions de *toute* expérience possible, donc de la connaissance objective des phénomènes.

2. *Hist.* *Métaphysique de la subjectivité* : on appelle ainsi la continuité historique des philosophies qui, depuis la position cartésienne du *cogito*, ont centré leur problématique sur la notion de sujet, même si elles ne sont pas à strictement parler des idéalismes.

Sublimation (lat. *sublimatio* : en chimie ou alchimie, condensation dans la partie haute d'une cornue des parties volatiles d'une substance sèche sous l'action de la chaleur.).

Psychan. Il y a sublimation quand l'énergie des pulsions sexuelles est mise au service d'activités qui ont une valeur sociale reconnue (création intellectuelle et artistique, religion, travail, jeu, etc.). Accroître la capacité de sublimation est un des buts de la cure psychanalytique. « On nomme cette capacité d'échanger le but sexuel originaire contre un autre but qui n'est plus sexuel, mais qui lui est psychiquement apparenté, capacité de sublimation » (Freud). Un exemple d'analyse de la sublimation est donné dans *Un souvenir d'enfance de Léonard de Vinci* (1910).

Sublime (lat. *sublimis*, suspendu dans les airs, élevé ; grand, sublime).

1. *Vulg.* Syn. de très élevé, de noble (style sublime) et souvent simple superlatif de beau. Parfois pris au sens de surhumain : ex. un acte d'héroïsme sublime.

2. *Rhét.* Le style sublime, grandiose, emphatique des orateurs orientaux (*asianisme*) est opposé classiquement à l'*atticisme* des orateurs qui recherchent l'élégance, la sobrité, la concision.

3. *Esth. a*) le *Traité du sublime* d'un auteur inconnu du Ier siècle de notre ère (« pseudo Longin ») traduit par N. Boileau (1674) met l'accent sur la force de l'inspiration, les nobles passions, la « divine folie » du poète déjà évoquée par Platon dans le *Phèdre*, mais il ne distingue pas beau et sublime ; *b*) la distinction de deux catégories esthétiques, celles du beau et du sublime apparaît avec l'anglais Burke (*Sur l'origine des idées de beau et de sublime*, 1756). Le sentiment du sublime naît de « tout ce qui est terrible, où relève des chose terribles » (la démesure, l'infini, les ténèbres, le vide, l'informe, etc.) ; *c*) Kant reprend et approfondit l'opposition du beau et du sublime : le sublime est ressenti à partir d'un conflit entre la sensibilité et la raison (et non d'un libre accord entre la sensibilité et l'entendement comme dans le cas du beau), d'un sentiment de plaisir et d'effroi devant une grandeur qui paraît incommensurable (*sublime mathématique*, ex. la grande pyramide) ou devant un spectacle de bouleversements naturels qui suscite le sentiment de la fragilité humaine (*sublime dynamique*, ex. une tempête qui est un spectacle et non une menace directe). L'émotion du sublime pour un être doué de raison comme l'homme, mais frappé de finitude, se situe aux confins de l'esthétique et de l'éthique ; *d*) l'analyse kantienne du sublime est reprise diversement par Schiller, Schelling, Schopenhauer. Hegel fait du sublime la caractéristique de la première phase dialectique de l'histoire générale de l'art, celle de l'art oriental incapable de représenter l'infini divin dans la finitude de l'œuvre ; *e*) l'art et la littérature romantiques du XIXe s. se sont fréquemment réclamés du sublime (sublime religieux, sublime de la nature, sublime de l'héroïsme guerrier). Peut-être faudrait-il rattacher au sublime la tentative de l'art du XXe s. d'aller au-delà de la représentation, de représenter l'irreprésentable.

Subliminal (comp. du lat. *sub.*, sous, et *limen*, seuil).
Psy. a) qui est au-dessous du seuil de la conscience ; ex. le *moi subliminal* ; *b*) syn. de subconscient.

Subsomption (du lat. scol. *subsumere*).
1. *Épist.* Opération qui consiste à subsumer, c.-à-d. à faire rentrer un individu dans une espèce ou une espèce dans un genre, ou un fait sous une loi.
2. *Crit.* Opération qui rattache le particulier à l'universel ; chez Kant, acte par lequel l'imagination applique les *catégories* ou concepts purs de l'entendement à l'intuition sensible pour lui conférer une unité synthétique nécessaire à la connaissance objective.

Substance (lat. *substantia*, dér. de *substare*, se tenir dessous).
Le mot lat. *substantia* correspond à trois mots gr. : *ousia* (traduit aussi être*, essence*), *hupostasis* (qui a donné en fr. hypostase*) et *hupokeimenon* (ce qui est placé au-dessous) qui correspond d'autre part au latin *subjectum* (sujet*). V. aussi Suppôt. L'emploi de ces termes est variable selon les auteurs et les traducteurs.
1. *Vulg. a*) matière dont un corps quelconque est formé : ex une substance solide, visqueuse ; *b*) aliment nourrissant (ex repas substantiel) ; *c*) le contenu principal d'un exposé, d'un livre : « en substance » est syn. de « pour l'essentiel ».
2. *Méta. a*) opp. accident qualité, attribut, ce qui est *en soi*, réalité permanente qui sert de support (*substrat*) aux accidents, qualités ou attributs : « Parce qu'entre les choses créées quelques-unes sont de telle nature qu'elles ne peuvent exister sans quelques autres, nous les distinguons de celles qui n'ont besoin que du concours ordinaire de Dieu, en nommant celles-ci des substances, et celles-là des qualités ou attributs de ces substances » (Descartes, *Pr.* 1, 51) ; str. donc seul Dieu est substance, ce qu'explique l'acception suivante ; *b*) ce qui est *par soi* : « Lorsque nous concevons la substance, nous concevons une chose qui existe en telle façon qu'elle n'a besoin que de soi-même pour exister [...]. À proprement parler, il n'y a que Dieu qui soit tel » (*Ibid.*). C'est, en rigueur, la définition *moniste** de Spinoza : « Par substance, j'entends ce qui est en soi et est conçu par soi, c.-à-d. dont le concept n'a pas besoin du concept d'une autre chose dont il doive être formé » (*Éth.*, 1, définition 3).
3. *Hist. a*) *Méta.* chez Aristote, la substance est la *catégorie** première sans laquelle les autres ne peuvent être ; ex. il ne peut exister de blanc sans une chose qui soit blanche : « C'est la substance qui est absolument première, à la fois logiquement dans l'ordre de la connaissance et selon le temps. En effet, d'une part, aucune des autres catégories n'existe à l'état séparé, mais seulement la substance. D'autre part, elle est aussi première logiquement, car dans la définition de chaque être est nécessairement contenue celle de sa substance » (*Méta.* Z. I). *Substance première* (*ousia prôtê*) et *substance seconde* (*ousia deutera*) (Aristote, les scolastiques) : est *substance première* l'être individuel

en tant qu'il est le sujet immédiat (*prôtos*) dont il affirme ou nie tel ou tel prédicat et qui n'est lui-même prédicat d'aucun sujet ; ex. Socrate, cet arbre. Est *substance seconde* le type général qui par abstraction peut être secondairement le sujet d'une proposition ; ex. l'arbre, l'homme ; mais elle n'est dite substance qu'anal., car l'universel, en rigueur, n'est pas substance ; *b*) *Crit.* chez Kant, 1) *concept a priori* ou *catégorie*, qui résulte, au titre de la *relation*, de la forme du jugement catégorique en tant qu'il consiste à affirmer ou à nier un prédicat d'un sujet ; il constitue dans son rapport avec l'accident la première des trois catégories de la *relation* (*R. pure.* Anal., 3e section, 10) ; 2) « Le schème de la substance est la permanence du réel dans le temps, c.-à-d. la représentation de ce réel comme d'un *substratum** de la détermination empirique du temps en général ; *substratum* qui demeure ainsi pendant que tout le reste change. Ce n'est pas le temps qui s'écoule, mais en lui l'existence du changeant » (*Ibid.*, I, II, ch. 1) ; d'où 3) le « principe de la permanence de la substance : la substance persiste au milieu du changement de tous les phénomènes, et sa quantité n'augmente ni ne diminue dans la nature » (*Ibid.*, 2e édition, ch. II, 3e section, 1re analogie de l'expérience).

Substantialisme (du lat. *substantialis*).

Méta. Doctrine qui admet l'existence d'une substance ou de substances et donc la réalité des choses en soi, opp. *phénoménisme*. G. Bachelard voit dans ce type de pensée un obstacle* épistémologique.

Substantialité (lat. eccl. *substantialitas*, caractère de ce qui est essentiel).

1. *Méta.* Caractère de ce qui est substance ou substantiel. Pour Kant, la substance de l'objet demeure sous le changement. Pour Bergson, « le changement n'a pas besoin de support », mais « nulle part la *substantialité* du changement n'est aussi visible, aussi palpable que dans le domaine de la vie intérieure ».

2. *Hist. (Crit.) Paralogisme de la substantialité* (Kant) : le premier des paralogismes de la raison pure, qui prétend conclure « du concept transcendantal du sujet, qui ne renferme point de diversité, à l'absolue unité de ce sujet lui-même » c.-à-d. à sa connaissance comme substance ou chose en soi » (*R. pure*, Dial., I, II, ch. 1). « Nous ne connaissons notre propre sujet que comme phénomène et non dans ce qu'il est en soi (*Ibid.*, Anal., I, II, ch. II, 2e section, 24).

Substantiel (lat. *substantialis*).

1. *Méta.* Qui est une substance ou qui a les caractères d'une substance.

2. *Hist. Forme substantielle*, v. Forme.

Substrat ou **substratum** (lat. *substratum*, p.p. de *substernere*, étendre sous).

1. *Méta.* La substance en tant qu'elle sert de support aux accidents ou attributs.

2. *Soc. Substrat social* (Durkheim) : base morphologique de la société consistant 1) dans la répartition des groupes sur le sol (géographie humaine) ; 2) dans les variations de volume et de densité de ces groupes : « La sociologie ne peut se désintéresser de ce qui constitue le *substrat* de la vie collective. »

Succession (lat. *successio*, action de succéder, de prendre la place, succession).
Crit. Relation de termes temporels qui se suivent d'une manière continue. Selon l'empirisme (not. chez Hume), aucune succession n'a un caractère de liaison nécessaire et objective, c.-à-d. de causalité*, la constance de certaines successions de phénomènes déterminant seulement sous l'effet de l'habitude une *nécessité subjective*. Selon le rationalisme (not. chez Kant), il y a lieu de distinguer la succession dans l'appréhension perceptive ou succession *subjective*, c.-à-d. ce fait que « l'appréhension du divers dans le phénomène est toujours successive » et la succession réelle ou *objective*, qui est « la succession dans le temps suivant la loi de causalité », selon « le concept du *rapport de la cause à l'effet*, c.-à-d. d'un rapport dont le premier terme détermine dans le temps le second comme sa conséquence » (*R. pure*, Anal., I, II, ch. II, 3ᵉ section, B).

Suggestibilité
Psy. Caractère ou état de l'individu qui est très accessible à la suggestion, c.-à-d. qui réagit à un signal (ordre ou objet) de façon machinale, sans la participation active de la volonté. Elle atteint son plus haut degré dans l'hypnose*.

Suggestion (lat. *suggestio*, action d'ajouter, suggestion).
1. *Psy.* Influence exercée, le plus souvent volontairement, par une personne sur une autre ou sur plusieurs autres par le moyen de la parole, du geste ou encore d'images et de scènes ; ex. la publicité par l'affichage, le cinéma ou la télévision qui tend par insinuation à faire partager une opinion, un sentiment, à provoquer un acte, sans que ceux qui la subissent en aient pleinement conscience ; v. Motivation, Propagande.
2. *Psy. path.* Dans le *somnambulisme provoqué* ou *hypnose**, « *obéissance involontaire* ou même automatique de la personne à l'idée qui lui a été suggérée » et « *impossibilité* où se trouve la personne de *ne pas faire* ou de *ne pas croire* ce qu'on lui a dit » (E. Boirac).

Suicide (comp. du lat. *sui* et *caedes*, meurtre de soi, formé sur le lat. *homicidum*, homicide).
1. *Mor.* Action de se donner volontairement la mort, gén. en vue d'échapper à une situation jugée intolérable. Un tel acte ne peut être qualifié de suicide qu'en considérant l'attention qui l'a fait accomplir ; la frontière est souvent difficile à fixer entre le suicide et le *sacrifice* et le même acte peut être diversement apprécié moralement selon les croyances, la religion, la civilisation, approuvé là (*kamikaze, hara-kiri*, veuves de l'Inde qui se jettent sur le bûcher funéraire de leur mari, bonzes qui se font brûler), condamnée ici : « Détruire dans sa propre personne le sujet de la moralité, c'est autant qu'il est en soi faire disparaître du monde la moralité même » (Kant).
2. *Soc.* La statistique établissant que le suicide est plus fréquent chez les célibataires que chez les gens mariés, dans les ménages sans enfants que dans les ménages avec enfants, chez les protestants que chez les catholiques, Durkheim

conclut que la fréquence des suicides dans une société « varie en raison inverse du degré d'intégration de la société religieuse, de la société domestique et de la société politique ». Halbwachs pense avoir établi que le facteur déterminant est surtout le type de civilisation et le mode de vie (rural ou citadin, etc.) sans exclure l'action des facteurs psychologiques, psychiatriques ou psychanalytiques.

Sui generis (lat. : de son genre).
Phil. Syn. spécifique (espèce) ou générique (genre).

Sujet (lat. *subjectum*, p.p. de *subjicere*, jeter en dessous, *cf. substantia* de *substare*, se tenir dessous).

1. *Log. form.* (opp. prédicat ou attribut). Le terme dont on affirme ou nie quelque chose ; ex. Socrate (sujet) est mortel (prédicat).

2. *Log. mod.* Le sujet comme variable dont le prédicat est fonction : « La logique moderne a été amenée à distinguer nettement ces deux éléments de la proposition ; un sujet et ce que l'on affirme de ce sujet ; comme on pourrait l'affirmer également d'un autre sujet, on est conduit à considérer ce sujet comme une variable x dont le prédicat est une fonction » (L. Couturat) ; v. Fonction propositionnelle.

3. *Méta.* (opp. attribut). L'être réel qui sert de substrat aux attributs : « Le sujet, c'est ce dont tout le reste s'affirme, et qui n'est plus lui-même affirmé d'autre chose » (Aristote, *Méta.*, Z, 3, 1028), syn. la substance*. D'où l'emploi paradoxal mais courant de « sujet » comme syn. d'objet (ex. : un sujet de plainte, le sujet d'un exposé).

4. *Crit., Psy.* L'esprit qui connaît, comme opposé à la chose connue ; ce sujet peut être entendu : *a*) soit comme sujet épistémologique ou sujet universel, c.-à-d. raison, le *cogito** de Descartes représentant non pas la pensée de l'individu Descartes, mais la pensée universelle identique en tout homme ; *b*) soit comme *sujet transcendantal**, qui n'est autre chez Kant que le *Je pense* et l'ensemble des lois et principes universels *a priori* de la pensée, dont le statut est défini par son activité législatrice dans l'acte de connaître, mais qui ne peut se connaître comme substance ou *moi nouménal* (v. Substantialité) ; *c*) soit, dans la phénoménologie* et l'existentialisme, comme *moi transcendantal*, source et « donation » du sens, quoique lui-même privé de sens, qui met le monde entre parenthèses (*épochè**) pour se découvrir comme conscience pure, dégagée du moi naturel et de la vie mentale, psychologique. *Philosophie du sujet* ou *de la conscience* : v. métaphysique de la subjectivité*.

5. *Psy.* En psy. expérimentale et en psy. path., l'individu (homme ou ext. animal) qui fait l'objet d'une observation ou d'une expérience ; ex. le sujet testé, le sujet hypnotisé.

6. *Pol.* L'individu en tant que soumis à l'autorité d'un souverain. Dans le contrat social, « les associés [...] prennent collectivement le nom de peuple et s'appellent en particulier citoyens, comme participant à l'autorité souveraine,

et sujets comme soumis aux lois de l'État » (Rousseau, *Du contrat social*, I, VI). Il en résulte un état de *sujétion*.
7. *Dr.* Celui qui possède un droit est dit sujet de ce droit.

Superstition (lat. *superstitio*, de *superstare*, se tenir en dessus).
Rel. Notion polémique désignant des croyances et des pratiques irrationnelles, issues de peurs infantiles et de restes de pensée magique qui vont au-delà de celles présentées par une religion jugée véritable et doivent en être distinguées nettement : « La religion honore les dieux, la superstition les outrage » (Sénèque). Mais chaque religion rejette dans la superstition les croyances et pratiques des autres religions : le christianisme celles du paganisme, le protestantisme celles du catholicisme, la religion naturelle du XVIIIe s. celles du christianisme, jusqu'à ce que l'athéisme réduise toute religion à une superstition.

Superstructure (comp. du lat. *structura*, structure, base, *et super*, en dessus, structure supérieure, terme forgé par Marx et Engels).
Soc. Selon Marx et Engels, les formes ou modes de production, à un moment de l'histoire, déterminent les rapports de production* ou base économique de tout régime de société. Cette structure de base engendre des structures qui se superposent à elle et que Marx et Engels appellent *superstructures*, à savoir droit, politique, religion, morale, art, philosophie, etc., dont l'ensemble constitue l'être social de l'individu et détermine sa conscience. Mais ce déterminisme n'est pas mécanique et linéaire ; les superstructures exercent une action dans leur propre domaine, et chacune sur les autres superstructures (ex. l'art et la religion sont en action réciproque), mais si elles subissent l'action de la base économique, elles la modifient aussi pour en être modifiées à leur tour selon un processus indéfini et complexe d'action et de réaction récurrente. Il reste que, selon le marxisme, les conditions économiques sont seules déterminantes, c.-à-d. qu'elles constituent, dans tous les cas, la dernière instance qui domine toutes les instances d'ordre idéologique ou superstructures (Engels, à J. Bloch, 21 sept. 1890) ; v. Infrastructure.

Suppôt (du lat. *suppositum*, placé sous).
Hist. Se disait autr. de la substance en tant qu'elle est considérée comme substance complète et individuelle douée d'une existence propre.

Surdétermination (correspond à l'all. *Überdeterminierung*).
Psychan. Une formation de l'inconscient (symptôme, image de rêve, etc.) peut renvoyer à une multiplicité de facteurs inconscients différents, selon des chaînes d'associations qui convergent et se recoupent. Le symptôme apparaît ainsi comme une résultante.

Surdité (lat. *surditas*).
Psy. path. Surdité verbale : incapacité de comprendre le sens des mots entendus, bien que l'audition soit matériellement normale. *Surdité musicale* : incapacité de reconnaître la hauteur des sons, leurs rapports et leur place sur l'échelle musicale. *Surdité psychique ou mentale* : incapacité générale

d'interpréter les bruits, les sons, de leur donner une signification perceptive et qui ne relève d'aucune cause organique. V. Aphasie.

Surhomme (all. *Übermensch*, terme que Nietzsche a repris de Goethe).

1. *Vulg.* Homme remarquable par sa supériorité sur le commun des hommes, soit par ses performances physiques et sa force de caractère (héros*) soit par ses capacités intellectuelles ou artistiques (génie*).

2. *Hist.* La notion de surhomme introduite par Nietzsche dans *Ainsi parlait Zarathoustra* a été très souvent interprétée dans un sens darwinien, nationaliste, raciste, que Nietzsche a récusé expressément dans *Ecce homo*. Le surhomme n'est pas déterminé biologiquement, il ne représente ni une espèce, ni une race, mais l'homme même en tant qu'il obéit à l'injonction : « Deviens ce que tu es ». « Je suis celui qui doit toujours se surmonter soi-même » (*Zarathoustra* II). Par opp. à la déchéance des « derniers hommes » affaiblis par les valeurs chrétiennes et les idées modernes, il a la volonté d'incarner « la puissance et la splendeur suprême, en soi possible, du type homme » (*Généalogie de la morale*). Mais il se distingue aussi de l'*homme supérieur*, souvent lui aussi nihiliste : « Jamais il n'y eut de surhomme » (*Zarathoustra* II, 2). Loin de constituer une nation ou une race, il est « l'individu souverain », « une conscience authentique de puissance et de liberté » (*Généalogie de la morale*, II, 2). En lui seulement la volonté* de puissance sera pleinement positive. Lui seul sera capable de supporter la pensée de l'éternel* retour.

Surmoi (all. *Überich*, terme crée par Freud).

Psychan. Dans la deuxième topique de Freud, le Surmoi est la troisième instance formée à partir du *Moi* pendant le déclin du complexe d'Œdipe* : « il résulte d'une identification au père de la préhistoire personnelle ». L'*idéal du Moi* en est un aspect essentiel. Mais le Surmoi correspond surtout à l'intériorisation des interdits, à la conscience morale : il observe, juge, condamne même le Moi (sentiment de culpabilité*). Il représente les valeurs sociales, culturelles, l'autorité du chef, du meneur (auquel dans une foule* s'identifie le Surmoi des membres de cette foule). Freud a insisté sur le danger d'un Surmoi agressif et destructeur pour l'individu ou le groupe, en liaison avec la pulsion de mort.

Surnaturel (comp. de sur et naturel, depuis le XVIe siècle).

Rel., Théo. Se dit de ce qui excède l'ordre de la nature, qui fait exception aux lois de la nature. Souvent syn. de miraculeux. La *lumière surnaturelle* (révélée) se distingue et même s'oppose à la *lumière naturelle* (raison). Ne pas confondre avec métaphysique qui a la même étymologie, mais en grec.

Surréalisme (terme créé en 1917 par Guillaume Apollinaire, repris par André Breton en 1922).

Esth. Mouvement littéraire et artistique qui a succédé au *dadaïsme* (v. Dada). Le groupe surréaliste proprement dit s'est constitué autour d'André Breton, auteur du *Manifeste du surréalisme* (1924) et du *Second Manifeste* (1931), avec entre autres Louis Aragon (jusqu'en 1937) et Paul Eluard (jusqu'en 1941). « Je crois en la résolution future de ces deux états en apparence si contradictoires que sont le rêve et la réalité en une sorte de réalité absolue, de surréalité si l'on peut dire » (*Manifeste* de 1924). Le surréalisme apparaît surtout comme un mouvement poétique, littéraire et pictural (mais non musical) qui, dans un prolongement extrême du romantisme, cherche à associer le monde visible et le monde imaginaire, en s'inspirant de la dialectique hégélienne, des idées révolutionnaires (marxistes), des conceptions freudiennes de l'inconscient, des pratiques magiques, et de divers ésotérismes européens ou non européens. Il est attentif aux manifestations du hasard dans la vie quotidienne, aux récits de rêves, aux délires, à la pratique de l'*écriture automatique**. Mais le surréalisme n'a pas voulu se limiter à l'art ou à la littérature, il s'est présenté comme une éthique et une politique, une philosophie en quête de liberté totale, d'« amour fou », de connaissance absolue.

Suspension (gr. *epochê*).

1. *Hist.* Conception ou état d'esprit sceptique, not. du sage pyrrhonien qui, constatant l'impossibilité de résoudre les contradictions de la pensée, suspend tout jugement pour atteindre ainsi l'imperturbabilité ou *ataraxie*.

2. *Phén.* (Husserl). *Suspension*, « mise en suspens » ou « mise entre parenthèses » du monde (épochè*) ; v. Phénoménologie.

Syllogisme (gr. *sullogismos*, calcul, compte : raisonnement de *sullogizein*, assembler ; faire un raisonnement).

Log. form. Type de *déduction médiate* et formelle telle que, deux propositions appelées *prémisses* étant posées, on en tire une troisième appelée conclusion qui y est logiquement impliquée : « Le syllogisme est un discours (*logos*) dans lequel, certaines choses étant posées, quelque autre chose en résulte nécessairement par cela seul qu'elles sont posées » (Aristote, *I*re Anal., I, 1) ; ex. tout A est B, or C est A, donc C est B ; tout homme (*moyen terme*) est mortel (*grand terme*), or Socrate (*petit terme*) est homme, donc Socrate est mortel. Tout le raisonnement syllogistique consiste dans la découverte du *moyen terme*. Le syllogisme, en effet, suppose une question, ici : Socrate est-il mortel ? Pour y répondre, il faut trouver un troisième terme, dit moyen, qui ait avec les deux termes de la question des rapports définis, tel qu'en le comparant successivement avec les deux termes, on conclut selon les rapports de convenance (et d'*inclusion*) ou de disconvenance (et d'*exclusion*) qu'il présente avec eux, à la convenance ou à la disconvenance des deux termes de la question. Le moyen terme est donc le pivot du syllogisme. Dans la forme, un syllogisme comprend : 1) trois termes unis deux à deux dans trois propositions ; ces termes en raison de leur extension sont dits *grand, moyen* et *petit terme* ; 2) trois propositions, les deux premières dites *prémisses*, la troisième conclusion. La proposition qui énonce le rapport entre le grand terme et le moyen s'appelle *majeure* ; celle qui énonce le rapport entre le moyen terme et le petit s'appelle *mineure* ; celle qui énonce le rapport entre le petit et le grand terme est appelé *conclusion*. On classe gén. les syllogismes en *catégoriques, hypothétiques* ou *disjonctifs*, selon que la majeure exprime une affirmation, une hypothèse ou une disjonction.

Syllogistique (gr. *sullogistikos*).

Adj. Qui se rapporte au syllogisme.

Subst. (fém.) Théorie des syllogismes.

Symbiose (gr. *sumbiosis*, vie en commun, de *sun*, avec, et *bios*, vie).

1. *Biol.* Association de deux êtres vivants qui vivent de la même vie organique ; ex. l'algue et le champignon dans le lichen, *dist.* parasite.

2. *Psy. soc., Soc.* Anal. se dit d'associations sociales comme mère-enfant, membres d'un couple, individus d'un groupe, groupes entre eux.

Symbole (gr. *sumbolon* de *sumbalein*, mettre ensemble).

Objet coupé en deux dont chaque moitié, une fois réunie à l'autre, servait de signe de reconnaissance.

1. *Gén.* Par opp. au signe linguistique conventionnel, le symbole indique une analogie, une ressemblance entre le symbole et ce qu'il symbolise. Cette analogie peut apparaître comme « naturelle » (le lion symbole de la force) ou relative à une culture, une histoire (la couronne symbole de la royauté). Le sens du symbole peut être ressenti immédiatement, intuitivement alors que l'allégorie* suppose un discours qui puisse l'expliquer (une femme tenant un glaive et une balance comme allégorie de la justice), mais la distinction ne peut toujours être tranchée. « J'appelle symbole toute structure de signification où un sens indirect, secondaire, figuré ne peut être appréhendé qu'à travers le premier » (Paul Ricoeur). Ajoutons que le symbole ne renvoie pas forcément à un sens secondaire précis et unique (le cœur est symbole du courage, de l'amour, d'une position centrale dans une ville).

2. *Log., Math.* Signe conventionnel et abstrait : en algèbre, lettres de l'alphabet latin ou grec, signe des opérations, etc.

3. *Théo.* Formulaire des dogmes fondamentaux comme signe de reconnaissance entre chrétiens : ex. le symbole des Apôtres.

Symbolique (gr. *sumbolikos*).

Adj. *Gén. a*) qui a une valeur de symbole : ex. un geste symbolique ; *b*) qui emploie des symboles. Ex la logique symbolique.

Subst. **1.** *La symbolique*. Ensemble plus ou moins cohérent de symboles que l'on retrouve dans une religion, un style, une période de l'histoire de l'art, l'œuvre d'un artiste. Ex. La symbolique des chapiteaux romans, la symbolique de la Renaissance florentine, la symbolique de Gustave Moreau. Dans l'*Interprétation des rêves*, Freud prend en considération des rêves considérés comme « typiques » et des symboles dont la signification constante revient souvent. Le rêveur dispose donc d'une « symbolique » indépendamment de son histoire individuelle, comme d'une langue fondamentale. C'est cette symbolique que Jung a mise en rapport avec un « inconscient collectif ».

2. *Psychan. Le symbolique.* Le psychanalyste Jacques Lacan a distingué le réel, l'imaginaire, le symbolique. L'ordre symbolique est celui de l'inconscient en tant que ce dernier est, selon Lacan, « structuré comme un langage ». On y retrouve des figures rhétoriques telles que la métaphore (correspondant à la condensation*) ou la métonymie (correspondant au déplacement*). Comparable aux *structures** qu'étudient la linguistique et l'anthropologie structurale, l'ordre symbolique préexiste au sujet conscient et rationnel.

Symbolisme

1. *Gén.* Caractère d'une chose qui représente ou signifie autre chose en vertu d'une analogie, soit sensible, soit abstraite ; v. Symbole.

2. *Log., Math.* Système de symboles abstraits et conventionnels ; ex. le symbolisme de la logique moderne.

3. *Esth. a) Lit.* école littéraire apparue vers 1880, dont Verlaine, Rimbaud, Mallarmé, furent les précurseurs ; opposée au naturalisme et au réalisme, elle est caractérisée par un lyrisme qui s'exprime de façon élective dans la poésie par un langage lourd de symboles, de correspondances, de mystère (F. Viélé-Griffin, J. Moréas, A. Samain, G. Kahn, J. Laforgue) ; *b)* école de peinture qui cherche à traduire la nature par des « équivalents plastiques » (Gustave Moreau, Puvis de Chavannes, Odilon Redon, Maurice Denis) : « Le symbolisme est l'art de traduire et de provoquer des états d'âme, au moyen de rapports de couleurs et de formes [...]. C'est le moyen d'expression (figures, formes, volumes, couleurs), et non l'objet représenté qui doit être expressif » (M. Denis).

Sympathie

(gr. *sumpatheia*, participation à la souffrance d'autrui, de *pathos*, état passif, souffrance, et *sun*, partagé avec quelqu'un).

1. *Physio.* Sorte de contagion physiologique qui fait qu'un être reproduit par imitation ou influence les attitudes ou les mouvements d'un autre ; ex. le bâillement, le rire.

2. *Psy., Psy. soc. a)* sorte de contagion mentale « qui crée chez deux ou plusieurs individus des dispositions affectives analogues » (Th. Ribot) ; ex. la peur panique dans une foule, et qui, à la limite, aboutit à une fusion affective plus ou moins inconsciente ; *b)* acte *intentionnel* de communication intersubjective (qui est selon Max Scheler la véritable sympathie, *Mitgefühl*) par lequel nous participons à la joie ou à la peine d'autrui comme étant celles d'autrui avec la conscience de cette compréhension affective qui définit la rencontre authentique.

3. *Vulg.* Attrait spontané qu'une personne éprouve pour une autre ; ctr. antipathie.

Symptôme

(gr. *sumptôma*, coïncidence, de *sumptomein*, tomber ensemble).

1. *Méd.* Signe révélateur, avec plus ou moins de précision, d'un processus pathologique (physique ou mental). V. Syndrome.

2. Ext. tout signe permettant d'interpréter une évolution sociale, politique, économique, psychologique, etc. Nietzsche emploie le mot au sens de manifestation d'une certaine forme de volonté de puissance.

3. *Psychan.* Signe révélateur d'un conflit psychique, par ex. un acte manqué. Il correspond à une satisfaction partielle de la pulsion donc à un échec partiel du refoulement. Il est donc à la fois formation de substitution et de compromis. Il faut cependant distinguer les symptômes qui sont une satisfaction de la pulsion, même détournée, symbolique, et les symptômes qui correspondent à un mécanisme de défense (peur phobique).

Synallagmatique (gr. *sunallagmatikos*, qui concerne les échanges, *allagma*, réciproques, *sun*, avec).

Dr. Se dit d'un contrat bilatéral « lorsque les deux contractants s'obligent réciproquement les uns envers les autres » (C.C. 1102), opp. contrat unilatéral.

Synarchie (gr. *sunarchia*, pouvoir commun ou partagé, d'*archê*, gouvernement, *sun*, à plusieurs).

Pol. *a*) régime politique dans lequel l'autorité est exercée simultanément dans les diverses régions d'un même État par des « princes » différents ; *b*) ext. mode collectif de l'exercice de l'autorité qui le confère à un groupe de personnes ayant droit de l'exercer à la fois sur l'ensemble et sur un domaine propre.

Synchronie, synchronique (comp. du gr. *sun*, avec et *chronos*, temps : qui se passe dans le même temps).

Ling., Ethn. Point de vue et méthode d'investigation qui analyse ses objets (les langues ou les groupes sociaux) en tant qu'ils constituent des systèmes, des structures et en dehors de leur évolution : « La langue est un système dont toutes les parties peuvent et doivent être considérées dans leur solidarité synchronique » (Saussure), opp. *diachronie**.

Syncrétisme (gr. *suncretismos*, union des cités crétoises qui, bien qu'opposées entre elles, s'alliaient contre un ennemi commun).

1. *Rel.* Dans l'Antiquité, identification plus ou moins justifiée de divinités et de cultes d'origine distincte (ex. égyptien et grec). De nos jours, on observe des cultes syncrétiques chrétiens et païens (d'origine africaine) en Amérique du Sud.

2. *Phil.* Péj. association de thèses dans leur principe incompatibles (ex. freudo-marxisme). Ne pas confondre avec l'éclectisme* : choix de thèses susceptibles d'entrer dans un système commun.

3. *Psy.* Perception, connaissance confuse qui, chez l'enfant, précèderait toute démarche analytique ou synthétique (Piaget).

Syndérèse (lat. scol. *sunderesis*, déformation du gr. *sunteresis*, de *sunterein*, conserver, observer, surveiller).

Hist. (Mor.) Jugement de la conscience morale, s'appliquant not. au remords.

Syndicalisme (dér. du lat. eccl. *syndicus*, représentant, délégué, du gr. *sundikos*, qui assiste quelqu'un en justice, de *sun*, avec, et *dikê*, justice).
Pol., Éco. a) organisation et association corporative et privée, indépendante de l'État mais reconnue par lui et régie par un ensemble de lois, de groupes professionnels, not. ouvriers, ayant pour but la défense économique devant le patronat des membres de ces groupes (salaires, conditions d'emploi et de travail, etc.). À cette finalité économique se joint souvent une action politique visant à la modification des institutions et des structures économico-politiques existantes, voire pour certains syndicats à leur destruction ; *b*) ext. associations diverses soit dans le domaine industriel (syndicats patronaux, de cadres), soit dans le domaine rural (syndicats agricoles), soit dans les services publics, soit dans les différentes professions (marins, artisans, commerçant, médecins, notaires, etc.).

Syndrome. (gr. *sundromê*, concours, de *sundramein*, infinitif aoriste de *suntrechein*, courir de différents points vers un même lieu).
1. *Méd.* Ensemble déterminé de symptômes* morbides formant une unité pathologique.
2. *Pol.* Anal. ensemble de signes révélateurs de transformations sociales, de crises, etc.

Synergie. (gr. *sunergia*, coopération, de *sun*, avec, et *ergon*, travail).
1. *Gén.* Association dynamique de plusieurs fonctions pour la production d'un résultat d'ensemble, ctr. antagonisme.
2. *Biol.* Association et coopération de plusieurs organes ou muscles dans l'accomplissement d'une fonction ou l'exécution d'un mouvement ; ex. la circulation dans l'organisme, l'exécution d'un saut.
3. *Psy.* Accord des tendances dans une opération mentale.
4. *Psy. soc., Soc.* Force et dynamisme d'un groupe ou d'une société, liés à leur degré de cohésion, et à l'union des volontés en vue d'une fin commune ; ex. la synergie d'une entreprise industrielle, la synergie sociale.

Synesthésie. (gr. *sunaisthesis*, sensation ou perception simultanée).
Psy. a) str. expérience sensorielle de certains individus chez lesquels des sensations d'un certain sens sont spontanément associées à celles d'un autre et les évoquent régulièrement : le cas le plus fréquent est la *synopsie* ou audition colorée, lorsque les sons suscitent des couleurs comme dans le célèbre sonnet des voyelles de Rimbaud ; *b*) analogie spontanée entre les impressions sensibles reçues et d'autres qu'elles évoquent : « On parle couramment [...] de couleurs chaudes, froides, criardes, violentes, agressives, douces, tendres, dures, de sons clairs, aigus, éclatants, rugueux, moelleux, de coloris musicaux, de parfums pénétrants, etc. » (P. Guillaume). V. Correspondances.

Synthèse (gr. *sunthesis*, action de mettre ensemble, de composer, de combiner ; synthèse, de *sun*, avec, et *theinai*, poser).
1. *Gén.* Acte de composition par lequel on unit en un tout des éléments d'abord donnés séparément.

2. *Log., Crit., Lit.* Opération *mentale* ou *intellectuelle* qui recompose un tout à partir des éléments *distingués* par l'analyse, sp. la *synthèse historique*, qui combine les résultats obtenus par l'analyse des documents pour reconstituer l'unité et la continuité du passé ; on appelle aussi synthèse la recomposition originale faite par l'esprit à partir d'éléments de provenances diverses ; ex. la création d'un roman ou d'une pièce de théâtre à partir des observations de la réalité (Molière, Balzac, etc.).
3. *Épist.* Opération *réelle* par laquelle on recompose un corps composé à partir des corps simples *séparés* par l'analyse, et qui sert aussi à celle-ci de contre-épreuve ; ex. la synthèse de l'eau à partir de l'hydrogène et de l'oxygène ; on appelle aussi *synthèse chimique* l'opération par laquelle on combine certains des corps simples donnés par l'analyse à la formation de nouveaux corps composés ; ex. l'industrie des « plastiques ». Par anal., en technologie, toute combinaison nouvelle de mécanismes déjà connus et utilisés.
4. *Math.* Méthode de démonstration qui va des principes aux conséquences. Syn. déduction*. Opp analyse*. C'est « la méthode des géomètres » dans la pensée classique (ex. Spinoza).
5. *Hist.* *a*) chez Descartes, l'une des règles de la méthode : « Conduire par ordre mes pensées en commençant par les objets les plus simples et les plus aisés à connaître, pour monter peu à peu comme par degré jusques à la connaissance des plus composés » (*Méth.* III, 3e règle) ; *b*) Kant : « J'entends par synthèse, au sens le plus général, l'acte de joindre l'une à l'autre diverses représentations et de concevoir leur multiplicité sous la forme d'une connaissance unique » (*R. pure*, Anal.) ; *c*) *dialectique hégélienne* : le terme en désigne le troisième temps, qui succède aux deux premiers (*thèse* et *antithèse*) par dépassement de la contradiction qui les oppose (ex. être et non-être) pour aboutir à une notion nouvelle et originale ou *synthèse* (ex. devenir) qui à la fois les conserve et les dépasse (v. *Aufheben*), synthèse qui est elle-même une thèse appelant son antithèse et une nouvelle synthèse jusqu'à la synthèse ultime qui est celle du savoir absolu ; *d*) *méthode synthétique* de Hamelin : démarche qui substitue à la dialectique et à la contradiction hégéliennes la notion et la méthode de la *corrélation*, qui concilie les opposés sans les nier, substituant des affirmations qui se complètent aux négations successives de la dialectique hégélienne.

Synthétique (gr. *sunthetikos*, qui compose, qui assemble, qui combine).
1. *Gén.* Qui se rapporte à la *synthèse** dans tous les sens de ce mot, et not. à toute opération mentale qui va du simple au complexe.
2. *Log., Crit. Jugement synthétique* : jugement dans lequel le prédicat ou attribut n'est pas contenu dans l'essence ou définition du sujet et, par conséquent, ajoute à la compréhension du sujet ; ex. les corps sont pesants, opp. *jugement analytique* dans lequel le prédicat est inclus dans l'essence ou la définition du sujet ; ex. les corps sont étendus.

3. *Hist. (Crit.)* Chez Kant, *jugements synthétiques a priori* : notion originale qui pose le problème central de sa philosophie de la connaissance : comment une mathématique pure et une physique pure sont-elles possibles ? Comment la métaphysique est-elle possible à titre de disposition naturelle ? (*R. pure*, Introd. VI). La réponse positive consiste à montrer que si tous les jugements d'expérience sont synthétiques, c.-à-d. *a posteriori*, la réciproque n'est pas vraie, et qu'il existe des jugements qui ajoutent à la compréhension du sujet du jugement et qui pourtant ne dérivent pas de l'expérience, c.-à-d. des *jugements synthétiques a priori*, ce qui est le cas de tous les jugements proprement mathématiques, des principes de la science de la nature ou physique et de la métaphysique « envisagée du moins dans son but » (*Ibid.*, V). Ces jugements rendent donc possibles la construction de la connaissance et son progrès tout en lui conférant la même rigueur objective que celle des jugements analytiques.

Système (gr. *sustema*, corps de troupe, composition, de *sunesthenai*, poser ensemble).

1. *Épist.* Ensemble d'énoncés, d'organes, d'objets matériels qui sont interdépendants et forment une totalité considérée comme isolable. Une axiomatique est un système, un organisme vivant aussi, le système solaire, le système du monde. Toute science expérimentale tend à prendre la forme d'un système hypothético-déductif*, ce à quoi contribue la mathématisation*, l'axiomatisation*, la formalisation*.

2. *Phil. Système philosophique*. Toute œuvre philosophique tend à se constituer en système rigoureux, c'est ce qui la distingue de l'œuvre littéraire, poétique, plus soucieuse d'expression personnelle que de cohérence. Une difficulté apparaît avec des auteurs tels que Nietzsche qui privilégient les exposés littéraires, poétiques, plutôt que d'adopter un style scientifique (l'*Éthique* de Spinoza est exposée de manière géométrique). La philosophie de Descartes est un système fondé sur la vérité première du *cogito**. Elle n'est cependant pas « systématique » au même sens que celles de Spinoza ou de Hegel, par ex., qui ne trouvent leur vérité, leur justification ultime, que dans l'achèvement (au moins pensé) de la *totalité* qu'elles constituent.

3. Péj. *esprit de système* : dogmatisme qui refuse à l'avance l'examen de tout argument qui ne se rattacherait pas à ses principes.

Systémique, systématique

1. Adj. *a*) qui résulte d'un système, qui va toujours dans le même sens. Ex. une erreur systématique ; *b*) qui pousse un raisonnement jusqu'à ses conséquences extrêmes, en gén. péj.

Subst. La *systématique* est la discipline qui porte sur la classification des espèces animales ou végétales.

2. *Systémique*. Adj. et subst. Qui étudie un système réel, physique, biologique, social, etc. La recherche systémique porte sur l'agencement, l'organisation des parties, des éléments, dans une totalité.

T

Table (lat. *tabula*, planche, tablette à écrire).

Hist. a) Épist. Tables de Bacon : recueils systématiques d'exemples typiques concernant une « nature » (c.-à-d. un phénomène naturel), dont il s'agit de découvrir la forme ou essence. Bacon distingue : 1) la *table de présence* (ou d'*essence*) ; ex. on observe tous les cas connus de chaleur (rayon du soleil, foudre, feu, eaux chaudes, etc.), en vue de dégager la « forme du chaud » ; 2) la *table d'absence* dite *in proximo*, c.-à-d. dans des objets proches de ceux où cette nature est présente ; ex. la lumière de la lune et des étoiles qui est sans chaleur ; 3) la *table des degrés* ou de comparaison d'une même nature, c.-à-d. sa croissance ou sa décroissance, soit dans le même objet, soit dans des objets différents (*Novum Organum*). Les tables n'ont pour but que d'aider à l'invention d'une hypothèse sur les « natures » et doivent être distinguées des *méthodes** ou *canons inductifs* de J. S. Mill ; *b) Méta. Table rase* (*tabula rasa*, planchette rabotée et polie ou tablette de cire vierge sur laquelle on écrivait) : expression empruntée à Aristote qui compare l'esprit, avant qu'il ne s'applique à un objet de pensée, à « une tablette (*grammateion*) sur laquelle il n'y a actuellement rien d'écrit » (*De anima*, III), comparaison reprise par Locke : « Supposons que l'esprit soit, comme nous disons, un papier blanc, vide de toutes lettres, sans aucune idée : comment viendra-t-il à en être pourvu ? » et devenue symbolique de l'empirisme*.

Tabou (d'un mot polynésien, *tapu*, notion introduite en Europe par J. Cook, 1777).

1. *Ethn.* Le tabou désigne un interdit à caractère sacré* et ce qui est frappé d'interdit : acte (inceste), personne (prêtres, roi), choses (sang, certaines nourritures), noms de divinités ou de morts. Il peut être fixé par la tradition ou établi par une autorité à la suite d'un événement grave. Sa transgression entraîne une souillure, un châtiment, ou même une calamité pour le groupe. La notion a été généralisée à l'ensemble des sociétés, en particulier par l'ethnologue britannique Frazer. Associé au *mana**, le tabou préserve l'identité religieuse, culturelle et politique d'une société. Il a été interprété selon diverses théories ethnologiques et sociologiques. Freud l'a rattaché à la prohibition fondamentale de l'inceste.

2. *Vulg.* (*Mor.*) Anal. prohibition morale et coutumière ; ex. les tabous sexuels.

Tact, tactile (lat. *tactus*, action de toucher, *tangere*).

Psy. physio. a) str. sens étroit, modalité de la sensibilité cutanée, pression et contact superficiel (forme, consistance) ; ex. les variétés du rugueux et du poli ; *b)* sens large, syn. du toucher*. *Tactile* s'emploie dans les deux cas ; ex. les qualités tactiles, l'espace tactile, l'atlas tactile.

Talent (du gr. *talanton*, monnaie de compte, d'après la parabole des talents (Évangile de Mathieu) donnés par le maître et que seuls deux serviteurs savent faire fructifier, le troisième enfouissant le sien en terre).

1. *Psy.* Capacité naturelle à un métier donné : « Soyez plutôt maçon si c'est votre talent » (Boileau) ; le talent est conçu à l'origine comme inné .

2. *Esth.* Par opp. au *génie*, exceptionnel, inné, le talent est acquis ou du moins développé par le travail. Il témoigne d'une habileté dans un art qui peut être très grande, mais sans véritable originalité. Le génie peut-il ignorer tout « métier » ? « Le talent sans génie est peu de chose, le génie sans talent n'est rien » (P. Valéry).

Talion (Loi du) (lat. *talio*, de *talis*, tel : *tel* mal tu as fait, *tel* mal te sera fait).

1. *Hist.* (*Rel.*) Base des anciens codes orientaux (code de Hammourabi), qui équilibrent le mal reçu par le mal rendu (plus qu'ils ne le vengent) : « L'homme qui cause une lésion à son prochain, il lui sera fait comme il a fait. Fracture pour fracture, œil pour œil, dent pour dent » (Lévitique, XXIV). Mais déjà la Bible distingue nettement le meurtre volontaire de l'homicide involontaire, qui ne requiert qu'un dédommagement pécuniaire (Exode, XXI ; Nombres, XXXV ; Deutéronome, XIX). V. Responsabilité.

2. *Vulg. (Mor.)* Vindicte ayant pour objet une vengeance semblable et égale à l'offense, qui ne retient que la matérialité du fait et non l'intention.

T.A.T., v. Test.

Tautologie (gr. *tautologia*, redite, de *logos*, discours, qui dit la même chose, *to auto*).

1. *Log. form.* Proposition dans laquelle le prédicat ou attribut répète ce qu'exprime le sujet, soit en termes identiques, soit en termes équivalents ; ex. A est A ; l'être est ce qui est.

2. *Épist.* Expression qui reste *valide*, quelle que soit la valeur de vérité (vrai ou faux) des propositions qui la composent ; en ce sens, la logique est la recherche des *tautologies*, c.-à-d. des règles de validité des raisonnements, indépendamment des propositions dont ils sont composés : « C'est l'objet de la logique formelle d'établir des formules tautologiques qui permettent de faire subir à un système d'énoncés toutes les transformations compatibles avec les conventions du langage dont on est parti » (L. Rougier). Les propositions non seulement de la logique mais des mathématiques étant, selon les membres du cercle de Vienne, purement formelles, ces sciences sont appelées par eux *tautologiques*. Cette théorie, déjà soutenue par Leibniz, critiquée par Kant (pour qui tous les jugements mathématiques sont des *jugements synthétiques a priori* et non des jugements analytiques) et par H. Poincaré, a été reprise par B. Russell selon lequel la construction mathématique se réduirait à un assemblage d'équivalences qui seraient une simple explicitation de ce qui est contenu dans les axiomes, c.-à-d. un enchaînement de tautologies. V. Analytique, Jugement, Synthétique.

3. *Vulg. (Log.)* Péj. sophisme ou faute logique qui consiste à donner comme explication ou preuve d'une thèse la répétition de son énoncé en termes différents mais équivalents (forme de *pétition* de principe*) ; ex. la définition du révérend père Noël (XVIIe siècle) : « la lumière est un mouvement luminaire des corps lumineux ».

Taxinomie ou **taxonomie** (comp. du gr. *taxis*, mise en ordre, et *nomos*, loi). *Biol.* Ancien nom de la partie de la biologie qui traite de la classification des êtres vivants ; on dit auj. *systématique**.

Taylorisme (de l'ingénieur et économiste américain F. W. Taylor, 1856-1915). *Éco., Soc.* Organisation du travail industriel, not. manuel, caractérisé par : « l'utilisation maximale de l'outillage, la spécialisation stricte et la suppression des gestes inutiles », d'où procèdent la rationalisation et l'efficience croissante de la production dans tous les pays industriels (*productivité**). Chaque opération à effectuer est divisée en gestes élémentaires dont on détermine pour chacun l'attitude, l'allure, la cadence, l'effort pour obtenir le meilleur rendement qui est seul visé. Il suit de là, sur le plan social, que l'on tend ainsi à faire du travailleur un pur exécutant sans initiative et par le travail parcellaire à en diminuer la qualification.

Technique (gr. *technikos*, adj. de *technê*, pratique, procédé, art, ruse ; adj. et subst. fém., d'abord masc. au XVIIIe s.).

1. *Technique et pratique*. Il est habituel de remonter à l'opposition aristotélicienne de la *poiêsis* (fabrication, production) et de la *praxis* (action qui a sa fin en elle-même). La *poiêsis* correspondrait à notre technique, d'abord au sens ancien d'*art**. Pourtant Kant, dans sa philosophie morale, a maintenu l'opposition du technique et du *pratique**. Mais au contraire d'Aristote et de Kant, la *praxis* selon le marxisme est bien une transformation de la nature par l'homme et relève donc de la technique. Dans l'usage le plus courant, le mot de *pratique* a un sens beaucoup plus large que celui de technique (ex. pratique religieuse). La pratique magique cherche à obtenir un résultat en respectant des règles, des formules. Par là elle s'apparente à la technique, mais alors que cette dernière vise l'objectivité*, la magie* se fonde sur la croyance en la toute-puissance de la pensée. C'est pourquoi sans doute les techniques les plus récentes, quand elles sont une application de la pensée scientifique, donnent le sentiment d'une réussite de type magique.

2. *Technique traditionnelle et technique scientifique*. La technique comme fabrication et usage d'*outils** et de *machines** simples est aussi ancienne que l'humanité, en quelque sorte par définition : puisque c'est en tant qu'*homo faber** que l'homme surgit hors de l'animalité, avant même que puisse être soupçonnée le début d'une connaissance scientifique. De la préhistoire jusqu'à nos jours, de nombreuses techniques ont été inventées, développées, sans aucun rapport avec l'évolution de la connaissance scientifique : c'est en particulier le cas du Moyen Âge européen (moulins à eau et à vent par ex.). Ce serait une vision simpliste que celle qui ferait succéder une technique dite scientifique à une technique élémentaire, dite « primitive* », en fait toujours très présente dans la vie quotidienne. Le maniement d'un couteau aurait-il tellement changé depuis la préhistoire ? C'est seulement au début du XVIIe ou plutôt à la fin du XVIIIe siècle que les progrès de la technique sont conçus comme une *application* du progrès scientifique. En fait, ce qui apparaît nettement au XXe s. n'est pas une relation à sens unique (de la science vers la technique) mais une interaction de plus en plus étroite : un dispostif d'observation et d'expérimentation scientifique peut devenir un véritable complexe industriel (ex. exploration spatiale). V. Technoscience.

3. *Mor., Méta. La question de la technique.* La puissance technique dont l'homme s'est emparé est-elle foncièrement une manifestation de *l'hubris**, un affrontement en soi coupable avec l'ordre cosmique établi par les dieux (v. Prométhéen) ? *a*) suffit-il de regarder cette crainte comme archaïque, mythique, de se rassurer en affirmant que les moyens techniques sont en eux-mêmes moralement neutres, et de demander à l'homme, aux hommes, d'en user à bon escient ? Les idéologues du progrès* du XIXe siècle se sont souvent contentés de faire confiance à une *praxis** qui ne transforme la nature qu'en transformant l'homme lui-même, en le libérant de tout destin naturel et religieux. Elles ne pouvaient guère comprendre la critique radicale de Rousseau dans le *Discours sur les sciences et les arts* de 1752 et n'en ont relevé que le paradoxe du bon sauvage (« Il y a fort à parier que le premier qui porta des sabots était un homme punissable à moins qu'il n'eût mal aux pieds ») avait écrit Rousseau, et Voltaire répondait : « Dans un pays où tout le monde allait pieds nus, le premier qui se fit faire des souliers avait-il du luxe ? N'était-ce pas un homme très sensé et très industrieux ? » Des débats de ce genre réapparaissent avec l'*écologie** contemporaine ; *b*) avec Heidegger, la question de la technique prend une ampleur métaphysique, ou plutôt elle est la question même de la métaphysique dans la phase terminale de son histoire, devenue métaphysique de la *subjectivité**, et avec Nietzsche métaphysique de la *volonté de puissance*, comme domination inconditionnée de la Terre. Il n'y a pas qu'une différence de degré entre les premiers souliers dont parle Voltaire et la bombe atomique ! Il s'agit avec « la technique » non pas seulement d'un ensemble de moyens, de production industrielle, mais d'*interprétation* technique de tous les *étants*, de leur « arraisonnement » devenu planétaire par plan et par calcul, qu'il s'agisse des sociétés humaines (techniques issues des sciences humaines), de la politique (*totalitarisme**), de la culture, et même du langage (technique de communication). Heidegger ne prônait pas un nouveau rousseauisme, mais posait la question de ce qu'avec la technique, une expression comme « monde moderne » veut dire : « Pour entretenir une relation réelle avec la technique, il faut être quelque chose de plus qu'un technicien ».

Technocratie (ang. *technocracy*, du gr. *technê*, technique et *kratos*, force).
1. *Soc.* Thèse selon laquelle, dans les sociétés industrielles avancées, le pouvoir réel passe des mains des propriétaires capitalistes à celle des dirigeants (*managers*). V. Technostructure.
2. *Pol.* Prédominance de fait du pouvoir des « experts », des hauts fonctionnaires sur celui des hommes politiques élus. Presque toujours péj. V. Bureaucratie. Le saint-simonisme* était une doctrine ouvertement technocratique.

Technologie (comp. du gr. *technê* et de *logos*, depuis le milieu du XIXe s. dans *Le Capital* de Marx).
1. *Épist.* *a*) considérations théoriques sur une technique ou un ensemble de procédés scientifiques ayant un même objet (ex. technologie du fer) ; *b*) ensemble de la production industrielle dans un secteur déterminé (ex. les technologies chimiques) ; *c*) syn. un peu emphatique de technique.
2. *Soc.* Étude des phénomènes sociaux de tous ordres induits par le développement des techniques industrielles. Elle a pour but d'éclairer les *choix technologiques*, leurs conséquences économiques, sociales, militaires, etc.

Technoscience (néol. fin XXe s.).
Épist., Soc. L'emploi de ce terme met en relief l'étroite intrication des activités scientifiques et industrielles et le recul d'une science pure, désintéressée.

Technostructure (mot créé par l'économiste américain J. K. Galbraith).
Éco. Désigne les groupes qui dans une grande entreprise préparent réellement les décisions qui engagent son avenir. Le pouvoir passe ainsi des possesseurs du capital à un ensemble complexe de techniciens (ingénieurs des bureaux d'étude, de fabrication, techniciens de la gestion, des finances, des services de vente, de *marketing* et des divers organismes de planification) constituant la technostructure, de telle sorte que le chef d'entreprise, à qui il est impossible de posséder toutes les compétences, n'est plus qu'un « arbitre ».

Téléologie (comp. du gr. *telos*, fin, plur. *telê*, et *logos*, étude).
1. *Épist.* Doctrine de la finalité*. V. Finalisme. Explication générale des phénomènes naturels par la considération des fins divines ou humaines. V. Anthropomorphisme. *Preuve téléologique* : chez Kant, autre dénomination de la preuve physico-théologique* de l'existence de Dieu.
2. *Hist. (Crit.)* Chez Kant, « la téléologie comme science n'appartient à aucune doctrine, mais seulement à la critique » de la faculté de juger (*Jug.* 79) : elle ne met pas en jeu une autre espèce de causalité mais une autre méthode de recherche pour suppléer à l'insuffisance de la causalité mécanique, d'abord dans l'ordre de la nature en général en ce qui concerne la recherche des lois empiriques de la nature ou *finalité externe* (60), ensuite et surtout en ce qui concerne les êtres vivants ou *finalité interne*, car il ne surgira jamais « quelque Newton, qui pourrait nous faire comprendre ne serait-ce que la production d'un brin d'herbe d'après des lois naturelles qu'aucune intention n'a ordonnées » (75). Ce savoir est donc inaccessible à l'homme, la téléologie

ne pouvant « que guider la recherche dans les objets de ce genre » mais non fournir un concept constitutif de l'entendement et de la raison. Toutefois l'homme est un être à part, car c'est le seul dont la causalité soit téléologique, c.-à-d. dirigée vers des fins indépendantes des conditions naturelles : « C'est le seul être naturel en lequel nous puissions reconnaître, du fait de sa propre constitution, une faculté suprasensible (la liberté), et même la loi de causalité, ainsi que l'objet de celle-ci, qu'il peut se proposer comme fin suprême (le souverain bien du monde) » (84). C'est ce que Kant appelle, pour la distinguer de la *téléologie physique* relative à la nature matérielle et vivante, la *téléologie morale*, par laquelle nous nous élevons à une « preuve* morale de l'existence de Dieu ». Nous devons admettre une cause morale du monde (un auteur du monde), pour nous proposer, conformément à la loi morale, un but final ; et dans la mesure où cette assertion est nécessaire, dans cette mesure [...] il est aussi nécessaire d'admettre la première assertion : à savoir qu'il existe *un* Dieu » (87). V. Théologie 3.

Téléonomie, téléonomique (du gr. *telos*, fin, et *nomos*, règle).
Terme introduit pour couper court aux interprétations métaphysiques de la téléologie. L'évolution est ainsi interprétée par l'accomplissement d'un projet téléonomique essentiel consistant dans la transmission d'une génération à l'autre d'un contenu d'invariance caractéristique de l'espèce. « Toutes les structures, toutes les performances, toutes les activités qui contribuent au progrès essentiel seront donc dites téléonomiques » (J. Monod, *Le Hasard et la nécessité*).

Télépathie (comp. du gr. *têle*, loin, et *pathos*, sentiment).
Parapsy. Phénomène de communication extrasensorielle par laquelle un esprit communiquerait à grande distance à un autre esprit ses pensées et ses sentiments ; la réalité du phénomène reste très discutée. V. Parapsychologie.

Témoignage (lat. *testimonium*, témoignage, déposition, attestation, de *testis*, témoin).
Log., Épist. a) attestation fournie par quelqu'un concernant des faits ou circonstances qu'il a directement connus ; *b)* texte ou contenu de cette attestation ; *c)* ext. document matériel prouvant la réalité d'un fait. *Critique des témoignages* : étape essentielle dans l'établissement du fait historique.

Tempérament (lat. *temperamentum*, combinaison proportionnelle des éléments d'un tout, de *temperare*, combiner dans de justes proportions).
1. *Hist. (Physio., Psy. physio.)* Notion qui remonte à Hippocrate (vers 460-377 av. J.-C.) dont la théorie des quatre humeurs (sang, phlegme ou pituite, bile jaune, bile noire ou atrabile) s'accompagne d'une théorie du *tempérament*, c.-à-d. du mélange « bien tempéré » des aliments et des humeurs qui fait la bonne santé, l'excès ou le défaut d'une des humeurs entraînant la maladie. Galien (131-201 ap. J.-C.) distingue quatre propriétés fondamentales : chaud, froid, sec, humide, qui déterminent les quatre tempéraments (colérique,

mélancolique, sanguin et flegmatique) faussement attribués à Hippocrate. Les doctrines d'Hippocrate et de Galien ont eu cours jusqu'à la fin du XVIIIe siècle.
2. *Psy. physio.* Ensemble des éléments innés morphologiques et physiologiques qui constituent chaque nature individuelle ; *dist. caractère**, ensemble des éléments innés psychologiques mais, selon les auteurs, plus ou moins lié au tempérament. Dans l'état actuel des recherches, la typologie des tempéraments ou biotypologie se rattache aux travaux de trois écoles : 1) celle d'Ernst Kretschmer (psychiatre allemand, 1888-1964), fondée sur la relation observée entre certaines maladies mentales et des *types physiques* caractérisés, relation qui se retrouve entre les caractères et les types physiques. Ces derniers se ramènent à trois types fondamentaux et extrêmes : le *leptosome*, individu mince, étroit d'épaules, visage allongé, poids faible ; l'*athlétique*, de structure assez grande, puissant d'épaules, au thorax imposant, musculeux, cou dégagé ; le *pycnique*, de stature moyenne, au visage mou et large, au cou massif et court, au thorax profond et bombé. Ces traits saillants vont pour chaque type dans le sens d'une maladie mentale qui n'est que l'exagération du type normal. Statistiquement, les leptosomes présentent le plus grand pourcentage de schizophrènes*, et c'est chez les pycniques qu'il y a le plus de maniaco-dépressifs* ; 2) celle de W. H. Sheldon (1901, médecin et anthropologue américain), qui substitue au concept de type celui de *composante* et qui, par l'analyse statistique des photographies et des mensurations de milliers d'étudiants, dégagea trois composantes morphologiques constituant le *somatype* et indiquant le degré de chacune d'entre elles : l'*endomorphe* (dér. du feuillet embryonnaire endodermique), auquel correspond comme tempérament la *viscérotonie* ou intérêt dominant pour l'activité viscérale (détente, amour du confort, sociabilité, égalité d'humeur) ; le *mésomorphe* (dér. du mésoderme embryonnaire) à dominante musculaire et osseuse, auquel correspond comme tempérament la *somatotonie* (forte circulation sanguine, grande activité, courage physique, goût de la domination, du risque) ; l'*ectomorphe* (dér. de l'ectoderme embryonnaire) à dominante nerveuse (corps délicat, poitrine aplatie), auquel correspond comme tempérament la *cérébrotonie* (prédominance de la réserve, de l'inhibition) ; 3) celle de Louis Corman (médecin français), fondateur de la *morphopsychologie*, qui part du principe établi par le médecin Claude Sigaud de Lyon selon lequel « en milieu favorable, d'adaptation facile, la forme humaine s'épanouit, se dilate, tandis qu'en milieu nocif, d'adaptation difficile, elle se rétracte », d'où la division du visage humain en deux grandes catégories extrêmes : les *dilatés*, au visage large, bien en chair, rond ou carré, aux grands yeux et aux lèvres charnues, d'où leur tendance à une inlassable activité, à une forte affectivité, à une bonne adaptation à la vie pratique et au milieu social ; les *rétractés*, au contraire, au visage étroit et allongé, au teint pâle, aux lèvres minces, de peu de vitalité, aux réactions contrôlées, manquant d'adaptation et de sens pratique mais d'une intelligence et d'une affectivité profondes. V. Typologie, Physiognomonie.

Tempérance (lat. *temperantia* de *temperare*, modérer).
Mor. La dernière des quatre vertus cardinales* : modération des désirs, soumission des instincts à la raison. Depuis Aristote, elle concerne surtout les plaisirs physiques de l'individu (nourriture, boisson, sexualité) et c'est ce sens qui s'est banalisé dans le vocabulaire actuel.

Temporalisation (all. *Zeitigung*, maturation, de *zeitig*, mûr, actuel).
Phén. Processus par lequel le *cogito* se constitue dans et par le temps (Heidegger).

Temporalité (lat. eccl. *temporalitas* de *temporalis*, temporaire, temporel. Opp. éternel).
1. *Rel.* Caractère de ce qui appartient au monde, aux biens de ce monde, au pouvoir de l'État (par opp. aux affaires spirituelles ou ecclésiastiques).
2. *Phén.* La temporalité est le temps vécu tel qu'il se constitue dans et par la conscience (par opp. au temps objectif, physique). Il s'agit pour Husserl de décrire le temps apparaissant comme tel dans la conscience transcendantale. Husserl se réfère à saint Augustin qui, dans les *Confessions*, avait caractérisé le temps non comme écoulement continu, mais comme l'unité de trois dimensions, de trois présences à la conscience (*praesens de futuris*, *praesens de praeteritis*, *praesens de praesentibus*). Le temps ne cesse pas d'être à chaque instant un « maintenant » qui est aussi un « tout juste », retenant encore ce qui vient tout juste d'avoir lieu. Tout maintenant est l'aboutissement d'un emboîtement de *rétentions* qui s'échelonnent jusqu'à l'actuel. Par le passage au passé, tout est modifié mais rien n'est perdu. « Tout se passe comme si le souvenir toujours là ne cessait d'être recouvert par une épaisseur croissante d'eau transparente » (Merleau-Ponty, *Phénoménologie de la perception*). En direction du futur, il y a en contrepartie des *protentions* : « À chaque perception extérieure, appartient un renvoi des côtés de l'objet réellement perçus aux côtés de l'objet qui, ne l'étant pas encore, ne sont qu'anticipés sous forme d'attente dans un vide non intuitif, comme aspect à venir de la perception [...]. Ce dépassement de l'intention dans l'intention elle-même, inhérent à toute conscience, doit être considéré comme essentiel à cette conscience » (Husserl, *Méditations cartésiennes*). Il n'y a donc pas là constatation empirique mais évidence éidétique*. « Le temps n'est pas une ligne, mais un réseau d'intentionnalités » (Merleau-Ponty).
3. *Méta.* Dans *Être et Temps* de Heidegger, le mot fr. « temporalité » correspond à deux usages : la temporalité de l'être en tant qu'il doit être perçu à partir du temps : « La problématique centrale de toute ontologie est enracinée dans le phénomène du temps bien aperçu et bien explicité » (*Être et Temps*, § 5). *Temporalität* est aussi traduit par « être temporal ». D'autre part, la temporalité propre au *Dasein** (*Zeitlichkeit*, traduit aussi par « temporellité ») est celle du temps ek-statique porté vers l'avenir et vers la mort* et qui se déploie dans l'historialité*. Cette temporalité fonde les modes d'être du *Dasein* dans l'unité du souci* et donc aussi le partage de l'authenticité* et de

l'inauthenticité. Phénoménologiquement, elle est à la source du concept de temps des horloges comme succession indéfinie de maintenants.

Temporel (lat. *temporalis*, qui ne dure qu'un temps).

1. *Gén.* Opp. éternel, qui concerne le temps, qui se situe dans le temps ; ex. l'ordre temporel.

2. *Pol.* Opp. spirituel, qui appartient à la vie temporelle, c.-à-d. terrestre et passagère. *Pouvoir temporel* (opp. *pouvoir spirituel*) : celui qui s'exerce par des moyens de coercition matériels, ex. de l'État.

Temps (lat. *tempus*).

1. *Gén.* Le mot a en fr. (comme déjà en lat.) des sens très variés : le temps qu'il fait, bon ou mauvais, le moment opportun, une saison, une époque longue ou courte (les Temps modernes), la partie d'un mouvement considéré isolément (une danse à trois temps), une forme grammaticale (les temps composés de la conjugaison), un cadre chronologique ou ce qui passe du passé au présent et à l'avenir. *Cf.* le mot d'esprit de Fontenelle : « Le temps passe… Mais non Madame, c'est nous qui passons ». L'ang. ou l'all. ont souvent des mots distincts pour ces différentes acceptions.

2. *Méta.* La réalité en tant qu'elle est soumise au devenir et au changement. Le « cours » du temps est irréversible du passé vers l'avenir. Le temps se distingue de l'*éternité** divine ou de la *perpétuité* des choses créées (ou *sempiternité*). Saint Thomas introduit la notion d'*aevum* (âge, en gr. *aiôn*) pour la participation à l'éternité des esprits créés (anges, âmes humaines). Deux images représentent traditionnellement le temps : celle du fleuve qui s'écoule, image du changement (« on ne se baigne jamais deux fois dans le même fleuve », Héraclite) et du vieillissement individuel, et celle du retour des saisons, du mouvement des astres ; abstraitement l'image de la *ligne* géométrique infinie et celle du cercle clos sur lui-même.

3. *Phys. Temps du monde et temps de l'âme.* « Qu'est-ce que le temps et quelle est sa nature ? » (Aristote, *Physique*, IV, 10). Saint Augustin remarque qu'il n'y a pas de notion plus familière : « Si personne ne me le demande, je le sais ; mais si on me le demande et que je veuille l'expliquer, je ne sais plus » (*Confessions*, XI, 15). Sans doute est-ce pourquoi Pascal refusera même de poser la question et de prendre en considération les prolongements scolastiques de la formule d'Aristote sur le temps comme « le nombre du mouvement selon l'antérieur et le postérieur » (*Physique*, IV, II, 219b), le mouvement étant lui-même une qualité des mobiles c'est-à-dire des corps dans la nature. Le temps rend compte du mouvement, il en fait le compte, sa mesure est celle d'un espace parcouru par un mobile dont le mouvement est uniforme. Du temps physique, il faut affirmer depuis Aristote la *continuité* (il n'y a pas d'atome du temps) et l'*irréversibilité* (*cf.* thermodynamique*, évolution* biologique, théorie du *big bang* à l'origine de l'univers). C'est le temps mesuré selon des techniques complexes, le « temps des horloges » (mais les

horloges ne commencèrent à être précises qu'au milieu du XVIIIe s.). Ce temps connu objectivement, scientifiquement, quel rapport a-t-il avec le temps de l'expérience intérieure, le *temps vécu*, celui de l'attente angoissée ou de l'expérience joyeuse, lent ou court mais toujours incommensurable à celui des horloges ? Aristote n'a pas manqué de poser la question : « La question est embarrassante de savoir si, sans l'âme, le temps existerait ou non » (*Physique*, IV, 14). C'est la question même que pose la *phénoménologie*. V. Temporalité.
4. *Temps et espace*. Le *Vocabulaire* de Lalande définit le temps : « Milieu indéfini, analogue à l'espace, dans lequel se dérouleraient les événements, chacun y marquant une date mais qui, en lui-même, serait donné tout entier à la pensée. » L'analogie avec l'espace est ici manifestement directrice. Va-t-elle de soi ? Une citation célèbre de Jules Lagneau : « Le temps, marque de mon impuissance ; l'espace, marque de ma puissance » nous rappelle que les mouvements dans l'espace sont irréversibles si l'espace est isotrope* ; le temps n'a qu'une direction réversible et qui ne se parcourt que dans un sens. À l'aube de la science moderne, Descartes ne pense pas symétriquement la continuité essentielle de l'extension matérielle et la discontinuité du temps, dépendant d'une *création continuée* divine (instant par instant). Mais si le temps est conçu comme un milieu indéfini et si l'on ose dire, stable, alors se pose la question de sa réalité (*temps absolu* du *sensorium** divin selon Newton) ou de son idéalité* (« ordre des successifs », 3e*Réponse à Clarke*, Leibniz). Ce qui est décisif ici est bien l'analogie avec l'espace : « Le temps ne saurait être qu'une chose idéale et l'analogie du temps et de l'espace fera bien juger que l'un est aussi idéal que l'autre » (Leibniz, 5e *Réponse à Clarke*). La solution kantienne a paru longtemps définitive en faisant du temps une *forme a priori de la sensibilité* (et non de l'entendement). Dans l'Esthétique transcendantale, le temps est caractérisé après et d'après l'espace, mais il a un rôle propre dans le *schématisme** transcendantal. C'est Bergson qui rompt la symétrie en retrouvant sous l'image du temps physique, toujours spatialisé, la réalité spirituelle de la *durée* pour laquelle il reprend d'ailleurs l'image du fleuve irréversible (v. Durée, Élan vital, moi profond*). Toutefois, on ne confondra pas cette durée avec la temporalité* des phénoménologues.

Tendance (du lat. *tendere*, tendre vers).

Psy. Notion très vague : disposition innée ou acquise, consciente ou inconsciente, à exécuter une action plus ou moins déterminée, plus ou moins complexe, et ce à tous les niveaux de la vie psychique. Une psychologie des tendances insiste sur l'aspect dynamique de la vie psychique. V. Faculté, Instinct, Pulsion, Désir. La classification usuelle des tendances en personnelles ou égoïstes, altruistes ou sociales, supérieures ou désintéressées, est d'ordre éthique beaucoup plus que psychologique. Réduire le *conatus** de Spinoza, le vouloir-vivre de Schopenhauer ou la volonté* de puissance de Nietzsche à une tendance relève d'un psychologisme plat.

Tension (lat. *tensio*, dér. du p.p. *tensus* de *tendere*, faire des efforts, déployer de l'énergie).
Psy. État mental produit dans tout effort pour résoudre un problème ou un conflit. *Tension psychologique* (P. Janet) : désigne les différents degrés du niveau* mental ; elle est la plus forte : 1) dans l'unification et la concentration d'éléments psychiques, surtout nouveaux, qui requièrent une synthèse mentale ; 2) dans le cas du grand nombre et de la masse des objets qui doivent faire partie de cette synthèse.

Terme (lat. *terminus*, borne, limite ; terme, fin).
1. *Vulg.* *a*) endroit de l'espace ou moment du temps où quelque chose trouve sa fin, son achèvement ; *b*) syn. mot., en tant qu'il exprime une idée bien définie.
2. *Log. form.* Concept représenté par son expression verbale et désignant le sujet ou le prédicat de la proposition. *Petit, moyen* et *grand terme*, v. Syllogisme.

Terminisme
Hist. Syn. de nominalisme* dans la philosophie scolastique.

Terminologie (comp. du lat. *terminus*, terme, et du gr. *logos*, étude).
Ling. *a*) étude du vocabulaire technique propre à une science, à une discipline, à un auteur ; *b*) ce vocabulaire lui-même.

Test (mot ang. criterium, épreuve, dér. du lat. *testa*, pot de terre, dans lequel les alchimistes éprouvaient l'or).
Psy. physio., Psy., Psy. métr., Psychia. Épreuve définie, standardisée, reproductible, qui permet d'observer les caractéristiques ou le comportement d'un individu et de comparer, avec un mode de notation et d'appréciation objectif, les résultats de cette observation par rapport aux individus d'une population donnée, en vue de déterminer ses comportements habituels ou futurs significatifs. Les tests sont auj. universellement employés dans les sociétés industrielles pour l'orientation et la sélection scolaire, la sélection professionnelle. On distingue, d'une part, des *tests sensoriels*, mesurant la sensibilité des organes des sens (vue et ouïe), le seuil* sensoriel, le temps* de réaction, etc. et d'autre part, les *tests psychologiques*, mesurant ou appréciant les diverses aptitudes ou capacités. Parmi ces derniers, on distingue : 1) des *tests de connaissance*, qui visent à éviter le caractère aléatoire des examens scolaires classiques et qui peuvent être appliqués à la vérification des connaissances de base de diverses disciplines ; 2) des *tests d'intelligence* ou de *développement*, not. ; pour mesurer grâce à une *échelle métrique* l'âge* *mental* ou *quotient* intellectuel* ; 3) des *tests d'aptitude intellectuelle*, un même quotient intellectuel pouvant correspondre à des aptitudes très différentes (tests de manipulation, de perception, tests verbaux, numériques, etc.). Les résultats aux divers tests peuvent être traités par l'analyse* factorielle en vue d'orienter, de sélectionner ou de promouvoir ; 4) des *tests de personnalité* ou *tests projectifs* c.-à-d. dans lesquels la personnalité « se projette » inconsciemment et parmi lesquels on distingue encore : *a*) des tests projectifs *thématiques*, comme le *Thematic Aperception Test* (T.A.T.) du

psychologue américain Murray (1935) où l'on présente au sujet vingt planches représentant une scène ambiguë sur laquelle on lui demande de bâtir une histoire, laquelle révèle « des contenus significatifs d'une personnalité : nature des conflits, besoins fondamentaux, réactions à l'entourage, fantasmes habituels, moment-clés de l'histoire vécue » (D. Anzieu) ; *b*) des tests projectifs *structuraux*, comme le « Rorschach » du psychiatre suisse de ce nom, où l'on demande au sujet de dire ce qu'il voit sur dix planches (cinq en noir, cinq en couleur) représentant des taches d'encre symétriques obtenues en pliant en deux une feuille de papier (taches standardisées assez indéterminées mais assez complexes pour donner lieu à de nombreuses et riches interprétations), l'ensemble des réponses fournissant les éléments pour un *psychodiagnostic* ; ces deux tests sont des tests de base pour la psychiatrie. On peut citer enfin des tests surtout destinés à connaître la personnalité des enfants : test du monde, du village (Arthus), de l'arbre (Koch), etc. V. validité* des tests.

Thanatos (mot gr. : mort, dieu de la mort).
Psychan. Par symétrie avec *Eros** (pulsions de vie), on a désigné ainsi les pulsions de mort introduites par Freud dans sa dernière théorie des pulsions. Mais l'expression n'est pas chez Freud.

Thaumaturge (gr. *thaumatourgos*, qui fait des tours d'adresse ; de *thauma*, objet d'étonnement, objet merveilleux, et *ergon*, œuvre).
Théo. Qui fait des miracles (souvent péj.).

Théisme (du gr. *theos*, dieu), v. Déisme.

Thématique (gr. *thematikos*, qui sert de thème grammatical).
1. *Gén.* Qui sert de thème, de modèle, de type.
2. *Exist.* Qui est posé et conçu explicitement comme objet de l'activité mentale ; ex. un motif simplement éprouvé devient explicite dans la *conscience thématique* que le sujet prend dans la délibération volontaire (Sartre).

Thème (gr. *thema*, ce qu'on pose, sujet de développement, de *theinai*, poser).
1. *Vulg.* Sujet de développement, de discussion ou de réflexion, ex. un thème philosophique.
2. *Esth.* Ext. *a*) partie organique d'une composition musicale ; *b*) donnée de base à partir de laquelle le musicien construit des développements ou des variations ; ex. un thème de fugue.

Théocratie (gr. *theokratia*, de *theos*, dieu et *kratos*, pouvoir ; gouvernement de Dieu).
Hist., Rel. Le terme apparaît dans les *Antiquités judaïques* de Flavius Josèphe (fin du Ier siècle de notre ère). Gouvernement de Dieu et de ses ministres directs fondé, dans le christianisme, sur le principe de la distinction des pouvoirs spirituel et temporel, et sur la prétention du pape à contrôler la légitimité et le pouvoir des souverains (empereur, roi de France). Sous Calvin, la république de Genève était une théocratie. Après 1979, sous le régime dit des Ayatollahs, l'Iran est une théocratie.

Théodicée (comp. du gr. *theos*, dieu, et *dikê*, prop. justice, procès, ici justification).
Hist. *a*) désigne prop. le système de Leibniz exposé dans les *Essais de théodicée sur la bonté de dieu, la liberté de l'homme et l'origine du mal*, 1710, visant à concilier la bonté et la puissance divine avec la réalité du mal dans le monde créé, contre les arguments sceptiques ou athées. V. Mal, Optimisme ; *b*) en part., la question de la théodicée s'est posée à tout philosophe, à tout théologien qui conçoit un monde gouverné ou créé par le Bien (Platon, saint Augustin, Malebranche). Le système dialectique de Hegel peut être considéré dans son entier comme une théodicée.

Théogonie (gr. *theogonia* de *theos*, dieu et *gonia*, origine).
Rel. Exposé de la naissance des dieux de la mythologie et de leur généalogie. Ex. la *Théogonie* d'Hésiode. Système des dieux dans un polythéisme.

Théologal (de théologie).
Rel. Vertus théologales. Qui se rapportent à la relation de l'homme à Dieu : la foi*, l'espérance*, la charité*. Opp. vertus *cardinales**.

Théologie (gr. *theologia* de *theos*, dieu et *logos*, étude).
1. *Gén.* *a*) doctrine propre à un auteur sur les dieux, sur Dieu. Ouvrage exposant cette doctrine. Ex. théologie de Jamblique ; *b*) étude systématique des questions religieuses à partir des textes révélés et de la tradition. Il y a donc autant de théologies qu'il y a de conceptions de la révélation* : théologie catholique, musulmane, etc. Tout exposé théologique dépend d'un milieu culturel, d'une époque, de la langue et en particulier des concepts philosophiques qu'il utilise. Il y a ainsi une histoire de la théologie et des théologies. Les rapports de la philosophie et de la théologie sont beaucoup plus complexes que ne le laisse entendre l'usage polémique de la formule médiévale sur la philosophie comme *ancilla theologiae* (servante de la théologie).
2. *Méta.* *Théologie rationnelle* : partie de la métaphysique portant sur l'être suprêmement parfait, son existence, ses attributs. Elle n'est pas incompatible en elle-même avec les dogmes d'une religion révélée. V. Fidéisme, preuves de l'existence de Dieu.
3. *Mor.* *Théologie morale* : distincte de la théologie dogmatique, elle en déduit des préceptes d'action. On a appelé *théologie de la libération* un mouvement apparu en Amérique du Sud dans l'Église catholique au milieu du XXe s., mais condamné parce qu'il se fondait sur des analyses marxistes. Pour la notion de « théologie morale » selon Kant, v. postulats* de la raison pratique.
4. *Théologie naturelle*. V. Religion naturelle, Consensus.

Théologique (gr. *theologikos*, qui concerne la connaissance de Dieu : *theologikê*, s.e. *epistêmê*, science de la connaissance de Dieu (Aristote).
1. *Théo.* Qui concerne la théologie ou qui a le caractère de la théologie ; ex. un problème, un dogme théologique.

2. *Hist. (Soc.)* Chez A. Comte, *état théologique* : dans la loi des trois états*, état initial du développement de l'esprit humain, caractérisé par la croyance à des « agents surnaturels plus ou moins nombreux, dont l'intervention arbitraire explique toutes les anomalies apparentes de la nature » (*Cours*, I) ; l'état théologique comprend trois stades : le *fétichisme**, le *polythéisme**, et le *monothéisme** (*Cours*, leçons 52, 53, 54 et *Système*, t. III).

Théophanie (gr. *theos* et *phanein*, apparaître).
Rel. Apparition divine, qu'elle soit sensible ou seulement spirituelle.

Théophilanthropie (gr. *theos*, dieu, *philein*, aimer, et *anthrôpos*, homme).
Rel. Mouvement déiste* créé dans les dernières années du XVIIIe s., qui entend concilier la croyance en Dieu et en l'immortalité de l'âme avec les idéaux de la Révolution française.

Théorème (gr. *theorêma*, ce qu'on peut contempler, *theôrein* ; objet d'étude).
1. *Math.* Proposition démontrable dont on établit qu'elle résulte nécessairement d'autres propositions déjà démontrées ou de principes posés, et qui gén. à son tour sert à démontrer d'autres propositions ; ex. le théorème de Pythagore : dans un triangle rectangle, le carré de l'hypoténuse est égal à la somme des carrés des deux autres côtés.
2. *Phil.* Ext. proposition qui établit une vérité philosophique selon le mode d'exposition de la géométrie classique, ex. dans les 2e *Réponses* de Descartes, dans l'*Éthique* de Spinoza ou dans la *Critique de la raison pratique* de Kant.

Théorétique (gr. *theôretikos*, qui aime contempler, *theôrein*, observer, ou qui en a l'habitude ; contemplatif, spéculatif, opp. pratique).
1. *Épist., Crit.* Qui concerne la théorie et se borne à la théorie sans se rapporter à la pratique.
2. *Hist.* Chez Aristote *a*) *sciences théorétiques* : celles qui ont pour but la spéculation pure (math., phys., méta.) ; opp. *sciences poétiques* ou créatrices (poésie, rhétorique, dialectique) et *sciences pratiques* ou de l'action (éthique, économie, politique) ; *b*) *vertu théorétique* : connaissance et contemplation de la fin de l'homme en tant qu'être raisonnable (*zôon logikon*), opp. vertu pratique ou de l'action, qui est la fin de l'homme comme citoyen (*zôon politikon*).

Théorie (gr. *theôria*, contemplation de *theôrein*, observer, être spectateur).
1. *Vulg. a*) toute connaissance considérée indépendamment des applications possibles, *cf.* l'expression « en théorie », avec le sens péj. de manque de réalisme, opp. à « en pratique », c'est-à-dire en réalité ; *b*) doctrine morale, politique, religieuse, ex. la théorie socialiste ; *c*) simple hypothèse proposée à la réflexion.
2. *Phil., Épist. a*) *Gén.* ensemble de principes formant un système sur un sujet ou dans un domaine déterminé ; ex. la théorie cartésienne des animaux-machines, le transformisme en biologie, le libéralisme en économie, la théorie

juridiques des obligations, etc. ; *b*) *Phys.* synthèse englobant les lois particulières relatives à un domaine de la physique et reliées à un principe universel d'où elles peuvent se déduire mathématiquement. On distingue gén. : 1) les *théories représentatives* ou *explicatives*, ainsi appelées parce qu'elles visent à rendre compte d'un ensemble de phénomènes observés ; ex. la théorie corpusculaire, la théorie ondulatoire de la lumière, la mécanique ondulatoire, la théorie moléculaire, etc. ; 2) les *théories-synthèses*, qui se bornent à grouper et à classer de façon économique en un système les lois particulières d'un domaine physique ; ex. la théorie de la gravitation universelle, de laquelle se déduisent mathématiquement not. le mouvement des planètes du système solaire, les phases de la lune, les lois des marées, la loi de la chute des corps. Certains physiciens et épistémologues (P. Duhem, le cercle de Vienne) y réduisent toutes les théories physiques : « Une théorie physique n'est pas une explication. C'est un système de propositions mathématiques, déduites d'un petit nombre de principes, qui ont pour but de représenter aussi simplement, aussi complètement et aussi exactement que possible un ensemble de lois expérimentales » (P. Duhem). Pour les unes et les autres, on admet : 1) que, outre leur critère de validité (cohérence logique interne), leur critère de vérité est de rendre compte de tous les phénomènes connus et de conduire à la découverte de faits nouveaux : ex., dans le cadre de la théorie newtonienne, la découverte par Le Verrier de la planète Neptune à partir des perturbations d'Uranus (1846), la *théorie de la Relativité** d'Einstein, qui a permis de prévoir avec précision la déviation des rayons lumineux au voisinage du soleil ; 2) que cette représentation des faits garde néanmoins un caractère toujours provisoire ; *c*) en biologie et dans les sciences humaines, la théorie vise à être une synthèse cohérente et explicative d'un large ensemble de faits, mais sans pouvoir prétendre à la rigueur déductive des théories physiques ; ex. le transformisme*, la théorie de la forme, la théorie cyclique des crises, etc. Elle garde un caractère hypothétique.

3. *Math.* Système *hypothético*-déductif* ayant pour fondement une axiomatique* formalisée.

4. *Crit. Théorie* ou *critique de la connaissance* : syn. *gnoséologie**.

Théosophie. (comp. du gr. *theos*, dieu, et *sophia*, savoir, sagesse).

Hist. (Méta., Rel.) Nom générique des doctrines (Paracelse, 1493-1541 ; Jacob Boehme, 1575-1624, Swedenborg, 1688-1772, Novalis, 1772-1801, etc.), plus ou moins ésotériques*, reprises et réinterprétées de doctrines de l'Inde, de l'Égypte et de la Grèce ancienne, fondées surtout sur une expérience directe du divin et une *illumination* ou révélation reçue de Dieu qui confère aux initiés, appelés parfois *illuministes*, la sagesse et même des pouvoirs extraordinaires. A été aussi syn. de théologie.

Thermodynamique (comp. du gr. *thermos*, chaleur, et *dunamis*, force).

Épist. Branche de la physique qui étudie les rapports entre le travail mécanique et la quantité de chaleur (puissance motrice de la chaleur, échanges et transformations thermiques dans les systèmes physiques). *Principes de la thermodynamique* : on distingue : 1) le *principe de l'équivalence* ou de la conservation de l'énergie* : étant donné un système clos, son énergie totale reste constante ; 2) *principe de l'entropie** ou *de la dégradation de l'énergie* (Carnot-Clausius) : « Dans une enceinte énergétiquement isolée, toutes les différences de température doivent tendre à s'annuler spontanément. Ou encore, et cela revient au même, le principe stipule qu'au sein d'une telle enceinte où la température serait uniforme, il est impossible qu'apparaissent des différences de potentiel thermique entre les différentes régions du système [...]. Le système est inerte, c'est dans ce sens que l'on dit que le deuxième principe prévoit la dégradation inéluctable de l'énergie au sein d'un système isolé, tel que l'Univers » (J. Monod). V. Énergie.

Thèse (gr. *thesis*, action de poser, *theinai* ; action de poser une thèse, une proposition).

1. *Vulg. a*) proposition qui affirme une certaine position et que l'on est prêt, éventuellement ou réellement, à soutenir contre un adversaire ; ex. les thèses de Luther sur la porte de l'Église de Wittenberg (1517) ; une pièce à thèse ; *b*) dans l'usage universitaire européen depuis le Moyen Âge, mémoires ou ouvrages présentés pour obtenir le grade de docteur et soumis à la discussion avec un jury de maîtres d'université.

2. *Hist. a*) *Crit.* chez Kant, la première assertion d'une antinomie ; ex. « le monde a un commencement dans le temps, et il est aussi limité dans l'espace », auquel s'oppose une antithèse, ex. « le monde n'a ni commencement ni limites dans l'espace, mais il est infini dans le temps comme dans l'espace » (*R. pure*, Dial., Antinomies de la Raison pure) ; *b*) chez Hegel, dans le mouvement dialectique* ternaire, premier moment qui donne lieu à l'antithèse qui contredit la thèse, *contradiction* dépassée par la synthèse.

3. *Phén., Exist.* Position, not. chez Sartre, de la conscience, qui lui confère une intention spécifique ; ex. la thèse de la conscience perceptive est distincte de celle du rêve, la thèse de la conscience imageante de celle du souvenir : il en est de même dans l'ordre affectif, ex. pour l'amour et pour la haine, etc.

Thétique (gr. *thetikos*, que l'on pose en principe).

Phén., Exist. Conscience thétique : celle qui pose de façon explicite et réfléchie l'existence d'un objet, opp. conscience première ou irréfléchie : « La perception originaire est une perception non thétique » (Merleau-Ponty) ; syn. conscience positionnelle.

Thomisme (Thomas d'Aquin, 1225-1274).

1. *Hist., Rel.* L'œuvre théologique et philosophique de Thomas d'Aquin se présente comme une vaste synthèse de la pensée chrétienne, appuyée sur une conception aristotélicienne du savoir, la théologie étant elle-même considérée comme une science. D'abord discuté et partiellement condamné, le thomisme de l'école dominicaine rencontra l'opposition de l'école franciscaine de tradition augustinienne*.

2. *Rel.* On appelle *néo-thomisme* un renouveau des études thomistes à la fin du XIXe s. Depuis une encyclique du pape Léon XIII (1879), le thomisme est devenu la philosophie officielle de l'Église catholique.

Thymie, thymique (gr. *thumikos*, plein de cœur, irascible, de *thumos*, âme, principe de vie situé dans le cœur, siège des sentiments et des passions).

Psy. physio. Tonalité affective de la conduite, humeur, terme souvent précédé de préfixes qui la qualifient : *schizothymie, cyclothymie** ; euthymique, hyperthymique, hypothymique : « L'humeur* est à la sphère thymique qui englobe toutes les affections ce qu'est la conscience à la sphère noétique qui englobe toutes les représentations » (J. Delay).

Tic (d'origine onomatopéique).

Psy. Prop. mouvements, gestes ou contractions spasmodiques et répétitifs, involontaires et plus ou moins conscients (clignement d'yeux, crispation de la bouche, du front, etc.), parfois symptômes de névrose obsessionnelle.

Tiers exclu

Log. Troisième terme exclu, v. Milieu* exclu.

Tolérance (lat. *tolerantia* de *tolerare*, supporter, endurer).

1. *Dr.* Acceptation de fait par une autorité, en vertu d'un certain usage, d'une dérogation à une loi ou à un règlement qu'elle devrait réprimer.

2. *Vulg.* Capacité d'un individu, d'un groupe, à supporter, à endurer, des conditions de vie difficiles et même nocives (le froid, la faim) ou des comportements considérés comme répréhensibles.

3. *Pol.* Droit reconnu à un groupe, à un individu, d'exprimer des opinions, de vivre selon des croyances, de professer une religion différentes de celles de la majorité. La tolérance ne résulte pas d'une faiblesse ni d'une bienveillance ; elle correspond à l'exercice d'une *liberté politique*. Contrairement à ce qui est souvent dit, elle n'est pas fondée sur le respect* car le respect est dû aux personnes, non aux idées (ce qui interdirait toute discussion).

4. *Hist.* La question de la tolérance est aussi ancienne que celle des rapports du pouvoir temporel et du pouvoir spirituel. Elle est posée à la fin du XVIIe s. sous deux formes d'argumentation : *a*) Locke (*Lettre sur la tolérance*, 1689) s'appuie essentiellement sur la séparation de l'Église et de l'État : aucun État n'a le droit d'imposer une foi, et aucune Église le droit de demander à l'État la persécution des fidèles d'une autre foi. La tolérance est d'abord une paix entre les Églises. Locke exclut d'ailleurs de la tolérance les athées et les catholiques (« papistes ») parce que ces derniers sont au service d'un souverain étranger ; *b*) Bayle fonde la tolérance non sur la paix civile mais sur la liberté de conscience au nom d'une attitude évangélique : « C'est un attentat assurément contre les droits de la divinité que de vouloir forcer la conscience ». Voltaire conclut : « Il ne restera plus qu'une opposition simple, celle de la raison et du fanatisme » (*Traité sur la tolérance*, 1763).

Tonus (gr. *tonos* (lat. *tonus*), muscle, tendon : tension, de *teinein*, tendre).
1. *Physio.* *Tonus musculaire* : état permanent de légère tension ou contraction des muscles striés qui intervient dans le maintien de la posture et dans le contrôle et la coordination des mouvements, opp. contraction volontaire.
2. *Psy. physio.* Quantité d'énergie psycho-physiologique dont dispose un sujet. *Tonus mental* : état de « tension* psychologique » dans lequel la synthèse se fait facilement.

Topique, subst et adj. (gr. *topikos*, qui concerne le lieu, *topos*).
Subst. **1.** *Hist.* Désigne, au plur., un traité de rhétorique d'Aristote ayant pour objet les lieux communs, c.-à-d. un recueil des arguments utilisés dans les différents domaines et facilitant en tous les cas l'invention des preuves ; ex. qui, quoi, quand, où, pourquoi, comment ? **2.** *Psychan.* (Freud). Structure mentale de l'appareil psychique répartie en différents systèmes, obéissant chacun à des lois propres et où se localisent (*topique*) des phénomènes spécifiques : dans une première topique (1900), Freud distingue les trois systèmes inconscient, préconscient, et conscient ; dans la seconde (1920), les trois *instances* du *Ça**, du *Moi** et du *Surmoi**. Le terme de *topique* prend son sens par la nécessité de reconnaître les différents plans (économique, dynamique, structurel) sur lesquels les phénomènes psychiques peuvent être analysés ; v. Inconscient, Psychanalyse.
Adj. **1.** *Vulg.* Qui vient bien à sa place ; ex. une objection topique. **2.** *Psychan.* Qualifie la théorie ou le point de vue qui décrivent le fonctionnement de l'appareil psychique ; v. ci-dessus, subst., 2.

Topologie (comp. du gr. *topos*, lieu, et *logos*, science).
Math. Syn. *analusis situs* ou *géométrie de position*, type de géométrie fondée sur la notion d'un espace non quantitatif où l'on ne considère que les relations d'ordre et de position entre les éléments des figures, c.-à-d. des relations qui sont invariantes dans des transformations continues.

Totalitarisme (terme apparu dès 1930 à propos du régime de Mussolini).
Pol. Le totalitarisme est apparu au XXe siècle. Il ne se confond ni avec la tyrannie*, ni avec le despotisme*, ni avec la dictature*. Il implique un régime dominé par un parti unique, le culte du chef, l'endoctrinement systématique de l'ensemble de la population et particulièrement de la jeunesse, l'intervention de l'État dans tous les secteurs de la vie nationale (ex. fascisme, nazisme, stalinisme). Hors de l'ensemble de ces critères, la polémique a abusivement élargi la notion.

Totalité (dér. du lat. scol. *totalis*, de *totus*, tout).
1. *Crit.* Chez Kant, une des douze *catégories** de l'entendement qui, dans la catégorie de la quantité, fait la synthèse de l'unité et de la pluralité et commande les jugements singuliers (*R. pure*, Anal., I. I, ch. I, 3e section, 10).

2. *Vulg.* L'ensemble complet des éléments formant un tout.
3. *Soc.* (Mauss). Caractère de la réalité sociale comme « phénomène social total » ; ex. l'institution du *potlatch** est un phénomène à la fois religieux, politique, économique, esthétique, etc.

Totem (mot algonquin des Indiens Ojibway de l'Amérique du Nord).
Soc., Ethn. Être mythique (gén. espèce animale, parfois végétale, rarement objet) considéré dans les sociétés archaïques comme l'*ancêtre éponyme* d'un clan et auquel on rend un culte.

Totémisme
Soc., Ethn. *a*) organisation *clanique* ou *tribale* fondée sur le culte du totem ; *b*) théorie (Durkheim, Freud) d'après laquelle le culte du totem est la forme primitive de la religion et les interdictions dont il est l'objet la forme primitive de la morale. Cette conception est contestée par plusieurs auteurs, dont Lévi-Strauss, qui met en doute l'existence du totémisme comme institution autonome et distincte et qui la dénonce comme une illusion des sociologues du XIXe siècle finissant : « Le totémisme est d'abord la projection, hors de notre univers, et comme par un exorcisme, d'attitudes mentales incompatibles avec l'exigence de discontinuité entre l'homme et la nature, que la pensée chrétienne tenait pour essentielle ».

Toucher (du lat. pop. *toccare*, mot onomatopéique : faire *toc*, heurter).
Psy. physio. *a*) prop. sens du tact, soit sous sa forme passive (contact), soit sous sa forme active (palpation) ; *b*) sens large, recouvre une pluralité de modalités sensorielles distinctes : *sens thermique, algique* ou dolorifique ; *vibratoire, kinésique* ou *kinesthésique* ; *musculaire* et *articulaire*.

Tradition (lat. *traditio*, action de transmettre, *tradere*).
1. *Soc.* Transmission, spécifique de l'espèce humaine et qui se fait par la *voie sociale* (orale, écrite ou par les actes), de l'*héritage social* et de la culture (coutumes, institutions, croyances, souvenirs, légendes, histoire, etc.) communs à un groupe ; *dist. hérédité**, transmission par la voie biologique.
2. *Théo.* Enseignement oral, puis consigné par écrit, qui se joint à l'Écriture pour la transmission de la Révélation*.

Traditionalisme
1. *Vulg.* Attachement aux coutumes et opinions du passé, qui entraîne réserve, résistance ou opposition à l'égard des innovations, d'où souvent une signification péjorative du terme assimilé au conservatisme* ou à la réaction*.
2. *Phil.* Doctrine selon laquelle on doit se fier, en matière religieuse, morale ou politique, à la tradition, c.-à-d. au consentement universel qui perpétue la révélation initiale, plutôt qu'à la raison (L. de Bonald, Lamennais, J. de Maistre).

Tragédie, tragique (gr. *tragôidia, tragikos,* de *tragôidos,* chant du bouc, lié aux fêtes en l'honneur du dieu Dionysos).
1. *Esth., Lit.* Genre théâtral apparu à Athènes au Ve s. avant notre ère dans les fêtes données en l'honneur de Dionysos. Dans une expression poétique et

musicale majestueuse, toujours en vers, comportant un chœur, elle met en scène un ou des héros confrontés à leur destin. Ce genre s'est développé pendant une courte période avec de très grands poètes tels qu'Eschyle, Sophocle, Euripide (de 472 à 405). C'est seulement par référence à leurs œuvres qu'il est possible de parler de tragédie dans un autre contexte culturel. Devenu quelque peu décadent sous l'Empire romain (Sénèque), restauré pendant la Renaissance, le genre littéraire connaît un vif éclat en Angleterre à l'époque élisabéthaine (Shakespeare, Marlowe) et en France à l'époque classique, au milieu du XVIIe s. (Corneille, Racine), mais il se fige ensuite dans une routine néo-classique avant les tentatives de renouvellement du XXe s. Une tragédie suppose des personnages sinon majestueux, du moins d'une grandeur héroïque, engagés dans une action simple, affrontés aux lois divines et humaines, avec des développements lyriques sur les thèmes de la liberté, du destin et de la mort. Opp. comédie. *Dist.* drame.

2. *Vulg.* Le terme de tragédie et l'adj. tragique s'appliquent couramment à un enchaînement d'événements malheureux aboutissant, semble-t-il fatalement, à une mort individuelle ou collective. Tragique s'applique également à tout récit, roman, film, tableau, etc. représentant des faits tragiques au sens large.

3. *Anthr., Phil.* L'adj. substantivé « le tragique » désigne une conception de la condition humaine comme celle d'un « mortel » qui prend conscience d'être engagé dans un conflit inévitable avec des forces qui le dépassent, que ce soit une fatalité, une passion (Shakespeare, Racine), une exigence morale (Corneille) ou l'inconscient (les conflits œdipiens chez Freud). Ajoutons que l'on n'a pas trouvé d'autre mot que celui de tragique pour désigner la condition des héros (ou des anti-héros) du théâtre de l'absurde* apparu dans la deuxième moitié du XXe s, affrontés à la transcendance dérisoire de l'absence de transcendance (Camus, Ionesco, Beckett). L'idéal de la sagesse* s'oppose clairement au tragique, et cela dès l'Antiquité (Platon dans *Les Lois*). Quand Nietzsche, dans *La Naissance de la tragédie*, propose une sagesse tragique, il s'agit d'une forme pleinement affirmative de la volonté* de puissance (« être soi-même dans la joie éternelle qui englobe en elle-même la joie de la destruction) ».

Training group (ang. litt. groupe d'entraînement, par abréviation *T Group* ; on dit aussi *groupe de diagnostic*).

Psy. soc. (K. Lewin, 1947). Méthode de discussion ayant pour objectif l'amélioration du comportement social d'un groupe sous la direction d'un animateur (*trainer*) par la sensibilisation à la dynamique* de groupe*, l'étude de ses interactions et la transformation personnelle dans la pratique des relations interhumaines.

Transcendance, transcendant (lat. *transcendens*, p.pr. de *transcendere*, franchir ; surpasser).

1. *Méta. a*) sens général, ctr. *immanent**, qui est d'une nature absolument supérieure et d'un autre ordre ; ex. dans les trois *ordres* de Pascal, l'esprit est transcendant par rapport à la matière, la charité par rapport à l'esprit (*P.* 793) ; *b*) en particulier, l'être qui est supérieur à tous les êtres et les dépasse infiniment, Dieu : « Le Transcendant n'est pas dans la conscience, il la dépasse comme quelque chose de tout autre : c'est l'Absolu en opposition avec la finitude, la relativité, l'inachèvement [...]. La Transcendance est au-delà de toute forme » (K. Jaspers). Mais cette transcendance, qui pose un Dieu personnel et s'oppose donc au panthéisme, implique aussi, sur le mode spirituel, son immanence, c.-à-d. sa présence au monde et à tout ce qui est.

2. *Phén.* Hors de tout contexte théologique ou métaphysique, la transcendance est le mouvement de la conscience en tant qu'elle vise l'objet ou autrui comme extérieurs à elle. V. Intentionnalité. Malgré la reprise du vocabulaire kantien, la transcendance n'implique aucun dépassement de l'expérience. C'est dans l'immanence du monde que se déploie la transcendance. J.-P. Sartre interprète cette conception de la transcendance à partir de la thèse de la liberté radicale de la conscience : « La conscience est conscience de quelque chose ; cela signifie que la transcendance est la structure constitutive de la conscience, c'est-à-dire que la conscience naît portée par un être qui n'est pas elle » (*L'Être et le Néant*). Le *Dasein* heideggerien est comme être au monde doublement transcendance, sortie hors de soi et ouverture à l'Être dans la différence ontologique*.

3. *Hist. (Crit.)* Chez Kant, est transcendant ce qui est au-delà de toute expérience possible : « Nous appellerons *immanents* les principes dont l'application se tient entièrement dans les limites de l'expérience possible, mais *transcendants* ceux qui doivent voler par-dessus ces limites » (*R. pure*, Dial., Introd.) ; ex. on fait du principe de causalité un usage immanent lorsqu'on l'applique à la liaison des objets dans une expérience, mais on en fait un usage transcendant et illégitime lorsqu'on prétend soit l'appliquer au noumène, soit déterminer l'existence d'un être suprasensible (ainsi Dieu comme cause première par la *preuve cosmologique**) ; *dist.* Transcendantal*.

Transcendantal (du lat. scol. *transcendentalis*, du p.pr. de *transcendere*. On écrit aussi transcendental par référence au lat. ou à l'all.).

1. *Hist. a*) *Log.* chez les scolastiques, se dit des concepts comme être, vrai, bien, beau, qui dépassent les catégories d'Aristote et qui ont pour caractère d'exprimer une propriété commune à tout ce qui est et de se convertir l'un dans l'autre ; ex. l'être est vrai, le vrai est ce qui est, etc. ; *b*) *Crit.* chez Kant, 1) (opp. *empirique*) s'applique toujours à une connaissance objective (forme, concept, synthèse, déduction, etc.), ainsi la *déduction transcendantale des catégories* montre que ces catégories s'appliquent nécessairement à tout objet de connaissance : « Il ne faut pas nommer transcendantale toute connaissance *a priori*, mais celle-là seule qui nous fait connaître que certaines représentations (intuitions ou concepts) sont appliquées ou possibles simplement *a priori* et comment elles le sont » (*R. pure*, Log. II). *Aperception* transcendantale* (ou *unité originairement synthétique de l'aperception*) : « Il ne peut y avoir en nous de connaissances, de liaison et d'unité de ces connaissances entre elles, sans cette unité de la conscience qui précède toutes les données des intuitions et par rapport à laquelle toute représentation des objets est seulement possible. Cette conscience pure, originaire et immuable, je l'appellerai *aperception transcendantale* » (*R. pure*, Anal., 1re édition, I. I, ch. III, 2e section, III). *Idéalisme transcendantal* : « doctrine d'après laquelle nous regardons les phénomènes* dans leur ensemble comme de simples représentations et non comme des choses* en soi » (*Ibid.*, Dial., II, I, 4), corr. *réalisme* empirique* ; 2) (opp. *transcendant*), le *transcendantal* est indépendant de l'expérience, mais celle-ci est son domaine d'application et par rapport à elle il est déterminant, c.-à-d. qu'il constitue à partir d'elle une connaissance objective. En d'autres termes, l'entendement ne peut faire légitimement qu'un usage empirique de ses concepts. On voit que « le *transcendant* et le *transcendantal* ne sont pas la même chose. Les principes de l'entendement pur [...] n'ont qu'un usage empirique et non transcendantal, c.-à-d. dépassant les limites de l'expérience. Mais un principe, qui repousse ces limites et nous enjoint même de les franchir, s'appelle un principe transcendant » (*Ibid.*, Dial., Introd. 1). Les principes transcendants sont de prétendus principes ; le montrer, c'est dénoncer l'*apparence transcendantale*, illusion, toujours renaissante, d'une extension de l'entendement pur au-delà de toute expérience possible, illusion qui nous fait « prendre la nécessité subjective d'une liaison de nos concepts, exigée par l'entendement, pour une nécessité objective de la détermination des choses en soi », par ex. l'apparence de vérité que « renferme cette proposition : le monde doit avoir un commencement dans le temps » (*Ibid.*). V. Illusion.

2. *Phén.* L'*ego* transcendantal husserlien est bien dans le prolongement du sujet transcendantal kantien. Mais il n'est plus seulement principe logique d'une synthèse a priori, mais une conscience actuelle qui vise un monde (intentionnalité) comme perçu ou comme imaginaire, et l'on a pu dire par là qu'il retrouvait le *cogito* cartésien qui n'est pas seulement un a priori abstrait. V. Intentionnalité. Les successeurs de Husserl s'interrogeront sur la façon dont *autrui* peut être à l'*ego* comme une transcendance d'un degré supérieur par rapport au monde. Ils insisteront sur l'historicité de l'*ego* transcendantal : Merleau-Ponty le décrit comme inséparable d'un corps phénoménal et même d'un monde naturel ; J.-P. Sartre l'identifiera à la liberté* d'une conscience qui ne cesse pas d'être ce qu'elle n'est pas et de ne pas être ce qu'elle est ; Heidegger l'approfondit dans la notion nouvelle de *Dasein**.

Transduction (néol. créé par W. Stern, 1914, du lat. *transductio* ou *traductio*, action de faire passer d'un point à un autre, *transducere* ou *traducere*).

Psy. Type d'inférence caractéristique de la pensée enfantine avant sept ans, qui ne procède ni du général au singulier (déduction) ni du singulier au général (induction) mais, faute d'idées générales, du singulier au singulier, du spécial au spécial, par analogie ou association, « sans appel à des lois générales, ni compréhension de la réciprocité des relations » (Piaget) ; ex. la statue a froid parce qu'elle est nue.

Transfert (mot lat., 3e pers. sing. de l'indicatif prés. de *transferre*, porter au-delà).

1. *Psy.* Loi qui gouverne toute la vie affective et selon laquelle la tonalité affective d'une représentation se communique par association à d'autres représentations, ou un sentiment éprouvé pour une personne ou pour un objet à une autre personne ou à un autre objet ; ex. la haine exerçant sa rage sur des objets appartenant à celui qu'on hait (Th. Ribot).

2. *Péd.* Opération inconsciente par laquelle un savoir-faire acquis est utilisé dans un autre domaine qui présente avec le premier de l'analogie ; ex. l'apprentissage d'une deuxième langue est facilité par la connaissance de la première ; l'usage de la dactylographie favorise l'apprentissage de la mécanographie.

3. *Psychan.* (all. *Überstragung*). « Dans tout traitement psychanalytique, s'établit sans que le médecin ne fasse rien pour cela, une intense relation affective du patient à la personne de l'analyste, relation qu'on ne peut expliquer en rien par des rapports réels » (*Freud présenté par lui-même*, 1928). Une analyse sans transfert est une impossibilité, que celui-ci soit positif ou négatif, et la cure ne peut avancer qu'avec l'analyse du transfert. On appelle *contre-transfert* les réactions inconscientes de l'analyste au transfert de l'analysé. Ce contre-transfert doit être autant que possible réduit ou contrôlé, ce qui rend nécessaire la « cure didactique » préalable de l'analyste. Le transfert pendant la cure ne fait qu'isoler, rendre observable, analysable, un phénomène qui intervient dans toute relation d'une personne avec son entourage (réactions spontanées de sympathie ou d'antipathie par ex.). Dans le transfert sont revécues les relations aux figures parentales avec l'ambivalence qui les caractérise (composantes négatives ou positives du complexe d'Œdipe). Comme la résistance*, le transfert est un « fait » proprement psychanalytique qui ne pouvait apparaître avec l'hypnose* ni la narcose*.

Transformisme (dér. du lat. *transformare*, former au-delà).

Biol. Opp. *fixisme**. Théorie qui affirme l'évolution des êtres vivants et qui « soutient que tous les organismes complexes dérivent d'organismes simples, que tous les végétaux et les animaux polycellulaires descendent d'êtres unicellulaires et que ceux-ci sont eux-mêmes la postérité d'organismes rudimentaires encore plus simples » (E. Haeckel) ; v. Lamarckisme, Darwinisme.

Traumatisme, trauma (gr. *trauma*, blessure).

1. *Méd.* Trouble somatique ou psychique plus ou moins durable déterminé par une lésion organique (not. traumatisme crânien) ou une émotion intense (fatigabilité, asthénie, perte de mémoire, dérèglement de l'humeur).

2. *Psychan.* *Trauma psychique* : « Nous appelons ainsi une expérience vécue qui apporte, en l'espace de peu de temps, un si fort accroissement à la vie psychique que sa liquidation ou son élaboration par les moyens normaux et habituels échoue, ce qui ne peut manquer d'entraîner des troubles durables dans le fonctionnement énergétique » (Freud). Ces *traumatismes psychiques* se manifestent dans les névroses sous forme de symptômes*.

Travail (de *travailler*, lui-même du lat. pop. *tripaliare* de *tripalium*, instrument de torture pour esclave).

1. *Étymologie*. Le mot fr. a d'abord le sens de « tourment » et a conservé ce sens quand il s'agit des douleurs de l'enfantement. Le travail est aussi un appareil permettant d'attacher un animal (cheval, âne) pour le ferrer. Travailler a pris couramment le sens actuel à la fin du XVe s. (travailleur au XVIIe s.) à la place d'*œuvrer* (du bas lat. *operare*, d'*opus*, œuvre). Le mot lat. était *labor* qui a donné en fr. *labeur* (syn. *travail*) et *labour* (travail des champs), ainsi que l'ang. *labour*. Le mot fr. semble avoir d'emblée une connotation de contrainte pénible. On remarquera qu'en fr., contrairement à d'autres langues, travail désigne à la fois l'activité et son résultat. Les mots gr. correspondants sont *poiêsis* (fabrication, production), *ergon* (œuvre), *energeia* (mise en œuvre, action) et *ergazesthai*, travailler.

2. *Gén.* L'*Encyclopédie* de Diderot et d'Alembert définit le travail comme « une occupation journalière à laquelle l'homme est condamné par son besoin et à laquelle il doit en même temps sa santé, sa subsistance, sa sérénité, son bon sens et sa vertu peut-être ». Or c'est l'*Encyclopédie* qui va faire connaître les techniques artisanales et industrielles avec ses nombreuses planches gravées. C'est avec la révolution industrielle de la fin du XVIIIe s., en relation avec la technique* moderne, avec le développement de l'économie politique (A. Smith), que le travail devient le thème central de l'anthropologie philosophique. La philosophie sociale de Saint-Simon (v. Saint-simonisme), son *système industriel*, découvre qu'« une nation n'est pas autre chose qu'une société d'industrie », l'industrie étant « scientifique et littéraire » aussi bien que « commerciale et manufacturière ». Les légendes de Prométhée et de Faust sont réinterprétées comme accomplissement humain par la lutte contre la nature pour sa domination technique (v. Faustien, Prométhéen). C'est alors que le travail peut être magnifié comme une valeur*. Toutes les philosophies du progrès* ont promis au travailleur le passage du règne de la nécessité naturelle et de la contrainte sociale au règne de la liberté comme accomplissement individuel et collectif.

3. *Psy. Psychologie du travail*. Elle porte avant tout sur l'adaptation de l'individu aux exigences de la technique, aux contraintes de l'organisation sociale du travail et sur les effets pathogènes qui peuvent en résulter. Elle porte aussi sur les relations interindividuelles dans le milieu professionnel. Freud a insisté sur l'heureuse sublimation* qui peut résulter de l'exercice d'un métier, surtout lorsqu'il a été librement choisi (*cf. Le Malaise dans la culture*, 1929).

4. *Soc. Sociologie du travail*. Il s'agit moins d'une discipline unifiée que d'un ensemble de recherches souvent déterminées par des questions sociales ou politiques d'actualité touchant la division* et l'organisation* du travail, les *relations humaines* dans l'entreprise, le chômage et l'emploi (emploi précaire, emploi protégé, emploi féminin), l'innovation technique et ses effets sur l'évolution des entreprises dans les sociétés dites postindustrielles.

5. *Hist. A. Le travail et l'ordre divin. a*) l'affirmation, fréquente de nos jours, que l'Antiquité avait à ce point dévalorisé le travail qu'il était réservé aux esclaves, ce qui d'ailleurs aurait suspendu le progrès technique, est fort discutable. Une phrase fameuse du début de la *Politique* d'Aristote disant que « si les navettes tissaient d'elles-mêmes, il n'y aurait plus besoin d'esclaves » est souvent citée, mais elle porte sur les activités domestiques et non sur la production agricole ou sur l'artisanat. Le poète Hésiode (VIIe s. av. notre ère) oppose l'idée de travail à celle de *violence* et la rattache à l'idée de la justice divine et humaine : « Les dieux et les mortels s'indignent également contre quiconque vit sans rien faire (*aergos*) et montre les instincts du frelon sans dard qui, refusant le travail, gaspille et dévore le travail des abeilles » (*Les Travaux et les jours*, v. 303). Nulle rébellion, donc, contre l'ordre divin, nulle *hubris** portée à dominer la nature. Le comte de Saint-Simon reprendra 26 siècles plus tard l'apologue des frelons et des abeilles quand il opposera la France fainéante à la France travaillante ; *b*) le texte biblique de la Genèse rapporte la malédiction qui suit le péché originel lorsqu'Adam est expulsé du jardin d'Eden dont il était le jardinier : « Le sol sera maudit à cause de toi. C'est à force de peine que tu tireras ta nourriture tous les jours de ta vie, et tu produiras des épines et des ronces et tu mangeras l'herbe des champs » (III, 9). *B. Travail et liberté humaine*. C'est au XVIIIe s., alors que la malédiction biblique est ouvertement rejetée par les « philosophes », que commence la révolution industrielle, que se constitue l'économie politique (A. Smith, *De la richesse des nations*, 1776) et que la distinction entre besoin et désir est contestée (question du *luxe*), que le travail apparaît, dans une perspective historique, sous le double aspect de la contrainte naturelle et sociale et de la libération humaine. *a*) « Le prix réel de chaque chose et ce que chaque chose coûte réellement à celui qui veut se la procurer, c'est le travail ou la peine qu'il s'est imposé pour l'obtenir » (*De la Richesse des nations*). A. Smith fonde l'économie libérale*, mais c'est lui aussi qui indique à Marx que le salarié n'est pas rémunéré pour la totalité de son travail (v. plus-value*) ; *b*) « Le travail positif, c'est-à-dire notre action réelle et utile sur le monde extérieur, constitue donc la source initiale, spontanée ou systématique de toute richesse matérielle tant publique que privée » (A. Comte, *Système de politique positive*, II). La philosophie positiviste de l'histoire articule le passage de la société guerrière à la société industrielle autour du travail ; *c*) l'interprétation dialectique de ce passage apparaît avec le schème très général de la dialectique du maître et de l'esclave* chez Hegel et surtout avec le matérialisme* historique de Marx ; *d*) « À la vérité, le règne de la liberté commence seulement à partir du moment où cesse le travail dicté par la nécessité ou les fins extérieures. Il se situe donc au-delà de la sphère de la production matérielle proprement dite » (Marx, *Le Capital* III, conclusion). Le travail est-il encore formateur de l'homme comme tel ? Contestant une conception qui, en définitive, ne sépare pas l'homme de la satisfaction des besoins biologiques, Hanna Arendt a repris l'opposition aristotélicienne du travail et de l'*œuvre* qui a sa valeur en elle-même (*cf. Condition de l'homme moderne*, 1958).

Tribu (lat. *tribus*, division primitive du peuple romain, non organisée en État).
Soc, Ethn. Segment de base dans une société, constitué à partir de la famille élargie sur trois ou quatre générations. Les tribus d'importance et de force à peu près équivalentes s'associent ou même fusionnent en ensembles de plus en plus larges possédant des organes politiques pour arbitrer les conflits (conseil des doyens, etc.). Mais plus l'ensemble est large, plus il est difficile d'éviter les affrontements violents, d'autant que les confédérations de tribus sont souvent transitoires et constituées contre un ennemi commun.

Trivium, v. Arts libéraux.

Tropes (gr. *tropos*, façon, mode).
1. *Rhét.* Syn. de figures de style.
2. *Hist. (Phil.) Tropes de la suspension* : arguments par lesquels les sceptiques prétendaient montrer l'impossibilité d'atteindre des vérités certaines et en concluaient à la suspension du jugement.

Trotskisme (de Léon Trotski, homme politique russe, 1879-1940).
Pol. a) doctrine de Trotski, opposée à celle de Staline en prônant la révolution permanente et mondiale ; Trotski fonda en 1938 la IVe Internationale, dite des trotskistes-léninistes ; *b*) groupes révolutionnaires se réclamant de Trotski mais divisés entre eux, ayant pour trait commun la critique de la bureaucratie soviétique, de la dégénérescence des États socialistes jugés infidèles à l'esprit du marxisme-léninisme authentique.

Truisme (de l'ang. *truism*, de *true*, vrai).
Log. Proposition évidente et banale qui ne mérite pas d'être énoncée ou qui se présente comme une tautologie*.

Type (gr. *tupos*, marque d'un coup ; empreinte).
1. *Gén. a*) modèle qui peut être reproduit (syn. *archétype* ou *prototype*) ; *b*) ensemble de traits permettant de reconnaître une origine, une essence, une qualité propre à une chose, à une personne. D'où l'adj. *typique* : ex. un paysage typique de Provence. Le type en biologie permet de définir l'appartenance d'un individu à une *espèce*, quelles que soient les variations individuelles ; *c*) on appelle également type un personnage historique ou fictif qui incarne une qualité, un vice, une vertu, un caractère : ex. Harpagon, type de l'avarice.
2. *Théorie des types logiques.* Théorie logique élaborée par B. Russel pour éviter le paradoxe* de l'ensemble de tous les ensembles : un ensemble doit être considéré comme d'un type supérieur à celui de ses éléments selon une

hiérarchie de types. L'ensemble de tous les ensembles devrait être supérieur à lui-même. Il n'existe pas.

3. *Type idéal*, v. Idéal.

Typologie (comp. du gr. *tupos*, empreinte, et *logos*, science).

Biol., Psy., Soc. Terme générique employé pour désigner dans diverses sciences la description et la mise en ordre des types. Ext. toute classification.

Tyrannie (gr. *turannos*, souverain, roi, despote).

1. *Hist.* Dans les cités grecques, le tyran est avant tout l'usurpateur, qui renverse une royauté ou une aristocratie traditionnelle et considérée comme légitime, en usant de la violence ou de la ruse, et souvent avec l'appui ou le consentement d'au moins une partie de la population.

2. *Pol.* De nos jours, la tyrannie n'est pas reconnue comme une catégorie sociologique. Dans son emploi polémique, elle suppose l'usage de la force et de la ruse sous l'apparence du respect des formes démocratiques (trucage des élections en particulier). La forme extrême de la tyrannie est le totalitarisme*. V. Despotisme.

U

Ubiquité (lat. *ubiquitas*, d'*ubique*, partout).

Théo., Méta. Syn. omniprésence, caractère d'un être qui est présent partout, not. présence spirituelle de Dieu en tout lieu.

Umwelt (mot all., monde environnant, environnement).

1. *Psy. animale, Écol.* (von Uexküll, 1907). Monde propre à chaque espèce, constitué par ce qu'elle perçoit spécifiquement et électivement dans un milieu donné (*Merkwelt*), grâce à quoi elle peut agir activement pour modifier ses relations avec le milieu (*Wirkwelt*).

2. *Phén.* Horizon de chaque conscience, formant avec celui des autres consciences un « monde » commun (Husserl).

Un (L')

1. *Méta.* Ce qui est indivis en soi ; l'être et l'un sont convertibles, c.-à-d. qu'universellement tout être est un et qu'il est un dans la mesure même où il est être.

2. *Hist. (Méta.)* Chez Plotin (vers 205-vers 170 av. J.-C.), l'*hypostase** la plus élevée, principe suprême et ineffable*, d'où procèdent l'Intelligence et l'Âme et qui est le Bien absolu, étranger au nombre et sans multiplicité interne, mais source du multiple et du divers (*Ennéade*, V, traité I).

Unicité (lat. scol. *unicitas*).

Méta. Caractère de ce qui est unique ; ex. l'unicité de Dieu dans le dogme chrétien de la Trinité ; dans le spinozisme, la doctrine de l'unicité de la substance.

Unitarien, unitarisme (ang. *unitarian*, du lat. *unitas*).

Rel. Se dit des différents groupes chrétiens qui affirment l'unité absolue de Dieu, refusent le dogme de la Trinité et celui de l'Incarnation et donc la divinité du Christ. Ils croient cependant en la Révélation. Ils ont été souvent persécutés à la fois par les catholiques et par les protestants. Newton était unitarien. V. Socinien.

Unité (lat. *unitas*, d'*unus*, un).

1. *Phil., Log.* Corr. multiplicité. Qualité de ce qui est un, *dist.* l'unicité, qui est la négation du multiple, et la *simplicité*, qui est la qualité de ce qui est indivisible, l'unité constituant la synthèse d'une diversité ; ex. l'unité du moi.

2. *Épist.* Membre d'un ensemble ou d'un agrégat en tant que réalité indivisible constituant avec d'autres unités cet ensemble.

3. *Math.* Grandeur finie prise comme terme de comparaison avec toutes les grandeurs de même espèce qui la contiennent un certain nombre de fois.

4. *Hist. (Crit.)* Chez Kant, la première des *catégories* de la quantité, la troisième catégorie ou totalité résultant de la synthèse de la pluralité avec l'unité.

Univers (lat. *universum*, ensemble des choses, univers).

1. *Phil.* Ensemble de tout ce qui existe dans l'espace et dans le temps, str. *dist.* de monde ; il y a une pluralité de mondes, mais un seul univers.

2. *Log. Univers du discours* (Morgan) : classe totale, ensemble des idées et des éléments auxquels on se réfère dans un jugement ou raisonnement de sorte qu'un élément peut être vrai dans un univers de discours donné et faux dans un autre ; ex. l'homme peut avoir des propriétés particulières dans un univers de science-fiction.

3. *Psy.* Ext. de l'*Umwelt** biologique, ensemble des situations et des significations personnelles qu'un individu éprouve dans son environnement ; ex. chaque artiste a son univers.

Universalisation (du lat. *universalis*, universel, depuis le milieu du XVIIIe s.).

Log. Raisonnement qui consiste à passer du singulier ou du particulier à l'universel ; l'usage scolastique du terme *généralisation* en ce sens, qui signifie prop. passage du spécial au général, de l'espèce au genre, continue improp. à prévaloir.

Universaux (lat. *universalia*, plur. d'*universalis*).

Log. a) prop. les cinq universaux qui, selon Porphyre (philosophe néo-platonicien, constituent les différentes manières pour un prédicat de convenir à un sujet et dont la distinction est la condition d'une bonne définition : ce sont, selon l'extension*, le genre, l'espèce et, selon la compréhension*, la différence spécifique, le propre et l'accident ; *b*) le plus souvent, idées générales applicables à tous les individus du même genre ou d'une même espèce. *Querelle ou problème des universaux* : les concepts universels (ex. homme, animal, etc.), ont-ils une réalité qui leur corresponde ? Une très longue polémique a opposé à ce sujet au Moyen Âge les diverses écoles philosophiques ; v. Réalisme, Conceptualisme, Nominalisme.

Universel, universalité (lat. *universalis*).

1. *Gén. a*) qui s'applique à tout l'univers ; ex. le principe de la gravitation universelle, le principe du déterminisme* universel ; *b*) qui s'étend en droit ou en fait à la totalité d'une collectivité humaine ; ex. le consentement universel, le suffrage universel.

2. *Crit. a*) ce qui est commun en droit à tous les esprits et dont la nécessité est postulée ou démontrée : « L'universel c'est la pensée même. Une preuve vaut pour tous ou elle ne vaut pas pour moi » (Alain) ; *b*) par suite, du fait de sa nécessité intrinsèque, ce qui vaut pour tout l'univers ; ex. le principe de causalité est dit universel et nécessaire en ce double sens qu'il est un principe commun à tous les êtres doués de raison et qu'il postule qu'il n'y a pas dans l'univers de fait sans cause : « L'expérience ne donne jamais à ses jugements une *universalité* véritable, mais seulement supposée et comparative », fondée sur la constance de l'expérience, « lorsqu'au contraire, un jugement a essentiellement le caractère d'une rigoureuse universalité, c'est qu'il suppose une source particulière de connaissance, c.-à-d. une faculté de connaissance *a priori*. La nécessité et l'universalité rigoureuses sont donc des marques certaines d'une connaissance *a priori* et elles sont inséparables » (Kant, *R. pure*, Introd. II).

3. *Log. form. Universel* s'oppose à *particulier, dist. général** qui s'oppose à *spécial. Proposition universelle* : celle où le sujet, pris dans toute son *extension**, s'applique à tout individu de la classe considérée ; elle peut être soit *affirmative*, ex. tout A est B, tout homme est mortel ; soit *négative*, ex. nul A n'est B, nul homme n'est immortel. V. Quantité des propositions.

4. *Hist. (Méta.) Universel concret* (Hegel), v. Concret.

Univoque (lat. scol. *univocus*, qui a un seul sens).

Log. a) opp. *équivoque*, qui s'applique avec le même sens à deux ou plusieurs cas différents ; ex. le concept d'animal appliqué à l'amibe et à l'éléphant : « Le nom de substance n'est pas univoque au regard de Dieu et des créatures, c.-à-d. [...] il n'y a aucune signification de ce mot que nous concevions distinctement laquelle convienne en même sens à lui et à elles » (Descartes, *Pr.* I, 51) ; *b*) anal. s'applique à un rapport de corrélation entre deux termes ; ex. entre la cause et l'effet.

Urbanisation (néol. XXe s., du lat. *urbanus*, d'*urbs*, la ville).

Soc. Croissance continue de la population dans les villes, caractéristique de la société industrielle, accompagnée de l'exode rural lié au besoin de main-d'œuvre et à la division du travail. Cependant les zones urbaines se développent souvent séparément de la ville proprement dite, et les pays sous-développés connaissent d'énormes urbanisations sans industrialisation par déséquilibre du milieu rural. Les effets de l'urbanisation ont été appréciés diversement, soit positivement (liberté individuelle, modernisation matérielle, développement culturel), soit négativement (perte des valeurs traditionnelles et des solidarités liées aux activités rurales). Des hiérarchies sociales se constituent entre le centre des villes et leur périphérie.

Urbanisme (depuis le milieu du XIXe s.).

Soc, Esth. Ensemble des principes directeurs du développement des villes et des mesures proposées pour remédier aux effets jugés néfastes de l'urbanisation* spontanée. Dès l'Antiquité, l'urbanisme dépend de considérations religieuses (emplacement des temples), militaires (fortifications), politiques (palais), policières (maintien de l'ordre), tout autant que sociales et économiques. Les choix esthétiques architecturaux, liés en général à une symbolique* (prestige du pouvoir ou de la culture nationale) ne sont jamais absents, depuis l'urbanisme orthogonal d'Hippodamos de Milet au VIe s. av. notre ère jusqu'au remaniement du plan de Paris par le préfet Haussmann sous Napoléon III.

Ustensilité (trad. de l'all. *Zeughaftigkeit*, utilité, emploi). V. Outil.

Utile, utilité (lat. *utilis*, *utilitas* d'*uti*, se servir de).

Vulg. a) ce qui est bon, en tant que moyen pour une fin, un usage déterminé ; *b*) ce qui contribue au bonheur d'un individu, d'une société, de l'humanité en général. C'est en ce sens qu'il faut entendre le *principe d'utilité* en économie ou dans la doctrine de l'utilitarisme*. L'appréciation de l'utilité ne peut être que subjective, individuelle.

Utilitaire (dér. du lat. *utilis*).

1. *Vulg.* S'appliquant aux choses ou aux personnes, désigne ce qui concerne la vie pratique ou l'intérêt personnel, en ce dernier sens souvent péj. et syn. d'intéressé ; ex. un véhicule utilitaire, un calcul utilitaire.

2. *Mor.* Qui concerne ou professe l'*utilitarisme** en tant que doctrine morale ; en ce cas on dit plutôt *utilitariste*.

Utilitarisme (ang. *utilitarism*, titre d'un livre de Stuart Mill, 1863 ; le mot est employé par Bentham dès 1802).

1. *Gén.* Conception de la vie sociale et de la morale individuelle reposant sur un unique principe : celui de l'*utilité* qui est censé harmoniser les intérêts privés avec les intérêts publics et contribuer également au bonheur de chacun et de tous. Il exalte le mérite personnel, le goût de la compétition en accord avec un libéralisme* à la fois politique et économique. L'utilitarisme est un hédonisme* qui ne prend en considération que le bonheur terrestre (même si la croyance religieuse peut éventuellement y contribuer).

2. *Hist.* Certains hédonismes antiques (cyrénaïsme*) ou la doctrine du sophiste Protagoras peuvent être considérés comme précurseurs. Mais l'utilitarisme proprement dit n'apparaît qu'à la fin de l'époque des Lumières, à la suite de la critique rationaliste de la morale chrétienne avec J. Bentham (1748-1832) : si l'homme n'a pour motif d'action que le plaisir et la peine, la raison doit prévoir, pour prendre une décision, la plus grande somme de plaisirs qui résultera de l'obéissance ou de l'infraction à la règle établie, en tenant compte des circonstances du plaisir (durée, intensité, probabilité, fécondité) et de son étendue, c'est-à-dire du plus grand nombre d'individus qu'il affecte. C'est une *arithmétique des plaisirs* qui est ainsi à la base de la morale et de la législation (« le plus grand bonheur du plus grand nombre »). De ces principes très faciles qui faisaient directement sortir la philanthropie d'un égoïsme bien calculé, ont été tirées des conséquences très diverses en politique, en économie, et surtout en droit pénal. Citons au moins J. Stuart Mill (1806-1871) qui, sous l'influence d'A. Comte, introduit la notion de la *qualité* du plaisir et non plus seulement de quantité (« Il vaut mieux être un Socrate insatisfait qu'un imbécile satisfait »).

Utopie, utopique, utopisme (terme créé par Thomas More dans son *Utopia* en 1526, du gr. *ou*, ne pas, et *topos*, lieu : aucun lieu).

1. *Lit.* Description, sous forme d'un récit, d'une société située dans un temps et un lieu imaginaires, ou du moins très éloignés. Dans cette société fictive et irréalisable, tous les problèmes posés à l'humanité présente ont trouvé une solution. Souvent présentée comme inaccessible par son auteur lui-même, l'utopie a surtout une fonction critique dans une situation historiquement déterminée.

2. *Hist. Socialismes utopiques*. Désignation péj. appliquée par le marxisme, qui se dit lui-même « scientifique », aux philosophies sociales qui l'ont précédé (Owen, saint-simoniens, Fourier, Cabet, Proudhon). Les communautés expérimentales créées par ces derniers avaient été un échec (phalanstère de Fourier, New Harmony de Cabet aux USA).
3. *Utopisme*. Il a été reproché aux pensées utopiques de détourner des réalités historiques, de proposer un modèle de sociétés closes au régime volontiers autoritaire, nostalgique d'un *âge* d'or* ancien. Mais tout changement social profond a peut-être besoin de se donner à lui-même une ou des utopies. V. Mythe. Rappelons que la cité idéale de la *République* de Platon, bien qu'elle ait servi d'exemple à des utopies, ne se présente pas comme une utopie, mais comme l'élucidation rationnelle de l'*idée* de justice. Comme le dit Kant, on ne peut pas rejeter une idée « sous le honteux et misérable prétexte qu'elle est irréalisable » (*R. pure*) alors que l'expérience historique qu'on lui oppose s'explique justement par la méconnaissance de l'idée en question.

V

Valable (dér. du lat. *valere*, être fort, puissant, avoir de la valeur).

1. *Dr. a*) qui est fondé en droit ; ex. un contrat valable ; *b*) qui a de la *validité* : ex. ce billet est ou n'est pas valable.

2. *Log.* Ext. syn. *valide*, un raisonnement conforme aux règles de la logique.

3. *Vulg.* Acceptable, admissible ; ex. un témoignage valable.

Valeur (lat. *valor* de *valere*, être fort, bien portant, valoir).

1. Sens ancien mais encore usité : vaillance, courage militaire. « Je suis jeune il est vrai, mais aux âmes bien nées, la valeur n'attend pas le nombre des années » (Corneille, *Le Cid*).

2. *Gén.* Il faut d'emblée insister sur l'extension considérable de la notion de valeur dans de nombreux domaines : en mathématiques, la valeur est l'expression numérique ou algébrique d'une variable. En logique, « une fonction propositionnelle devient une proposition chaque fois qu'on substitue aux variables des valeurs déterminées » (L. Couturat). Cette fonction propositionnelle prend *valeur* de vérité selon le terme substitué à la variable. Ex. « X est capitale de la France » est une proposition vraie si et seulement si X a pour valeur Paris. La logique classique admet deux valeurs : le vrai et le faux ; elle est bivalente*. En rhétorique, l'orateur prend le plus grand soin de la « valeur des mots » dans l'emploi qu'il en fait, c'est-à-dire de leur force et de leur sens exact dans l'ensemble de la phrase. En finances, une « valeur » est une lettre de change, un billet à ordre, une action, une obligation, etc. qui s'apprécie ou se déprécie selon un système d'échanges complexes. En biologie, dans tout être vivant, même le plus élémentaire comme l'amibe unicellulaire, la vie se manifeste par des comportements de choix, de préférence, dans un environnement. Toute vie peut être interprétée en termes de valeur. Dans toute l'ampleur de l'utilisation de ce mot, la valeur implique une *préférence*, mais en précisant que la valeur consiste moins dans ce qui est désiré que dans ce qui est *désirable*. De nos jours, la valeur finit par désigner tout ce qu'une société considère comme utile*, bon*, toutes les fins* et les idéaux* qu'elle se propose à elle-même. Une expression devenue courante comme « crise des valeurs » ne désigne plus guère qu'un désarroi moral, un malaise social. Il faut donc prendre garde à cette extension qui banalise à l'excès la notion : tous les systèmes éthiques, politiques, philosophiques antérieurs aux philosophies des valeurs (c.-à-d. de Platon à Kant), lorsqu'ils sont interprétés uniformément en termes de valeurs, perdent leur rigueur et leur signification propre.

3. *Éco. a*) *prix et valeur*. Le prix est la quantité de monnaie (ou éventuellement d'une autre marchandise) contre laquelle est échangée une marchandise déterminée. La différence entre le prix et la valeur qui fonde et justifie le prix, pose, par ex. chez saint Thomas, la question du *juste prix* : est-il licite de vendre une marchandise plus cher qu'elle ne vaut ? ; *b*) la distinction entre valeur d'usage et valeur d'échange est indiquée dans la *Politique* d'Aristote. La *valeur d'usage* d'un objet correspond au besoin qu'en a le détenteur ; la *valeur d'échange* est celle qu'il prend dans l'échange avec un autre objet et c'est ce que l'économie prend alors en considération. Une automobile a une valeur d'usage pour l'automobiliste, une valeur d'échange pour le vendeur ; *c*) *valeur objective et subjective*. Pour les économistes classiques du XIXe s. (A. Smith, Ricardo), la valeur correspond aux coûts objectivement nécessaires pour la production d'une marchandise, tout particulièrement en termes de temps de travail, non pas le travail individuel d'un producteur, mais le travail socialement nécessaire selon des conditions moyennes de production (*travail abstrait*). Avec Marx, le travail devient la mesure interne de la valeur, « la substance de la valeur ». Cette valeur est donc nettement distinguée du prix. D'autres théoriciens de l'économie prennent en considération la valeur subjective, c'est-à-dire la valeur qu'attribue à un objet son utilisateur : « La valeur des choses est fondée sur leur utilité ou, ce qui revient au même, sur le besoin que nous en avons ou, ce qui revient encore au même, sur l'usage que nous pouvons en faire » (Condillac, *Le Commerce et le gouvernement*, 1776). La multiplicité de ces valeurs subjectives explique alors le prix de la marchandise par l'intermédiaire de l'offre et de la demande (marché*). V. Marginalisme.

4. *Esth.* Le terme de valeur esthétique prend des sens fort différents : *a*) l'appréciation marchande d'une œuvre d'art (tableau, sculpture, meuble, etc.), sa cote sur le marché de l'art ; *b*) le jugement de goût* porté sur l'œuvre d'art selon les catégories du beau, du sublime, du gracieux, etc. ; *c*) dans les dessins, les gravures, les peintures, la « quantité de clair et de sombre qui se trouve contenu dans un ton » (E. Fromentin). Ex. dans ses derniers tableaux, Rembrandt donne plus d'importance aux valeurs qu'aux couleurs ; *d*) en musique, durée relative d'une note.

5. *Hist. Philosophie des valeurs.* Toute philosophie des valeurs se réfère, au moins implicitement, à la distinction kantienne de la raison théorique et de la raison pratique*, qui relèvent d'ailleurs de démarches critiques opposées. La *Critique de la raison pure* [théorique] s'achève sur une formule célèbre : « Je devais nécessairement dépasser le savoir pour faire place à la foi ». Il y a primat de la raison pratique en ce qu'elle pose avec valeur de vérité Dieu, la liberté, l'immortalité, bien au-delà de ce que la raison théorique pouvait en *connaître*. À partir de Kant, les distinctions de *ce qui est* et de *ce qui doit être*, du fait et de la valeur, de l'explication et de l'évaluation, ne cesseront d'être reprises, précisées, discutées jusqu'au point de faire de la vérité elle-même une valeur parmi d'autres, problème redoutable qui se posera à Nietzsche avec la « volonté de vérité* ». *a*) ce que Nietzsche appelle le problème de la valeur n'est pas celui de l'objectivité des valeurs, de leur universalité, de leur utilité, mais celui de la valeur des valeurs, c'est-à-dire du redoublement de l'évaluation, soit d'une *généalogie* : « Une critique des valeurs morales nous est indispensable et la valeur de ces valeurs doit être établie elle-même pour commencer, et pour cela il est indispensable de connaître les conditions de leur naissance, de leur évolution, de leur recul (la morale comme symptôme, comme conséquence, comme masque, comme tartuferie, comme maladie, comme malentendu, mais aussi la morale comme cause, comme remède, comme stimulant, comme obstacle, comme poison) » (Avant-propos de la *Généalogie de la morale*). Cette évaluation n'est possible qu'en établissant une typologie de la volonté* de puissance. À cet égard, le *noble* et le *vil* sont des modes d'évaluation et non pas à proprement parler des valeurs ; *b*) dans l'humanisme* existentialiste de J.-P. Sartre, « ma liberté est l'unique fondement des valeurs [...] et rien, absolument rien, ne justifie d'adopter telle ou telle valeur. En tant qu'être par qui les valeurs existent, je suis injustifiable », c'est-à-dire que je ne peux me référer aux valeurs déjà établies. Cependant, Sartre maintient un universalisme d'origine kantienne : « L'homme, en se choisissant, choisit tous les hommes [...]. Ce que nous choisissons, c'est toujours le bien et rien ne peut être bon pour nous sans l'être pour tous » ; *c*) le phénoménologue Max Scheler se veut tout aussi éloigné du formalisme* de la morale kantienne que de l'empirisme. Les valeurs objectives, absolues, éternelles, sont atteintes intuitivement à travers une expérience émotionnelle pure. Les rapports entre les valeurs, leur hiérarchie, sont eux aussi absolus, éternels ; ils dépendent d'actes de préférences qui ne sont pas des choix empiriques. Cette hiérarchie est pour Scheler celle des valeurs sensibles, puis vitales, puis spirituelles, et enfin religieuses. Ce sont les différences infinies entre les individus qui expliquent la variété d'appréhension des valeurs et de leurs rapports.

Valide, validité (lat. *validus*, *validitas*, fort, puissant ; force (des corps), fig. solidité).

1. *Dr.* Syn. *valable*, qui est fondé en droit ; ex. un mariage valide, une clause valide.

2. *Log.* Cohérence formelle d'un raisonnement, *dist.* la vérité ou la fausseté matérielle des propositions qui le composent ; ex. tous les aigles sont des mammifères, or tous les mammifères ont des ailes, donc tous les aigles ont des ailes, le raisonnement est *valide*, la conclusion est *vraie*, les deux prémisses sont matériellement fausses. Une conclusion vraie ne permet pas d'affirmer que le raisonnement soit valide ; inversement, la validité du raisonnement ne nous apprend rien sur la vérité ou la fausseté matérielle de sa conclusion. La validité du raisonnement étant établie, il faut que les prémisses soient vraies pour que la conclusion soit vraie. Ainsi les propositions peuvent être vraies ou fausses, le raisonnement ne peut être que valide ou invalide.

3. *Psy. métr. Validité des tests* : corrélation entre ce que le test prévoit et la conduite effective du sujet dans la situation envisagée, scolaire ou professionnelle. Par vérification statistique on établit le coefficient de corrélation, par ex. entre l'examen psychologique prévoyant en début d'année un certain résultat scolaire et le résultat de l'examen classique en fin d'année, ou entre les tests de sélection et les tâches professionnelles réelles. Un test ne peut être utilisé que s'il possède en ce sens une bonne validité.

Valorisation (dér. du lat. *valor*).
Phil. *a*) fait d'acquérir ou de conférer une valeur ; *b*) reconnaissance explicite des capacités d'un individu, ce qui le grandit à ses propres yeux.

Variable (lat. *variabilis*).
Log., Math. Terme ou quantité qui dans une fonction mathématique peut prendre différentes valeurs (opp. *constante*).

Variation (lat. *variatio*, action de varier, *variare*).
1. *Biol.* *a*) dans le darwinisme*, modification fortuite et minime parmi les membres d'une même portée dont certaines présentent des avantages dans la lutte pour la vie, en sorte qu'avec le temps s'opèrent, par sélection* naturelle, l'élimination des moins aptes et la survie des plus aptes ; *b*) dans le *mutationnisme**, variation d'une espèce par modification accidentelle chez un individu d'un ou plusieurs caractères héridiaires, laquelle peut éventuellement favoriser la survie de cet individu et de sa descendance.
2. *Épist.* *Méthode des variations concomitantes* (J. S. Mill) : v. Méthode.

Vécu (correspond à l'all. *Erlebnis*).
Psy., Phén. S'applique à ce qui est directement éprouvé par la conscience.

Végétative (Vie)
Biol. Ensemble des fonctions vitales communes aux végétaux et aux animaux (nutrition, reproduction).

Véhiculaire (Langue) (lat. *vehicularius*, de charroi, de *vehiculum*, moyen de transport ; *cf.* *vehere*, transporter).
Ethn. Langue servant à la communication régionale entre groupes linguistiques ayant des parlers différents ; on dit aussi langues de communication ; ex. le français est la langue véhiculaire de plusieurs pays africains.

Velléité, velléitaire (lat. scol. *velleitas*, de l'imparfait du subjonctif de *velle* : *vellem*, je voudrais).
Psy., Mor. Pseudo-volonté où l'acte n'est qu'ébauché ou même simplement imaginé ou sans cesse différé ; le velléitaire sait ce qu'il devrait faire mais est incapable de passer à l'acte.

Verbal (lat. *verbalis*, verbal, de parole, de *verbum*, mot).
1. *Sens premier.* Qui concerne les mots ou qui est exprimé par voie orale ; ex. la proposition est l'expression verbale du jugement ; une communication verbale.
2. *Vulg.* Péj. qui n'est fait que de mots et qui est dépourvu d'idées ou sans référence aux faits ; ex. une controverse purement verbale.

Verbe (lat. *verbum*, mot, terme, parole).

1. *Sens premier.* Désigne plus les propriétés spécifiques de la parole que le contenu du message oral ; ex. la puissance du verbe : « Un certain jour, la vertu magique de la parole nous touche et l'Univers du Verbe nous apparaît » (P. Valéry).

2. *Théo. a*) dans la religion chrétienne, le Fils de Dieu, seconde personne de la Trinité : « Au commencement était le Verbe, et le Verbe était en Dieu, et le Verbe était Dieu » (Évangile de Jean) ; *b*) le *Logos* ou Raison : « Le Verbe divin, en tant que Raison universelle, renferme dans sa substance les idées primordiales de tous les êtres » (Malebranche, *Entr.*, III, 2).

Verbigération (du lat. *verbigerare*, se disputer, se quereller, de *verbum*, mot, et *gerere*, produire).

Psy. path. Bavardage incohérent et continu de certains malades mentaux (maniaques, schizophrènes, déments, séniles, etc.), dont le discours est composé de phrases discontinues, de mots sans suite déformés ou inventés.

Véracité, vérace (du lat. *verax, veracis*, sincère).

1. *Méta., Mor.* Prop. caractère de celui qui n'est pas trompeur et dont l'intention est de dire la vérité ; ne doit s'appliquer qu'aux personnes ; sp. s'applique à Dieu qui par nature et par volonté ne peut ni se tromper ni nous tromper, *dist. véridique**.

2. *Hist. (Méta.)* Chez Descartes, la véracité divine est le fondement de la vérité, c.-à-d. que le principe « que les choses que nous concevons clairement et distinctement sont toutes vraies, n'est assuré qu'à cause que Dieu est ou existe, et qu'il est un être parfait, et que tout ce qui est en nous vient de lui » (*Méth.* IV).

Véridique, véridicité (lat. *veridicus*, de *verus*, vrai, et *dicere*, dire ; qui dit la vérité).

Log. a) s'applique prop. aux choses pour indiquer la conformité d'une assertion à la vérité ; ex. un récit véridique, un témoignage véridique ; *b*) s'applique à une faculté pour indiquer qu'elle est sûre ; ex. une mémoire véridique.

Vérification (lat. *verificare* de *verus*, vrai et *facere*, faire).

1. *Vulg.* Montrer la vérité d'une affirmation, d'une information, contrôler l'exactitude d'un calcul, faire l'essai du bon fonctionnement d'une machine, etc.

2. *Épist.* Vérification expérimentale, c'est-à-dire confrontation d'un énoncé avec les faits. V. Expérimentation. En logique, en mathématiques, on vérifie en faisant une démonstration sur un cas particulier. Dans un sens plus étroit, la vérification (ou vérifiabilité) s'oppose à la falsification ou falsifiabilité* selon Popper. V. Confirmation.

3. *Phil.* Le concept de vérification est central dans tous les positivismes ; un énoncé métaphysique est considéré comme dépourvu de sens en tant qu'il n'est pas susceptible de vérification. Le néo-positivisme du cercle de Vienne a soutenu que le sens d'un énoncé n'était autre que sa méthode de vérification (vérificationnisme).

Véritable (dér. de vérité, comme charitable de charité).

Épist. Syn. de vrai*, d'authentique*, avec le plus souvent la nuance d'une erreur rectifiée. Ex. une bague en or véritable (malgré une apparence contraire).

Vérité (lat. *veritas* de *verus*, vrai).

1. *Vulg.* Au sens le plus usuel, la vérité qualifie une pensée ou une énonciation conforme aux faits, au réel perçu ou connu. Ex. la vérité d'un témoignage, la vérité d'une théorie. Mais le terme de vérité désigne souvent au pluriel les énoncés eux-mêmes : ex. dans l'expression : « il y a des vérités difficiles à entendre ». Enfin la vérité peut être syn. de réalité, usage que l'on dit parfois impropre mais qui est très classique, par ex. chez Descartes : « Ce pourquoi on peut douter de la vérité des choses sensibles » (*Pr.* I, 4). Bien qu'elles soient parfois confondues, il convient de distinguer la vérité (objective) et la *certitude** (subjective). Vrai*, véritable*, authentique* sont souvent pris l'un pour l'autre. L'authenticité est la conformité à une dénomination, à une essence (authenticité d'un tableau de Rembrandt, d'une bague en or, etc.). Le problème philosophique de la vérité est celui de son essence, de son fondement et donc celui des critères, des procédures, qui assurent la vérité d'un énoncé. Il serait vain de chercher à classer historiquement les conceptions de la vérité : elles sont au moins aussi nombreuses que les théories de la connaissance.

2. *La vérité comme concordance. a*) la plus célèbre définition de la vérité, celle qui est restée la plus accessible au sens commun, est la définition médiévale : *adaequatio rei et intellectus* (adéquation de la chose et de l'intellect), formule dont l'origine est sans doute à chercher chez l'aristotélicien arabe Avicenne (x^e-xie siècles). Le terme d'adéquation* a pour syn. *conformité* (ou conformation) ou *convenance*, que l'on retrouve chez Spinoza : « L'idée vraie doit convenir avec ce dont elle est l'idée » (*Eth.* I, axiome 4). Cette adéquation suppose la conformité des choses créées à la cause exemplaire (v. Exemplarisme) dans la pensée divine créatrice, selon une tradition platonicienne relayée par l'augustinisme*. Classiquement, toute vérité humaine a son fondement dans les *vérités éternelles* qui appartiennent à l'entendement divin (Verbe*), vérités éminemment rationnelles comme le sont en particulier les principes mathématiques. Ainsi est fondée dans le grand rationalisme classique l'*évidence** intuitive de l'idée claire et distincte* selon Descartes, celle de la vision* en Dieu selon Malebranche. Il faut rappeler ici la très grande originalité du volontarisme* de Descartes, quand il fait dépendre les vérités éternelles d'un décret entièrement libre du législateur divin. Il lui fallait donc trouver une garantie métaphysique de la certitude* des mathématiques elles-mêmes dans la véracité* divine ; *b*) la création du monde selon la théodicée* leibnizienne résulte d'un calcul divin selon le principe du meilleur*. Dans un système où toutes les monades s'entr'expriment (v. Expression), Leibniz est amené à introduire une distinction entre *vérité de fait* et *vérité de raison* : « Les vérités de raison sont nécessaires et leur contraire est impossible sans contradiction ; celles de fait sont contingentes et leur opposé est possible. Quand une vérité est nécessaire, on peut en trouver la raison par analyse, la résolvant en idées et en vérités plus simples jusqu'à ce qu'on en vienne aux primitives » (*Mon.*, § 33). Rappelons que les *vérités primitives* sont celles qui « s'affirment par elles-mêmes » immédiatement, et qu'« il n'y a aucune vérité de fait ou relative à des êtres individuels qui ne dépendent d'une série de causes infinies, tout ce qui est dans cette série ne pouvant être entièrement vu que par Dieu seul » (*De la liberté*), l'entendement humain fini ne pouvant atteindre les vérités de fait que par l'expérience ; *c*) la révolution copernicienne du criticisme* kantien plaçant le sujet connaissant au centre du problème de la vérité, Kant est amené à distinguer une *logique de la vérité* qui reste dans les limites de l'expérience possible (analytique* transcendantale) et une *logique de l'illusion* quand la raison humaine croit pouvoir poursuivre audelà la transcendance* de l'idée. Dans la logique de la vérité, s'introduit alors une distinction qui n'a pas cessé de prendre de l'importance entre une *vérité matérielle* et une *vérité formelle*, c'est-à-dire « l'accord d'une connaissance avec les lois universelles de l'entendement et de la raison [...]. Aucune connaissance ne peut être en contradiction avec cette logique sans perdre aussitôt tout contenu, c'est-à-dire tout rapport avec quelque objet et par conséquent toute vérité » (*R. pure*, Log., introduction). La vérité *matérielle*, objective, reste celle de la perception et de la connaissance scientifique dans le monde des phénomènes ; *d*) après Kant, la systématisation hégélienne retrouve une conception ontologique de la vérité. Le développement dialectique qui est à la fois mouvement de l'*être* et mouvement du *logos*, construit une vérité qui n'est en définitive elle-même que dans le *savoir absolu*. La vérité est donc toujours résultat. Il n'y a pas de *vérité première* comme pouvait l'être le *cogito* cartésien. Mais la dialectique n'est pas une sorte d'outil intellectuel qui permettrait de déceler la vérité scientifique. La dialectique de la nature n'est pas la science de la nature. Du XIXe s. jusqu'à nos jours, il semble bien que ce soient les philosophies des sciences (l'épistémologie) qui prennent en charge le problème de la vérité. V. Positivisme, Pragmatisme. En dehors de la recherche purement logique, la notion même de vérité tend à se dégrader en un utilitarisme* ou un pragmatisme* de plus en plus vulgarisé. Que reste-t-il de la *recherche de la vérité* qui désignait la philosophie même pour Descartes ou pour Malebranche, si le critère de la vérité n'est plus que le « ça marche » de l'ingénieur, du médecin – ou du guérisseur ?

3. *La volonté de vérité*. Après l'interrogation socratique, le doute cartésien, la critique kantienne, Nietzsche semble être outrecuidant en affirmant : « Il faut tenter une bonne fois de mettre en question la vérité elle-même ». C'est que Nietzsche ne croit pas qu'une pulsion de connaissance soit à l'origine de la philosophie : « Quand on veut expliquer comment les thèses philosophiques les plus éthérées sont venues à l'esprit d'un philosophe, il est avisé de toujours se demander d'abord : à quelle morale veulent-ils (veut-il) en venir ? » (*Par-delà* *le bien et le mal*). Même chez les savants les plus positivistes, il y a toujours « une croyance millénaire, cette croyance chrétienne, qui était aussi la croyance de Platon, que Dieu est la vérité et que la vérité est divine » (*Gai savoir*, § 344). D'ailleurs l'esprit scientifique a toujours été volontiers moralisateur. Mais remonter d'une critique généalogique de la vérité à la volonté de vérité et à la croyance qui la supporte, ne serait-ce pas se rallier à un utilitarisme* plat qui subordonnerait la connaissance aux intérêts vitaux ? On ne peut pas attribuer à Nietzsche cette sorte de cynisme ou plutôt de nihilisme*. En fait il n'a jamais cessé de célébrer la grandeur de la volonté de vérité : « Il a fallu lutter jusqu'à l'épuisement pour chaque pas en avant de la vérité, il a fallu sacrifier presque tout ce à quoi tenait notre cœur, notre amour, notre confiance en la vie. Pour cela il est besoin de grandeur d'âme : le service de la vérité est le plus dur service » (*L'Antéchrist*, § 50). Dire que la vérité est une valeur est dire que la volonté de vérité radicalisée ne peut rendre compte d'elle-même que comme forme de volonté de puissance, volonté de vérité sur la volonté de vérité. Le perspectivisme* permet d'englober le scepticisme comme une mise en perspective parmi d'autres, par ex. celle de l'idéalisme dans sa tentative de soumettre le réel à l'idée.

4. *La vérité comme non-voilement.* Heidegger a opposé à la vérité-*veritas*, d'origine latine et quelque peu juridique, l'étymologie de langue grecque de la vérité : *alêtheia*, où il faut reconnaître l'alpha privatif et la racine de *lanthanein*, être caché, oublié. L'adj. *alêthês* se dit d'une personne, d'un oracle, qui ne trompent pas. La vérité, quand on parle grec, veut dire le non-voilement, le non-oubli. Ce n'est pas pour Heidegger une thèse d'histoire de la culture, ce n'est pas non plus une définition nouvelle, originale, de la vérité, mais une compréhension plus fondamentale que toutes les définitions ultérieures qui s'y sont substituées. C'est seulement dans le non-oubli, lui même oublié, de la métaphysique, que la vérité a pu apparaître ensuite comme l'adéquation de la chose et de l'intellect. Or sans le dévoilement antécédent de la chose, aucune adéquation ne serait possible. C'est seulement dans l'ouverture du *Dasein* qu'il peut y avoir conformité de l'énoncé à la chose, que la chose peut servir de mesure du jugement, c'est-à-dire lorsque le *Dasein* s'est rendu *libre* vis-à-vis d'elle, et qu'il la laisse être ce qu'elle est. En définitive, « l'essence de la vérité repose dans la liberté » (*De l'essence de la vérité*). Cette liberté n'est pas, bien sûr, l'arbitraire d'un sujet, mais elle se découvre « comme ce qui laisse être l'étant », c'est-à-dire le laisse se manifester en ce qu'il est. Les derniers écrits de Heidegger porteront, plus originairement, sur la vérité de l'Être même.

Vernaculaire (du lat. *vernaculus*, relatif aux esclaves nés dans la maison ; qui est du pays, indigène).

Ethn. Indigène, propre à un pays donné ; ex. une civilisation vernaculaire, c.-à-d. des façons d'agir, de se vêtir, de parler, propres à un groupe dans sa vie quotidienne.

Vertu (lat. *virtus*, force, courage, qualités viriles, vertu, de *vir*, homme, par opp. à femme).

1. *Gén.* En référence à la sagesse grecque, en particulier stoïcienne, « vertu n'est assurément pas renoncement par impuissance mais plutôt renoncement par puissance. Ce qui est vertu est pouvoir de soi sur soi » (Alain). Ce qui correspond bien à la définition de Kant : « Lorsqu'il s'agit de l'adversaire que l'intention morale rencontre en nous, le courage est alors vertu » (*Fond.*). La notion de vertu, qui a désigné jusqu'aux dernières années du XVIIIe s. la plus haute qualité morale, est de nos jours très discréditée : elle ne renvoie plus guère qu'à une moralité médiocre, terne, de pure routine, ou encore à la pudeur féminine. Elle a une double origine : d'une part dans l'*aretê* grecque, qui est d'abord excellence, perfection (v. Justice, vertus cardinales*) ; d'autre part dans la *virtus* romaine, qui est avant tout courage, force virile (*fortitudo*). Ce dernier sens s'est longtemps maintenu au sens de valeur militaire et d'audace, sans considération de moralité. Souvent sous la forme italienne de *virtù*, des écrivains (Stendhal) ont exalté l'énergie des héros de la Renaissance italienne (v. aussi Machiavélisme). Un usage ancien donnait à vertu le sens de puissance, par ex. en parlant d'un médicament (les vertus des plantes, la vertu du silence). Il n'en reste plus guère que l'expression : « en vertu de ».

2. *Hist. a) Mor.* chez Aristote : 1) vertu de *juste milieu* : « disposition acquise volontaire consistant, par rapport à nous, dans la mesure définie par la raison conformément à la conduite d'un homme réfléchi. Elle tient la moyenne entre deux extrémités fâcheuses, l'une par excès, l'autre par défaut [...]. La vertu consiste en une juste moyenne, par rapport au bien et à la perfection, elle se place au point le plus élevé » (*Éthique à Nicomaque*, I. II. ch. VII) ; ex. le courage est vertu par rapport à la témérité (*excès*) et à la lâcheté (*défaut*) : le courageux paraît téméraire au lâche, lâche au téméraire, seul le sage juge en raison ; 2) *vertu habituelle* : « Le bien de l'homme se trouve être l'activité de l'homme selon la vertu et, s'il y a plusieurs vertus, selon la meilleure et la plus accomplie. Il faut encore que ce soit dans une vie complète. Car une hirondelle ne fait pas le printemps, non plus qu'un beau jour » (*Ibid.*, I. I. ch. VII). Aristote et les scolastiques distinguent : α) les vertus intellectuelles, qui ont pour objet le savoir et la contemplation ; β) les vertus morales, qui ont pour objet les actes de la vie pratique (justice, libéralité, courage, etc.) : « Les vertus morales sont plus nécessaires à la vie humaine, mais les vertus intellectuelles sont les plus nobles » (saint Thomas) ; *b) Méta.* chez Spinoza, vertu est syn. de puissance, d'effort (*conatus*), d'essence et de nature : « La vertu est la puissance même de l'homme, qui se définit par la seule essence de l'homme, c.-à-d. qui se définit par le seul effort par où l'homme s'efforce de persévérer dans son être. Plus donc l'on s'efforce de conserver son être et plus on en a le pouvoir, plus on est doué de vertu, et conséquemment dans la mesure où quelqu'un ne s'occupe pas (*negligit*) de conserver son être, il est impuissant » (*Eth.* IV, XX). « Agir par vertu absolument n'est rien d'autre en nous qu'agir, vivre et conserver son être (ces trois choses n'en font qu'une) sous la conduite de la Raison d'après le principe de la recherche de l'utile propre » (*Ibid.* XXIV). « Le bien suprême de l'Âme est la connaissance de Dieu et la suprême vertu de l'Âme de connaître Dieu » (XXVIII). « La béatitude n'est pas la récompense de la vertu, mais la vertu même » (V, XLII).

3. *Pol.* Montesquieu la définit comme « l'amour des lois et de la patrie. Cet amour demandant une préférence continuelle de l'intérêt public au sien propre, donne toutes les vertus particulières » (1748, *Esprit des lois*, IV, 5). Montesquieu fait de la vertu le ressort, le principe de la démocratie. C'est cette conception de la vertu, associée à la tradition morale stoïcienne qui dominera la fin du XVIIIe s. (Rousseau, Robespierre).

Vice (du lat. *vitium*, défectuosité, tare).

1. *Mor.* Opp. *vertu*, disposition acquise et habituelle, qui devient comme une seconde nature, à commettre certaines actions moralement condamnables ; ex. être menteur, joueur, débauché : « Le vice, c'est le mouvement de la faute continue et devenue chronique » (V. Jankélévitch).

2. *Log.* Ce qui dans une opération logique enfreint les règles ; ex. un vice de raisonnement, tirer de principes des conséquences qu'ils n'impliquent pas, se contredire, etc. ; v. Paralogisme.

3. *Dr.* Défaut grave dans une procédure judiciaire, dans un jugement de Justice, qui les rend nuls ; ex. un vice de forme.

Vide (anc. *vuide*, du lat. pop. *vocitus*, lat. class. *vacuus*).

1. *Gén.* Adj et subst. Sans contenu (bouteille vide), sans occupant (chambre vide), sans activité (heure vide), sans idée (exposé vide). Se dit relativement à un lieu, un temps, une pensée définis, délimités. Bergson a décrit l'idée du vide (ainsi que celle du néant) comme une fausse idée, née de la déception d'une attente : la bouteille vide de vin est pleine d'air.

2. *Phys.* Les expériences célèbres de Torricelli et de Pascal au XVIIe s. ont montré l'existence d'un *vide physique* et ont ridiculisé la formule d'un anthropomorphisme naïf : « la nature a horreur du vide ». Cependant le vide physique n'est pas un vide absolu mais, dit Pascal, « l'espace vide tient le milieu entre la matière et le néant ».

3. *Hist.* *a*) « Le non-être n'est pas » (Parménide, VIe av. notre ère) ; *b*) l'atomisme antique a besoin du vide comme du lieu où « tombent » les atomes. En revanche, la conception aristotélicienne du mouvement naturel exclut le vide ; *c*) la réduction cartésienne de la matière à l'extension géométrique implique la présence continue dans l'espace indéfini d'une « matière subtile ». L'hypothèse de l'éther* a souvent été reprise, en particulier par Newton et Kant.

4. *Esth.* *a*) le thème du vide est fréquent en littérature et même paradoxalement en peinture. Il est en rapport avec l'expérience mystique (ex. peinture chinoise), avec le sentiment du sublime* (horreur des abîmes) ; *cf. La Fin de Satan* de Victor Hugo. « Soleil, soleil, faute éclatante [...] tu gardes les cœurs de connaître/Que l'univers n'est qu'un défaut/Dans la pureté du Non-Être »

(*Ébauche d'un serpent*, Paul Valéry). L'art abstrait est particulièrement apte à l'expression d'un vide essentiel. Ex. Malevitch, *Carré blanc sur fond blanc* : « Dans le vaste espace du repos cosmique, j'ai atteint le monde blanc de l'absence d'objet qui est la manifestation du rien dévoilé » (1918) ; *b*) les effets architecturaux sont dus en grande partie à l'alternance des vides et des pleins. Ex. Les colonnades antiques, les grandes verrières d'une cathédrale gothique. Il en est de même en sculpture : les vides font partie de l'œuvre, de son dynamisme (ex. sculpture baroque du Bernin, de nos jours trous des statues de H. Moore).

Vie (lat. *vita*).

Il semble qu'en grec, *bios* corresponde plutôt au sens 2 et *zôê* au sens 1. *Cf. aiôn*, durée de vie, *phusis*, croissance et *psuchê*, âme, principe de vie.

1. *Biol.* Existence d'un organisme* depuis sa naissance jusqu'à sa mort. Ensemble des phénomènes qui affectent l'organisme durant cette existence. La vie est caractérisée par les trois fonctions d'assimilation, de croissance et de reproduction auxquelles on ajoute, pour les animaux, la sensibilité et l'autonomie de la motricité.

2. *Psy., Soc., Éco.* Dans un sens très général, tout ce qui se rapporte à l'existence humaine individuelle ou collective : activités, moyens d'existence, sentiments, croyance en la survie de l'âme. Ex. vie économique, sociale, culturelle, niveau de vie, genre de vie, vie éternelle, etc. Le mot vie implique une référence à une expérience, objective ou subjective.

3. *Épist.* Faut-il prendre en considération sous le nom de *vie* une substance, une forme, une force, un principe particulier, qui rendrait compte des phénomènes caractéristiques des êtres vivants ? Faut-il intercaler entre la matière* et l'esprit* une troisième entité : la Vie ? Le dualisme cartésien s'y refuse et réduit l'être vivant à la machine (mécanisme*). En réaction contre ce réductionnisme* cartésien, sont apparus l'animisme* de Stahl et le vitalisme* de Barthez au XVIIIe s. Des historiens des sciences (G. Canguilhem) ont admis que le concept scientifique de vie n'avait qu'une existence historique et qu'il faudrait de nos jours lui substituer celui de *vivant*. « On n'interroge plus la vie aujourd'hui dans les laboratoires » (F. Jacob, *La Logique du vivant*).

Vieillesse (de vieux, du lat. *vetulus*, diminutif de *vetus*, vieux).

1. *Biol.* Processus continu qui, chez tous les êtres vivants, accumule usures et incapacités plus ou moins graves des organes et des fonctions (par ex. presbytie pour la vue). Pour l'organisme humain, une médecine spécialisée tente d'y remédier ou d'en rendre les manifestations plus supportables (gériatrie, gérontologie).

2. *Soc.* La perception d'un phénomène qui pourrait paraître purement objectif est en fait très différente selon les types de société, leur histoire, leurs conceptions religieuses ou politiques (conseil des anciens), ou encore selon les classes sociales et les milieux professionnels (question de l'âge de la retraite). Même dans les sociétés modernes qui se veulent rationalisées, se mêlent confusément des sentiments de respect dû à « l'expérience », une ambivalence permanente de l'image du père, et une lutte des générations* qui n'est d'ailleurs pas absente des sociétés dites traditionnelles. V. Jeunisme.

Vigilance, vigile (lat. *vigilia*, veille, de *vigere*, être bien vivant, éveillé).
Psy. (Head). Conscience du sujet éveillé ; la *conscience vigile* va de l'attention flottante de l'homme qui se détend à l'attention concentrée du chercheur, et à chaque niveau correspondent des caractéristiques neurophysiologiques particulières, mises en évidence par l'électro-encéphalographie.

Violence (lat. *violentia*, de *violare*, profaner, endommager de *vis*, force).
1. *Gén.* Rupture brusque d'un ordre établi ou reconnu, qu'il s'agisse d'un ordre naturel (catastrophes naturelles), d'un ordre social, juridique, moral, politique. Même si elle reste verbale (insulte), la violence est *destructrice*, par ex. de l'équilibre qu'instaure la politesse* dans une société. La violence est *excès*, elle n'est pas seulement usage de la force, mais usage de la force au-delà des limites fixées par la nature, la loi, les relations sociales coutumières. Aristote pose en principe dans sa *Physique* : « Ce qui est violent est contre nature ». C'est ce que contesteront les biologistes darwiniens* avec la thèse de la lutte pour la vie aussi bien entre espèces qu'à l'intérieur de chaque espèce, mais aussi les éthologues qui, comme Konrad Lorenz, admettent un instinct d'agressivité*, ou encore les philosophies qui se réfèrent à la volonté* de puissance selon Nietzsche.
2. *Pol.* M. Weber a posé en principe que dans les sociétés modernes, l'État a le « monopole de la violence physique légitime » (*Le Savant et le politique*) ; v. Contrat social. C'est pourquoi seul l'État et ses représentants ont le droit d'appliquer des sanctions, en abolissant ainsi la violence de la vengeance privée. Ce pourrait être une conséquence de la philosophie politique de Hobbes pour qui l'état de nature*, contrairement à ce que supposait Rousseau, était une « guerre de tous contre tous ». Mais ce qui était violence entre individus n'est plus qu'un usage *légal* au niveau du pouvoir étatique. Ce principe sera étendu au détriment de la morale commune par les partisans de la *raison d'État** alors qu'il est combattu, ou du moins limité, par les doctrinaires de la non-violence*.
3. *Soc. Violence collective* : atteinte portée à l'intégrité des biens ou des personnes par un groupe utilisant la force de façon illégale. Elle est généralement considérée comme le signe de l'échec de l'intégration sociale et politique qui doit donner d'autres moyens de faire entendre les revendications professionnelles, sociales, politiques, communautaires. Le *dialogue* est alors souvent opposé à la violence : encore faut-il que les conditions en soient réunies. D'autre part, la violence collective n'est pas toujours issue d'une colère spontanée : elle peut être suscitée, utilisée comme moyen tactique.

Virtuel, virtualité (lat. scol. *virtualis*, de *virtus*, qualité distinctive, énergie).
Méta. Ctr. *actuel* : *a*) qui n'existe qu'en *puissance*, c.-à-d. dont toutes les conditions ne sont pas réunies pour passer à l'acte ou qui est en cours de

développement ; ex. le germe par rapport au vivant achevé ; *b*) qui demeure à l'état implicite ; ex. les connaissances virtuelles : « Nous avons une infinité de connaissances dont nous ne nous apercevons pas » (Leibniz, *N.E.*, I, 1, 5) ; *c*) syn. *inné** : « Toute l'arithmétique et la géométrie sont innées, et sont en nous d'une manière virtuelle » (*Ibid.*) ; v. Réminiscence chez Platon.

Visée

Phén. V. Intention.

Vision (lat. *visio*, de *videre*, *visum*, voir).

1. *Psy.* *a*) fonction par laquelle les yeux perçoivent les couleurs et les formes ; en ce sens, syn. de vue ; ex. la myopie est une anomalie de la vision ; *b*) surtout au plur. représentations imaginaires du demi-sommeil, du rêve ; v. Hallucinations hypnagogiques.

2. *Phil.* Anal. syn. intuition*, « vision directe de l'esprit par l'esprit [...], connaissance qui est contact et même coïncidence » (Bergson).

3. *Hist. (Méta.) Vision en Dieu* (Malebranche) : théorie d'après laquelle l'homme connaît non seulement les vérités éternelles, mais toutes choses, y compris les choses sensibles et leurs lois, par une vue directe des idées intelligibles de ces choses ou de ces lois, qui constituent l'essence même de Dieu, en tant du moins que ces idées sont « participables » par les créatures.

Vitalisme (depuis 1775, du lat. *vitalis*, vital).

1. *Gén.* Le terme de vitalisme est avant tout négatif et a souvent un emploi polémique : il implique un refus de réduire les êtres vivants à des machines et les phénomènes de la vie à des facteurs physico-chimiques. Inversement il est employé péj. pour désigner une croyance en un principe irrationnel*, quasi mystique*, qui ferait obstacle au progrès de l'esprit scientifique. Au sens plus large, est vitaliste toute conception religieuse, philosophique, ou poétique, qui interprète la nature et l'univers comme un être vivant.

2. *Hist.* Sont appelés plus particulièrement vitalistes les physiologistes de la fin du XVIIIe s. qui se sont opposés au mécanisme cartésien. Ce sont en particulier : *a*) le vitalisme matérialiste de Diderot ou de d'Holbach qui font de la sensibilité un attribut de la matière ; *b*) l'*animisme* de Stahl, pour qui le principe de conservation du vivant ne peut être matériel et est donc l'âme ; *c*) le vitalisme de l'école de Montpellier autour de Barthez qui veut exclure toute théologie, toute métaphysique, mais reconnaît un principe vital irréductible : « Nous ignorons même si ce principe est une substance ou un mode du corps humain » (*Nouveaux éléments de la science de l'homme*, 1778) ; *d*) un vitalisme spiritualiste que l'on peut faire remonter à Leibniz (v. *Monade, Entéléchie*) et qui se développe en Allemagne dans l'idéalisme postkantien (Schelling) et en France avec Ravaisson et surtout Bergson (élan* vital) ; *e*) les progrès de la biologie doivent-ils forcément arbitrer entre une réduction matérialiste et un vitalisme lié au spiritualisme ? On se rappellera que le fondateur du positivisme, Auguste Comte, affirme l'irréductibilité des phénomènes de la vie et donc qu'il est en ce sens vitaliste. Un savant comme Claude Bernard récuse à la fois l'interprétation matérialiste et vitaliste-spiritualiste, mais il affirme la spécificité de la « force vitale » qui en définitive n'est pas plus obscure que la force physique : « Il y a comme un dessein préétabli de chaque organe et de chaque être vivant » (*Leçons sur les phénomènes de la vie*).

Vivant (p.p de vivre, du lat. *vivere*).
Épist. Indépendamment de la considération d'un principe de *vie* (âme, force vitale, etc.), l'être vivant se distingue des objets physiques dit inanimés sous trois aspects essentiels : *a*) comme tout organisé ou organisme*, ayant une structure propre « dans lequel tout est à la fois moyen et fin » (Kant, *Jug.* 66). V. Finalité, Téléonomie ; *b*) comme être caractérisé par des échanges permanents entre un environnement (milieu extérieur) et un « milieu intérieur » (notion introduite par Claude Bernard). Déjà en 1802, Bichat définit la vie comme « l'ensemble des forces qui résistent à la mort » ; *c*) comme ayant la capacité de se reproduire avec des variations, donc engagé dans un processus d'*évolution**.

Vocation (lat. *vocatio*, action d'appeler en justice ; vocation divine, de *vocare*, appeler, de *vox*, voix).
1. *Théo., Rel.* *a*) *sens premier*, not. dans la Bible, appel particulier venant de Dieu ; ex. la vocation d'Abraham ; *b*) appel intérieur par lequel Dieu convie une personne à consacrer sa vie à son service ; ex. la vocation sacerdotale.
2. *Soc.* Anal. inclination marquée pour une profession qui requiert dévouement ou désintéressement.

Volition (lat. *volitio*, de *volo*, je veux).
Psy. Acte particulier de volonté considéré dans son expression singulière et concrète : « Vouloir c'est agir [...]. La volition est le passage à l'acte. Réduire [...] la volonté à la simple résolution, c.-à-d. à l'affirmation théorique qu'une chose sera faite, c'est s'en tenir à une abstraction » (Th. Ribot).

Volontarisme (du lat. *voluntarius*, volontaire, qui agit librement).
1. *Phil.* Terme peu précis qui a été appliqué à toute doctrine qui admet un primat de la volonté en tout domaine psychologique, moral, métaphysique (opp. intellectualisme*). En particulier : *a*) chez Dun Scot (XIIIe s.), la liberté de Dieu étant au principe de toutes choses, les règles du vrai et du bien dépendent de la libre détermination de la volonté divine ; *b*) chez Descartes, les vérités éternelles ont été « établies et ordonnées par Dieu de toute éternité par un libre décret de sa volonté » (6e *Réponse*) ; *c*) chez Schopenhauer, primat du *moi voulant* sur le moi pensant (v. métaphysique de la volonté*).
2. *Pol.* Se dit d'une politique qui entend ne pas « laisser faire » et au contraire intervenir dans l'évolution sociale et économique, au moins par des mesures compensatoires ou correctrices (ex. toute idéologie révolutionnaire est volontariste).

Volonté (lat. *voluntas* (Lucrèce, Cicéron) de *velle*, vouloir, consentir).

1. *Gén.* Pouvoir de se déterminer soi-même et d'agir en conséquence ; il en résulte moralement une prise de responsabilité*. Une expression telle que : « Je n'ai pas voulu cela » implique une ignorance ou une erreur sur les circonstances ou les conséquences immédiates de l'acte, ou bien qu'une contrainte interne ou externe a pesé sur la décision. La description commune de l'acte volontaire suppose une conscience douée de raison et de liberté. Si le « fou » n'a pas de raison*, il n'a pas de volonté à proprement parler et c'est par là qu'il est irresponsable. La division devenue classique de l'acte volontaire en quatre moments – évocations des motifs, délibération, décision, exécution – ne rend guère compte de l'expérience courante et peut paraître très artificielle, mais elle permet de distinguer nettement la volonté du désir*, du souhait*, de la velléité*, avec lesquels elle peut être confondue dans l'usage courant.

2. *Car.* L'usage courant confond souvent la volonté, comme faculté générale ou acte particulier, avec le trait de personnalité désignant une force et une continuité habituelles dans les actes volontaires. D'où les expressions : être volontaire, avoir de la volonté, manquer de volonté (à un degré pathologique, *aboulie**).

3. *Hist. a*) dans le vocabulaire de la philosophie grecque, aucun terme ne semble correspondre exactement à volonté. *Boulêsis* désigne un souhait rationnel (par opp. à la colère par ex.) ; *proairesis* un choix ; *thelêsis* une bonne disposition, un consentement. Dans la formule socratique : « nul n'est méchant de plein gré », traduire comme on l'a fait *ekôn* par volontairement suggère une problématique du *libre arbitre* qui serait anachronique, alors que la question est celle de la détermination de la *fin* de l'action (Bien, bonheur). Il semble que la notion actuelle de volonté soit l'aboutissement d'une réinterprétation de la philosophie pratique d'Aristote à travers le stoïcisme (notion d'*assentiment**) et surtout la théologie chrétienne. Avec saint Augustin, la volonté n'est autre que l'amour tendant vers Dieu et la béatitude (*dilectio Dei*), d'où la formule souvent citée : « Aime et fais ce que tu veux » ; *b*) quels que soient les antécédents théologiques, c'est avec Descartes et les cartésiens (Malebranche, Leibniz) que la volonté devient au sens « moderne » une faculté autonome aussi distincte de l'entendement que du désir. Elle ne tend par elle-même à aucun objet déterminé, elle est infinie, peut viser tout projet moral ou technique, ou encore chez Descartes tout nier : « [...] il est toujours possible de nous empêcher de poursuivre un bien clairement connu comme d'admettre une vérité évidente, pourvu que nous pensions que c'est un bien de témoigner ainsi de notre libre arbitre » (lettre à Mesland, 9 février 1645). V. Liberté, Volontarisme ; *c*) chez Kant, la volonté est « une sorte de causalité propre aux êtres vivants en tant qu'ils sont doués de raison » (*Fond.*). Elle est la *raison pratique** elle-même. En tant qu'elle est déterminée par des motifs issus des sens ou de l'entendement, elle est définie psychologiquement. Mais en tant qu'elle est guidée par la raison pratique *pure*, en tant qu'elle est indépendante de tout intérêt ou inclination, en tant que *volonté pure*, volonté *libre* (*freie Wille*), elle est une causalité par liberté. « De tout ce qu'il est possible de concevoir dans le monde et même en général hors du monde, il n'est rien qui puisse sans restriction être tenu pour bon, si ce n'est seulement une bonne volonté » (et cela absolument, en soi, indépendamment de l'action). Cette phrase fameuse par laquelle commencent les *Fondements de la métaphysique des mœurs* peut prêter à confusion en français où l'expression de « bonne volonté » se réduit souvent à une simple disposition bienveillante ou même une velléité, ce qui de toute évidence n'est pas le sens kantien. Sans doute faudrait-il traduire par « volonté bonne ». V. Autonomie, Impératif, Raison pratique, Liberté ; *d*) *Exist.* J.-P. Sartre reprend dans un contexte athée l'identification cartésienne de la volonté et de la liberté et bouleverse la description habituelle de l'acte volontaire : « Mobiles* passés, motifs* passés, motifs et mobiles présents, fins futures, s'organisent en une indissoluble unité par le surgissement même d'une liberté qui est par-delà les motifs, les mobiles et les fins. De cela résulte que la délibération volontaire est toujours truquée [...]. Quand je délibère, les jeux sont faits. Quand la volonté intervient, la décision est déjà prise et elle n'a d'autre valeur que celle d'une annonciatrice » (*L'Être et le Néant*) ; *e*) dans une psychologie compréhensive de style phénoménologique, P. Ricoeur affirme la primauté du volontaire sur l'involontaire physiologique ou psychologique : « La compréhension procède de haut en bas et non de bas en haut. Loin que l'on puisse dériver le volontaire de l'involontaire, c'est au contraire la compréhension du volontaire qui est première dans l'homme [...]. L'un est la raison du multiple. Or le vouloir est l'un qui ordonne le multiple de l'involontaire » (*Phénoménologie de la volonté*).

4. *Pol.* La notion de *volonté générale* au XVIIIe s. (opp. volonté particulière) implique la liberté et la rationalité du choix volontaire des individus : « Dans chaque individu un acte pur de l'entendement qui raisonne dans le silence des passions sur ce que l'homme peut exiger de son semblable et sur ce que son semblable peut exiger de lui » (article « Droit naturel » de *l'Encyclopédie*, rédigé par Diderot). Elle est donc source du droit dans l'espèce humaine. Mais c'est J.-J. Rousseau qui, dans le *Contrat social*, précise la notion et en fait le fondement de tout acte de souveraineté populaire. Elle n'est pas une somme de volontés particulières, mais la volonté du groupe en tant qu'État et donc celle de chacun en tant que membre de cet État (« [...] chacun s'unissant à tous n'obéit pourtant qu'à lui seul et reste aussi libre qu'auparavant »). Il en résulte des procédures de vote démocratiques : « Quand on propose une loi à l'assemblée du peuple, ce qu'on leur demande n'est pas précisément s'ils approuvent ou non la proposition, mais si elle est conforme ou non à la volonté générale ». Comment juger de cette conformité ? « Ôtez de ces volontés [individuelles] les plus ou moins qui s'entre-détruisent, reste pour somme des différences la volonté générale ». En vertu du pacte social, cette volonté générale ne peut être que mienne et une fois qu'elle s'est exprimée par un vote majoritaire, il faut exclure toute « faction », toute opposition minoritaire.

5. *Méta. Métaphysique de la volonté. a*) le titre de l'ouvrage capital de Schopenhauer, *Le Monde comme volonté et comme représentation*, s'inspire de l'opposition entre le *phénomène* connu objectivement, et la *chose en soi* inaccessible parce qu'en dehors de toute expérience possible. Or Schopenhauer voit dans l'expérience interne, psychique aussi bien que corporelle (v. Corps propre), un accès, au-delà du *moi pensant*, à un *moi voulant* (pulsions conscientes ou non, passions, volonté au sens classique). Au dualisme traditionnel de l'âme et du corps se substitue le dualisme d'un monde de la représentation (de la perception et de la connaissance scientifique) et d'un monde de la volonté, ce dernier terme ne désignant plus une faculté psychologique, mais la chose en soi de Kant, le fond métaphysique de toutes choses. Dans le pessimisme* athée de Schopenhauer, cette volonté en soi ne cesse de s'affirmer absurdement, sans plan ni finalité. On évitera de confondre cette volonté métaphysique avec un *vouloir-vivre* c'est-à-dire avec la forme que prend la volonté en soi chez les êtres vivants (dont l'homme), vouloir-vivre qui ne cesse de se manifester dans une lutte de tous contre tous, qu'il s'agisse des individus ou des espèces, selon une formule que Schopenhauer juge irrécusable : vivre c'est souffrir ; *b*) c'est à partir de la notion de volonté en soi ou plutôt de vouloir-vivre selon Schopenhauer que Nietzsche élabore la notion de *volonté de puissance*. Mais il ne construit pas une métaphysique de la volonté : l'expression de volonté de puissance ne désigne pas un substrat universel qui serait au-delà des phénomènes (un « arrière monde ») : elle se développe au seul niveau des apparences, par le devenir, dans le devenir. Elle est essentiellement multiple, synthèse en devenir des forces diverses en quantité et en qualité. Elle est au principe de toute *évaluation* positive ou négative, mais elle n'est pas en elle-même une valeur ou un idéal d'expansion vitale : contrairement à un contresens courant, Nietzsche ne prône pas la volonté de puissance incarnée dans un quelconque surhomme*. C'est dans tous les cas la volonté de puissance qui évalue, et même le nihilisme* en est une forme. Elle donne un sens à la recherche des forces obscures qui sont à l'origine des concepts, des jugements de valeur. Une typologie dualiste qui oppose sous différents aspects l'activité et la réactivité, la force et la faiblesse, la conquête et la décadence, le noble et le vil, la gaieté et le ressentiment* permet d'échapper au scepticisme qui résulterait du jeu de miroir des interprétations se renvoyant indéfiniment de l'une à l'autre (v. Perspectivisme). Freud a pu reconnaître en Schopenhauer et aussi en Nietzsche des précurseurs de la psychanalyse, de sa théorie de l'inconscient et du destin* des pulsions. A. Adler s'est réclamé de la volonté de puissance dans sa propre « psychologie individuelle » (complexe d'infériorité*).

Volupté (lat. *voluptas*, plaisir).

Psy. a) plaisir intense, d'ordre physique ou moral, né de la satisfaction d'un désir profond ; ex. la volupté de la vengeance ; *b*) se dit sp. de la jouissance sexuelle.

Vouloir-vivre, v. Volonté.

Voyeurisme

Psy. path. Perversion consistant à rechercher l'excitation et la jouissance dans le spectacle des relations sexuelles.

Vrai (lat. *veracus* de *verus*, vrai).

Adj. **1.** Qui est, qui existe, syn. réel. « Aucun fait ne saurait se trouver vrai ou existant sans qu'il y ait une raison* suffisante pour qu'il en soit ainsi et non autrement » (Leibniz, *Mon.*, § 32). Se dit des personnes (un vrai sportif) ou d'un personnage littéraire (Harpagon est un vrai avare). **2.** Conforme aux critères reconnus de la vérité : formellement vrai, scientifiquement vrai, etc. **3.** Authentique, tel qu'il doit être, conforme à son essence : « La vraie éloquence se moque de l'éloquence. La vraie morale se moque de la morale » (Pascal, *P.* 4). **4.** Syn. de vérace, véridique, sincère : un homme vrai, un discours vrai.

Subst. *Le vrai* : souvent syn. de vérité, quel qu'en soit le critère. *Le Vrai, le Beau, le Bien* est le titre d'un ouvrage du philosophe éclectique* Victor Cousin, qui associe les principes de la connaissance à ceux de l'action morale et de la création artistique. Le vrai signifie aussi largement tout ce qui est considéré comme vrai : « J'avais un extrême désir d'apprendre à distinguer le vrai d'avec le faux pour voir clair en mes actions et marcher avec assurance dans cette vie » (Descartes, *Méth.*, I).

Vraisemblable (d'après le lat. *verisimilis*, de *verum*, vrai et *similis*, semblable).

1. *Gén.* Se dit de tout ce qui est considéré comme vrai sans preuve, sans certitude (« selon toute apparence »), mais avec probabilité (qu'elle soit calculable ou non). Se dit en particulier des prévisions (météorologiques par ex.).

2. *Esth.* La vraisemblance est exigée dans l'esthétique du théâtre classique (XVIIe et XVIIIe siècles), en particulier dans les tragédies à sujet mythologique ou historique. Cette vraisemblance se confondait souvent avec les *convenances* morales ou sociales de l'époque. Elle a donné lieu à de multiples discussions. Corneille remarquait qu'historiquement, le vraisemblable pouvait n'être pas vrai, et réciproquement, comme le souligne Boileau dans son *Art poétique*, « le vrai peut quelquefois n'être pas vraisemblable ».

WXY

Weber (Loi de), v. Fechner.

Weissmannisme (du biologiste allemand Weissmann, 1834-1934).
Biol. Distinction entre le *germen**, ensemble des cellules d'un être vivant destinées à la reproduction, et le *soma**, ensemble des cellules constitutives du corps de l'individu. Elle correspond à peu près à la distinction moderne entre le *génotype*, responsable de l'« information » héréditaire, et le *phénotype*, ensemble des caractères apparents d'un individu, résultant de l'interaction des conditions du milieu et des facteurs génotypiques.

Weltanschauung (mot all. : vision du monde. Le mot, déjà présent chez Kant, devient fréquent au XXe s. avec W. Dilthey).
1. *Gén.* La traduction française, approximative mais usuelle, est *conception du monde*. Ensemble de représentations intellectuelles, esthétiques, morales, politiques propres à une époque, une société, un auteur, ou un individu. Elle peut être déterminée par un point de vue privilégié (conception religieuse du monde).
2. *Esth.* Vision de l'univers propre à un écrivain, un artiste. V. Diégèse.
3. *Méta.* Peut-on réduire une métaphysique à une conception du monde, l'histoire de la philosophie à une histoire des conceptions du monde, comme le propose l'historicisme* de Dilthey (*Types de conceptions du monde et leur élaboration dans les systèmes métaphysiques*, 1918) ou le psychologisme* de Jaspers (*Psychologie des conceptions du monde*, 1910) ? Dans un article intitulé « L'époque des conceptions du monde » (1938), Heidegger a interprété de tels projets comme justement caractéristiques des Temps modernes dominés par la métaphysique de la subjectivité* et l'anthropologie.

Wergeld (du vieux saxon, de *wer*, homme, et *geld*, argent).
Soc. Désigne le paiement d'une sorte d'indemnité de composition que doit verser l'auteur d'un homicide (guerre, assassinat) aux parents ou au groupe de la victime pour empêcher un acte de violence individuel de dégénérer en vendetta illimitée. V. Responsabilité.

Würzbourg (École de)
Psy. École allemande de psychologie (Ach, Bühler, Marbe, Messer, W. J. Watt, à Würzbourg en Bavière) qui, reprenant certains travaux de Ch. Binet, chercha entre 1901 et 1908, par une méthode d'introspection* expérimentale, dite *introspection provoquée*, à mettre en lumière ce qui se passe dans l'esprit du sujet au cours d'une opération mentale ; on demande au sujet à qui l'on pose une question ou à qui l'on fait exécuter une tâche déterminée de porter une attention particulière à ses états subjectifs et de faire le rapport détaillé de ses attitudes de conscience, intellectuelles ou affectives, pendant le cours de cette opération.

Xénophobie (comp. du gr. *xenos*, étranger, et *phobos*, crainte).
Soc., Pol. Méfiance systématique, voire agressivité et haine, à l'égard des étrangers ; préjugé ou stéréotype* lié au racisme* et au chauvinisme.

Yoga (mot hindou : jonction, unification).
Mor., Rel. Technique hindoue qui vise, par des exercices de maîtrise de soi, l'ascèse morale et la méditation, à libérer l'individu pour qu'il réalise l'unité de son être propre. L'ascète indien qui pratique le yoga est un *yogi*.

Z

Zélateur (du gr. *zêlos*, ébullition, ardeur, émulation).
Rel. Désigne celui qui remplit une mission de propagande, *dist.* zélé.

Zen
Rel. Forme de bouddhisme chinois (le *Ch'an*) introduit au Japon au XIIe siècle par le maître japonais Eisai, qui y fonda plusieurs temples : le but de l'enseignement *zen* est de dissiper les illusions (*Maya*) du monde sensible et de l'égoïsme pour libérer le moi de l'ignorance et de l'attachement aux habitudes, lui permettre d'atteindre ainsi l'Éveil intérieur (*nirvana* du bouddhisme, *satori* du Zen), qui consacre la dissolution de la conscience individuelle et l'intégration à la conscience universelle du « Mental Cosmique » : « L'homme grand n'a plus de moi, car il a relié toutes les parties de son être en une contemplation extatique de l'unité universelle » (Chouang Tzu). Le bouddhisme zen, qui comprend aujourd'hui de nombreuses sectes, a exercé une grande influence sur l'art (peinture, poésie, art des fleurs et des jardins), la pratique sportive (sabre, judo, aïkido) et la civilisation au Japon.

Zététique (gr. *zêtêtikos*, qui aime la recherche, de *zêtein*, chercher ; *ê zêtêtikê*, s.e. *agôgê*, la doctrine des sceptiques).
1. *Hist.* Désigne la philosophie ou les philosophes sceptiques* : « L'orientation sceptique est appelée chercheuse (ou *zététique*) pour son souci de chercher et d'examiner » (Sextus Empiricus).
2. *Math. Analyse zététique* : nom ancien de la méthode analytique en mathématique ; v. Analyse.

Zones érogènes (comp. du gr. *eros* et *genos*, qui engendre le plaisir sexuel).
Psychan. Parties du corps dont la stimulation provoque un plaisir sexuel (not. bouche, seins, parties génitales, zone anale), et même, selon Freud, « le corps tout entier est une zone érogène ». L'excitabilité sexuelle, dans le développement, commence par le stade oral (tétée), passe au stade anal (propreté), puis se porte sur la région génitale pour se diffuser à d'autres parties du corps. V. Sexualité.

Zoologie (comp. du gr. *zôon*, animal, et *logos*, science).
Épist. Branche de la biologie ayant pour objet principal la classification des animaux, mais aussi leur description, leur mode de reproduction, leur habitat, leurs comportements, etc.

Zoophobie (comp. du gr. *zôon*, animal, et *phobos*, crainte).
Psy. path. Crainte ou malaise irrépressible à l'égard de certains animaux, sans motif raisonné. Elle peut être symptôme d'une névrose phobique.

Achevé d'imprimer sur les presses de l'imprimerie CHIRAT - 42540 Saint-Just-la-Pendue
Dépôt légal septembre 2005 N° 6926 - N° éditeur 11001870 - (I) - (7) - OSB80° - NOC - HBT

Imprimé en France